U0564641

全国高等院校古籍整理研究工作委员会直接资助项目

王肯堂法律思想研究与整理

陈 麟 著

 浙江大学出版社

·杭州·

图书在版编目（CIP）数据

王肯堂法律思想研究与整理 / 陈麟著. -- 杭州：
浙江大学出版社，2024. 8. -- ISBN 978-7-308-25230-0

Ⅰ. D909. 244

中国国家版本馆 CIP 数据核字第 2024GA7936 号

王肯堂法律思想研究与整理

陈　麟　著

责任编辑	王　晴
责任校对	朱梦琳
封面设计	十木米
出版发行	浙江大学出版社
	（杭州市天目山路 148 号　邮政编码 310007）
	（网址：http://www.zjupress.com）
排　　版	杭州好友排版工作室
印　　刷	杭州捷派印务有限公司
开　　本	710mm×1000mm　1/16
印　　张	30.5
字　　数	550 千
版 印 次	2024 年 8 月第 1 版　2024 年 8 月第 1 次印刷
书　　号	ISBN 978-7-308-25230-0
定　　价	128.00 元

前　言

　　王肯堂所著《律例笺释》在明清时被奉为律学圭臬，广泛流传，也多被清代律例注释书引用。如清末律学大家薛允升著《唐明律合编》时，征引《律例笺释》达一百二十多次。《律例笺释》是王肯堂在其父王樵所著《读律私笺》的基础上的扩大增辑之作，不仅大幅扩编了其父释律的内容，还多有自己的独特创见，远超其父的范围，也在学术史上形成了自己的地位。但关于《律例笺释》的文献整理一直是学界短板，这也影响了对其学术价值的进一步挖掘。

　　本书的基本框架分为整理篇和研究篇两个部分。整理为研究之基础，研究为整理之拓延，相辅相成、相得益彰。整理部分以清康熙三十年(1691)顾鼎所编《王仪部先生笺释》刊印本为底本，并使用《大明律》《大明令》《问刑条例》及有关史书和律学著作文献，对原文作通篇校勘、标点。研究部分则基于《律例笺释》提出的"福祚且流及子孙"价值信念，从祥刑、恤民思想、知行合一、天人感应、隆礼、慎刑、治吏、律己、规范严谨和医法并重十个方面，梳理、归纳和研究王肯堂的法律思想，明晰其思想源流，探究其背后意蕴，希冀对学界研究其独具魅力的律学思想有些许助益。

浙江农林大学

陈　麟

　　作者简介：陈麟，男，浙江金华人，1976 年 9 月出生，法学理论博士，浙江农林大学教师，浙江省新型重点专业智库——浙江农林大学生态文明研究院研究人员。主要从事思想道德与法治、马克思主义理论的教学与科研工作。

目　录

研究篇

王肯堂法律思想研究

整 理 篇

王仪部先生笺释

研究篇

王肯堂法律思想研究

王肯堂,字宇泰,号损仲、损庵,别号念西居士、郁冈斋主,又号金坛居士、死灰居士,南直隶镇江府金坛县人。生于嘉靖二十八年(1549),卒于万历四十一年(1613),终年六十四岁。王肯堂的生平在《明史》中有简单的记载,附见于《明史》卷二二一其父王樵的传后,仅百余字:

> 子肯堂,字宇泰。举万历十七年进士,选庶吉士,授检讨。倭寇朝鲜,疏陈十议,愿假御史衔练兵海上。疏留中,因引疾归。京察,降调。家居久之,吏部侍郎杨时乔荐补南京行人司副。终福建参政。肯堂好读书,尤精于医,所著《证治准绳》该博精粹,世竞传之。①

王肯堂出身官僚之家,祖父王臬为正德十七年(1522)进士,曾任兵部车驾司主事,性格刚正,曾因谏武宗南巡被杖,官至山东副使之位。父亲王樵历任刑部员外郎、山东佥事、浙江佥事、南京鸿卿、南京太仆少卿、南京刑部右侍郎、右都御史等职,为官近五十年。与其父辈不同的是,他在万历十七年进士登科后,于万历二十年因朝鲜战事引疾告归,次年又遇京察降调,仕宦生涯随之终结,转而潜心医、律、佛及书画等事。

后世之人提到王肯堂,多半是因为他在医学上的成就。王肯堂十七岁时即立志学医。《杂病证治准绳》是他写就的第一部医书。从自序来看,王肯堂盖因他母亲曾罹患重疾,难以医治,愤而从医。随后,他始终保持着浓厚的医学兴趣,孜孜不倦地攻读医书。官场失意后,更是致力于研习医理,并整理大量医籍,撰写医书,为患者治病,以其博闻广识、兼容并收的治学特点为后世留下了宝贵的医学财富,成为明代与李时珍齐名的"医学宗师"。

---

① 张廷玉:《明史》卷二二一《王樵传》,中华书局,1974年,第5818页。

可能是在医学上的成就过于丰硕,世人往往忽略了他在律学上也作出的杰出贡献。其父王樵曾为明朝重要的司法官员。据《律例笺释》一书的自序记载:"先少保恭简公为比部郎时,尝因鞫狱引拟不当,为尚书所诃,发愤读律,是以有'私笺'之作。"可以说,王肯堂在钻研律学这方面有着深厚的家学渊源,在子承父业的同时,又青出于蓝而胜于蓝,扩展其父著作的内容,在法律价值观上实现了从阴谴到祥刑的飞越。

王肯堂的《律例笺释》体现了中华法系定罪量刑中的严格规范传统,即不能由司职审判官员个人随意判断。这对当时官员普遍以因果报应为办案宗旨的风气,具有拨乱反正的作用。另外,王肯堂提倡明法慎刑、德治与法律相结合,体现了儒家"礼"的文化,也蕴含着对法律的辩证看法,即法律不是万能的,伦理道德、礼治秩序对人的行为也有规范指引的重要作用。宗法制的血缘、尊卑等级等精神内核,在漫长的中国传统社会一直存在影响。例如在法律中,亲属之间要容隐,定罪定罚时要按照五服制度加重或减轻。

反观今日,我们在建设法治中国中,要弘扬中华优秀传统法律文化,坚持依法治国和以德治国相结合,应将社会主义核心价值观融入法治实践,让法律和道德共同发挥治国的作用,"法安天下、德润人心"。王肯堂的《律例笺释》对后世影响很深,不少清代学者师法王肯堂,并且对其评价极高,引领律学中兴并发展到体系化阶段。王肯堂重视法律知识的学习,条理清晰、持论平允,重视司法实践。在其法律思想中,我们可以看到法律与礼义道德相互影响,法律与社会知识相互融合,共同作用于国家治理。这也有着较强的现实意义。可见,对王肯堂的法律思想进行分类归纳研习,对今天的法治路径探索具有一定的积极影响。本书也意欲通过对《律例笺释》一书的整理与解读,一窥王肯堂在书中集中体现出来的法律思想。

一、祥　刑

何谓祥刑?第一,对案件进行审判要"详细";第二,对百姓要"慈祥";第三,对罪犯要以不偏不倚的态度来施刑与判罪。万历年间,官吏多以"功德论"作为审判的思想,不知律且不读律,常将有罪之人判处无罪。王肯堂和父亲王樵观点有所不同,认为这样的做法属于移情就律,在此基础上提倡祥刑,要求司职审判人员仔细调查案件,审判时做到"不偏不倚、无过不及"。这可以称之为司法理念和价值观上的迭代创新,有正本清源的作用。

王肯堂罚当其过的思想早期就见于其医学著作。其医学理论持论平允,避开门户之见,不偏不倚。本着"博而不杂,详而有要,于寒温攻补无所偏主"的指导思想,书中参考引用的历代医家诸说以及各家方剂均无所偏倚,具有不流于门户之见的特点。① 王肯堂的《律例笺释》更是"博采各家之长,在律条字词的解释,律文的注解,立法者意图的探明,律例注释中案例的引用等诸方面均下了工夫"②。王肯堂探究法律知识,推广并弘扬,且认为这是祥刑的基础。王肯堂认为只有细读律例,研究其背后的立法目的,才能在实践中对罪之轻重作出正确的判断,尤其在没有法律明文规定的时候可以参照援引与之相关的法律进行处断。

要实现祥刑的基础,必须研习深谙律条。明朝时,盐的买卖要由官府进行,否则就要处以私盐罪,杖一百,徒三年。只读律而不研究立法意义的官员在裁判时会认为,个人贩卖私盐才判处此罪,对于其他情况则一概不处置。王肯堂在《律例笺释》中就列举了一些常见的犯罪行为并且分析相关立法目的,认为"夹带出场""私自煎烧""巡获私盐,隐匿入己""官知情,故纵""盐引相离"等情况均应当以私盐罪论处。运送官盐时,如携带军器又不用官船的也当以私盐法论罪。究其背后的原因,既不用官船,又带武器,很明显有私盐、私贩的意图,因此应以私盐罪论处。相反,有贩卖私盐行为的也不一定按照私盐罪论处,具体情况需要官员对法律有深入透彻的理解。不仅官员要注意读律,而且百姓也要对律法有所了解。例如,普通百姓在取得贩卖官盐的许可后,也要注意准许的地域范围,不得超出审批的地域限制。能够贩卖官盐的地方一般会记录于会典,百姓应当多留心关注,知道规则,比如一般不允许跨省经营。如果不读律,即便是有引的官盐买卖,也会因为贩卖地点错误而受到杖刑。

除了盐律,王肯堂在描述解释其他罪名时也力求精准。例如,讨论强夺罪时,他指出豪、势是有分别的,豪是豪强,势是有力的人,这就扩展了犯罪主体涵盖的范围。强夺良人妻女,即便之后有媒聘的仪式,也构成强夺罪。王肯堂认为律例中的"奸占"二字,应该分开来看,扩展了该条的适用范围。奸,指奸宿,并没有纳为妻妾的意思;而占字,则指为己之所有,或者是配给自己的子孙弟侄家人为妻妾。两字分开后有助于司法实践中的准确把握,王肯堂的解读

---

① 甄雪燕、梁永宣:《明代医学宗师——王肯堂》,载《中国卫生人才》2016 年第 12 期。

② 倪梁康:《王肯堂及其〈八识规距集解〉》,载《中山大学学报(社会科学版)》2015 年第 2 期。

为清朝的相关审判所采纳借鉴。例如康熙年间，胡玉书强抢一案审理人员判词如下：胡玉书窥象干有妹关氏新寡，自恃豪强，纠同伊子胡大雄及张笃生等拥入象干家，就于卧榻将关氏赤体抢抱，与伊子大雄为妻。胡玉书合依凡豪强之人强夺良家妻女、奸占为妻妾者绞，妇女给亲，配与子孙弟侄家人者罪亦如之，男女不坐，应拟绞监候。张笃生等附恶横行，均依不应重律杖责。胡大雄随伊父同行，查律文内罪归所主等语，大雄应免罪。关氏照律离异给与伊兄关象干。至关成久病，因气身死，审无殴伤之情，无庸议。奉旨，这案着再确议具奏。① 在私借钱粮之罪中，对"私借用"的意思，王肯堂解释得极为详细。首先要看"私"字，其借用"公"来为之释义，为公借用，则是挪移出纳之罪，并非此罪。其次看"借"字，"借"与移易不同，移易是指移此易彼，即抵换，与挪也不同。其中，"借"的主体也有区分。监守仓库之人，以仓库中系官钱粮，私自借用，或转借与人，虽有偿还之心，但存在欺瞒、行私的故意，实为盗贼之事，以监守自盗论。非监守之人借，分自借与借人。其非监守之人，以常人盗仓库钱粮论。② 不知情的，则不坐。

　　王肯堂对法律的解释极其详细，对于立法目的和判处逻辑都进行了展开。何谓"侵欺"？意为官钱在手、视如己物、隐匿费用。第一，恐吓取财是指以声势恐吓，使人畏惧而取其财。除恐吓外还有诈欺取得财物，两者虽然名似但情殊。恐吓取财，当事人是因为受到恐吓，无奈之下交出财物。诈欺取财，是在当事人不知道的情况下交出了财物。第二，贼盗之律，一定要有所区分，贼与盗不可混为一谈。贼指的是危害生灵，流毒天下，情节较为严重；盗则指的是犯罪行为只发生在一身、一家、一事或一处而已，用今天的法律来阐释就是该行为并没有对社会造成严重后果，情节较轻。因此，在定罪量刑时，应区分出贼与盗并分别处理。贼的罪行包括妖言，但是其与谋反之罪又不相同。两者虽都是对社会稳定造成危害，但前者并没有谋反或者故意传播该言论，是由好事者不断传播，因此罪不至死，无须全部问斩。但反逆之人则为罪大恶极，只要参与其中，不分造意首谋还是随从之人，皆判定为正犯，凌迟处死。至亲、期亲、同居者不论笃疾、废疾皆斩，赎刑不可用。本来按照恤民思想，对于年六十以上或者生病之人可以用赎刑，但是，由于谋反的情节过于恶劣，不适用该恤民之法。第三，妻、妾、奴婢在逃的，都是有罪之人，都有主，他人不可以擅自藏

------

① 孙纶：《定例成案合镌》卷六，康熙五十八年(1719)吴江乐荆堂刻本，第3页。
② 闫文博：《清代仓库法律制度研究》，南开大学2011年博士学位论文。

匿或者擅自婚娶,否则与在逃之妻妾奴婢同罪。此类罪行在有的情况下不问这个"他人"是否知情。这里的他人,如若是娶该女子,与该女子同罪,财礼入官;不知情,财礼给主。但如果是窝藏,则不考虑是否知情,一律问责。因为窝主乃异姓无干之人,他人之妻妾奴婢,如果不是背夫主而逃,怎会到别人家中躲避,自称不知情,"恐无此理"。王肯堂又提出,就算不知情,也不可以窝藏。法律中规定的"不坐",系针对娶者,不针对窝主,窝藏之人应当按照收留迷失子女条内隐藏在家者杖八十科断。第四,在婚姻篇中,王肯堂认为法条中使用了"凡"字,则意味着官民同时适用。而不允许娶妾的法条中只用了"民",则意味官员不在此限。第五,"略卖"的犯罪情形,重于和诱、和卖。略者,罔其不知。和者,因其情愿。诱与卖也有所不同。略诱的意思是为己之奴婢、妻妾、子孙。略卖的意思是指为人之奴婢、妻妾、子孙。和略卖亲属,只言为奴婢,不言为妻妾、子孙。因为卖子孙、妹、侄与人为妻妾,是嫁娶中常有的事情。卖妻妾与人为妻妾的依照卖休之律;卖子孙与人为子孙的依照乞养异姓之律,不用本律。杀死正军这一罪名是专指谋故,殴死不在其中。因此,谋杀造意、故意杀害处以斩刑,肢解坐凌迟。犯人虽处死,仍要命令犯人户下亲丁一人终身抵充军役。所抵军人死后,仍由被杀死军人的户内来替补。如果是斗殴过失致其死亡,就依据常律,不需要充军。又比如共同犯罪,是指数人共犯一事。现有甲乙二人,同偷盗一家财物,是为共犯。若甲自偷一家,乙又另偷一家,虽同谋同日,不得谓之共犯矣。在共同犯罪案件中,要以先行提出犯罪意图的一人为首,依律拟断,随从的其他人,虽是同恶相济,但都是受到首事设谋者的鼓动才参与犯罪,所以各减罪一等。同谋共殴他人,以下手伤重者为重罪,原谋减一等。"边远为民者,就边之道里遥远言。总以边为界,以远为限,然断不出乎边之外,否则竟与边外无异矣。"[1]

实践中,要想做到处罚不偏不倚,离不开对理论知识的解读和研究,"用法者,宜留意而差别之"[2]。第一,王肯堂提到监守自盗的行为时,要求重其罚以严之。仓库设监守之人就是为了防止他人偷盗,监守自盗甚易,防之也更难。为了不助长这种风气,其处罚是"常人盗"处罚的"复倍",只有采取严厉处罚才可达到警示的作用。处罚与罪之轻重应符合比例原则,避免出现任意出入人罪,重罪轻罚或纵容犯罪。同一等级的刑罚也有所区分,比如同样处以流刑,

① 见本书整理篇《王仪部先生笺释》图注。
② 见本书整理篇《王仪部先生笺释》图注。

"地亦有远近"。有流放二千里的,有流放二千五百里的,情节更严重甚至会出现流放三千里的。第二,在嫁娶违律主婚媒人罪中,情况不同判处的结果也不相同。主婚人是祖父母、父母、伯叔父母、姑、兄、姊、外祖父母之类,主婚人应当独坐该罪,因为父母之命子女不得不听;余亲如"期亲卑幼及大功以下尊长卑幼"来主婚的,"则事未必全由之"。所以该通婚由主婚人办理,则以主婚人为首,以男女为从;主要出于男女意愿,则以男女为首,以主婚人为从,从者在处罚上较为首之人减一等。王肯堂列举的情况非常详细,二十岁以上之男,及夫亡再嫁之女,被主婚人威逼嫁娶,不得自由者,不应科从罪。若男年二十岁以下,及在室之女,完全没有自主嫁娶的自由,"不必问其有无威逼,由男女不由男女",只判处主婚人之罪,男女俱不坐首从之罪。① 这只是针对服丧期间,时间一过,父母可以命其再嫁或再娶,即使女子愿守志,但祖父母、父母逼迫其嫁人的不能按上述罪名判处。王肯堂认为这属于人之常情,不能苛责。第三,在论述开关城门罪名时,王肯堂解释得极其详细。各处城门,指的是府、州、县、镇城。非时开闭则判罪。非时指的不是昼夜,而是应开而闭,应闭而开。如果应闭但守门之人"误不下锁",杖八十;擅自开闭,杖一百。如果是京城中的门未锁则各加一等,比如误不下锁的杖九十;擅自开闭的杖六十,徒一年。如果是皇城门,应闭而误不下锁者,杖一百,发边卫充军;非时擅自开闭者绞。公务急速,情形危急,或者奉有皇帝的旨意,可以在"非时"开关城门。从中可以看到,这区分了犯罪主观方面的过失与故意。王肯堂所言"误"是指无犯罪故意,也就是今天的过失,从轻处罚。而有心,是今天的故意,要从重处罚。有心和无心会影响量刑的结果。第四,在未按照规定悬带关防牌面罪名中,拾得他人遗失牌面,而隐藏不报官,杖一百,徒三年。若将拾得他人遗失牌面,诈带上朝或悬带在朝门外,诈称有牌官员名号,有求于人的,绞。若只是诈称名号,无所求的,杖一百,徒三年。若盗牌,则依诈称假官论断。若伪造,并斩监候,以造意者为首,镌刻者为从。② 从中可以看到,捡到遗失的、故意偷盗的、直接伪造的,其主观恶性不同,因此在处罚上也有轻有重。伪造的主观恶意最大,因此直接处以斩刑。第五,把持行市罪名与市司评物价的罪名有相似之处,但如何进行区别呢?王肯堂对此有详细的判定。货物的价值有高有低,无论是平民之间还是官民之间进行贸易往来,都要评估物价以进行交换。市司评物

---

① 见本书整理篇《王仪部先生笺释》卷六。
② 蒋铁初:《清代民事诉讼中的伪证及防治》,载《华东政法大学学报》2010 年第 3 期。

价时有严格规定,须遵循牙行规则。若评估不实,比如时值本贵而估作贱,时值本贱而估作贵,致使物价不得平,计算所估和真实价值之间的差额,以坐赃论。差额在一两以下的笞二十,五百两以上的杖一百,徒三年。① 如果因为收受财物而不按照时值评估的,在计算赃款时以枉法罪从重论。收受贿赂的人评估差额在一两以下的杖六十,差额在一百二十两及以上的处以绞刑。把持行市罪名与市司评物价的罪名有相似之处,但“两不和同”,指买主、卖主双方都不情愿。尤其注意“把持”二字,是指自身的经营强买强卖,同时不许他人买卖。当下的法律中有不少概念存在模糊定义的问题,比如新闻侵权的相关规定中:使用侮辱性言辞的不在合理使用的范围内,新闻主体要承担侵权责任。那么,何谓“侮辱性言辞”?法律中没有准确的定义。不妨借鉴王肯堂的祥刑,对法律概念进行详细解释,以便司法中更精准地处理实际问题。

　　王肯堂的祥刑体现在对事实的判断和罪名的确定上。首先,法律规定一本只能收取一利,如果超出法律规范进行收利,就是违禁取利。王肯堂首先解释违禁取利的情形:取利三分以上,并且利银过于本银,计算多取的部分。对于多取的数量在三十两以下的,笞四十;正好三十两,笞五十;三十两以上的每十两加一等;至八十两以上,罪止杖一百。今天的民间借贷一直是法官判断的难点,不妨借助王肯堂的研究,对于借贷的法律进行调整和完善,制定明确的标准。其次,用自己的物件去抵换官物是犯罪,但又分为多种情形。如果是有监守身份的人实行抵换,那么属于私借,判监守盗;如果是常人用自己的东西抵换,属于非监守之人借,判常人盗罪,追其所抵换原物还官,其所抵换之物也要求入官。再次,比如用官粮偿还私债,判处常人盗。运粮官收受赃款,判处枉法。没有收受赃款但依嘱托听从,或者明知盗官粮的情形却匿而不举,判处另外的罪名。要注意的是,即使判处同样的罪名,处罚也是有轻重之分的。受寄他人的财物或畜产,是不能够擅自使用消耗的,如果有就以坐赃论。但是同为坐赃论处,其承担的处罚也有轻重之分。比如表明自己使用了受寄的财物,处罚较轻,因为这尚存补偿之意;如果谎称财物丢失,处罚较重,因为这有欺骗的情节。

　　祥刑要求审案要详细,抱着慈祥的心态对待百姓。从今天的法律来看,颇有禁止有罪推定之意。即使在今天,人们的思想中还常存在有罪推定,把嫌疑人当作罪犯进行推理。王肯堂讲究证据,用古代的表述为“人赃并获”。没有

---

① 杨爱净:《浅析清律“市司评物价”条》,载《学理论》2012 年第 5 期。

见获,不许"展转攀指";见获,不可脱放。官员对百姓进行严刑拷打或者监禁的案件中情况较为复杂的,王肯堂要求"司刑者详之"。拷打致人重伤,如吐血或内损,在一般的杖八十的基础上要再加二等,处以杖一百,流三千里;拷打致人死亡的,处以绞刑;制缚、监禁但不曾拷打,只有存在致命重伤是由制缚、监禁所致,才坐罪绞刑。祥刑体现在明察秋毫。"此项人虽非谋叛,因其相类而附于叛律后,须审实乃坐"。"审"要求"察其事之轻重,及有无逼迫情由"。"实者,查其避之年月久暂,并不服追唤情形,然后定拟为是。"①

祥刑要求善用刑罚,其要义在于不枉不纵、公平公正、罚当其过。"其情愈重,则罚更为倍加。"②情节严重与否不仅与造成的后果有关,还与犯罪主体有关,比如是官员还是平民,犯人与受害人之间是否有亲属关系,亲属关系的远近等。另外,罪犯是否有自首情节也会对最终的刑罚产生影响。王肯堂表示如果处罚过轻,犯罪的人就很难保持敬畏;如果处罚过重,百姓会感到害怕忧虑。因此要做到祥刑,罚当其过。第一,在解释挖掘坟冢罪名时,条例规定:凡发掘他人坟冢的判处发冢罪。根据情节的恶劣程度,作出如下规定:未见棺椁者,杖一百,徒三年;已见棺椁者,杖一百,流三千里;已开棺而见尸者,绞。以上是针对一般人犯此罪的处罚,但不同的犯罪主体处罚是不同的。如若是亲属犯发冢之罪,要分血缘关系的远近、尊卑与长幼。五服内卑幼发尊长坟冢者,同凡人论,如若开棺椁见尸的斩,比普通人犯罪的处罚更为严重。若尊长发卑幼坟冢并且已经开棺椁见尸的,要看该尊长与卑幼的关系,是缌麻的,杖一百,徒三年;小功的杖九十,徒二年半;大功的杖八十,徒二年;期亲的杖七十,徒一年半。若是祖父母或父母发子孙坟冢的,见棺椁与发而未至棺椁的都不论罪,开棺椁见尸的才处以杖八十的惩罚。第二,在贩卖私盐罪名的部分,由于主体不同导致后果有所不同的也比较典型。如果是官员犯罪,则"减半给俸";如果是百姓犯罪,根据参与人数进行处罚:一人犯罪,盐收归官府;共同犯罪的其中一人自首,盐作为奖励发放给自首之人。这意味着在审判过程中要依据事情的危害大小来判定罪之轻重。自首有改过之心,且危害不大,因此减轻刑罚。第三,在告状不受理的解释中,未受理百姓诉讼案件的官员按照所告事理的轻重来定罪。未受理的案件是谋反大逆、谋叛机密的事情,杖一百,徒三年;未受理的案件是子孙谋杀祖父母、父母之类的恶逆,杖一百;告杀人及强

---

① 见本书整理篇《王仪部先生笺释》卷十八。
② 见本书整理篇《王仪部先生笺释》图注。

盗,不受理的杖八十;告斗殴、婚姻、田宅等事情节较轻而未进行受理的,按照犯人告发之罪减二等即可,止杖八十。[1] 从上面列举的各事项来看,情节由重到轻,处罚也相应由重到轻。谋反逆叛之事情节最严重,恶逆不孝次之,杀人及强盗毕竟事关个人,社会影响没有前两者恶劣,所以处罚较轻。第四,诬告会严重降低法律效率,干扰审判的秩序。告人不以实是诬,而犯诬告罪会根据诬告的内容进行处罚,有所轻重。诬告他人,该人依据律法当受笞刑的,诬告之人加所诬之罪二等进行处罚。诬告人流徒杖罪的比起笞刑则属于情节较重的,故加所诬之罪三等。若诬重至死罪而所诬之人已处决者,照凌迟斩绞,反坐原告人以死;未决者,止杖一百,流三千里。[2] 但现实案件往往不会如此简单,存在诬陷但并不是全部诬陷,针对这样的情况,王肯堂也作出了明确的回应。告人二事以上,重事是真实的,则受告人应得重罪,诬告之人免罪。若轻事告实,重事是虚构诬告的,那么被诬之人,除应得罪名外,其余的罪皆反坐于诬告之人。第五,宿卫守卫人不能私自找人代替。无论是皇城的宿卫人,还是皇城各门的守卫人,应上任期间而不在岗的,笞四十。自己不值,让应宿卫守卫下值之人私自代替的,杖六十。自己不值,以别卫不系宿卫守卫人妄冒己名、私自代替者,杖一百。总的来说,应值不值,止于旷职罪,处罚较轻;而私自代替,则相隐为奸,从重处罚。[3] 京城门没有值守的,判处罪行减皇城一等,各处城门没有值守的,又减京城门一等。具体情节不同,处罚不同。

祥刑还体现在定罪量刑与犯罪主体密切相关。官员犯罪,如果发现情节严重,比如收受财物、陷害良善之人等,那么就判处充军。如果情节较轻,则枷号一个月。假如多人参与斗殴杀人,其中主犯处以绞刑,从犯可以在此基础上减罪一等,判处一百杖刑,流放三千里。虽然犯了同一种罪,但是根据情节的不同,适用的刑罚也有所不同。官员赴任在时间上有延迟的需要受处罚,但也要考虑到途中的不可抗力等因素。比如在任职途中遇到大风,或者被偷盗、患病、遇到丧事等实在无法继续前行,可以找到附近的官府开具证明,拿着凭证到上任地的时候就可以免予处罚。但如果采取虚假手段谎称生病,事实上却身体健康,与通常相比就会从重处罚。对于需要加重处罚的,也得计满数才能判处。比如监守自盗四十两是处以斩刑,那么即使偷盗数额是三十九两九钱九分,也不可判处斩刑。少一分也是少,应当按照三十两判处流罪,不得按照

---

① 王慧:《论清代司法官吏司法责任制度》,山东大学 2007 年硕士学位论文。

② 姚志伟:《十告九诬:清代诬告盛行之原因剖析》,载《北方法学》2014 年第 1 期。

③ 陈淑丽、吕丽:《明代官吏职务犯罪问题研究》,载《当代法学》2006 年第 1 期。

四十两而判处斩罪。应该在岗位上的官员,如果白天应当任职却不在岗位,晚上应当值班却没有出现,需要处以二十的笞刑。如果官员所在的岗位是守仓库、务场、狱囚、杂物,或者是巡风、官吏、攒拦、旗军、火夫、库斗、门禁之类,这些岗位关系重大,如果不在岗可能会造成重大危害,所以处以四十的笞刑。与大臣会见受处罚,这里指的是互相交结并漏泄朝廷机密事情,倚托牵引,那么所有人都处以斩刑,他们的妻子需要流放二千里。但此条重在漏泄、奏启上,若仅仅因为亲故而往来交际,没有漏泄事情,情况符合奏启实迹,则不用此律。

祥刑除了根据案情的轻重来定罪,对事后的情节也十分重视。自首是可以免除该犯罪行为应当受到的部分后果的,王肯堂认为此举可以"开自新之门",可谓之祥刑的重要组成部分。对于虽然自首,但已经造成损伤他人后果的,是不准因其自首而免除刑罚,因虽有悔罪表现,但是他人受到的伤害已无法弥补。若人因犯其他的罪,致杀伤人的情况,按照谋杀则太严苛,按照斗殴又太轻,故要求斟酌情令,按照"故杀伤法"判处。对于多次犯罪如何做到不偏不倚,王肯堂也给出了明确的标准。比如犯了受财枉法罪的人,先被判处了罚款十两和杖九十的处罚。但该犯人之前在某司已经被判处了受财枉法三十两,律杖八十,徒二年,处罚的期间还未满,今又发现前文所述的罪行,依一罪先发已经论决,余罪后发,重者更论,通计前罪来充后数。有禄人枉法赃各主的话,就通算全部罪行,四十两、杖一百并徒三年。通计先杖八十,徒二年,再贴杖二十,徒一年。即使遇到例减等情况,但法律规定仍应严格遵守,条例规定应当充军、为民立功调卫等,仍然依律例拟断发遣,绝不可移情就律。

二、恤民思想

王肯堂早年因母亲身患重病而研究医学。当时的医者大多求利,医术不精且各有诊治方案,其母亲的病症始终未能得到减轻。王肯堂萌发了习医的理想,开始潜心学习岐黄之术,他的父亲担心这会影响王肯堂以后参加科举进入仕途。虽然有一段时间王肯堂不得不停止学医,但在经历仕途失败后又重归杏林,与传教士利玛窦交流甚深,用中西合璧的方法治病救人,终成为医学大家。他强调,习医的目的是济世救人,而非一己私利。"欲济世而习医则是,欲谋利而习医则非。我若有疾,望医之救我者何如?我之父母孙小有疾,望医之相救者何如？易地而观，则利心自淡矣。利心淡，仁心现。仁心现，斯畏心生。"①可见，王肯堂深受儒家仁爱思想的感染，仁者爱人，在医学领域里重视救人，有着崇高的医德，投射在《律例笺释》中也体现着其爱民、恤民的思想。

民本思想源远流长，是中华民族治国的基本伦理与准则。"民惟邦本、本固邦宁""水能载舟、亦能覆舟"等治国理念影响深远，体现了以民为重的思想；历代统治者减少征收赋税，官员提高自身仁政能力等均体现了养民思想；关爱百姓，仓廪实而知礼节，衣食足而知荣辱体现了富民思想；教化百姓，兴办教育，令百姓明德则体现了教民思想。重民、养民、富民、教民，以上都是恤民思想在不同层面的体现。探其本源，恤民思想也与"仁"有着莫大的关系，孔子提倡个人要有良好的品德，其境界要求"博施于民，而能济众"，孟子将其发展为仁政，讲究民贵君轻。王肯堂将"仁"发展为一种爱民思想，一方面要求官员提高德行，另一方面要求法律讲究"人情"，施仁政为国为民。

《律例笺释》对赎刑多有探讨，规范罪犯以金钱来抵罪，丰富完善了明朝的赎刑体系。赎刑虽然不排除政府有增加财政收入的意图，但从人道主义角度出发，赎刑一定程度上替代肉刑是恤民思想的体现，主观上也希望百姓无须承受过重的刑罚，同时也给予了百姓改过自新的机会。杖刑、徒刑等处罚都可以用金钱和劳动来代替，这也极大地弥补了当时劳动力的短缺。比如组织犯人去煎盐、炒铁，或者充军边远等，既让犯人改过自新，又可以充当劳动力。在《律例笺释》中有多处对赎刑的规定。首先，犯罪之人如果年龄较大或者较年幼，又或者刑罚期间发生疾病，可以用一定的金钱来收赎剩余未完成的处罚。在共同犯罪中，尊长年八十以上且身患疾病的，虽然是出主意的主谋，但不坐罪，以同犯次尊长的人坐罪，剩下的都可以免除。根据明朝律例，如果罪行判处杖六十、徒一年，但一个月之后突发疾病的，可以用银一钱五分完成全部的收赎；如犯杖一百、徒三年，但一个月之后老疾的，合计全赎银三钱。其次，除了特定年纪和发生疾病可以收赎，对妇女的特别规定也体现了对百姓的体恤。女性犯罪，按例律应判处徒、流的，止于杖刑一百，剩下的罪都允许其用金钱进行收赎。若妇人怀孕时犯罪，讯问以及处罚必须考虑妇女的身体状况，等到其婴儿出生后一百日方可进行，对母婴的优待保护体现了人文人本思想。如果官员违反此规定，在妇人还未生产时就加以拷决，造成其流产堕胎的，该官员将会被处以杖一百。作出这样的规定是因为孩子出生百日后，就可以在没有

<hr />

① 甄雪燕、梁永宣：《明代医学宗师——王肯堂》，载《中国卫生人才》2016年第12期。

母亲哺乳的条件下存活,此时再行刑,对孩子的影响较小。再次,在城门值守
的各项罪名中,王肯堂表示,此项任务是重要的,不值守的处罚是严重的,因为
这是维护天子的安全。但即使是如此重要的岗位也是允许值守者不值守的,
比如遇有疾病、生产、死丧等事故,只要先赴所管头目告知,就可以不判处不值
之罪。若是因为公差无法值守,不用再去向头目汇报,因为头目应当事先了解
并安排其他人进行补值,不需要本人亲自赴告,这无疑方便了值守人员,可见
恤民。最后,对极刑采取了审慎的态度,不允许违规处以极刑。极刑是指绞、
斩、凌迟。王肯堂表示在处以极刑之前一定要先奏请朝廷,否则不得判处。综
上,王肯堂的恤民思想,在规定如此详细的赎刑、不可用极刑等情况中可见一
斑。《律例笺释》虽是私家注律,但由于其官宦背景,其注释侧重于经世致用,
涵盖了司法审判的程序、刑名及刑罚替代辅助等系列内容。接地气的同时更
关注地方具体实践问题,从而受到司职审判人员的欢迎,规范了司法官员的自
由裁量权,以恤民思想为中心树立裁判规则,论证了祥刑的可能。

　　恤民思想还体现在对司法程序的规定上,例如对民众的越诉,相关规定既
严格又包容。按照程序,军民对事理有争论的,都可以进行诉讼,并且要自下
而上,先从拘该官司陈告。军有所卫都司,民有县州府省,在内有六部都察院,
在外有提刑按察司及分司。明朝律法规定若越本管官司,而赴上司衙门称诉
者,其所诉事情虽实,也要被笞五十。若所诉事情不实者,依诬告追究责任。
这样的规定有为百姓考虑的因素:下层的官府与百姓关系更近,事情也更容易
得到查明。属地原则考虑到自下而上进行诉讼可以节省时间,有利于百姓更
快得到官府的回复,促进纠纷快速解决,这样即使"上诉",该本管官司也可以
依据初级官府的调查所得进行裁判。考虑到地方官府可能出现问题,比如官
司陈告而不受理,或受理而亏枉不服,在这样的情况下允许百姓赴上司陈告,
不以越诉之罪判处。军民人等,迎候车驾出入时击登闻鼓申诉,若调查发现所
告知之事是真实的,则免除处罚。按理来说迎车驾时击登闻鼓申诉,是越本管
官司的情形,应该是有罪的。但是奏诉得实可以免罪,这是天子体恤百姓,关
注百姓疾苦的规定。看似矛盾的越诉规定与西方形式法治不符,但在古代中
国,这有助中央了解地方正在审理的重大案件是否公正,畅通下情上达的管
道,进而了解冤屈者实际的生存现状,"矜庶狱而昭平允"。

　　恤民思想还体现在规范市场秩序和对商业主体商业活动有所规制保护
上。面对强买强卖、扰乱市场、危害交易、损害民众生计的行为,王肯堂表示应
当严厉处罚。各处市集买卖货物,若发现买物人与卖物人两不和同,把持行

市,高下其价,不许他人作主,自专其利,还通同牙行的:卖己物时,故意估高价、以贱为贵;买他人之物时,故意说低货物价格、以贵为贱的,都要按奸计处以杖八十的处罚。见他人有所买卖,"在傍故以己物之高下价钱相比,惑乱买物之人",求取利益的,虽然不是"把持"的犯罪情形,但也可恶,故笞四十,以防止再发生类似事件。① 民间不按照规定标准私造斛、斗、秤、尺的,对于保障民生也是有害的,因为物价无法得到准确的评估,百姓的利益会受到影响。因此,法律规定私造斛、斗、秤、尺在市行使,或私下作弊有所增减的,杖六十,私造增减的工匠,与之同罪。② 民间在市行使斛、斗、秤、尺时不仅注意尺寸的规范,还要由官司较勘印烙,否则笞四十,因为这会导致无法区分是否私造不平。除了计量工具外,百姓所用的器皿、绢布事关百姓生活,如果质量不过关,会对百姓日常生活造成影响,因此造出残次品售卖的,笞五十。

盐与百姓的生活息息相关,因此只要发现贩卖无引私盐的,不论贩卖盐之多寡,俱杖一百,徒三年。王肯堂对贩卖私盐的阐述极其详尽并且规定其受到的处罚应当严厉,以此达到减少贩卖私盐的犯罪、保障百姓生活的目的。盐一方面要供给军需,另一方面在遇到水旱凶荒时可以作为百姓的救济。盐商专卖制度必须进行相应的改革,不能再由官府单独垄断,尤其是禁止放任官商结合,损害民生。王肯堂指出盐商专卖在万历后期既可以提高政府税收收入,也可以让百姓受益。除了盐律,对于钱的使用规定也体现出了恤民思想。国家直设钱局,鼓铸铜钱,通行行使,目的是让民间买卖金银、米麦、布帛诸物时更加方便地交易。如果有人高抬其价,或低估其值,使得交易的物价有差,这是损害民生的行为,规定杖六十。对官员盘问检查程序的解释,也体现了王肯堂去繁就简,尽量不扰民的恤民思想。按照旧例是由各省守巡道共同查盘,现下的盘问检查要求做到政不烦而民不扰,所以由巡按委官查盘即可,但需要申报给巡抚及各差御史知会。钱粮赃罪,都从一归结,不可各另委官查盘,因为此举会烦扰地方;也不可一年查二三次,不可一事问二三罪,这客观上也促进了商业经济活动的自发秩序的形成及其展开。

同样恤民思想还体现有以下两个方面。第一,对于军职人员亡故的优抚待遇。如果其子年龄尚小,还无法继承官职获得俸禄,官府应当将其记录在册,并且按照俸禄的一半给付,以帮助其赡养家庭,保障基本生活。等到其十

---

① 见本书整理篇《王仪部先生笺释》卷十。

② 王燕玲:《儒家传统文化与中国的官商关系——以明清为透视点》,载《云南民族大学学报(哲学社会科学版)》2004 年第 5 期。

六岁,符合入军职条件并通过考核,再命其为军职人员。倘若家中没有子嗣可以继承的,妻子也可以按照律例申请一半的俸禄,以保障她安享天年。此举使得军人之妻老有所养,军人之子的生活也有所保障。此项解决了军职人员家属的民生保障问题,进而稳定了社会秩序。第二,对于违反管理规定禁取利息的民生保护。王肯堂认为,民间的放债、典当,都应该价值相当,收取的利息要适当,否则就会对百姓造成伤害。"凡民间私放私债,及与人典当财物,每月取利,不得过三分。"①尤其是监临官吏之类的官员,在与民进行典当或者其他金钱之债的往来时,不可以多收取利息,否则按照赃物论处,杖八十。地方有不少豪强,对百姓进行催债,强行夺取百姓的孳畜产业,王肯堂表示,此举即使是为了得到自己应得的钱财,强占的产业估价未过本利,也要杖责八十。百姓欠债不还,应当告于官司,而不是强取豪夺。财产不可强取豪夺,人更不可准折或强夺,王肯堂认为,欠债人的妻妾子女,不应当作为被追债的对象。如果要求利用欠债人的妻女来进行钱财的减免,那么"准折者,杖一百;强夺者,加二等,杖七十,徒一年半"②。

恤民思想体现在法律上不宜过于严厉。对于不涉及危害统治,不是"十恶"的罪人的处罚不应当连累其子孙、妻奴。即使是犯了谋反的大罪,也要考虑具体情况。比如该犯罪之人的亲属是九十以上或者有疾病的,虽是死罪但不加刑。其亲属十五以下的,因为幼小无知,无法及时揭发罪行,所以不判处死刑。王肯堂认为重其法,不过是为了慎微于未萌,让人不敢犯罪。对于本身过错不大,没有主观故意的不应从重处罚。在过往的法律中,在京师犯罪的平民要发落到别郡,而和他一起生活的人都要发落到他乡,只有这样才可以达到肃京师的目的。但王肯堂认为,对于罪行的处罚只到发落犯罪之人为止,罪止其身,不应连累其家人。另外,王肯堂表示对于无可证实的事情要"缓以决疑",一定要先行覆奏再实施刑罚。在衙门用刑方面,王肯堂指出不可滥用,不可将其作为常用的办案手段。对于不是判处死刑的男子,不允许违规使用严酷的杻刑。使用枷、镣等处罚尽量不禁锢犯人的手,因为手是人身体中最重要的部位之一。如果怕犯人逃脱,采用困顿其双足即可。对待百姓,不可"内溃割肉",不可造成其筋伤残废。以上内容足以见王肯堂恤民之思想。

恤民思想还体现在不少罪名虽然已经坐实,但考虑到人文关怀等可以留

---

① 柏桦:《论清代的"违禁取利"罪》,载《政法论丛》2007 年第 4 期。
② 见本书整理篇《王仪部先生笺释》卷九。

有余地。比如有妻子却说没有,虽然构成欺妄之罪,但考虑到传宗接代人口繁衍对当时社会的重要性,王肯堂建议年四十以上无子可以允许其娶妾;四十以上有子或者无子但年未满四十,违律娶妾者要笞四十。有妻子但谎称没有并纳妾,这原本应当按妻妾失序罪判处,但考虑到后代和家族的传承,允许其娶妾,可谓仁至义尽、恤民之至。

恤民体现在官员不得随意判案、随意用刑。当时,有些官员相信"善有善报,恶有恶报"的阴谴之说,于是无原则接受"救人一命,胜造七级浮屠"。具体到司法实践领域,有些司法官员便主张"救生不救死",少杀几个人,多放几个人,可以为自己的来世或者家中亲属积点阴德,免遭阴谴。王肯堂认为,应准确援引法条。官员如此是对百姓的不负责任,并且表示这样的做法应当以出入人罪进行处罚。王肯堂重视官员的品行和行政能力,认为只有官员有高度责任感,公平判案,百姓才能获得幸福的生活,才可以不招致阴谴。王肯堂在《律例笺释》中指出,官员的数额是有明确限制的,个人不能擅自加减。官员不能任意办理案件,务必做到无冤。各衙门不应当任意出入人罪。"干预公事、交结承揽、写发文案、把持官府不得自由、蠹坏政事、虐害民人"①,均判处杖八十。官员应当养民富民,而不是虐害百姓。若官员有所规避,则推原其所规避之事,重杖八十,坐以所避之罪;若轻于八十,则仍坐本律,从重处罚。若有人犯罪,按律该处死,但官员巧饰言词为其求情,暗市恩私,邀结人心,该官员也处以斩刑。官官相护有损百姓利益,因此,凡是诸衙门官员及士庶人,如果上书称颂官员有美政、才德的人,就可判定为奸邪、朋党。而且务必要审问清楚其阿附官员的原因。有的是希望能够引荐,有的是为了报恩情。这对为官的质量设立了较高的标准。官员不擅自加减官员的任职人数,不为了积阴德而随意办案,不可官官相护,这些客观上都有利于保护百姓的利益。

王肯堂重视民生,因此也对官员是否尽责这一问题十分关注。王肯堂表示,设置官员是"为民",民众发生冲突时都要由官员来审判,所以责任重大。如果凭借自己的官位作威作福,严刑拷打百姓,就是"所谓强凌弱、众暴寡",杖八十。另外,官员也应遵守考勤就任制度。当上任为官的人还在外,以领凭之日为始,若没有阻风、被盗等项缘故,而过逾原限不到任者,采取笞或杖的处罚。官员应当在职而不在就应予以处罚。不过该条例也意味着,凡遇到阻风、被盗、患病、丧事等情况,则不在"无故"之列,不用此律。这考虑到官员的实际

---

① 见本书整理篇《王仪部先生笺释》卷二。

情况,也是一种体恤的思想。王肯堂认为做官应当成为百姓的表率,以此达到教化百姓,也就是教民的目的。由此,王肯堂认为对官员的要求要高于对百姓的要求,处罚力度也应当更大,从严管理官员。比如百姓中有一些趋避念重、宣扬祸福之说的人,如果是阴阳术士私自在官员家中讨论祸福吉凶,则对官员处罚较重。"若民间百工技艺之人,其有政令得失,军民利病,一应可言之事,亦许亲身直至御前奏闻。"百姓可以为改革政令、改善民生积极献策。"其言如可以采用,即付所司施行。"①百姓提出了建议,但各衙门有阻拦,不允许百姓上奏的,需要承担的后果是秋后问斩。若内外大小文武官员知道办理此类案件不方便,拖延不办理,因拟罪繁琐就不去做应当做的事情是要受到处罚的,这与当今政府不作为犯罪有不少相似之处。官员如果擅自克扣百姓交纳的粮食也要受到严厉的处罚。官员、里长收受财物,"不行上紧督并完纳者,各计其入己之赃,以枉法从重论"②;多收了百姓的粮食,比如积出附余,那么按照多收的部分计赃。③ 对于虽多收而未曾入己的就不加重处罚。关于揽纳税粮之举,多有弊端,民众或许会多取利,监管的官员也会做手脚,但是对百姓还是采取了比较宽容的做法,王肯堂在《律例笺释》中表示"犯在民,不过规取微利,故止杖六十"。但如果犯在监守,要加罪二等,不然无法"禁察下人"。

三、知行合一

王肯堂法律思想中的知行合一与其早年的学医经历有一定关系。王肯堂给人看病力求准确,注重实际诊治的效果。在《律例笺释》中,王肯堂也不局限于对法律条例的阐释和分析,力求以解决实际存在的问题为目的,采用举例的方式帮助司法官员更好地断案。

儒家强调积极入世,理想人格不是虚无缥缈的,而是可以通过个人身体力行的实践达到的。知行合一的理念体现在王肯堂的《律例笺释》中,对法律规范不只是作文义上的解释,更是注重指导司法实践活动,提供具体的准绳,这为中国律学的发展作出了积极贡献。法学家瞿同祖先生虽然没有使用法律人这一概念来分析中国传统法律,但他在《清代地方政府》用单独章节来探讨法

---

① 见本书整理篇《王仪部先生笺释》卷十二。
② 见本书整理篇《王仪部先生笺释》卷七。
③ 陈凯健:《清代贪污贿赂犯罪的治理及其镜鉴研究》,扬州大学 2021 年博士学位论文。

律学与法律职业问题,并指出中国传统社会法律职业不仅存在,而且法律职业从春秋战国到晚清一直不断发生变迁,成员由法家、律学家、书吏、刑名幕友、讼师等组成。

王肯堂重视对法律条例的研究,意识到法律的规范指引功能需要符合司职审判人员的行为习惯和具体应用的场景。如何应对具体现实情况? 王肯堂的《律例笺释》在十分详细地解释条例后,往往深入浅出地采用举例、运用实际案例来帮助理解,有利于司职审判的官员能够在实践中更好地运用,以作出合理的裁判,避免与实际犯罪情景有所出入。面对具体情况要能够具体分析,比如在遇到法律没有明文规定的犯罪时,应该如何进行处罚。王肯堂提出可以在现有法律的基础上加减刑罚的处罚力度,依据现有律例进行加减。那么裁量的基准,考量的因素又如何确定? 他举例说,守城门的人将城门的锁钥丢失了,律法没有对丢失锁钥的行为作出处罚规定。律法没有办法穷尽列举各种情况,但是锁钥和印信、夜巡铜牌在性质上有相似之处,都是关防物品,因此可以按照遗失关防物品来确定刑罚。但也要注意到两者毕竟也有所不同,不能完全按照印信、夜巡铜牌遗失来确定一模一样的处罚。有时候要加重,有时候要减轻,这需要用法者权衡妥当,最终确定罪名,在确定好后要上报刑部,并且要详细列出裁判的依据。

王肯堂在《律例笺释》中通常借用现实中的例子来解释法律条例。什么是聘财? 解释起来很容易,不过是银钱酒果之类的物品且明确表示作为聘礼。但在具体实践中,官员判断是否属于聘财并不简单。例如下过聘礼之后,婚约有变,那么财物是否还属于聘财? 一种情况是未许他人,那么尚有合的可能性;另一种情况是已经再许他人,则其盟已背,不可合。如果再往下进行细分,虽背盟但未成婚,犹可改;若已成婚,则其身已失,不可改,此时不属于聘财,应当全部返还。王肯堂列举的情况很多都来源于现实中发生的情况,绝不仅仅停留在字面上的解释。比如有妄冒的情形,那么女家杖八十,追还财礼,男家冒充要加一等且不追财礼。女家得财礼者,故男家受到损失,则追还财礼;女家受到损失,则财礼免追。其背后的逻辑是,女方妄冒,其男犹可再娶;男方妄冒,其女遂至失身,考诸相应情形对男方加重处罚是适宜的。若已成婚者,仍旧为婚,尊长所定之女,听其别嫁;未成婚者,从尊长所定;自定妻室,从其别嫁。如违尊长所定，务从自己所定者，卑幼杖八十。①

可见，王肯堂不仅分析法律概念的具体含义，还能在条例后加上具体的实例，做到知行合一。在对自首的处理中，王肯堂首先解释了法条，告知官员如何处理复杂的自首案件。有人犯了轻、重二罪，轻罪被人告发，但其自首了犯的重罪，那么裁判就以轻罪为准，自首的重罪不予处罚。其次，王肯堂运用具体的例子来帮助分析。比如窃盗罪被告发，自首时表示曾经私铸铜钱，那么可以免除铸钱这一死罪，按照窃盗徒罪判处。在论述诬陷他人的罪名时，更能体现出王肯堂知行合一的思想。现有赵甲状告钱乙犯辱骂罪，但调查后发现该行为是没有发生的，那么加所诬罪二等，犯辱骂罪本来笞十，那么现在则判处赵甲笞三十之罚。同理，如果赵甲诬告钱乙的罪名应该杖八十，那么在所诬罪的基础上再加二等，判处杖六十，徒一年的处罚。

知行合一，体现在王肯堂不仅对法律的详细解释，而且会结合实际的犯罪事实进行分析。其最终目的不仅仅是对法律进行注释，更使司职审判官员在碰到复杂情况时能在诉讼程序中作出精准的判断。比如在分析监守盗罪名上，他举例：现有监守十人，借官银四十两，官府在处理时判定此罪由十人共同承担、各自分担，一人四两杖九十。但是如果是监守自盗财务钱粮的，不分首从，按照犯罪违法总额进行处理。如果各按照四两定罪，罪不并赃，又不分首从，那么就和官吏受财罪一样了，不符合律意。又比如，"俱发"是指有人犯了二罪以上，可能是三四罪，也可能是五六罪，俱于一时被官府发现，则以俱发的事情中最为严重的一项来论罪，这类似于今日刑法理论中的吸收犯。如果数罪轻重相等，则按照其中一项来进行科断。王肯堂中兴律学，不仅用儒家经典进行释义，还用规范理论来指导司法实践。他举例说，现有一个叫赵甲的人在正月里曾犯私借官物罪，到了二月又犯把持行市罪，至三月时两罪被人同时告发，那么以其中的重者来论罪。另外，王肯堂在论述挪移出纳罪时表示，半印勘合需要用准支勘合正支。这样的文字晦涩难懂、涉及一些名词比较陌生，为了让官员在实践中更好地作出判断，王肯堂举了现实中的例子，以帮助官员更好地理解。先以某年征收夏税为例，定收于一仓，分例该支放某月军粮，是为正收、正支。又以秋粮举例，挪收作秋粮，或把粮食收归自己所有，用作补秋粮放支，是为出纳之罪。挪移出纳还充官用，虽非入己，而出纳不明的，要累计所

---

① 霍存福：《沈家本眼中的"情·法"结构与"情·法"关系——以〈妇女离异律例偶笺〉为对象的分析》，载《吉林大学社会科学学报》2012年第1期。

挪移之数并赃,以监守自盗论处。① 如此比附类推,赋予增强了律文新的解释能力。

在王肯堂的法律解释中有不少实例。比如发生在弘治年间的一起案子就被写入《律例笺释》中。犯人刘雄,手拿尖刀一把,欲将兄刘英杀害,事发问拟,按照弟殴兄的条例处以杖九十,徒二年半。王肯堂用法律条文具体解释为何判此处罚。法律规定此情形确实属于斗殴罪,一般的规定是持刃伤人的杖八十,徒二年;又根据殴期亲尊长的条例,弟殴兄杖九十,徒二年半,有刃伤情形的绞。在本案中弟殴兄,但兄长没有受伤。犯人持刀赶杀亲兄,虽未成伤,比之常人,委实凶恶,合无斟酌前例,将本犯送兵部,编发边卫充军,惩戒将来,仍通行天下问刑衙门。今后再遇到卑幼执持刀刃,杀害期亲尊长的案例,虽未构成伤害,都可照此例问拟发遣。若系别项凶器,与犯大功以下尊长者,自依问刑条例拟断。在条例后附上具体的案件,“备以参考”。王肯堂的意思很明确,想通过分析具体的案例来帮助官员更好地裁判。同僚犯公罪,“四等官内,如有员缺,亦依上递减”。② 这是条例笼统的规定,王肯堂又举例加以帮助。县丞主簿缺失,吏典赵甲为等级最高的官员,那么耽误公事应当处以杖八十;钱乙是首领官,可以在赵甲的基础上减一等,杖七十;知县孙丙是正官,可以减佐贰官一等,笞五十。同时,王肯堂还考虑到现实中的复杂性,进一步举例帮助:若本衙门设立的官职没有四等官,只有一知一典,那么按照设立的人员数递减,孙丙减钱乙一等,钱乙又减赵甲一等即可。涉及具体的罪名,王肯堂运用多种解释方法。窝藏寄顿人口之家,买主知其和略之情,或为奴婢,或为妻妾、子孙,并与犯人同罪,至死减一等;卖者所得之价,牙保、窝主所得之钱,并追入官。③ 在字面解释之后又予以实例,以解决实际问题。现赵甲将子赵乙的妾钱氏和卖给李丁为婢,经过孙丙说合,还未卖出时,被赵乙告发,赵乙依子告父者律,杖一百,徒三年;赵甲依和卖子之妾为婢未卖者,通减略卖子孙之妇罪四等律;李丁依买者知情与犯人同罪律,各杖九十;孙丙依牙保知情减等律,杖八十。明朝佛教、道教的思想对社会影响很深,儒学发展为理学,多强调内心的修行,不重视实践,在当时,能做到合一实属不易。从中可以看到,在王肯堂的法律释义中,不是纸上谈兵,而是寄希望于这本书能够指导实践。王肯堂不断

① 张先昌、杜海棠:《以法治官:中国传统社会廉政法制建设的当代价值》,载《法学杂志》2017年第1期。
② 见本书整理篇《王仪部先生笺释》卷一。
③ 顾君尧:《清末中国拐卖妇女的法律现象研究及启示》,载《秦智》2022年第12期。

强调知行合一,官员要用法律来指导具体实践,完成审判工作。在新旧法律的适用问题上,他表示应顺应世事变迁按照新律进行拟断。官员重经义,轻狱政事务,遇法律问题时更多交给吏卒处理,一直是地方行政官员的缺点。王肯堂则注重研习法律,起到了很好的示范引领作用。

四、天人感应

王肯堂的法律思想体现出天人感应精神,即人的活动与天的运行规律有着莫大的联系。古代较常使用的"人命关天",就是天人感应的俗世表现。王肯堂与同时代的汤显祖关系甚好,汤显祖著名的元杂剧《窦娥冤》中就有司法活动与自然或者说是"天"之间的联系。细读此书,"六月飞雪""三年大旱"这些堪称灵异的自然现象就是由不公正的司法活动引起的。探究其时代背景,明朝时三教并行,都对民众产生了重大的影响。汉初实行休养生息的政策,讲究顺应天时,作为社会主流的儒学,也强调敬天保民。佛教进入中国后,与儒、道交融互通,相互影响。王肯堂也是著名的佛学研究者,曾亲自拜访禅师并与其进行讨论。佛学的主要思想之一是因果循环,善恶终有报。这当然也是顺应自然规律,讲求天人合一。少杀慎杀,可以为自己的来世或者家庭成员积阴德,免遭之后的报应。

王肯堂虽主张天人合一,但赋予其新的内涵。王肯堂认为研究法律知识可以真正做到"福祚且流及子孙",提出法律中存有"上天好生之德",也体现出对"天"的坚信。具体到实践中,其主张"天命天罚",也就是犯下的罪行应当受到相应的处罚,唯有无冤才算做到了"天人合一",才能避免社会存在的"冤抑不平之气",才能使司法人员免遭"阴谴"。实践中能放一个是一个的做法违背了"天人合一",是无法积累功德的,对受害人有失公正。王肯堂对司职审判官员积功德有自己的理解,顺应天命需要严格规范执行律例。

古代中国是农业社会,春耕、夏种、秋收、冬藏是农业活动的基本特征,人们又将一年划分为二十四个节气,以二十四节气来指导农业生产。自然界万物皆有序,追求自然秩序的和谐是中华法系的特点之一,《律例笺释》就运用了二十四节气来规定犯罪者接受处罚的年限。"三百六十日者,自今年立春至明年立春,二十四气一周之数也。凡称一年者,须计满三百六十日,然后坐罪。"①明清之际的秋审制度在诉讼程序中体现了"天人感应"的思想,民众深信"天行有常"的自然规律。"若各衙门但有阻挡,不容上奏者,鞠审明白拟斩,秋后处决。"②除此以外,《律例笺释》中还有许多其他罪行都是在"秋后处决"。《黄帝内经》《月令》都说秋天是万物肃杀的季节,所以这个时候审判杀人应天时。

　　法律领域的"天人合一"思想还表现在君权神授,王肯堂在《律例笺释》中有很多关于君主至高无上的规定。封建社会皇帝至高无上的权力很大一部分是靠神、巫术理论来维系的。"凡内外大小文武官员,除有差遣丧疾等项,若无故在内不朝参,在外不公座署事,及诸衙门给假官吏,假限已满,无故不还职役者,一日笞一十,每三日加一等,至二十二日之上,各罪止杖八十,并附过还职。"③上早朝是敬畏皇帝尊严的具体表现,皇帝即是天,不参加是为大不敬。王权来自天命,体现了天命。法律中还出现了专门保护皇帝甚至皇后、皇太后、太皇太后的条例。早期的天人合一包含着人神之间的关系,人敬畏神明,天子是神明授予的,因此敬畏天子也是在敬畏神明。同理,皇室的衣服、饮食、书籍也不容侵犯。体现天子威严的不仅有宫殿,还有行宫。车驾所到之处,谓之行宫。但因为是至尊天子所在,所以为禁地。行宫可分为营门,次营门。和擅入皇城各门罪名相同,杖一百。至内营牙帐门,杖六十,徒一年。其未过此门限的,按照宫殿门擅入罪拟断。④ 天子的威严体现在其住所、车架、用膳之地都是禁地。天子是至尊,出行所坐的车驾是不容侵犯的。除了近侍及宿卫、护驾官军之外,其余的军民百姓都不可以靠近。如果偷盗天子的车驾,处以最高刑罚——斩刑。如果在行车过程中有冲入仪仗队伍的情形,直接对罪犯处以绞刑。另外,天子的衣服、饮食都以此类推。如果遇到皇帝的车驾经过,必须回避让路。百姓只要有冲入仪仗的情形直接判处绞刑。如果是在郊外旷野之地,没有可以庇身的导致一时不能回避,应当俯伏以待车驾经过。文武百官在没有皇帝的旨意或宣召下,无故进入仪仗内的杖一百。凡军民人等,于车驾行幸之处,有申诉冤抑事情的,只允许在仪仗之外,俯伏以听圣旨发落,不许入

---

① 见本书整理篇《王仪部先生笺释》卷一。
② 见本书整理篇《王仪部先生笺释》卷十二。
③ 见本书整理篇《王仪部先生笺释》卷二。
④ 成富磊:《礼之退隐——以近代中国刑律中君亲条文的变动及其争论为中心》,复旦大学 2012 年博士学位论文。

仪仗之内。倘若违反,并且所诉之事又不实者会被处以绞刑。除了人以外,连军民牧养的牲畜冲撞了仪仗,守卫之人也要受到处罚。体现天子不可侵犯的法律解释还有很多。比如"入则至午门内御桥,出则至天安门外御桥,皆有御道"。此路专门为皇帝服务,臣民不可用,故除侍卫、官员、军汉,导引随从车驾出入外,只允许在御道、御桥的东西两边行走,其余的文武百官、军民人等,"无故于御道上直行及辄度御桥者",杖八十。①

"天人合一"集中体现在"道"。为了正道,个人不能私造鬼神,不可造妖书妖言以惑众。有人自造谶纬、图箓、妖诞文字,如依托赤伏符、典午、卯金刀之类,妄载休咎、征应之语者,谓之妖书。或自造为鬼神,妖妄不经,涉于不顺之言者,谓之妖言。② 此皆妄议国家兴亡、世道治乱,意在惑人,流祸甚大,故创造、传用者俱斩。王肯堂表示:"谶者,符也,直曰经,横曰纬,谓符会其说,以横乱正道也。"③大祀神御物是至高的存在,盗之即为大不敬。若御用之物,已在殿内,飨荐之仪,已在祭所,偷盗的人可谓是亵慢已极,故不分首从皆斩。盗制书的斩不待时;盗印信的虽同样是斩刑,但秋后处决。盗内府财物,不论财物多寡,亦不分首从也。初律坐斩,后乃与监守常人盗满数斩绞罪,俱改为杂犯。④

王肯堂在祭祀方面也有着顺应天道的理解。古人认为祭祀可以"以死勤事、以劳定国、能御大灾、能捍大患",与国家兴旺息息相关。古人敬天,受誓戒时段,要求不饮酒,不茹荤,不问疾,吊丧,不与筵宴,不听音乐,不理刑名,不与妻妾同处。⑤ 这不仅是对平民百姓,而且文武百官甚至皇帝也必须遵守。受戒的日期应当及时公布,广泛传播。若太常寺不遵守规定,未将祭祀日期预先告知各衙门,对相应官员要答五十;因不告知而失误行事的处罚更重,杖一百。"若文武各官,已受誓戒而吊丧问疾,或判署刑杀文书,或与筵宴等事者,皆罚俸钱一个月。"⑥受誓戒期间有杀罚的司法活动被视为不顺应天时,会遭到报应。祭祀要用不同的牲牢以顺应天时,表现在祭祀不同的神明所用的牲畜也不同:"天地用犊各一,日月用牛各一,二十八宿、五纬星辰用牛一羊一豕

---

① 见本书整理篇《王仪部先生笺释》卷十三。

② 贾文龙:《宋代"妖言"罪源流考》,载《河北学刊》2002 年第 2 期。

③ 见本书整理篇《王仪部先生笺释》卷十八。

④ 张晋藩:《中国古代司法文化中的人文与理性》,载《政法论坛》2013 年第 6 期。

⑤ 吕丽、游津波:《礼仪犯罪初探——以明律为中心的研究》,载《法制与社会发展》2008 年第 3 期。

⑥ 见本书整理篇《王仪部先生笺释》卷十一。

一之类。"①不按照这样的规定,就是不依礼法,犯一事则笞五十。"将牺牲喂养不得法",致瘦损或致死也是不敬,管理的主司要受罚。祭神用的丘坛是最为尊严之处。如果有人故意毁损祭神用的丘坛杖一百,流放二千里。故意损坏其他神御之物如床几、帷幔、祭器等,也要治罪。礼神重器,是人们对"天"的敬仰,因此不可随意亵渎。

另外,天人合一也体现在当时法律中对于不敬畏神明的行为要严厉处罚的规定和对祭祀程序的明确规定上。例如,对于太庙祭祀的规定严格有序。太庙由外而内分别是庙街、棂星、戟门、神御前门。祭祀的程序十分复杂,从庙街门入,到了棂星门西,即使是天子也需要从车驾上下来步行前往。而不敬畏神明就表现在擅入这样神圣的地方。太庙是用来安置神灵的,所以给予的重视程度也非常高。除了太庙,太社是用来祭祀五土之神的。天子是百神之主,所以要于午门外之左立宗庙,午门外之右立社庙。凡有人无故擅入太庙门及山陵兆域门,杖一百,入太社门者杖九十,虽至三项门,而未过门限者,各减一等。其各该守卫官员,知情故纵不举者,各与犯人同其擅入。擅入太庙山陵门的,杖七十;擅入太社门的,杖六十。未过门限的,通减四等。② 如果私家之祭,祖先而外,违反礼制而五祀,越及天神,亵渎甚矣,故杖八十,妇女有犯,罪坐家长。天人合一,天人感应,强调合礼合规顺应天时。祭祀是天人之间沟通的桥梁,对祭祀规则的遵守本身是法制秩序的组成部分。

五、隆 礼

王肯堂出身书香世家,受其父王樵影响,自幼攻读经史子集。王肯堂引礼入律,擅长引用儒家思想来诠释法律规范。这集中体现在"礼",《律例笺释》重点聚焦了家庭伦理和长幼尊卑有序等内容,维护血缘和等级背后的伦理。

"礼"在王肯堂的《律例笺释》中体现较为鲜明的就是容隐制度,"有容隐者勿论其罪"。明朝律法规定,知道犯罪事实但不揭发的是要承担连坐责任的:如果提前知晓官府要抓捕犯人,暗地里却给其通风报信让其藏起来或者逃跑的人与该犯人同罪。但法律允许同居的亲属进行隐瞒和包庇,并且明确规定

---

① 见本书整理篇《王仪部先生笺释》卷十一。
② 李海啸:《〈清律例〉教性的体现》,上海师范大学 2013 年硕士学位论文。

可以互相容隐,通风报信的人如果是犯人近亲属或者是其他对犯人有恩的人,都应当免责。另外,年纪小的弟弟不允许揭发年长哥哥的罪行、妻子不能证明丈夫的罪行、奴婢不可以揭发自己主子的罪行。王肯堂认为"亲亲得相首匿"符合纲常伦理。亲属之间互相容隐可以免责,甚至不进行容隐还会招致祸端。凡有子孙告祖父母、父母,妻妾告丈夫或丈夫的祖父母、父母的情况,即使有犯罪事实,举报人也处以杖一百、徒三年的刑罚;如果查明是诬告,没有犯罪行为,举报人直接处以绞刑。这也表明了等级在人心中不可撼动的地位。卑幼、等级较低的告期亲尊长或地位显赫的要予以严厉处罚。而不同的等级和尊卑差异又影响处罚的力度。外孙告外祖父母杖一百;告大功杖九十;告小功杖八十;告缌麻杖七十。被状告的期亲大功、尊长及外祖父母一律按照自首进行免罪。卑幼诬告尊长的,要在常人诬告罪的基础上再加三等;尊长诬告卑幼的,则不予处罚,如果卑幼反诬,则坐罪。"人伦"观念及内涵是王肯堂法律思想的重要部分。"及嫡母、继母、慈母、所生母杀其父,若所恩养父母,杀其本生父母",或有的孩子对养父母有感恩之情,杀其本生父母,这是人伦之变,但毕竟也是报答养育之恩,所以不能简单按照弑父杀母的法律来判处,"当各为其所重"。① 如果是因为侵夺其财产,或殴伤其身体,而不得不伤害亲属的应该听卑幼据实陈告,不在干名犯义的罪名里,但也止于尊长,父母、祖父母不在其中。今天的法律中亲亲相为隐的适用范围比明朝有所缩小,只有直系亲属才享有容隐权,其他近亲属隐瞒不报的也会以包庇罪论处。但是,是否所有的犯罪都可以适用容隐?王肯堂在《律例笺释》中明确了谋反叛乱、强奸子女等罪行不适用容隐制度。分析上述二罪,国家利益、社会利益高于个人利益,尊卑秩序为国家统治而服务,因此谋反这类危害国家安全的罪行不允许隐瞒。家庭伦理始终是中华民族血脉中不可或缺的一部分,强奸子女的行为严重违反了伦理纲常。通过王肯堂法律著作中体现的"礼"的思想可以理解明律为什么规定不允许对此类罪行进行容隐。

尊卑有序是"礼"的重要组成内容。王肯堂熟读儒家经典,在《律例笺释》中多次对孝悌作出阐释和规范。子于父母,妻于丈夫,"皆服丧三年"。如若有子女得知父母丧,妻妾得知丈夫丧,却隐匿不举哀,那么此举属于"忍心害理甚矣",故判处杖六十、徒一年。父母之仇,不共戴天,所以为父母报仇可以从轻处罚,进行减罪。如果是出于一时痛愤激切,实时杀人,情有可原,可以勿论其

---

① 见本书整理篇《王仪部先生笺释》卷二十二。

罪。"实时"不论罪,如果时间上稍微延迟则以擅杀论,只杖六十,无其他处罚。百姓尚且如此,官吏孝顺父母的要求则更高。父母去世,官员应当离职去守制丁忧。如果诈称祖父母、伯叔父母、姑、兄、姊有丧事,不丁忧的官员,视为忘记孝悌。王肯堂指责这不是子女应有的行为,杖一百。另外,《律例笺释》卷一明确了对于应当服丧而不服丧的人员予以杖责八十的处罚,这在众多刑罚中是较为严厉的。从王肯堂直白的语言和批判中可以看出,纲常伦理在其心中是极为重要的。明律区分主从犯,从犯较主犯罪行轻,因此罪减一等,但是如果违背了纲常伦理,就不会按照法律主从犯的规定来进行处罚。王肯堂举例:在一起谋杀亲叔叔的案件中,父亲是主谋,儿子是从犯,按理是主谋受到的处罚更重。但父亲因为年长于被害人,所以故意伤人后的处罚是杖一百、流二千里。儿子虽然是从犯,但杀害的人是其叔叔,叔叔属于尊长,因此儿子要判处凌迟。

"礼"要求在服丧时遵守礼节。王肯堂表示人死以葬为安,亲属之葬要求不能将尸首暴露在外、要入土为安。民间有丧之家,必须依礼,及时去安葬。长辈在丧期间,其子孙一律不允许嫁娶。奉祖父母、父母命可以嫁娶,但是不得设宴招待亲友,违者杖八十。古代宗法、等级关系在法律中的很多方面都予以了体现。第一,有亲属关系的,尤其是尊长对卑幼实行的犯罪,一般会在普通人犯罪的基础上进行减免。官员在裁判时,先按照普通人犯罪判断,然后再引亲属进行减罪。如云某依恐吓取财,因为有恐吓的情形,所以在窃盗罪上加一等;又因为是尊长犯卑幼,所以依亲属相盗原则,减普通人五等课罪。第二,在古代法律中人是有等级区别的,古代等级制度在犯罪的处罚上有明显的体现。平民与奴婢犯同一罪但处罚不同,平民的等级比奴婢高,所以处罚轻。比如奴婢殴良人,良人殴奴婢就有所不同。良贱相殴之时,如果是奴婢殴良人,在凡人斗殴罪上加一等;良人殴他人之奴婢,减普通人斗殴罪一等。[①] 王肯堂表示若奴婢与奴婢自相斗殴,由于他们都是"贱人",所以其或殴、或伤、或刃杀及杀死者,各依一般的斗伤杀法即可。可见,在当时并不是人人平等,在儒家等级思想影响下,人们理所当然地把人分成了三六九等,有高低贵贱之分。所殴打的奴婢不是自己的奴婢,而是内外缌麻小功亲之奴婢,那么没有造成伤害就不论罪,发生伤害了也可以减杀伤凡人奴婢罪二等;大功亲之奴婢,减三等。

---

① 赖早兴:《中国古代社会的等级观念与刑法的等级性》,载《云南大学学报(法学版)》2005年第5期。

亲属关系越近的,处罚就越轻。可如果奴婢殴家长,罪无首从、不论是否造成伤害,皆决斩、但殴即坐。① 在当时家主是天,奴婢必须听从家主,如有殴打家主的行为就被定性为大不敬,直接处以死刑。第三,身份地位也在法律中得到凸显。妻殴夫者,杖一百,但殴即坐,不言伤。若妾殴夫及正妻者,加妻殴夫之罪一等。② 妻的地位比妾高,所以处罚较轻。夫殴妻需要造成伤害才论罪,而且造成伤害后仍可减凡人罪二等。妻殴夫,只要丈夫愿意离婚,那么即可听其意愿准许离婚;夫殴妻,要先审问双方意愿,只要有一方不同意就不能判处离婚。夫殴妻,虽然罪在夫,但夫为妻纲,妻子有忍耐丈夫的义务。第四,重视宗族、血缘之间的情谊,这在法律中也有鲜明体现。本宗同姓袒免亲属相殴,虽五服已尽、族戚疏远,但尊卑的名分犹存,所以与普通人不同。③ 尊长犯卑幼,减凡人斗殴罪一等,断给养赡财产;卑幼犯尊长,加凡人斗殴罪一等。④ 大功以下尊长,这里的尊长是平辈之间,兄弟姊妹等不在尊属之列,与父母辈的有所不同。但兄弟姊妹虽为同辈,兄姊视弟妹,则弟妹为卑幼;弟妹视兄姊,则兄姊为尊长。以上的做法是为了留存同族之间的情谊,维系血缘的纽带。

"礼"在古代官职中也有所体现。虽然封建制替代了分封制,但宗法思想一直绵延接续到明清。儒家早期思想是"克己复礼",在礼崩乐坏的背景下希望能够恢复宗法制,维系血缘关系。明朝文武官员的职位应当由嫡长子继承,如果嫡长子身体抱恙或者犯罪,那么就由嫡长孙来继承。如果嫡长孙也存在上述情形,那么接下来就由嫡生的其他孩子来继承。嫡生的孩子都无法获得继承的,才能顺位到庶出的孩子。如果有人不依次序享受庇荫,发生越级继承的情况,判处一百杖刑以及三年流放。其中同姓越级继承的处罚又略低于异姓越级继承的处罚,这是因为长幼次序在儒家文化中一直处于重要地位。这也就不难理解法律中对越级继承情况的不容忍,尤其是异姓享受庇荫,更是破坏了宗亲血缘关系。

"礼"扎根于宗亲、血缘。官员在判罪时会考虑亲属之间远近尊卑的关系。准五服以制罪是按照五服所表示的亲属关系远近及尊卑,来作为定罪量刑依据的一种制度。五服一共可以分为五种,分别是斩衰、齐衰、大功、小功、缌麻。在五服制中,长幼尊卑和血缘关系的亲疏远近有着明显的体现。卑幼犯尊长

---

① 张文晶:《试论中国中古良贱制度的衰亡》,南京师范大学 2005 年硕士学位论文。
② 李妍:《清"妻妾殴夫"条体现的刑法文化》,载《晋城职业技术学院学报》2013 年第 5 期。
③ 王岩华:《试论清代家族权的法律地位》,载《南方论刊》2013 年第 4 期。
④ 李谦:《清代亲属涉财命案研究》,西南政法大学 2020 年硕士学位论文。

者,亲等愈近,则罪罚愈重;尊长犯卑幼者,亲等愈远,则罪罚愈重。五服制体现了宗族血缘和家国同构观念,例如,对于犯盗窃罪和收受贿赂等罪行的人,事后需要进行追赃。在有些时候,犯人已经使用了偷盗或者收受贿赂所得来的钱财,无法归还,此时法律规定需要以犯罪人的家产来进行相应的赔偿。没收的家产包括土地、宅院、饲养的牲畜等。但如果土地里有祖先坟墓,不予查抄。祖先坟墓是血缘承继的图腾,宗族的堡垒,王肯堂非常重视这一点。儒家的宗法观念使得血缘在明朝法律或者说在整个中国古代的法律中都极为重要。株连九族这一说法是对古代法律连坐的解读。在犯谋逆罪后,所有亲属和子孙后代都会受到株连。其年十五以下男子,及正犯之母女、妻妾、姊妹,子之妻妾,皆给付功臣之家为奴;家财产业,全部收入官府。① 此条立法的意义在于遏乱于初步萌发之时。反逆必须借助众人之力,潜结聚谋,踪迹难掩,所以同堂血属都无法逃脱干系,并且斩草不除根,在宗亲血缘浓郁的古代社会是后患无穷的。

"礼"在明朝男女婚姻中也体现得十分明显。夫为妻纲,妻与妾的地位又不相同,婚姻有违反伦理情况的视违反伦理的轻重定罪。妇女的亲属关系有不同层级,至亲、余亲、期亲及大功以下尊长,情况皆不尽相同。"外姓姻亲,如外祖父母、母舅、母姨、妻之父母,皆有服尊属;外孙、外甥女、姨甥女、婿,皆有服卑幼,及同母异父姊妹、妻前夫之女,皆关伦理。"若进行通婚,以奸论,例如,"娶母之姊妹者绞,娶外甥女及异父姊妹、前夫之女,并杖一百、徒三年"②。己之姑舅、两姨姊妹,这些宗亲关系虽然不涉及尊卑,但仍是亲属,故亦不得为婚姻。还有同姓不可通婚,不许与长辈通婚,官员不许与身份低微的戏子通婚等都是礼的重要内容。男女婚姻中有七出与三不入,无疑是儒家"礼"文化的体现。女子婚后应当以夫为纲:与更三年丧、前贫贱后富贵、有所娶无所归,女子在上述三种情形下仍坚守妇道,视为遵守"礼"之至,不允许丈夫与之离异,法律中规定其为"三不出"。而不守妇道的,夫家应当休妻,因为该妇人令夫家祖上无光,法律中也明确规定为"七出",列举的情形无不出自儒家的礼:无子、淫佚、不孝舅姑、多言、窃盗、妒忌、恶疾,以上都是于礼不符。王肯堂认为设立七出、三不去是对女子"存厚"。妻子无七出遭到离异的,属于丈夫没有恩义,因此丈夫杖八十。犯了七出,有三不去者被离异的,判丈夫减二等、杖六十。除

---

① 成富磊:《礼之退隐——以近代中国刑律中君亲条文的变动及其争论为中心》,复旦大学 2012年博士学位论文。

② 见本书整理篇《王仪部先生笺释》卷六。

了夫为妻纲的伦理,父为子纲也是王肯堂在其著作中反复强调的:婚姻需要父母之命,听从家长的安排。在明朝,婚姻自由仍旧无法实现,但当时人们的思想已经有反对封建、反对包办的意识,比如作品《莺莺传》中,就歌颂了男女主人公冲破礼教束缚的爱情。

王肯堂在《律例笺释》中多次强调要严格遵循等级制度。民基本上不可告官,民告官视为越级。明朝的朝堂礼仪也很严格,文武百官上朝议事的排序以及入朝的顺序都必须严格按照自己的等级执行,如果有不遵从礼法、出现违礼的失仪者,都会受到监管的纠察官员的弹劾,并且处以杖刑、降等级,达到一定程度的会被罢职,今后都不可再当官。等级森严在宫殿的建造排序上也有鲜明的体现。正殿曰奉天,殿前为奉天门,殿后曰华盖殿,华盖殿之后曰谨身殿。奉天殿之左右,各建楼,左曰文楼,右曰武楼。谨身殿之后为宫,前曰乾清宫,后曰坤宁宫,六宫以次序列,围绕在皇城周围。① 这也体现了天子权力的至高无上,以天子为中心向外辐射。皇城午门、东华门、西华门、玄武门、禁苑五项为一等,宫殿门为一等,御膳所、御在所为一等,凡三等,自外而内,以内为重。如果有擅入皇城四门及禁苑者,杖一百;擅入各宫殿门者,杖六十,徒一年;擅入御膳所、御在所者绞。从中可以看到,不同处罚力度的背后是等级的不同。天子所在之处应当加强守卫,安排"宿卫应直"之人,守卫在值班时应携带兵仗,以备不时之需。值守的地点分为皇城门、京城门、城门,"应直不直与在直而逃者",各自的处罚不同,体现了等级的森严。

宣教礼节是当时维护整个国家社会公共秩序的常规动作,王肯堂也有大篇幅的阐述。每年的孟春正月、孟冬十月都会举行一次乡饮酒礼之设,宴会上百姓习《礼》读《律》,叙长幼之节。强调凡我长幼,各相劝勉。为子要尽孝,长幼要有序,做到兄友弟恭,内睦宗族,外和乡里。饮酒礼节,序长幼、重贤良、异罪人,其坐序以高年有德者居上。乡饮之设,凡良民中年高有德,无公私过犯者,自为一席,坐于上等。有因户役差税迟误,及曾犯公杖私笞,招犯在官者,又为一席,序坐中门之外。其曾犯奸盗诈伪、说事过钱、起灭词讼、蠹政害民、排陷官长,及一应私杖徒流重罪者,又为一席,序坐于东门之内。执壶供事,各用本等之家子弟,务要分别三等坐次,善恶不许混淆。② 以上足可以看出礼节

<hr />

① 张振兴、李汉林:《永顺土司归附明廷相关史料记载异同探微——以〈历代稽勋录〉为中心》,载《中央民族大学学报(哲学社会科学版)》2015年第2期。

② 孔伟:《从乡饮酒礼看明代地方社会控制》,载《海南师范大学学报(社会科学版)》2016年第2期。

对社会生活的有效规制。通过礼来维护身份等级,各依其规矩。官员子孙与教坊司妓者不得为婚,良贱之间不得为婚,违反规定执意通婚的良还从良,贱还从贱并处杖六十。僧道不守戒律而娶妻妾者,杖八十,还俗,妇女仍需要离异归宗。夫为妻纲,因此,在丈夫丧葬期间即使穷饿而死,犹当终丧。但是夫家的其他亲属丧葬期间无须按此规定。"闻为夫死节矣,未闻为舅姑死也。"但王肯堂也提出女子居丧嫁娶,比如男女的父母丧,舅姑丧,在这期间嫁娶,虽律无禁,但在此哀悼期间办喜事,于礼甚悖,于心也不安,故杖八十。妻妾有明确区分,尊卑甚明,古人谓之买妾,贱之也。观《丧服图》,妻则称夫,妾则称家长,且夫为妻杖期,而妾则无服,不可以把妾等同于妻,若妾在服丧期间有强嫁行为,不得用正妻之律来科断。

"礼"也表现在当时社会上对某些特定群体例如教师的尊重。受业之师虽无血缘关系,但定义为长辈,为尊。一日为师,终身为父。习业已成,固守其学以终身赡家,可见老师的恩惠之大。因此,有杀害受业师的,谓之不义。有殴师者,加普通斗殴罪二等。[1] 道士、女冠、僧尼这些人对待受业师更应尊敬,因为受业师不仅教授他们知识,还有养育之恩,因此与伯叔、父母相同,按照殴打或杀害父母罪判处。

从以上可知,王肯堂延续了中华法系引用儒家经典对律例加以解释的传统,体现出礼与法之间相辅相成相互作用,礼对法有相应的指引作用。隆礼思想有效维系了传统伦理纲常秩序,使礼法合一,儒家经典进一步法律化,"一准乎礼"是中国古代法律的底色。礼法合一是中华法系的精神内核,而道德化、血缘化、伦理化是这一内核的逻辑支撑。礼的作用在于捍卫了家国同构的国家治理秩序,今天应辩证看待,一方面扬弃其尊卑贵贱的等级观念,另一方面也应看到在日益少子化、老龄化叠加背景下注重家庭伦理、亲子关系以及社群对于我国的积极作用,有必要对传统的礼加以现代性的创造转化。

六、慎 刑

"慎刑",指用刑审慎,源于恤民仁爱之思想。王肯堂在《律例笺释》一书的末尾附上了《慎刑说》,并分人命、盗情、奸情、监禁、听讼、用刑等加以细说。其

---

[1] 冯尔康:《略述清律的诸种同罪异罚及制订原则》,载《文史哲》2007 年第 3 期。

中除了对被告相关权利的保护之外,对于被害人及其亲属,甚至其他无关民众的权利也有所重视。

对被告而言,慎刑最集中的体现就是用刑有度。在论述杀人案件时,王肯堂认为杀人案件中,故意谋杀的少,斗殴致死的多;在斗殴的律法中延展了保辜的期限,这在刑法适用上体现了人道主义精神。如果殴打致人受伤,官府根据受伤的不同情况分别立下不同的期限,责令被告为受害者治疗。保辜制度可以促使被告有机会对被害人加以积极的救治来减轻自身的刑责,对被害人而言也有机会得到及时的治疗,对今天的法治建设有一定的借鉴意义。如受伤者在保辜期限内因伤致死,以死罪论;不死,则以伤人论。因此,王肯堂认为如果可以保全伤者,就是保全了两条人命,即让被殴打致伤者及时得以救治而存活,也避免了殴打他人者因为致人死亡而以命相抵,这也是律法的善意初衷。但王肯堂注意到官府遇到这样的案件时,大多并不重视,不加以问审与查验。即使检验了伤情,也不责令被告负责治疗调理被害人,所以"被伤者十死八九"。如果司职审判人员在具体实施中没有审慎的关怀精神,伤者死后,知法守法的亲属,就会再次告官;如果遇到了蔑视法令的亲属,甚至会作出扛尸上门、打砸一空的行径。面对亡者的尸身,官府不及时检验;或即使及时检验了,派遣的往往是副使和仆役,其中值得信任的人少之又少。到了检验的时候,检官又嫌弃尸体过于凶秽,不愿意靠近。犯人因为被手铐锁链束缚,大多不会在一旁查看,只有亡者的亲属和验尸的法医进行检验。报告尸体伤情的时候,有的故意增加伤情,有的混淆事情的来龙去脉,有时遇到犯人与亡者亲属争论伤情,但检官却不亲自过目,只拿笔按法医说的进行机械誊录。后续即使再更换检官与法医,有的按照之前的验尸表格,得出相近的结果应付;有的想要有所轻重,对于疑似的伤痕反复检验,对尸身也相当不人道。故而王肯堂在《律例笺释》中劝各州县的长官,遇到斗殴的案件,应当要求地方衙门第一时间报送,掌握了解详情。如果告官者已经前来,而地方却没有报送,就应当重罚。亡者的亲属,应当在受害人被打伤的时候就脱下受害人的衣服会同见证。具体来说,就是要见证被殴打者的年龄、受伤时间、受伤经过、受伤情况(伤痕形状、是否红肿等),最后附上见证人的名讳。按这样的严格程序,官府审慎对待每个案件,并立下保辜期限,责令被告为伤者医治。如若伤情过重,官府可以派人前往检验登记。如果伤者不幸身死,官府就按首次告官时的伤情依法检验。如此一来,既能保证伤者及时得到救治,尽量避免两命相抵的情形出现,也能最大限度地检验伤情,查明真相。官府对待每个案件都需要秉持战战兢兢、如临深渊、如履薄冰的法治精神。

在用刑篇章中，王肯堂对该思想有集中描述，认为各衙门在讯杖实施中，使用重而大的竹制刑具，也不去掉它的竹节，多则三五十计，致使受刑之人有的因溃烂而割肉，有的因伤到筋骨落下残疾。王肯堂认为，这种刑罚应该是惩罚穷凶极恶之徒的，在治理百姓时，不应当使用如此严酷的刑罚。他认为竹制刑具通行使用很久了，突然废除并不妥当，但可以将其"分为轻重三等，每板臀腿分受，十板以上，两腿分受"，不应"欲残民以逞能"，对酷刑当慎之又慎。即使是对于戴罪负枷之人，也要有所区分，"枷有三等，死罪重不过二十五斤，徒流二十斤，杖十五斤"，明确枷只是用来书写罪名昭示群众，而不是让犯人负重受罚，"至于一百斤、一百二十斤，大枷，于例虽有，用亦不常"。"至于木杻，惟死罪男子始用"，"妇人虽死罪不杻"，这是因为妇人的饮食便溺不方便由他人帮助，这也是朝廷体恤人情的体现。此外，王肯堂还特别列出了刑戒一章，"五不打"，"五莫轻打""五勿就打""五且缓打""三莫又打""三怜不打""三应打不打""三禁打"，分别从对象、情节的角度，轻重缓急地运用刑罚："五不打"即老、幼、病、衣食不继、他人已打五种情形"不打"，"五且缓打"即怒、醉、病、见不真、不能处分五种情形"缓打"，王肯堂对如上具体情形的规定，既能保全民众的性命健康，也对官员审慎用刑有警示意义。

《尚书》有云："罪疑惟轻。"王肯堂认为这也是对疑犯权利的保护之一，"皋陶为士，犹过慎如此，吾侪学识，未必过于皋陶，奈何必欲牵合罗织，以陷人于死地耶？"如有人在夜间被杀，无人见证目击，尸体也没有下落，那么就适合暂时搁置或秘密探访，而不可妄意猜疑，牵强附会地认定罪责。他举了奸民买尸做伤，妄告人命的例子：通过购买他人刚死去将要下葬的尸体，又买通法医，用颜料来拟制青红伤情，而检官不经细察，极有可能造成诬告成功，让他人含冤入狱。在盗情篇中又有一例：一名寡妇被抢劫，抓获了强盗十人，搜赃物时发现女鞋一对，大小类型与其家中的鞋不差分毫，十人无言以辩。但临刑前几日，真正的强盗被抓获了，十人才得以释放。事后查明，之前说的赃物其实是十人的家物。无独有偶，搜到一良民家中的黄裙，失主指认其为赃物。但将数条黄裙混杂在一起，失主就无法辨认了，相反被当成盗贼缉拿者却能辨认出自己的黄裙，这才得以释放。其实这些例子都证明了同一个道理，即在具体审案过程中，必须要审慎而不可草率，遇到失主不能清晰辨认、有所证明的物件，不可以直接认作赃物，否则就可能酿成因为审错了一物而错杀了一人的惨剧。学界通说一般认为：中国古代的"罪疑惟轻"不意味着"疑罪从无"，后者虽有思想倡导,亦有制度规范,但在实践中适用较少,而更多地体现于"罪疑收赎"及降等处罚的制度。① 通过对《律例笺释》的整理可以发现"罪疑惟轻"不仅仅是收赎降等刑罚手段,而且也包括整个司法程序中的谨小慎微,事实认定、证据采纳过程中的慎重,不任意出入人罪的司法态度,司职审判人员的法治精神,也能让人窥见现代刑法学意义上"疑罪从无"理论的影子。

古代在案件审理的过程中,刑讯逼供的现象是十分严重的,王肯堂也在盗情篇中有详细的描述。在窃盗案件中,保甲、捕快的办案压力很大,难免存在随意指认,将良民认作盗贼的情形。对于有些贫苦的农民乞丐,捕役会倚仗权势动用私刑,逼令招认。如果疑犯拒不配合招认,他们就会不断加大刑讯力度;如果疑犯配合招认,就继续逼其招认团伙。疑犯招认之后,就锁住其手脚,按前面的方法再次拷打,以致经常出现疑犯相互诬告的情况。更有甚者还教授说辞,让疑犯攀扯指认他人。王肯堂感叹,遇到真的窃贼,不严加审讯固然不会招供,但如果让良民饱受酷刑,同样也会屈打成招。因此,他建议缉拿窃贼时,除了拒捕、袭击公差的之外,其余只允许将其绑缚送官,掌印官先行查验窃贼有无伤痕,视情形对存在刑讯行为的捕役加以惩处。通过规范捕役的行为来遏止刑讯逼供的现象,也能大量减少冤假错案的发生。

在王肯堂对于"慎刑"内容的阐述中,我们也能看到比例原则的影子。比例原则要求国家公权力行使必须审慎,与公民基本权利发生冲突时,必须适度,必须符合最小伤害原则。现代法治要求权力的行使除了依法行政外,还必须以合理的方式进行。在《律例笺释》中,最为集中体现的便是"小罪不宜轻问罪"。王肯堂认为,但凡涉及户籍婚姻、田土家产、斗殴争斗等一切细小琐碎的事件,虽然州县长官有受理的权力,但是一纸诉状投入公门,便直接关系到普通民众的身家性命。对于刁民严加管制,不使其破坏法律纲常,也是官员应当承担的社会责任。如果是奸盗诈伪、关系人命的重大案情,那么就按律法中的规定细致审案,向上级官府详细呈报后再予定案。对于其余案情轻微的,只需要邻里乡绅加以讨论,而不必急着采取刑讯手段,如此一来,既缓解了案件的积压,也能博得清慎的美名,这便是治理百姓的正道。具体如在奸情案件中,王肯堂认为"奸情原无证见,易诬而难明",所以法律中提到,如果不是直接捕获到了奸情,则不宜按奸情论处。即使妇人承认招供,也不能以此定罪,因为很有可能存在亲夫威逼骗赖或者妇人另有所图的情形。如果妇人没有到怀孕

---

① 蒋铁初:《中国古代的罪疑惟轻》,载《法学研究》2010 年第 2 期。

的地步，即使存在奸情也不应按奸情审问，这样可以保全妇女的名节，以免出现为保全名节以命相逼的情形。这充分考虑到了在当时特殊环境下对妇女名节的保护，以防因为案件的审理导致本为无辜的妇女不堪受辱的状况。这种思想不仅体现在问罪环节中，在抓捕的环节中也有所体现。在差遣捕快进行抓捕时，捕役们手执官府公文，穿梭于村落街巷中，所过之处皆受到惊扰。捕役没有抓到贼人，就将其亲属邻居一同缉拿。有的还会诬告其亲属窝藏，索要足了钱财酒食，还会要求他们跟着一起追捕，致使这些寻常百姓抛家弃业，生活上饱受骚扰。贼人捕获之后，捕役还会要求其攀咬有钱人家窝藏了赃物，广泛株连，直到自己收受银财心满意足为止。有的还公报私仇，说自己的仇人是贼人的同伙，从而让私仇受到公刑的惩处，以满足自己的私心。捕役这种指鹿为马的行为，让百姓心存恐惧，惶惶不安。王肯堂认为捕役在抓捕过程中，一旦打听到真正的贼人处所，就应即刻向当地的正官禀报，所在地方的保甲协力抓捕。如果是因为官员指令不当导致贼人逃走的，需要追究其责任，但不得连累其他无关的民众。

慎刑各篇章的具体要求是王肯堂自身法律思想甚至道德伦理的外化。比如，他认为官员各司其职，按规矩行事是达到慎刑目的的必要条件之一。在整篇《慎刑说》中，都或多或少地夹杂着王肯堂对当时一些司法官员在整个办理案件过程中的不满。他谈到过自己曾经阅读《洗冤集录》等书目的感受心得：审案时务必亲自检验伤情，一旦发现一些有疑问的地方，就加以审查，此时的审慎细微，就能避免无辜之人被牵连。如果确实存在诬告，就将其立案处理，以杜绝后患；如果情况属实，就施刑招供，以满足他人的诉求。会同原被告及相关证人时，如若出现不合供述字据的情况，在定罪的时候更需要万分谨慎，务必使各种情节了然明白，双方两不含冤，心里才感到踏实。王肯堂也反省了后续屡次驳回与反复勘验，这在延误时间的同时也让众多司法工作人员苦累不堪。所以他建议对于这类案件如果受害者被殴打之后不及时告辜，除非是当场被人打死或者在三日内死亡这两种情况姑且准许进行检验外，其余受害者死后再来打人命官司的，都以假伤骗诈及自殴诬人论处，纵然查明情况属实，在以命相抵之前也需要引用判例来问罪发配；尤其是超过了辜限日期一个月的，还需要查明是大月还是小月，这都直接关系生死，不可以不慎重。大体来说，尸体应当尽快察看但不可检验，骨骸可以详细检验但不可随意开拆，但凡上级官府批驳只反映案件情节不明晰的，那就只审理案情；认为尸体伤情检验不够真切的，才再行检验尸体，不得但凡出现一点状况就重复检验。狱情人命,对老百姓来说都是天大的事情,作为百姓的父母官,更应该具有这样的观念。可见,慎刑观念通过对于复杂案件情形审慎处理方法的描述,暗含了王肯堂对为官者的要求与期许。

再如,慎刑观念也包含着王肯堂体恤百姓、宽待罪犯的思想。他认为只有"上有教化,下才有见闻",官员深谙律理,百姓才能相应地知法守法。在当时发生的"兄收弟妻,弟收兄嫂,及雇工人奸家长妻"等案件,依照法律都要处以死刑,但很多百姓并不知情,一旦违法,追悔莫及。比如兄弟亡而收其妻的情形,父母主婚,亲戚道喜,可见整个社会都没有这样的法律观念与违法意识,如此怎能简单地追究个人的罪责? 所以凡是遇到这样的案件,官员应当问清是谁主婚,有什么验证,之后再严加惩处来端正风化,通过普及法律的手段,对于及时改正离异的可以免于处罚,而不能简单凭借揭发控告就坐实案件。物质条件与所处阶级必然决定了贫家小民与士大夫之家的不同之处,贫家小民可能对于违反礼义伦理的犯罪情形没有清晰的认识,所以对于这类人的案件,不可以简单地拘束于法律条文本身,而应当领会法律之外的深意。《监禁》篇章则集中体现了对罪犯的权利保障,"贫者有囚粮,病者有医药,夏则洒扫以防瘟,冬常温燠以御寒",这是满足对囚犯日常生活的基础保障,使其免受饿死、病死、冻死的风险。除此之外,也要严防囚犯为狱卒所害。王肯堂提到一些地方的长官疏于治狱,存在狱卒索要钱财未得,凌虐囚犯致死的;仇家买通狱卒,设计杀害囚犯的;犯罪同伙串通狱卒,杀人灭口以免被供述的;狱霸放债行凶,驱使其他囚犯坑害穷人的;对于没有钱财贿赂者,断掉其日常供给的;对患病囚犯不上报,等他垂死再提交疾病证明或者干脆等他死后再补疾病证明的。对于以上种种状况,倘若囚犯确实犯罪也就罢了,但如果抱冤待辩的囚犯也一并死在狱中,那就是伤天害理的事情。因此,王肯堂认为遇到囚犯患病的情况,应该先通知他的亲属为他医治并出具文书,如果治疗未果,则将一并证明详细呈报上级,才准许对囚犯除名;如果囚犯没有亲属,就找其四邻或乡亲;连乡亲都不得而知的就让衙门刑房吏代为。可见,王肯堂如此安排的意图是要确保囚犯能及时得到医治,最大限度保证囚犯在狱时的身体健康。

当然,王肯堂对于囚犯的体恤也是建立在充分考虑监狱现实条件的基础上的。譬如囚粮的供给方面,他认为如果对于囚犯一概全给,可能就会难以为继,故将囚粮分为三等,除了罪大恶极、死有余辜的囚犯之外,其他囚犯都应当酌情发给囚粮;对于家中不是特别贫困,有人供给吃食的囚犯不发给囚粮;对于犯罪情节较轻且家中极度贫困或没有家属供给吃食的,发给全份囚粮;对于犯罪情节较轻且家中略有贫困的,发给半份囚粮。对于刚捕获的贼盗,在案件真相并未清楚分辨之时,如果不予供给囚粮,也应当有相应的处置办法。

现代意义上,慎刑已发展成为立法机构和司法机关的一种人道主义精神。在这种精神的指引下延伸出诸如"宁可错放十个坏人,不可冤枉一个好人"的法治价值观,也从侧面反映出法律机构对程序正义价值的坚守和彻底保障公民权利的决心。在《律例笺释》中所体现的慎刑精神,可能并不完全等同于现代法治要求,但也萌发了权利保障的意识,其理念主要来源于王肯堂朴素的正义观和对司法流弊的深刻反思,其内容也更为广博,涵盖了整个司法过程,对于慎刑的描述也更加侧重于对各种案件状况、具体情形的精细描摹。

七、治　吏

"重典治吏"是明朝立法的指导思想之一。"徒法不足以自行",纵观《律例笺释》全文,除了本身作为律法应当具有的严密翔实等特色之外,我们还可以发现吏治规则一直贯穿在王肯堂的法律思想中,这与王肯堂本人及其父的官宦生涯有关。万历十七年(1589 年)王肯堂考中进士,当时已经年届不惑。廷试之时,王肯堂"几列鼎甲而俄失其卷,填至三甲之半而始出此",旁人包括王肯堂的父亲王樵都有些愤愤不平,倒是未见王肯堂就此事留下只言片语。包括入选庶吉士的三年中,王肯堂潜心修学,多与座师、同事交流学问,似乎并不热衷于官场争斗,万历二十年(1592 年),在己丑进士中选拔入主馆阁人员的考试中,面对极为激烈的竞争,王肯堂凭借"三次阁取第一"的优异成绩,本来必可跻身最可能入选者之列,但他在馆选之前致信父亲有意引避,可见其对于名利较为淡泊,颇有避免官场斗争之意。然而,这并非表明王肯堂在为官一途上"躺平",恰恰相反,在一些重大的国家事件上,王肯堂也具有表达自身政见的强烈决心。这就不免提到王肯堂为官生涯的转折事件了:当时日本入侵朝鲜,朝廷得知此事后,是否出兵援助成为争论的中心。在这场援与不援的讨论之中,王肯堂态度鲜明地站在主张援朝的一方。《明史》中载其曾"疏陈十议,愿假御史衔练兵海上"。虽然此疏遭遇"留中"的命运,最终的结局也是王肯堂本人因此受挫,借故告病归家,未再参与争论,但也可见王肯堂本人致力于报国的一腔热血。这也相应地决定了王肯堂对像自身一样的官员有着更高的要求,他的这种为官态度,也在《律例笺释》的字里行间有所体现,具体而言,便是一种治吏的思想。

官僚阶层在古代属于特权阶层,在刑律中最集中的体现便是"八议",即"议亲""议故""议贤""议能""议功""议贵""议勤""议宾"。在《律例笺释》中,王肯堂首先对可以适用"八议"的对象进行了限缩性解释,如"议贵"中的"贵"就会因官品与是否治事而有所差别,若官品高如爵一品,不论治事不治事,均属于"议贵"之列;文武职官,治事者,则自三品以上;散官,不治事者,则自二品以上,如此便可有效地限缩适用"议贵"之人的范围,也从反面强化了官员的守法意识。官员犯罪,若三品以上,则属于应议之人;若是京官近君之臣,外官五品以上,职务比较高的,就由有关部门实封参奏,是否提问需要等候圣意;对于外六品以下官员,则由巡按御史、按察司直接提问,讨论拟定罪名,等候圣意进行处置;再如府、州、县等地方的父母官犯罪,除了巡按御史、按察司之外,地方官员的直属上司也要参与案件的处理,除了查明基本情况之外,还要负责核实具体的罪名。无论是"八议"还是"职官有犯",虽然表面上看似是对官僚阶层特权的维护,但笔者认为这属于对特权的一种规范,体现的是在特权体系下的司法秩序,这种规范本身也应当归属于吏治之列。而且,对于这些秩序的维护,有切实的条例与措施。首先,但凡文职官应当奏请而不奏请的,就需要罚杖一百;若被调查的官员无故不朝参公座,除了罚俸之外,一日不到场就笞四十;如照刷文卷,有迟错漏报等情形,府、州、县正官,一宗至五宗,罚俸钱一十日并记录在案;如文武官犯公罪,罪行达到了杖罪以上,就要明立文案,每年一次考,罪名也要记录在案。由此可见,该秩序并不仅限于犯下了罪行的官员,对于犯罪之后应该启动的整个司法程序所涉及的官员,都涵盖在该吏治之内。

"以吏治吏"是封建王朝的常态。俗话说"官大一级压死人",对于做出了违法行为的官员,在司法过程中必然会牵扯到上级官员的参与。但是,犯罪的官员也有很多是因为受到了官职上的压制,上司拥有的行政权力干涉了下级正常的司法活动。所以,王肯堂在《律例笺释》中阐述了官吏之间的制衡与受审官员在流程和实体上的救济权利。一方面,对于上司介入案件的情形,上司不得擅自勾问,只允许开具所犯事情缘由,按实上奏禀报。只有接到了准许的圣旨才能进行提审,按照律法定罪并回禀。所定罪行再次受到上级认可之后,才允许对犯罪的官员进行判决。另一方面,虽然上司不必奏闻就有权对受审官员进行笞杖等轻罪发落,但若受审官员遭受其上司没有依据地随意凌辱虐害,也准许其开具遭受凌虐的证明,不用经由上司之手,便可径直陈诉于朝廷。如此一来,既对治吏的权力有所下放,增强了司法和行政流程的效率,同时也能在一定程度上保障受审官员的权利免受非法侵害，具有一种制衡的智慧。

同样是犯罪，犯公罪（因公事犯罪）和犯私罪（因私欲犯罪）的结果也是截然不同的。对于犯了公罪但情形轻微（如失出入人罪，耽误公事，含糊行移等）应当受到笞刑的，官员可以依法适用收赎，吏员就到季度末一并执行，官吏仍然担任他们原来的职位，且不必在名录上记录他们的过错。然而，如果相关条文上写明了应当在名录上记录过错，那么就应当按照各自条文上的罪名进行惩处，"如奏事错误，有害于事，杖六十；耽误公事，杖八十之类"，虽然对犯罪官员仍然可以适用收赎，对吏员也进行了杖刑，但相应的过错都需要写明并立成文案。到了年终，就要将这些记录的文案送往吏部，将其犯下的罪过记录于官籍，等待九年三考之后再进行发落。如果出现了"同僚犯公罪"这样的情形，追究其责任时也是以吏为首，按官位由低到高进行递减，若同僚并不知情，就只依照失出入人这样的轻罪递减科断。可见，因公事犯罪并不会直接影响官吏的正常任职；其相应的惩罚机制对官员也较为宽容，若是犯轻罪，便只需要收赎；即使犯重罪，也只是记录在案，并不会直接影响官员自身的职务与品级。但如果是因私犯罪，如果所犯罪行较轻，受刑罚在笞四十以下，可以适用收赎，记录在案后官复原职；如果所受刑责到了笞五十，就要卸去原职，到吏部按原来的品级调往别处任职；如果所受刑责每加一等（十杖），就要降一等官品再进行调任；如此延续至杖九十，官品降四等并调任（若无官品可降则卸任）。如果原来是正务主官，就调往闲散职务；如果之前就是闲散职务，那么就调往更为偏远的地区。但如果所受刑责到了杖一百者，则不论曾经担任什么职务，都予以罢免，不再续用。可见，对于官员因私犯罪的情形就没有因公犯罪那么高的容忍度了，而且随着罪行的加重，会直接影响官员的具体职务和品级，甚至可能直接罢免犯罪官员。笔者认为，对于官员因公犯罪与因私犯罪的不同对待，也体现了王肯堂希望官员有所作为的政绩观。试想如若因公犯罪也会受到严惩，则在职为官难免战战兢兢，如履薄冰，缺乏成事之欲，就难以出成就、办大事；相反，如果对于因私犯罪的官员过于轻纵，那么权力之风就容易盛行，以权谋私的现象也会大行其道，这两者都不是王肯堂想要看到的结果，亦不是统治者的立法初衷。故而对这两种情况都有所防范和约束，既有利于维护整体的官场秩序，也能在一定限度上保障官员的自由度与安全感。

在《吏律》篇章中，各项对于官员的要求与相应的法律后果被集中地罗列出来。具体归纳来看主要是对于官场正常风气的维护，其中以严禁官员相互勾结、结党谋私为甚，最为典型的就是增设了"交接近侍官员罪""上言大臣德政罪"和"奸党罪"。"交接近侍官员"是指外官与内官及近侍人员（给事中、尚宝等官，銮仪卫、官校之类，如内阁、经筵等亲近之臣）互相交结漏泄朝廷机密事情，或者相互勾结欺骗君上，以权谋私附和启奏的。对于犯了该罪的人员不分首犯、从犯都处以斩刑，"秋后处决，妻子流二千里，安置"。"上言大臣德政罪"更为广泛，凡是有内外诸衙门官吏及士庶人等上书称颂大臣美政、才德的，即是奸邪、朋党。对此务必严加鞫问，细究缘由后，"将犯人处斩，秋后处决，妻子给付功臣之家为奴，财产入官"①。此外，如果宰执大臣有知情的，与犯人同罪，只是免于一死，不对妻财进行没入。至于"奸党"一罪，更像是一条兜底条款，对于朋党乱政、巧言谏免、不依法办事之人，都处以秋后问斩，而且除了巧言谏免之外，都不分首从，按同罪进行处理。甚至还鼓励他人进行揭发，如将执行收缴的家财让揭发之人均分，原有官职的，升二级，无官职的，可以赐予官职。对结党营私的官员用以重刑，又鼓励他人揭发检举，予以奖赏，虽确实能够立竿见影地遏制官场上的某些不正之风，但长期看来难免又有矫枉过正、盲目攀扯之嫌，长此以往难免人人自危，也为明中后期宦官扰政埋下了隐患。在《律例笺释》的字里行间其实也可以看出王肯堂类似的思考，如对于"上言大臣德政"者，如果只是从犯，也应该有所宽限而不应该不分主从地加以处理；对于问刑官员议拟罪名时，只是一时失察出现错误但没有出于私利的考虑，就应当只依失出入人罪进行处理。可见，王肯堂在原法律条文的基础之上，对于查明案件真相，按照具体情形实事求是地进行处理，也有所看重。

在维护日常工作纪律方面，相当于古代的公务员管理办法，如对于"赴任过限"（过了限期仍未到任的）、"无故不朝参公座"（无故在内不朝参，在外不公座署事或者假期结束却不及时回到原来职位的），有笞杖、附过这样的处理办法。对于"擅离职役"，如果存在文官临事避难在逃、军官避而弃印在逃这样严重情形的，就会对其进行罢职。总体来看，这些轻刑化，直接与职位、官品相挂钩的处理方式更加适合管理官员的需求，王肯堂对这些条目的备注也多为结合《名例律》进行解释，甚至认为对于为官者也应当有更加严格的要求，而不能"独严于吏"。

除了在官员犯罪行为上加以规制之外，王肯堂也在《律例笺释》中阐述了通过规则对官员司法渎职进行细致规定。当下级政府的官吏将错判的案件上报，上级未发觉并予以纠正的，上级政府的责任人均比下级政府的同类责任人

---

① 见本书整理篇《王仪部先生笺释》卷二。

逐级递减罪二等,即"吏各减吏二等,官各减官二等"。比如,县衙官吏因公错判某人某罪,直接上行至府,而府官吏失察,没有依律照驳,若明朝律法规定该杖一百,则县吏典该杖一百,府吏典就应杖八十,知县该杖七十,知府就该杖五十。[①] 通过彼此之间的关联,督促司职审判人员各尽其责、相互监督。又如"去理存官"便是一种不因犯罪而解任的方式,因这种方式而解任的情形囊括很多。如"任满",就是在九年三考中发现有官员任职满一定年限,可以依例升调;或者在考核中发现官员未尽职尽责的,也可以让他任满离职。"得代",就是新旧官员交接工作,新官继任旧官官职。"改除",就是原岗位的官员调任到其他部门,尚未指派岗位有所空缺或者已经指派而尚未赴任的情形。"致仕",则类似退休或开除,是将年迈多病无法从事的官员或衙门冗余的人员进行革除。"为事解任,为事降级",就是由于考察、弹劾、借调等,进行岗位官职上的变动。以上种种,虽然情形各不相同,但都是希望通过规范手段对官员职责、考课进行规范和处理,以确保司法行政系统的正常运作。

八、律 己

起初,王肯堂对于律学并没有浓厚的兴趣,这一点从其父王樵将《读律私笺》的手稿原件赠送给侄子王尧封,而不是传给王肯堂便可见一斑。然而,正是王肯堂在万历四十年(1612年)出版了《律例笺释》,表达了大量对于律法及其注释的见解。之所以发生这种转变,除了"《私笺》仅存坊刻,讹不可读""他家注释,不得律意者多"等客观原因之外,也有其自身对于流传法律之书造成后果的观念转变,由原先"闻袁了凡先生言,流传法律之书,多招阴谴,惧而中止",到"福祚且流及子孙,而又何阴谴之有?"笔者认为,这种转变除了体现王肯堂对于"阴谴说"有所继承和发展之外,也体现了其认为司法官员乃至整个司法案件中的各方人员都应当严于律己的观念。

在《律例笺释》的序言中,王肯堂提及官员应当有学习、推广、运用法律的义务。他提到明太祖朱元璋屡屡召集大臣在《唐律疏议》的基础上对律法进行修改,亲自把关,多次更正仍不停歇;又特别规定了"讲读律令"的规矩,要求百司官吏务熟读并能讲明律意。每年年终对官员进行考试,对于不能讲解、不晓

---

① 朱声敏:《明代州县官司法渎职研究》,南京大学2014年博士学位论文。

律意的官员查办惩问，罚笞降级。对应举的士子，也必定考试五宗案件以考察其是否知晓律法。对于普通人能熟读讲解、通晓律意的，还可以免罪一次。在各类集会、祭祀场合，唯独在讲述律法时要求最为严肃端庄。要求官吏慎独律己、清廉公正、施仁政，将爱民与司法相结合，不断劝诫其增强自觉意识，诚勉州县官吏严格遵守法纪。王肯堂所描述的整个社会都崇尚法律、守法律己的场景，与今日中国法治观念内化于心、外化于行是高度契合的，这也是王肯堂心目中"律己"二字的具体含义所在。通过普及推广律法，让律法成为百姓心中的金科玉条，便能让民众知法守法，既防范了自身可能碰到的法律风险，也懂得了正确运用法律的规束效能。法律的公布、推广、教育，不是为了在发生犯罪施加刑罚时于法有据，而是为了从源头减少犯罪，防患于未然。故而，王肯堂十分肯定明太祖严谨修法、精益求精的精神。他创作《律例笺释》一书，本身也是因为当时市面上书商印刷王樵《读律私笺》时出现太多的文字错误，同时"他家注释，不得律意者多"，在市面上极度缺乏高质量的律法批注书籍这样的背景之下。王肯堂克服了自身"恐遭阴谴"的心理障碍，秉持"律意必讲而后明"这样的观念，《律例笺释》才得以出炉。故而，"律己"首先就是对于立法者或者具有能力为律法进行注释的律学家来说的，希望他们能够明确自身修法立著之责任，为法律的编纂与完善工作朝乾夕惕。

　　然而，当时的官吏很多没有领会这样的用意，在职为官时，既不懂律法也没有感受到民众的希冀，漫不经心地处理案件，"一切倚办吏书而已"，中间少不了招权纳贿、草菅人命的情形。"小民无知而犯法，犹赤子无知而入井"，不懂法是因为法律教育不足，即使罪该致死，但不加以教化就诛杀人犯，是为虐杀。"冤抑不平之气上干天地之和，下为水旱灾沴，此问刑风宪官吏，安得无阴谴哉？"①所以，王肯堂首先就要求官员讲法明律，其中不仅是因为律法条文词意深奥，不容易研究，还在于刑期长短、是否用刑等诸多具体而又繁杂的事项，三十卷律法中所充分包含的恤悯百姓之心，不是受字句局限而不求甚解的俗吏所能知晓的。故而"律己"的核心就是对司法官员来说的，王肯堂认为他们必须细致学习琢磨法律，切不可乐简恶繁地只懂个大概。只要相关司法官员可以做到以上要求，那便是遵循了圣祖之训，也必然能够"福祚子孙"，而无"阴谴"了。

　　对于司法官员而言，律己首先就是要履职尽责。一方面是面对诉讼官司

---

① 见本书整理篇《王仪部先生笺释》之《笺释》原序。

要及时受理。对于谋反叛逆等关系国家安全的案件不及时受理的，即使没有耽误案件的侦破，也要杖一百，徒三年。如果是因为官员未及时打击贼盗，导致贼盗势力扩大，聚众作乱，攻陷城池，劫掠人民的，坐监候斩。对于子孙谋杀祖父母、父母之类的恶逆案件，干系风化教育，若不及时受理的，官员杖一百。① 除此之外，对于杀人、强盗、斗殴、婚姻、田宅等事若不及时受理的，也有着相应的惩罚规定。另一方面，就是要按规则办事。如衙门官吏与诉讼之人存在"涉内外有服亲属及婚姻之家，若受业师，或旧为本籍公祖父母官，及素有仇怨嫌隙之人"，应当出具陈说以回避参与该案件的审理。对于文书的制作，除了不可诈为增减、传写失措，也要确保上书、传诏的真实性，否则也会受到严惩。其次则是要保证自身的清正廉洁，"先不许财"自然是律法的明文规定，但对于事情归结之后，再以财物馈送这样的行为，也是不廉不公，故而需要对官员的行为进行考察。如果存在枉法之处，就以受枉法赃定罪；如果司职审判人员查明其没有枉法行为，就以受不枉法赃来定罪。总而言之，就是既不得"犯赃"，亦不得"求索"，严格规范官员自身的行为，通过严格的问责制来保证司职审判风清气正，实现朗朗乾坤，明镜高悬。最后，律己要求司职审判人员必须躬身自行，亲力亲为。王肯堂认为："即古悬法象魏之意，盖禁之于未然，而非欲不失刑于已然也。今之仕宦者，多不体此意，为经生时，既自不知律，及有民社之寄，又漫不经心，一切倚办吏书而已。其不任吏书者，又于原籍携带讼师罢吏同至任所，用为主文，招权纳贿，无所不至，已多冤民矣！"②

这种律己的思维不仅仅存在于官员身上，《律例笺释》对于百姓也有着相应的"全民守法"之要求。《律例笺释》贯彻实施《大明律》中"讲读律令"的条文，范围包括户籍、婚姻、家庭生活、市场交易秩序等方方面面，使百姓主动尊法守法。例如在《户律》篇章中，对于铜器，便"禁阻滞、收废铜"，禁止百姓私自变卖、贮存废铜，用以防止伪造、变造货币的行为以维持市场的秩序；"人户以籍为定"，而不得"自行改移，变乱版籍③；鳏、寡、孤、独、笃疾、废疾者这六项人，如果贫穷无亲属依倚，不能自存，养济院需得收养存恤。④ 再如在《婚姻》篇章中，对于存在庶子、过房（过继别房子）、乞养（义子）三者情形的，订婚之初就不可隐瞒，"务要男女两家明白通知，各从所愿，写立婚书，一依正礼聘嫁"，

① 冯玉东：《清末变法修律与中国刑法近代化研究》，西南政法大学2015年博士学位论文。
② 见本书整理篇《王仪部先生笺释》之《笺释》原序。
③ 黄谋军：《明代官籍再探》，载《中国史研究》2002年第1期。
④ 王卫平：《明清时期残疾人社会保障研究》，载《江海学刊》2004年第3期。

这鲜明地要求了嫁娶双方应该有告知某些具体事宜的义务；"然未成婚者，虽为背盟，犹可改也；若已成婚，则其身已失，不可改矣"，这表明婚嫁的承诺受到诚信原则的约束；"居父母丧"时不得"身自嫁娶"，要求服丧期间尽到最后的孝道，不得贪图享乐；三不去者（与更三年丧不去，前贫贱后富贵不去，有所娶无所归不去），是在警醒夫妻应当相敬如宾，怀有忠诚义务与仁义之心。由此可见，与对官员的要求不同，对于百姓而言，教其"律己"，便是为了激发他们的礼义廉耻之心，使其尽忠尽孝，修身齐家，如此整个社会治理的基石便会更为稳固安宁。

九、规范严谨

大明律与之前《唐律疏议》相比，律条数量虽有所减少，但根据社会变化、商业生产交易的发展在法条内容上有较大变化，时移世易，设置了一些新的律条，在量刑上也有变化，学界通称为"重其重罪，轻其轻罪"。明代律学注释在前人基础上解释技术更为成熟，普遍运用比较解释的方式方法，对不同罪名、相似罪名进行了详尽的阐释，注重具体的应用，使司职审判人员能更好地通晓律义，提供裁判的理论、方法和依据，推动应用律学进入新的阶段。王肯堂在《律例笺释》序言中对明太祖屡屡召集大臣在《唐律疏议》的基础上对律法进行修改，亲自把关，历经多次更正仍不停歇的行为十分赞扬推崇。他认为，律法一定得经过充分的研究琢磨才能明了其立法背景、律例含义。这不仅因为律法的言简意赅、词意深奥，不易研究，还在于需要对刑期长短、是否用刑等具体问题进行判断分析。"上帝好生之心，虞庭钦恤之意"，充分蕴藏在了三十卷律法规定之中，若因为贪于享乐、恶于繁琐的念头而对律法的文字进行省略简化，是断断不可的。故而，对于每一条律法规定都要做到锱铢必较，使得每一次案件的审判和刑罚的实施都于法有据，这便是王肯堂作《律例笺释》一书的宗旨之一。例如，《读律琐言》明确了抢夺与窃盗的界限，即根据昼夜不同的时间点判断定罪量刑的结果。然而，王肯堂指出，若罪犯在途中空手夺取，即便是夜晚时分也算作抢夺。若罪犯昏夜抢夺时携带凶器，则属于强盗犯罪。若怀有对方无法分辨来者何人的意图而拿取财产的罪犯，则被定为窃盗。律学家认为，法律不应该局限于"白昼"时间的规定，而应将注意力更多地放在律文本身的目的及价值取向当中，即从是否公然或秘密窃取的视角来把握抢夺与窃取的本质差别。①

规范严谨还体现在对"笞、杖、徒、流、死"五刑的细密爬梳上。五刑肇始于隋唐,发展成熟在明清,五刑统罪是中华法系的重要特征。《律例笺释》一书在篇首便对这五刑进行了细致的区分:"笞者,耻也。薄惩示辱,所以发其耻心也。其刑轻,故数止于五十。杖,则重于笞,两笞折一杖。凡所犯有重于笞五十者,即出笞以入乎杖。其罚则自杖六十始。""笞""杖"两者,看似都是对违法者进行鞭打,但其背后的本质与实际效果是不同的,"笞"只是略施薄惩,使人受辱,从而生发出羞耻之心,故而刑罚并不重,数目也止于五十;而"杖"则是除了使人在精神上受辱之外,也想让罪犯在身体上受到惩罚,故而数目和强度必然会相应地加大,"出笞以入乎杖""两笞折一杖",所以"杖"的基础数量便是六十,刑罚对象也是"重于笞五十者"。对于"笞""杖"两刑,王肯堂便用简明扼要的文字帮助理清这两者的关系及背后的本质。

"杖"刑在数量上又如何具体规制?如果所犯的罪行更加严重,难道要无限制地增加杖之数量吗?顺着这个逻辑,王肯堂自然而然地开始介绍"徒"刑,"徒者,即古之所谓城旦舂也",即是以筑城、舂米等劳役形式作为刑罚的一种模式。而这种模式,目的是"减杖","凡罪浮于杖一百者,特设此减杖加徒之法以通之"。即一旦罪行超过了杖一百,就减去杖四十,增加徒刑一年;如果有更重的,就累次减杖加徒直到杖刑数目到了一百以内再停止,这便是徒刑五等的具体操作方法。除此之外,又有"所谓闰徒者三流,准徒四年;杂犯斩绞,准徒五年;迁徙比流减半,准徒二年"这样对于特殊情形的解释。至于"流"刑,王肯堂也阐明了"三流之制"的区别,各以五百里为限,由要服至荒服再至荒服之外,罪益重,"去王畿益远",这便是"流"罪背后的规律所在。

三流之外,又有安置、迁徙、充军及边外为民、边远为民等的特殊规定,称之为"流中之闰"。这几类刑罚既有类似"流"刑之处,又不归属于"流"制之列,属于"流"刑的有效补充,可以使"流"在刑罚类别中的位置更加明晰,适用起来也更加规范。"安置"仅仅针对"于二千里之下""且更不复冠以杖一百者",是罪犯在经历"流"刑之后,以年、月为单位对其进行考察检验,通过让他们远离家乡熟悉环境的方式使他们不得随心所欲、恣意妄为,但主要目的还是想要他们在遵守法律的基础上正常生活,所以称之为"安置"。"迁徙"一制,较"五徒"而言,距离更远,动辄跨省,以千里为限;较"流"而言,则距离大幅缩减,且一去

① 杨潇:《明朝"白昼抢夺"罪的法律价值》,载《学理论》2022年第10期。

不复返,所以"迁徙"一法,也是一种特殊的存在。至于"充军",则是明朝的首创,即"本非军也,今则罚之以充其数",通过这一制度可以补充军伍人员,从而保证一些重要关隘的守卫力度。律例中说,"充军"的对象主要是那些"凶恶无知,不自悛改之顽民",如果放任自流则恐怕他们会烦扰良善百姓的生活,如果直接处死又对他们过于严酷惨烈,"充军"便是这两难境地的破解之法,"驱而远之,戍彼他方",既开了生路,又防止了他们为祸一方。"充军"之下,又有"终身""永远"的区别,"终身"是只到罪犯自身而不会牵连原籍的整个家族,即使需要顶替也"止以及其随行之子,及充发后所生之子若孙"。但冠以"永远"二字,"若罪至永远,则子孙世世承之矣"。如果充军发配后罪犯本人逃跑或死亡,也会从原籍选取嫡长子孙来填补空缺,就算没有嫡长子孙,也会按照亲疏远近从旁系子孙中抽调来进入行伍之列。除了"终身""永远"的区别,还有以充军发配的具体地方来区分罪责轻重的,比如最重的是川、粤、滇、黔这类的烟瘴之地,民风凶悍、环境恶劣,最难生存,其次就是在极为边远或者沿海边外戍边,再次就是在附近的地方充军。可见"充军"这种刑罚,实际上介于"流"与"死"之间,而介于"流"与"充军"之间的,又有"边外为民"和"边远为民"。"边外为民"是将犯人驱赶到边疆之外,不对其加以力役驱使,任由他耕读传家,自由生长,大概是想寄希望于犯人自我悔悟,改过自新;而"边远为民"的范围就限制在境内了。王肯堂在述说时,对于这些五刑之外的刑罚规定都称之为"闰律",他认为就如同有了闰月,年历才得以完善一样,"闰律"的设定也是为了使法律更加完整与规范。

五刑最后一项就是"死",刑罚也就达到了最高的程度,律法中常规的"死"也分为两种,"斩者,身首异处。绞者,止毕其命,犹是全体",也就是是否留下全尸的区别。但这二死之外,又有稍轻一些的,如"杂犯斩绞,准徒五年",就是对所犯罪行情有可原之人的变通做法;也有较"绞、斩"更为严酷的"凌迟""枭斩",对罪大恶极之人更是要"即其尸而戮"。罪责有了区分,法度、国家的威严也便得以彰显。

"五刑"之后,便是"六赃",即"监守盗""常人盗""枉法""窃盗""不枉法"以及"坐赃致罪"六种类型。名类虽有六,但王肯堂认为按照轻重主要分为四等。最轻的是"坐赃",自笞二十起科,数额满十两加一等,五百两为最高额,但相应的罪责也只达到杖一百,徒三年,并无三流之条;如果折半科罪,就是要达到一千两的数额,才会达到最高刑;而且即使超过千两,也只会受到这样的刑罚,"是以五百两后,无他文也"。光从这一段描述,我们也可以窥见王肯堂对于律法的严格适用及其暗含的罪刑法定之思想。稍重一些的是"窃盗"与"不枉法",王肯堂认为虽不枉法,但一旦收受了财物,贪恋便使人不再正直,心中难免会有所畏惧,就像孔子说的"譬诸小人,其犹穿窬之盗",所以"不枉法"应与"窃盗"等同起来。这两类的情节严重,故"其罚倍加",舍弃了"笞"这种轻缓的刑罚,自杖六十起科,也是十两加一等,如果数额达到一百二十两就会适用绞刑,但也止步于此,"不至于斩也"。再重者,就是"常人盗"与"枉法",王肯堂认为"枉法"即是"盗法","盗天下之大法,与盗天下之公物,何异",所以"常人盗"与"枉法"齐等。① "其情愈重,则罚更为倍加",所以这两种情形就要自杖七十起科,且每满五两,即加一等,而且还适用通算全科及并赃论罪的规定,数额更加巨大,罪责也更加严重。不过在这个等次中,最高刑也只是绞刑,仍然没有"斩"的适用情形。最高一等的便是"监守盗",王肯堂认为这种情形作案更容易且防范更难,如果不加以重罚就不足以起到警示世人的作用,所以比起"常人盗"又要加倍处罚,自杖八十起科,且每满二两五钱,即加一等,到四十两即可适用杂犯斩刑。"六赃"四个等次的排序,充分体现了王肯堂规范严谨的法律适用意识和严密的制度思维,由轻及重,分别在每个等次包含的刑种、最高刑、升格条件等各方面加以体现。更加难能可贵的是,王肯堂用一种"其情愈重,则罚更为倍加"的思维,逐级提升起刑点与加重条件,使得每一个等次之间既有所区别也保持了相互的联系,从而维持了整个"六赃"章节乃至整部刑律间的内在关联与完整性。同时,在王肯堂对"六赃"中"枉法"与"不枉法"的描述中,我们可以看到他对这两种情形有非常明显的道德评价色彩,这里暂且不论这种道德评价模式是否符合现代法律精神,但通过阅读整理《律例笺释》我们可以清晰地感知王肯堂完全可以做到"逻辑自洽",而且还可以基于此在律法中将它们恰当地"对号入座"。譬如,他认为实施"不枉法"时的心态与实施"窃盗"时是一样的,起先都是由欲而发,事后又都难免畏畏缩缩;再如"枉法"与"常人盗"的危害后果在实质上是一样的,"枉法"虽未"盗物",但却歪曲了法律,是为"盗法",都属于"非其有而取之"。由此也可以看出王肯堂不仅是直接就法用法,而且在此基础上增加了自己的理解与思考,展现出一种对犯罪要件的朴素思考。也正是由于这种思考,才能使他在处理一些具体情形与罪名之时更加地恰当,整体的排布也就更加规范严谨了。

王肯堂对于收赎的阐释与前人相比具有成体系、严谨、细致的特点。他在

---

① 王舒:《明代"计赃论罪"研究》,湘潭大学 2020 年硕士学位论文。

篇首便直接表明了收赎的由来及适用范围，"自杂犯斩绞以至于笞，无不各著以折赎收赎之例"。看起来好像只要在五刑之内，便都可以适用收赎、折赎，但王肯堂着重强调了没有在律法中言明的不是一概都能收赎的情况。如杂犯各条中，除了重刑固然不准收赎，最轻的笞杖也因为刑罚过轻而不适用收赎；又如对于犯杖徒、杖流的文武官员，杖刑可以适用收赎而徒流刑不能适用①；但对于犯了杖徒、杖流的妇人就与前者刚好相反，徒流刑可以适用收赎而杖刑不能适用。这些情形对比来看似乎觉得奇怪甚至矛盾，但是细加琢磨便可推敲出其中的妙意，如轻重都不允许收赎，便有明律"重其所重，轻其所轻"的意味。因为"笞"只是略施薄惩，激发出人的羞耻之心，杂犯斩这样的重刑正是用来严肃法度，如果两者都允许收赎，刑罚便也失去了其应当具有的效力。再如，正所谓"刑不上大夫"，对于文武官员进行直接的杖刑难免有失体面；相应地，如果对妇人进行徒流，很有可能因为性别使其受到徒流之外的屈辱，所以对这两者进行不同的处理，将不同的刑种分别纳入收赎之列。"明乎各项为不准赎，则凡余者皆在听赎之列可知矣"，对于特殊情形进行了规定。至于如何进行收赎，王肯堂认为对于"天文生习业已成，能专其事"者或妇人，如果犯了徒流之罪，就决杖一百，余罪收赎。对于年龄七十以上或年龄十五以下或患有残疾不能做事的犯人，犯流罪以下可以适用收赎；对于年龄八十以上或年龄十岁以下或患有重大疾病、不治之症的犯人，即使犯"盗及伤人"这样的罪行也可以适用收赎，犯死罪也应当禀报皇帝，听闻圣裁。"又凡犯罪时未老疾，而事发时老疾者，依老疾论。若在徒年限内老疾，亦如之。"②光是一个年龄的限制条件，王肯堂便将各种可能发生的情形都考虑了进来，可见其在《律例笺释》中的严谨。收赎的适用标准是"笞杖徒流加赎法"，具体来说，就是对于笞杖以十为数，分为五等，满五十则赎银档次提升，阶梯式进行叠加；徒则以年为数，亦分为五等，进行累加；流为三流，自成三等，进行累加；绞斩死罪，自成一等。总的来说，共有七厘五毫、三分七厘五毫、七分五厘等多种赎银等次，"全赎银五钱二分五厘，包徒包徙，尽在其中"。当然，王肯堂在收赎的适用标准上也始终具有重视特殊情形的意识，其相应地对各项情形进行了分条阐释，如对于"老幼废疾工役乐户及一应轻赎者，盖其法自笞杖以至杂犯五年。皆以每十笞杖，纳银七厘五毫为例。每十杖加一等，至徒一年，则包杖一百在内，加至一钱五分，推

---

① 白阳：《优礼与管控之间：清代错案责任"双轨制"之形成及其原因探析》，载《交大法学》2020年第3期。

② 见本书整理篇《王仪部先生笺释》卷一。

而至于斩绞,共递加至五钱二分五厘而止"。诸如此类的描述,事无巨细地涵盖了军职正妻、过失杀、限内老疾等各种具体情形,可谓为当时收赎的适用提供了裁量的指南。从整体来看,正如王肯堂所言:"夫律意必讲而后明者,非独词旨简严奥博,不易讨究;而刑期无刑、用主不用,上帝好生之心,虞庭钦恤之意,三十卷中时隐时见,非俗吏桎梏章句者所知,是不可以不细讲也。"①

十、医法并重

提及王肯堂,最为世人所知的不是他在律学方面的建树,而是其在医学上的成就。由于母亲曾罹患重疾,难以医治,王肯堂十七岁时即立志学医,在学有所成之后,便着手为父母亲友治疗疾病,"起亡妹于垂死",也多次为父亲治丸药调理脾胃,都使患者病情好转、药到病除。后来父亲担心他因为研习医理而荒废学业,王肯堂对于医学也就"不复穷究"了。然而,他的"医道"并未就此终结,经过三十余年的浸淫医术、治病问诊,他在五十五岁时写成了医学著作《伤寒证治准绳》,书中明言"不得为良相,愿为良医",也算因仕途受阻退而寄情于医。王肯堂毕生著述颇多,其中以医学著述所占比重最大,除《伤寒证治准绳》外,尚著有《续医说》《肯堂医论》等医学书籍,并补订了《明医知掌》《古今医鉴》等前人著述,成为了一代儒医。② 故而,医学的知识和思维实质上融入了王肯堂的生活之中,甚至作为法律书籍的《律例笺释》也带上了许多医学色彩。

王肯堂以著作立身,其《律例笺释》中法律与医学最为紧密的结合之处就是法医学。在《慎刑说》一篇中,王肯堂认为在杀人的案件中,故意谋杀占少数而斗殴致死则占大多数。而现实中官府在处理此类案件时,大多不对检验伤情的环节加以重视,一方面在被殴者刚被打伤时不对伤情和事发经过进行确认,常常导致被殴者因不能及时得到救治而死亡;另一方面在检尸时检官没有亲力亲为、过于随意,使得案件的真相更为模糊。故而,为了规范检官与仵作的行为,同时为《慎刑说》提供具体的方法论,王肯堂在《律例笺释》正文之后附上了一篇相当详细的《检验尸伤指南》。他认为"检验"应当一分为二来看待:

---

① 见本书整理篇《王仪部先生笺释》之《笺释》原序。
② 诸颖政:《晚明士人知识趣味的多样化》,复旦大学 2012 年硕士学位论文。

一是"验尸",即刚发现尸体之时,应当先将尸身大致查看一番后出具伤痕结状,准备棺材暂时入殓,然后才可以开始审问;二是"检尸","检"就需要进行细致的确认了,需要检官按标准进行操作,如此才能收集有效的证据以处理案件。由于血肉之伤会随着时间流转而变化,所以刚开始的第一次验伤对于伤情的判断很是关键,对此要如同检尸一样重视。

在初步验尸时,可以从正面、背面、左侧、右侧四个方面依次进行。但凡发现伤损的状况,需要让件作及时记录下来,如顶心、囟门、脑角、额角、太阳、目眦、鼻山根、耳根、结喉、血盆、胸前、乳胁、软肋、心腹、小腹、承枕、谷道、阴囊、妇女阴户乳傍都是要害部位,建议检查时更加仔细。如果呈现暗紫色且微肿这样的状况,伤情是比较严重的,随着颜色由青入红及紫、由浅到深,也相应证明了伤情由轻及重。红紫色表示是新伤,青黑色表示伤痕已经存在一段时间了,必须严加分辨。

在细致检尸前,应当先搭好棚子,多准备糟、葱、椒、食盐、白梅、醋等物件。到了尸体旁,应在其上风向站定,燃烧香料来除尸臭或者用芳香之物掩盖口鼻。检尸"从正面头上检起,解头发,量长多少,分开顶发,检顶门、囟门、左右两太阳穴,擘双睛、鼻孔、口、齿、舌。脸上须看有无刺字,或已用药烂去,字痕黯淡,及成疤者,用竹笆于痕处挞之即现。看两耳连喉下左右两臂、手掌、手背、十指、指甲、心胸、两乳、乳傍、胁肋、脐、大肚、小腹、阴囊、外肾、玉茎、妇人产门、左右两大小腿脚、脚底板、十趾、趾爪。番身背面看脑后承枕骨、颈项、背脊、臀后看有无笞杖痕,并看粪门"。在整个过程中,尸体的伤痕状况(如颜色、大小、深浅、是否有血迹)需要详细记录在尸格之中,对于其他的特殊创伤情况也需要写明。尤其要注意伤痕状况与死因及受伤经过是否吻合,对于推断案件真相干系重大,失之毫厘差之千里,断然不能疏忽。例如在殴打致死的情况中,在判断死亡时间方面,如果死者是生前被殴打致死,伤痕上就会有紫红色的血晕;如果是死后用烧痕伪造的,这种痕迹会呈现焦黑状,紫红色较浅且形状平整而不肿胀。在判断伤人物件方面,如果是用物件击打,那么伤痕会呈长条状;如果是拳打致伤,伤痕就是方圆形状的;如果是脚踢致伤,伤痕就会比拳打得更大一些;如果是自己磕到物件的,没有磕破之处伤痕呈方圆状,即使磕破了伤口也不会很深。

对于各种死因,王肯堂还一一对应地设计了最佳的检尸办法或检验技巧。仍以殴打致死为例,先要在尸体干燥时检一遍,之后将尸体冲洗干净,如果伤痕不是很明显,可以在尸体上铺纸,浇上糟醋,铺上尸衣,待尸体软化后重新冲洗再行检尸。如果还是看不分明,可以在阳光下,隔着能透光的新油绢或明油伞,照射在尸身上进行勘验。如果仍然不明显,就把白梅捣烂敷在告官时禀明的受伤之处,微微加热(温度不能过高,否则会使伤情更难勘验)后再行检尸。在深冬时,也可以挖坑后将坑烧热,用醋蒸尸,用衣服覆盖,在温热后取出检尸。同时,也要防止仵作等人受贿,通过将茜草投入醋内或搽于伤处这样的方式让伤痕难以显现,如果发生这样的状况也可以用甘草汁来化解。像以上这样详细的技巧,如果没有多年的行医和多次与尸体打交道的经验是无法总结出来的,但是王肯堂却将类似的"独门秘方"罗列于每一种死因情况之中,足以见其医学造诣之深厚。而且,通过其对于检尸环节的描述,我们可以看到王肯堂具有的一种朴素的逻辑思维与证据意识。如在谈论"杀死"状况时,王肯堂认为死者必定是呈现"口眼开,头髻宽或乱,两手微握,手上必有伤损"的状况,即存在被杀死之前拼死搏斗的痕迹;如果是被凶手偷袭而一刀毙命,那么有可能死者手上没有伤痕或搏斗痕迹,但是那一刀必定是足以致命的重创。这番推论是完全符合生活常理的,同时这类富有逻辑的推论充满证据学的色彩,可以让人们更加逼近案件的真相,看清事件的全貌,展现了王肯堂自身具有的严密思维、证据观念和逻辑意识。

医者仁心,王肯堂虽知医救之法,本非律例中事,但他觉得在《律例笺释》之中进行阐述也有其价值意义。法者,定分止争也,正是因为有纷争,人与人之间才会生怨气,诉讼官司也由此而生。但如果我们能有高明的医救之法,保全性命、挽回伤情,那么就怨可解、讼可消了。况且,王肯堂提供的医救之法不可谓不高明。其一,符合现代科学,如面对溺水者时,"屈死人两足着人肩上,以死人背贴生人背担之,吐出水即活",这也是今天处理溺水者的正确方式;再如在被毒蛇咬伤后,可以立即到溪水处冲洗伤口,挤尽伤口处的血水后扎紧伤口,保持清洁,这些处理确实可以防止蛇毒在血液中蔓延而侵入人体的重要器官,同时多饮生姜水也可以保持人的体温,加快新陈代谢来化解毒素;运用局部麻醉技术、消毒技术等进行肿瘤切除,完成复杂的耳外伤脱落缝合再植术、骨伤科整复术,等等。从史料中可以看出,王肯堂与利玛窦交往甚密,在医学领域双方有深度交流,可见其兼采中西医之长,将传统医学与现代科学原理相结合,对于治伤救命有所裨益。其二,他列举的方法所需要的施救材料大多十分常见,均是寻常百姓日常生活可得,而且时常列举多种替代性质的处理办法,具体操作描述相当详尽,使其更加具有可操作性。当然,不可否认的是古代的医术确有其局限性,如受到车碾马踏需急觅童便或马溺乘热灌之或"灌以酒化真山羊血",想来诸如此类应当是王肯堂在医书中觅得的偏方,未曾经过实践的检验。但是笔者认为,王肯堂之所以在《律例笺释》末附上《医救死伤法》一篇,不仅是为了展现自己的高明医术以济世救人,同时还展现了他想要极力挽回伤亡者损失的仁爱观念和迫切想将矛盾化解在源头、将损失降至最低的治理理念,这恰恰与现代法治观念不谋而合。法治不仅是依法办事,还要讲求治理的有效性。例如我们现在将"枫桥经验"广泛运用于社会治理,将矛盾调和、化解在基层源头,那么便不是法律的缺位,而是其以另一种更适合中国方式的形式更加妥帖与切实地发挥法律的作用。故而,医救之法中所暗含的王肯堂的法律理念,虽然隐晦,但十分值得我们参悟与借鉴。跨学科、复合型方向对于未来法科发展也有借鉴意义。

结　语

王肯堂饱读法律经典,这也是其能够写下对后世影响颇深的《律例笺释》的原因。值得注意的是,在此著作中,王肯堂不仅结合明朝的法律实践进行论述,对于前朝的法律也十分了解,经常在罪名之后详细介绍其发展历史、源流变化。比如在解释贼盗罪名时,引用《唐律疏议》《法经》等前朝旧律,把该罪名从秦汉到明朝的发展进行了概括。唐朝时,盗窃罪分列在《贼律》和《盗律》中;魏文侯时,分列于《盗法》和《贼法》,以"法"命名正是由此始。秦汉至后魏,皆名《贼律》和《盗律》。北齐时才合为《贼盗律》,北周又叫《劫盗律》。正所谓,博古而通今,熟读古代律令对王肯堂写下《律例笺释》有着积极的意义。

明朝中晚期开始的西学东渐,法律文化之间的交流对王肯堂法律思想也有影响。例如,在对待遗失物的态度上,王肯堂表示遗失物因为有失主,所以遗失物要在五日内送到官府。官府收到遗失物后要公告。[①] 今天的《民法典》中也有相似的规定。其中第三百一十四条规定:"拾得遗失物,应当返还权利人。拾得人应当及时通知权利人领取,或者送交公安等有关部门。"王肯堂在其法律著作中甚至表现出比今天的法律更为详细的规定,他将遗失物的性质进行了区分,是属于官府的还是私人的,并且对交还遗失物后是否有一定报酬、若不归还需要承担的法律责任等问题都作出了明确的规定。若是官物,需

---

① 唐琦:《〈物权法〉草案和明清公案》,载《文史月刊》2006 年第 1 期。

要返还给官府,超出五日不送官的,按照赃款处理。如果是私人物品,需要通过公告召人来识认。如有人识认,那么会获得奖励:把遗失物价值的一半给得物之人,一半给还失物之主。拾得却占为己有的,减坐赃罪二等判处,并按照遗失物的价值来进行"罚款"。此外,王肯堂在《律例笺释》中也规定了违禁的货物,如军器、火药、硝黄,这类商品不允许买卖。我们今天在法律法规中也规定了未经许可不能经营的违禁品,王肯堂所列的违禁品具有对国家安全稳定不利的因素,因此不允许买卖。"凡将马牛、军需、铁货、铜钱、缎匹、䌷绢、丝绵,私出外境货卖者,俱有罪,则皆违禁货物也。"①对于完全由国家垄断的食盐专卖,王肯堂也提出了质疑,认为应允许对私盐发放盐引且进行规制。王肯堂的著作有很强的现实价值,以社会事实为依据,以国家安全、民众需求和民生保障为考量,对今天法律的制定、修改、完善都很有启发。

王肯堂注重程序正义,法律的公正要通过严密的程序来实现。首先,要求百姓参与诉讼程序。军民约会词讼,"凡军官军人,有犯该人命事情重大者",虽然与一众百姓无直接关系,但是管辖该军官军人的衙门必须约会有司,检验明白。军官军人犯奸盗诈伪、户婚、田土、斗殴之罪的,只要与百姓相关联,必须一体约会,有司问理;与百姓毫无关系的,才可以由本管军职衙门自行追问,不必约会。②其次,举报他人犯罪应当是在开堂之时,见被囚禁人之时,不得告举身外他事。即使在狱中受到了狱卒的非理凌虐、殴打、克减衣粮、索取财物等,也只能在升堂陈告时提出。王肯堂讲究程序的正当还体现在对诸多条例的解释中。条例要求即使是奴婢有罪,家长及家长之期亲也应当执告官司,不可擅自殴杀,如果私下处置将处以杖一百之刑罚。对于无罪被杀的奴婢的家人,官府必须发放文书,把他们贱民的身份变为良民。从上述例子中不难看出,王肯堂强调用法律来给实施犯罪的人以处罚,而不应私下解决,这无疑是对"以暴制暴"的抵制,防止冤冤相报,这对今天法治文明社会的建立也具有指导意义。再次,关于听讼的一些程序有明确的规定,对今天法官审理案件时需要注意的正当程序有所启示。比如在回避方面,但凡涉及内外有服亲属、婚姻之家、受业师、旧为本籍公祖父母官、素有仇怨嫌隙之人,都应当予以回避。王肯堂不仅在意程序的正当,而且对于违反程序需要承担的法律后果也作出了明示。违反上述程序的,虽然事实明确,也处以笞四十之罚。若罪有增减,计

---

① 见本书整理篇《王仪部先生笺释》卷十。

② 杨玉明:《明代公罪制度研究》,西南政法大学 2012 年博士学位论文。

所增减事情,以故出入人罪论。① "因仇嫌而罪有增,以故入人罪论;因亲故而罪有减,以故出人罪论。"最后,在打官司申诉时不能越诉,要根据自己的身份来进行相应诉讼。在古代,要逐级打官司,如果有越赴抚按三司告者,以越诉罪判处。知道越诉还进行审理的官员,判处违制。② 对于各官员同僚在办案中有犯罪行为的,处罚要按照官吏等级由上而下进行递减:吏典、首领、佐贰、长官,按顺序递减罪一等。这在上下级地方官府间形成了相互制约,审级相对独立,保证基层司法的运行。王肯堂重视程序,对于死刑等重大刑罚一定要先奏请中央,但同时也有灵活的例外规定,并非一成不变。他认为,如果所有的罪都必须按照事先请命才能诛之的规定,往往会发生变故。比如在处决叛军临边军叛的情况下,只要有了显著的迹象,经都司委官覆审没有冤情,那么就可以立即依律处治,然后再申达兵部奏闻。又比如有典厮役,不断作恶,犯了应该处死的罪,罪大恶极,此时宜尽早处决以让其余的人心存敬畏。因此在进行裁判时要根据情节来判处,程序上允许一定的延迟。

关于儒法之间的演变一直是学界关注的热点。通过文献整理,我们能更好地理解学者邱澍生在讨论"儒法折衷"时不断论及祥刑这一核心概念,并描摹出"儒法折衷"的具体进路。王肯堂和其父王樵多次强调法律和儒家经义一样都是治国的重要知识,强调儒家经书也包含极为重要的法律知识,透过祥刑论述而使法学与儒学两者变成可以相互浇灌的思想资源,从而出现了明清的"儒家法学化"现象。③ 例如王肯堂的慎刑思想贯穿在《律例笺释》中,既体现出失礼则入刑的法家思想以补儒学之不足,又体现出仁爱理念在司法程序中的践行。衙门中刑具大概有六种:笞、杖、讯、枷、杻、镣。"刑至于死,则刑居其极,斩绞是也。"但即使是相比之下较轻的笞、杖,也算是重刑,王肯堂表示在用刑的时候一定要慎重,臀腿分受,笞、杖止加于臀,不可到腿。王肯堂反对衙门中随意使用不去棱节的竹篦惩治百姓的做法,称其为"恶卒",认为刑罚只用在极恶大奸之人身上,不能当作常用的刑罚。一般处罚人死已到尽头,不再对尸体进行处理,但有的情形实在罪大恶极,死犹难恕,虽服刑而法有不容不尽,则将其尸体进行鞭打,戮之以彰国典。

① 曾永凯:《清代州县长官司法责任制度研究》,安徽大学 2009 年硕士学位论文。
② 王小丹:《清代越诉案件多元样态之解构——以〈刑案汇览〉为中心》,载《黑河学刊》2014 年第 2 期。
③ 邱澎生:《有资用世或福祚子孙——晚明有关法律知识的两种价值观》,载《清华法学》2006 年第 3 期。

　　王肯堂可谓"奇才",不仅在法律方面有所建树,医学、佛学方面也十分精通。在佛学领域,王肯堂的佛学并不是隐逸避世,并不局限于"功德"之论,而是与儒学进行了深度的融合,用法律来规范僧道的行为。王肯堂认为关于僧道的立法离不开礼律,并对明朝僧侣的立法感到不满。当时管理僧侣的相关法律列在脱户漏口立法之后,其为丁口而发明,未曾重视佛学。而且解释法律的人都把寺观当作淫祠,把僧道当作异教,发生犯罪,就认为果然是淫祠、异教。在医学领域,王肯堂建树很深,为自己的母亲和乡里邻居治病,理论和临床经验都十分丰富。在《律例笺释》的最后他还附上了《检验尸伤指南》和《医救死伤法》,对案情的侦破有所裨益。尸检是古代判案的重要环节,王肯堂花了大量篇幅进行了详细全面的介绍,可以帮助官员大概了解尸体的情况。比如勘验缢死的尸体,如果尚悬挂,要观察上吊之人有无蹬踏器物,项下是何种绳帛、勒痕的粗细等。若已经被解下,先看项下有无原绳帛的痕迹,将痕迹与绳子比对,看缢痕是否同异。又比如溺水的,溺死尸尚在水中的,要注意观察尸体是浮还是沉以判断尸体在湖中的时间。再比如小儿在母腹中断气的,胞衣呈紫黑色;生下后才断气的,尸体呈淡红,胞衣呈白色。生下后断气的,要看身上是否有伤痕,重点看喉下是否有塌陷。王肯堂对杀死、刎死、殴死、火烧死、中毒死的症状都进行了深入的讲解。除了尸检,王肯堂还附上了《医救死伤法》。按理来说,医救与律例无关,但王肯堂认为能保全受伤之人,则怨可消、讼可弭,"不惟刑期无刑",让人起死回生的功劳是无量的。王肯堂对金刃伤、缢死、溺死等情况发生后应该进行紧急救治的方法进行了列举。比如受到"汤火伤"救治时不可"激以冷水"。又比如冻死,"虽肢直目禁而有微气者"尚可以救回,立即"用大锅炒灰令暖,袋盛熨心上",并给病患少量的温酒和清粥。猝死是死亡率非常高且多发的疾病,在明朝时,王肯堂就提出了相应的医治之法。猝死是因一时气血凝滞,脉络闭塞。此时宜将皂角碾成粉末,吹入鼻孔,"得嚏则气通血活",后再给以汤药。读王肯堂的《律例笺释》,不仅对当时的法律有更深的了解,对今天的法医学研究也有一定借鉴意义。

整理篇

王仪部先生笺释

【明】王肯堂　原释

【清】顾　鼎　重辑

《笺释》原序

先少保恭简公为比部郎,尝因鞫狱,引拟不当,为尚书所诃,发愤读律,是以有《笺释》之作。两出持宪,一东兖,一嘉湖,皆最烦剧地。而案无留牍,庭无冤民,有余暇焉,自以为比部《笺释》效也。余久欲锓行于世,闻袁了凡先生言,流传法律之书多招阴谴,惧而中止。二十年中,偃蹇场屋,己丑登第,进学词林,又以文史为职,虽法曹致律例,礼曹致会典,而翰墨鞅掌,不能读也。

壬辰,予告归于舍,无意复出,以辑方书选日。前所致书几为蠹残,而先公私笺手泽,亦已授从兄尔祝久矣。比守膳部在假多暇,且铨曹有藩宪之推,念当弹压一方,其具不可不豫究。始发箧取律读之,私笺仅存坊刻,讹不可读,而他家注释不得律意者多,且如大祀、中祀、符验之类,皆不考国制,率尔臆解。问刑条例,其精严不下于律而注释不及焉,皆缺典也。乃集诸家之说,舍短取长,足私笺之所未备,以及见行条例,俱详为之释,而会典诸书有资互考者附焉。始庚戌十月朔,讫辛亥三月初,稿完而余亦病矣。

恭惟我太祖高皇帝屡诏大臣更定《唐律》,至五六易不休,亲御宸翰为之裁定,而又特立“讲读律令”一条,百司官吏务要熟读讲明律意。每年终,在内从都察院、在外从分巡御史,按察司官、按治考校,不能讲解、不晓律意者,罚笞降级。士子应举,必试五判以观其明律与否。百工技艺诸色人等,有能熟读讲解、通晓律意者,得以免罪一次。郡县里社,岁时行乡饮酒礼,亦惟读律令为兢兢焉。盖于金科玉条,人人提耳而教之,唯恐其不知而误犯以伤我好生之德者,然后知以律绳人,即古悬法象魏之意,盖禁之于未然,而非欲不失刑于已然也。今之仕宦者,多不体此意,为经生时,既自不知律,及有民社之寄,又漫不经心,一切倚办吏书而已。其不任吏书者,又于原籍携带讼师罢吏同至任所,用为主文,招权纳贿,无所不至,已多冤民矣!又况锻炼以为能,钩距以示察,草菅千百命以庄严一官者哉?夫小民无知而犯法,犹赤子无知而入井,不能仰体圣祖之心,教诏无素,即使刑当其罪,已为不教而诛,谓之曰虐,况移情就律枉滥实多乎?问刑官溺职若此,皆由内外风宪官员不行考校之过也。冤抑不平之气上干天地之和,下为水旱灾沴,此问刑风宪官吏,安得无阴谴哉?夫律意必讲而后明者,非独词旨简严奥博,不易讨究;而刑期无刑、用主不用,上帝好生之心,虞庭钦恤之意,三十卷中时隐时见,非俗吏桎梏章句者所知,是不可以不细讲也。则又安敢徇乐简恶繁之人情,而省约其文乎?世之司民命者,倘因余言而有感焉,体圣祖之心,遵圣祖之训,则刑为祥刑,而皋陶迈种德之一脉为不断矣。福祚且流及子孙,而又何阴谴之有?故余与虞倩来初捐俸流通之,固了凡先生之意也。

万历四十年,岁次壬子三月朔旦,赐同进士出身、改翰林院庶吉士、南京礼部精膳清吏司郎中、前翰林院检讨王肯堂力疾书。

重编自序

粤稽上古，浑穆初开，人皆不失其赤子之心，并无所为德也、礼也，又何有于刑？迨夫人我既形，情日以伪，事日以纷，于是乎有是非、有曲直、有争斗劫夺，古帝圣王不得不设为教化董率之法，乃命司徒叙以五伦掌教也，爰命士师典以五刑弼教也。故刑者，所以辅教之不及，盖不得已而用之者也。孔子曰："道之以政，齐之以刑，民免而无耻；道之以德，齐之以礼，有耻且格。"此大圣人探本穷源之论，实万世不易之心法也。三代以上，不敢论已。慨自暴秦焚书坑儒以愚天下黔首，严刑酷法荼毒兆姓，赤帝子入关，约法三章，悉除秦苛政，而苍生得解倒悬矣。相国何参考《法经》，益以三篇并列为九，置为律令，刑之以律名，盖自此始也。文帝仁慈，诏除肉刑，而天下几臻刑措，非夫子所谓"有耻且格"之明验欤？后世民贫，易于犯法，而酷吏张汤辈出，肆其毒于天下，然不旋踵而诛戮随之，天之报施为何如哉？降而六朝，或尚清谈，或事峻罚，更无足论。唐至贞观，励精图治，更定律令，一时贤相，若魏、若房、若杜、若长孙无忌，辅翊盛化，治尚廉平，议减大辟，以数十计，宽绞刑为居作，省流入徒，减重为轻，而一代之律法以成。惟为人主者，能以我仁爱之心深洽乎亿兆之隐，斯亿兆之隐亦有以洞彻乎一人之心。此太宗所以释还重囚，约以来岁就死而如期毕赴，至今以为美谈者，又非格心之明效耶？宋熙宁间，特诏百官坐罪尽免杖黥，以毋辱我衣冠，于是理学名臣接踵代兴，而彬彬称独盛焉。迨至明初，明刑敕法，一本唐律，加以后世代为参修，律与条例并垂，较之历朝，尤为详备，至《王仪部先生笺释》一书出，条分缕晰，阐发精奥，允为后学津梁，诚有不可一日缺者。

我世祖定鼎，首申律令。爰命廷臣详译明律，参订增损，务期平允，仰见我世祖精一执中之心，即千古帝王都俞授受之心也。追溯源流，法制权衡，悉推本乎汉，唐宋而统备为独得其全，猗欤盛哉！千百世之弘模于兹而大定矣！鼎也不才,误滞儒酸,彳亍四方,所至几遍天下,虽其间风俗淳漓人情诚伪不一,而民心之感召呼吸,可通乎格,必以类应,总不外乎德、礼、政、刑四者之敷施,即分奏最之上下。故太公治齐,元公治鲁,报政所以悬殊也。昔孔子相鲁,三月而耕者让畔、行者让路、男女别途,若非大圣人过化存神,安能感应之速若此?不才如鼎,谬叨诸公卿雅相推重,借箸有年,岂敢妄谈经济?然约略计之,东南风气刁顽,西北性情刚戾,游历所至,惟奉先生之《笺释》为兢兢二十年来日就月将,逐一揣摩,必期心领神会,而后敢即安。庶可告无罪于吾友,即可告无罪于君民,皆先生《笺释》之功也。揭其大概,要不离乎樽节物力、体贴人情,出乎至诚,惟此一心以为感通已耳。余从滇黔归,偶度岭南,而故人黄子致和闵子缄庵亦以倦游,憩息羊城,相见甚欢,因出先生《笺释》,互相参究而授之梓,非敢借先生之著述于以问世而沽名也。良由先生之书,原板既失,湮没已久,而因讹传讹又不无以伪乱真,故敬为刊布。俾天下后世得读是编,而惕然知政刑之可畏,德礼之化神感发天良,而不失其赤子之心。庶几先生之志慰,而余之心亦可大白于天下。

时康熙三十年,岁次辛未阳月,娄水后学顾鼎敬书于仙城西麓之青莲精舍。

重编八则

　　是刻也，悉遵顺治三年《钦颁律例》次序，将《王仪部先生笺释》挨顺编辑。凡律文逐条注解者，以"释曰"贯之。其逐节注解者，以"第一节、第二节"贯之。间有段节虽分而文义实合者，则统而论之。其条例原本内有注、有不注，按今本分晰以"第一条、第二条"贯之。其间详而不必注者，仍缺焉。读者对律按例，体认索解，斯无遗义矣。

　　律例一书，圣王所以范围天下后世之人心，俾奸邪残慝者，畏而不敢纵；贤良正直者，守而不敢违。立劝于未然，垂儆于将来，实为治世之大经。本朝化洽中外，随事作则，于律例之外，特颁新例，制度周密，宽严相济。律未该则绳之以例，例或弛则准之于律。措置咸宜，使人不蹈法纲。正所以仁天下，重民命耳。惟司刑者参酌而善用之，此又非《笺释》之所能泥也。

　　凡律载内外文武职衔，文如督抚、巡按、布按、分司以下，武如都督、总兵、指挥、千百户之类，名色有殊有不殊，而职掌则无异也。本朝设官分理，裁汰冗员，原有定制。今律文内文武职官衙门，尚有未尽改正者，《笺释》中悉仍其旧。

　　律例为昭代之宪章所系，治民之大法所存。讲律之道，贵乎提纲挈要。非不欲刊列全文，便于兼读。然非奉题请，不敢擅专，故草莽微臣，有志未逮也。

　　近代刑名诸书，行于世者不一，盖缘兴朝制度綦隆，而教民善俗之道，首重讲读律令。上而百司官吏，下至比户穷檐，虽山陬海壤，靡不兢兢是讲，率循礼法，以跻一道同风之盛。兹编阐扬词旨，严简易明，其中奥博，悉了了于篇端，俾读者律己律人，有所矜式。智者益信而愚者不疑，有裨于治术不浅。庶几仰答圣天子惠爱元元，德化无穷之至意耳。

　　士子读书穷理，务求渊博贯通。凡古先圣王精一相传之旨，以及八荒黎庶变迁莫测之机，无不究心洞彻，默运于中，措施于外，然后可以出而临民。是以应举之时，场屋中必试五判，正所以观其律义之明与否也。况律中体要，一本服制以为则,允洽人情,不逾伦纪,其加减折剩之法,细如针芥,毫发不爽,非全力核算,未易明晰。读《笺释》者,加意体玩,自能识其妙理。孰谓刑书也而可忽诸?

仪部王先生讳肯堂,号宇泰,江左之曲阿人也。博综今古,著述精微。而《笺释》一书,本诸恭简公,家学渊源,其来有自,至先生而始备。其间条例精严处,皆补律中之不及,至先生而始诠,洵属祥刑秘笈,自当奉为指南者。惜乎原板久湮,不获公诸当世。兹刻稍集诸家之蕴,小为阐发,并附《慎刑》《检验》《医救》三册于后,盖亦体好生之意云尔。

律意必讲解而后明。三十卷中,矜恤生全之德,宽严开导之仁,若显若晦,引人于义路,苟非辩论讲求,卒难融会而得其指归也。鼎识见肤陋,学而未能,间尝从游幕邸,遇有矜疑重狱,辄捧律例,详慎体贴,复展《笺释》,反覆考证,必至心领神悟,然后敢定爰书,务期得情平允而后愉快。今赖同志者悉心校订,重付枣梨。第恐荒谬之诮有所不免,惟冀高明博学君子,鉴兹苦衷,补其不逮,鼎也有厚幸焉。

吴门后学顾鼎定九父识

《王仪部先生笺释》目次

卷　九

　　　　钱债三条

卷　十

　　　　市廛五条

卷十一

　　礼律

　　　　祭祀六条

卷十二

　　　　仪制二十条

卷十三

　　兵律

　　　　宫卫一十九条

卷十四

　　　　军政二十一条

卷十五

　　　　关津七条

卷十六

　　　　厩牧一十一条

卷十七

　　　　邮驿一十八条

卷十八

　　刑律

　　　　贼盗二十八条

卷十九

　　　　人命二十条

卷二十

　　　　斗殴二十二条

卷二十一

　　　　骂詈八条

卷二十二

　　　　诉讼一十二条

《王仪部先生笺释》目次终

《王仪部先生笺释》图注

顾王榭用拙父　　校阅

顾鼎定九父　　　重编

古吴

黄中致和父　　　订正

翁居体镜非父　　汇参

五刑图

释曰：墨、劓、剕、宫、大辟，始于三代。刻颡曰墨，割鼻曰劓，刖足曰剕，淫刑曰宫，死刑曰大辟是也。今之五刑，乃笞、杖、徒、流、死，始于隋唐，至今因之。

○按：笞者，耻也。薄惩示辱，所以发其耻心也。其刑轻，故数止于五十。杖，则重于笞，两笞折一杖。凡所犯有重于笞五十者，即出笞以入乎杖。其罚则自杖六十始。徒者，即古之所谓城旦舂也。拘系其身心，使力供乎劳役，故配发于冲繁水陆邮驿中，一听驿吏为驱使。凡罪浮于杖一百者，特设此减杖加徒之法以通之。盖罪浮于杖一百，则减其实杖之四十，而益以徒一年。倘更有重焉，则层累递加以复乎杖一百而止。此徒刑五等之说也。又有所谓闰徒者三流，准徒四年；杂犯斩绞，准徒五年；迁徒比流减半，准徒二年是也。

流罪之制，始自上古。舜流共工，则其始见。然三流之制，独以二千里为始，何哉？盖五服之地，各以五百里为限，由渐而至要荒，去王畿益远，皆所以处置罪人。罪有轻重，地亦有远近也。故流二千里，则进之要服矣；二千五百里，则荒服矣；若三千里，则居于荒服之外矣。

充警迹者，发于交易肆市，人居稠集之地，夜则巡警，日则迹贼，故曰充警迹。不杖流者，流从徒增，流必加杖，定律也。故律凡属流罪，必冠以杖一百，乃律中复有，止曰流若干里，而并不冠以杖者，即所谓不杖流也。不杖流者，罪由缘坐，罪非其罪，无应杖之情也。夫既不加杖矣，乃复不在收赎之例，更重之以常赦不原，会赦犹流者何？正犯备极穷凶，虑遗余孽，故重其法以遣之。三流之外，又有安置、迁徙、充军及边外为民、边远为民诸款，是又流中之闰也。

安置者，置之于彼，不得他适也。但于二千里之下，又加以安置二字，且更不复冠以杖一百者，何也？盖缘坐不杖流之人犯，惟止于年为稽考，月为点验。禁其不得恣行他适而已。以是为置，即以是为安，故曰安置。

迁徙者，挈此置彼曰迁，舍此之彼曰徙。孟氏曰："迁其重器。"又曰："死徙无出乡。"乃知迁徙之法，即不出本省之流法耳。盖五徒发配，近在隔府邻封，不出五百里之外。而流则不独出乎本省，且以越乎他省，或更越数省而远之。若迁徙，则止以千里为限，比于徒之五百里者则倍增，较于一等流之二千里者则倍减，但令其一去而不返耳。所以迁徙之法，既不得列于三流之中，复不得隶于五徒之列，因特别而名之曰迁徙。

充军之令，从古未有。始自明时分隶老师宿将，屯镇边隘，世守其地，以为外捍内卫之资。继而屡经调拨征战，什伍恒缺，故特设此令以补之。其所谓军者，即此荷戈执戟之行列；而充者，即充此逃故伤亡之什伍也。故统其名曰充军。律例若曰，彼乃凶恶无知，不自悛改之顽民，留之既虑其扰我善良，杀之不忍其遽罹惨裂，驱而远之，戍彼他方。彼固本非军也，今则罚之以充其数。举凡罪出乎常律之外，不忍即加诛戮者，特设此例以开生路，乃所以恤之，非厉也。然按名虽总曰充军，而核实则有终身、永远之别。盖终身者，罪止乎本身。苟或故绝，不复于原籍再为清勾。即有顶替，止以及其随行之子，及充发后所生之子若孙。故各例内止有发某处充军字样，而不冠以"永远"二字。凡律内无"永远"字样者，皆止于终身者也。若罪至永远，则子孙世世承之矣。倘充发之后，其人逃亡故绝，军伍空矣，则仍向原籍清勾其嫡长子孙以实之。如原籍中嫡长无人，更从亲枝子孙内，照伦序查其以次子孙，清察而勾补之。所以各州府设立清军同知以专其事也。然终身、永远二项中，又以充发地方，分罪之轻重。其最重者，莫如烟瘴永远。烟瘴者，蛮烟瘴疠之地，川、粤、滇、黔是也。苗獠杂处，人同魑魅，性既悍犷，而猛兽蛇虺，山岚湿毒，非习水土者，率多夭札，故其罚为最。次之则极边边远边卫，以及沿海边外矣。再次则附近充军矣。其中或有及于原籍之子孙者，亦冠以"永远"二字。罢职充军、降罚充军二项，单指武职总小旗以上者言。彼固各有职掌，非军也。今则罢之、降罚之以充乎军,故不曰革职降级,而曰罢职、曰降罚。观于立有功绩,仍为不次擢用,则其遇赦、遇恩、遇宥,皆得复还可知。收籍充军者,收于出征之兵籍,非收入军籍也。言出征时,有受军人雇倩、冒名代替出征者,杖八十,即收入出征兵籍内,以充调发之原数。盖因其乐于自充也而收充之,仍杖以八十者,恶其冒,并杜其渐也。若收该卫充军者,虽与代替相似,又单就备倭贴守,及本卫舍余人等言。盖备倭贴守,各有分汛,正军专责也,乃正军不往,而舍余人等代替之,非正军而代为正军,故就收入该卫以严之,是亦因其乐于自充也而收充之。其不及杖者,卫以代卫,虽冒非冒也。抵数充军者律,在杀害军人条,终本身一人而止。所抵充人死后,即于原被杀军人户内勾补,是不独无所谓永远。即其充发后所生之子若孙,亦在听还之列,不复勒令顶补矣。然此条余丁抵充之中,又更有或系老疾废疾等项,临时应为奏请定夺者,在较之一切抵充各例,又不同矣。抵罪充军者,因受财故纵卖放充军人犯者而设。抵罪者,抵所卖放军人之罪,即以权充其军也。《名例》称与同罪条例内云:凡受财故纵,与囚同罪人犯,该凌迟斩绞,依律罪止拟绞者,俱要固监缓决,候逃囚得获审豁;其卖放充军人犯者,即抵军役。若原犯罪该永远者,止终抵军之身。仍勾原犯应替子孙补伍,此抵罪人犯止以权抵军犯之罪,发令充实其伍而已。其所卖放军犯得获,又当为之豁除。仍从枉法计赃科罪,固不得因其律应同罪,即终其身以充之。夫罪莫大于斩绞,其受财故纵,与囚同罪者,如逃囚得获,尚得邀乎审豁,岂于充军一项,反特重以不准豁除之令耶?如所卖放之逃军得获,自应仍发原伍收充。倘于抵罪权充之人不为豁而除之,是一伍而二军矣,可乎哉?诬告充军者,因其诬告人为应充军数,而即以充其军也。诬告充军四字,须一连读下。例内又云,民告抵充军,役军告发边卫充军,而未若抵数充军者,止本身一人,殆一如夫终身者之止及乎充发后所生之子若孙,而不复原籍清勾者也。盖抵数充军者,正犯之余丁,此则正犯也。其子若孙,不在听还之列。边远者,指边之远者言,非边卫永远也。调卫者,单就军官军人犯法者言。以卫调卫,以军从军,又何充之有?若边外为民,边远为民,则系置之于此,不得他适,即古之所谓放也,驱诸要荒之外,使其不复生还而已。然无所为拘遣力役,调发守御之劳,是较三流稍重,而较充军又轻矣。大抵充军一项,实介乎三流二死之中,而边外为民,边远为民,又间于流与充发之界。盖律中有此充军一项,犹夫历之制闰以成岁,所谓闰律也。

边外为民者,犯人情罪可恶,驱而远之于九边之外也。不加力役,任其耕凿自如,室家宁止,盖亦深冀其悔悟而自新也。

边远为民者,就边之道里遥远言。总以边为界,以远为限,然断不出乎边之外,否则竟与边外无异矣。用法者,宜留意而差别之。

原籍为民者,夫舆图册版,古人以竹为之,名之曰籍。盖州郡城邑,各有都鄙界限,各有人民户口。原籍者,凡人生成之后,例必报名于官,列入图册,则皆籍中之民矣。其于游学寄寓,投认调遣,虽不尽拘于原籍。若夫觐宫墙,登贤书,入仕籍,伺宫府,则必稽考乡贯,咨询其原籍而注之。故凡系在官人役,以及赴选出仕,必秉原籍印文为凭,而后隶之以职役。如有所犯,则押而发之,归于本犯原生之籍,仍以付其该管官司,查照原日应当徭役而役遣之,故曰原籍为民。

黜革为民者,举贡生监,文武职官以及吏农承办,向皆民也。朝廷设科选举,用收得人之效,或庠序监贡,课诵而为士;或援科置第,取擢而为官;或入部寺州郡,骏奔而为吏,要皆颁以廪给俸食,崇其职役服色而分别之,免其徭役税粮而优礼之,是其人业已异乎齐民矣。此则或黜之,或革之,仍以同乎其为齐民,故曰黜革为民,然亦止于黜革其职役,听其自回原籍而已,不为押发也。此与原籍为民为异矣。

刑至于死,则刑居其极,斩绞是也。斩者,身首异处。绞者,止毕其命,犹是全体。故二死科条,虽有殊分,然其备具于五刑之列则一,缘其同归于死也。是以《名例》特著以二死同为一减。二死之外,有等而下之曰杂犯斩绞,准徒五年,统著折赎图内,不为各分,非真斩、真绞也。又有等而上之曰枭斩,曰凌迟,曰戮尸,此又死刑中之闰律也。凌迟者,刑外之刑也。枭斩者,斩其首,暴其罪著其名,标之以竿,即其地而悬之,用以示警乎众也。谳狱定例,如罪犯身死,则曰已服天刑,不复更为推訊。其于罪大恶极,死犹难恕者,虽服天刑而法有不容尽,则仍即其尸而戮之以彰国典也。

丧服总图

释曰:斩衰者,三年之丧也。不缉曰斩,用极粗麻布为之,其衣旁及下际,皆不缝缉。冠用三棉蕊者,取其闭耳目声色。腰绖用绳为之。其哭杖,父用竹,取其节外著也。母用桐,取其节内存也。上半截圆以象天,下半截方以象地,其长与心齐。所穿之履,以菅草为之。《礼》云:“致丧三年。”致者,尽其诚也。止于三年,圣人酌中而定制,非谓三年之丧,遂足报其亲也。今只不计闰二十七个月者,盖谓仕宦以身许君,欲臣子忠孝两尽之意耳。齐衰者,期年之服,为岁之终也。缉边曰齐,用次等粗麻布为之,但其衣旁下际皆缉,所用腰绖略小,冠亦少异,余则皆同上矣,然冠服则同。其丧制有杖,有不杖,有五月,有三月,以亲疏之有别也。大功者,九月之服,为物之终也。小功者,五月之服,为阳之终也。缌麻者,三月之服,为季之终也。律首载丧服者,明服制之轻重,而后知应加应减之法,始可定罪也,由亲疏以及凡人而止。

九族五服图

释曰:自本身而上曰父祖曾高,自本身而下曰子孙曾玄,此同宗服制之九族也。"父母报服同"句,报者,还以相证之义。盖本生父母,为出嗣子服而言也。惟本生父母降服不杖期旬,谓出嗣子。有嗣父母在堂,止降服不杖耳。凡同五世祖族属,在缌麻即为绝服,此外皆为袒免亲。遇丧葬,则服素服,尺布缠头。尺布缠头者,不成服也。

〇免音矣,服轻于缌,其制以布广一寸,从项中而前交于额,又却向后而绕于髻也。

妾为家长服图

释曰:按古妻则称夫,妾则称家长,明有别也。且夫为妻杖期,于妾则无服矣。戴《礼》谓之买妾,贱之也。尊卑攸分,故有家长之称也。

外亲服图

释曰:姑舅之子,皆表兄弟也。然舅之子谓之内兄弟,姑之子谓之外兄弟,皆服缌麻。内外言者,父族母族之分也。又母姊妹之子曰两姨兄弟,服亦同。

三父八母图

释曰:三父皆继父,所重在于同居不同居之别。一曰同居继父,谓自幼随亲母改嫁,抚育恩深者。二曰不同居继父,谓先曾同居,今不同居,亦有长养之恩者。三曰从继母嫁,谓父死继母改嫁之夫,不言父字者,以继母与亲母有间耳。然既从之而嫁,则知孤幼难离,更无依托之处,虽继母犹亲母也。推而及之,自应分别有无大功亲属以定服制。苟或凌虐役使,绝无恩义,纵同居仍当别论。若自来不曾同居者,无服何疑,读者体认焉。八母中嫡母,乃父之正妻,妾生子当服斩衰三年,庶子为嫡母之父母兄弟姊妹小功,母死不服。继母,谓父再娶之妻,斩衰三年,母为子不杖期。若父死,继母嫁而已从之,服杖期,继母出则无服，为继母兄弟姊妹小功。养母，谓自幼过房，并三岁以下遗弃者，斩衰三年。慈母，谓所生之母已死，父令别妾抚育者，斩衰三年，母为子不杖期。嫁母，因父死改嫁，杖期，母报服不杖期。出母，谓亲母被父所出，杖期，报服不杖期。庶母，谓父正妻之子，为父生子妾，杖期。若所生之子，为服斩衰三年。如嫡母在，亦不得尽三年也。乳母，谓父妾乳哺者，缌麻之服也。

例分八字之义

释曰：例分八字，乃制律之本义也，世传谓之"律母"。能知其义，斯真善读律者矣。

以者，非真犯也。非真犯而情与真犯同，一如真犯之罪罪之，故曰以。

准者，与真犯有间，用此准彼也。所犯情与事不同，而迹实相涉，算为前项所犯，惟合其罪而不概加其实，故曰准。

皆者，概也，齐而一之，无分别也。不行分别，惟概一其罪而同之，故曰皆。

各者，各从其类，义取乎别也。万类不齐，流品各别，比类而观，实同一致，故用"各"字以别之。

其者，更端之词也。承乎上文，为之更端，而竟本条所未尽，则用"其"字以发挥之。

及者，推而及之也。大约凡系人与事各有不同，而罪无分别者，则皆以"及"字联属之。

即者，显明易见，不俟再计之意。

若者，亦更端之词。乃设为以广其义，虽意会乎上文，而事变无穷，欲更端以推广之，连类以引伸之，则不得不设为以竟其意，故曰若。此律母八字之义也。

六赃图

释曰：六赃维何？监守盗、常人盗、枉法、窃盗、不枉法以及坐赃致罪也。其名虽有六，而较量轻重，分别计赃科罪，则止于四，故各具图于前。监守盗为罚最重，故独居一等。若坐赃则甚轻，故又居一等。按坐赃之义，本不得谓之赃。而坐之以为赃者，故曰坐赃。其情轻，故其罚薄。皆以数满十两，方加一等，而更宽以折半科罪之法，自笞二十起科。而末后则无三流之条，若本款下所开载之五百两，如以折半科之，则千两矣，罪止杖一百，徒三年，即极乎千两以上,亦止于此而已矣。是以五百两后,无他文也。等而上之,则不枉法与窃盗差重矣。其情重于坐赃,则其罚倍加,故舍笞五十之轻律,而特自杖六十始,亦以十两加一等为限。其科赃之法,虽在内分有两途,要之皆至一百二十两则绞,然皆止于绞而已,不至于斩也。又等而上之,则枉法与常人盗又重矣。其情愈重,则罚更为倍加,故至五两,即加一等起科。而罚则自杖七十始,更重以通算全科及并赃论罪之律,然亦止于绞,而无斩律也。至于监守盗,则盗者甚易,故重其罚以严之。盖仓库设监守之人以司之,乃所以重储积而防人之为盗耳。自为监守而复自盗之,渐岂可长?且稽考未易,防之更难,非严其罚,不足以示警。故较常人盗而复倍之,因自杖八十始,重以二两五钱,即加一等之条,终于四十两。即拟杂犯斩,恶之至也。等愈重,则轻律不得而及之,故自杖八十以前,无他文也。此六赃计两加等之大意,其图具开载之大略也。

受财枉法,大法紊矣。是盗法也,盗天下之大法,与盗天下之公物,何异?故枉法与常人盗齐等。若不枉法,虽未盗法,孟子有言,举"非其有而取之",盗也。其所受者,岂其所应得者耶?欲则不刚,虽不枉法,但经受财,将毋深畏人知。而更惧罪人之挟持假借乎?此正孔子所谓"譬诸小人,其犹穿窬之盗"者流也,故不枉法与窃盗同科。

在外纳赎诸例图

释曰:金作赎刑,上古之制也。然古制惟施于鞭、朴二者而已。若墨、劓,若剕、宫,若大辟,则皆有所不及。即《周礼·秋官》之法,亦未为之并及,惟至穆王作权宜足用之术,以全兆姓,则五刑并赎,实自周穆始。汉文景既除肉刑,更复递减,易之为徒流笞杖,后世守之。汉武帝时,始创人谷实边之议,而杀人及盗不与焉。明律一本唐律为增损,明因唐,唐实因乎汉,是以赎锾之法较详。今因之,但所载折赎各图,皆除真犯死罪外,自杂犯斩绞以至于笞,无不各著以折赎、收赎之例。惟以无力、有力、稍有力为赎与决配之差,似乎凡曰五刑,无不皆在所赎之中,而不知实有不概准折赎者,特未明著于律耳。如杂犯各条中,其重者固不准赎,其细而至于笞杖者,似亦不得因其刑之轻而准赎之也。又如文武官有犯杖徒杖流者,杖准赎而徒流不准赎。妇人有犯杖徒杖流者,徒流准赎而杖不准赎。明乎各项为不准赎,则凡余者皆在听赎之列可知矣。

老幼废疾工役乐户及一应轻罪者,盖其法自笞杖以至杂犯五年。皆以每十笞杖,纳银七厘五毫为例。每十杖加一等,至徒一年,则包杖一百在内,加至一钱五分,推而至于斩绞,共递加至五钱二分五厘而止。所以老老幼幼,矜不成人，而并贷夫贱役妇人也。

军职正妻，难以的决，并妇人有力赎罪条内所云之余罪收赎者，虽照折杖之数以科等，但先除之一百杖，则又以每十杖折银一钱为率。至一百杖，折银一两而止惟于所应徒应流之年分，方曰余罪。始照折杖例，以七厘五毫累算而赎之，是以此条标首，直曰赎罪；而收赎二字，则暗藏于满杖之后。盖妇女不可以充徒役，一例收赎，初不因其有力也，而故宽之，所以矜女弱也。

过失杀依律收赎，折银十二两四钱二分，给被杀之家茔葬。本文中亦未及乎应杖若干，及免杖字样者，盖给银之外，不复加杖，此与前各项收赎之例又不同矣。问过失杀准斗殴杀人绞罪，依律收赎，图载赎银五钱二分五厘，何故得折银一十二两四钱二分？考《临民宝镜》，元末明初，钱钞兼行，每笞一十，做工十日，每一日，计钱六十文，图注笞一十下，该钞六百。今注七厘五毫，每钞一贯，时值银一分二厘五毫。以钞为则，是笞杖而递加至绞罪，该钞四十二贯，即五钱二分五厘之数。内分钞八分，该三十三贯六百文，折银四钱二分，钱二分，该八贯四百文，每钱七百文，时值银一两，折银一十二两。二项共折银一十二两四钱二分，故过失杀下有折银之说，其钞法于明时即不行矣，备此以知其义。

笞杖徒流加赎法，每笞一十，赎银七厘五毫，笞五等，每一等加银七厘五毫，至笞五十，赎银三分七厘五毫。自杖六十至杖一百，亦五等，每一等亦如笞罪七厘五毫加法，至杖一百，共银七分五厘。自杖一百至徒一年，则倍加银七分五厘，赎银一钱五分，徒五等，每一等则以七分五厘之银折半为三分七厘五毫之数，递加至徒三年，赎银三钱。自徒三年而至流二千里，仍加银七分五厘，该银三钱七分五厘，流三等，每一等，亦以三分七厘五毫递加至流三千里，赎银四钱五分。流三千里而至绞斩死罪，仍加银七分五厘，全赎银五钱二分五厘，包徒包徙，尽在其中。其迁徙比流减半，准徒二年，则折赎银四钱五分。

限内老疾收赎

释曰：限内老疾收赎。此单就五徒，及总徒四年、杂犯五年者而言，不及杖也。限者，徒流杂犯之年限也。限内者，各徒各有年限充而未满曰限内。如已经配发之人，其应充之年限未满而或本犯之年满乎七十，则已符乎年老收赎之例矣。又或年限未满而瞎一目折一肢焉，亦符于废疾收赎之例矣。是徒限虽未满而老疾则同也。彼未发遣者，尚怜而赎之，况已配已役者乎？故一如夫老疾收赎之例以为赎。而此项收赎之法，则合计其徒杖应赎之银数，照每十笞杖赎银七厘五毫例，将所充之年限通计应赎银若干；照月均算，每月应该银若干；

再为除去已经役过之月分，止就限内未满之月分若干，应赎银若干，令之纳银以自赎，盖同一老疾也。当未老疾而发配之时，其应杖之杖，彼已身受之矣。所收赎者，惟徒流未满之年月而已，是以较老疾之赎例为更轻也。

诬轻为重收赎图

释曰：诬轻为重收赎例，先除出一百杖，余剩方准收赎。乃其赎法，则又将徒流年限均折为杖。如已决者，将所云先除之一百杖，则实抵其杖。至一百之外，皆曰剩罪，方准照折杖例，每一十以七厘五毫累算而赎之。

剩罪者，折除计算反坐之实数也。皆就所告之事虚实轻重细为较量，除实计虚，除轻计重，衡量而计算之，凡所多者皆曰剩罪。

余罪者，系就一人本身一事上所得之罪，除算而计之，则曰余罪。

《王仪部先生笺释》图注终

《王仪部先生笺释》卷一

顾王榭用拙父　　校阅

顾鼎定九父　　　重编

古吴

黄中致和父　　　订正

翁居体镜非父　　汇参

名例律

释曰：魏文侯造《法经》，其六曰《具律》。汉加《九章》，《具律》如旧。曹魏改为《刑名》第一。晋分《刑名》《法例》，宋、齐、梁、后魏因之。北齐合为《名例》，北周复为《刑名》，隋复为《名例》，至今不改。按《唐律·名例》凡五十七条，分六卷，明时为四十八条，置篇首，今因之。

五刑收赎例

释曰：国之正法，笞杖决，徒流配，何以有此五等赎法？按律，若天文生习业已成，能专其事，犯流及徒者，各决杖一百，余罪收赎。

妇人有犯，罪应徒流者，决杖一百，余罪收赎。

凡年七十以上，十五以下，及废疾，犯流罪以下收赎。八十以上，十岁以下，及笃疾，犯反逆杀人应死者，议拟奏闻，取自上裁。盗及伤人者，亦收赎。

又凡犯罪时未老疾，而事发时老疾者，依老疾论。若在徒年限内老疾，亦如之。

又告二事以上，轻事告实，重事招虚。或告一事诬轻为重者，已论决，全抵剩罪。未论决，笞杖收赎，徒流止杖一百。余罪亦听收赎。

又如过失杀伤人，准斗杀伤罪，依律收赎，给付其家。凡所谓收赎，即前图赎银是也。收赎者，律也。有力赎罪者，后开之例也。详见五刑赎罪等第。〇赎法有二，有律得收赎者，有例得纳赎者。律赎无敢损益，而纳赎之例，则因时权宜，先后互异。在京则做工、纳米、运灰、运砖、运炭、运石六等，在外则有力、稍有力二等，轻重适中，详见首末二卷。

条例

第一条　发充仪从，追银三钱，当一月之费。此惟王府人役，应充仪从，与军民人等无干。炒铁例，系律中所载，不可轻删。而万历八年，铁冶郎中已革，则亦名存而实亡耳。〇前项运炭、运灰等项赎罪，乃不干碍行止，拟还职役、肄业宁家者。后项官吏人等，该革职役，与舍余总小旗军民人等。审无力者，在京，送工部做工；在外，民发摆站。军舍余丁，发墩堡哨瞭，例难的决之人，即下条皇陵户等，及内府匠作，犯笞杖，无力，亦令做工。

第三条　如果贫难，乃无力错审有力者，流徒。在京做工，在外摆站。笞杖的决，军职及守卫旗军等，既难旷职役，又有俸粮月粮可扣，故先还职役，而徐扣其粮准抵。纸既轻微，追至三月不完，贫难可知，则直免之而已。

第五条　"未尽"二字，谓器皿物件，万有不齐，又各有精粗新旧美恶之不同，前后价值之互异，故必照时值估拟断也。

第六条　各照彼中事例发落，谓徒流地方，各照本犯原籍相去远近，酌量摆站哨瞭之处，缘系差遣供送来京，难照在京事例发落故也。如审有力，亦照在京事例纳赎。

十恶

释曰：一曰谋反，谓谋危社稷。社稷者，天下之辞，《唐律疏议》云："社，五土之神。稷为田正，所以神地道。君为神主，食乃民天。臣下将图逆节，神将安恃，不敢指斥，故曰社稷也。"二曰谋大逆，谓谋毁宗庙、山陵及宫阙。宗庙、山陵者，先君之辞。宫阙者，一人之辞。《唐律疏议》云："本条之人，干纪犯顺，违道悖德，逆莫大焉，故曰大逆。"三曰谋叛，谓谋背本国，潜从他国。《唐律疏议》云："谋背本朝，将投番国。或欲翻城投伪，或欲以地外奔之类。"四曰恶逆，谓殴及谋杀祖父母、父母、夫之祖父母、父母，杀伯叔父母、姑、兄、姊、外祖父母及夫者。祖父母、父母，但谋但殴即坐。伯叔以下，须据杀讫，方入恶逆。若谋而未杀,自当不睦之条。盖恶逆者,常赦不原。不睦,则会赦原宥。杀伯叔等杀字,不分谋故殴杀。五曰不道,谓杀一家非死罪三人,及支解人,若采生,造畜蛊毒魇魅。《唐律疏议》云:"安忍残贼。违背正道,故曰不道。"六曰大不敬,谓盗大祀神御之物,乘舆服御物,盗及伪造御宝,合和御药,误不依本方及封题错误。若造御膳,误犯食禁。御幸舟船,误不坚固,盗大祀神御之物等项,并解见本条。十恶,不必皆极典也。如合和御药,误不依本方等,皆罪不至死。而在十恶者,罪虽原其误,而不敬为大。余者可推。七曰不孝,谓告言咒骂祖父母、父母,夫之祖父母、父母,及祖父母、父母在,别籍异财,若奉养有缺。

〇居父母丧,身自嫁娶。若作乐,释服从吉。闻祖父母、父母丧,匿不举哀,诈称祖父母、父母死。八曰不睦,谓谋杀及卖缌麻以上亲,殴告夫及大功以上尊长,小功尊属。九曰不义,谓部民杀本属知府、知州、知县,军士杀本管指挥、千户、百户,吏卒杀本部五品以上长官。若杀见受业师,及闻夫丧,匿不举哀。若作乐,释服从吉,及改嫁。十曰内乱,谓奸小功以上亲,父祖妾及与和者。

八议

释曰:一曰议亲,谓皇家袒免以上亲,及太皇太后,皇太后缌麻以上亲,皇后小功以上亲,皇太子妃大功以上亲。二曰议故,谓皇家故旧之人,素得侍见,特蒙恩待日久者。三曰议功,谓能斩将夺旗,摧锋万里。或率众来归,宁济一时;或开拓疆宇,有大勋劳,铭功太常者。四曰议贤,谓有大德行之贤人君子,其言行可以为法则者。五曰议能,谓有大才业,能整军旅,治政事,为帝王之辅佐,人伦之师范者。六曰议勤,谓有大将吏,谨守官职,早夜奉公,或出使远方,经涉艰难,有大勤劳者。七曰议贵,谓爵一品及文武职事官三品以上,散官二品以上者。八曰议宾,谓承先代之后,为国宾者。〇皇家亲自袒免以上。太皇太后、皇太后亲,则自缌麻以上。皇后亲,则自小功以上。皇太子妃之亲,则自大功以上。此亲中之等杀也。〇爵一品最贵,不论治事不治事。文武职官,治事者也,则自三品以上。散官,不治事者也,则自二品以上。此议贵中之等差也。〇《书》曰:"虞宾在位,群后德让,微子作宾于王家。"《礼》云:"天子存二代之后,犹尊贤也。"此等有犯,必须议罚,故曰议宾。

应议者犯罪

释曰:此条专以提问八议之人言。犯罪,谓除十恶外,犯一应罪名,干系国典者。奏闻,奏其所犯之罪。取旨,取其应否勾问之旨。下条职官有犯,直言请旨,则明开合行提问等语,特禀请以行之耳。谓应八议之人有犯罪者,所司实封奏闻取旨,不许擅自勾问。若奉旨免究,即已矣。若奉旨推问者,方许推问。推问既讫,亦不得遽议其罪,但取责明白供状,开具应得之罪,先奏请多官会议。议者,议其亲故贤能等状。如功则具立功来历是也。议定奏闻,其罪至死者,惟云准犯依律合死,不敢正言绞斩,取自上裁。前后凡三奏云。若八议人有犯十恶者,奏请提问,依律断决,不用取旨请议奏裁之律。今王府虽犯十恶,仍依应议律奏请会议,查例奏裁。缘宗亲视故、功、贤、能、勤、贵、宾七者,尤异耳。○凡应议之人,问鞫不加考讯,皆据各证定罪。○应议者犯罪,取决于上,以定予夺,不敢擅用合拿之语曰取旨。下条职官,则明开提问词语曰请旨。应请旨拿问之人,或应上裁之事,不敢专擅曰奏闻。其可以径自勾问,但奏其所以区处者曰闻奏。

条例

释曰:此条侵欺、骗害为二项,如盗用所兜揽之钱粮,即是侵欺;如诈得纳户财物,不系批解原物,即是诓骗。俱依本律,经年不完。引内外仓粮,但有包揽诓骗充军例,先请旨提问。

职官有犯

第一节 京官,指四品以下,至未入流者。若三品以上,则应议之人矣。京官近君之臣,外官五品以上,职任已崇,有犯一应公私罪名,所司开具所犯事情,实封参奏,请旨提问,不许擅自勾问。不言奏覆者,省文也。其在外六品以下者,则听巡按御史。按察司并分司官取问明白,议拟应得之罪,闻奏区处。问:前言奏闻,后言闻奏,何也?曰:前言未曾提问而请旨提问,故曰奏闻。后言问完之后,奏知而已,故曰闻奏。

第二节 若府、州、县,又系亲民之官,犯罪除六品以下,听分巡御史,按察司取问外。所辖上司,如府称布政司,州、县称府之类,虽系亲临,与激扬风纪者不同,不得擅自勾问,止许开具所犯事情缘由,实封奏闻。若奉旨许其推问,方行提审,依律议拟罪名回奏,仍候合于上司委官审实,方许判决。

第三节 其犯应该笞决,如无故不朝参公座,一日笞四十之类,罚俸。如照刷文卷,迟错漏报,府、州、县正官,一宗至五宗,罚俸钱一十日之类,纪录。如文武官犯公罪,杖罪以上,明立文案,每年一考,纪录罪名之类,此等所犯既轻,不必渎尊,故可径自提问发落。御史等官,不必奏闻请旨。所辖上司,不必实封奏闻,故云不在奏请之限。

第四节 若所属官被内外本管上司非理凌辱虐害者,亦许开具凌虐实迹,不用经由合干上司,径直陈诉于朝。本管上司,亦指布政司府州而言。

凡文职官有犯,应奏请而不奏请者,杖一百。

谨详律意,京官近上,五品以上职尊,故必请旨以问。在外六品以下,其秩渐卑,虽许风宪官径自提问,亦必闻奏区处,所以禁自专也。府、州、县官,上司之所统属,若许擅拿,是上得凌下矣。故必奏闻以拿,审实以决。虽有暴厉,其怒安施?笞杖等项轻罪发落,不必奏闻。上司凌厉属官,许其径自陈奏,裁制上下,斟酌重轻,可谓至矣。

条例

第一条 文职有犯,已被参奏,仍旧支俸。问违制,系私罪,追俸还官。公罪例准补支,免追。

第二条 应奏请者,谓京官及在外五品以上官,军卫以功世袭官。

第三条 一应赃私,如枉法不满数,与求索诓诈等赃,俱引此例罢黜。如僧道官受财,枉法满数,亦问充军例。养牲官引军职立功例,赃该流罪,引减至杖一百徒三年者,纳米还职,仍带俸差操例。

第四条 以道远情轻,恐停囚待对,故不拘奏闻请旨,不许擅问之律。若犯徒流以上,先行散拘,问实奏提,军职仍论功定议,五品以上文官,议拟应得罪名,奏闻区处。

第五条 僧道犯该还俗,俱招出俗家姓名贯址,犯枉法满数充军者,先令还俗。入籍取妻,免徒定发附近充军。若有犯别例该充军,亦仿此。逞私争讼,有诬告之情,依诬告律。如无诬情,问违制情轻问不应。寄买贼赃,依本律,仍引寄买例枷号,不知情不引。

军官有犯

第一节 凡军官犯罪,不问公私轻重,先从本管衙门,将其所犯之事,明白开具缘由,申呈兵部奏闻。得旨,方许行提。奏闻者,兵部具奏也。

第二节 若六部察院、按察司并分司,分司,即各省分巡道。及有司,指布政司府、州、县言。见问公事,但有干连军官,合当提对。及受告军官,不循公道,不守法度等事,法当问理者,须要密切实封奏闻。若有旨准令取问,方可行提,不许擅自勾问。○问:六部,惟刑部得以问刑,别部安有见问公事?曰:如礼部有军人冒支赏赐,军官知情,参送问罪之类是也。

第三节　若奉旨推问,此句承上本管及六部等衙门而言,除公私笞罪,律该收赎者,招前不必叙功,止将罪犯收赎缘由,明白回奏外杖罪以上。至徒流绞斩罪名,须要叙其父祖及本身功次,升袭缘由。论功定议,请旨区处。议,即议功也。

第四节　其管军衙门首颁官,如卫所经历,都事吏目之类,虽职掌军务,不系有功应议之人,故有犯不在奏请之限,自依文职拟断。

未奉旨之先,俱照例支俸。若已奉旨推问,即行该衙门将本官俸给住支。

谨详律意,军官世有勋绩,宜所优待。故事在本管衙门,则申呈兵部,奏请取问。事在六部等衙门,则密切实封奏闻。曰密切,曰实封,以非本管,防有漏泄而生变也。笞杖收赎回奏,则有殊于文官。杖罪以上,论功议奏,则不没其武烈,仁之至、义之尽也。首领官虽在武幕,实履文阶,赎则无例,议则无功,不在军职之限,亦其分之宜也。

条例

第二条　军官犯罪,散拘在官问理,必有干碍,然后参提。惟真犯死罪,先行本管衙门拘系,一面奏提。若发守哨立功未满者,是已经参提之人;充军为民者,是已经革职之人。若别有罪犯,俱不必奏请论功,径自提问发落。

文武官犯公罪

释曰:前职官、军官有犯二条,论取问之事;此条与下条,则取问之后,拟罪发落之事。但就其所犯,分公私言之,先后实相承也。公罪,谓因公事而得罪。不系私己者,如失出入人罪,耽误公事,含糊行移等项,一应犯该公罪该笞者,官照等收赎。吏典候季终通类决责,各还职役,不必附写其过。其本条应附过者,各照本条,所谓本条别有罪名也,杖罪以上。如奏事错误,有害于事,杖六十;耽误公事,杖八十之类。官虽收赎,吏虽决罚,仍明白开写,立成文案。候年终,在内从本衙门,在外从布政司,并直隶府州衙门开送吏部,纪录所犯过名于籍。候至九年,三考已满,则通前考其所犯凡若干次,并著其罪之轻重,申达吏兵二部,以凭黜陟,吏典亦备铨选降叙。

文武官犯私罪

第一节 私罪,谓罪由已造,不因公得;纵因公,而意出已私亦是也。流官,谓正务亲民之官,如内而六部都通大等,外而布按二司,府、州、县之类。杂职,乃闲散不亲民之官,如大而盐运司、行太仆寺、提举司,及小而仓场库务之类,皆以有品级者言。谓各衙门官犯私罪者,笞四十以下,收赎,附过还职;笞五十者,决讫,解去见任,送吏部依原官流品,改调别处叙用;杖六十,降一等;七十,降二等;八十,降三等;九十,降四等。各解见任,送吏部查照降等。原系流官者,于杂职用。原系杂职者,于边远地方杂职用。至杖一百者,则不论流官、杂职,俱罢职不叙,其过既大,其人不可用矣。

第二节 军官犯私罪,该笞五等者,附过,收赎还职。杖五等者,决讫,解去见任,送兵部通降一等叙用。律该罢职不叙者,如飞报军情,隐匿不速奏闻之类。百户以上,皆降充总旗。该徒流罪者,各决杖一百。徒罪,具发二千里卫分。流罪,照所犯地里远近卫分各充军。若于降叙充军处所,有能建立事功,以补前愆者,不次擢用。此又使功不如使过之意也。事功,谓有斩敌擒反等功。

第三节 若未入流品文官及内外军民衙门吏典,有犯私罪,该笞四十者,附过在籍,官还职,吏复役。笞五十者,官解任别叙,吏解见役改拨。杖六十以上,官罢职,吏罢役,并不得叙用。盖无级可降故也。

条例

第一条 凡除因人连累致罪,及一应过误之外,私罪干碍行止者多,而犯奸受赃为尤甚。本律杖一百者,方罢职不叙。如枉法赃不满十五两以下,不枉法赃不满四十两以下,皆不至杖一百。宿娼止杖六十。然皆当罢职为民,比此律为加严矣。

应议者之父祖有犯

第一节 应议者,又得推及其父祖以下,恩之至也。其余亲属仆佃,倚势害民,凌犯官府,则又加常人罪一等,义之尽也。祖父母也,父母也,妻也,子孙也,其已受封者与见任同,袭荫者与有职同。若犯罪,亦实封奏闻取旨,旨许推问，亦开具所犯及应议之状，先奏请议，议定奏闻，取自上裁，一如应议之例。

第二节 皇亲者，即皇家袒免以上亲，太皇太后缌麻以上亲，皇太后、皇后小功以上亲，皇太子妃大功以上亲。国戚，如亲王妃等家，与国为亲戚者。功臣，有功勋之臣，如八议中所载者。八议之中，亲与功为尤重，故又得推及其外祖父母、伯叔父母、姑、兄弟、姊妹、女婿、兄弟之子有犯，则从有司依律追问，以正法也。仍议拟奏闻，取自上裁，以广恩也。若四品五品文武官之父母、妻及应合袭荫子孙犯罪，亦同上例。盖四品五品，议贵之所不及，惟父母、妻与应合袭荫之子孙得推及焉，余不得及矣。

第三节 其犯十恶反逆缘坐及奸盗、杀人、受财枉法等项，情罪深重，应议者祖父母之类，许径自提。勋戚外祖父母之类，许径自断决，不用取旨奏裁之律。反逆缘坐以下，在应议者本身，则仍议也。

第四节 若应议者之祖父母、父母、妻、子孙而外，及皇亲国戚功臣之家，自外祖父母、伯叔父母、姑、兄弟、姊妹、女婿、兄弟之子孙而外，皆为其余亲属。与其奴仆管庄佃甲人等，若有倚势虐害良民、凌犯官府者，事发，听所在官司径自提问，于本罪上加常人一等科断，其别犯则仍依常律。此止坐正犯本身，不在上请之限。

第五节 若各衙门差人勾摄前项应提人犯勋戚之家，占吝不发出官推问者，听具占吝情由奏处。此区处，即区处勋戚。

军官军人犯罪免徒流

第一节 文武官犯私罪条，已有军官犯徒流之法矣，此因论军人犯罪而复言之耳。军官军人，已隶戎籍，难再徒流，故犯罪律该徒流者，五徒三流，各决杖一百。徒五等，皆发二千里内卫分充军以当徒；流三等，各照依原流地里远近，发各卫充军以当流。若律原该发边远充军者，依律发遣。若犯一应监守常人盗及窃盗、掏摸、抢夺等项，不拘徒流杖罪，并免刺字，不充警迹。

第二节 若军官军人余丁即舍余军余，及入伍请粮军人，能识字选充军吏者，与夫校尉，其犯该徒流罪名，俱准军人一体拟断发遣，亦免刺字。若系各处吏员发充请俸司吏者，与府、州、县司吏一体科罪，不与上项军吏同也。○将军、力士有犯，亦准军人拟断。公侯家人，亦不刺字。

条例

第一条 监守盗满四十两，斩。常人盗与枉法赃满八十两，绞。俱杂犯，引此例立功。

军官、旗军，但有监追入官还官给主赃物，直银十两以下，半年之上，不能完纳者，有例在"给没赃物"条。

漕运等官，科索运军，扣除行月粮，有例在《户律》"转解官物"条。

各处卫所管军头目人等，关出粮料布花等物，扣减入己，有例在《户律》"守掌在官财物"条。

漕运船只，附搭客商势要货物，运官降级例，在《兵律》"乘官畜产车船附私物"条。

各沿边沿海地方，各镇守总副参游守备都司卫所官，科敛扣减者，有例在《刑律》"在官求索借贷人财物"条。

第二条 奸内外有服亲属，如强奸未成，及和刁奸缌麻以上亲，及亲之妻，若妻前夫之女，同母异父姊妹，仍引犯奸条内亲属相奸，边卫附近充军例。

第三条 盗娶有夫之妻，如逐婿嫁女，背夫在逃，及夫在外，不告官，夫犯罪逃走，若知情娶为妻妾，俱查本律拟罪。不知情，问不应，不引此例。

第四条 官舍受财卖放，俱依押解人受财故纵，计赃以枉法论。官引上条军职有犯枉法满数立功例，及此选差本例调外卫带俸差操不许管军管事，舍人不分卖放奸淫，俱发充军，无赃纵放。问押解人故纵本律，未断之间，拿获犯人，官舍止照卖放奸淫，酷害搜检本罪，立功守哨，满日疏放。其酷害问凌虐罪囚，搜检，官问监临，舍人问豪强求索之律。

第五条 僧尼有犯。加凡奸罪二等，都指挥等依容止犯奸引此例。

第七条 凡将材军官，侍卫三年给冠带。又历五年，授试百户。又历五年，奏请实授。若犯行止有亏，徒罪以上，乃引此例，笞杖不引。

第九条 此条有犯，各依本律。若犯奸缌麻以上亲，仍引亲属相奸条例，发附近充军。

第十条 除京卫军人在逃，依违制越关。

第十二条 犯该监守常人盗等，纵有力不准纳赎，俱发守哨，满日，旗军着伍，舍余宁家。

第十四条 谓轮该解卫补伍者有犯，俱解发该卫，照所犯徒年限，发彼缺人墩台守哨，满日，着役犯别项徒流，不发守哨。

犯罪得累减

释曰：一"人"字，直贯到"并得累减"方止。累减者，已减而复减之谓，如窃盗为从，该减一等。若知人欲告而自首，则又减二等，通减三等。失入人罪，该减三等。若未决，则又减一等，通减四等。皆是累减，《律注》自明。然一人得累减，不得累犯，如强窃盗再犯，不准首。窃盗三犯者，绞。已徒已流而又犯者，仍科后犯之罪。此律所以为仁义并用之书欤？

以理去官

释曰：以理去官，谓不因犯罪而解任者也。任满，如一考、二考、三考，俸满住支、不管事者，得代。是旧官已与新官交代而去者，改除。谓奉旨改调别衙门，尚未补官，或已补而未赴任者，致仕。是以老疾休致者，若沙汰冗员，裁革衙门之类，亦是改除一项。及为事解任，为事降级，如考察论劾调用之类，不至追夺本身诰命者，此等皆在以理去官之数。与见任同，谓与在职管事者同也。同者，谓事体相同，不主服色器用言，余条言同者，准此封赠之官。虽因子若孙而推及，非正官也。然已给诰敕，即与正官同。其妇人当夫在时，有犯离异，及犯七出，与夫家义绝者，义虽绝于其夫，恩不绝于其子，犹得与其子之官品同。凡此之类，有犯罪者，并依职官犯罪律科断，奏闻取旨。闻奏区处，一如职官之法，须知封赠虽同正官，致仕虽同见任。若犯赃罪，照无禄人科断，其封赠官子孙，虽经革职，父祖诰敕不应追夺者，仍与正官同。

无官犯罪

第一节　无官犯罪，有官事发，公罪亦得收赎纪录。盖有官犯公罪，笞收赎，杖以上论决纪录。今以其犯时无官，故不论决，虽杖以上，亦得收赎纪录，与有官犯罪者有间矣。玩"亦得"二字可见。

第二节　迁官，不专升职，去任不是黜革，须看本文后小注。又本文自有为事黜革之文，故知去任不是黜革也。卑官犯罪，迁官事发；在任犯罪，去任事发。犯公罪笞勿论，杖以上，亦不行提论断，止将其所犯应得罪名，申报吏部纪录。盖以其迁官去任，乃系公罪，故不提问也。为事黜革，谓有官犯罪，黜官后事发。犯公罪者，笞杖以上俱勿论，盖所犯公罪为官而得也。官已黜革，更何论哉？若所犯事干埋没钱粮遗失官物，则不问迁官去任黜革，其罪虽纪录勿论，而在官钱粮等物务要追究明白，仍须以见在地方，查提到官究问下落，追收钱粮官物还官。缘事体关系重大，不得并恕之也。若在官时，但犯一应笞杖以上私罪。今虽迁官去任黜革，并论如见任文武官犯私罪之律。其附过别叙，降等罢职充军,各从本法,难同纪录勿论之例。若内外军民衙门吏典,其考满革役之前,有犯公罪,亦照上职官纪录勿论。私罪照常发落。○无官犯罪,有官事发,公罪亦得收赎纪录。但言公罪,不言笞杖徒流,以见皆得收赎纪录也。但言公罪,不言私罪,以见皆当追论如律也。"卑官犯罪,迁官事发,在任犯罪,去任事发",此四句为一项。"为事黜革",此一句为一项。上一项公罪,笞以下勿论。杖以上纪录,通考下一项。则笞杖以上,皆勿论也。"若事干埋没钱粮"以下六句,则总承二项而言。○或谓八品有犯私杖八十,至升六品时事发,当于六品上降三等。今例考察降调官员,只依原职上降级叙用,迁官不与焉。今私杖无复解降者,但照例行而已。或以吏典依上拟断,通承二节。然吏犯公罪,决罚不收赎也。○问曰:设有无官受枉法赃八十两,有官事发,以有禄人论否?答曰:犯时无禄,难同有禄人满数坐绞,自依无禄人科。○按无官犯罪,有官事发,照有官参提,仍以无禄人拟断。有官犯罪,黜革事发,不必参提,仍以有禄人论。

条例

释曰:舍余安得有官,此指应袭死,而次子或次房弟侄袭替继绝者言也。

除名当差

释曰:文武职官犯罪,律该罢职不叙,及犯赃污等项,例该追夺诰敕,除去其仕籍者,出身以来官阶勋爵,皆从革除。僧道犯一应罪名,曾经官府决罚者,不得仍为僧道,并令还俗。其追夺除名之官,还俗之僧道,并须招出原籍,或军或民,或匠或灶籍贯,各依本等名色,发回原籍,当其本等之差。若职官止是罢职不叙,而不该追夺除名,如军职犯枉法赃,免其追夺之类,则其官名犹存,与僧道例不该还俗者,不在当差之限。○或谓职官专指文职,引职官有犯为证。若然,则赌博条云职官加一等,亦但谓文职已乎?且隐蔽差役,功臣四犯,依律论罪,则其受财枉法,亦不褫爵可乎?○律云:僧道犯罪,曾经决罚者,并令还俗。今例若犯公事失错,因人连累,及过误致罪,于行止戒规无碍者,悉令运炭纳米等项,各还职为僧为道。

流囚家属

释曰:凡犯流罪者,俱令其妻妾从之,妻妾非应流之人,欲其有家而安之也。父祖子孙,非应随家属,而自愿随者听之,顺其就养之情也。迁徙安置,解见《五刑图》。如说事过钱者,罪止杖一百,迁徙;交结近侍者,妻子流二千里安置之类,此等之人,其应随愿随之家属,亦得随去。故曰准此。若流徙安置人身死,家口虽在配所已经附籍,愿还乡者,所在官司准与削籍,给引照回原籍当差。此为寻常流徙安置之人言之也。其中,若谋反逆叛之父母、祖孙、兄弟,造畜蛊毒者之妻子及同居家口,皆应流二千里安置。采生折割人,杀一家非死罪三人,及支解人者之妻子,应流二千里。此等流因,系常赦所不原之数,虽会赦,犹流者也。即使正犯身死,不得如前项不应流家口可还原籍,故不在听还之律。○此条家属,分二项。一项是流因家属,罪止本身,其家属原不应流,故欲随者听,愿还者放。一项是死囚缘坐家属,本身应死,家属应流,故不在听还之律。○按后一项,乃因前项听还之文恐会赦犹流家属,亦引以规免,特分别而言之。其云"会赦犹流者",犹云遇赦不宥云尔。又有谓正犯虽决,其属籍缘坐流徙之人又死,则凡附籍家口,虽不与连坐之数者,亦不在听还之律,似非律意。

常赦所不原

释曰:凡犯十恶,杀人,监守常人盗,及强窃盗,放火,发冢,受枉法不枉法赃,诈伪,犯奸,略人略卖和诱人口。若奸党谗言左使杀人,故出入人罪。若知情故纵,听行藏匿引送,说事过钱之类,一应真犯,出于有心,即《康诰》所称"非眚,乃惟终,自作不典"者,虽会赦并不原宥。此知情故纵。至说事过钱之类,皆谓之知情故纵。十恶杀人等犯,说事过钱,亦谓为常赦所不原者。不然,正犯不在常赦不原之数,而因之致罪者,反不赦原,无是理也。观后因人连累注中,有干连听使之文,大意可见。其过失误犯,及因人连累致罪,若官吏公事失错,一应罪名,皆无心误犯,出于不幸,即《康诰》所称"非终,乃惟眚灾,适尔"者,并得从赦原之法。若赦书临出之时,朝廷特恩,定其合赦罪名,或全宥,或犯死罪免死充军,或流减徒,徒减杖之类,则依临时之制定夺,不在常赦不原之限。此谓律本不原,以赦原之。○若系干钱粮婚姻田土,事须追究,虽已经赦,必合改正征收者,亦须首告改正征收。不首告者,坐以不应杖罪,余勿论。今问刑者,不论所犯事情,概以革后不行首正科之,亦过矣。

徒流人在道会赦

第一节 徒流迁徙安置人,已至配所,则不得以赦免。故有闻赦而在途迁延者，则计其行程过限，非有故者，亦不得以赦放。如流三千里，日行五十里，合该六十日到。从起程日为始，六十日内遇赦者，并从赦放。若六十日外遇赦者，虽未到配所，不得放免。如六十日内，或患病，或行船阻风，或被强窃盗侵害，曾于所在官司告勘，有文凭可照者，皆听除去事故日数，不入程限。虽六十日外，未到遇赦，亦得免罪，不以计程过限论也。若徒流人已解，而于中途在逃，虽在六十日内遇赦，亦不得免，恶其逃也。若在逃者已死，其所随家口愿还者，不论程限内外，皆许于在逃处所官司首告，给引照还。盖流因在配所身死，家口愿还者放还，法也。其在逃所身死，本不在放还之限，但以其遇赦，故愿还者亦听放还耳。迁徙安置人，在道会赦，亦与此同。

第二节 其徒流迁徙安置之人，已至配所，隶籍已成，及犯谋反逆叛缘坐应流，若造畜蛊毒等会赦犹流者，情犯至重，虽在限内遇赦，并不在赦免之限。会赦犹流，盖指家属，《疏议》谓特恩免死而流者，非是。谋反逆叛，只言缘坐应流，而不言会赦犹流；造畜蛊毒等，只言会赦犹流，而不言缘坐应流，盖互文也。

犯罪存留养亲

释曰：死罪非常赦所不原，如诬告人因而致死随行亲属一人，绞罪。聚至十人打夺，为首斩罪之类。老即七十以上者，疾兼废笃。父祖老疾，所依者子孙，今既犯罪当刑，别无次丁可倚，故死罪奏请，徒流收赎，存留养亲，无非教天下以孝也。老幼废疾收赎，优恤其身。此条优恤其亲，其收法载《赎图》内。

工乐户及妇人犯罪

第一节 工匠者，工部所隶之匠。乐户，教坊司乐人也。二者隶籍在官，有碍发遣，故除犯谋反逆叛，缘坐应流，及造畜蛊毒，采生折割，杀一家三人，家口会赦犹流及犯窃盗者，各依律施行外。其余事情，三流并决杖一百，准徒四年。工匠于原做工处，乐户于原习业处，住支月粮，常川拘役，不在上班下班之例。四年满日，仍从本役，照旧该班。其不言犯徒者，决讫所犯杖数，照徒年限拘役。如犯盗，则发煎盐炒铁之类，盖举其重者言也。

第二节 钦天监天文生，职专测验推步，既禁私习得人为难，故习业已成。能专其事者，有犯三流五徒之罪，则各决杖一百，余罪依律收赎。如杖一百，流三千里，全赎银四钱五分，除决杖一百，准讫七分五厘，该赎银三钱七分五厘。又如杖一百，徒三年，全赎银三钱，除决杖一百，准讫七分五厘，该赎银二钱二分五厘之类,此与诬告反坐所剩折杖不同。妇人不任徒役之事,故妇人犯徒流者,决杖一百,余罪收赎。惟奸罪去衣,其余俱单衣的决。不言笞,亦举重也。其一应窃盗、掏摸、抢夺,并免刺字。旧注免刺,兼工乐、天文生、妇人言。今详上下文势,似专指妇人,勿泥皆字。旧例,民匠、乐户、天文生犯盗,皆刺字充警矣。○凡律言杖一百,余罪收赎者,虽罪该杖六十,徒一年,亦决杖一百,律所谓应加杖者是也。皆先依本律,议其所犯徒流之罪以诰减之,至发落处,某系天文生,某系妇人,依律决杖一百,余罪收赎。所决之杖,并须一百,庶包五徒之数。今或先引收赎之律,却以诰减九十,误矣。又收赎余罪,皆于诰减实徒,应该全赎银法,除去七分五厘,以抵决一百之数,与诬告剩杖,照杖数收赎不同。盖收赎余徒者,决杖赎徒;收赎剩杖者,折徒赎杖,其轻重固有间矣。○据《逼勒休弃律》云:买休人及妇人,各杖六十,徒一年。若妇人止于决杖上减等,而余罪仍赎银七分五厘,则较之买休人为独重矣。今遇此皆减等杖一百,则其他亦宜杖徒通减,书此与详刑者商之。○此律乃工匠、乐户、天文生、妇人断罪之通例也。○天文生、妇人收赎,余罪银例。

杖六十,徒一年,全赎该银一钱五分,除决杖,准讫七分五厘,余罪折银七分五厘。

杖七十,徒一年半,全赎银一钱八分七厘五毫。除决杖外,余罪折银一钱一分二厘五毫。

杖八十,徒二年,全赎银二钱二分五厘。除决杖外,余罪折银一钱五分。

杖九十,徒二年半,全赎银二钱六分二厘五毫。除决杖外,余罪折银一钱八分七厘五毫。

杖一百,徒三年,全赎银三钱。除决杖外,余罪折银二钱二分五厘。

杖一百,流二千里,全赎银三钱七分五厘。除决杖外,余罪折银三钱。

杖一百,流二千五百里,全赎银四钱一分二厘五毫。除决杖外,余罪折银三钱三分七厘五毫。

杖一百,流三千里,全赎银四钱五分。除决杖外,余罪折银三钱七分五厘。

绞斩,全赎银五钱二分五厘。妇人有犯,除决杖外,余罪折银四钱五分。

前后诸条,凡言决杖一百,余罪收赎者俱仿此。妇人犯徒流,决杖一百,余罪收赎,除奸盗不孝与乐妇外,其决杖一百之罪,若审有力,亦得纳银赎罪,免其决杖。收赎者,赎余罪也;赎罪者,赎决杖一百也。作二项科之。○工乐户不言徒罪以下,天文生不言杖罪以下,俱有例。

条例

第一条 匠作盗内府之物，不论赃之多少，问盗内府财物律斩。杂犯于别处监守常人盗，各赃满三十两、六十两者，仍引永远充军例发遣。不满各数，止照本律拟徒做工。

第二条 犯徒流罪情轻者，于工所拘役；情重者，亦照常发落。窃盗、掏摸、抢夺，民匠刺字充警，军匠免刺。

第三条 作头估计侵盗入已数多，合依在京衙门监守常人盗例，引永远充军不满数，止引此例。

第四条 私逃，除越关问违制。逃至三次，问送户部编发边外为民，里甲不首，私贴盘缠，依违制。

第五条 拘役，就于教坊司照限拘役。

第六条 问罪，依违制。

第七条 纵容女子擅入王府，与容留贝勒、贝子公在家行奸，俱依违制科罪。赌博除本律，亦依违制。诓哄，依诓骗。教诱，依本律。

第八条 天文生有犯，分为二项。其习业已成，能专其事者，除窃盗、掏摸、抢夺，应刺字充警，并例该永远充军者，照常发落外；其余笞杖徒流，例该充军终身者，俱照此例行。其习业未成，未能专事者，不分笞杖徒流充军，悉与民人一体发落。

第九条 钦天监官，有自别衙门改任者，故有不由天文生出身之说。

第十条 妇人犯奸盗，不审有力无力，不孝系十恶。虽有力，亦不准赎。犯余罪，审无力，单衣的决，徒流杂犯，决杖一百，余罪收赎。有力纳银赎罪，若系军职正妻，须审是否正室，有无受封。

徒流人又犯罪

释曰：犯罪已发又犯罪，谓犯罪已发在官，见问未结，而又犯别罪也。理无二罪兼科，故从重科断。谓若先犯重而后犯轻，则舍后犯而科先犯；若先犯轻而后犯重，则舍先犯而科后犯；若二犯相等，则当从一科断。

徒囚已役，流囚已配，而于役所配所，又犯别罪。见是罪人，而又犯罪，恐人疑于罪不累科，故特著再科后犯之律。谓如已徒而又犯流，依律再科流罪；已流而又犯徒，依律再科徒罪，于流所充徒；已流已徒而又犯笞杖，依律再科笞杖之罪是也。此与一罪先发,已经论决,余罪后发,其轻若等勿论,重更论之之律不同者,盖一罪先发,余罪后发者,其所犯皆在未发之前,而徒流人又犯罪者,其犯在已行遣之后也。圣人之恶怙终,大抵若此。

此为已流又犯流,已徒又犯徒者言之。上文云"徒流人又犯罪,依律再科后犯之罪",则已流又犯流,已徒又犯徒二项,亦包在其中矣。此又言之者,缘已流又犯流,不可再流;已徒又犯徒,不须另徒,故特言流者,就于原配处所,依工乐户留住之法,三流并决杖一百,拘役四年。拘役者,盖流人原止发其地安置,今则加以拘作,唐宋所谓"加役流"是也。徒者,就于原役之所,依所犯杖数,该徒年限,决讫应役,亦总不得过四年。盖过四年,则已徒而又犯徒者,反重于已流而又犯流者矣。

谓重犯杖罪以下者,亦再依后犯之数全决之。假如先犯杖一百决讫,又犯杖一百,则该再决一百。不同于重犯徒者,有总徒不过四年之限,不全科后犯之罪也。

此专为工乐户及妇人而言。注不及天文生,而天文生在其中矣。盖工乐户、妇人、天文生,例不徒流。若犯徒流,俱决杖一百,余罪收赎。凡言决杖一百,余罪收赎者,虽犯杖六十,徒一年,亦决杖一百,准银七分五厘,而赎其余,即前所谓应加杖。应加杖而又犯笞杖,则亦如重犯笞杖者,各依数决之,故曰亦如之也。不言重犯徒流者,盖徒已役,流已配,而后有重犯再科之律。若工乐户、妇人、天文生,则不徒流者也,又何重犯徒流之有?○已流又犯徒,于配所再科以徒,此亦拘役流也。其与重犯流之拘役异者,彼四年而此则依该徒年限也。○问曰:假如工乐户犯流罪,决杖一百,留住拘役四年未满之间,又犯流罪,当作何拟断?曰:当再决杖一百,拘役亦总不得过四年也。○此言犯徒流以下,已发未决及已论决而又犯者之通例也。分六截看,首言已发未结而又犯者;二言徒流未满而又犯者;三、四言已流又犯流,已徒又犯徒者,注云三流虽并杖一百云云者,谓已徒又犯流也;五言已笞又犯笞杖,已杖又犯笞杖者,是已决未省发之时;六言工乐、妇人重犯,亦各依其本律,天文生同。

条例

第一条 先犯杂犯、死罪,运炭、运米等项未完,做工等项未满,又犯杂犯、死罪,一议得某人所犯,合依某律绞。系杂犯,准徒五年;系军余,查得本犯先在某司问拟绞罪,做工未满,今又犯该前罪,照例决杖一百,除杖过数目,准银七分五厘,再收赎银四钱五分,仍照先拟送工部做工五年,满日随住。○又犯徒流笞杖罪。一议得某人所犯，合依某律，减等杖九十，徒二年半。查得本犯先在本司问拟绞罪，递发守哨，未曾着役，今又犯该前罪，照例决讫应得杖数，余罪依律收赎银数，仍照先拟绞罪。递发缺人墩台守哨五年，满日随住。○一议得某人所犯，合依某律，减等杖六十，徒一年。查得本犯先在本司问拟绞罪，做工在逃，今又犯该前罪，缘已在某司问拟减等杖九十的决讫，除六十准作今犯杖数，余三十，合准徒四十八日。今止贴徒三百一十二日照例收赎，仍照先犯绞罪，送发役所五年，满日随住。○三次俱犯杂犯、死罪。一议得某依某律绞。系杂犯，准徒五年。查得本犯先在某处，问拟杂犯斩罪，准徒五年，发某驿摆站未满，续在某处，亦问杂犯绞罪，照例决杖，余罪收赎。今又犯该前罪，缘本犯三次俱犯杂犯、死罪，擅难发落，应合监候，奏请定夺。

　　第二条　先犯徒流罪，运炭、做工等项未曾完满，又犯杂犯、死罪。一议得某人所犯，合依某律绞。系杂犯，准徒五年；系军官，查得本犯先在某司问拟某罪，减等杖八十，徒二年。运炭未完，今又犯该前罪，照例除去先犯徒罪，送工部照今徒年限，运炭完日云云。○又犯徒流罪。一议得某人所犯，除知盗赃而故买轻罪不坐外，合依诓骗人财者，计赃准窃盗论，一百二十两，罪止杖一百，流三千里，减一等，杖一百，徒三年。查得本犯先在某司问拟恐吓取财，减等杖九十，徒二年半。发充军伴未满，今又犯该前罪，合依已徒而又犯徒者，决讫今犯杖数，总徒四年。系军余，仍照例发充军伴，照徒年限，满日随住。○一议得某人所犯，合依盗马者，计赃以窃盗论，一百二十两，罪止杖一百，流三千里，减一等，杖一百，徒三年。系为事百户，查得本犯先在某司问拟越边关，减等杖九十，徒二年半。送发工部做工在逃，今又犯该前罪，合依已徒而又犯徒者，所犯杖数，照例纳银，总徒四年。系行止有亏人数，送工部照徒年限，做工满日，送兵部革职为民。○又犯笞杖者，将后犯笞杖，应的决者的决，应纳银者纳银，仍照先拟徒流发落。

　　第三条　先犯笞杖罪，运炭做工等项未曾完满，又犯杂犯、死罪。一议得某人所犯，合依某律绞。系杂犯，准徒五年，查得本犯先在某司问拟某罪，减等杖一百。运炭未完，今又犯该前罪，照例除去先犯杖数，送工部运炭完日云云。○又犯徒流罪。一议得某人所犯，合依某律，减等杖六十，徒一年，查得本犯先在某司问拟减等杖七十，运炭未完，今又犯该前罪，合依犯罪已发又犯罪者，从重科断，照例将先犯杖数纳银，送工部运炭完日云云。○又犯笞杖罪，或先重后轻，或先轻后重。将轻者或的决，或纳银；仍将重者，令其运炭做工等项发落。

老小废疾收赎

释曰：年七十以上、十五以下，及废疾之人，瞎一目，折一肢之类为一等，除真犯死罪不原外，其余流罪以下，不问侵损于人，一应罪名，并听收赎，惟缘坐应流，及会赦犹流者仍流之。其年八十以上、十岁以下，及笃疾，瞎二目，折二肢之类又为一等。犯谋杀、故杀、斗殴杀，法应抵偿者，所司议拟罪名奏闻，取自上裁。若盗不分强窃，伤人不问亲疏，亦听收赎，以其侵损于人，故不许全免。除此之外，则一切勿论矣。或言应死，指一应斩绞死罪，如诈传诏旨者斩，伪造铜钱者绞，皆非抵偿者也。愚谓如此，则杀人二字为赘语矣。又"杀人"上，旧本有"反逆"二字，岂有不恕于九十以上，而得原于八十以上者乎？疑是衍文，今本已去之矣。○按强盗及殴伤亲属，应问死罪者，还当奏请。盖有人以应死二字另看，而以盗止窃，伤止凡人为释者矣。其九十以上、七岁以下，又为一等。虽有杀人，若盗及伤人应死之罪，不加刑焉，谓不在上请及收赎之限。惟犯反逆者，九十以上，仍科其罪。而不及七岁以下者，以九十以上之人，力虽不任其事，智或犹预其谋。若七岁以下，则智与力皆不及此，虽反逆亦不加刑矣，止照本条缘坐之法，给功臣之家为奴。若九十以上、七岁以下，所犯之事不出己意，有人教令其为者，罪坐教令之人。若有赃应偿，系老小自用，老小偿之，罪虽不加，而赃仍还主；系教令者得受，则坐罪之外，又追还其赃。假如有人教令九十以上、七岁以下之人，窃取官布一匹，则坐教令之人以盗官物罪，老幼不坐。若布是教令人收用，则着教令人赔还；若老幼自收，则着老幼赔还，故曰受赃者偿之。○设有教七岁小儿殴打父母，教令者坐殴凡人之罪，非谓便坐以殴父母之罪。有教九十老人故杀子孙，教令者亦坐杀凡人之罪。○按此条，老小分三等，当与犯罪存留养亲条并看。优老怜幼，矜不成人，此条之本意也。念鳏恤寡，教天下以孝者，则存留养亲之意也。

条例

第二条 该极边充军者，照流三千里收赎；该边卫充军者，照流二千五百里收赎；该附近充军者，照流二千里收赎；皆止终本身者。

犯罪时未老疾

释曰：凡犯罪时虽未老疾，而事发时老疾者，依老疾论。如人六十九岁犯罪，七十岁事发；或无疾时犯罪，有废疾后事发，还依七十以上，及废疾之律收赎。或七十九岁犯罪，八十岁事发；废疾时犯罪，笃疾后事发，杀人应死，犹得上请。盗及伤人，犹得收赎。八十九岁犯罪，九十岁事发，犹得入勿论之律。又如人年六十九岁犯杖一百，徒三年，已徒一年而入七十岁；或未有疾时犯徒三年，已徒过二年，却折一肢，此为徒年限内老疾，皆得依上文犯罪时未老疾，事发老疾之例，一体收赎，故曰亦如之。以徒一年三百六十日为率，验该赎银数折役收赎。又如十五岁窃盗财物，十七岁事发，论十七岁本该科罪刺字，缘盗物之时，止是十五岁，律该收赎，则据盗物之年收赎。又如十岁杀人，十五岁告发，论十五岁，本该处斩，缘杀人之时，止得十岁，该奏请上裁，则据杀人之年上请，故曰依幼小论。优老，据其见发之年；矜幼，原其先犯之岁，可谓仁之至矣。○"徒限"内"徒"字，自六十以下言，若七十以上，则徒流俱得收赎矣。若在徒年限内有笃疾者，除原犯系盗及伤人收赎外，余亦勿论。工乐户犯流徒，在留住拘役限内老疾者，亦当依律收赎。惟杂犯、死罪，虽准徒五年，难以一体折赎。盖原系真犯死罪，故不可以徒论。如七十以上，及废疾者，原犯死罪，亦不得赎故也。至八十以上，及笃疾者，犯监守常人盗，年限内亦准赎，余皆勿论。

○徒年限内老疾收赎银例

如犯杖六十，徒一年，一个月之后老疾，合计全赎银一钱五分。除已受杖六十，准去四分五厘，剩徒一年，该赎银一钱五厘，计算每徒一月，赎银八厘七毫五丝。已役一月，准赎八厘七毫五丝，外未役十一个月，该收赎银九分六厘二毫五丝。

如犯杖七十，徒一年半，一个月之后老疾，合计全赎银一钱八分七厘五毫。除已受杖七十，准去五分二厘五毫，剩徒一年半，该赎银一钱三分五厘，计算每徒一月，赎银七厘五毫。已役一月，准赎银七厘五毫，外未役一十七个月，该收赎银一钱二分七厘五毫。

如犯杖八十，徒二年，一个月之后老疾，合计全赎银二钱二分五厘。除已受杖八十，准去六分，剩徒二年，该赎银一钱六分五厘，计算每徒一月，赎银六厘八毫七丝五忽。已役一月，准赎银六厘八毫七丝五忽，外未役二十三个月，该收赎银一钱五分八厘六毫二丝五忽。

如犯杖九十，徒二年半，一个月之后老疾，合计全赎银二钱六分二厘五毫。除已受杖九十，准去六分七厘五毫，剩徒二年半，该银一钱九分五厘，计算每徒一月,赎银六厘四毫六忽。已役一月,准赎银六厘四毫六忽,外未役二十九个月,该收赎银一钱八分八厘五毫。

如犯杖一百,徒三年,一个月之后老疾,合计全赎银三钱。除已受杖一百。准去七分五厘,剩徒三年,该赎银二钱二分五厘,计算每徒一月,赎银六厘二毫五丝。已役一月,准赎银六厘二毫五丝,外未役三十五个月,该收赎银二钱一分八厘七毫五丝。

给没赃物

第一节 彼此,即出钱人与受钱人,如受财枉法不枉法,出钱人与受钱人俱坐罪者。违犯禁令之物,如应禁兵器及天文书之类,私家不容有者,若此之类,并追入官。取与不和,谓应少取而多取,如过收利息之类;应与多而与少,如给价减数之类。恐吓诈欺,强买卖有余利,即用强生事逼取之注脚,与夫科敛求索之类,出钱人与受钱人情不和同,此等之赃,并追还主。

第二节 其犯罪应合抄没财产者,除谋反逆叛,罪恶重大正犯及家口财产,不论已未决讫,曾否入官,人不得赦放,财不得赦免外。其余奸党之流,但遇赦书到后,正犯虽已决讫,惟抄札入官。已经分配与人掌管财物,难以概免。其未曾抄札入官,及罪人未决,而财产送官,未经定夺归着何处者,亦与未入官同,并缘坐家口。虽已入官,罪人如遇特恩放免者,亦得并从免放。亦从免放,总上财物、人口二项言。

第三节 以赃入罪,如强窃盗,受财枉法不枉法,监守常人盗,坐赃致罪之类,正赃见在未费者,官物还官,私物还主。入官与还官不同,入官,谓本系私物入官也;还官,谓本系官物还官也。已费不存者,犯人身死勿征。盖人赃俱亡,不欲累及无辜赔偿也。若不因赃罪而犯别罪,亦有应追财物,如埋葬银两之类,如本犯身死,亦得免征。故注曰:"别犯身死者亦同。"若犯人虽死,而正赃尚存;或正赃虽费,而犯人未死,犹须追还官主,故曰余皆征之。计雇工赁钱为赃,如私役夫匠,私乘驿马之类,计其工役雇赁之钱为赃者,若犯人身死,亦勿追征。

第四节 估赃者,估计赃物价钱。犯处,谓犯罪地方。当时,谓犯罪时节。中等者,如物有上、中、下三等价钱,则以中等价为实。谓如估计囚人之赃者,皆要据凭犯罪之处,犯罪之时,其本物之中等价值估计银数,以定其罪名。若计工钱者,如私役部民夫匠之类,每人一日,为银八分五厘五毫,其牛马驼骡驴,车船碾磨店舍之类,照依犯罪之时。雇工赁赁之价,如监临官借系官车船,须依当借之时，每赁一日，该工钱若干计算追还，不得以取问之时价直为准也。其私借月日虽多，算其赁钱过于车船之本价者，则据本价追收入官，不得于本价之外多追，盖子不可多于母也。

第五节 其各衙门或因强窃盗，或因受财等项，而追征赃罚金银者，并须照依犯人原供成色，追收入官给主。若原盗原受金银，犯人已行费用不存者，则直追足色，此乃官府追征之正法，非特防弊而已。○旧例，凡籍没家产，除反叛外，其余罪犯，止没田产孳畜。田地内有祖先坟茔者，不在抄没之限，仁之至也。

条例

第一条 旧例还官、入官给主之赃，俱作一则。近议还官赃应照旧，若入官给主者，宜宽其数目期限。

第二条 侵欺与枉法二项，乃赃中之最重者。至于充军，情罪尤重，故必以追并完日为限，不得以家产尽绝为解。

犯罪自首

第一节 自首者，自状其罪，告之于官也。其首也，情必实赃必尽事必不由人告发，方得全免其罪，罪虽全免正赃犹征。

未发而自首，对知人欲告而自首看。

正赃者，原所得真正赃物，若已费用而以他物赔补者，非正赃矣。言征正赃，则正赃已费者，不征可知。其犯轻重二罪，轻罪被人告发提问，因而自首其别犯重罪者，止科被告之轻重，免其自首重罪。如窃盗事发，自首又曾私铸铜钱，得免铸钱死罪，止科窃盗徒罪。若有违法数事，一事见行取问，不曾考讯，因而将状外余事，自供在官者，亦如前得免后首余事之罪，止坐先发一事之罪。如私盐事发被问，又自别言曾窃盗牛，又曾欺诈人财物，止科私盐之罪。余罪俱得免之类，余罪，亦谓重于所被告者。若轻与等者，自当勿论，何待言而免哉？

第二节 其犯人虽不出官自首，而具状遣人代首，即其人非已亲，而状本已名，即自首也。若大功以上亲属，为奴婢、雇工人，皆于法得兼容隐者。为首者，为之首也。相告言，互相讦发也。状首为告，口诉为言，虽其意非已出，然系得兼容隐之人，犹自首也。各听如犯人亲自首法，皆得免罪。若缌麻小功及无服之亲,亦得兼容隐之人,若为首及相告言者,缌麻小功,服属已疏,减罪三等;无服之亲,抑又疏矣,减罪一等。以上自首、代首、为首及相告言者,虽反叛未行,亦得免减;已行者,惟正犯不免不减,其余缘坐之人,皆得免减其所当缘坐之罪。

如侄有事而叔首,叔有事而侄首,俱引得兼容隐之人为首律。若叔侄俱有事,因交恶而相讦告,则引后得兼容隐者相告言之律。二者不可混用致差律意。

此处要见卑幼告言尊长,尊长依得兼容隐者相告言,同自首免罪。其卑幼还依干名犯义律科断。

遣者,犯罪之人。遣令其首,以心起于犯人,故不问亲疏,皆同自首。若下文为首,则是犯人不曾使令,而亲属自为之首,以心起自亲属,故亲近者得免,疏者止减等也。假如监临主守,诈取所监守财物四十两,却首作私借用官物四十两,首赃虽尽,诈取之情未首,是曰不实,故仍坐诈取未得财之罪。又如本因窃盗银一百两,止将六十两首发,事情虽实,终隐四十两入已,是曰不尽,故仍将隐下银数,科窃盗之罪。若所首不实者情重,首不尽者赃多,各至绞斩罪者,得减一等,罪该杖一百,流三千里。如强盗得财首作窃盗得财,此之谓不实至死。监守盗六十两,首作二十两,此之谓不尽至死。○招议云强盗首赃不尽者,旧皆以不尽之罪罪之,至死者减一等,后改止拟不应从重。盖强盗以得财坐罪与计赃定罪者不同,如劫银十两,止将一两出首,即一两亦合坐死,不谓之自首不尽。若三次打劫,隐下二次,止将一次出首,则谓之不尽也。首次数不尽者,与首财数不尽者不同,不可不知。

其遣人代首,若亲属为首及相告言而有不实不尽者,并同其知人欲赴官司陈告及身犯逃叛而自首者,各减本罪二等。若逃叛之人,虽不自首,能悔过还归本所者,亦减罪二等坐之。

知人欲告而自首,对犯罪未发而自首看。

逃,如官吏避难在逃,民户逃避差役,丁夫杂匠、工乐杂户在逃,妻妾背夫在逃,宿卫守卫人在直而逃,从驾而逃,从征守御官军在逃之类是也。叛则谋叛与逃避山泽,不服追唤之类是也。逃、叛明是两项,不可交混。上言犯罪未发而自首者,免其罪。此言若犯逃叛罪未发而自首者,不得全免,与知人欲告而自首者,俱只减罪二等坐之也。如官吏避难在逃,合杖一百。若自首或虽不自首,能还归本所者,减罪二等,杖八十是也。盖犯罪许自首,所以开人自新之门。逃罪虽自首,若准全免,又恐遂人屡逃之计,此所以不同也。或以逃叛为专指犯罪逃走者,误也。盖事发在逃,不在自首之律,下节已明言之矣。然虽不得首所犯之罪,犹得减逃走之罪二等。盖如犯罪逃走者,与狱囚脱监在逃者,俱于本罪上加二等。若能自首及还归本所者,减罪二等,此减只减其所加,仍得本罪也。又注皆言减原犯之罪二等,更详之。又如徒流迁徙人役,限内而逃者,一日笞五十,每三日加一等,罪止杖一百,仍发配所。若自首及还归本所,亦止得减其逃罪,其本罪并不得减。此处要知犯逃罪与犯罪逃走者,固不同也。又捕亡律言主守押解狱卒失囚之罪,亦有囚自首免罪之文,盖囚免在逃之罪,主守押解狱卒,免不觉之罪也。

右六件为一节,言犯罪得准自首之事。

第三节"损伤于人于物不可赔偿"作一句读。损伤于人而自首,虽已悔罪,而人之被其损伤者,不可补也,故不准其首而免。注云:"因犯杀伤而自首者,得免所因之罪,仍从故杀伤法。"按,宋司马温公尝有议云:"所谓因犯杀伤者,言因犯他罪,致有杀伤,除为盗之外,如劫囚略卖人之类皆是也。"律意盖以于人损伤,既不在自首之例,恐有别因余罪而杀伤人者,有司执文,并其余罪亦不许首,故特加申明。然杀伤之中,自有两等,有谋杀,有故杀,谋杀最重,故杀差轻。若人因犯他罪,致杀伤人,他罪虽得首原,杀伤不在首例。若从谋杀则太重,从斗殴则太轻,故酌中令从故杀伤法也。其直犯杀伤,更无他罪者,惟未伤则可首,但系已伤,皆不可首也。今按,因犯杀伤,如因窃囚杀伤人,因打夺杀伤人、略人、略卖人,因而杀人伤人之类,其窃囚打夺,略人、略卖之罪,得以首原;其杀人、伤人之罪,不在首例,故曰得免所因之罪,仍从故杀伤法。若系过失杀伤,即以过失杀论,故曰听从本法。然前项皆死罪也,明时有例,凡自首强盗虽曾伤人,随即平复不死者,姑照凶徒执持凶器伤人事例,问发边卫充军,此正所谓得免所因之罪也。但科损伤之罪,深得此条立法之意。损伤于物,如盗印信,事急掷诸水火,印信非私家所得造,此岂可偿还于官哉?文书,天文图谶等书,及应禁兵器亦然,本物已无,私家既不当有,是皆不可偿之物。又如人犯罪事发,先曾逃亡而后出首。关,谓官府盘诘之处。私者,潜从关过而无文引。越者,因无文引而不由关过。奸者,败伦伤化。天文者,周天推步之法。不系在官应习之人而习之者,谓之私习。若犯此等事而首者,皆自首之律所不许,虽首亦当问罪,故曰不在自首之律。

事发在逃,虽不得首所犯之罪,得减逃走之罪二等。假如犯私盐事发在逃,据犯罪逃走律,该于本罪上加二等。若能出首,止坐原犯罪名,不复于本罪上加二等也。

右一节凡六件，言不准首之事。

第四节　如人日前或强盗，或窃盗，或诈欺取人财物，日后能将其物赴事主之家首告投服者，有受人之赃而屈法以徇之者，为受财枉法；有虽受财而仍从公断者，为不枉法。此等受赃之人，日后能悔自己之过，还他人之物者，虽不经由官府首告，赃既还主，罪亦自露，故得与经官自首同免罪也。若先不自首，闻知有人欲告，方将财物于原主处首还者，亦得减罪二等。其强窃盗得财在逃，官司挨捕不获，而同为盗者获其伴以来首，亦得免其本罪；又依常人捕获强窃盗之例，一体给赏以酬其功。

右一节凡四件。三件言不经官司自首之事，一件言强窃盗捕获同伴首官者。

假如胡全、王忠、郭羊、王清、庞真，同为强盗。内王清是伊再从兄王能告发，庞真是伊亲叔庞九作窃盗首发，一议得胡全等所犯，胡全除某事，庞真除某事，各轻罪不坐外，与王忠、郭羊、王清俱仍依强盗已行而但得财者，不分首从律，皆斩决，不待时。内庞真系伊亲叔庞九首发窃盗，依于法得兼容隐者为首，听如罪人身自首法不实者，以不实之罪罪之，至死者听减一等律，杖一百，流三千里。王清系伊再从兄王能告发，系小功亲告，得减本罪三等律，此处亦只得引注文矣，杖九十，徒二年半。许旺系窃盗得财，并赃论一百二十两，为胡全从减等律杖一百，徒三年。郭氏、许氏，俱依不应得为而为之事理重者律，各杖八十，有大诰减等。庞真杖一百，徒三年，缘本犯左脚残疾，依犯罪时未老疾，事发时老疾，依老疾论收赎。许旺系民，于右小臂膊上刺"窃盗"二字。王清杖八十，徒二年，审无力，照例做工满日。郭氏等俱依家人共犯免科，与供明王能庞九，各着役，宁家，充警，随住。

条例

第一条　聚众至十人，行劫累次者，若系期亲及祖父母、父母首告，亦得免罪。卑幼告讦尊长者，与犯人自首同，仍依干名犯义律科卑幼罪。

第二条　凡窃盗遇赦，并免刺字。

第三条　此正所谓损伤于人而自首者，得免所因之罪，听从本法者也。杀死人命，问故杀、奸人妻女，除因盗而奸。问强奸、烧人房屋，问放火、故烧人房屋，各绞斩。伤人不死自首，免强盗之罪。问持刀伤人，引此例充军。

二罪俱发以重论

释曰：此条乃二罪以上，同发拟断者之通例，与徒流人又犯罪条不同，要看犯字、发字。盖犯罪已发，又犯罪者，又犯于已发之后也。徒流又犯者，又犯于已徒已流之后也。此条二罪以上俱发，与一罪先发已经论决，余罪后发者，则皆系未发以前时所犯，故曰俱发。先发后发，曰一罪，曰余罪也。俱发，谓人犯二罪以上，或三四罪，或五六罪，俱于一时发觉在官，则但以一事之重者论罪。如数罪轻重相等，则止从一科断，如赵甲于正月内曾犯私借官物，至二月内又犯把持行市，至三月内一时被人告发，则以重者论罪。把持行市之罪，重于私借官物，轻罪不坐外，依把持行市律杖八十，所谓以重者论也。又如议得某人所犯，合依因公擅科敛所属财物，赃重者坐赃论，五百两之上，与监临官因公事于人虚怯去处非法殴打至死，二罪相等。从一科断律杖一百，徒三年，仍尽本法，追埋葬银一十两，所谓各等者从一科断也。

若一罪先发，已经论决，谓笞杖已决，徒已役，流已配，而余罪后发，则以其后发事情，较之先发论决之罪，其或轻或等，则勿论。若后发事重者，仍依律更论之，通计前罪以充后数。如议得某人所犯，合依遗失官文书者，杖七十，查得本犯先该某司问拟用计诈欺官私取财者，计赃准窃盗论，满数减等，杖一百，徒三年，送发摆站。今又前项事发，不可云今犯该前罪，依一罪先发，已经论决，余罪后发，其轻勿论，仍发原站，照先徒年限摆站，满日宁家，所谓其轻勿论也。如议得某人所犯，合依某律，减等杖一百，徒三年，系职官，照例运炭，完日还职。缘本犯先在本司别卷开拟某律，减等杖一百，徒三年，审允未曾发落。今又前项事发，依一罪先发已经论决，余罪后发，若等勿论，仍附该卷发落，所谓若等勿论也。

重者更论之，通计前罪以充后数。《律注》特以窃盗，及枉法赃二事明之，最有深意。盖窃盗之赃，各主者以一主为重，故先发一十两，而后发四十两，先罪杖七十，而后罪杖一百，得通计先杖七十，再贴杖三十，以充杖一百之数，缘以四十两之一主为重故也。若枉法赃，则各主者，应该通算全科。故赃虽二次入已，事虽先后发觉，罪则合并而科，如先发四十两，后发四十两，亦难同罪等勿论之例。先发四十两，后发三十两，亦难同其轻勿论之例也。

一议得某人所犯，合依窃盗得财四十两，律杖一百。查得本犯先在某司问拟窃盗得财，减等杖七十，今又前项事发，依一罪先发已经论决，余罪后发，重者更论之，通计前罪以充后数，合贴杖三十。

一议得某人所犯,合依受财枉法,有禄人四十两,律杖一百,徒三年。查得本犯先在某司问拟受财枉法四十两,杖一百,徒三年,做工未满,今又前项事发,依一罪先发已经论决,余罪后发,重者更论之,通计前罪以充后数。有禄人枉法赃,各主通算全科,八十两律绞,系杂犯,准徒五年,通计先三年,再贴徒二年。

一议得某人所犯,合依受财枉法,有禄人一十两律杖九十。查得本犯先在某司问拟受财枉法三十两,律杖八十,徒二年,做工未满,今又前项事发,依一罪先发已经论决,余罪后发,重者更论之,通计前罪以充后数。有禄人枉法赃各主者,通算全科,四十两律杖一百,徒三年。通计先杖八十,徒二年,再贴杖二十,徒一年。

右一是相等,一是后轻于前,却都科重者,更论之律者,缘枉法各主通算,则以后合前而为重于前矣。凡赃有合入官还官者,毁伤器物合赔偿者,窃盗抢夺合刺字者,职官私罪杖一百以上。合罢职者,律文该载,如不枉法赃一百二十两以上,罪止杖一百,流三千里之类。凡称罪止者,皆不问数罪同发,或一事后发,其论罪虽轻若等,仍各尽其本法拟断。假如二罪俱发,一罪诈为瑞应,该徒一年;一罪枉法一十五两,该杖一百。虽以重者论罪,而坐诈为瑞应徒罪其枉法赃,则当追入官,此之谓应入官者尽本法也。一罪军官弃军器一件,该杖八十;一罪隐占军人一十名在己役使,空歇军伍,该杖一百,罢职充军,虽以重者论罪,而坐隐占军人之罪,其所弃毁之军器,则当验数追理还官,此之谓应赔偿者尽本法也。一罪诈欺私取财,准窃盗论,五十两,该徒一年;一罪窃盗得财三十两,该杖九十,虽以重者论罪,而坐以诈欺徒罪,其右小臂膊上当刺"窃盗"二字,此之谓应刺字者尽本法也。一罪职官公罪徒,该纪录还职;一罪职官私罪杖一百,该罢职,虽以重者论罪,而坐以公罪之徒,其职则仍当罢,此之谓应罢职者尽本法也。然则罪止何谓尽其本法?盖如有人犯一事,该诈称使臣乘驿之律,又犯一事,该受不枉法赃一百二十两之上罪止之律,二罪相等,并杖一百,流三千里,则当从罪止之流拟罪,以其重于常流,不作从一科断,凡律称罪止者皆然。

○犯二罪减徒准杖法

假如先犯杖七十,已经论决。后发杖六十,徒一年,该全赎银一钱五分。其杖六十银四分五厘,徒一年银一钱五厘,是每徒一月,计银八厘七毫五丝,一日该银二毫九丝一忽六微二纤五漠。今通计前罪以充后数,则除多决杖过一十,赎银七厘五毫,准徒二十六日,合贴徒十一个月零四日,余仿此。若有力先已纳米运炭等项,亦通计前数添赎。

假如先犯杖八十,已决。后犯杖七十,徒一年半,该全赎银一钱八分七厘五毫。其杖七十银五分二厘五毫,徒一年半,银一钱三分五厘,是每徒一月,计银七厘五毫,一日该银二毫五丝。今除多决杖过一十,赎银七厘五毫,准徒一个月,合贴徒一年五个月。

假如先犯杖九十,已决。后发杖八十,徒二年,该全赎银二钱二分五厘。其杖八十银六分,徒二年银一钱六分五厘,是每徒一月,计银六厘八毫七丝五忽,一日该银二毫二丝九忽一微二纤五漠。今除多决杖过一十,赎银七厘五毫,准徒一个月三日,合贴徒一年十个月二十七日。

假如先犯杖一百,已决。后发杖九十,徒二年半,该全赎银二钱六分二厘五毫。其杖九十银六分七厘五毫,徒二年半,银一钱九分五厘,是每徒一月,计银六厘五毫,一日该银二毫一丝六忽六微二纤五漠。今除多决杖过一十,赎银七厘五毫,准徒一个月五日,合贴徒二年四个月二十日。

凡囚犯遇蒙恩例通减二等者。罪虽遇例减等,若律应仍尽本法,及例该充军为民立功调卫等项者,仍依律例一体拟断发遣。

犯罪共逃

释曰:凡同犯罪事发,或各犯罪事发,畏惧官司追捕而共逃亡者,不问是否同起,其间有流罪囚,能捕获死罪囚,徒罪囚,能捕获流罪囚首告者,是之谓轻罪囚,能捕获重罪囚。又如五人共犯重罪相等,或五人共犯轻罪相等各在逃,内一人能捕三人而首告之类,是之谓获一半以上。轻能捕重,少能捕多,功足以赎罪,故不但得减其逃罪,而并其原犯之罪皆免之也。其损伤于人及犯奸者,罪虽不免,然与他罪囚获囚不及一半首官者,并准事发在逃律,免其加罪。因言犯罪共逃,又言因人连累致罪者之处置。因人连累,如藏匿引送,资给罪人,及保勘供证不实,或失觉察关防钤束听使之类,其罪人非被刑杀而自死者,被累人听减本罪二等。如库子盗所监守银一两,该杖八十,库官失觉察,减盗者罪三等,该笞五十。若盗者死,库官又于五十本罪上减二等,笞三十,为其先已减而今复减,故注云又听减罪二等也。律之所谓本罪,乃被累人所当得之本罪,非正犯之本罪也,如本犯应死,已决者不减。若罪人自首告原免,及遇赦原免,或蒙特恩减一等二等。或收赎者,连累人亦准罪人原免减等收赎之法科断,谓如罪人自首得免罪,被累人亦得免罪;罪人遇赦得原免,被累人亦得原免；罪人或蒙特恩减罪，被累人亦得减罪；罪人或是老小笃废疾收赎，及妇人犯徒流，止杖一百，余罪收赎，被累人亦得收赎也。俱在大诰减等之后引用，不得乱置于前。如云某乙依因人连累致罪，罪人自首告，亦准罪人自首法，与某甲各依律免罪，余可类推。○轻罪囚捕获重罪囚，虽一人亦得免。若罪相等，则须一半以上也。一半以上，注举五人内一人能捕三人一端以为例，即如十人共逃，五人能捕五人，亦是获半，应准原免也。

一议得钱乙所犯，合依越狱在逃，于窃盗得财七十两本罪上加二等律杖一百，徒三年，减等杖九十，徒二年半。缘本犯捉获在逃强盗赵甲赴官首告，仍依轻罪囚能捕获重罪囚首告者律，免罪宁家。

一议得钱乙所犯，合依雇役之人，侵欺官钱，雇主知情，不曾分赃，而符同申报瞒官者，减犯人赵甲罪一等，罪止律杖一百。缘侵欺官钱，犯人赵甲已死，仍依因人连累致罪。而罪人自死者，减本罪二等律杖八十。○若于法得兼容隐之人，有获共逃重罪亲属首官者，难准免罪，各依事发在逃自首，止得减逃走二等之罪。若因捕获有所杀伤，各从杀伤尊长卑幼本法。若卑幼原罪轻者，仍依干名犯义律论罪。○按，知情藏匿罪人律云：罪人已死若自首减一等，谓死于逃所，及首于事发者也，与此不同。○据上律，言事发在逃者不准首，此条则言逃者能捕首逃者，亦得免罪也。前一节以自犯者言，后二节以因人连累者言。

同僚犯公罪

第一节 同僚官吏，联署文案，判断公事，其有差错而无私曲者，虽均属有罪，但承行在于吏典，故其罪以该吏为首。由吏典而首领、而佐贰、而长官，各递减罪一等。长官、佐贰、首领，只有三等，而注言四等官者，此承吏典为首而言。官只有三等官，但减罪则从吏典算起，首领为二等，佐贰为三等，长官为四等矣。四等官内，如有员缺，亦依上递减。假如县丞主簿俱缺，吏典赵甲为首，耽误公事该杖八十；钱乙系首领官，减赵甲一等，杖七十；知县孙丙系正官，减佐贰官一等，通减钱乙二等，笞五十，不可以主簿县丞之缺，遂将孙丙只减钱乙一等也。若本衙门所设原无四等官，如一知一典之类，则止据见设员数递减，孙丙减钱乙一等，钱乙减赵甲一等也。

第二节 若同僚官一人有私，或因亲仇，或以货贿，或听嘱托，而有故出入人罪者，自依本律论罪。其余同署文案官吏不知情者，止依失出入人罪递减科断。

第三节 若申上司,如县之于州,州之于府,府之于布政司,其上司不觉,失于照驳者,各递减下司官吏罪二等,谓吏各减吏二等,官各减官二等。如失出入罪,该坐杖一百,县吏为首,州吏减县吏二等杖八十,府吏减州吏二等杖六十,布政司吏减府吏二等笞四十;县首领减吏一等杖九十,州首领减县首领二等杖七十,府首领减州首领二等笞五十,布政司首领减府首领二等笞三十;县佐贰减县首领一等杖八十,州佐贰减县佐贰二等杖六十,府佐贰减州佐贰二等笞四十,布政司佐贰减府佐贰二等笞二十;县正官减县佐贰一等杖七十,州正官减县正官二等笞五十,府正官减州正官二等笞三十,布政司正官减府正官二等笞一十是也。

若上司行下所属文移,如布政司之于府,府之于州,州之于县,其下司失于点检,承误施行者,各递减上司官吏罪三等,亦依上式递减,但下司比上司多减一等。盖上统下,得以专制,故失错准行,止减二等;下事上,难于违拒,故依错施行,得减三等。○若县事径达布政司,失错准行者,布政司得府之罪,罪不坐府。

公事失错

释曰:公事失错,情不涉私,觉察检举,即合宥免,但有一人觉举,余人皆得免坐,所失既正,不必过求也。若失入人罪,已行论决,谓如死罪及笞杖已决讫,徒流罪已发配役者,各依失入人罪科断,不用觉举之律。其失出人罪,虽已决放,而能于未发露之先,自觉举贴断者,又得免罪。盖失入论决,不可复赎,失出论放,犹可改正故也。其官文书稽迟程限,小事五日外,中事十日外,大事二十日外不了者,皆有罪。应连坐之人,能自觉举,余人亦得免罪,惟主典之吏不免。盖官文书稽程,律无坐长官、佐贰之罪,以其咎多由主典,故与失错不同。若主典自行检举者,止减本律笞罪二等。首领官承发吏,及同房吏典,不系承行者,仍依一人觉察,余人免罪之律。

共犯罪分首从

第一节 共犯罪,谓数人共犯一事,如甲乙二人,同偷盗一家财物,是为共犯。若甲自偷一家,乙又另偷一家,虽同谋同日,不得谓之共犯矣。凡言共犯者俱仿此。

凡共犯罪者,以先造意一人为首,依律拟断,随从之人,虽为同恶相济,然皆首事设谋者倡之使然,故各减罪一等。然《唐律》云:"共监临主守为犯,虽造意,仍以监主为首,凡人以常从论。"犹今律同谋共殴人,以下手伤重者为重罪,原谋减一等,是又不专论首从也。

第二节 一家人,谓同居亲近之人。注云男夫,犹云男子丈夫,如弟侄子孙之类皆是。共犯罪非有侵损于人者,则独坐同事尊长一人,余皆免科。若尊长年八十以上,及笃疾者,则虽造意,不得坐罪,以同犯次尊长当之,余皆免科。若妇人与卑幼之男夫共犯,妇人虽为首,亦止坐男夫,不拘上法。侵,谓取财、盗及受赃之类。损,谓伤人、斗殴、杀伤之类。如父子三人同为盗贼,或同取人财物,各分入已;或同谋殴人,各曾打伤,则依常人盗赃伤人之律,分首从定罪。即如子造意,父随从,亦以子为首,父为从,不在尊长坐罪,卑幼免科之律矣。若有人共犯罪名,虽有首从,而为首为从者,各有本条内合得罪名,则各依本条科断。假如子为父从,谋杀亲叔,父坐谋杀卑幼已杀者,依故杀弟者律杖一百,流二千里。子坐谋杀期亲尊长,已杀者凌迟处死。又如夫与妾同谋共殴妻至死,虽夫殴妻至死者绞。妾殴正妻,加妻殴夫一等,死者斩。然二律皆首罪也,不得以二命偿之,当以致命伤为重。下手者坐以本律斩绞罪,如夫殴致命,则坐夫殴妻至死绞罪,妾当从论;妾殴致命,则坐妾殴正妻死者斩罪,夫当从论。既曰依本律首从论,难皆坐以首罪,人命至重,死者可伤,生者尤可惜。观共殴人及主使之条,一坐下手,一坐主使,其不欲以二人抵一命可知也。凡问首从各别,系人命者,律无皆字,则当以首从分之,方得共殴律意。曰共犯罪者,其所犯之事同也。曰本律首从各别者,其所犯之人异也。若所犯事情不同,不得谓之共犯罪矣。

第三节 但凡律条内开有皆斩、皆绞、皆杖一百字样者,不问多少人,不分首从,一体坐罪。本条不言皆字者,虽不开分首从,皆须依首从定罪。如诈为制书云皆斩,则罪无首从。未施行者但云绞,则依首从法。

第四节 假如三四人同擅入皇城宫殿等门,同私越度关,同避役在逃,同犯奸者,彼此各犯正罪,非如窃盗斗殴之有造意随行者也。故犯此者,不分首从,一体断决。○假如父子、兄弟、姊妹及子带母、夫带妻,同犯越关逃役,家长已坐正律,其余当拟不应从重,各依家人免科。或谓越关律不准自首,逃叛止减二等,无非所以戒履霜之渐,则虽家人共犯,不当免科,更酌之。

犯罪事发在逃

第一节 此条承上犯罪当分首从而言。凡二人共犯罪,而有一人在逃者,其见获之人，称在逃者原造意为首，更无亲见之人可凭质证，未审虚实，又不可以停囚待对，则坐见获者以从罪而决之。后获逃者，又称已决之人为首，质对得实，则将后获者，坐以为从，再加逃罪二等，其先决者仍从首论，合贴断原减为从一等之罪。贴断则例，见二罪俱发以重论条下，在诰减之后。查得赵甲，先因钱乙在逃，称伊为首，更无证佐，已依从罪问拟杖徒若干，今获钱乙，称赵甲为首，鞫问是实，仍依首论，合贴杖徒若干是也。

第二节 若犯罪事发在逃，众证明白，即同狱成，不须对问。将来得获，止依原招坐罪，仍于本罪上加逃走之罪二等。

亲属相为容隐

释曰：凡知人犯罪而为之容隐不首，或知官司追捕罪人而漏泄其事，及通报消息，致令罪人隐匿逃避者，该减犯人罪一等，在《捕亡律》"知情藏匿罪人"条下。若其犯罪之人，系吾之同财共居亲属，不限籍之同异，服之有无，其恩义为重，各居大功以上，系近亲；与夫外祖父母、外孙及夫之兄弟及兄弟之妻，两有小功之服，妻之父母、女之婿，两有缌麻之服，皆恩重于服者。奴婢、雇工人，义重于服者，除谋叛以上，不准容隐外，其余皆得相为容隐。有容隐者勿论其罪。若预侦知官司追捕而漏泄其事，或暗地通报消息与罪人，使令隐匿近地、逃避远方者，亦不坐罪。小功以下，其分渐疏，故减凡人三等。无服之亲，减凡人一等。凡此皆惇风俗、厚人伦之大端，律之精意也。然亲属俱言相为容隐，独奴婢只言为家长隐，则不许家长为之隐矣。观家长不得为奴婢、雇工人隐，则亦不准为奴婢、雇工人首矣。又按劫囚，私窃放囚人逃走，虽有服亲，亦与常人同。他如断狱条内与囚金刃解脱，若子孙于祖父母、父母，止得减狱卒二等，何与此条迥异耶？盖此条是在外未入禁之囚，彼二条是已入禁之囚。门内之治，以恩揜义；而门外之治，以义断恩，固不得而同也。

此条虽分四段，一串讲下，当与前自首条及刑律干名犯义条参看。

吏卒犯死罪

释曰：吏典厮役，凭恃城社，易于肆恶。若犯该死罪，则恶之极者，宜早为处决，以儆其余，亦罚不迁列之意，今例皆奏请矣。

处决叛军

释曰：临边军叛，事系安危，若必请命而诛，诚恐迟留生变。既有显著之迹,又有证见之人,鞫问是实,输服无词;又经都司委官覆审无冤,随即依律处治,然后申达兵部奏闻知会。不曰处决,而曰处治,处则不分首从皆斩,治即查理财产家口,入官安置为奴之类。若有布按二司守御官移文公同审问处治,此自叛而未行者言之也。若叛而已行,至于用兵剿捕扑灭,而军前临阵有所擒杀者,不在鞫问会审之限。《疏议》谓兵临敌境而有谋叛军人,故曰军前临阵,更详之。

杀害军人

释曰:杀死正军,专指谋故而言,殴死不在内,观例可见,依律处死。如谋杀造意,及故杀俱坐斩,支解坐凌迟是也。犯人虽处死,仍勾犯人户下亲丁一人抵充军役,止终本身。所抵军人死后,仍于原被杀死军人户内勾补。若斗殴戏误过失杀死,俱依常律,不在抵充之限。

一议得赵甲所犯,合依故杀者律斩,仍依杀死军人,取户丁一名抵充已死钱乙军役,止终本身。老幼笃疾免死者,亦不抵军。

条例

释曰:此条正为缺伍而设,旧例既令本户余丁补当旗役,又勾取犯人壮丁充军,是增一役也。后经改正。

在京犯罪军民

释曰:杖八十以上,包徒流言,军发外卫,民发别郡,与凡被极刑之家同居家口,亦迁发别郡住坐,所以肃清京师也。然今在京军民犯罪,俱不行此律,止照常发落而已。

化外人有犯

释曰:化外,即外国来降之人,及收捕贼寇散处各地方者。既经归附,即是王民。律轻,则其心难伏;律重,则无知可恤,一依常律拟断,示王者无外也。官军有犯,亦问立功瞭哨。若系难发遣者,止发做工,其犯笞杖,亦准的决,问完,俱要请旨。新附未知法度者,宜从宽处。

本条别有罪名

第一节 《名例》者,诸律之凡例也。盖律文简要,不欲重述,故以《名例》统之。其本条别有罪名,则又以其情罪或异,特定立罪名以处之,非《名例》所能该也,故依本条科断。如《名例》文武官犯公罪,该笞者不必附过矣,而讲读律令,乃曰笞四十附过,则当依吏律。如逃叛自首者,减罪二等矣,而官军在逃,乃曰一百日内,能自出官首告者,免罪,则当依兵律。又如共犯罪以造意者为首矣,而同谋殴人,乃曰下手伤重者为重罪,原谋减一等,则当依刑律是也。

第二节 若本条虽有罪名,而其情有所规求避免重于本罪者,则从其重者科断,又不拘于本条矣。如公式律文,武职官有犯,应奏请而不奏请者,杖一百,有所规避者从重论。盖不奏之情,止该杖一百,其间不奏之情,或有所规求贿赂,或有所避免罪名,各究事情明白。受贿者,计其所得之赃;避罪者,原其所避之罪。有重于杖一百者,从其重罪断决。又如越府城本杖一百,但因避犯窃盗赃七十两事发而逃,则当于杖八十徒二年上,加逃走罪二等。如漏报文卷一宗,本笞二十,但因避埋没侵欺库银四十两之上,则当坐监守自盗仓库钱粮,斩罪是也。

第三节 谓如某人系侄殴叔,本应罪重,而犯时不知者,依凡以手殴人不成伤者律。又如某人系因斗殴而误杀伤侄,以误杀论,本应轻者听从本法,依叔殴杀侄者律。

加减罪例

释曰:此条括凡言加、言减之通例。加者,就本罪上加等,或递加从重。减者,就本罪上减罪,或递减从轻。惟二死同为一减,不分绞斩,皆坐流三千里。三流同为一减,不分远近,皆坐徒三年。假如斗殴杀人,为首者绞,为从者减一等,即坐以杖一百,流三千里。故杀人为首者斩,为从者减一等,亦坐以杖一百,流三千里,不得减斩一等,便坐以绞也。若犯流者,正犯杖一百,流三千里,为从者减一等,即合杖一百,徒三年,不依徒杖逐节递减,故曰同为一减。加者,计满其数方坐。如监守自盗四十两,律斩,纵至三十九两九钱九分,少一分亦止坐三十两流罪,不得科四十两而坐以斩罪也。所谓数者,不专言两数,如日数、人数、器物、卷宗之数皆是。又加罪止于杖一百,流三千里,不得加至于死。其本律原有罪止未至流者,但一加之。若本条有加入死者,如奴婢殴家长之缌麻亲,瞎两目,加一等;妾殴夫至折肢,通加四等,皆加至死,则依本条加入绞罪。加入绞者,不加至斩。或曰:弃毁军器二十件,加至于斩,何也? 曰:二十件以上斩者,非加罪也。一件杖八十,每一件加一等,至十一件,杖一百,流三千里止矣,不加至绞也。但至二十件以上者,则处斩耳,非加罪也。○《刑律》:"盗未进神御等物,计赃重者,各加盗罪一等。"则监守未四十两,常人未八十两,亦不坐斩绞。又风宪官吏受财,加其余官吏罪二等亦然。

称乘舆车驾

释曰:天子至尊,不敢斥言,故托之于乘舆。乘,犹载也;舆,犹车也。天子以天下为家,不以京师宫室为常处,则当乘车舆以行天下,故群臣托乘舆言之。或谓之车驾也,御进也。凡衣服加于身,饮食入于口,妃妾接于寝,皆曰御。又天子所止谓之御前,书曰御书,皆取统御四海之义。律称乘舆者,如盗乘舆服御物者斩;称车驾者,如车驾行处,冲入仪仗内者绞;称御者,如擅入御膳所及御在所者绞之类。太皇太后、皇太后至尊无上,皇后齐体至尊,故并同,谓有犯者,亦得上项之罪也。称制者,如制书有违之类,三宫及皇太子令并同。

称期亲祖父母

释曰:期亲,期年服制之亲也。律称期亲有二:有止言期亲尊长,则兼祖父母而言,如闻期亲尊长丧,匿不举哀,杖八十是也;有言祖父母及期亲尊长,则指伯叔父母与兄而言,如谋杀祖父母及期亲尊长,皆凌迟处死是也。曾祖虽服齐衰五月,高祖虽服齐衰三月,其与祖服齐衰期年者,俱得谓之期亲,故曰高曾同。如闻期亲尊长丧,匿不举哀,奴婢谋杀家长之期亲等,皆包祖及曾高而言,非止谓伯叔、父母、姑、兄弟、姊妹而已也。若明云祖父母,又云期亲,则祖父母自当兼高曾耳。祖为嫡孙服期年,而与曾玄之孙,虽各有降杀,然有犯该谋杀、殴骂、诬告及别籍异财、违犯教令之类,则皆从祖孙本法科罪,曾玄一与期孙同也。嫡孙承祖,谓长子死而嫡长孙承重者,其视祖与父母同。如居丧嫁娶,亦杖一百,匿不举哀,亦杖六十,徒一年。惟缘坐者,各从祖孙本法。如祖犯支解人,子当流,不得以子死而及其孙也。所生母死,父令他妾抚养者曰慈母。己身无子,而养同宗之子曰养母,与嫡母、继母,皆同亲母。如犯该殴骂、诬告,亦坐死罪,违教缺养亦杖一百。然亦有不同者,如子孙违犯教令,而祖父母、父母非理殴杀者,杖一百;故杀者,徒一年;嫡、继、慈、养母杀者,各加一等,致令绝嗣者绞是也。称子者，男女同。如骂父母者并绞，祖父母、父母故杀子孙图赖人者，杖七十，徒一年半，将女图赖亦同。若缘坐者，除谋叛条明开妻妾子女入官，女不得免外，如杀一家非死罪三人，当缘坐妻子流二千里，则女不与焉，故曰缘坐者女不同。

称与同罪

第一节 称与同罪，凡数种：有知而不举，与犯人同罪；有知而听行与同罪；有知情故纵与同罪；有知情与同罪；有故纵者与同罪。凡称同罪者，自被累人而言也，与正犯终有差别。如正犯系盗，止坐盗罪，不在刺字之律。正犯系死罪，则减一等，不在绞斩之律，罪至杖一百，流三千里而止。惟受财故纵者，乃全科耳。受财故纵串说，律凡言故纵者，未必受财。今言受财故纵者，因受财而故纵者也。应刺字者亦刺字，至死者绞，不在罪止杖一百，流三千里之限。其故纵谋反大逆者，依本律坐斩，不在至死者绞之限。故纵谋叛者，虽不受财，依本律坐绞，不在故纵而不受财之限，故曰皆依本律。盖因称与同罪，而言其有不同者如此也。〇受财故纵与同罪，至死全科，必须律文内有"故纵"与"同罪"字样，方可坐。如无"故纵"字样，不可一概援引。〇凡称与同罪，原无首从，惟受财故纵，至死绞罪，则以一人当之。其余除故纵为从，各坐受财枉法。若捕获原犯，则首犯亦止科受财之罪。若余人受财罪轻，则仍坐故纵律。

律中又有所谓"罪同""罪亦如之"者，与"与同罪"之语相似而不同。盖罪同者，以前已具有所犯罪名，下所犯情罪相类，故但言罪同，不复重定罪名；罪亦如之者，谓亦得前项所称之罪，犹夫罪同之意也；皆不在至死减等之例。〇讲疑曰：与同罪，旧说以为与罪同有异：与同罪者，至死减一等；罪同则与真犯同，至死俱全科。然观经断人充宿卫条：朦胧充当者斩。其当该官司明开不为用心详审，或听人嘱托，则其情犯颇轻。若依罪同而并坐斩罪，恐非律意。况"罪同"二字，《名例》未尝定立全科之制，止于《贼盗律》"强盗不分首从皆斩"下云"以药迷人图财者罪同；私铸铜钱者绞，匠人罪同"等条，似有并恶其奸而全科其罪之意。及观《仪制律》"祭祀朝贺行礼差错者，罚俸钱半月；纠仪官应纠举而不举者罪同；父母死不丁忧者，杖一百，罢职不叙，旧丧诈称新丧者，罪同"等条，罪轻可称与同罪者，亦曰罪同，似难拘于旧说。

后两节称"准"、称"以"，前例分八字之义，晰之已详，此复申明之。盖称"准"者，事相类而情尚轻，即与同罪之义；称"以"者，事相等而情并重，即罪同、罪亦如之之义也。凡称罪同、罪亦如之，以盗论、以枉法论者，虽皆与真犯无间，刺字、绞斩，皆得同科。然所得同者，律耳。若律外引例充军、为民立功等项，则又不得而同焉。盖作律之时，尚未有例，其例又各因一事而立，事情既异，即与例不合矣。安得而强引之耶？○称准枉法论、准盗论之类，称以枉法论、以盗论之类，故曰称。

条例

释曰：如三人受财，卖放斩罪犯人，止将为首一人问受财故纵，与囚同罪，至死全科律绞，照例固监缓决；余二人除故纵为从，依受财枉法绞。系杂犯，若赃轻，仍问故纵为从；若囚已获三人，俱问枉法。

称监临主守

释曰：监临者，总摄案验之谓。主守者，躬亲典保之谓。有事在手，即一时差遣之监临也。凡律称监临者，谓内外诸司，统摄所属军民衙门有文案相关涉者，在内六部都察院所辖卫所、各布政司及按察司，在外各都布按三司，分辖各处卫所，各府、州、县等衙门，但有一应申呈札帖、文移相往来关白者，及虽非所管百姓，或因差委权摄官司，若查理钱粮、刑名、造作等项公务，但有事权在手，得以专制由己者，即为监临。其称主守者，谓内外各衙门该管文案吏典专主掌其事，及守掌仓库、务场、狱囚、杂物之类，官吏并库子、斗级、攒拦、禁子人等，并为主守。或其职虽非统属，但上司临时差遣管领官物、囚徒、畜产之属及提调其事者，亦是监临主守。故凡监临官吏，盗仓库钱粮及娶为事人妻女、中盐放债、嘱托求索、借贷人财物之类，则以监临之罪坐之。若主守盗仓库钱粮、损坏财物及不觉失囚、故纵囚逃、教囚反异之类，则以主守之罪坐之。

称日者以百刻

释曰：百刻，为辜限也。朝暮，为计工也。《大统历法》以一万分为一日，千分为十刻，百分为一刻，故一日有百刻，每时有正初之刻，以百刻为实。既有初正，倍十二得二十四，为法除实得每初正各四刻六分之一，每时总八刻六分之二也。故律称一日者，必计一百刻满，方准一日。如有人初五日寅时，以他物殴人成伤，辜限二十日，计刻二千刻，数至二十五日丑时身死，犹为限内；若卯时，则限外矣。平旦曰朝日，晚曰暮，谓如私役部民夫匠，每日追雇工银八分五厘五毫，则以从朝至暮为一日，不在百刻之限。凡诸条称日及计工者，皆准此。

○今按西洋历法，一日九十六刻，每时皆为八刻矣，较《大统历》少四刻者，总以十二时为盈缩耳。○无闰三百五十四日，有闰三百八十四日者，一年十二月之数也。三百六十日者，自今年立春至明年立春，二十四气一周之数也。凡称一年者，须计满三百六十日，然后坐罪。如秋粮迟限一年以上，官吏处绞。若三百五十九日，犹不得为一年也。据《大统历》，岁策三百六十五万二千四百二十五分，则三百六十五日二十四刻有奇，而后二十四气周。今云三百六十日者，亦举成数耳。凡诸条内称年定罪者，准此。○籍者，官府造定册籍。如人年七十以上、十五以下，犯流罪收赎，若止据其供状，恐有虚诈，故必查其户籍所报之年为定也。凡诸条内称人年定罪者，准此。○假如官府催征钱粮，勾摄公事，聚众中途打夺者，杖一百，流三千里。若三人之上，至四五人，以至十百人，皆谓之众。若止二人，只依拒殴追摄人律拟罪。凡诸条内称众定罪者，准此。○如谋杀人，造意者斩，从而加功者绞。若二人之上，至三人、四五人，以至百人，皆谓之谋。若谋状明白，事迹显露，虽一人亦谓之谋。一人为谋者，如与人有仇，自行举意谋害，或执刀仗，或持瓦石，于无人去处，候至经过，出其不意，系打身死；或将毒药置酒食中，欺其不知，毒死之类，去后事发。若仇怨之事，人皆得知，所杀之处，具有显迹，刀仗追出可证，毒药造买有人，则虽一人，亦谓之谋矣。

称道士女冠

释曰：律称道士女冠，虽或不及僧尼，而僧尼同，以其同为出家之人，如犯殴骂、盗贼之事皆同也。其僧道受业师，与伯叔、父母同，言僧道而尼与女冠该之矣。其于弟子，与兄弟之子同。称子者，男女同，而尼与女冠之徒该之矣。故僧道殴受业师，不止加凡人二等，直同殴期亲尊长科罪。夫常人殴受业师者，加凡人二等，而僧道顾重焉者，非以衣钵相承，犹子继父，其义为尤重也欤？然当审其师非挟私、徒真负义，而后可坐也。

断罪依新颁律

释曰：颁律之年，为顺治三年五月，若犯在已前者，并依新律拟断。

断罪无正条

释曰：法有限情无穷，罪无正条，上下比附，此以有限待无穷之道也。应加、应减，如京城门锁钥，守门者失之，于律止有不下锁之文，是该载不尽。须知锁钥与印信、夜巡铜牌，俱为关防之物，今既遗失，事与彼同，许其比附。但其中又有情不同处，或比此而应加，或比此而应减，全在用法者权衡妥当，定拟罪名，转达刑部，议定奏闻。若不详议比附而辄断决，致罪有出入者，以故失出入人罪论。盖自笞杖徒流以至绞斩，莫不皆然。今问刑者于死罪比附，类皆奏闻，徒流以下比附，鲜有奏者，安得罪无出入也哉？虽无出入，犹当以事应奏不奏论，其亦不思也夫！〇凡律无罪名，而令有禁制，犯者以违令论。

律无正条之事，情稍轻者，以不应杖罪论。情轻者，以不应笞罪论。今有司于律有正条者，亦问不应；于情轻者，亦问杖罪；于无力者，亦审稍有力。即无力的决者，除法该拷讯不论外，其问时决打之数，应通折算而不折算，皆当以故入人罪论者也。

徒流迁徙地方

释曰：徒役照依年限扣算，其每日煎盐若干，炒铁若干，另项归结课程，不在本等灶丁炉户所办额设正课之数，故曰另项结课。

另项结课，就常人言，灶丁有犯亦然。一议得某人所犯，合依某罪云云，系灶丁，照例发本场照徒年限煎盐，每日三斤，另项结课，仍着户丁煎办本等额盐。〇明时徒罪，俱发盐场铁冶，今则无力者有摆站做工之例。万历八年，铁冶郎中已革，则炒铁一项，亦名存而实亡矣。流罪三等，照依地里远近，定发各处荒芜及濒海州县安置，与边卫充军，俱各定有地方。自肉刑既除之后，降死一等，惟流罪为重。然《名例律》称二死三流，各同为一减。如二死减一等，即流三千里；减二等，即徒三年；又许有大诰减一等，则正犯流罪者，无不减至徒罪矣。

边远充军

释曰：边远，指边境之远者，非边卫永远之解。盖按其名不一，统而言之曰充军，稽其实则殊，只有终身、永远之二义，其说已详《图注·五刑》内。至于府分卫所，各有定界，程限亦有定期，不容差错。不言省分而言府分者，由罪人之隶籍而计其远近也。读律者自能体认，第勿以"边远"二字，目为□□①可耳。

《王仪部先生笺释》卷一终

---

① "为"下两字底本残泐难辨。

《王仪部先生笺释》卷二

顾王榭用拙父　校阅

顾鼎定九父　　重编

古吴

黄中致和父　　订正

翁居体镜非父　汇参

吏律

职制

释曰:《唐律疏议》:"职制律,起于晋,名违制律。爰至高齐,此名不改。隋开皇间,改为职制,言职司法制,备在此篇。"

官员袭荫

释曰:"凡文武官员,应合袭荫职事"句,武曰袭,仍其官也;文曰荫,承其余荫也。军官指挥以下,父死子继曰袭职,父老子代曰替职,文官任子谓之荫官,并令嫡长子孙袭荫,而至"承继袭荫"一节,曰嫡长,正妻所生之长子,有故,谓犯笃废之疾,或曾犯窃盗掏摸、盗官畜产、白书抢夺、奸部民妻女,行止有亏,曾经决断者;嫡长子有故,必须嫡长孙袭荫。如嫡长子孙有故,则令嫡生以次子孙袭荫。若果无嫡生子孙,方许庶妾所生之长子、长孙袭荫。如并庶出子孙亦无,方许亲弟、亲侄应合承继之人袭荫。若庶出子孙及弟侄不依次序,搀越袭荫者,杖一百,徒三年。为庶出子孙及弟侄,不依嫡庶长幼次序,搀前越次袭荫者,杖一百,徒三年。若文武官见在老疾,而使令不应袭荫子孙搀越袭荫者,罪坐本官,子孙依家人共犯免科。

第二节 其军官亡故,遗下应袭子孙,年十五以下,未能承袭职事者,本管衙门保勘明白,申达兵部,奏闻朝廷,纪录应袭姓名,关请全半俸给,优赡其家,候年一十六岁,出幼之日,方令起送兵部袭职管事。若委绝嗣户无次子可承袭者,亦令本官妻小,依例关请全半俸给,养赡终身。若将异姓外人,乞养为子,欺蔽官府,注误保奏,冒袭祖职者,乞养冒袭之子,杖一百,发边远卫分充军;本家所关俸给,截自事发之日住罢。此乞养子,是保勘纪录优给听袭之人,故本家所关俸给,但截日住罢。盖此俸本属优恤,止给绝嗣人妻小,为养赡之需耳。若乞养子已曾授职,则支过俸给,应追还官。若有他人教诱使令为诈冒者,亦如乞养子之罪,杖一百,充边军。盖挨越者,虽失伦序,尚为同姓,而诈冒则以异姓乱本宗矣,故特重之。然细玩并字,似兼承挨越、诈冒两边,恐误遗一圈;或下一圈,当在他人教令之上,通连下文为一节。不然,何以言并?又教令挨越者,安得全无罪乎?

如女婿、外孙,或同姓异宗冒为宗支承袭,俱以异姓外人诈冒承袭科,同姓异宗之人,摘去"异姓"二字。

若军官乞养外人为子,冒袭军官,除乞养异姓义子以乱宗族,问不应,或行求律。今世之人,不特袭荫之家乏嗣为然,即殷实之户无子,多将花生、传生等子,篡乱宗支。花生子,谓妇女怀甲后,娶为妻妾而生。传生子,谓妻妾假装身孕,使令传递他人之子。又有奸生子,谓奸妇所生,领回抚育,本己之子也。乞养子,或过房异姓之子,或收养遗弃之儿也。

第三节 若当该官吏,知其子孙弟侄之挨越,乞养子之诈冒,而符同保勘,听行袭荫者,并与犯人同罪。听行挨越,亦杖一百,徒三年。听行诈冒,亦杖一百,充边军。其不知情而保勘者,则瞒昧之罪在犯人,不在官司,故不坐。受财妄保,除听行律,科以枉法之罪。谓充军下死罪一等,枉法虽杂绞,然系死罪。议虽如此,而《大诰》之下,仍尽当该官知而听行本律,免徒,发边远充军,庶律意不失,法无枉纵。

条例

第十二条 不由军功,谓其祖宗非从军升授世职,例该减革。妄奏者,依奏事诈不以实,或进呈实封诬告人律。

第十三条 军官子孙,告要袭替,移文保勘,而至十二年之外,人文不曾到部者一节,谓袭替之人、保结之文,不到兵部投见者言。如都司本卫所官,勒掯财物,故意刁难,不与保送者一节,除违制依求索,强者准枉法论,止杖一百,流三千里,引此例。若军职犯该求索,引计赃满数例。

第十四条 问罪,除违制越关,依奏事诈不以实。

第十八条 保送掌印官,并首先出结之人,无赃,引此例带俸差操;有赃,仍引立功例。

第十九条 买嘱冒袭及卖与人冒袭二项,俱指军职言,故有罢职揭黄之处分。或以为指不应承袭之人者,非也。受财保勘,虽问枉法绞罪,仍尽当该官知而听行本律充军。连名保结无赃者,依同僚官犯公罪律,减等科断;保后能自检举者免罪,妻小将异姓人为子,问不应。

第二十条 不该承袭之人,依挨越袭荫律,杖一百,徒三年,拨置人问教诱。如系三犯,除此问绞;若系真犯,饶死充军。脱逃者,仍照原拟。

第二十二条 册籍无名,即冒也。官旗无赃,与冒替之人,俱问违制有赃,依枉法,冒替人问行求,支粮问常人盗。

大臣专擅选官

第一节 凡除授内外大小各衙门文武官员,须从朝廷铨选任用。若大臣不行请旨而专擅选用者斩,应选之人不坐,旧说坐以知情受假官律,非是。盖其选用虽是不由朝廷,然关有吏部印信文凭,非假官之比。若不应选而选,别无行贿实迹,当问不应杖罪,引贪缘奔竞事例,黜退为民。

第二节 若有干系大臣亲戚之人,非奉朝廷特除恩旨,不许除授官职,违者亦如专擅之罪处斩。亲戚依知情受假官律,杖一百,流三千里。

第三节 见任在京各衙门,每日朝参官员,若已在御前面听宣谕差遣出外公干及改除外任者,其差遣改除之地方,不问或远或近,但假托事故,不即起程者,并杖一百,罢职不叙。系军官,则降充总旗。○故而曰托,非真有故也。若真有故,则不言托矣。此与刑律诈称避难罪有不同者,以君命为重耳。然曰见任在朝,则起废等项辞官,不在此限矣。

条例

释曰:从卑回避者,非独子避父,侄避叔也,当以卑职而避尊爵互看,方不失朝廷莫如爵之意。

文官不许封公侯

释曰:《周礼》:"王功曰勋,国功曰功。"郑氏云:"辅成王业曰勋,安定国家曰功。"凡文官非有推诚宣力,建大功勋于国家,而所司朦胧奏请,辄封公侯之爵者,原奏官吏及受封之人,不分首从,皆斩,秋后处决。其有生前出则为将,入则为相,能除大患,尽忠报国者,虽系文臣,即与开国勋臣相等,故得一体封谥,不用不封公侯之律。曰出将入相,则身任安危矣。曰大患,则事关社稷矣。曰尽忠报国,则死生以之,而非侥幸成功者比矣。若徒出将入相,虚拥高位,而不能除大患,及虽除大患,亦非亲履行阵,止是因人成事,而非有尽忠报国之实者,皆不许封侯谥公。

滥设官吏

第一节 在京在外大小各衙门官,俱有额定员数,非奉特旨而多余添设者,当该典选官吏,若多添一人,杖一百,每三人加一等;至十六人之上,罪止杖一百,徒三年。其请旨添注者,不在此限,多余之官不坐。

第二节 内外二品以上衙门有知印,在外都布按三司,有承差、祗候、听役使,禁子看囚徒,弓兵所以勾追巡捕者也。此等之人,与各衙门吏典,亦有额定名数。若额外滥充者,所充之人,杖一百,迁徙,比流减半,准徒二年。若当该官吏容留滥充者一人,正官笞二十,首领官笞三十,吏典笞四十;每三人加一等,正官笞三十,首领官笞四十,吏典笞五十,并罪止杖一百。若前项滥充之人,系前官容留,代官不知,则罪坐前官;或正官容留,首领官不知,则罪坐正官。非谓但留一人,则正官、首领官、吏典俱坐此罪也,故曰罪坐所由。若吏典知印人等,被官司勾取选充,而事不由己,罪坐官司,不在杖一百迁徙之例。

第三节 官吏曾经为事革罢在闲,而于在外各衙门出入,干预公事、交结承揽、写发文案、把持官府不得自由、蠹坏政事、虐害民人者,并杖八十,于犯人名下,追银二十两,与原告人充赏。若有所规避者,则推原其所规避之事,如重于杖八十者,则坐以所避之罪;若轻于杖八十者,则仍坐本律,故曰从重论。

第四节 若官府夏税秋粮由贴及人户丁口籍册,其罢闲官吏,暂时承人雇募攒写,原无结揽之情者,勿论。

条例

第二条 受财卖放办事吏典,不独正办,兼各衙门当该而言。官以枉法论,吏以行求论，私逃不及一年，除擅离役，问不应。或越关之罪，一年以上，除越关，依违制。若系避难因而在逃，不问久近，依擅离职役律，杖一百，罢役不叙。

第三条 旧例不分已未得财，俱拟革役，似乎太重，今止坐得财者，依求索，计赃准不枉法论，罪止杖一百，流三千里。若上手吏无求索之意，而下手吏自愿出钱者，止问不应。

第四条 问不应，或违制。

第五条 撒泼抗拒，问违制。诬告，依本律。偷盗自首，免罪。若犯求索，并偷盗未得，俱引行止有亏例，发为民。

第六条 说事过钱，飞诡税粮，依本律。起灭词讼，依教唆。或为人作词状及卖放，依枉法。诬执，比诬告纵容官员，冠带闲住。○久恋之例，其义甚精，各有所指。如说事过钱，方能把持官府，则皂隶、门库所为者；如飞诡钱粮，起灭词讼，方为陷害良善，此主文、书算所为者；如卖放强盗、诬执平民，则快手、禁子、总甲所为者。以上数事，如发有显迹情重者，方拟充军；虽有显迹，其情若轻，枷号一个月。今问刑者，但系衙门之人索财等项，即概以陷害良善，引拟充军，更不问其所犯有例内数事与否。

选用军职

释曰：护守地方，防御寇盗，此指各卫指挥使司而言。守御军官，所系重大，如遇员缺，该管指挥使司，一具缺本，径达御前，一行都指挥使司转达兵部推补，取旨选用。若该衙门先行委人权管军事，希望实授以示恩私者，当该官吏，各杖一百，罢职役，发附近卫分充军。此全重"希望实授"一句，守御有缺，委人权管，亦职守之常，但不当希望实授耳。若无希望之情，但权管印信以供职事，不用此律，权管之人，亦不坐罪。言千百户镇抚，不言指挥者，若指挥有缺，当从都指挥使司，亦如上例一具缺本，一行兵部奏闻，取自上裁选用可知矣。若总、小旗有缺者，其选用总旗，须于小旗戳过铁枪人内委用，小旗从便于军人内选充，不必定要戳过铁枪之人，故曰不拘此律。今各卫所总、小旗亡故，其亲男弟侄补役者，先送兵部。若总、小旗系升迁事故阙役者，亦起送兵部类奏请用。○或谓行委权管之人，当与官吏同罪。然律无明文，使其人自有希望实授之情，则所委必由用财而得合，但坐以有事以财行求之律，其当该官吏，合计赃以枉法从重论，虽军职仍尽此律本法充军；如不曾行财者，从不应事重科断。

此系明初制度，今擢用将材，多从兵部推举，五年一考选，军政亦有定法，要之不失慎重选用之意也。

条例

第五条 有财依行求，无财依违制；受财依枉法，无财依奏事。诈不以实，朦胧奏请，希求进用，问罪依纵横之徒，假以上书希求进用者律，杖一百。夤缘奔竞，问行求。

第六条 选委印屯操捕管事，若先营求，问行求；嘱托，问自嘱己事，加本罪二等。受财，问嘱托，有赃者，以枉法论。教唆，依教诱人犯法，或教唆词讼诬告人。

调卫旧例：江南调直隶附近卫所；直隶并江北、山东，调山海、宣府等卫所；山西、河南，调大同、延安、绥德等卫所；陕西调甘肃、宁夏卫所；浙江、江西，调福建、广东卫所；湖广调贵州、四川卫所；福建调广东，广东调广西，四川调云南，云南调广西，广西调贵州。

信牌

第一节 凡府、州、县自上行下，以牌为信，故曰信牌，今白牌、纸牌皆是。酌量地方远近，定立期日程限，随事回报销缴。其承牌人役，有违限一日者，即笞一十，每一日加一等，稽程四日之上，罪止笞四十。此不言官吏，违者自依官文书稽程，首领官减吏典一等律论罪。

第二节 若府、州、县官，遇有一应催办事务，不行依律发遣信牌，辄乃自下所属守并，扰民妨务者，杖一百。其点视桥梁圩岸、驿传递铺及踏勘灾伤、检尸捕贼抄札之类，必须躬亲履历者，在所不禁，故曰不在此限。

贡举非其人

第一节 贡举之法，所以求有用之才。若不应贡举而贡举之，与夫应贡举而不贡举，其罪均也。故一人杖八十，每二人加一等，至五人应杖一百，则罪止矣。虽有多于五人者，亦不更加。凡言应减等者，罪止上亦减之，后仿此。所举不堪之人，明知其情而故为依附以干仕进者，与同罪，不知者不坐。○《唐律注》云："非其人，谓德行乖僻，不如举状者。"今时制特重科目，若覆试得文理纰缪，则主司自当坐此律。

第二节 艺业技能，如生员文字、铸印生篆录，与夫校射、律历、医卜之类，应取者不取,不应取者滥取,皆以不实论。一人杖六十,每二人加一等,五人以上,罪止杖八十。

第三节 总上二条言。此云失,则上二条所坐之罪,乃明知故犯者也。减三等者,如贡举失非其人,及应贡举而失不贡举,一人笞五十,罪止杖七十。考试失不以实,通减五等,一人笞三十,罪止笞五十。考试有贿嘱实迹,又当以枉法赃从重论,不宜引用贡举非人之律。

条例

第五条 出钱者问行求,有赃问枉法,无赃除不应问违制,或依知罪人不捕,顶军入场,问违制,武场事例,照依文场。

第六条 起灭说事,俱有本律,包揽物料,即钱粮也,出入官府,即包嘱托在内,引此例,问发为民。

举用有过官吏

释曰:凡官吏有犯一应杖徒以上私罪,曾经官府断罢职役,于法不得叙用者,诸衙门不许隐其为事缘由,朦胧保举。如有违此禁令而保举,及所举之人,亦不自陈前过,朦胧承受职役者,举官及匿过之人,各杖一百,官罢职,吏罢役,永不叙用。○罢职役者,如文武官犯私罪,杖一百之上,未入流品官,及吏典犯私罪,杖六十以上,俱该罢职役不叙。问革之人,夤缘起选得官。无赃者,止可问匿过本律。若用财贿嘱,问行求,引例枷号充军。若官吏符同保结,本条无吏罪名,只问曲法嘱托,当该吏听从事已施行律,杖一百。有赃,官吏俱以枉法论。

条例

释曰:出财依行求,受财依枉法,洗改文卷,依增减官文书,诈丁忧,问无丧诈称有丧,或旧丧诈称新丧。起送官吏,不分军卫有司,但知情受贿,依枉法。

擅离职役

第一节 内外各衙门,在任文武职官及见役吏典,不因公务差遣等项,而擅离职役者,笞四十,各还职役;若临事避难,因而在逃者,杖一百,罢职役不叙。系军官,降充总旗。避难,如解钱粮、捕盗贼之类,凡事之难干办者皆是,非避罪也。若避罪,则依犯罪在逃之律矣。所避事重,而本条各有罪名重于杖一百者,从重论。如文官应合随军供给粮饷,避难在逃,以致临敌缺乏;军官已承调遣,避难在逃,以致不依期策应,失误军机,则所避之事重矣,自当从临敌缺乏、不依期策应论罪。若无所避而弃印在逃,则罢职。

第二节 一应在官之人,本该日间上值而不上值,夜间上宿而不上宿者,各笞二十。若主守仓库、务场、狱囚、杂物,如巡风、官吏、攒拦、旗军、火夫、库斗、门禁之属,俱须常川看管去处,而应直不直、应宿不宿者,各笞四十,以其干系重大,故其罪亦倍于前云。

条例

第一条 比官吏擅离在逃律,或依违制。

第二条 有赃,依受财人枉法论,出钱人依行求论。无赃,俱依违制律,杖一百。各衙门兼内外言,如吏雇人比较,亦引此例问革。

官员赴任过限

第一节 凡已除授内外衙门一应大小官员,在京者,以命下之日为始;在外者,以领凭之日为始,各依已定水程限期赴任。若无有阻风、被盗等项缘故,而过逾原限不到任者,过一日,笞一十,每十日加一等,至七十一日之上,罪止杖八十,并附过收赎还职。○在外照会,惟行于布政司。其余衙门,皆关札付。言照会,举重以例其余也。夫外官以领照会日为始,则自领照会之日算起,过违限期,方坐其罪。近来多自出给照会之日算起,辄问违限,遂有照会未领,而限期已过者,殊失律意。○凡阻风、被盗、患病、丧事之类,皆谓之故。律凡称无故,则有故者不用此律。按《名例》:文武官犯公罪该笞者,不必附过。此笞杖云并附过,当依本条。

第二节 若新任交代官已到任所,旧任官即当查照新官到任限期,将经手户口、钱粮、刑名等项及应有行过卷宗、籍册,交付过割与代官,俱已完备,十日之内,无不离任之理。如无别项事故,十日之外,迁延观望,不离任所者,依赴任过限律论,减二等坐罪;自十日之外,计过限二十一日者,笞一十,每十日加一等,至七十一日之上,罪止杖六十,并附过还职。若旧官有因超迁,非缘任满得代者,其不离任所,自依赴任过限本律。○此条凡两"各"字,皆指内外官言之。

第三节 赴任官及得代官,已行起程而于中途遇有阻风、被盗、患病、丧事等故,不能前进者,听于经过所在官司,告明给有印信文凭,以备到任之日,照勘免罪。若有所规求,有所回避,而诈冒风盗、丧病等项事故,不以实告者,以其所规避之罪重者,从重论。原所在符同保勘官司,随其所规所避轻重罪犯,与规避人同坐。若有受财者,仍以枉法论。出财者,仍以行求论。

条例

第一条 问罪,俱除违限,依违制。
第二条 问罪,俱依违制。

无故不朝参公座

释曰:凡内外大小文武官员,除有差遣丧疾等项,若无故在内不朝参,在外不公座署事,及诸衙门给假官吏,假限已满,无故不还职役者,一日笞一十,每三日加一等,至二十二日之上,各罪止杖八十,并附过还职。此"各"字"并"字,总承在内、在外与给假三者言,既曰无故,即是私罪。《名例》文官犯私罪杖八十,降三等,解见任,此言并附过还职,合依本条,官还职,则吏还役可知矣。若依《名例》吏犯私罪至杖者罢役不叙,既宽于官,不应独严于吏,仍还役为是。

擅勾属官

释曰:上司,如州、县称府,府称布政司之类,催会立案定限,一直说下督并,督责而追并也。"迟错"二字平看,依律问罪,谓依稽程失错律坐罪,言官吏各有当办之职役。凡上司遇有公事应合催促计会者,止许明立文案,注定限期。或遣牌,或差人行移合属,督并完报。如下司衙门将所督公事,稽迟不报,错误施行者,官吏各依稽程失错律论罪,不许擅自勾取。若上司不遣牌,不差人,而辄擅自勾取属官,拘唤吏典前来听办事务,及将推官、司狱、各州县首领官差委占留,因致所勾唤差占之官吏,妨废本等职业者,上司官吏笞四十。若属官畏惧上司,或承顺唯谨,或先意逢迎,听其拘唤差占,及差拨吏典,赴上司听事者,罪亦如之,亦笞四十。不著推官、司狱、首领官之罪者,盖因其有差占之名故也。其下司应行公事,如有必合追究其干对之刑名,查勘其主典之钱粮,监督其造作之工役,此三重事,必须经该官吏面质,乃得明实。有非行移所能尽者,方许上司官勾问,勾问事毕,随即发落,回任管事。若无故稽留三日者,笞二十,每三日加一等,至十二日之上,罪止笞五十。所谓勾问者,问其事,非问其罪也。自上而言谓之问,自下而言谓之听,非有二也,观律文首称"催会公事"一句可见。若问罪,则《名例》明开所管上司,不许擅自勾问矣。

官吏给由

第一节 官吏考满,将三年内历过事迹缘由,于本衙门填注考语,出给公文,申达上司,转甲吏部,谓之给由。凡各衙门官吏三六九年考满给由,起送到部,限考功司五日之内,即移付各司,查勘过名行止等项完备,以凭类送选部铨注名缺。若考功司不即付勘完备,五日之内,迟一日者,吏典笞一十,每一日加一等,至四日之上,罪止笞四十。首领官减吏典一等,罪止笞三十。

第二节 若给由官于任内,吏于役内,其犯该公罪自笞以上,及私罪杖以下,有隐漏不尽报者,即以其所隐之罪坐之。如在任犯私罪,笞四十的决,今考满隐漏不报,再科所隐,笞四十。如在任犯公罪,杖六十,徒一年,纪录还职,今不报,再科所隐,杖六十,徒一年,纪录还职是也。若隐漏所犯系公罪,而罚赎记过者,亦各以所罚、所记之罪坐之。如在任犯不晓律意,罚俸钱一月,今匿不报,再科罚俸钱一月,附过是也。若曾犯重罪报作轻罪者,准轻罪之外,以剩罪坐之。如在任无故不公座署事,二十二日,罪止杖八十,今考满止报不公座十日,笞四十,再科所隐剩罪,笞四十是也。其当该官吏与给由官吏,符同隐漏者,与同罪,亦依所隐、所罚、所记、所剩之罪坐之。若给由人已曾开报,而承行官吏差写脱漏,及给由人不曾开报,而上司失于查照,依错转申者,并依失错漏报卷宗律科断。如官司承报差漏一人过名,依照刷失错漏报,一宗,吏典笞二十,首领官减一等。上司失查照,亦同此科之。○诸司职掌,凡有在京衙门及在外布政司,并直隶府、州、县见任官员,但系兵刑等部、都察院等衙门,或因事提问等项,问过应有的决纪录、公私过名,开谘本部,于纪录文册内,明白附写,候九年通考,以凭黜陟。其有司官员,三年考满,给由到部,供报任内公私过名,隐匿不报者,议拟具奏,送法司问罪。○按职掌所谓隐匿不报,隐,即律所谓隐漏;匿,即律所谓蔽匿。隐漏者,假如有过名三四次,只报一二次也。蔽匿是全不报矣。故此律既言吏典隐漏过名,及当该官司符同隐漏、承报差漏,与上司失于查照之罪,次又言蔽匿过名之罪也。

第三节 若选部平时有将在选官员履历、脚色、行止、缘由,漏附铨籍致无照勘者,一人至三人,吏典笞一十,每三人加一等,至十二人以上,罪止笞四十。○按律,不言给由人漏报行止者,盖过名则容有讳而不报者,行止则本人未有不开报明白者也。纵有漏报查驳,亦吏典之责,故但有吏典漏附之罪。○考行止,行者,除授到任,参拨月日;止者,考满役满,止俸月日。明初,中书省有行止科,备载在选官员年籍、履历、脚色、改除等项。

第四节 上文所谓行止,正除授升迁之月日、地方与各项出身也。漏附、漏报,尚是无心之失。若于中月日有增减,地方有更易,出身有改换,与夫过名不止隐漏而全蔽匿,则有心作弊矣,故并杖一百,罢职役不叙。此兼给由人与经由官吏而言之,故曰并。

第五节 若给由之人,因事有所规求回避,而隐漏、增减、更易、改换、蔽匿,及原衙门符同起送官吏有受赃者,各从其重罪科断,不以前项各罪为坐。“各”字,承规避、受赃两边说,所规避之罪轻于杖一百,仍从本律,受赃依枉法,出钱人依行求。

条例

第五条 依违制,或不应。

第六条 除制二十七个月,三年役满,六年役满,俱依违制。或粘带未完,或缘事未结,有赃,依枉法;无赃,依违制。起送过限到部者,问违制。

奸党

第一节 奸诡邪僻之人,自有仇隙,意欲杀之,乃进谗赞之言,不由正理,而故左说以激怒人主,杀其人以快己私者,斩,秋后处决。

第二节 若有人犯罪,律该处死,其大臣小官,巧饰言词,曲为进谏,求免其死,暗市恩私,邀结人心者,亦斩,秋后处决。

第三节 二“朝”字要看,“交结”二句一串说。若在朝文武官员,交结朋党,比周为私,紊乱朝政者,罪无首从皆斩,秋后处决,其妻子为奴,财产入官。为奴、入官,止承“朋党”一节。盖左使杀人,是使怨归于君;巧言谏免,是使德归于己。虽皆不忠之臣,而生杀犹在一人,紊乱犹止一事,故得分首从。若朋党乱政,则为奸不止一人,所紊不止一事,威福几于下移矣,故罪无首从,奴其妻子,籍其赀产,专重“紊乱朝政”四字。

第四节 若刑部及内外大小问刑衙门,有不执法律,听从上司官主使,故出入人罪者,亦如朋党不分首从之罪,上司官与问刑官皆斩,妻子为奴,财产入官。上司官,谓县州属府之类,如刑部之上,无有上司官,然权势所在,即同上司矣。若刑部及大小各衙门官吏,不避上司威权势力,明具主使出入实迹,亲赴御前执定法律以陈奏者,其罪止坐主使奸臣。告言之人,虽已听从,亦免其罪,仍将奸臣应没财产,均给充赏。均给者,谓如执法陈奏之人众多,将犯人财产均平分赏。若止一人执法陈奏,则全给一人;原有官职者,加升二级;无官者,量是何等人役,与之一官。或不愿官者,赏银二千两。或谓言告者得免其迎车驾、击登闻鼓之罪,不知律中已许其亲赴御前陈诉,又何止迎驾、击鼓已哉?律开首免之门,意在遏奸于初萌,而不在不失奸也。今乃云既已听从,罪有出入,岂得云不避权势?遂欲归之事外之人,亦太拘矣。○议拟罪名,一时失察,虽听主使而别无私曲者,自依失出入人罪论。主使之人,非上司、非权势,依嘱托公事,所枉重者,从重论。

交结近侍官员

释曰:内官,是有职名者,内使不在内;近侍人员,谓给事中、尚宝等官,銮仪卫、官校之类,如内阁、经筵等亲近之臣皆是。内外诸衙门官吏,若与互相交结漏泄朝廷机密事情,倚托牵引,作为奸弊,符同奏启,罔上行私者,不分首从皆斩,秋后处决,妻子流二千里,安置。此条重在漏泄、奏启上,若止以亲故往来交际,而无漏泄事情,符同奏启实迹者,不用此律。

条例

释曰:此条重在擅入禁门交结。若不入禁门,无交结之情,止引冒度关津律下,来京潜住例。

上言大臣德政

释曰:凡内外诸衙门官吏及士庶人等,若有上书称颂大臣美政、才德者,即是奸邪、朋党。务要鞫问穷究,其所以阿附大臣来历缘由明白。或是希图大臣引用,或报大臣恩私,将犯人处斩,秋后处决,妻子给付功臣之家为奴,财产入官。若宰执大臣知情者,与犯人同罪,至死减等,妻财不在没入之限,不知者不坐。或谓上言大臣德政,律云即是奸党,则不问人数多寡,当如朋党律不分首从论,然官员交结朋党,特恶其同于乱政,故坐皆斩。今大臣知情云与同罪,则亦止依《名例》至死减等耳。岂为从者,乃不得从末减乎?

《王仪部先生笺释》卷二终

《王仪部先生笺释》卷三

<table>
<tr><td></td><td>顾王榭用拙父</td><td>校阅</td></tr>
<tr><td></td><td>顾鼎定九父</td><td>重编</td></tr>
<tr><td>古吴</td><td></td><td></td></tr>
<tr><td></td><td>黄中致和父</td><td>订正</td></tr>
<tr><td></td><td>翁居体镜非父</td><td>汇参</td></tr>
</table>

吏律

公式

释曰：前代无此篇目，皆隶职制，明时取《唐律》职制中所载，可为公共体式者，增立改并为此卷，今因之。

讲读律令

第一节 律，即大清律；令，即大清令，乃治狱者之规矩准绳也。参酌，谓参详斟酌。剖决，谓分剖断决。讲者，解说其意。读者，记诵其辞。若不能讲解，不晓律义，虽能记诵，引用犹差，何以剖决事务？初犯，罚俸钱一月，如议罪，则罚俸者引用在笞罪之后。再犯，笞四十、附过，依本条附写过名。三犯，于本衙门照依见设员额，递降叙用，如知府降同知，同知降通判之类。如议罪，则递降者引用在笞杖之前。递降、罚俸二项，虽有大诰，并无减等。

第二节 百工技艺及军民诸色人等，有能熟读讲解，通晓律意者，若犯有过误之事，及因人连累致罪，凡于律得从赦原者，不问事情轻重，并免其罪一次，以劝能者。其虽因人连累，但事干谋反、逆叛，如法应缘坐之人，并知情故纵隐藏,及知而不首者,不免,故云不用此律。

第三节 律令既定,恐后世有妄议更变者,故峻其诛。

制书有违

第一节 制书,如奉敕、诏、赦、谕、札、圣旨之类,有所施行之事而官吏故违不行者,杖一百。违皇太子令旨者,罪同。违亲王令旨者,杖九十。不言三宫,以母后之令,不传于外也。失错旨意者,不识文意而差误行之,虽于制书有违,原非故意,且于字面无所改动,故减违制罪三等。如制书及皇太子令旨,杖七十。亲王令旨,杖六十。○或以失错谓行移文书,传写失错,非也。观诈为制书条,传写失错者,杖一百,盖传写失错,是错写制书之词而误传之,所误者众,故其罪重。失错旨意,是错解制书之意而误用之,其能解晓者,自无误也,故其罪轻。○凡问制书有违,须是制命之辞,出自宸衷者方是。今问刑者于违例之人,皆问违制。若曾经奉有特旨者,犹不大谬;若自出臣下裁定及纂修官增改者,亦问违制,可乎?

第二节 制书及皇太子令旨既出,若所司稽缓不即奉行者,一日笞五十,每一日加一等,至六日之上,罪止杖一百。稽缓亲王令旨者,各减一等,一日笞四十,至六日之上,罪止杖九十。

弃毁制书印信

第一节 制书,谓诏、敕之类。凡称制者,太皇太后、皇太后、皇太子并同。起马用御宝圣旨,起船用符验。凡在内公差人员,系军情重务及奉特旨差遣给驿,所用符验,旧制上织船马之状,起马者用马字号,起船者水字号,起双马者达字字号,起单马者通字号,起站船者信字号。各衙门印记,皆以传信四方,故曰印信。夜巡有金牌,有令牌,有铜牌,乃宿卫官军佩带者。言铜牌,则金牌、令牌皆在其中矣。此数项,关系事体甚大,故或弃失,或毁坏者,并斩。

制书弃毁,自原颁有御宝者言之。若抄誊者,依官文书科罪。船马符验,传报军情,夜巡铜牌,卫护九重,故弃毁之罪,同于制书。若寻常勘合之类,亦以官文书论。若将官府所行移之文书弃毁者,杖一百。若有所规求隐避而弃毁者,则从其所规避之重罪科断。若所弃毁之公文,系干军机钱粮者,绞,秋后处决。有所规避,如钱粮欲其埋没而不追,刑名欲其歇灭而不问。事干军机钱粮,谓如调发军马出征,却将其预备供给军用钱粮文书弃毁之类,故曰军机钱粮,律意重在"军机"二字。如系军机文书,虽无"钱粮"字样,弃毁亦当拟绞。如系钱粮文书,干涉预备军机,而非系军马已经调发出征、十分紧急者,亦止以官文书科断。当该官吏知而不举,而至有显迹者,不作一段,此总承上二条言之,言当该官吏,知其弃毁而不举觉者,与犯人同罪,至死减一等,不知者不坐。若非出有意,而失误毁坏者,各减三等。制书、圣旨,符验、印信、铜牌,并杖九十,徒二年半。官文书,杖七十。事干军机钱粮者,亦杖九十,徒二年半。其因被水火、盗贼而或毁或失,验有显迹者不坐。

第二节 遗失之罪,出于无心,故停俸责寻。

第三节 若主守仓库、务场、官物之人,其有遗失收掌簿书,以致钱粮出入数目,无所稽考,错乱不明者,杖八十,亦住俸责寻,三十日不获乃坐,寻获免罪。

第四节 凡各衙门吏典考满,其已有新吏替代者,即当明白写立文案,将原行一应已绝未绝文卷,交付接管之人守掌,庶不致彼此混赖。若不立案交付,因而遗失卷宗者,杖八十。该衙门首领官及承行吏,不候新旧之吏交割卷宗明白,辄将旧吏给由起送者,亦杖八十,故曰罪亦如之。独坐首领,不及正官者,首领乃吏典之头目,给由由此而起故也。○弃毁税粮通关者,依弃毁官文书。

弃毁文武官牙牌,校尉力士铜牌,依毁夜巡铜牌。

上书奏事犯讳

第一节 余文书,即次节申六部及余衙门之文书。御名、庙讳,皆臣下所当讳避。或有误犯,均属有罪,但中间有轻重不同耳。上书陈言及实封奏事,则直达御前,其误犯者,不敬莫大焉,故杖八十。其余文书误犯,与直达御前者不同,止是失于检点而已,故笞四十。若公然取作名字触犯者,是终身为人呼唤,又不特一时书奏文移之失而已,杖一百,所以重责其无忌也。其所犯御名、庙讳,虽声音相似,而字样各别,及有二字止犯一字者,不论。上书、奏事官文书及为名字,皆不坐罪。所谓礼不讳嫌名,二名不偏讳是也。

第二节 若上书及奏事错误,如遇赦,当言原免而言不免,则事理谬;粮米当言千石而言十石,则多寡悬。又如罢职言还职,未完言已完之类,有害于事者,杖六十。若申六部官文书错误,有害于事者,笞四十。申其余衙门文书错误,有害于事者,笞二十。盖六部视诸衙门事体,所关尤重,故不同如此,非徒以大小为差而已。若所申虽有错误,而文案可行,不害于事,勿论。其都察院、通政司、大理寺等衙门,分理天下庶务,彼此颉颃,不敢相压,今此律何故略之?

盖军务、钱粮、选法、制度、工作、刑名之类，凡内外大小衙门，多与六部事体相关，故重为文移错误之罚，此律之精意也。其都察院等衙门文书有错误者，自当引其余衙门律科断为切。

事应奏不奏

第一节　军职，乃朝廷世禄之官。其先世有功于国家者，偶或犯罪，所司不许擅自勾问，应奏闻请旨。其犯该杖罪以上，应论功定议。若不请旨、不上议，而辄便拿问发落者，当该官吏处绞。系杂犯，该赎银五钱二分五厘，今例准徒五年，在军衙无立功例，与文官同运炭、纳米等项赎罪还职。

第二节　文职，在京及在外五品以上犯罪，例应奏闻请旨。若不奏请，辄便拿问者，当该官吏杖一百。若有规避而不奏请，如怀挟故勘，及有所出入人罪之类，其罪本重于杖一百者，自当从所规避之重罪论。

第三节　军务，如调发军马、缮治兵甲之类。钱粮，如出纳、征收之类。选法，则吏兵二部选官等第。制度，则一切典章法度，与夫问拟斩绞之刑名死罪。水旱为灾，妖怪为异，其事皆严重，应合奏闻，与凡一应事务应奏请而不奏请者，杖八十。应申合干上司而不申者，笞四十。若已奏、已申不待报而辄擅施行者，并同不奏、不申之罪。奏不待报，杖八十；申不待报，笞四十。或以已奏、已申条，总承上言，其说颇通。盖因有圈间之，故疑非专指军务，另作一节看耳。

第四节　其各衙门一应合奏公事，须要依律定拟，具写奏本。其奏事官及当该官吏，俱各金书姓名，开具实情，明白奏闻。若官吏有所规避，将奏内紧要关碍情节，或增或减，朦胧奏准施行者，当时虽未事发；事过已后，或因他事发露其情，虽经年远，但鞫问其规避增减罪状明白，正犯追坐以斩，秋后处决。若事未施行而先发，只依奏事诈不以实科断。其规避事重者，仍从重论。或谓定拟，是指罪名而言。若然，则合奏公事，特刑名耳。下云于亲临上司定拟禀说，亦独刑名乎？然则何谓？盖如守御官缺，都使司转达兵部，奏闻上裁，选用贼发，本管上司转奏，调遣征讨，是军务依律定拟也。如一应灾伤田粮，所部有司核实奏报，边将取索钱粮，合干达部奏闻区处，是钱粮依律定拟也。余可类推。

第五节　若下司于亲临上司官处禀说公事，如县之于州，州之于府，府之于监司，必先随事详陈可否，定拟禀说。若准拟施行者，上司置立印信，署押文簿，附写禀拟略节缘由，仍令下司首领官吏书名画字，以应稽考。若将不合行事务妄作禀准，及窥伺上司公事冗并，乘机朦胧禀说，以致上司不及致详，误准施行者,各依上司衙门品级,以诈传本衙门官员言语律科罪。若因钱粮、刑名等事有所规避,而覆庇其侵欺出入之迹,如罪有重于诈传言语者,自从重论。或以其奏事指人言,首领官吏指上司言,俱非。

出使不复命

第一节 奉制敕出使,承领朝廷制敕者也。各衙门出使,题准给札付,或领精微批文者也。他事与使事绝不相干,侵人职掌行事,与使事本是一项,如巡按御史,侵提学之职,别差御史侵巡按之职之类。常事、重事,据驿递稽程条,即各衙门所差委之事,非指所干预之事也。制敕与军情均重,故皆杖一百,而常事则减三等。前两项,是使事已完,而不复命者;后一项,是使事未完,未该复命者。使事已完,则谓之干预他事;使事未完,则谓之侵人职掌行事,亦非有二也。事完不复命,必有他事于地方,合不复命干预而并科之,故其罪重。未该复命者,尚有正事于地方,但不当侵人职掌耳,故其罪轻。今释者乃谓干预他事,则心力既分,而本等职业,未免妨废,故罪之,其亦未之思矣。此条以不复命为重,干预只带言之,杖一百,杖七十,即不复命之罪,非专罪其干预他事也。使事未完,而遽以不复命责之,有是理哉? 使事既完,则又何本等职业之有?

第二节 总承奉制敕出使、各衙门出使两项而言。若出使回还复命之后,不缴纳圣旨及起船、马符验,皆坐罪有差。圣旨,即制敕。各衙门出使,亦皆奉旨而行,则札付、精微批文亦旨也,勘合亦符验也。符验终与圣旨有间,故减二等,而加等亦有二日、三日之别。不缴纳圣旨,十一日罪止。不缴纳符验,十五日罪止。

第三节 总承上不复命、不缴纳二条言。若所规避之罪重,从所规避律论。规避之罪轻,还从本律。如使事不终,与圣旨符验有损失,亦是规避。此条专言不复命、干预事之罪。若违限,则有驿使稽程条,在兵律。

官文书稽程

第一节 凡诸衙门文书,小事五日程,中事十日程,大事二十日程,此外不了,是曰稽程,谓稽迟程限也。一日,吏典笞一十,每三日加一等,至十日之上,罪止笞四十。首领官限外过四日,乃笞一十,又三日,笞二十,十日之上,罪止笞三十,故云各减一等。正官、佐贰不坐者,承行之责在吏也。例:小事五日程,中事七日程,大事十日程。

第二节 官府公事,有应该申禀上司,上司当即详议可否,明白定夺,回报施行;有事本无疑,不须申禀上司者,其下司当即区处施行。如此,则文书不至稽迟,公事不至耽误。若上下互相推调,可决而不决,无疑而作疑,则往复之间,动淹旬日,公事安得而不耽误哉?故上司所属当该官吏,并杖八十,推调重于稽迟也。

照刷文卷

释曰:刷得卷内事可完而不完,曰迟;漏使印信不金姓名之类,曰失错;卷宗本多而不尽送照刷,曰漏报;钱粮无下落,曰埋没;刑名不协正律,曰违枉。罚俸通承迟、错、漏报,"各从重""各"字,指上各项官吏而言。稽迟情轻,失错、漏报差重,然皆自无所规避者言,故吏典迟罪止笞四十,错漏罪止笞五十。府、州、县首领官及仓库等官,各减一等。仓库、务场、局所、河泊等官,虽非首领,然皆杂职,故与首领罪同。其府、州、县正官巡检,一宗至五宗,罚俸钱十日,五宗加一等,罚止一月。巡检系九品衙门,原设方印,故与正官同。夫迟罪原属稽程,正官本应不坐,亦罚俸钱者,照刷之年,亦当催督检点,与常时不同也。若照刷出各衙门卷宗,其钱粮埋没、刑名违枉等事,于罪有所规避者,各以侵欺出入从重论罪,不用失错之律。别处论罪,首领减吏典,佐贰减首领,正官减佐贰各一等。此条则不同,府、州、县首领迟、错、漏报,俱减吏典一等,正官迟、错、漏报,止于计宗罚俸,罚亦止于一月。盖缘卷宗者,吏典之事,迟、错、漏报,尤吏典之责也。然言正官而不言佐贰,则佐贰不坐可知矣。言府、州、县首领、正官,而不言其余衙门首领、正官,则皆止坐吏典可知矣。

○教谕罚俸,亦准照巡检。

照刷文卷,曰照过、曰通照、曰稽迟、曰埋没,此皆照驳之总名,而照刷又各有法。假如照刷刑房贪赃坏法文卷,先看本府何年月日,据某人所告词状,当日曾无立案,将本人引审,或监或保。若监收原告,要见为何缘故,明白立案,取具司狱司收管在卷。若或保在原告,要见立案批差皂隶、取获保状附卷,其状内合问人数,查看曾无立案,分豁被告干连,着落所司提解。又当看本府何年月日,据所司依限解到坐提人数,要见当日立案,将各人引问,责与原告对理。且如甲告乙受丙赃五十两,乙招如告,又告丁赃四十两,丁供明白,甲自招虚。又当看甲乙丙丁之招词,丁之供状,同甲乙丙之服辩,曾无题押入卷。乙招赃银,曾无立案追征,既已追征,曾无纳足,有无该库收贮领状。又看有无立案,引律拟罪发落。又于发落案内,先看原发事由,中间曾无增减原状紧关情节,查比解到月日,有无淹禁。次于问拟招罪项下,详看乙所招受赃情节,比甲所告,是否同异。却于前件议得项下,参详甲乙丙之罪名,比律允当,并无招涉,依例疏放。又于照行事理,要见准工者差人起解,的决者立案摘断,免科者疏放宁家,追足乙名下招受赃银,责令该库收贮,取获领状在卷。如原发事由内,无增减原状紧关情节,问拟招罪内,无故失出入人罪。前件议得下,比照律条,所拟允当,照行事理内,无人赃埋没之弊,俱已完结,事无施行,则批以照过。若或已提未到人数,累催不到,原追赃银,催比未足,则批以通照。其或受状不即立案,已经数日,方才施行,以致提人未到,则批曰事属稽迟。若案内字样不同,粘连颠倒,以致月日参差,官不题押,吏不书名之类,事已完结而无规避,则批事属差错。若或因人招出人赃,照行事理内不照追提,以致经年不行,显有规避,则批曰:事属埋没。

磨勘卷宗

第一节 各衙门未完卷宗,曾经监察御史、按察司官照刷出稽迟、失错、埋没、违枉者,照磨所官,须磨勘其刷后遵行改正与否。若经隔一季之后,钱粮不行追征足备,刑名、造作等事,可完而不完,应改正而不改正,则照刷徒为虚文矣。诸事之中,钱粮差重,故不行追足,提调官吏,罪止杖一百,余事,罪止杖八十。中间若有受财而不追、不完、不改正者,计所受之赃,以枉法从重论。○提调官吏,若布政司之于府卫、盐运司,府之于州、县,并儒学及诸所属衙门,卫之于千户所,盐运司之于盐课司,州、县之于儒学、巡检、河泊等属皆是照磨所。府为磨勘州县而设,布、按二司为磨勘府卫、州、县等衙门而设,户部、刑部、都察院为磨勘内外经管衙门而设。府照磨通主钱粮刑名,户部、布政司主钱粮,刑部、都察院、按察司主刑名,刷过卷宗,正属其磨勘。今只以州、县例之,其余可知。且如按察司,刷过州、县文卷未完,若干行府仰照磨所,每季一次磨勘,府照磨候三月之上,勘出州县未完,如钱粮,便查原刷出未完之数。若系一百两,以十分为率,今已完过九十一两之数,则不坐。若只完过九十两,尚有未完一十两,则是欠一分之数,州、县提调官吏,笞五十。若只完八十两,加一等,杖六十。若只完三十两,罪亦止坐杖一百。若系刑名、造作之事,虽比钱粮为轻,然可完而不完,应改正而不改正,亦合有罪,提调官吏,坐笞四十,每月加一等。但过三月之上,即名一季,不拘春夏秋冬之季;过四个月,则笞五十。

第二节 隐漏不报磨勘,谓曾经御史、按察司刷过卷宗,隐漏而不报官磨勘也。如刑名、造作等事文卷,一宗笞四十,每一宗加一等,至五宗之上,罪止杖八十。若事干钱粮者,一宗杖八十,每一宗加一等,至三宗之上,罪止杖一百。若有心规避,其罪重于隐漏者,自从重论。○此言有所规避,即规避迟错之罪。或谓如迟错钱粮一分,笞五十,隐漏一宗,则杖八十;迟错刑名造作等事,笞四十,隐漏一宗,亦笞四十。安得所谓重者而论之?殊不知钱粮漏报,止杖八十,而迟错罪止,乃杖一百;刑名造作等事漏报,止笞四十。而迟错罪止,乃杖八十,其不谓之重而论之也,可谓之何?或以有所规避,即与照刷文卷条义同,然卷宗已经驳问迟错,则复何埋没违枉之有?

第三节 钱粮计所增数,如钱粮数本不足,或被告发,或闻知上司查吊文卷,要问违限之罪,却于文案上补作足备之数也。谓若官吏闻知隐漏事发,畏惧追究,而旋补文案,如未足捏作已足,未完捏作已完,未改正捏作已改正,以避迟错之罪者;若系钱粮,则计所增加之数,以虚出通关论;系刑名造作等事,则以增减官吏文书论。若同僚及本管上司,知其旋补情由而不行查举,及符同旋补作弊者,亦以虚出通关,增减文书之罪坐之,故曰同罪,至死者减一等。虽同署文案,而不知其旋补之情,及不同署文案者不坐。此又欲人互相觉察之意。○一议得甲依官吏闻知事发,旋补文案,以避迟错钱粮,计所增数,以虚出通关,计赃以监守自盗论律斩,系杂犯,准徒五年。乙刑名未完而捏作已完,未改正而捏作已改正者,以增减官吏文书规避杖罪以上,于所避本罪上加二等,罪止杖流。假如官吏失出入罪,闻知事发旋补,文案虽是旋补,终因规避失错,况失出入律该纪过。旋补文案,并应的决,难将纪过之罪,加入的决之罪。除旋补文案,仍依失出入人罪。○或以磨勘、旋补文案,亦与下条增减文案以避迟错义同。又以增减官文书论,谓止杖六十,皆非律意。细玩当自得之,首节自卷上勘,次节自宗上勘。

同僚代判署文案

释曰:文书,乃行移于上下者,如咨申照会、关牒、札付、下帖之类。文案,即文书所存之案,以备查照者。各衙门合行文书,须各官亲自判署,有故不与者阙之,正以别嫌而防奸也。一人有私,不得独行,意见不合,众人不署。署者,书名画押也。故虽应行文书,犹不许代署、代判。判者,判断事情也。若遗失文案而代为判署以补卷宗者,则其情又重于前,故加一等。若代署之文书、代补之文案,其间事情或有增减,罪名或有出入,其罪重于杖九十者,从其增减出入之重罪论。此代判署,多因其人不在而代之,故不言应判者之罪,亦不必谓应判者是正官同僚、是佐贰。虽正官代佐贰金押，亦得此罪。

增减官文书

第一节 凡有人将官府行移文书，于内增添减节字样者，纵无规避，亦杖六十。若有规避而增减者，则计所规避，除笞罪外，杖罪、徒流，俱加二等。如官吏给假限满，无故不还职役，该杖八十。若将原限增减，以规避违限之罪者，则于杖八十本罪上加二等，杖一百。如已改而未送官，为未施行者，于本罪加二等上减一等，杖九十。又如一干应补人，同承差勾捕犯杖一百罪人，知其所在而不捕，事发，该减犯人罪一等，杖九十。数内一人将原批上自己姓名洗除去讫，官司止凭批文姓名拿问，后被同差人讦出，则于合得杖九十上加罪二等，杖六十，徒一年。若虽将批文洗改，不曾送官，不曾幸免者，谓之未施行，则于合加二等杖六十徒一年上减一等，止杖一百，非谓减其合杖九十一等也。余可类推。规避死罪，依常律，盖罪至于死，无可复加。此皆以凡人而言。若当该官吏，自有所避而增减其原定文案者，与凡人增减文书之罪同，杖以上亦加二等；未施行，亦于加罪上减一等。死罪亦依常律。假如县官容留滥充吏卒，罪止杖一百，因恐上司查究，辄于原文案内减其姓名，以避此杖一百之罪，后被上司查出，则合于杖一百上加二等，杖七十，徒一年半。若止洗改文案，不曾申达上司，是未施行也，则于杖七十徒一年半上减一等，杖六十，徒一年。若增减以避迟错之罪，则所避者小，故止笞四十，不复与前例论也。增减以避迟错，与旋补文案不同，彼是全无文案，此只是增减字面耳，故罪亦异。

第二节 吏典传写行移文书，或有失落、差错紧关字样，即当重写。若只洗补改正，何以取信防奸？故军马、钱粮、刑名重事，则笞三十，首领官失于照勘对同者，减吏典罪一等。若干碍调拨军马，及供给边方军需钱粮数目，系干征进，则尤重矣。故首领官、吏典，并杖八十。夫传写失错，出于过误，改正则不是增减。若有规避，故行改补，确是增减矣，则以上增减官文书之罪罪之。未施行者，各减一等，兼承失错改补与有规避故改补二项而言。若因改补而所司难于准信，不即调拨供给，以致失误军机，则败军辱国，罪莫大焉。故不问其失与故，其传写对同之人并斩，秋后处决。若非军马、钱粮、刑名重事，止是常行文书，虽有改补而无规避之情，及虽系军马、钱粮重事文书，不系紧关字样，只是寻常之字，偶然误写而改补者，皆勿论。○因有规避而故改补者，谓之故。因传写失错而洗补改正者，谓之失。传写失错之罪，已在申六部等衙门错误有害于事之条，此条则专为传写失错而洗补改正者言也，要看"而"字，改补言之于此者,改补增减,以类相从也。

此律前一段,以增减言,首款增减也,次增减有规避也,次官吏自有规避而增减也。后一段,以洗改言。

行移文书,误将军马、钱粮、刑名重事紧关字样,传写失错而洗补改正者,吏典笞三十,首领官失于对同,减吏典一等。行移文书,误将紧关字样传写失错而洗补改正,干碍调拨军马,及供给边方军需钱粮数目者,首领官、吏典皆杖八十,此系失行移文书军马、钱粮、刑名重事紧关字样。若有规避,故改补者,以增减官文书论,此系故行移文书将紧关字样洗补改正,因而失误军机者,无论故失,传写、对同之人,并斩。

封掌印信

释曰:封掌两字,封者不掌,掌者不封。差故,公差事故也。印信者,衙门之公器。故长官收掌,同僚官封记。凡有文案,公同判署,用印以行之,则奸弊无所容矣。违者,杖一百,谓长官不令同僚官封记,及同僚不行封记者,皆坐。○佐贰不行封记,致掌印官私用枉法者,掌印官依枉法从重科断,佐贰止依本律,杖一百。

漏使印信

第一节 要看"出外"二字。本衙门行移文书,有可以不用印者,固无罪也。若出外文书而不用印,则无以示信,而且误事滋奸弊矣。用印在该吏,对同在首领官承发吏,故漏使,则各杖六十;全不用,则各杖八十。此但以常行文书言之耳。

第二节 若干碍军机文书,则所关者重,不问漏使及全不用,前项官吏,各杖一百。若致所司因其漏使及全不用,有所疑虑,而兵马不即调拨,钱粮不即供给,失误军机者,漏使及全不用之人并斩。此斩与前增减官文书条失误军机斩罪,皆以当该吏为首。首领官并承发,止坐杖一百,流三千里。○若文书有倒用印者,但问不应笞罪。

擅用调兵印信

释曰:凡总兵将军,及各处都指挥使司印信,乃用之以调度征讨军马,干办军旅机务者,故谓之调兵印信,所系最重。除前项应合行移公文用使外,若用之以擅出批帖、假托公务、营办私事及为凭照以防送物货、影射课程者,首领官吏,各杖一百,罢职役不叙,罪其承行之人也;正官奏闻区处,以其为应议之人也。然曰区处,则罪与不罪,皆上裁之矣。正官,谓将军、总兵及都司掌印官、首领官,须坐经手用印者。

《王仪部先生笺释》卷三终

《王仪部先生笺释》卷四

顾王榭用拙父　校阅

顾鼎定九父　　重编

古吴

黄中致和父　　订正

翁居体镜非父　汇参

户律

户役

释曰：汉萧何因李悝《法经》六篇，加《厩》《兴》《户》三篇，迄萧梁以前，皆止有《户律》。高齐始有户、婚之名，自此以后，户之与婚，或厘或合，而田宅之事，则常合于户，不曾别出。明时以户役、田宅、婚姻三事合为一类，今因之。

脱漏户口

第一节　计家而言，谓之户；计人而言，谓之口。附籍，谓附写人丁于册籍也。赋者，田地税粮。役者，丁产差徭。有赋役，谓有田粮当差者也。无赋役，谓无田粮，止当本身杂泛差役者也。明时以赋定役，视贫富为之等差，役非尽出于力也。此条附于户役之下，故专以役言之耳，谓凡军民、匠灶、医卜、乐工诸色人等，其有全户脱卸，不行附著版籍者，仍查其有赋役，则杖一百；无赋役，则杖八十。以其事由家长，故独坐家长，俱责令附籍。有赋役者，依赋役；无赋役者，杂泛各当差。脱户有欺隐田粮，仍依欺隐本律。若系只身及妇人脱户，有赋、无赋，各照本律。如妇人无赋役，止依漏口论。

第二节 他人及另居亲属,各自应别籍立户者,若将他人一家,隐蔽在己户内,而不报官起立户籍,及相冒他人,并己户之人报官而与之合户附籍,是其报官与不报官虽异,而他人之户脱矣。他人之户由我而脱,故亦如自己脱户之罪。另居亲属,虽有隐蔽冒合等情,以其得兼容隐,虽是另居,犹与他人有间,故减隐蔽冒合他人罪二等,有赋役者杖八十,无赋役者杖六十。所隐之人,并与犯人同罪,他人同杖一百、杖八十之罪,另居亲属同杖八十、杖六十之罪,其法亦坐家长。若己户,则所隐之人不罪也。另居亲属,兼外姻言,以下不曾分居,兼婿言,可见不在此限者,听其同户当差,不在论断别籍之限。

第三节 见在官役使办事之人,有犯脱户者,虽无户籍而已有役在身,有名在官,即非全脱户矣,止将其家中未役之人,计口科罪。

右三节言脱户有二项,一有赋役,一无赋役,其罪亦分二等。故一户全不附籍与将他人隐蔽在户,及相冒合户附籍,均为脱户。但有赋役者,则所避多,故杖一百;无赋役者,则所避少,故减二等。若隐冒另居亲属,则又各减二等,有赋役者杖八十,无赋役者杖六十,同居亲属则勿论。此脱户法也。

第四节 人年四岁附籍,十六以上曰成丁,始有差役;十五以下曰不成丁,与老疾俱免差役,此增减年状之弊所由起也。年状,谓年岁状貌。隐漏人口者,犹有户存,一户之中,犹有当差者,但其家人口供报未尽耳。成丁人口,若有隐漏,或虽不隐漏,却将所报年状,妄行增减,未老作老,非幼称幼,无废疾作废疾,以图免差役者,其情重,故家长计口科罪,至十五口之上,罪止杖一百。若将未成丁人口,虽有隐漏,原无避役之意,其情轻,故家长计口论笞,至二十口之上,罪止杖七十,俱令报籍验丁当差。

第五节 若隐蔽他人丁口在家,不行附入彼籍者,成丁、未成丁,家长各验口坐罪,亦论如隐漏自己丁口之律,其所隐之人与同罪,发还彼户附籍当差。此所隐之人,即指其人,不必如脱户人多当坐于家长也。不言另居亲属者,亦如隐蔽他人之罪,他人对上自己而言。上言所隐之人,兼他人并另居亲属,此亦言所隐之人,是他人可兼亲属明矣。此节亲属不减者,漏口与脱户之法不同故也。

右二节言漏口亦有二项,一已成丁,一未成丁,其罪亦分二等。故隐漏成丁人口与隐他人成丁人口,俱罪止杖一百;而隐漏不成丁人口与隐他人不成丁人口,俱罪止杖七十。隐漏自己者,止坐户首;隐蔽他人者,人己同罪。此漏口法也。

第六节 里长、官司失于勘报,原无纵容之情。里长与人户杂处,近而易知;官吏与人户悬隔,多而难察。故脱户之罪,里长至三十户之上,罪止杖一百;官吏至五十户之上,罪止杖八十。漏口之罪,里长至三十口之上,罪止笞五十;官吏至七十口之上,罪止笞四十。如知其脱漏之情而故纵不问者,则里长、官司并与上项脱户漏口之人同罪。受财者,并计赃以枉法从重论,出钱人依行求,赃罪轻,则从本律。若官司三次立案行移文书,令里长取勘,已责取里长不致扶同甘结文状,及又丁宁省谕,而里长犹不行用心检勘,或故纵,及受财以致脱漏隐蔽者,非官司之失,其罪独坐里长。

右一节总承上言里长官吏之罪,亦分三项:有失勘,有知情,有受财。失于取勘,则非知情也;止言知情,则未受财也。

人户以籍为定

第一节 驿是驿站马夫,灶是盐场灶丁与医、阴阳、工匠、乐人、诸色人户,并以原报版籍为定。户役既定,岂可脱乎?诈、冒二字虽可分,然亦相因,盖如旧户诈作逃绝,又冒他人之户,欲以脱免旧役,避重而就轻也。役因户而出,只一件事,故下文官司只言脱免,则诈冒、避就在其中矣。官司准其妄免,则是纵容;版籍已定,官司自行改移,则为变乱,故其罪同。变乱版籍,如以军作民,以灶作匠之类,问罪后,各改正,从原籍当差。

第二节 诈称各卫军人,不是冒军,只是自称系军,以避民差,又不当军,是谓不当军民差役也。充军之意,全在诈称。明时军强民弱,诈冒军人,便有倚强之意,故罪坐充军。不然,脱户止杖一百,何遽充军也哉?

条例

第一条 依本律,杖八十,别府、州、县里书人等,不知情者不坐。出钱依行求,捏作依枉法。军户人丁,不许分户,如另开户籍及寄籍等项,必埋没军伍,引此例。○官吏有受赃,问枉法,满数引附近充军,无赃,依本律,杖八十。

第二条 欺隐,问欺隐罪。不过割,问不过割罪。已过割不欺隐,止不纳粮当差,问收粮违限罪。

私创庵院及私度僧道

第一节 寺观庵院见在处所,谓建自前代,或有定制,存而不革者,此外不许私自创建增置。创建者,昔无而今有。增置者,于所原有外,有所增置,如下院之类,违者杖一百,还俗。僧道必还俗,然后充军者,以其原籍无名,必还俗入册,以备后有逃亡者可勾补也。尼僧女冠,入官为奴,庵院折毁,地基入官。

第二节 僧道本在军民、匠灶等之外,一给度牒,即免丁差,故僧道多,则户口少,自然之势也。所以寺观有定数,开度有年限,必曾给度牒,方许簪剃。若不给度牒,私自簪剃者,杖八十。若由家长,家长当罪。其寺观住持及受业师,非经开度,给有度牒,而擅自与簪剃者,谓之私度,与本人同罪,亦杖八十。并还俗,指自簪剃及私度而言也。释者皆以寺观为淫祠,以僧道为异教,使果淫祠、果异教,历代何难一火其书、庐其居、人其人,而姑为之限制也哉?僧道之法,自在礼律。今乃于脱户漏口立法之后而继之以此条,其为丁口而发明甚。今乃作辟异端理会,非律意矣。

条例

第一条 如家长作主,罪坐家长,与其擅收之师,并依私度律,引此例枷号。僧道官,即在京僧录、道录司,在外道纲、道纪、道会、僧纲、僧纪、僧会等正官。住持,即本寺观住持。

第二条 指已犯罪断决还俗而不还俗者,并字,承原寺观庵院及他寺观言,问不应重律。

立嫡子违法

第一节 此与官员袭荫条相通。凡袭荫先尽嫡长,嫡长有故,方及嫡次;如无嫡次,方及庶长;庶出并无,方许立应合承继弟侄。此为有官者言也。此条立嫡子违法,则通乎士庶人。凡有家,则有长子、有众子,长子继父承祧,礼之所重,故虽士庶人立嫡子,亦必如法。若不立嫡子而立他子,嫡妻年五十以上无子者,得立庶长子。而不立长子,皆为违法,故并杖八十,改立应立之子。明嫡庶之分,别长幼之序,万世不易之法也。

第二节 若无子而养同宗尊卑相当之人为子,则所养父母,即其父母矣。其所养父母照旧无子而辄舍去,是谓背恩,杖一百。发付所养父母承收为嗣,此为本生父母有子者而言耳。若所养父母生有亲子,及本生父母无子,愿还者听,须看一"及"字,谓所养父母有子,而本生无子也。

第三节 若乞养异姓义子,改姓为嗣,是乱己之宗族矣;以子为异姓人之嗣,是乱人之宗族矣。故并杖六十,其子各还本宗。然惟改姓乱族者坐罪,则不改姓而养为义子,律所不禁矣。此例所以有义男、女婿为所后之亲喜悦者,听其相为依倚,不许继子并继子之本生父母用计逼逐之文也。

第四节　遗弃小儿,四岁以上,须送官;不然,以收留迷失子女论矣。三岁以下,许其收养,亦许从其所养父姓。旧注谓无人识认子女,不知其姓,故即从其姓。然玩"虽异姓,仍听收养"律文,即知其姓,亦不妨碍,但不得遂为嗣耳。

第五节　尊卑失序,谓不是子行。如以侄孙而嗣叔祖,则跻穆于昭,而与诸父为昆弟矣;以弟而嗣兄,则降昭于穆,而以昆弟为诸父矣。乱昭穆与乱宗族,其罪均也,故亦杖六十,其子归宗,改立应继之人,应继者多,听择所爱。

第六节　压良为贱,既已非法,庶人而畜奴婢尤非分也,故重杖之。或谓:此奴婢,即当初给付功臣之人,其子孙卖与庶民之家者。似太拘拘。言庶民之家,不得存养奴婢,则缙绅之家,在所不禁矣。旧例,凡恩养年久,配有室家者,同子孙论。恩养未久,不曾配合者,士庶之家,依雇工人论;缙绅之家,比照奴婢律论。

条例

第三条　律著尊卑失序之禁令,有由亲及疏之文,而无次序之说,盖听无子之人,于昭穆相当子侄行中,以意择所欲立,仁之至、义之尽也。例中继子不相得,听其告官别立,及择立贤能与所亲爱,不许宗族指以次序告争,至于义男、女婿,为所后这亲喜悦者,亦不许继子等逼逐,皆律之精蕴。畜而未尽者,于此尽之,累朝修改,莫之能易。题奉钦依,违者俱当以违制论。今有全不体此意,不论恩情,但争财贿,往往有无子之人尚在,而群从辄瓜分其产者,伤风败化,莫此为甚,皆不仁、不义者,失律意之罪也。

收留迷失子女

第一节　"不送官司"句,通下二节收留在逃、隐藏在家而言,言收留他人迷失及在逃子女,若奴婢,皆当送官,召人识认。如有不送官司而卖与他人,及自收为奴婢、妻妾、子孙,均属有罪。但迷失者,原无遗亲背主之心,不幸一时迷失,子女本系良人,而卖与人为奴婢,是贱辱之也,故杖一百,徒三年;为妻妾、子孙,犹为良也,故杖九十,徒二年半。奴婢而卖为奴婢,仍为贱也,故杖九十,徒二年半;为妻妾、子孙,亦为良也,故杖八十,徒二年。被卖之人不坐,给亲完聚,悯其情也。

第二节 若收留在逃子女、奴婢而卖者,则与卖迷失者有间,故各减卖迷失罪一等。其子女奴婢,亦与迷失而被卖者不同,故各坐罪,但减卖者一等。如卖子女为奴婢,杖九十,徒二年半,则被卖者杖八十,徒二年;为妻妾、子孙,杖八十,徒二年,则被卖者杖七十,徒一年半。卖奴婢为奴婢者,杖八十,徒二年,则被卖者杖七十,徒一年半;为妻妾、子孙者,杖七十,徒一年半,则被卖者杖六十,徒一年。若在逃罪重者,又从重科断,轻则仍依本条。不言给亲,盖中间或有犯该死罪,与离异归宗从良之类,须各尽本法也。或以又各减一等,只承"得在逃奴婢而卖"一句,谓各减其罪一等。若云被卖子女、奴婢,各减卖者一等,则良人被卖之罪,反重于奴婢律一等矣。诚如此言,则被卖良人,是又反减于卖者之罪二等矣。岂律意哉?且如和同相诱,及相卖良人为奴婢者,杖一百,徒三年;为妻妾、子孙者,杖九十,徒二年半,被诱之人减一等。若略卖、和诱他人奴婢者,各减略卖、和诱良人罪一等。由此观之,则被诱良人罪,本重于奴婢一等,而又曷尝有减二等之说哉?此律盖因重言减等,故当以一"又"字别之耳。

第三节 其自将迷失在逃子女、奴婢,收留为奴婢及为妻妾子孙,则与卖与人者无异。故其人如系迷失,则以卖迷失各罪坐之;其人如系在逃,则以卖在逃各罪坐之,故曰罪亦如之。不言被收为奴婢、妻妾子孙之罪者,会上文而言,迷失亦不坐,而在逃亦减科也。隐藏,则未定卖留之计,其罪尚轻。故不论迷失在逃,并杖八十,逃者仍科逃罪。

第四节 若买者及牙保知其迷失在逃之情,而故行承买说合者,减前二项卖者罪一等,其价乃彼此俱罪之赃,故入官。如系不知情而误买者,买主及牙保俱不坐罪。若牙保知情,而买者不知,则止坐牙保,并追价还主。或买者知情,而牙保不知,则止坐买者,其价入官。若庶民之家,买为奴婢者,虽不知情,仍依存养奴婢律论罪。

第五节 或谓:此冒认良人为奴婢,但泛言之,未必皆迷失在逃者。不知此辈非迷失逃走在外,不知主名,则人亦何由得而冒认之也?故亦以收留迷失子女之罪罪之。冒认他人奴婢者,不问为奴婢、妻妾、子孙,并杖一百。此不分迷失在逃者,以妄冒之情重故也。〇冒认良人为妻妾,与前收留迷失在逃子女二项,若已成奸者,当除刁奸罪名,俱依本律杖徒。

在逃与迷失不同,在逃亦是有罪之人,故收留迷失子女而卖之之罪,重于收留在逃子女而卖之之罪。二者之中,卖为奴婢之罪,又重于卖为妻妾、子孙,奴婢比子女不同,其分迷失、在逃则一。迷失,被卖之人不坐,给亲完聚,而被卖在逃之人，减一等科罪者，正以其原系在逃故也。大抵收留而卖，与自收留、隐藏、冒认四项，俱可谓有因而盗曰攘者。若非迷失、在逃，即属略诱、和诱矣。诸因迷路而诳引相随，或乘怨离而诱引出外，皆是，不可谬引此律。

隐匿满洲逃亡新旧家人

此条，本朝特重逃人而设，有新例，备详在督部现行例内。

赋役不均

释曰：明时因赋定役，每十年大造黄册，户分上、中、下三等，差役照册佥定。逮法久弊生，厘正更创，则有银差、力差、听差十段锦，一条鞭之例科派征取也。税，谓夏税，粮，谓秋粮，科派征收夏税、秋粮，即审编粮长、里长。杂泛，即审编均徭。"差役"二字，双承单承，皆无不可。差有重轻，户有贫富，官司科征差役，须量户口田粮之多寡，定立上、中、下等第。上户当重，下户当轻，中户酌量轻重之中，然后赋役与其事力相称，是为均平。若放富差贫，那移作弊，则不惟轻重不得其平，而富者得计，贫者失所，养奸害民莫甚焉。罪在当该官吏，非被害贫民自行陈告，则谁敢发之者？上司亦无从而知，故开告诘之门，而又恐越诉以长刁风，故必自下而上，以地亲则察易也。上司即当准审明白，将当该官吏，各杖一百，改正均平。若已陈告而上司不为受理者，杖八十。若有司之放富，上司之不理，受财者，各计赃以枉法从重论。

放富差贫，谓田产丁力，可当而得免，不可当而点充。那移作弊，如以上作中，以中作上，虽徇私而未受财也，故止于杖一百，不言罢职役不叙。

条例

第一条 有司官违者，依违制，上司官容情不举，罪同。
第二条 买嘱，依行求；妄禀，依枉法；掌印官听从，依违制。

丁夫差遣不平

第一节 丁夫，谓计丁田起拨夫役，在官差使者。杂匠，谓百工技艺之人。在官工作者，凡应该差遣之丁夫杂匠，须当均其劳佚。若主掌夫匠之人，有所差遣，而使劳者常劳，佚者常佚，是谓不平，一人笞二十，每五人加一等，二十一人之上，罪止杖六十。

第二节 若丁夫杂匠,承领差遣而稽迟不即着役,则为抗违;其役限已满而不放回,则为留难。各一日笞一十,每三日加一等,至十三日之上,罪止笞五十。○或谓丁夫,如水马、驿站之类。按《刑律》,丁夫杂匠,在工役之所,正律城垣坍倒,起差丁夫修理,然则谓之驿站可乎?且云役满放回,则夫匠皆更番应役者。故监工官私役久占,并追给雇工钱。其杂匠乃民间匠作,如钦造段匹,成造军器之类,非版籍所载世业匠户也。○差遣不均平,则论人以计罪。役满不放回,则论日以计罪。若夫匠稽留不着役,亦论日以计罪。此与上条赋役不均相出入,但彼是派征于民者,不均之害大;此是见役于官者,不平之害小。故罪有轻重之别。

隐蔽差役

第一节 今官府中使用之人,皆系编金正役,此云跟随隐蔽差役,则是投靠官府,非其正役,而脱免本户应当之差役也。家长,即豪民。容隐,谓容留其人而隐蔽其差也。谓豪民无故令子弟跟随本管文武之官,非贫民包门皂有名色之比,故与容留官府,俱杖一百,跟随之人免杖,发附近卫分充军。若自己跟随者,仍拟本律杖罪,诰后,仍免杖充军。官吏受财,依枉法,家长依行求。

第二节 依律论罪,谓容隐者,亦依律杖一百;受财者,亦计赃以枉法论也。必四犯,然后论罪者,以其为应议之人也。其三犯以前功臣,虽附过住俸,家长亦杖一百,跟随之人亦充军。

禁革主保里长

第一节 轮年应役,役,即催办钱粮、勾摄公事。二项属之里长,以其管摄一里之事,熟知众户之住居名姓,于催办勾摄为便也。主保,如保家之类,小里长等项名色,盖当时有之,今则不必同矣。如旧设总甲保伍之法,已寓其中,今复有保长,则总甲何用哉?生事扰民者,杖一百,迁徙。○比流减半,准徒二年,此指妄称之人。不著官司之罪者,既曰妄称,则非官司所设立,且非官司所得知也。律意重在生事扰民,若无生事扰民实迹,难拟迁徙,止问不应事重。

第二节 其一里之中,合设耆老一人,须于本乡年高有德,众所推服人内选充。若罢闲官吏及曾决罚之人应充者,犯人杖六十,当该官吏减二等。若受财而容其滥充,则当以枉法从重论矣。此即古乡三老之遗意,诚欲化民善俗,不可以此为不急,徒取具文也。

逃避差役

第一节 民户,犹言人户。不言民人而言民户,恐有阖家共逃者也。亲管提调,俱谓原籍者,知而不逐遣,指所逃地方里长,占吝不发,亦指所逃地方官司。州县人户,分土定籍,各有合当差役。若有逃往邻境州县躲避者,是谓奸民,杖一百,发原籍当差,其罪无首从。若自首,及还归本所,依《名例》减罪二等。其亲管里长与提调官吏,有知其欲逃而故纵其逃,及邻境人户,知其逃来而隐藏在己户内者,是同奸也,各与逃避之人同罪,亦杖一百。若邻境里长,知其人户内有隐蔽逃户,而不行逐遣回还,及原管官司知其逃避所在,而不移文起取还籍,或虽起取而所在官司占吝不发,是养奸也,各杖六十。

第二节 丁夫、杂匠,解见前条。杂户,谓驿灶、医卜等户。或谓犯罪散配诸司,如功臣家奴之类,非也。奴婢不立户籍,有受役于公,功臣奴逃与提调官何与而罪之乎?谓丁夫、杂匠,轮该上役之日,及工乐、杂户,常川应役之人逃者,则与人户逃避不同,故计日论笞,至二十一日之上,罪止笞五十。若私逃出百里外者,以越关论。提调官吏故纵逃者,各与同罪,亦笞五十。受财故纵,计赃重于笞五十者,以枉法从重论。不觉逃者,与故纵有间,故计人论笞,至十五之人上,罪止笞四十。逃不及五名者免罪。或谓丁夫、杂匠之逃以人言,工乐、杂户之逃以户言,今夫匠独言在役者似非。盖夫匠更番应役,工乐、驿灶、医卜之家,则本色常川着役,均与民户不同,故夫匠与工乐、杂户,总云不觉逃者。五人笞二十,并以人言,而又云不觉可知矣。若工乐、杂户之逃,言乎其户,则其罪止笞,反轻于民户逃者杖一百之罚矣。况其所谓民户者,已并军民、驿灶、医卜、工乐诸户而言之者乎?

条例

第三条 旧例土彝,即归附地方,有罪而逃,于本罪上加二等,除躲避差役,依越度边关,引此例充军。有共谋为盗,依强盗论。若拒敌不服,依逃避山泽科。如逃外国,依谋叛科。

点差狱卒

释曰:凡各衙门犴狴之地,皆设有狱卒以主守之,即今之禁子是也。狱卒之于牢狱,如库秤斗级之于仓库,有典守之责,必有身家,乃为相应。又必惯熟谙练，乃能防范狱囚，不致误事。有司官点差应役之后，若有无故不行着役，令人代替者，笞四十，坐原点之人，其代替之人，不著其罪，合应免科。若有疏虞，自有失囚本律。

私役部民夫匠

释曰：有司官之于部民，监工官之于夫匠，势力相临，易于驱使，故特设此律，既计名以科其罪，复追雇钱以给其人也。然曰百里之外，则役于近处者，无禁；曰久占，则役于暂时者，无罪可知矣。在家对百里之外言，杂役对吉凶言。若有司官有吉凶、婚丧之事，虽出百里之外，及虽非吉凶而不出外，止是在家借使杂役，不成工数者，皆勿论。然虽得役使，而其人数不得过五十名，每名不得过三日，违者以私役论。如五十人内而有一人役过三日，虽三日内而役至五十人以上，其科罪追值，亦如私役之法。○私役、弓兵、铺兵，并追雇钱入官。此独追给者，部民夫匠，本非在官常役之人。若弓兵、铺兵，则在官役使者，故一则追给其人，一则追收入官也。

别籍异财

释曰：父祖在而子孙别立户籍，分异财产，薄俗之甚，不孝之尤，不加严禁，风俗安得而归厚乎？若父母亡故之后，兄弟虽许听分析，然居丧而分异，何其急也！薄于孝友可知。《律注》云须父祖亲告乃坐，则原系父祖许令分析者，父祖必不告也，此又所以通人情也。告则必治罪如律，此正所以惩薄俗也。别籍、异财二项开说，或别籍而财未分，或异财而籍未别，皆坐。故《唐律》云："别籍异财不相须。"○按子孙别籍异财及违犯教令，其《律注》并云祖父母、父母亲告乃坐，盖特恶其叛亲，不得同自首免罪之限。至于卑幼私擅用财，亲属相盗，恐吓诈欺，略诱故杀马牛之类，皆不云亲告乃坐，则知亲属相告者，但依干名犯义律免减拟断，惟他人告发，乃依本条。《唐律》所谓即非兼容隐被告者，论如律是也。不然，则亲属相侵田产，律无开载者，殆将从何典耶？或曰："信斯言也，则凡骂尊长，本律皆云亲告乃坐，至于亲属相殴，何独不云？岂骂者坐而殴者反不坐耶？"曰："不然。凡损伤于人者，法不准首，故尊长卑幼相犯，直以本律罪之，理无可贷，则虽不云可也。或又谓别籍、异财，恐出于父祖之命而他人不知，故须亲告乃坐。若然，则如卑幼私擅用财，其不言亲告者，岂他人尽知之耶？且同居自期以下亲告，如之何其亦不坐也？"

卑幼私擅用财

释曰：同居既不异财，制命须由尊长。卑幼而擅，必所用非正；虽正，亦罪也。故一十两笞二十，每一十两加一等，至一百以上，罪止杖一百，不及一十两者，免罪。同居尊长，若伯叔父及兄之属，应分家财，若有偏向，即不均平，其罪亦论如卑幼私擅用财之律。凡同居卑幼，引他人盗己家财物者，加擅用罪二等。若己自盗用，止以私擅科断。盖卑幼所用财物，于分合得，但责其不禀命耳，故罪止于杖，用过财物免追。此不言亲告乃坐，说见前律。

条例

第二条 按此令与此律互相备，与前无子三条又相照。

收养孤老

释曰：无亲属依倚，谓如老而无子，幼而无父，老而无妻，老而无夫，父子夫妻外，又无别项亲属可以依倚者，方在官府收养之数。鳏、寡、孤、独、笃疾、废疾，是六项人，贫穷无亲属依倚，不能自存，总承上说。此等人所在州县有司官，相应于养济院收养存恤，其有不收养者，杖六十。若已收养而应给衣粮，官吏克减不全给者，并赃以监守自盗，不分首从论。

《王仪部先生笺释》卷四终

《王仪部先生笺释》卷五

古吴

顾王榭用拙父　　校阅

顾鼎定九父　　　重编

黄中致和父　　　订正

翁居体镜非父　　汇参

户律

田宅

释曰：前代田宅之事，俱在《户婚律》中。明时分《户婚》《田宅》各为一卷，今因之。

欺隐田粮

第一节 "欺隐田粮，脱漏版籍"二句，一串说。官司征派粮差，所凭者版籍也。版籍脱漏，则粮差皆为所欺隐矣。但所隐有多寡，故计一亩至五亩，笞四十，每五亩加一等，至三十五亩之上，罪止杖一百，其田入官，所隐税粮，照依所隐亩数、年数征纳。谓如原欺隐田二十亩，每亩起科税粮五升者，一年共该起科一石，已隐下三年不报官纳粮者，追征粮三石是也。凡脱漏户口，罪在家长，此何不言？盖户乃一户之户，口乃一户之口，故以家长独当其罪。若欺隐田粮，则或出于一人之私，在家长容有不知者，及虽知之而于法得兼容隐，故但坐其所由耳。

第二节 丘者，方圆成丘。段则丘中所分区段。移换，指册籍上说，非田可移换者。"移丘换段"四句,亦一串说,盖必移丘换段,而后能那移等则,以高作下。若丘段明实,等则自难那移,安能以高作下乎? 以高作下,便是减瞒粮额。盖田之等则高者,其粮额必重;田之等则下者,其粮额必轻。以高作下,则粮额为所减瞒矣。"诡寄田粮,影射差役"二句,亦一串说。田粮者,差役之所自出也,今将田粮或诡寄于役过年分,或诡寄于应免人户,则差役为所影射矣。欺隐者,有田而全不纳粮当差者也。减瞒者,犹纳粮当差而不及额数者也。诡寄者,犹纳粮而不当差者也。故欺隐者,其田入官;减瞒、诡寄,虽与欺隐同罪,而其田但改正,收科当差;若减瞒过粮额,影射过差役,仍当尽法征收入官。

第三节 总承上二项言。其亲管里长,明知人户欺隐、减瞒、诡寄等情而不行举首者,并与犯人同罪。

第四节 其逃移他郡已经招抚还乡复业人民,若丁少而田多者,则听其尽力耕种。明将成熟亩数,报官入籍,计田纳粮当差。若有旧业多余,更加妄占,以致尽力不能耕种而荒芜者,二亩以下免罪,三亩至十亩,笞三十,每十亩加一等,至六十亩之上,罪止杖八十,余田入官。若丁多而田少者,听其告官,于附近荒田之内,验力拨田,耕种成熟,一体入籍粮差。○此律两言其田入官,前指所隐之田,后指多占之田,非尽夺之也。

条例

第一条 管庄人、有司官,俱依违制。

检踏灾伤田粮

第一节 水、旱、霜、雹,能损禾稼。蝗、蝻,能食禾稼。一应者,谓六害之外,别有能伤稼者,如大风偃禾、雨雪害稼之类。凡有此等灾伤田粮,部内人民,赴所在有司陈告,有司官吏,即当准受,一面申报上司,一面亲诣田所,用心从实检踏。其本管上司,亦即委官覆踏。庶得实之后,速于处豁。若不然,则各有罪也。夏灾不过五月终,秋灾不过七月终,有司不受理申上,罪有司;申上不与委官覆踏,坐上司,故称"各"字。然不即受理,不与委官,其害犹不及于民,故杖八十。若初覆检踏官吏,止凭里长、甲首朦胧供报,中间以熟作荒,以荒作熟,故增减其成灾的确分数,通同作弊,欺瞒上司,以致准信,则其害及于民矣,故有司及承委官吏,各杖一百,罢职役不叙。若因其以荒作熟,减灾分数,致枉有所征;因其以熟作荒,增灾分数,致滥有所免,则以其枉征、滥免之数计赃,重于杖一百者,并坐赃论,罪止杖一百,徒三年。盖枉征则伤民财,滥免则伤国课,第滥免之失在官,故不复追征。其朦胧供报,作弊瞒官,致枉征、滥免之里长、甲首,各与官吏同罪,亦坐赃论。谓之坐赃,是犹未受财也。若受财,则计赃重于瞒官、害民、枉征、滥免之罪者,以枉法论矣,不在杖一百坐赃论之限也。并计赃,则通官吏、里长、甲首而言。前坐赃论,是以征免之粮数计赃也。后计赃,是以所受之财计赃也。枉有征免田粮,须已征已免,方可坐赃论。

第二节 初覆检踏官吏及里长、甲首,止因失于觉察,关防听凭人户开报,移换丘段,以致将熟作荒,将荒作熟。而勘有不实者,计田十亩以下免罪,十亩以上,至二十亩,笞二十,每二十亩加一等,至一百四十亩之上,罪止杖八十。不言枉有征免之罪者,原其无心之失,故贷之耳。

第三节 若人户将已成熟田地,移换荒田丘段,希图瞒昧检踏官府,诈冒灾伤者,计冒告之田,一亩至五亩,笞四十,每五亩加一等,至三十五亩之上,罪止杖一百,征其所枉免该年应纳税粮入官。

功臣田土

释曰:功臣田土,功勋之家有拨赐公田,除恩免数外,其余自置田土,俱从管庄人尽数报官入籍,与民间一例纳粮当差,违者计亩论罪。至三十亩之上,罪止杖一百,徒三年,罪坐管庄之人,不报之田入官,所隐之税粮,依递年之额数征纳。诚恐功臣倚势,广置田宅,不行报官纳粮当差,以致偏累小民赔纳,故常人欺隐之罪,止于满杖;而功臣欺隐之罪,至于满徒者,恶其有所恃也。夫罪不及功臣,固所以优之,而其田入官,即所以罚之矣。若里长及有司官吏,易于畏势阿附,故踏勘不实及知而不举者,并与管庄人同罪。

盗卖田宅

第一节 "盗卖","盗"字兼换易言。盗卖者,盗他人田宅以卖与人。换易者,以己之瘠田敝宅盗换他人之腴田美宅,皆欺业主之不知而卖易之也。冒认者,妄认他人之田宅为己业,欺业主之不在而冒认之也。虚钱实契,谓实立典卖文契,而价钱则虚,如或出于逼勒,或被其诬诈,非业主之得已也。侵占者,因业界之相连而侵越界限,占为己业也。以上人犯,皆计田之亩数与屋之间数论罪,田至四十一亩,屋至二十五间之上,各罪止杖八十,徒二年。若田宅系官者,加二等。假如盗卖官田,其引议当云:某人依盗卖官田,加他人田二等,一亩以下,杖七十,每五亩加一等,罪止律杖一百,徒三年。设以他人田置于上,而"系官"二字列于下,虽律文之顺,而引拟不通也。各条凡称系官者俱仿此,此未言其强,则其情犹轻,故尚分官民,计亩数科罪耳。

第二节 若用强占据官民山场、湖泊、茶园、芦荡及金、银、铜、锡、铁冶等项,而专取其利者,则其强占之情,重乎物,故不分官民,不计亩数,而皆杖一百,流三千里。凡官民田宅,止言侵占,此山场、湖泊之类,地利广博,非势力不致,故以强占言之。若官民田宅,设有用强霸占显迹者,自当比依此强占律。盖山场、湖泊等项,皆自然之利,终比田宅不同。若有盗卖、换易及冒认、侵占等情,似难比依田宅之律,临时酌处。

第三节 若将不明互争之产业及以他人田产,妄作自己田产,投献势豪,则其借势害人,莫此为甚,故与者、受者,各杖一百,徒三年。投献之人得财,除此律依诓骗;不得财,依本律,俱引例充军。

第四节 通承上三条言。盗卖、换易、冒认、虚钱实契、典买侵占、强占、投献等项田产,及盗卖过他人田价,并递年所得花利,系官者各追还官,系民者给主。若知情故买盗卖之田,其价系彼此俱罪之赃,亦追入官。

第五节 功臣犯,指盗卖以下数事。四犯,与庶人同罪,虽笞杖,其俸给仍旧不支。

条例

第一条 争竞,或与人争买,或因争界限,或与族人争分等项,依将互争田妄作己业并卖过,依重复典卖。民间起科,系是用力开种,报官纳粮者,依将他人田妄作己业律,其田地给还应得之人。僧道将寺观各田地,若子孙将公共祖坟山地投献者,俱比依投献律。私捏文契,投献之人,依与者律,问边远充军。受献家长,依受者律。管庄人,参究治罪。其寺观、坟山地,归同宗亲属各管业。

第二条 占者,问侵占官田律;典卖与人,问盗卖官田律。称军丁人等,包舍人、舍余在内。管屯官不清查,问违制。

第三条 私开者,问强占官山场律。官员有犯,亦问此罪。纵容家人犯者,问违制。

第四条 军民违禁砍伐贩卖,问常人盗。官问知罪人不捕,买主知情,问知盗赃故买。官员伐卖,问监守盗。未驮载,问毁伐,或弃毁官物。容情纵放,问知罪人不捕。

任所置买田宅

释曰:任所求田问舍,讵是政体,不必以侵夺民利为言也。言见任处所,则去任不论矣。解任只是解见任职事,别处叙用。或谓解叙官职,非也。观《名例》内凡文官犯私罪笞五十,解见任别叙义同。

典买田宅

第一节 典卖田宅,照价多寡,纳税于官,官为印其契券,谓之税契。由彼户推收以入此户,谓之过割。不税契,主买者而言,恶其亏损官课,故笞五十,仍查契内价钱,追其一半入官。不过割,主卖者而言,恶其混淆册籍,故计亩论罪,至三十五亩之上,罪止杖一百,仍将不过割之田入官。官无粮差,故不言过割。不过割之罪,重于不税契者,诚以民间册籍难清结,赋役难核实,皆田过割不明之故也。不过割,多由卖主留难掯勒,故买主不坐,然其田入官,则买主之罚,亦不轻矣。

第二节 将已典卖与人田宅,朦胧重复典卖,今民间犯者尤多,其设心尤为不善,故以所得价钱,准窃盗论,免刺,追价还后典买之主,田宅听从原先典买之主管业。其重复典买之人,多系不知情;若知情,则是与典卖者串同,故与同罪。牙保亦然,而追价则入官也。

第三节 其所典人田宅、园林、碾磨等物,如契中所开年限已满,原业主备价取赎,而典主托故不放,则有占获其利之心,故笞四十,计限外递年所得多余花利,追征给主,仍依原价取赎。若年限虽满,而业主无力不能处办赎价者,则非典主之罪,听其照旧管业,故云不拘此律。若典限未满,而业主强赎者,问不应。

条例

释曰:有亲族写立分书已定,指家财言,此例至当不易。听讼者,一本于是,则民间告争之弊,未有不杜者也。

盗耕种官民田

释曰:律凡言田者,兼园地在其中矣。盗耕种与侵占不同,侵占是占为己业;盗耕种,但欺业主之不知而盗取花利,业尚属原主也。荒田减熟田一等,强耕种他人荒熟田,各加盗耕种一等。若系官田者,或盗或强,或熟或荒,各又加民田二等,所得花利,官田归官,民田归主。强种屯田,有例在前条。官田、民田,荒田、熟田,盗种、强种,荒田减熟田,强种加盗种,官田加民田,数项错综,俱二十六亩之上罪止。

○盗耕种

民田一亩以下笞三十,每五亩加一等,罪止杖八十。

民荒田减一等,一亩以下笞二十,每五亩加一等,罪止杖七十。

官田加民二等,一亩以下笞五十,每五亩加一等,罪止杖一百。

官荒田减一等,一亩以下笞四十,每五亩加一等,罪止杖九十。

○强耕种

民田加盗一等,一亩以下笞四十,每五亩加一等,罪止杖九十。

民荒田减一等,一亩以下笞三十,每五亩加一等,罪止杖八十。

官田加民二等,一亩以下杖六十,每五亩加一等,罪止杖六十,徒一年。

官荒田减一等,一亩以下笞五十,每五亩加一等,罪止杖一百。

条例

释曰:盗耕草场及越出边墙种田,俱依盗种官田。毁坏边墙事重,比依越度缘边关塞。

荒芜田地

释曰:田之大损为荒,小损为芜。故者,水旱灾伤之故。荒芜田地,须看"无故"字样。若水旱灾伤,是有故者,不坐。桑麻之类,须看"应课种"字样,若地土不宜,是不应种者,不坐。佐职,兼佐贰、首领言。里长,就一里田地为率。人户,就本户田地为率。若县官之各减二等者,谓里长有犯,县官即减二等科之,非以一县田地为率也。谓县官、里长,以劝课农桑为职,百姓以务农为本。若里长于所部之内,其人户有入籍纳粮,当差田地,本无水旱灾伤之故,而惰农自安,不勤耕作,于田地则任其荒芜,于应办课种桑麻之类,则不行栽植者,计其荒芜不种之业,俱以十分为率。就一里田地言之,有一分荒芜不种之业,里长笞二十,每一分加一等,至七分之上,罪止杖八十;就一县田地言之,其劝课县官各减里长之罪二等,以长官为首,一分者减尽无科,二分方笞一十,加至杖六十罪止矣。佐职为从,又各减长官之罪一等,二分者减尽无科,三分者方笞一十,加至笞五十罪止矣。其原荒芜田地,及不种桑麻之人户,则以其本户田地五分为率,有一分荒芜不种者,笞二十,每一分加一等,仍追征应纳税粮还官。其荒芜不种田地,不及五分之一者,各勿论。或谓人户亦罪止杖八十,非也。夫以五分为率,一分者笞二十,则尽其五分,至杖六十止矣,安得八十之杖乎?或问:"假令里长部内,总计田地十顷,其中二顷荒芜,应笞三十;人户田地十顷,其中二顷荒芜,止笞二十。是荒田之罚,乃于人户轻而里长重何也?"曰:"此钧金舆羽之喻也。夫既知人户田地十顷,以五分为率,荒芜二顷者,笞二十矣。独不知田地十亩,以五分为率,荒芜二亩者,亦笞二十乎?如使里长所部之内,总计其田地十顷,乃独有此二亩荒芜之户,则亦无烦有司一分之罚为也,而又何至笞三十哉?"

弃毁器物稼穑等

第一节 种之曰稼,敛之曰穑。弃毁出于有意;遗失、误毁,本于无心。故凡弃毁他人器物,及毁伐他人树木、稼穑者,并计其所值之价,准窃盗赃之两数论罪,一两以下杖六十,至一百二十两,罪止杖一百,流三千里,免刺。若弃毁及毁伐者,系官物,则加私物罪二等。如弃毁私物一两以下,杖六十,加二等,则杖八十是也,然亦罪止杖一百,流三千里。若遗失、误毁官物者,则各减弃毁私物罪三等。如弃毁私物一两以下,杖六十,减三等,则笞三十是也。以上弃毁器物,与毁伐树木、稼穑及遗失、误毁官物,并该验数追价,还官给主。若遗失、误毁私物者,但追偿而不坐罪。夫遗失、误毁,在私物则止赔偿,在官物则仍坐罪者,以过误所当原,而官物不可误也。○凡碑碣、石兽,系谕葬者,与毁衙门、学校、题名、碑志,俱以官物论。儒学卧碑,圣旨榜文御制,俱是制书,抄誊入碑,在衙门为官物,在民间则为私物。○如领解官银,行至村野,见有赶路人驰马,疑是强盗,将银丢下藏躲,致行路人拾匿者,解人依弃官物,行路人依得遗失官物,限外不送官,以坐赃论。

第二节 若毁人坟茔内碑碣、石兽,系关人祖先,固不比他物,而神主尤重,然不可计赃准盗,故坐杖有差。至于毁损人房屋、垣墙之类,则其工费尤大,故计合用修造雇工钱坐赃论,一两以下笞二十,至五百两之上,罪止杖一百,徒三年。若毁损官屋者,则加坐赃论二等,一两以下笞四十,至五百两之上,罪止杖一百,流二千五百里。以上毁损官民房屋垣墙,及碑碣石兽神主等项,各令修补起立,还官还主。惟误毁者,则但令修立而不坐罪。夫误毁官物有罪,而官屋独不坐者,盖官屋所费不资,但令修立,其罚已重矣。

擅食田园瓜果

释曰:擅者,不掩人知而公然取之。若不通人知而窃取,则自有盗田野谷麦菜果律矣。官果酒食,不言弃毁者,以有弃毁官物律也。物各有主,擅自取食者,计其食过所值之价,坐赃论罪。若虽不食而弃毁者,其罪亦如擅食者科之,并罪止杖一百,徒三年。其有于他人瓜果擅自将去及擅食,系官田园瓜果,与夫官造酒食者,各加坐赃之罪二等,罪止杖一百,流二千五百里。若主守之人,给与人食,及知其擅食、擅将去而不举首者,与犯人同罪。不言不知者不坐,可见擅之与盗异也。若主守之人,私自将去系官瓜果酒食者,并计赃,以监守自盗论。其擅将去系官瓜果酒食者,以常人盗官物论。如三人同守官果,一人给与他人食,问坐赃加二等,食者问常人盗;一人私自将去,问监守盗。彼同守二人,一人知其擅食及给与,系知而不举,与同罪,亦坐赃加二等;一人不知,问失觉察之罪。○其擅将去,或谓专指官瓜果酒食者,此承上起下之义,当细绎之。擅将去之情近乎盗,视擅食尤重,故与食官物同加二等。果如或言,则有将去他人瓜果者,又当坐以何律耶?

私借官车船

释曰:雇赁者,车船可以行使,故谓之雇;店舍碾磨不动之物,就其处以用之,故谓之赁。《名例律》谓车船、碾磨、店舍之类,照依犯时雇工赁直验日追之。《疏议》谓每日追银八分五厘五毫,非也。转借与人者,监守止坐罪;雇赁钱则追自借者,计雇赁钱重者,亦不得过本物之价。○私自借用、借与人及借之者,皆以官物而私用焉,与市私恩焉,其情略相等矣,故各笞五十,查用过日数,追雇赁钱入官,计雇赁钱重于笞五十者,各坐赃论,加一等。如计雇赁钱至四十两,依坐赃律,杖六十,是重于笞五十矣,更加一等,即杖七十也。

《王仪部先生笺释》卷五终

《王仪部先生笺释》卷六

顾王榭用拙父　　校阅

顾鼎定九父　　　重编

古吴

黄中致和父　　　订正

翁居体镜非父　　汇参

户律

婚姻

释曰：北周《婚姻》与《户禁》始别为篇，隋复合之曰《户婚》，炀帝又分《户》《婚》为两篇，唐复为《户婚》。明时但厘其篇，不更其目，今因之。

男女婚姻

第一节　残疾以下，通男女言。庶子，妾婢所生子也。过房，过继别房子也。乞养，义子也。三者虽与残、疾、老、幼不同，终与嫡子、亲子有异。故男女亦必有不欲者，订婚之初，如有上项，不可隐瞒，务要男女两家明白通知，各从所愿，写立婚书，一依正礼聘嫁。其已明白通知，而女家报有婚书，或私下已有期约，皆谓许嫁。已许嫁而辄悔者，笞五十，罪坐女家主婚人。虽无婚书，但曾受男家聘财者亦是。银钱酒果，但明言作聘礼，即是聘财。若只为赘见之礼，虽帕币亦不是。悔者，未经再许他人也，故复言再许他人之罪。

第二节　未许他人，虽有悔心，犹可合也；若再许他人，则其盟已背，不可合矣。然未成婚者，虽为背盟，犹可改也；若已成婚，则其身已失，不可改矣。此所以有杖七十、杖八十之分也。自他人言之，未成婚者，则为后定；已成婚者，则为后娶。故曰后定、娶者，知其已许人而定者，亦得杖七十之罪；知其已许人而娶者，亦得杖八十之罪。财礼为彼此俱罪之赃，故入官。不知者，无论已未成婚，不坐以罪，追还财礼，女归前夫；前夫不愿娶者，倍追财礼给还，其女仍从后夫。男家悔者，罪亦如之。此"悔"字，包再定、娶在内，悔者亦笞五十，再定他人女，亦杖七十；再娶他人女，亦杖八十。罪不在女家，故不追财礼，仍令复娶原定之女，后聘者听其别嫁。若后聘之女已经成婚，原定女家自不愿者，听其另行择配。

第三节 未婚男女有犯奸盗者，则非残、疾、老、幼、庶出、过房、乞养之比。男女两家有悔者，不用前二条之律。不言勿论，明不还聘财者，犹以违令论罪，当分男犯盗，女犯奸为正。若非奸盗，犯他罪与残疾等项，亦所不当悔。又若未成婚男女，私下通奸，有父母在，问违犯教令；无则不可以奸论，止问不应。

第四节 女家妄冒者，如先以亲女许婚，后以义女出嫁之类皆是，余则《律注》已明。妄冒等耳，而女家杖八十，追还财礼，男家加一等，不追财礼，何也？女家得财礼者也，故男家受诳，则追还财礼；女家受诳，则财礼免追，而罪加一等者，以有如与义男成婚之事在其中也。况女虽妄冒，其男犹可再娶；男若妄冒，其女遂至失身，其加等宜矣。若嫁娶虽违律，然犹未成婚者，各减五等，仍依原定所冒之人为婚；其已成婚者，各离异归宗。此所谓妄冒者，若老、幼、庶、养之类皆是。如本无嫡男女，而指庶养为嫡男女；本幼而言长，本老而言壮，皆谓之妄。或以男女妄冒，不论已未成婚，各依本律科断。若然，则后条妄以奴婢为良人，而与良人为夫妻，杖九十，将妻妾妄作姊妹嫁人，杖一百，其未成婚者，亦皆不当减五等耶？若妄冒相见男女，先已聘许他人，或已经配有室家者，不在仍依原定之限。

第五节 其应为婚，谓于律无所违戾者，虽已纳聘财，而男可娶，女可嫁。原有期约，若期约未至，而男家强于求娶，及期约已至，而女家故违其期者，主婚人并笞五十。

第六节 若子孙及期亲卑幼，为宦为商，先出在外，其祖父母、父母及伯叔父母、姑、兄、姊，皆应主婚之人，于卑幼出外之后，为之订婚，而卑幼在外，不知其情，自有所娶。若已成婚者，仍旧为婚，尊长所定之女，听其别嫁；未成婚者，从尊长所定；自定妻室，从其别嫁。如违尊长所定，务从自己所定者，卑幼杖八十，仍行改正。

条例

第二条 禁止者，禁于未结婚之前，有犯，依违令。若已结婚，则依违制，其婚不听悔也。

典雇妻女

第一节 典者，如典田宅之典，以价易去，约原价取赎者也。雇，如雇车船之雇，计日论钱，以限满还归者也。典雇妻妾与人，是明陷之以失节也，故杖八十；典雇女与人者，虽失其身，苟或不归，犹可从一而终，故减二等。专制在夫与父，故妇女不坐。

第二节 以上之典雇妻妾，尚明言其为妻妾也，此则妄作姊妹矣。上之典雇与人为妻妾，犹暂也，此则直嫁之矣。在己既避卖休之罪，而又欺人使之可娶，其情尤可恶，故杖一百。妻妾亦杖八十者，恶其同情欺罔，甘心失节耳。

第三节 典，指典雇；娶，指将妻妾妄作姊妹嫁人者，承上二项言。其知情而典雇，与娶为妻妾者，各与同罪。典雇人妻妾，同本夫杖八十；典雇人女，同本父杖六十；娶人妄作姊妹之妻妾，同本夫杖一百。并离异者，不但谓妻妾、女与典娶人离异，其典嫁过妻妾，亦不得归原夫，女给亲，妻妾归宗也，原典雇嫁卖之财入官。其不知情，典娶者不坐，追还财礼，仍离异。然则典雇曷云不知情？岂其本夫、本父，亦有欺妄而为之者乎？

条例

释曰：拐带不明妇女，或略卖和诱刁奸之妇，依各律。居丧姊妹嫁卖，问非女之祖父母、父母强嫁等律。设词托故，问局骗人财律。得财骗回，除此律依诓骗人财律。邀抢赃重，问抢夺人财，计赃重者，加窃盗得财二等。若抢人财有杀伤者，依抢夺伤人律，余依本律。媒人知情，或同去抢夺，与同罪；不知情，问不应。

妻妾失序

第一节 妻在，以妾为妻，是妻仍为妻，故比以妻为妾之罪稍轻。若二事相犯，以重者论罪。谓既抑妻为妾，却以妾为妻者，除妻在以妾为妻，轻罪不坐外，依以妻为妾杖一百是也。并改正者，妻仍为妻，妾仍为妾也。若妻死，以妾为妻,问不应,仍改正。若妻之父母告发,其婿不在容隐之限,以义绝,故依律拟罪。

第二节 有妻更娶妻,与妻在以妾为妻情罪均也,故亦杖九十。后娶之妻,离异归宗,未成婚减五等。《唐律》:"有妻更娶妻,若欺妄而娶者,徒一年半。"欺妄,谓有妻言无也。民年四十以上无子者,方听娶妾。若四十以上而有子,及虽无子而年未四十,违律娶妾者,笞四十。律不言离异,仍听为妾,重无后也,可谓仁至而义尽矣。〇观妻妾失序止用一"凡"字,通官民可知。而娶妾直曰"民",则官员不在此限。

逐婿嫁女

释曰:"逐婿"之"婿",指入赘者言,其女不坐,盖事有专制故也。男家知而娶者,与同罪,财礼入官;不知者,亦不坐,追还财礼,其女仍断付前夫,使之出外另居完聚。盖翁婿之义虽断,而夫妇之情犹未绝也。如招赘之女,通同父母逐婿改嫁者,亦坐杖一百。若其婿曾经休退,再行告争,问拟诬告。〇自"典雇妻女"至此凡三条,虽女婿与妻之父母自相告言,各依常人论,不在得兼容隐之限。

居丧嫁娶

第一节 居父母丧,兼男女言。"身自嫁娶","自"字要看,曰"自"者,以非奉主婚之命,故罪之。所谓事由男女,男女为首者也。自成服二十七个月之内,皆为居丧,男子身自娶妻,妇女身自嫁人为妻者,俱坐杖一百。〇《琐言》曰:"此不言妇居舅姑丧,恐有夫已先亡,舅姑并没,无所依归,势不能存立者,听其改嫁,故律无禁。若居夫丧,亦有无依归者,夫为妻纲,自与舅姑不同,虽穷饿而死,犹当终丧。闻为夫死节矣,未闻为舅姑死也。"或谓妇人从夫,夫之父母,即已之父母也,终难引用。若男子居父母之丧而娶妾,妻居夫丧,女居父母丧而嫁人为妾者,各减嫁娶为妻之罪二等,杖八十。其但言妻女,不及妾者何?微之,故略之也。不言夫丧而言夫亡,见虽服满,亦不得再嫁也。盖命妇曾受朝廷恩命,非凡妇比,若夫亡再嫁者,罪即如凡妇,各从为妻为妾本法科断,仍追夺其所封诰敕。"并离异","并"字总承上言,其居丧嫁娶之人,及再嫁之命妇,并离异归宗。律不言妾,嫁人为妾,则不在离异之限。未成婚者,各减五等。若事由祖父母、父母、伯叔父母、姑、兄、姊及外祖父母者,独坐主婚。若余亲主婚,或男女自婚者,各从首从谕。其男女家知是居丧,及系命妇,而共为婚姻者,各减男女罪五等;嫁娶为妻者,笞五十,为妾者,笞三十,财礼入官;不知情者不坐,仍离异,追还财礼;媒合人知情,各减犯人罪一等。居祖父母丧,谓非承重者,谓若众孙居祖父母之丧,侄居伯叔父母,在室姑之丧,弟居兄姊之丧,而娶妻及嫁为人妻者,杖八十。其娶妾,及嫁为人妾者不坐,并不离异。若嫡孙居祖父母丧承重者,仍依《名例》,与父母同。盖三年之丧,服之至重,而期服则降一等矣,故罪有轻重如此。

第二节 上言不应嫁娶者之罪,此言不应主婚者之罪。若男女居父母丧,妻居舅姑及夫丧,而与应嫁娶人主婚者,曰应嫁娶,虽律无禁,而释哀从吉,于礼甚悖,于心不安,故坐杖八十耳。妇人居夫之丧,三年服制已满,愿于夫家守制,而强嫁之者,惟女之祖父母、父母不坐外,若非女之祖父母、父母,如本宗大功以下亲,则杖八十,期亲则减二等,杖六十。盖父母之心,欲其有家,故虽强夺其志,而犹曲原其罪,若余亲则不同矣,乌得无罪?期亲比祖父母、父母虽轻,而比余亲实重,故于非女之祖父母、父母中,特开出期亲得减二等,则上所谓非女之祖父母、父母而强嫁之杖八十者,为指大功以下矣。曰非女之祖父母、父母,则虽夫之祖父母、父母,与己之外祖父母,亦不得而强嫁之也。夫族无醮妇之义,故律不言。其有犯者,亦当坐非女之祖父母、父母强嫁之罪。若利其有而逼逐强嫁者,尤当从重论。妇人不坐固当,娶者亦不坐,何哉?盖服满无妨改嫁,而主婚又有其人故也。若有谋娶实迹,不用此律,未成婚者,亦减五等。○按居夫丧而嫁娶,或谓妻妾同一律论,以刑律有妾殴夫之文,谓既夫其夫,亦得并于妻也,当同妻论。不知妻妾之分,尊卑甚明,古人谓之买妾,贱之也。刑律称夫者,以带妻言之耳。观《丧服图》,妻则称夫,妾则称家长,明有别也。且夫为妻杖期,而妾则无服,安可以妾同妻,而责之以居丧嫁娶之律哉?若妾守志而有强嫁之者,斯得用妻之律矣。

父母囚禁嫁娶

释曰:子孙,兼男女言,谓女嫁而男娶也。为妾者减二等,兼嫁人为妾与自娶妾而言。曰奉祖父母、父母命而嫁娶者不坐,则上之嫁娶为不禀命者矣,虽奉父母之命,亦不得筵宴,违者杖八十,见《礼律》匿丧条下。

同姓为婚

释曰:各者,指男女两家,此须已成婚乃坐。若未成婚者,须依后嫁娶违律条,减已成婚罪五等。

尊卑为婚

释曰:外姓姻亲,如外祖父母、母舅、母姨、妻之父母,皆有服尊属;外孙、外甥女、姨甥女、婿,皆有服卑幼,及同母异父姊妹、妻前夫之女,皆关伦理。若共为婚姻,各以奸论,男女皆坐,娶母之姊妹者绞,娶外甥女及异父姊妹、前夫之女,并杖一百,徒三年。父母之姑舅姊妹、父母之两姨姊妹、父母之姨、父母之堂姨、母之堂姑、母之堂姨、己之堂姨、己之再从姨,皆无服尊属;己之堂外甥女、己之女婿之姊妹、己之子孙妇之姊妹,皆无服卑幼。若共为婚姻,各杖一百。○己之姑舅、两姨姊妹,虽不系尊卑,而亲属未疏,故亦不得为婚姻。然奸缌麻以上亲者,杖一百,徒三年。而娶姑舅、两姨之姊妹,亦是缌麻外亲,乃止杖八十者,盖上文乃是尊属与卑幼为婚,名分不当,故以奸论。若姑舅、两姨姊妹,本同辈行,不犯名分,故止杖八十耳。○凡以上外姻,违律为婚者,并离异归宗,财礼入官,应死者自依常律。若未成婚者,各减五等。其已成婚罪至死者,主婚人减一等。若男二十岁以下,及在室之女,事虽由己,亦独坐主婚。

条例

第二条 以前夫子与后夫女苟合成婚者,子之母,女之继母;女之父,子之继父也。前夫女与后夫子苟合成婚者,子之父,女之继父;女之母,子之继母也。下里愚民,往往有寡母携女再嫁,因以女配其子;鳏夫携子入赘,因以子室其女,即系苟合成婚。官司多以其事在一时,且俗久相沿而不之究,明例者似难轻纵。

娶亲属妻妾

释曰:此专自同宗言,自"娶缌麻亲"至第三节,皆言有服亲之妻。第四节言有服之亲,舅甥,在外姻中为最亲,故带言之。无服之亲说得广,凡五服之外皆是,《礼》所谓祖免亲也。舅甥妻,谓舅娶甥妻,甥娶舅妻也。被出改嫁,通指前项亲属之妻言。父祖妾、伯叔母、兄弟妻而收之,渎伦之甚,故不曰娶,而曰"收"。或谓同居曰收者,非也。

娶同宗无服之亲及无服亲之妻者,各杖一百。按《奸律》,奸同宗无服之亲及无服亲之妻者,亦各杖一百。

娶同宗缌麻亲之妻及舅甥妻者，各杖六十，徒一年，止言缌麻亲之妻，不言缌麻亲在下文。此条本言同宗，以舅甥妻义重，故不在前条尊卑为婚之中而在此。若其他异姓亲属，则前条备矣。

娶同宗小功以上亲之妻，各以奸论。以上兼大功言。如伯叔祖妻、堂伯叔妻、再从兄弟妻、堂侄妻、侄孙妻，皆小功。堂兄弟妻，系大功，以奸论，以刑律内奸缌麻以上亲之妻，各杖一百，徒三年。

其同宗无服，及缌麻以上亲之妻，及舅甥妻，先曾为夫所出，及夫亡改嫁他人而娶之为妻妾者，各杖八十，为于前夫义绝，奸者依律止是凡奸，故其嫁娶，亦同凡奸坐罪。○收父祖妾及伯叔母者各立斩，兄亡收嫂，弟亡收弟妇者，各立绞，"各"者，如《奸律》男女同坐也。不问被出改嫁与否，一例坐罪。○妾各减二等，总承上两节言，谓若娶同宗无服及缌麻以上亲之妾，或舅甥之妾，得减娶其妻之罪二等，非谓亲属之妻，今娶为妾，亦得减二等也。若原系妻而娶为妾，当从妻论；原系妾而娶为妻，仍从妾减科。娶同宗无服亲之妾，各杖八十；娶缌麻亲及舅甥妾，各杖九十；小功以上亲之妾，各杖八十，徒二年；娶被出改嫁之妾，各杖六十；收伯叔及兄弟之妾，各杖一百，徒三年。○若娶同宗缌麻以上之姑及侄女与姊妹为妻妾者，亦各以奸缌麻以上亲论，男女各杖一百，徒三年。若从祖及从祖伯叔小功之姑，从父大功姊妹绞，己之期亲、姑、姊妹、兄弟之女斩。○并离异，通包上言，财礼入官，应死者自依常律。其已成婚罪至死者，主婚人减一等；若未成婚，各减五等。其男二十岁以下及在室之女，事虽由己，亦独坐主婚。

娶部民妇女为妻妾

释曰：部民称妇女，为事人称妻妾，妇女亦兼妻妾言也。亲民官曰部民，监临官曰为事人，亦互相通。为事人，止谓有事与监临相涉者；若部民，则概言所统摄之民也。监临官如问理、刑狱，及管囚徒、工役等项，但有事监督临莅者，即为监临。为事人，即所问之罪人与所管之囚役，女家对男家之称，妇家在其中。若妻妾，则夫家但主婚嫁者皆是。并同罪，谓部民同亲民官之罪，为事同监临官之罪。两离之，谓娶者与原夫，俱不得领而归其本宗也。强娶者，通亲民、监临说。为子孙等娶者，罪亦如之，则又通和、强言。盖府、州、县官，职本亲民，而监临官权能督责，其体统虽同，但部民尚无事相干，而为事人则见在对理，其事势实异，故罪有杖八十、杖一百之异耳。其妻妾之本夫、女之父，并同罪，谓以妻妾及女与亲民官者，亦杖八十；以妻妾及女与监临官者，亦杖一百。

同情，故同罪也。其所娶之妻妾，既不给官员，亦不归本夫；所娶之女，给其父母，无父母，给其伯叔兄弟，财礼入官。若亲民官、监临官恃势用强，以娶部民及为事人之妻妾女者，各加二等，亲民官杖一百，监临官杖七十，徒一年半，女家主婚嫁者不坐，妇归前夫，女给亲，不追财礼，以所制在人也。若亲民及监临官为子孙弟侄家人娶者，或和或强，并如自娶科断。和娶者，亲民官杖八十，监临官杖一百，女家同罪，财礼入官。强娶者，亲民官亦杖一百，监临官亦杖七十，徒一年半，女家亦不坐，不追财礼。其子孙弟侄家人及妇女之家，俱不坐罪，盖罪在倚势之官员，而其他固可原耳。若娶为事人妇女，而于事有所枉者，仍以枉法从重论。○曰任内，则未任与既去任而娶者勿论矣；曰部民，则非所部者勿论矣；曰为事人，则非为事人勿论。观《名例》称监临主守条，监临本有二项：有常时之监临，有暂时之监临。如别府、州、县，承委邻境，清查钱粮，会问词讼相干涉者，即为事人而不相干涉者，斯与监临无与也。若常时之监临，如布按二司于该府、州、县，孰非事也？孰非为事人也？而无不相干涉者矣。故非为事人勿论之说，在暂时之监临则可，在常时之监临则不可，难以执一论也。○此娶部民与为事人妇女，与奸部民及囚妇，各异其罪者，本因其势有难致、易致之不同耳。若为事人求监临官司曲法判事，而娶其妻妾及女者，又当别论，不在此律。○前项官员，应照行止有亏事例，革职为民。军官娶所属妇女，依监临官坐罪。

娶逃走妇女

释曰：犯罪，谓妇女自己犯罪，已发在官者，与在逃子女及为事在家者不同。与同罪，止同其所犯之本罪。而妇人自当加逃罪二等，谓凡犯罪逃走妇女，有人知情，娶为妻妾者，本妇固于所犯笞杖徒流上加逃走罪二等，应死者自依常律，其娶之者亦同妇人笞杖徒流之罪，至死减一等，杖一百，流三千里。离异，此与背逃、和诱不同，所娶之妇，若非犯死罪者，归其夫；无夫归宗，女给亲。若所犯之罪，原应与前夫离异者，则亦归宗，财礼入官。若事由期亲以上尊长及余亲主婚，则亦论如妇女所犯之罪，其不知犯罪逃走之情而娶之者不坐，追还财礼，亦离异。或谓律称离异，妇人并归宗，此虽非前夫之罪，恐难听还完聚。观娶部民于妻妾不言离异，明言仍两离之。若买休、卖休，则兼言离异、归宗、前夫无、无罪者矣。若无夫，会赦免罪者不离，谓若有夫虽会赦免罪，与非赦免虽无夫，皆当离也。惟无夫可归，而其初犯之罪，又逢赦免，则听其与娶之者完聚耳。女无至亲可归者亦同。凡其他嫁娶违律，虽会赦犹尽法离异故也。

强占良家妻女

释曰：豪、势有分别，豪是豪强，势谓有力者。"强夺"二字重看，以豪势用强，则虽托有媒聘，亦强夺也。"奸占"二字，一说宜分开看，奸，止是奸宿而不必为妻妾；若占，则终为己有。然细详，还当连看为是。妇归原夫，女归父母，故曰给亲。虽不自取，配与子孙弟侄家人为妻妾者，豪势亦坐绞，盖其迹虽有自占与配子孙等之异，而强夺之情一也。男女不坐，男是子孙弟侄家人，女即所夺妇女，仍离异给亲。○若系悔亲及休出，见其别嫁不忿，又行夺回奸占者，未更娶，问不应，仍令完聚；已更娶，问强奸，妇给后夫。若先已定婚，但因婚期未至而强夺，止依强娶律，不言强夺人妾。凡言强者，妾不在减等之限，即以本条妻女科断，观违禁取利条不分妻妾可见。虽不占为妻妾，但奸即坐，夺为妻妾，或配家人。若未成婚而被夺之妇取回，可作未成婚减五等，或依强奸未成律，其随从不伤人，止问不应杖罪。若伤人，问斗殴，随从强夺有卑属，不可从家人共犯免科，俱问不应杖罪。

娶乐人为妻妾

释曰：此条当与《刑律》"官吏宿娼"条参看，官兼文武言。官员子孙，乃应荫袭者。乐人，指教坊司妓者。良贱尚不得为婚，况官吏与乐人乎？故杖六十。职官依《名例》解见任降等叙用。若未入流官吏，罢职役不叙，妻妾并离异，不给官吏，亦不给乐工，断归本宗，故曰并。○按旧例文职官吏，犯赃、犯奸，并一应行止有亏，俱发为民，则合当罢黜，武官照例调卫带俸差操。若官员应合荫袭子孙娶者，罪亦如之，亦杖六十附过，候荫袭之日，于本等职事上降一级，边远衙门叙用。乐工主婚嫁者，但坐不应答罪，财礼入官。○常人娶，律虽无文，流倡迹类乐人，均碍行止。举人、监生、生员娶者，俱应黜革。

僧道娶妻

释曰：僧道不守戒律而娶妻妾者，杖八十，还俗，女家主婚之人同罪，妇女离异归宗，财礼入官。其本寺观住持，知情不举，亦与同罪，但因人连累不在还俗之限，不知者不坐。○若僧道假托自己亲属，或僮仆为名，为之求娶，而僧道乃自占为妻妾者，以僧道犯奸，加凡人和奸罪二等论。或谓各以奸亲属之妻妾及义男妇科断，非也。既曰假托，又云自占，恐所托者或无其人；即有其人而所娶者究非其妻妾,安得遂以假为真而坐罪哉?僧道还俗,女家不坐。若私自簪剃,则不成僧道,止依凡奸论,女家并住持知情者,坐不应事重,财礼亦入官。或谓妇女宜给所托之人,恐仍遂其奸计,归宗为当。

良贱为婚姻

释曰:家长与奴娶良人妇女为妻者,家长杖八十,女家主婚之人,知其为奴而以女与之者,减一等,杖七十,不知者不坐。其奴不由家长之命,而自娶良人妇女为妻,亦论如家长与奴娶之罪,女家亦减一等。家长知情而不禁止者,减二等,杖六十,事虽由奴,而家长不得无罪矣。若家长因以所娶良人女配奴为婢,而附入于籍者,杖一百。若家长妄以奴婢为良人,而与良人为夫妇者,杖九十。各离异其入籍为婢之女,则改正。盖夫妇有敌体之义,而良贱非配偶之宜;入籍无从良之期,而妄冒为欺罔之甚。然压良为贱,尤甚于以贱为良,故其罪有差等耳。或谓入籍为婢,罪坐家长云何?盖脱漏户口不附籍者,家长当罪,此奴婢乃藏获驱使之人,良贱断无相因之理,故责其所重。凡律称奴婢,不专谓入官之人言,此改正与妻妾失序不同。或谓良还从良,贱还从贱;然律既云离异,则改正之义,寓其中矣。

外番色目人婚姻

释曰:外番色目人,是回回种类,散居中国,即为王臣矣,不许与本类自为婚姻,违者杖八十。若中国人嫌其起居饮食,尚仍本俗,不愿为婚姻者,听其本类自相嫁娶,不在禁例。

出妻

第一节 应出,即七出,谓无子出、淫佚出、不孝舅姑出、多言出、窃盗出、妒忌出、恶疾出,此礼家之所载也。义绝,律未备言何事系该义绝,今止据律中所有,如妻殴夫者,杖一百,夫愿离者,听夫殴妻,非折伤勿论,折伤以上,减凡人二等,先行审问;夫妇如愿离异者,断罪离异,此等之类皆是也。三不去者,谓与更三年丧不去,前贫贱后富贵不去,有所娶无所归不去,此亦礼家所载。于七出之中,又有三不去之义,乃古人所以存厚也。故凡妻无七出应离,及犯夫义绝之状而出之者,其夫杖八十。虽犯七出,有三不去而出之者,减二等,杖六十,并追还完聚。○或以义绝之故谓妻殴骂夫,及殴骂夫之祖父母、父母,若夫与妻之祖父母、父母、伯叔父母、姑、兄、姊,两下相杀;或夫殴妻之父母,若妻与夫之缌麻以上亲奸,及夫与妻母奸之类。殊不知妇犯舅姑,在法论死,与人淫奸,已属七出,亲族仇杀,揆之夫义无乖,姻婿乱伦,非缘妻道有歉,此当自其所得罪者而求之,如和诱背逃、殴夫至折伤以上之类皆是也。或谓蒸梨叱狗,妻皆可去,何尝亦待有应出、义绝之状而出之耶?曰否,此古人忠厚之道也。盖君子交绝,不出恶声,而况妻乎?

第二节 若犯义绝,应离而不离,应离之状,又不可以向之所引为说。前云愿离者听,则不愿者,犹听其不离;此云应离不离,则义无可合,法在必离者,故亦杖八十。若夫妻不相和谐,而两愿离者,则情既已离,难强其合,故虽无义绝之状,亦听其离,不坐以罪也。

应离,谓犯七出,或经官司判为义绝应离人数,若夫远出,妻在家与人通奸或生子者,夫回不究,仍养其子,依应离不离。或纵容妻犯奸律,若妻已被出,仍复私通者,问和奸。夫贫愿与妻离异者,虽无恶意而出即义绝。或奸或殴,及与夫之尊卑亲属有犯,又如先奸后娶之妻,并同凡论。○妻犯夫有义绝之状,可出而不可卖,愚民无知,殊乖伦理,犯者引买休卖休律。

其有家贫不能养赡,及逋负无偿而卖妻者,问不应杖罪。若因奸而嫁卖与奸夫,自依买休卖休正律,此自未经官言之;若已经官断罪后卖者,依嫁卖与奸夫律。

第三节 若夫无愿离之情,妻因不和之故,辄背其夫而在逃者,杖一百;从夫嫁卖,因逃而辄自改嫁者绞。其因夫弃妻逃亡,不知去向生死,须待三年之外,明告官司。若三年之内,不告官司而逃去者,杖八十;擅改嫁者,杖一百。逃亡之故,或因犯罪,或因兵荒乱离。若别有事故,不系逃亡,纵三年之外不归,不在此律。若妾犯,则各减妻罪二等,谓背夫在逃者杖八十,因而改嫁者杖一百,徒三年,亦从夫嫁卖。其夫逃亡,三年之内,不告官司而辄逃去者,杖六十;擅自改嫁者,杖八十。○凡将背逃妻妾,不告官司而擅嫁之者,难以不应论罪,得过财礼,坐赃从重论。此言改嫁,盖谓有主婚媒人以尸其事,有问名纳聘以成其礼。不然,则淫奔野合,不可谓妻,但当以和诱刁奸为罪。苟合者,以收留在逃科。若因奸被人拐去,以刁奸论。其自己犯罪逃出改嫁,虽有主婚媒聘,难引此律,依娶犯罪逃走本律。因夫逃亡,三年之外,不告官而逃且嫁者,止问不应,不离异。

第四节 婢与奴背家长在逃之罪,与妾同杖八十,而婢改嫁减妾二等,婢又贱于妾,故罪又轻于妾也。婢不言家长逃亡,而止论婢逃及改嫁之罪,以有主母在耳。

第五节 妻妾奴婢在逃，俱系有罪之人，各有夫主，他人安得擅为藏匿及擅自婚娶？故窝藏之主及明知背逃之情而娶之者，各与在逃之妻妾奴婢同罪。若妻逃改嫁应死者，减一等，杖一百，流三千里，财礼入官，不知情者俱不坐，财礼给主。○按不知者不坐，于娶者则可，窝主则不可，以窝主乃异姓无干之人，他人之妻妾奴婢，非背夫主而逃，何事得至我家，又从而窝藏之，而谓其不知情，恐无此理。纵不知情，而又可窝藏之耶？故不坐，专谓娶者说，窝主虽不知情，亦当从收留迷失子女条内隐藏在家者杖八十科断。

第六节 期亲、余亲，俱指妻妾婢之亲言。男，即知情而娶者，谓若改嫁之妻妾与婢，由妇女本宗期亲以上尊长，如祖父母、父母、伯叔父母、姑、兄、姊及外祖父母主婚者，罪坐主婚之人。如背夫而改嫁，系妻，主婚人杖一百，徒三年。夫在逃而改嫁，系妻，主婚人杖一百，系妾，主婚人杖八十，妻妾止坐前项在逃之罪。如婢虽改嫁，止坐杖一百之罪。妇女之余亲，谓期亲卑幼及大功以下尊长卑幼主婚者，其情又不同，如事由主婚人起者，以主婚人为首，所嫁娶之男女为从；事由男女起者，男女为首，主婚人为从。若妻逃改嫁应死者，其主婚人，不问期亲以上，及余亲并减一等，杖一百，流三千里；未成婚者，各减五等。若夫族主嫁者，自依和略诱卖之律。

嫁娶违律主婚媒人罪

第一节 此条乃男女婚姻以下诸条之通例，皆当以此条参之，盖所以补诸条之未备，而权其轻重之宜者也。言凡男女婚姻以下违犯法律，如同姓尊卑为婚之类，必有主张其事者，若由祖父母、父母、伯叔父母、姑、兄、姊、外祖父母主婚者，独坐主婚之人，以事全由之也；余亲如期亲卑幼及大功以下尊长卑幼主婚者，则事未必全由之。故事由主婚人，则以主婚人为首，以男女为从；事由男女，则以男女为首，以主婚人为从，从者减一等。若论罪应至死者，如娶同宗小功以上，各以奸论。其中如从父姊妹、母之姊妹及兄弟子妻、兄亡收嫂、妻背夫在逃，因而改嫁皆是也，此等不得谓之婚，纵由父主之而不得谓之主婚矣。除事由男女，自依常律；其由主婚人，或期亲以上，或余亲，并得减一等，杖一百，流三千里。

第二节 此节主婚，专指余亲言，以为祖父母等亲，可以不用威逼。然则期亲卑幼与大功以下尊卑，又何能威逼也？二十岁以上之男，及夫亡再嫁之女，被主婚人威逼嫁娶，不得自由者，亦不应科从罪。若男年二十岁以下，及在室之女,则无自主嫁娶之理,不必问其有无威逼,由男女不由男女矣,二项亦独坐主婚,男女俱不坐首从之罪。

第三节 凡违律嫁娶,其已成婚者,依律论罪。若虽有期约,虽行聘定,尚未成婚者,男女及主婚人,虽律应死,得各减已成婚罪五等。如妻背夫在逃,因而改嫁,由父主婚,至死者减一等;未成婚,又得减五等,通减六等也。又如某人将长男妇配与次子,未成婚事发,依兄亡收嫂,未成婚减已成婚绞罪五等,由父主婚,独坐主婚律杖七十,徒一年半。

第四节 犯人,指婚者本身而言。婚姻各条称有媒人者,自照本条拟之;如无,方依此条议罪。如云某人依违律为婚,媒人知情者,减犯人某项罪一等是也。

第五节 其违律为婚各条妇女,有称离异及改正者,虽会赦,但得免其罪,应离异者仍离异,应改正者仍改正。其称离异者,妇女并归宗。

第六节 其原聘财礼,若娶者知情,则为彼此俱罪之赃,故追入官;不知情,则为取与不和之物,故追还主,并不论已未成婚。○或谓违律嫁娶,其祖父母、父母主婚者,独坐主婚。至于夫丧服满,愿守志而女之祖父母、父母强嫁之者,何独无罪乎? 盖妻妾居夫丧服满,身自改嫁,及女之祖父母、父母,若余亲主婚嫁者,律本无罪。故女子愿守志,其祖父母、父母夺而嫁之,有如《柏舟》诗所云者,亦人情所有,故恕之也,与嫁娶违律主婚者不同。

《王仪部先生笺释》卷六终

《王仪部先生笺释》卷七

顾王榭用拙父　　校阅

顾鼎定九父　　　重编

古吴

黄中致和父　　　订正

翁居体镜非父　　汇参

户律

仓库

释曰：仓库之事，前代或附于《户律》而不出其名，或连于《厩律》而谓之厩库。惟萧梁及隋炀帝有《仓库律》。明时以户婚之后，仓库为重，故立此篇。

钱法

第一节　直省设立钱局，鼓铸铜钱，通行行使，凡民间买卖金银、米麦、布帛诸物价钱，并依时直听从民便，两平交易。若有人或高抬其价，或低估其值，使物价不得其平，则钱法阻滞，不能通行矣，故杖六十。

第二节　民间私蓄铜器，除合用器皿外，其余应有无用废铜，并听赴各该官司中卖，计数给价。若有私相买卖，及收藏在家，不行赴官中卖者，各笞四十。此法行，则私钱无所用禁矣。〇私铸及知情买使，与将时用铜钱剪错薄小，取铜以求利，俱在《诈伪律》。此条所言者，禁阻滞、收废铜二事，谓之钱法。

收粮违限

释曰：夏税，夏月所收小麦；秋粮，秋成所收粮米。官府征收，其开仓齐足，各有一定之限。除早收去处，预先收受不拘外，若有违过限期，不完足者，在提调部粮官吏，分催里长，则为玩弛；欠粮人户，则为奸顽。各依十分为率，一分不足者，杖六十，每一分加一等，至五分之上，罪止杖一百。官吏以一州县计，里长以一里计，人户以所该纳之数计，故曰各以十分为率。州、县官以十分为率，计一州、县该征之数一万石，则一千石为一分；里长计一里之数一千石，则一百石为一分；人户计一户之数一百石，则十石为一分也。若官吏、里长有受人户财物，不行上紧督并完纳者，各计其入己之赃，以枉法从重论，轻则仍从本条。若违限至一年之上，但有不足者，欠粮人户，分催里长，杖一百，迁徙。今比流减半，准徒二年，提调部粮官吏处绞。一年之上，谓夏税自八月初一日起，秋粮自次年正月初一日起。又违限三百六十日，方为一年也，曰一年之上，则未及一年者，当以罪止律论。

条例

第一条 计分数加等问罪，引此例，监候三月之外不完，方行严追发遣。

第二条 重在"迟误"二字，若迟误之由在于私兑，方引此例，既不运赴官仓，故以不纳秋粮之罪罪之。

多收税粮斛面

释曰：概者，平斛之具。此条因主守收受粮米，虑恐折耗，而取盈于斛面者，故特立此法。听令纳户亲自行概，平斛交收，将斛内之数，收入仓廒，作正数支销，仍依例于正额之外，每斗带耗以为亏折之备。曰亲自行概，则不亏纳户矣。曰准除折耗，则不累监守矣。若仓官斗级，不令纳户亲自行概，踢斛淋尖，多收斛面米粮在仓者，各杖六十。若以多收之粮，积出附余之数，计赃重于杖六十者，照《刑律》坐赃论，罪止杖一百。不加重者，以虽多收而未曾入己也。提调官吏，知其多收而不觉举者，与仓官斗级同罪，不知者不坐。其附余粮数，有主给主，无主入官，另项作正支销。仓官斗级入己者，以监守自盗论。

条例

第一条 职官子弟,不分有无监临,积年光棍等项,不应入仓之人,跟官伴当,纵跟监收官员入仓,亦不得占堆行概,欺凌挟诈。若有犯者,随事摘引,欺凌行凶,问斗殴;挟诈财物,问欺诈、恐吓、求索等罪。

第二条 虽依令除耗,而守支年近者,或有赢余;守支年远者,或仍不足,未免赔偿,故例定拟每年每石,准开耗一升,可谓计处至当者矣。

隐匿费用税粮课物

释曰:于法钱粮不许揽纳,故凡应纳事产税粮、岁办额课,及应追征入官之物,俱须本户自行送纳。虽是应纳官物,然未送官收掌,则未纯乎官也。虽是本户财物,然已给文部运,则非纯乎私也。故有隐匿在己,私自费用而不行尽数送纳者,或诈言水火盗贼有所损失,以欺妄官司者,并计其所亏欠物数为赃,准窃盗论,一两以下杖六十,至一百二十两,罪止杖一百,流三千里,免刺。其部运官吏,明知纳户隐匿费用诈妄之情,而纵容不举,别无受赃情由者,并与犯人同罪,系公罪,各还职役,不知者不坐。若受财故纵者,以枉法从重论,罢职不叙,又不止于同罪而已。

国法不许揽纳,故止言本户。若今解户粮长,却要作监守自盗论矣。惟小户畸零米麦,因便辏数于纳粮人户处附纳,隐匿费用者,则仍用此律。○凡官钱粮及官物,其守掌之人,若于仓库内盗者,谓之监守自盗。若送纳之间,尚未入仓库,及支放已出仓库,其一时经手之人,隐匿费用者,则谓之侵欺。侵欺者,以监守自盗论。此条隐匿费用税粮课物,正所谓侵欺,而止准窃盗论,何也?要看"本户应纳"字样,在其本户应纳者则如此。若收管他人应纳官钱粮,则不同此论矣,在守掌在官财物条。

揽纳税粮

释曰:揽纳,谓包揽别户税粮,代其交纳以取利也。犯人,即揽纳者。监临,如提调部运官吏。主守,如官攒斗级人等。监守不言纳足追罚者,蒙上文也。揽纳之弊,于民未免多取,于官未免后输,如有犯者,均属有罪。但犯在民,不过规取微利,故止杖六十;犯在监守,何以禁察下人?故加罪二等,原揽税粮,着落赴仓交纳完足,再于本犯名下,照原纳粮数,追罚一半入官。二者如有隐匿费用，俱问侵欺。

其里中小户，应纳畸零米麦，止于升斗以下，因便辏数于多粮人户处附搭纳官者勿论，以情非揽纳故也。○将钱粮包与他人者，问不应杖罪。

条例

第一条 阿徇人情，除曲法嘱托，依违制。别项那用，问主守不正支那移。听势要官豪揽纳，问违制。

第二条 前重在诓骗不行完纳上，若非隐匿费用，何由不行完纳？盖亦不止于诓骗矣，此自当依侵欺以监守自盗论。若无侵欺事情，止依揽纳问罪，不用此例。后重在挟势作弊，"作弊"二字，包侵欺在其中，亦要责限三个月内完纳，亦照常发落，赃至千两，只引此例，不可引仓库钱粮永远之例。若系原解本色之物，付与揽纳人侵用，问常人盗。如不系原解本色之物，而将银货付与，被费不完者。止依诓骗，解人问不运本色律。

第三条 兜揽，将草卖费，问诓骗。受嘱官员，除嘱托听从，问应受上物而受下物。有赃依枉法，满数引充军，兜揽之人，侵费至百两以上，过三月不完，引上条粮草包揽诓骗例发充军。

第四条 畏惧行赂者铺行，而出钱者解户，以致钱粮不完，罪全在此，问恐吓取财。如止一人挟告得财，止问罪，不引例；若三五人同去，引此例，摘去"数十为群"一句。若钱粮不久即行完纳者，止照常发落，查照打揽仓场杖罪以下，枷号一个月，徒罪以上，与再犯杖罪以下，免其枷号，属军卫者发边卫，属有司者发附近，各充军。

虚出通关朱钞

第一节 等物，如颜料、金银、段匹、竹木、柴炭之类，一项全完，而出给印信长单，曰通关；逐日旋收，而给与朱批照票，曰朱钞。通关系有司提调所出，故监守必通同有司提调，乃得行之。朱钞系仓场所出，故止言监守之罪。管粮谓之监临，收粮谓之主守，未足而捏作已足曰虚出。"皆"字，指监临、主守、有司提调官吏不分首从言，谓凡各处仓库收受一应系官钱粮等物，数未足备而监临、主守，通同有司提调官吏，虚出足备通关者，则与盗何异？计所虚出之数，并赃，皆以监守自盗，不分首从论罪。既言计而又言并者，计则计其一总虚出之数，并则并其各人所分之数，皆得全罪，非谓但计其入己之赃也，如通同虚出官银四十两,监守、提调官吏各得四十两皆斩之罪。

假如张丙该纳粮二十石,止纳过一十八石,赵甲系主守,钱乙系有司提调官,赵甲通同钱乙,将全完通关给与张丙,计所虚出之数,系二石,粟米、黄米,每石值银一两,二石共银二两,赵甲、钱乙,俱合坐监守自盗二两之罪也。果有通同之情方坐,如无,止问知而不举,或失觉察。

第二节 若委官盘点钱粮,数本亏欠不足,而符同仓库监守人等,捏作完备,申报上司者,则与虚出通关何异?亦计所虚报之数为赃,以监守自盗,并赃论罪,如虚出通关之律。若因查盘亏欠事发,委官受贿而为之符同申报者,则计其入己之赃,以枉法从重论。如受枉法赃八十两律绞,本重于监守盗二十五两,则从重坐绞。如监守盗四十两律斩,本重于受枉法赃八十两,则从重坐斩是也。

第三节 其监临官吏及主守之人,不收本色钱粮,乃与纳户折收财物,瞒官作弊,因而虚出本色朱钞者,亦计赃,以监守自盗论。若纳户明知监守情弊,而听其折收者,减犯人盗罪二等,免刺,原与之赃入官,不知者不坐,其赃还主,所欠本色钱粮,依数征纳。○上未完而出已完之通关,故谓之虚出。此折收财物,非不完也,而亦谓之虚出者,法当纳本色。今却收折色,而出本色朱钞,非虚出而何?原与之赃,指所折收之财物而言。夫折官物而谓之赃,何也?原折收之心,明借官物为图利之计,非赃而何?虽监守折收,其财物亦必出于纳户之手,而又论其知情不知情,何也?盖如诈说奉文许其折收之类,则纳户有不知情者矣。○或以不收本色,谓监守之人要令纳户折收财物,故与者方得无罪。不然,则起运官物,不运本色,而辄赍财货于所纳去处收买纳官者,且以监守自盗论罪。况以非本色而纳官,乃反蒙不坐之宥,可乎?曰:非也。此言人户送纳自己钱粮,彼言解户起运官物,其情本自不同,故隐匿费用本户税粮课物,罪且止于准窃盗论。此虽不纳本色,终与领解已出官库之物,私自易卖取利者不同,其不知监守折收作弊之情者,亦何罪之有?

第四节 凡仓库钱粮,官吏收受而虚出通关,查盘而符同申报,监守而虚出朱钞,此三者,若同僚官联署文案,有明知其情而故纵不举者,并与犯人同罪至死减一等,杖一百,流三千里,不在刺字之限,其不知情及不同署文案者不坐。

条例

释曰:查盘,按抚按会委查盘。又各省守巡道公同查盘,此系旧例,久已不行。巡按委官查盘,申呈巡抚及各差御史知会,政不烦而民不扰,钱粮赃罪,皆得从一归结,至当不易之例也。若各另委官查盘,不惟烦扰地方,或一年而查二三次,或一事而问二三罪,在委官既妨职业,在民又重被罪累矣。○委官不悉心查点,听凭吏书故入人罪者,问失入,吏书问故入,有赃以枉法科。

附余钱粮私下补码

第一节 凡内外各衙门及各处仓库,其钱粮放支尽绝,但有多出羡余,并秤头斛面之积,虽非正数,然皆系官钱粮,须要尽实报官,自当明白立案。正收簿内作数支销,正收作数,谓当明开作附余之数,非谓作正数钱粮也。不得私补别项事故亏折之数,别项事故亏折,如安置不如法,曝晾不以时,致有损坏遗失,及监守自盗,不觉被盗之类皆是也。附余者,正数之外所余也;亏折者,正数之内所少也。犯者并计所私补之赃,以监守自盗,不分首从论罪。着落均赔别项事故,亏折之数还官附余钱粮,仍作正支销。若亏折原系监守自盗者,则计所盗之赃论以盗罪,所谓罪等从一科断也。或谓附余钱粮,亦与下节交纳内库余剩金帛不许将出者同义,非也。盖仓库附余,即耗银、耗米之类,观其不言收受,安得比于交纳余剩之物哉?

第二节 内府承运库,禁密之地,出入有防。各处解到金帛,有当日交割未完者,其未纳之物,不许将去,听令明白附簿寄库,来日交收;此外若有余剩之物,俱经原衙门封解之数,本库明立文案正收入库,开申户部作数备查。若解户有朦胧擅将未收余剩金帛等物出外者斩。系杂犯,该赎银五钱二分五厘,今例准徒五年。其守门官失于盘获搜检者,杖一百,还职,金帛等物追还官。

私借钱粮

第一节 钱粮等物,如金帛米麦之类。若其他器物,则为官物矣。私借用,要看“私”字。若公借用,则为那移出纳矣。“文”字,《唐律》云:“私贷文记,兼文约、票批、簿籍言。”或谓明附仓库官籍,非也。非监守之人借,“借”字,兼自借与借人言。监守仓库之人,以仓库中系官钱粮,私自借用,或转借与人,虽有偿还之心,而罔上行私,实为盗贼之事矣。故并计所借之赃,以监守自盗论,至四十两斩。其非监守之人借者,以常人盗仓库钱粮论,至八十两绞。若不知其为钱粮而借之者,不坐。

第二节 将自己物件,抵换官物,系监守自抵换,则亦如私借,得监守盗罪;系常人抵换,则亦如非监守之人借,得常人盗罪,故曰罪亦如之,仍追出所抵换原物还官,其所抵换之物入官。○或以监守十人,借官银四十两,当各科入己四两,得杖九十,非也。盖监守自盗钱粮,并赃论罪,不分首从。今既云各得四两之罪,则罪不并赃矣。罪不并赃而又不分首从,则同官吏受财者论矣。设如起运官物,其长押官及解物人,若有侵欺者,亦但各计其入己者罪之,可乎?

私借官物

释曰:此系官什物,是官所置在官公用者。损失,谓损坏遗失也。毁失官物,见弃毁稼穑等物条。借钱粮,不得以原物还;借官物,犹得以原物还,二者轻重固自不同。故将官物私自借用,或转借与人及借之者,止各笞五十;过十日不还官者,各计其本物之价坐赃论,减二等,虽满数,罪止杖八十,徒二年。若赃不及三十两者,仍笞五十。若有损坏者,依弃毁官物,计赃准窃盗论,加二等,罪止杖一百,流三千里。误毁及遗失者,依减弃毁之罪三等,罪止杖八十,徒二年,并验数追赔还官。○凡私借官车船、店舍、碾磨之类,计雇赁钱重者坐赃加一等。与此异罪者,盖车船等物,为利博,可以责佣;衣服诸事,为用微,但可计直,故不同耳。

那移出纳

第一节 文案勘合,乃提调衙门,将应收应支各项钱粮,明立文案,存查照验,填入勘合与文案合用一印,故曰半印勘合。给与监守人役,附写收支数目于廒经库簿,然后用准收勘合正收,用准支勘合正支。如某年夏税,定收某号仓,分例该支放某月军粮,是为正收、正支。若因去年秋粮急并日,那收作秋粮之数曰那移。或将已收者,那补秋粮放支,是为那移出纳也。那移出纳,还充官用,虽非入己,而出纳不明,并计所那移之数并赃,准监守自盗,不分首从论,至二十五两之上,罪止杖一百,流三千里,免刺。凡言"准"者,不在除名之限,官吏各还职役。

第二节 上一节,兼收放言。下二节,专主放支言。先言提调官吏之罪,后言仓库官吏之罪。谓若各衙门不给半印勘合,但出权宜票帖;或虽给与勘合,乃不明立文案,而与仓库放支者,及监守仓库之人,不候半印勘合,但准据权帖;或已奉勘合,乃不明附簿籍,听行放支,虽事非那移,而弊端易起,故亦论如那移出纳之罪。

第三节 出征、镇守,系二项事。若大将率师出征,或移节镇守,其军马经过去处,应合供给行粮草料。各该衙门遇有此等,虽未奉有正支勘合,但事属紧急,许明立文案,实时应付,将支过之数,开申合干上司准数开除,不在擅支之数。其以无勘合为辞,违而不即应付者,当该官吏,杖六十。因而失误军机者,问临军征讨。应合供给行粮草料,因而失误军机者斩。

库秤雇役侵欺

释曰:收粮曰仓,收财曰库,税物曰务,即税课司等衙门。积物曰场,如草场、盐场之类。局,如织染等局。院,如文思等院。移易,谓移此易彼,即抵换也,与那移不同。库秤斗级,侵欺借贷,移易官钱粮之罪,别条备矣,此条特论其受雇代当者也。恐人疑其非系真正主守之人,因而未减其侵欺借贷移易之罪,故又著此条。盖仓库、务场、局院,皆钱粮出入之所,而库子斗级,皆见在主守之役。雇役之人,既受直以任事,即与正役同。若有侵欺,或借贷,或移易,系官钱粮,是为盗也,并计赃,以监守自盗,并赃论罪,不分首从,至四十两斩。若雇主同情,分受雇役之人所盗赃物者,是同盗也,亦如其罪科断。若虽知情,不曾分赃,而但为之符同申报,欺瞒官司,及不行首告者,是纵盗也,减受雇人盗罪一等,至七两五钱之上,罪止杖一百,免刺,不知情者不坐。○库秤斗级侵欺,即所谓主守自盗,见《盗律》。○此后有言及侵欺者,一为起运官物,押官与解人;一为守掌在官财物之人,皆非库秤斗级之正条也。侵欺者,渐取之意,官钱在手,视如己物,隐匿费用是也。

冒支官粮

释曰:管军、官吏、总小旗,俱自军人本管所部者言。本人见在应支,不与通知,顶名支去,谓之冒支。及被应支军人告发,或查出不以官粮坐罪,而止准窃盗论免刺,何也?粮虽系官,终是军人名下合得之物也。此因军人从征差遣,操运屯种等项不在,或有丧疾他故者,乃用此律。若非本管军人冒支,及本管将逃故阙伍军粮,不曾开除,而朦胧关支入己者,则阴取在官之粮矣,当以常人盗坐罪。若军官承委放支军粮,因而冒取者,以监守自盗论。○旗军公差,或操备,及见在营而军官克落月粮等项,依官物当给付与人。若有侵欺者,以监守自盗论。凡应总领给散,已出仓库,未给之时,有守掌侵用者,即是官物,当依给付守掌侵欺借贷律。又如常人冒领见在官军应支月粮,以诈欺官取财科,冒关内府赏赐,比此律加一等,盗人筹赴仓关米,除欺诈,依窃盗。若买人筹票下仓支粮,问不应。

钱粮互相觉察

第一节 仓库、务场,解见前。攒拦,税务之攒典拦头也。盗用者,潜窃费用,与侵欺不同。此条总承以上诸条而申明之。盖侵盗、借贷,系官钱粮者,固各有罪,而仓库、务场之官吏,各有监临之责;攒拦、库子、斗级,各有主守之责,皆得彼此互相觉察。若知其侵欺、盗用、借贷,已出仓库而隐匿不即举首,及故纵者,虽非入己,亦同奸也,并与侵欺等犯人同罪,至死者减一等,不在刺字之限。系私罪,官吏各罢职役不叙。其失觉察者,虽有疏虞之失,而无通同之情,故得减犯人罪三等,至十二两五钱之上,罪止杖一百。系公罪,官吏各还职役。○觉察者,谓别人有奸弊,觉而知之曰觉,访而知之曰察,察深于觉。

第二节 “虚立文案”二句只一意,对“虚出通关”而言,虽有文案而那移出纳,则所支非所收,故曰虚立也。虚立文案,虚出通关,此弊俱文书上事,事由官吏,非库斗、攒拦之所得而觉察,故不坐罪。

仓库不觉被盗

释曰:有人之人,非仓库执役之人。日间守把之人,因不搜检,以致盗物出仓库而不觉者,减盗罪二等。夜间直更之人,不觉盗者,减盗罪三等,如三更被盗,正直三更之人,减盗罪三等。其余但在仓库内直宿官攒、库斗,不系正直三更之人,不觉盗者,减盗罪五等。守把之人,至二十五两,直更之人三十两,官攒、库斗四十两,并罪止杖一百。系公罪,完日官吏各还职役,其把守、直更、官攒等,知其盗而故纵不即追捕者,各与盗同罪,至死者减一等,并不在刺字之限。系私罪,官吏罢职役不叙。若被强盗力不能支者,勿论。

条例

释曰:此条言内外窃盗,盖律已明言强盗勿论,又安可责库役之赔偿乎?库役之追赔,专指窃盗上说,亦以其有不觉之罪耳。经该,谓掌印正官及库官,逼认追赔,依故入人罪,或追征钱粮,诬指平人代纳,计所枉征财物坐赃论。

守支钱粮及擅开官封

第一节 官攒,仓官攒典也。官攒、斗库,前言役满而不言任满,后言给由而不言宁家者,互见也。谓凡各处仓库官攒、斗库,任满役满,虽已得人更代,其该年经收钱粮官物,并令守候放支尽绝。若无短少,官攒方准起送给由,斗库方准宁家。其有应合相沿交割之物,不待守支者,如盘拨积出附余钱粮,及犯禁不应变卖赃物之类,听候提调官吏监临,逐一明白盘点见数,交付代役之人接管,不得但指某廒某粮若干,某库某物若干,止以虚文行移,私相交割。盖恐有侵欺、盗用、借贷、那移、抵换之弊,主守既易,互相推调故也。违者各杖一百,或不候守支尽绝,或不候盘点见数,皆违也,经收、提调、交代、官攒人等皆坐。或以指廒指库,本谓监临官吏,非也。其曰听,曰不得,盖亦自其役满官攒人等而言之也。

第二节 若在库一应收受官物,有印封记者,亦防侵盗抵换之弊也。其主典之人,不请原封官司阅视而擅开者,杖六十,因而有所侵欺、借贷、移易者,自从重论。○原封官不在,掌印官同开即是,若衙门窎远,移明后开亦是。

出纳官物有违

第一节 当出陈物而出新物,如仓粮不挨陈先放,而出新粮之类。应受上物而受下物,如段匹不收坚实而收纸薄之类。之类者,举一二以括其余也。和雇、和买,谓和同用价雇买也。和雇,以器具工役言。和买,以物货言。此自充官用者言之。不实,谓或增或减,不如所值之实价,非谓不如领状之数也。亏欠多余,通一节说。盖仓库出纳官物,自有额例,及有司和雇器具工役,和买物件,当依实价。若当出陈物而出新物,及雇买不即给价,或给价增不以实者,各有多余之利;当受上物而受下物,及雇买不即给价,或给价减不以实者,各有亏欠之利,并计所亏欠所多余之价,坐赃论。以钱粮不系入己,雇买非充私用,故轻之也。若官司自己买物,减人价值,则计余利为赃,准不枉法论矣。

第二节 若官吏人等,应给俸禄,各有定期,以月给者,须在本月之内;以季给者,须在本季之内。若在春季而预支夏季,在正月而预支二月,为未及期,均属有违,亦如上计多余之数坐赃论罪。

第三节 此总承上二节,谓监临官吏,明知主守之人,官物出纳有违,俸禄先期预给,有司雇买于民而价不以实,故纵不行举究者,各与犯人同罪,不知者不坐。其所出纳过钱粮,并改正,多余之价,预支之俸,俱各还官。亏欠之价,应还官者还官,应给主者给主。

收支留难

释曰："无故"二字须重看，曰"无故"，则不中度而不收，不依期而不给，或因别项公务冗并而不暇收给者，不在此限矣。谓各衙门监临主守收受，及支给一应钱粮等物，当该官吏，无故将纳物领物之人，留难刁蹬，当收者不即收受，当支者不即放支，则守候艰难，官事阻滞，故计日论罪，一日笞五十，每三日加一等，至十九日之上，罪止杖六十，徒一年。

若守门之人，留难刁蹬，拦阻不放出入者，则与收支留难何异？故罪亦如之。

若领物纳物之人，到有先后，而主典官司，不依原到次序收支，则搀越者众，人情不平，故笞四十。

条例

释曰：指称权贵名色�勒，若系正管事者，问求索、诈欺、违制等罪，假者问诓骗，或诈称见任官子孙家人，有所求为得财律。

起解金银足色

释曰：诸色课程，如岁办商税，各场课银之类。变卖物货，如抄没入官诸物，变易银两之类。足色，足十分之色。不及分数，谓不及十分之数也。人匠，指煎销估计之人。所亏成色，着落经该官吏人匠均赔补足。若有侵欺，问监守盗，知情通同故不收足色者，坐赃论。

损坏仓库财物

第一节　主守，指攒拦、库斗等人，不及监临者，以看守之责，非其所亲也。谓凡仓库及各处积蓄财物，而主守之人，有安置不如其法，晒晾不以其时，因而致有损坏者，计所损坏之物价，坐赃论，一两以下笞二十，至五百两之上，罪止杖一百，徒三年，着落均赔还官。

第二节　若卒遇水火盗劫，事出不测，力不能制，而有所损失者，并须申达上司，委官保勘，重覆审实。如果显迹明白者，得免其罪，不在均赔之限。其监临主守、官吏人等，若将平时有所侵欺、借贷、那移之数，乘水火盗贼之故，而虚捏文案，及扣换交单籍册，申报瞒官者，并计赃以监守自盗，不分首从论。扣换交单籍册,谓折算钱粮分数,改换单册,将侵欺等项俱作遗失也。若同僚联署文案,明知其虚捏扣换之情而符同不举者,与同罪,至死减等,不在刺字之限,不知者不坐。知而不举,不及主守者,以文案籍册,乃官吏所掌,非库斗等所得与也。○失火延烧,是外人失火延烧仓库。若仓库内失火者,杖八十,徒二年,比照被盗事例均赔。○盗分强窃,仍依不觉被盗科断。如侵欺在前,被盗在后,依将侵欺之数,乘有盗劫虚捏文案,申报瞒官者,计赃以监守自盗论。如被盗后而侵欺官银,作盗去之数者,径问监守自盗。○凡以监守自盗论,惟虚出通关言并赃,余条止言计赃者,盖监守通同提调官吏,明言并赃,以见罪非一人也。若补借、那移、虚捏等项,则事或出于一人,故止言计赃。设有同犯者,依监守自盗,不分首从律,用者当以意会之耳。

转解官物

第一节 凡各处有司,并税务所局,征收一应民间钱帛,如金银、布绢、段匹之类;及买办军需,如胖袄裤鞋之类;成造军器,如弓箭弦条之类;其人户各于所在本管州县交割收受,州县随差有职员役,陆续截数,类解本府,府解布政司,布政司解部,所以便人情,均劳逸也。若本府不即交收,差人转解,但倒批勒令州县原解人户就解布政司者,是委其劳于州县而重累之也,本府当该提调正官及首领官、吏典,各杖八十。曰各者,不坐以吏为首递减之例也。若布政司不即交收,差官转解,但倒批勒令各府就解该部上纳者,是委其劳于各府而重累之也,布政司、首领官并承行令史、典吏之罪,亦如府官吏,各杖八十。此自暂时差遣者言。若原行金定长,解人户,不用此律。

第二节 其各处司府、州县、衙门,起运前项官物,所差长押官及解物人,不如法安置,致将物件损坏遗失者,并计所损所失之数,坐赃论,一两以下,笞二十,至五百两之上,罪止杖一百,徒三年,着落解官、解人均赔还官。或谓同役管解钱粮,当分首从,非也。按同差自相替放条,明言事有损失者,依损失官物及失囚律追断,不在减等之限,则此亦何首从之有?若船行卒遇风水漂流,及失火盗劫,事出不测而有损失者,则非其力之所能及也,故听其申告所在官司,委官保勘覆实,免罪不赔。若有所侵欺者,计所侵欺之赃,以监守自盗论。此不必承水火盗贼而言,纵有乘此而侵欺,亦止问侵欺之罪,不消牵上文字样。不然,当如上条明言乘其水火盗贼,及如失火条明言因而侵欺矣。

第三节 上纳物料,凡不科折色而科本色者,皆采取物产人工之良以济国用也。如解物人不运原领本色,而辄赍财货,于所纳去处收买纳官,私图射利,以取轻赍之便,玩法欺公,与侵欺等耳,故亦计其所收买之余利为赃,以监守自盗论。此解物人,即司府、州、县转解之人,非纳户也。如运粮官军,将粮米折收轻赍,于沿途籴卖,即此类也。

条例

第三条 索要常例,依监临官求索,准不枉法论。指供办等费科索,依管军官科敛入己,计赃以枉法论。扣除行月粮,依官物当应纳付。守掌侵欺,若赃不及三十两,引立功例,与减至杖一百徒三年者,纳米还职,带俸差操。其跟官人役科索,依非因公科敛。或求索,俱计赃准不枉法论。

第四条 漂流,即船行卒遇风浪,宜免罪不赔。然数多者,仍问罪降级,勒限补完者,以粮储至重,故严不慎之防也。问罪依解役安置不如法之律。

第五条 指运军而言。故将船放失漂流,及虽系漂流,损失不多,捏作全数,自是两项。必有折干盗卖,侵匿实迹,方问监守自盗。贿嘱,除行求,受贿官吏依枉法至八十两绞。系杂犯,准徒五年,引官吏受财满数例充附近军。○前项情弊,前后帮船,易于觉察,故立告首之赏,并重连坐帮赔之罚。然必真系知而不举方坐,如一时失于觉察,只因失事人财产变抵不敷,责令前后帮赔,恐非例意。

拟断赃罚不当

释曰:拟断赃罚,如彼此俱罪之赃及犯禁之物,应入官,取与不和,用强生事,逼取求索之赃,应给主,《名例律》备矣。若各衙门问刑官拟断一应赃罚财物,应入官而给主,则亏官;应给主而入官,则亏民。故各计所给、所入之物价坐赃论,至八十两之上,罪止杖一百,以事由失错,财非入己,故轻之也。

守掌在官财物

释曰:凡一应在官钱粮等物,当应给付与人,已出仓库而未及给付,有人守掌,犹官物也。及人户自纳钱粮等物,当供官用,已送在官而未入仓库,有人守掌,即官物也。若守掌之人侵欺借贷者,并计入己之赃,以监守自盗论。非守掌之人盗者,仍依常人盗仓库律论。或以此云侵欺借贷,当兼常人言之,非也。盖《仓库律》凡言侵欺借贷,皆专谓监临、主守,或解物之人。若私借钱粮,则明指其非监守之人,借者以常人盗仓库钱粮论。须看"守掌在官"四字。若应给付与人之物,已领出外,及当充官用之物,犹未送官,即不系守掌在官财物,只依诈欺官私取财坐之,不用此律。又凡称以监守自盗论者,虽刺字绞斩,悉得同科,却不得同引例充军,以非仓库中盗出也。○主守,常川之守掌也,主守自盗,见《盗律》。守掌,暂时之主守也,守掌侵欺,此条是也。雇役,主守之代替也,雇役侵欺,在库秤雇役侵欺条。解役押解侵欺,在转解官物条。

条例

释曰:管军、头目人等,谓千总以下,旗甲以上,问罪依官物当应给付与人,守掌在官侵欺,计赃以监守自盗论。若扣减入己,粮料不至百石,布花等物,值银不及三十两者,问发边方立功,五年满日还职,不降级。旗军人等免枷号,中间止犯粮料,摘引粮料一句,不可概引。○如某卫掌印赵甲造册,委千总钱乙赴库领出布花到卫,甲假公扣布一百匹入己,仍扣绵花八十斤与乙,甲依监守之人诈取所监守之物,乙依主守自盗律。

隐瞒入官家产

第一节 抄没人口财产,乃惩恶之极典,惟反叛奸党,系在十恶,故尽法以惩之。其余有犯,律不该载者,而擅拟抄没,不已甚乎?以故入人流罪论,杖一百,流三千里;未入者,各减一等。此故入人流罪,若官吏一人有私,自依故论,其余同署文案,不知情者,仍以失论递减,不署文案者不坐。

第二节 若律该抄没入官家产,而供报之人,隐瞒人口不报者,计口以隐漏丁口论,成丁一口至三口,杖六十,每三口加一等。隐瞒田土不报者,计田以欺隐田粮论,一亩至五亩,笞四十,每五亩加一等。若隐漏财物、房屋、孳畜不报者,坐赃论,一两以下,笞二十,每十两加一等。此三者,各罪止杖一百,其所隐人口财产,并追入官,罪坐原供报不实之人,所隐之人口不坐。

第三节 若本管里长,同情隐瞒官司,及当该官吏,知隐瞒之情,不行究问者,并与犯人同罪。若计所隐田土、财宅、畜产之赃,其罪有重于杖一百者,坐赃论全科。谓上文抄没之家自隐,故罪止杖一百。若里长同情,官吏知情者,不得亦罪止杖一百也,须于杖一百之上,逐节全科。如一百两,杖六十,徒一年,至五百两之上,罪止杖一百,徒三年,尽坐赃论本法也。

第四节 里长、官吏受财,而为之隐漏者,计其所得之赃,若重于杖一百,及坐赃全科者,则各以枉法之重罪论,分有禄无禄;若赃轻者,仍从杖一百及坐赃全科;若出钱之人,隐瞒罪轻,仍依以财行求科断;若非同情知情受财,止是一时失于觉举,则各减供报人三等,罪止笞五十。〇家,谓人口。产,谓财物。隐瞒,是当抄之人自隐。若他人隐之,于未在官,以欺诈论;已在官,以监守常人盗论。

《王仪部先生笺释》卷七终

《王仪部先生笺释》卷八

<table>
<tr><td rowspan="4">古吴</td><td>顾王榭用拙父</td><td>校阅</td></tr>
<tr><td>顾鼎定九父</td><td>重编</td></tr>
<tr><td>黄中致和父</td><td>订正</td></tr>
<tr><td>翁居体镜非父</td><td>汇参</td></tr>
</table>

户律

课程

释曰：山海地泽之税，汉入少府，给人主私用，以其岁办有额数，谓之课程。历代法家，未有其目。《唐律》中课税多连言，税，即赋税；课，即课程。明时始立篇条，而于盐法特详焉，今因之。

盐法

第一节 盐课之制，由来尚矣。其义专以供给军需，或水旱凶荒，亦借以赈济，其利甚博。若私盐行，则官盐阻。故凡兴贩无引私盐者，不论盐之多寡，俱杖一百，徒三年。若带有军器随行者，加一等。因被获而诬指平人为同犯者，加三等，诬指，不必兼军器言。追捕而拒敌者斩，盐货及驮载之车船、头匹，并入官，原引领私贩之人与牙人及窝藏盐徒，寄顿盐货者，即是同谋，故俱杖九十，徒二年半。其受雇而为之挑担驮载者，杖八十，徒二年。驮，即管头匹之人；载，即驾车运船之人。上言头匹、车船并入官，此则定其人之罪也。若非应捕人役，而能告发及捕获送官者，就将所获私盐，给付告人充赏。若同犯之中，及引领等项之人,有一人能自首者,免其本罪,仍依凡人一体给赏。《名例律》云:"凡犯罪未发而自首者免其罪,犹征正赃。"此云一体给赏,何也?盖《名例》就本犯自首者言,此就数人共犯,而一人独首,或因连累致罪,如引领以下之人首者而言,故盐货一体给赏耳。若一人自犯而自首,则免罪足矣,又何赏之有?

第二节　若私盐事发,当该官司,止许据见获人盐问理,不许听其展转攀指,滥及无辜,违者,官吏以故入人罪论。若获盐不获人,谓之无犯私盐,但将盐货入官,其人不须追究。曰确货,恐非的确是私盐,亦不应轻易没官矣。今勘问盐犯,常于招后照捕,殊非律意。

第三节　煎盐办课者,谓之灶户;户下人丁,谓之灶丁;余外又有总催等项名色,故曰人等。百夫长,即总催头目之类,管领灶丁者也。货卖,承夹带、私煎二者而言。盖夹带、私煎,均与盐法有阻,故凡各处盐场,其灶户、盐丁人等,除应办额设正数课盐外,其余剩之盐,如有夹带出场,及私自煎烧,因而货卖者,同私盐法坐罪,杖一百,徒三年。若百夫长,则有掌管办盐之责者,如知情故纵及通同货卖,亦同杖一百徒三年之罪。夫夹带、私煎之法严,则兴贩者无夤缘之门,而私盐自少矣。

第四节　妇人犯私盐,罪坐夫男,夫在以夫当之,子知情,则坐其子,杖一百,徒三年。曰夫在家,虽不知情者,亦坐曰子知情,则不知者不坐矣。幼弱,谓十五岁以下者,夫远出,则事得专制,子幼弱,则难问其知与不知,故罪坐本妇,决杖一百,余罪收赎。

第五节　其为私盐而买食者有罪,然后私盐可禁,故杖一百。因而贱买贵卖以规利者,则与私贩之情同,故杖一百,徒三年。

第六节　守御官司,谓各卫所守御地方之官司也。有司谓府、州、县及问刑衙门,即前条当该官司也。各衙门,指守御官司、盐运司、巡检司而言。通同脱放,谓通同守御等官脱放也。谓各行盐地方,凡守御官司及盐运司、巡检司,皆有巡捕私盐之责者,若巡获私盐,即将人盐发所在有司归并勘问,守御等衙门,不许擅自推问。若已发有司,而官吏通同原获衙门脱放盐犯者,与犯人同罪,各杖一百,徒三年。若脱放出于受财者,计其入己之赃,以枉法从其罪之重者论。夫非见获者,既不许展转攀指,而见获者,又严脱放之罚,则枉滥者少,而私盐之弊可杜矣。

第七、第八节　透漏,谓紧关透漏私盐出外,即失觉察也,对下知情故纵而言。诸条失觉察,减三等,惟此以私盐盘诘之难,而特重透漏之罪,故不与诸条同也。所委人员,即守御等衙门所差委者,如巡捕、官兵之类。知情故纵以下,俱指把截官及所差人员而言。装诬平人，指巡盐者言，与前所谓诬指者不同，谓贩卖私盐之徒，踪迹诡秘，盘诘当严。凡守御官司、有司、巡司，各当设法差人，于境内概管地面，并附近盐场、紧关津要去处，常川往来，巡戢私盐，不许透漏。若有透漏出外者，其关津原设把截之官，及所差委巡盐员役，难免失觉察之罪，初犯笞四十，再犯笞五十，三犯杖六十，并附写过名，各还本职。不言四犯以上，罪止杖六十也。必曰附过还职，明其为公罪也，此自不知情者言之耳。若把截官、委官知情，故纵私盐透漏，及容令守御应捕军人、弓兵，随同私商贩卖者，俱与私盐犯人同罪，各杖一百，徒三年，要看"随同"字。若军人自犯私盐，其本管失钤束及纵容之罪，则在下条，此自未受财者言之耳。若因受财而故纵透漏，及容令同贩者，则各计入己之赃，以枉法从其罪之重者论。

其把截及巡盐人员，若将巡获私盐，隐匿入己，不解官者，是亦私盐也，故即同私盐法，杖一百，徒三年。若以私盐装诬平人送官，诿罪塞责者，情尤可恶，故加不解官罪三等，杖一百，流三千里。

第九节 军人，指守御官司部内一应军人而言，不专谓应捕私盐之军，故上言军兵，而此言军人。其罪止及本管千百户，而不言守御官司也。初犯、再犯、三犯，谓千百户所管各军，彼此先后有犯，非一军而至三犯也。谓巡禁私盐，固守御官司之事，若所部军人有犯，则又责在本管。故凡军人有犯私盐，则本管千户、百户，应坐失钤束之罪。百户初犯笞五十，再犯杖六十，至三犯则杖七十，减支俸给一半；千户初犯笞四十，再犯笞五十，至三犯则杖六十，亦减支俸给一半，以系公罪，并附过还职。若千百户知情容纵，及通同贩卖者，与私盐犯人同罪，各杖一百，徒三年，不准还职。若系守御、巡捕官盐至三千斤以上，亦要引巡捕官乘机兴贩例，发边卫充军。○前条透漏，自外人私贩言之，故不减半给俸。此条失钤束，自所部军人言之，所部军人，尚不能禁，安用守御为哉？故问罪之外，仍减半给俸。减半给俸，遇赦方全支，否则终其身矣。

第十、十一节 依数，依引目正耗盐斤之数。掣挈，谓随手掣取一二盐袋而挈其重轻。秤盘，则尽盘其盐而秤验之。此条无非防范夹带私盐之弊，谓凡各处盐场灶户，起运官盐，每引以二百斤为一袋，附带耗盐五斤，其经过盐课批验所，照依引目原定正耗斤数，掣挈秤盘。但有数外夹带羡余之盐者，同私盐法论罪，杖一百，徒三年。

若客商将贩卖有引官盐，越过批验所而不经官掣挈，及用使关防者，杖九十。此明与越关同罪，押回本所逐一盘验，如盘有余盐，以夹带私盐法论罪矣。

第十二、十三、十四节 官盐凭引发卖，卖毕谓之退引，送官截角，类缴勾销，以别私贩，防影射也。故凡客商贩卖官盐，不许盐引相离。相离，则官与私何辨？故虽官盐，即同私盐法论，杖一百，徒三年。

其卖盐了毕，十日之内，不赴所卖地方官司，缴纳退引者，虽无影射之情，亦答四十。

若将不缴旧引，影射见在盐货贩卖者，则其盐即私，故亦同私盐之法坐罪，其盐并入官。

第十五节 各场起运官盐，如两淮盐场，运纳大军食盐之类，并灶户运盐上仓。若有将带军器随行，及不用官船起运者，同私盐法论罪。不用官船，杖一百，徒三年；将带军器，加一等；如有夹带余盐，亦入官。此禁军器，用官船，无非别异私盐、私贩之意。

第十六节 插和沙土问罪，恶其罔利病民也。

第十七节 行盐地方，具载《会典》，及诸司职掌拘定该管地面，如淮盐不许过浙，浙盐不许过淮之谓。凡客商将验过有引官盐，不于拘定应该行盐地面发卖，而转于别境犯界去处货卖规利者，杖一百。其知犯界之盐而买食者，杖六十，不知者不坐。其盐并入官，则不问其知情、不知情矣。

按天下办盐去处，每岁盐课，各有定额。年终各该运司并盐课提举司，将周岁办过盐课，出给印信通关，具本人递奏缴，户部委官于内府户科领出，立案附卷作数，及查照缴到通关内该办盐课比对原额，有亏照数追理，其客商兴贩盐货，各照行盐地方发卖，不许变乱，合用引目。各运司申报户部，委官关领，本部将来文立案，委官于内府印造，候毕日，将造完引目呈堂，关领回部，督匠编号，用印完备，明立文案，给付差来官收领回还，取领状入卷备照。其各处有司，凡有军民客商中买官盐，卖毕，随即将退引，赴住卖官司，依例缴纳。有司汇解各运司，运司按季通汇解部，涂抹不用。凡遇开中盐粮，务要量其彼处米价贵贱及道路远近险易，明白定夺则例，立案具奏，出榜给发各司府、州、县，并淮、浙等运司张挂，招商中纳。

条例

第一条 势要官豪家人，诡名占窝转卖，依诈欺、或把持行市己得财物律。势豪纵容，问违制。自立诡名，问权势之人。或监临官吏，中纳钱粮，侵夺民利，求索枉法，随犯引拟。

第二条 旧例云三命、二命，故议者泥于"命"字，遂谓伤而未死者，不得引用此例。不知私盐拒捕，律自应斩，况加之伤人乎？堤防奸徒，不嫌过重，后改三人、二人者为当。又旧例"十人以下"一段云:各坐以斩绞罪名一句,未见分明。盖拒捕斩罪,用律不奏请,若比律,自应奏请,难以一概论耳。今俱改。○律但言有军器,而不言人数之多寡,但言拒捕,而未言杀人、伤人,故例补之。至于律言车船头匹,挑担驮载,而后成为犯私盐;例之所谓肩挑背负、易米度日,不必禁捕者,正所以相发明,无非矜恤贫难之至意也。○此例重在恃众杀伤人,谓拒敌时杀人,或伤三人以上未死者,俱比强盗不分首从皆斩。若聚至十人以上,驾大船,张旗号,用兵仗,虽拒敌未曾伤人,或为首者伤人,依本律斩;为从者伤人,问犯罪拒捕律;折伤者绞;未至折伤,加为从二等,与未曾下手者俱充军。若十人以下拒敌,为从杀人,问故杀;为首,依本律各斩;其不曾下手者,止坐本律为从罪,不得混引充军。

　　第三条 越境,即不于拘该行盐地面发卖,转于别境犯界货卖,三千斤以下,止问杖一百之罪;三千斤以上,引例充军。议者多以此县至彼县,即为越境,误甚。若尔,则有引官盐,亦不得出县界矣。客商收买余盐,买求挈挈,依夹带余盐出场;掣验官吏受财,依枉法;官司里老,地方火甲,依知罪人不捕;邻佑依违制;巡捕官员,乘机兴贩,与私盐犯人同罪。并须至三千斤以上,方引此例充军;不满三千斤,照常发落。

　　第四条 商人贩卖官盐,必先报官,预纳盐价银两,引目纸价,登簿挨次守支。若未中纳而支盐者,问常人盗;未支盐捏奏,依奏事诈不以实科,引此例,发边卫充军。

　　第五条 知情人等,除行求,或诓骗,依伪引知情行用律。计赃者,谓计枉法诓骗之赃。

　　第六条 买嘱,问行求。官吏受财,依枉法。无赃,问嘱托。已事官吏,问听从事已施行律,或所枉重者律,或数本不足扶同申报律,随其所犯贴断。

　　第七条 把持官府,诈害客商,必有事实,或诈欺,或恐吓,随犯问拟。

监临势要中盐

　　释曰:监临官吏,谓监临盐法之官吏,如巡盐御史、布政司、盐运司、盐课司官吏之类。诡名,谓不以己名而诡捏伪名也。宋时以用兵乏饷,初令商人输刍粟于塞下,继听商人输粟京师,皆优其直而给以盐,谓之折中,此中盐之始。商资国用,民食官盐,商民两利。若监临势要得中盐,则侵夺民利矣,此买窝卖窝之弊所以百出,以致盐法不行,因而病国,皆权势之人为之也。不重为之法,严为之禁,岂能绝哉?今商人赴边上纳之制已隳,而势要侵利之习如故,如因事而奏请盐引,乘急而报中粮草,皆阻坏之端也。

阻坏盐法

释曰:凡客商中买盐引勘合,必亲赴场支盐,庶乎首尾相应,难于作弊,此盐法之定制也。若不亲赴场支盐,而于中途增添原买之价,转卖与人,阻抑坏乱盐法者,买主、卖主,各杖八十,牙保人减一等,杖七十,所支盐货,与原卖价钱,并追入官。其铺户转买客商支出官盐,零拆货卖者,恐人误以此律罪之,故曰不用此律。或谓铺户知情,买此转卖之言,非是。○上条诡名,盖托名商人也。不亲支而转卖,此即诡名之端,故为阻坏盐法。

私茶

释曰:商人买茶,具数报官,纳钱给引,方许出境货卖。批验所验过,截去一角,以革重冒之弊,谓之退引。卖茶不给茶引勘合,与茶引已经截角,又携入山影射照茶,皆私茶也,同私盐法论罪,亦杖一百,徒三年。茶货、车船、头匹俱入官,引领牙人,窝藏寄顿,挑担驮载者,俱同私盐律科断。或有军器拒捕,律皆同而例不必同也。

条例

第二条　照越境兴贩私盐例,发附近,原系腹里卫所者,发边卫各充军,须满五百斤以上乃坐。

第三条　若二三人同贩私茶,潜出边境,除犯私茶,俱依越边关无首从。私盐有首从,驮载之人首出,免其本罪,而问越关徒罪,谓越关不准首也。军官、将官等纵容,同私盐故纵律。子侄家人,依犯私茶同私盐律,如守关、巡捕等官,拿获出关卖茶之人,受财卖放,依应捕人受财故纵律,引立功例。无赃,引本条。故纵,降级例。失觉察者,照常发落。

第四条　冒顶番名,将不堪马匹中纳支茶,依常人盗。

第五条　假茶卖出,依诓骗,计赃准窃盗论。如造而未卖,止拟违制。窝顿店户,同窝藏寄私盐法,杖九十,徒二年半,千斤以下,不引例。

私矾

释曰:私煎,谓不系烧矾窑厰,及开山烧矾而不报官办课者皆是,同私盐法,解见私茶条。凡各处煎矾所在,皆有额设矾课,系官主典,给有文凭执照,然后许卖。若有私自煎出货卖者,同私盐法论罪,杖一百,徒三年。盖矾利虽微,务隶于官。若听私煎,则不惟亏国之课程,而且起民之争夺,故设此律以禁之。

匿税

释曰:《集解》谓旧制府、州、县城门外,各置引帖。如有客商物货入城,先吊引帖,照验收税。如见在货物,与引不合者,送问。凡军民适百里外,无有不给引者,故商货初至,亦必先照引而后验货收帖。则此所谓吊引,殆是商人之路引,而非府、州、县城门外投税之引也。吊,至也。入门不吊引,谓商货已入城门而引不至也。无引,即系来历不明,故虽不匿税,而匿引即同匿税法耳。物货酒醋,言其概也。匿税多出告发,故所匿之税,十分为率,七分入官,三分充赏。务官、攒拦自获者不赏,盖征商诘奸,乃其职也。自造酒醋,虽不纳税,而曲仍系纳税,其造酒醋自用,原非规利,故不税。若买马、牛、骡、驴等畜,则规利者多,故其罪亦如匿税之律,独坐买主。

条例

释曰:权豪把持拦截,有赃,问豪强人求索。揽扰之事非一,或抢夺,或诓骗,或恐吓,或诈欺,随犯引拟。

舶商匿货

释曰:泛海而来客商,但舶船到岸,即将所有物货,尽数从实报官,依数抽分,然后给照,听其货卖。若有私自停塌于沿港,接买土商及牙侩之家,而不报官者,杖一百;或虽供报到官,而有隐匿不尽者,罪亦如之;其不报、不尽之物货,并追入官,土商、牙侩停藏者,与犯人同罪。若人首告,或连人获送者,官给赏银二十两。舶商匿货之罚,浮于匿税者,严中国、外番之辨,非专为其利也。充赏不言入官之物,而言官给银,亦以其番物故耳。○前言匿税,其利小,故笞而半罚。此言匿货,其利大,故杖而全罚。

人户亏兑课程

释曰:民间茶盐商税及诸色课程,如鱼课杂项之类,每周岁各有定额,该办之数,在人户所当依期完纳,在官府所当用心催征者也。若人户于年终,将一应该纳课程,不行交纳齐足者,计所不足之数,以十分为率,除完过外,如一分不足者,笞四十,每一分加一等,至五分之上,罪止杖八十,合该上纳诸色不足之课,追征还官。

若茶盐运司、盐场茶局及税务、河泊所等官,其有不行用心催办诸色课程,至于年终,比附上年所征课额,有亏兑者,并计其所亏之数,亦分为十分,亏一分者,笞五十,每一分加一等,至六分之上,罪止杖一百。所亏课程,着落各官追征补足还官。或谓追补还官,乃因官不用心办课而罚之,非有及于人户。曾不思人户无亏欠,而亏欠在官府,则应以监守自盗论矣,尚何笞之云乎?且所谓不行用心办课,即是不行用心追征。不然,所办之课,出于何项,而能不由人户也?

若前项衙门官吏人役,将人户已纳在官课程,有私自隐瞒,不附簿籍,因而侵欺入己,或擅自借用者,并计赃,以监守自盗论,至四十两斩。○条目"人户亏兑课程","兑"字,取上缺之义。

《王仪部先生笺释》卷八终

《王仪部先生笺释》卷九

<table>
<tr><td rowspan="4">古吴</td><td>顾王榭用拙父</td><td>校阅</td></tr>
<tr><td>顾鼎定九父</td><td>重编</td></tr>
<tr><td>黄中致和父</td><td>订正</td></tr>
<tr><td>翁居体镜非父</td><td>汇参</td></tr>
</table>

户律

钱债

释曰：唐《杂律》中，有"受寄物费用，负债违契不偿，负债强牵掣畜产，良人为奴婢质债，并得宿藏物，得拦遗物"，凡六条。明时，以负契不偿者既有坐，则违禁取利者尤宜首科，故以此为首，而"违契不偿"以下三条，即附之。又增入"监临官吏举放钱债"及"豪势之人以私债强夺去人挈畜产业"与"准折人妻妾子女"之文，比旧更为详备，今因之。

违禁取利

第一节 放债、典当，本所以相济，若取利无禁，实所以相病矣。故凡民间私放钱债，及与人典当财物，每月取利，不得过三分。如借银一两，每月利银三分，年月虽多，不过一本一利。如借银一两，每月取利银三分，计三十三个月零十日，则利银已满一两。利银与本银相停，是谓一本一利，到得利本相停，虽年月再多，亦不得复援每月三分之例，而算取其息也。违禁取利，即违此禁限取利三分以上，及利银过于本银，计所多取者为赃，三十两以下，则笞四十，三十两,笞五十,每十两加一等,至八十两之上,罪止杖一百。或以一本一利,谓年月虽多,止于三分之利,非也。盖三分乃一月之利,非岁计之利,其言一本一利,亦犹《名例》所谓赁钱虽多,不得过其本价之意耳。

第二节 若监临官吏,于所部之内,举放钱债、典当财物与部民,而收取其利者,杖八十。若违禁多取利息,亦计所余之利为赃,其罪有重于杖八十者,依不枉法论。若各主者,通算折半科罪,有禄人至三十两,无禄人四十两,并杖九十,每十两加一等,罪止杖一百,流三千里。或谓刑律监临官吏,将自己物货,散与部民,多取价值者,计余利,准不枉法论,则此亦当作准罪还职,非也。凡律云依某律拟断者,明其与真犯相同,何可言准?故凡文官、吏典,犯赃入己,俱为行止有亏。散货于民而取利,且应罢职,况监临而举贷者乎?并追余利给主,总承上二节言。庶民、官吏,违禁所取多余之利,其小民负欠私债,有故违期约不还者,各以负欠多寡,计月科罪。五两以上,违三月,笞一十,每一月加一等,至半年之上,罪止笞四十;五十两以上,违三月,笞二十,每一月加一等,至半年之上,罪止笞五十;一百两以上,违三月,笞三十,每一月加一等,至半年之上,罪止杖六十,并追本利给主。夫言违三月者有罪,则未及三月者,当勿论矣。

第三节 若豪强势要之人,因其违约负债不还,不告官司,而强夺欠债人孳畜产业,估价虽未过本利,亦杖八十。若估所夺畜产之价,过于本利者,计所多余之物,坐赃论,如多余七十两,则杖九十,至五百两之上,罪止杖一百,徒三年,仍计所多余之数,追物还主。不言准折孳畜产业者,利价相应,两相情愿,即勿论也。

第四节 若人妻妾子女,则虽利价相应,不许准折。准折者,杖一百;强夺者,加二等,杖七十,徒一年半。因而奸占妇女者绞,"因而奸占",只承强夺一边说。若准折,则虽有奸占之事,亦只以和奸论也。"人口给亲,私债免追",此二句,则承准折、强夺而言。或云债折人口亦给亲,谓何?盖因典雇人妇女及和娶人妻妾,在法且皆离之,况以逋贷准折人之伉俪,岂容不给还而已也?

条例

第一条 擅拿官军绑打,未搬官粮,依威力制缚人拷打,或威力主使人殴打律。强将官粮准还私债,问常人盗。运粮官受赃,以枉法论。无赃,依嘱托听从,或知盗官粮匿而不举故纵律。

第二条 听选借债,指文职,不满五十两者,不引此例。军官在京袭替借债,回卫偿还,不得引此例。

第三条　放债人,问嘱托。委官听从受财者,计赃以枉法论;无赃者,问事已施行,杖一百律。

第四条　当印军职与执当之人,或拟违制未确查,凡官物私用,俱以盗论,比盗印信则太重,宜准盗关防印记论,杖一百,免刺,引此枷号。

第五条　公文,如官凭吏札,举监文引执照之类,执当之人,比盗各衙门文书,杖一百,免刺。

第六条　越赴抚按三司告者,问越诉。听从施行者,问违制。

费用受寄财产

释曰:受寄他人财物畜产,而辄擅费用者,坐赃论,减一等,一两以下笞一十,至五百两之上,罪止杖九十,徒二年半。若将财畜费用而诈言死失者,计赃准窃盗论,减一等,一两以下笞五十,至一百两之上,罪止杖一百,徒三年,免刺。受寄之物,原在其家,与取诸外者稍有不同,故减一等。辄费用者,犹有偿补之意;诈言死失,则怀欺骗之心矣,故罪有轻重之别也。"并追物还主"承"辄费用"及"诈言死失"二项言。其受寄财畜,若被水火盗贼费失及畜产病死,各有显迹可据者,勿论,皆不坐罪,亦免追偿。按仓库财物,言盗贼劫夺,此但言盗贼费失,则虽被窃,亦所勿论矣。若隐匿受寄财物,而混赖不认者,依诓赚律科之。

条例

释曰:寄托财畜,多系亲属,若以服制减罪,则负者众矣,故与凡人一体科之。

得遗失物

第一节　遗失之物,必有其主,故得之者,限五日内送官。若系官物,则仍旧还官。若系私物,则召人识认。如有人识认者,则于遗失物内,以一半给赏得物之人,一半给还失物之主,如三十日内无人识认,全给得物之人。若五日外不送官者,系官物,则坐赃论,一两以下笞二十,罪止杖一百,徒三年,追物还官;系私物,则减坐赃罪二等,一两以上至十两,笞一十,至五百两之上,罪止杖八十,徒二年,其物一半入官,一半给还失主。若无失主识认者,则自当全入官矣。

　　第二节 若于官私地内,掘得埋藏无主之物,如金银及寻常器皿之类,并听掘者收用。若有古器、钟鼎、符印异常之物,皆应送官,以非民间所宜有也。如过三十日仍隐匿不送官者,杖八十,追其物入官。《周官》"凡获货贿,告于士,旬而举之,大者公之,小者庶民私之",此即其遗法也。《唐律》"于他人地内得宿藏物,隐而不送者,计合还主之分,坐赃论减三等",此谓有主之地也。有主之地,合与地主中分,故隐而不送者,计合还主之分,坐赃论减三等。今律谓于官私地内掘得埋藏之物,意多指无主者而言。宿藏之物,既无主名,责其送官,恐启告讦,故除古器、钟鼎、符印异常之物应合送官外,其余常物并听收用。

《王仪部先生笺释》卷九终

《王仪部先生笺释》卷十

古吴

顾王榭用拙父　校阅

顾鼎定九父　　重编

黄中致和父　　订正

翁居体镜非父　汇参

户律

市廛

释曰：唐《杂律》中，有"校斛斗秤度""私作斛斗秤度"二条，明时并为一，改"卖买不和"为"把持行市"，欲人易晓也，增"私充牙行"一条，余二条仍旧。

私充牙行埠头

释曰：有抵业人户，谓其人有家业，可以抵当客货也。凡各处府、州、县、城市、乡村、镇集，诸色贸易物货去处，则有牙行；各河港聚泊客船去处，则有埠头。此二项人，凡客商货物，皆凭借以贸易往来者也。其有司官，并于民间遴选有抵业人户充应，庶有所顾惜，无诓骗之弊。虽或被诓骗而有所抵还，无亏折之患，官为出给印信文簿，遇有客货到彼住卖，其各牙行、埠头，即将文簿附写客商船户住贯姓名、路引字号、物货数目，每月赴官查照，则客商有所察，而无越关之弊；物货有所稽，而无匿税之弊，且可以防察客商船户意外之变也。其有本无恒产之人，不由官司，私充牙埠者，杖六十，并追所得过牙钱入官。若官牙、埠头，容隐私充者，笞五十，革役，另召有抵业人户充应。

市司评物价

第一节 诸物行人,谓诸色货物本行之牙人也。物货价值,高下不一,官民贸易,评估随时,须凭牙行评议,以能知其实也。若评估不实,如时值本贵而估作贱,时值本贱而估作贵,致令物价不得其平者,计所估增减之价,坐赃论,一两以下,笞二十,至五百两之上,罪止杖一百,徒三年;因而得所增减之价入己者,计赃准窃盗论,一两以下,杖六十,至一百二十两,罪止杖一百,流三千里,免刺。

第二节 其为有犯以赃入罪之人,估计赃物,或高或下,不依时值,以致罪人以赃入罪有所轻重者,以故出入人罪论;若未决放,亦听减一等。受财者,计赃以枉法从重论,无禄人一两以下,杖六十,至一百二十两绞。受财者,或受罪人之财而估赃轻,或受事主之财而估赃重也。

把持行市

第一节 两不和同,买主、卖主两不情愿之意,与"把持"二句,语意相承,如俗所谓强买强卖,而又不许他人买卖也。贩鬻,谓贩买、鬻卖以图利也。凡各处市集买卖诸物,若买物人与卖物人两不和同,而把持行市,高下其价,不许他人作主,自专其利,及贩鬻之徒,通同牙行,共为奸计:于卖己物,则高其价而以贱为贵;于买他人之物,则低其价而以贵为贱者,并杖八十。

第二节 若见人有所买卖,在傍故以己物之高下价钱相比,惑乱买物之人,求取牙利者,虽情非把持而亦可恶,故笞四十。

第三节 承上二项而言。把持者云专取其利,惑乱者云取利,则皆已得利。此但言已得之利物,若计赃重于杖八十、笞四十者,则准盗、免刺耳;赃轻,仍依本律笞杖。

条例

第一条 违禁货物,如军器、火药、硝黄之类。又《兵律》内凡将马牛、军需、铁货、铜钱、缎匹、紬绢、丝绵,私出外境货卖者,俱有罪,则皆违禁货物也。问罪,即比引私出外境货卖杖一百之律。

第二条 赊买番货,及故意拖延,问诓骗。追价给主,诱引外国人到家交易,各问违制。

第三条 依将军器出境者,绞;因而走泄事情者,斩;官员系军职,仍引革袭例。

第四条 上是番人买汉物,此是汉人买番物。势要官豪主使,问把持行市;已得利物为首,听使之人问为从减等。逼令减价,即两不和同。以贱易贵,即买物以贵为贱。委官知而不举,通同分利,问枉法。

第五条 用强邀截,即系把持行市,诓赊货物,自依诓赚本律。未曾诓赊,止问把持,俱引例枷号。监追日久,累死客商,方引例充军。

第六条 杨村,在顺天府通州潞县;蔡村、河西务,在通州武清县,皆运河将尽,可以陆运至京之所。民运粮船,即苏、松等府白粮船。包勒脚钱,问豪强求索。客船被其包雇,不在此例。

第七条 邀截客商,揢勒财物,除把持行市,依诈欺官私取财,引例枷号充军。

私造斛斗秤尺

释曰:斛、斗、秤、尺不平,谓小大、轻重、长短之不平,即不如法之意。下文收支官物而不平,谓多收少支为不平也。私自增减,如斫削贴补之类。斛、斗、秤、尺,乃多寡、长短、轻重之所取平者,故官降有一定之式,民间当依式制造,赴官较勘印烙而后行使,所以同风俗、一制度也。故凡民间私造斛、斗、秤、尺,有不均平而在市行使,及将官降斛、斗、秤、尺,私下作弊,有所增减者,其行使之人,杖六十,私造增减之工匠,与同罪。

若官降不依原颁法式者,所造之官吏、工匠,杖七十。提调官失于较勘者,减一等。若明知工匠造不如法之情,而故不较勘者,亦杖七十。

其民间在市行使斛、斗、秤、尺虽平,而不曾经由官司较勘印烙者,笞四十,罪其开私造不平之端也,此皆由自民间行使者言耳。

若在仓库之斛、斗、秤、尺,则出纳钱粮之所系也。若主守仓库官吏,私自增减官降斛、斗、秤、尺,以致收支官物不均平者,杖一百,以所增纳物,或所减出物之数,计赃重于杖一百者,坐赃论。一百两,杖六十,徒一年,每一百两加一等,至五百两之上,罪止杖一百,徒三年。此与多收斛面罪止不同者,盖特恶其倚法为奸而深罪之也。若因而得所增减之物入己者,以监守自盗,不分首从,并赃论,至四十两斩。杂犯,工匠为其增减者,杖八十。监临官知其收支不平,及得物入己之情,而不行举问者,并与犯人同罪。若不知情,止是失于觉察,减犯人罪三等,罪止杖一百。谓如减至杖一百以下,则听减三等;如虽减而犹该杖一百以上,则亦罪止杖一百也;如犯人以监守自盗论,满数者该斩,失觉察者减三等,则虽该杖九十,徒二年半,而亦罪止杖一百也。此提调、监临皆言官,则罪不及吏可知。○按旧例铸造铁斛、斗、升,付户部收粮校勘,仍降其式于天下。

器用布绢不如法

释曰:器用之物,不牢固真实,则易坏。绢布之属,纰薄短狭,则难用。故造此而卖者,各笞五十,罪坐造织之人,器用布绢入官,此为市之法。若官府,则别有造作不如法之条。

《王仪部先生笺释》卷十终

《王仪部先生笺释》卷十一

	顾王榭用拙父	校阅
	顾鼎定九父	重编
古吴		
	黄中致和父	订正
	翁居体镜非父	汇参

礼律

祭祀

释曰：祭祀，历代无其篇目，惟北周有祀享之律，《唐律》有大祀不预申期。明时增定以此为篇，今因之。

祭享

第一节 大祀，谓郊祀天地社稷。庙享，谓太庙四时所享。祀为国之大事，而此尤祀事之大者。太常寺先将祭祀日期，告示各衙门知会斋戒，前二日，太常寺官宿于本司，次日，具本奏闻，又次，早上御殿传制百官受誓戒，不饮酒，不茹荤，不问疾，不吊丧，不与筵宴，不听音乐，不理刑名，不与妻妾同处，敬之至也。若太常寺不将祭祀日期，预先告示各衙门者，虽不误事，亦笞五十；因不告示而失误行事者，杖一百；已承告示，而失误行事，则各衙门失误者之罪也，失误之人，亦坐杖一百。行事，即助祭陪祀之事。

第二节 若文武各官，已受誓戒而吊丧问疾，或判署刑杀文书，或与筵宴等事者，皆罚俸钱一个月。夫吊丧判署刑杀文书且不可，而况有缌麻以上丧，及曾经杖罪者乎？故太常寺知其丧罪，而遣令执事陪祭，及各官身有丧罪而不自言回避者，皆罚俸钱一个月，故曰罪同，曰罪亦如之。散斋不宿净室，致斋不宿本司，均为不敬，而罚有轻重者，以散斋于外，与致斋于内不同也。古者散斋七日以定之，致斋三日以齐之，今无散斋日数。○已上二节，言礼仪之违怠者。

第三节　牲牢，如天地用犊各一，日月用牛各一，二十八宿、五纬星辰用牛一羊一豕一之类。玉如苍璧黄琮，帛如正配位用苍，日用红，月星辰太岁皆用白，其织文曰礼神制币是也。言黍稷之属者，凡祭品皆在其中。不如法，谓不依礼法。如宰割失序，烹调失节，陈设失次之类。一事，一件也，如太常寺陈设宰烹，有不如法者，笞五十。若一事缺少，或一座全缺，则又非但不如法而已，故有杖八十、杖一百之别。

第四节　牲之未宰者曰牺；主司，如牺牲所官之类。瘦损以平时言，观下文"致死"字可见。主司将牺牲喂养不如法，致有瘦损及致死者，亦为不敬，与在祭之物不同，故一则计牲科罪，罪止杖八十；一则加罪一等，罪止杖九十。○已上二节，言品物之缺损者。

第五节　中祀，如山川、岳渎、历代帝王、先师孔子是也，虽与大祀有间，均是国家大典，如有犯前项数事者，亦依前项所定罚俸笞杖科断，故曰罪同。注云："余条准此。"如下条大祀丘坛毁损，及弃毁大祀神御，罪各有差。若中祀坛场神物有犯者，亦依大祀同论，故曰准此。或谓"余条"字，所该者广，欲兼刑律盗大祀神御物。按盗大祀神御物坐斩，若盗中祀神御物，亦拟斩罪，似涉太重，还依《疏议》，止指下条为是，不必太拘。

条例

第一条　铜人，令礼部铸铜人，高一尺五寸，手执牙简，如大祀、中祀，书致斋几日于简上，太常寺进置于斋所。

毁大祀丘坛

第一节　大祀天地，南有园丘，北有方泽，及日月星辰、岳镇海渎、山川诸神。二十四坛，祭太社太稷，同坛同墠。大坏曰毁，小坏曰损。墠门，坛外之垣，有门以通出入者也。丘坛，祭神之处，最为尊严，故毁损者，杖一百，流二千里。墠门，迎神之所，与丘坛不同，故毁损者减二等，杖九十，徒二年半。不言误者，郊祀重地，虽误亦坐也。

第二节 神御之物,如床几、帷幔、祭器之类,视丘坛有间,故减毁损丘坛罪一等。遗失及误毁者,又得减三等,杖七十,徒一年半。此不计赃者,礼神重器,非可以赃论也。○中祀有犯者同罪。

条例

释曰:籍田者,天子躬耕之田也。作践丘坛,私种籍田外余地,夺取籍田禾把,三项俱问违制。

致祭祀典神祇

释曰:此指在外府、州、县所祭者,与上条所云中祀不同,载在《祀典》。是朝廷岁祭有定额者,具载《会典》,如未载,即为不当奉祀之神,非必皆淫祠也。谓凡天下各府、州、县社稷、山川、风云、雷雨等神,及历代圣帝明王、忠臣烈士,即《祭法》所谓法施于民、以死勤事、以劳定国、能御大灾、能捍大患者也,此皆载在《祀典》。应合致祭神祇,所在有司官,置立牌面,其上逐一开写神号,所当祭祀日期,于本衙门洁净之处,常川悬挂,依时致祭。如至期遗忘,失误祭祀者,所司官吏,杖一百。其余不在《祀典》及虽在《祀典》,非境内所当祭之神,而有司为之致祭徼福者,杖八十,一惩其怠,一恶其渎也。○每岁祭期,如社稷用仲春、仲秋上戊日,风云、雷雨、山川、城隍等神,用春秋仲月上旬吉日,先师孔子,用春秋仲月上丁日。旗纛,春用惊蛰,秋用霜降日。厉祭,春用清明日,秋用七月十五日,冬用十月初一日。历代帝王、忠臣烈士,春秋各择日致祭。

历代帝王陵寝

释曰:帝王陵庙,具载《会典》。其余忠臣烈士、先圣先贤坟墓所在,有司宜查举奉行。

亵渎神明

释曰:私家之祭,祖先而外,惟里社五祀,越及天神,亵渎甚矣,故杖八十,妇女有犯,罪坐家长。若僧道为人修斋设醮,而拜奏青词表文,及用以祈祷火灾,同为亵渎,故亦与告天拜斗等项同罪还俗。所重在于拜奏青词表文,若止修斋,不禁。

至若妇女于寺观神庙烧香,不但亵渎神明,亦且伤败风化,故不论官与军民,凡属夫男纵容者,笞四十;无夫男者,罪坐本妇。若女子犯者,亦罪家长。

其寺观神庙住持及守门之人,听其出入,不为禁止,亦笞四十。

条例

释曰:僧道有犯,加凡刁奸二等,军民依本律。引诱逃走,依和诱。诓骗,依本律。妇人须诱逃走,财物须被诓骗,方引此例充军。若未引逃走,不曾诓骗财物,虽刁奸于神庙,止照常发落,不引此例。

禁止师巫邪术

第一节 师者,即今行法之人称法师者。巫者,降神之人。端公、太保,男巫之伪号。师婆,女巫之伪号。白莲教称弥勒下生救众生刀兵劫难,鼓惑愚民,故曰弥勒佛。白莲社,非远公念佛之莲社也,此教世俗最尚,明尊教、白云宗,不闻有习之者。无为教起于近代,虽左道叛正而不如白莲之甚。此类非一,故以等会括之。人道尚右,非正道,皆曰左道不当奉祀之神,且禁其致祭。况师巫邪术,左道乱正,隐藏图像,则非民间共事之神佛,烧香集众,夜聚晓散,则其谋为不轨之实迹,阳曰修作善事,阴以煽惑人民,往往藏奸,因以生乱,故为首者绞,为从者各杖一百,流三千里。

第二节 民间义社,法所不禁,因装扮神像,鸣锣击鼓,是亦惑众之端也,故杖一百,其罪止坐为首之人。此等事无倡不和,故不加于众也。

第三节 里长明知师巫惑众,军民赛会之情而不举首者,各笞四十。不言不知者不坐,以此等事,非一人一家所为,无不知之理也。其民间所建义社,而乡人春祈秋禳,应有迎赛者,虽有锣鼓及集众,不在禁限。

条例

第一条 烧炼丹药,亦左道乱正之术,宜依本律,或诓赚律,如赚去银两,拟局骗律。擅入皇城内者,依擅入皇城律。容留潜住,及荐举引用,邻甲知情不举,并守卫官军不关防搜拿,俱问违制。

第二条 夜聚晓散为从者,虽不及十人,亦引此例。求讨布施,不至十人以上者,止依局骗律。不问来历,窝藏接引,问违制。审有探听境内事情实迹,依奸细经过隐匿不首,与犯人同罪,至死减一等。被诱军民,舍与应禁铁器等项,问违制。若军民之家无夫男,而妇女窝藏,及舍与禁器,止问不应杖罪,不得混引此例。

《王仪部先生笺释》卷十一终

《王仪部先生笺释》卷十二

古吴

顾王榭用拙父　校阅

顾鼎定九父　　重编

黄中致和父　　订正

翁居体镜非父　汇参

礼律

仪制

释曰：前代惟有违制之律。《唐律》仪制之事，散见诸篇。明时并造"御膳犯食禁""监提主食有犯"，入"合和御药"之条；"御幸舟船"，入"乘舆服御物"之条。见任官辄自立碑，旧曰长吏辄立碑；私藏禁书及私习天文，旧曰玄象器物诸条，俱旧在职制。匿父母夫丧条，旧一在诈伪律，一在名例律。改舍宅车服器物曰服舍违式条，旧在杂律。祖父母、父母老疾无侍，委亲之官；祖父母、父母犯死罪被囚禁而作乐，旧在名例及户婚律，今并为一。《唐律》：合和御药，误不如本方；造御膳误犯食禁，误将杂药至御膳所；御幸舟船，误不牢固，医与主食工匠，并得绞罪。今律各止杖一百，以所犯皆出于无心也。

合和御药

第一节、第二节合讲。凡天子所用之药曰御药，食曰御膳。本方，谓何症用何汤散，汤散用何药品，修制生熟，分两多少，皆按《方书》。封题错误，谓汤散不按古方本名，错写他方，及开写本方药性治症之法，有所差误。料理，炮制也。如人参去芦，防风去义，沉木香忌见火之类皆是。拣择，选取精良也。食禁，如羊肉忌豆酱、荞麦、小豆、梅子；猪肉，忌生姜、荞麦、葵菜、胡荽；牛马肉、羊肝、麋鹿、龟鳖之类，具载《本草》。《周礼》："内饔之职，辨腥臊、膻香之不可食者，牛夜鸣，则瘦；羊冷毛而毳，膻；犬赤股而躁，臊；鸟麷色而沙鸣，狸；视盲视而交睫，腥；马黑脊而般臂，蝼。"又《内则》云："不食雏鳖，狼去肠，狗去肾，狸去正脊，兔去尻，狐去首，豚去脑，鱼去乙，鳖去丑，是皆谓之食禁。"品尝者，即《周礼》"凡王之羞，百有二十品，膳夫受祭，品尝食"，注谓每物皆先尝之，防有毒也。监临提调，如太医院使院判、御医及提督御药房内臣，医人之监临提调也。尚膳监官，厨子之监临提调也。凡合和御药而失误不依本方，及虽依本方而包封上题写错误者，杖一百。若止是料理拣择不精虔者，杖八十，皆坐医人。若造御膳误犯食禁者，杖一百；若止是不洁净者，杖八十；拣择不精细者，杖六十；不品尝者，笞五十。皆坐厨子，监临提调官，各减医人、厨子罪二等。

第三节 御膳所非用药之地，而监临提调官及厨子人等，误以杂药将带在身，至造御膳处所者，各杖一百，所将之药，就令自吃。其直日门官及守卫官，失于搜检者，亦杖一百。以上所犯，并临时奏闻区处，或依本律，或有别议，皆取自上裁，不许擅问。或谓拟罪之后，乃奏闻区处，然则所谓临时者，是何时耶？或又以为若不议拟上闻，则不必云区处矣。审尔，则皇亲功臣占各亲属不发，总兵将军，擅用印信，并云奏闻区处，亦何议拟之有？

乘舆服御物

第一节 乘舆，解见《名例》。上条言御药御膳，此条言服御物，则凡服用近御之物与一应器用，及车马舟船，皆在其中矣。凡称乘舆者，太皇太后、皇太后、皇后并同，谓凡乘舆所服御之物，其主守之人，收藏修整不如法者，杖六十。进御差失者，笞四十，谓当进者不进，而进所不当进也。其所用以乘服，若车马之属，不调试娴习；所用以驾驭，若绥辔之具，不坚固完备者，则其罪不止差失而已，故杖八十。

第二节 若主守之人，将乘舆服御物，私自借用，或转借与人，及借之者，则为僭妄，各杖一百，徒三年。若怠忽不行看守，以致弃毁者，则为无忌，罪亦如之。其遗失及误毁者，各减弃毁之罪三等，杖七十，徒一年半。

第三节 若御幸舟船，误不坚固，则比驾驭之具不坚完者，其危尤甚，故工匠杖一百。有不整顿修饰而失于完美，及在船合用篙棹帆樯之属，缺少不完者，杖六十，并罪坐所由残缺经手之人。监临提调官，不行用心查看，以致误不坚固、不修整及缺少篙棹之属,各减工匠之罪二等。以上诸事有犯,并临时奏闻区处,不许擅问。○"并临时奏闻区处",惟此条与上条有之。盖此二条,皆关系圣躬,所定罪名,皆就其误者论之。礼:臣子于君上,不得称误,所以教慎也。原其出于误,而罪皆从轻。若或所犯出于有意,岂得仅以此罪之?故必待临时奏闻,再为区处耳。

收藏禁书及私习天文

释曰:玄象器物,如浑天仪之类。天文,谓推步测验,以占灾祥之书。图谶,谓图像谶纬。预推治乱,如《推背图》《透天经》、风角鸟占之类。符制用金,半判以示信;玺制用玉,完判以行制,亦历代所遗也。玄象器物、天文图谶应禁之书,皆妄测未来,预言祸福,每易惑众,故禁其私藏。其历代帝王图像、金玉、符玺等物,虽非上项之比,亦非民间所宜有,皆当送官,凡私藏者,并杖一百。若非天文生而于私家习学天文,考求推步测验之法者,罪亦如之。其有人告发,并于犯人名下,追银十两,给付充赏,应禁书物入官。私习之人,术业已成者,决讫,送钦天监充天文生。私藏诸物,准自首;私习天文,不准自首。

御赐衣物

释曰:凡御赐百官衣物,其使臣承遣赍发,而不行亲送本官,乃展转附寄他人给与者,杖一百,罢职不叙。盖恶其慢君命,故褫其官。若军职,则降充总旗。

失误朝贺

释曰:朝,谓朝会。贺,谓庆贺。所司,在内如礼部、鸿胪寺,在外如布政司、府、州、县,俱兼官吏。盖朝贺接诏,皆朝廷之大礼,须预先告示,知会众官,恭候至期行礼。若不先告示,乃所司之罪也,故笞四十;若已告示而临时失误,是失误人之罪也,亦笞四十。告示、失误,一也,此止笞四十,而祭享笞五十者,以天地、宗庙为尤重也。"失误"二字,其中多端,或已到而不及行礼,则失在迟缓;或有故而不及开报,则失在仓卒。今多罚俸。

失仪

释曰:祭祀、谒拜园陵、朝会,皆朝廷大礼所存。若有行礼差错及失仪者,各罚俸钱半月,其侍班纠仪御史序班,应纠举而不纠举者罪同。凡京堂四品以上官员失仪,具本劾奏,其余面纠止依律罚俸,不坐罪名。若奉旨推问者,问不应坐重。○差错一项,所该者多。如祭祀中有各祭祀仪,朝会中有朝贺仪,《会典》载之甚详,有不如仪,皆为差错。失仪,则如诸司职掌云:凡朝会行礼,敢有搀越班次,言语喧哗,有失礼仪,及不具朝服者,皆是。又如落冠开带,跌蹼咳唾,进退周章,及奏事声音低小,皆为失仪。

奏对失序

释曰:侍从官员,如宰执大臣、史馆谏垣之类皆是。有特承顾问经史治道等事,其官之高者,先行回奏;卑者,以次进对。若应先者而后之,或应后者而先之,是为失序,各罚俸钱半月,亦不坐罪。若奉旨推问者,问违制。○特承顾问,乃多官侍从时,故其奏对以高卑为先后。若独问一人,或因奏事而承顾问,其承问者,自当回奏,又不专以高卑为先后,而以失序概论之也。

朝见留难

释曰:鸿胪寺官,将应合朝见官员人等,奏名引见,不致留阻,则上下通达无间。若假托事故,留难阻挡,则有壅蔽之情,故斩。在朝大臣,知有留难阻挡之情而不究问,恐有党恶之意,故与同罪。凡称"与同罪"者,至死减一等,杖一百,流三千里,不知者不坐。凡权臣专政,则下情难于上达,故鸿胪寺之留难朝见官员,多出大臣主使,此所以知而不问之罪,独坐大臣也。

上书陈言

第一节 政,谓政事。令,谓命令。凡国家政令得失,军民利病,及一切利所当兴、害所当革之事,并从六部衙门官员条析面奏区处,及听内而监察御史,外而提刑按察司官,各得摅陈所见,直言无隐。

第二节 若内外大小文武官员,但有本衙门照行不便事件,应合厘革者,许令明白条陈,逐一定拟,实封进呈,取自上裁。若明知事有不便,而畏难苟安,缄默不言,苟延岁月者,在内从监察御史,在外从按察司官,指名纠察,犯者以事应奏不奏论罪。

第三节 若民间百工技艺之人,其有政令得失,军民利病,一应可言之事,亦许亲身直至御前奏闻。其言如可采用,即付所司施行。如赋役则付户部,刑名则付刑部之类。若各衙门但有阻挡，不容上奏者，鞫审明白拟斩，秋后处决。

第四节 其前项六部风宪、内外大小官员、百工技艺，虽得陈言，但其所言事理，并要直指尽言，简约平易，每事各自开列前件，合该如何兴革，如何处置，不许虚饰浮词繁文，徒眩视听，无济实用。此不著违者之罪，合依违令者笞五十。

第五节 若有纵横捭阖之徒，其辩给足以倾动人主之听，假以上书为名，干求进用，则佞口适足以乱政，故罪之。重在"希求进用"一句。

第六节 若有人称诉冤枉事情，其实封不自直达，而以军民官司衙门，借用印信封皮，入递进呈者，其借者及借与者皆斩，系杂犯，准徒五年。○此条前三节欲人直言，防壅蔽也。后三节戒人泛言，防奸佞也。首言国家政令得失，军民利病，次言本衙门不便事件，下及百工技艺之人，应有可言之事，皆朝廷所欲闻，亦未尝有所限也。世乃谓不得越职言事，越职者，盖谓侵人职掌而有言，非谓朝政得失。非谏官御史，则不许言也。惟人有不公不法之事，非御史、按察司而言之为不可耳，亦士人所当知也。

按《宪纲》：风宪任纪纲之重，为耳目之司。内外大小衙门官员，但有不公不法等事，在内从监察御史，在外从按察司纠举，须要明著年月，指陈实迹，明白具奏。若系机密重事，实封御前开拆，并不许虚文泛言。若挟私搜求细事，及纠言不实者抵罪。

见任官辄自立碑

释曰：立碑建祠，如今之德政碑、长生祠。申请，亦是立碑建祠之事。各减一等，只承遣人言，观文势自见。盖妄称己善，即今里老保称贤能之事，而申请于上，则当该吏典之所为，故曰各减，"见任"字重看。夫碑以纪绩，祠以报功，皆其官在任之时，实有善政，及其去任之后，百姓思慕而为之建立去思碑碣，非见任官得以假饰而冒为之者也。曰实无，曰妄称，则皆盗窃之虚声。曰辄自，曰遣人，则非士民之本意。辄自建立者，全无顾忌，故杖一百。其遣妄称己善，申请于上，以求建立者，视辄自建立有间，故杖八十。受遣而妄为申请者，不过阿顺扶同而已，故各减本官罪一等，杖七十。碑祠拆毁，申文立案不行。

禁止迎送

释曰：上司官，是本管统属衙门官员。使客，是奉命经过官员。郭，外城也。出郭迎送,非惟谀佞成风,抑且妨废政务,故凡上司官及过客,若监察御史、按察司官出巡地方,而所在有司、军卫、各衙门官吏,畏威取悦,出郭迎送,以上经过按治各官,容令迎送,不行举问者,皆杖九十。然上下间岂无迎送礼文?出城为节,出郭非宜,故禁之。

公差人员欺凌长官

释曰:公差人员,所该者广,故下至校尉、祗候、禁子亦在内。守御官,即各卫所指挥之类。言人员,不言官员;言还役,不言还职,系监生吏典承差之类也。不循礼法,只是言语礼貌,傲慢不逊而已。欺凌,谓说话行事之间,非为殴打也。不准,谓不准实历也。盖守御官持权阃外,知府、知州,高品正官,职任尊重,岂公差人员所得欺凌?故犯者杖六十,并附过还役。其前所历过俸月,不准实数,仍令重历。承差知印犯者,照例充吏。若校尉有犯者,杖七十;祗候、禁子有犯者,杖八十。俱不言还役者,因上文而言,省文耳。《刑律》:公使人在外殴打有司官者,从所属上司拘问。此条不言,则但开具所犯事由,申呈本衙门,依律处治而已。〇欺凌不及县令,并府州、佐贰官者,举尊以及其余也。且欺凌系傲慢小过,若至殴打,自依公使人殴有司律治罪。

服舍违式

释曰:此律四节统讲,凡官民之家房舍、车服、冠带、器皿之类,如律所载尊卑上下等第,各有一定之式。故凡不遵令制,越分僭用者,皆违式也。但法行必自贵始,故有官之人犯者,杖一百,罢职不叙,军官降充总旗;无官之人犯者,笞五十,罪坐家长,事由专制故也。违式之物,责令改正。其工匠不问为官民之家造作,并笞五十。其父祖有官身没,非犯除名不叙,子孙许居原造房屋,不得以无官违式论。违式者,但逾其制度,非所不当造也。若违禁,则非私家所当造,而为僭用矣。龙凤纹,乃用之以饰乘舆服御物者,官民之家违禁擅用,各杖一百,徒三年。文官罢职,依律配役,军职发二千里内卫分充军;民犯仍坐家长,其工匠各杖一百,连当房家小,起发赴京收籍充当局匠。违禁龙凤纹之物,并追入官。有人首告者,官给赏银五十两。若雕饰织造违禁之物,工匠有能自首者,与免本罪外,亦依常人一体给赏。〇违禁官员,不再言罢职者,盖于其轻者言之,则重者可知矣。且《名例》文官犯私罪,杖一百者,罢职不叙。故凡律于犯徒以上,皆无俟乎言者也。至如奸盗行止有亏,例该革职为民者,则又不拘于杖一百之限。○违禁之物入官而违式不言入官者,盖违式止是不依式样,犹可改正,又非御用之比。若违禁之物,非官民之家所当有,自应入官,故不同耳。○违禁者,工匠犹得自首免罪。若违式自首,虽不给赏,亦得免罪也。

条例

第十一条 此条不言官吏,官吏所不禁也。军民、僧道、娼妓人等,犯者俱除违式僭用,依违制,罪坐家长,其物入官。

第十二条 此条兼言官吏,以违禁故也。

僧道拜父母

第一节 自六代以来,僧道不拜父母,反有受父母之礼拜者,故制此律。丧服等第,谓斩衰、期功、缌麻之类,轻重等第也。违者谓不拜父母,不祭祖先,不服本等丧服也。僧尼、道士、女冠,虽已出家,并令归拜其父母,祭祀其祖先;而丧服等第,与常人同,不得以异教废礼。若有违者,是弃亲灭伦,人道绝矣,故杖一百,还俗。

第二节 若僧道常用衣服,止许用绸绢布匹,不得妄用纻丝绫罗,违者笞五十,亦还俗,衣服追收入官。盖缁衣布衲,黄冠野服,乃其教固然,而猥同凡俗,则其不守清规可知,故笞而还俗。若其本等袈裟道服,旧有定制,听以纻丝绫罗为之,不在所禁之限。

失占天象

释曰:天文垂象,考诸上古,有专司其事者,如《周官》视祲掌十辉之法,保章氏掌天星,以志星辰、日月之变动,九州封域,皆有分星,以观妖祥,验五云之物,察天地之和。凡吉凶水旱,丰荒气候咸于此辨焉。《系辞》云天垂象,见吉凶,正此谓也。而钦天监专以占候为职,若朦混不明,失于占候,不能预为奏闻,则旷职甚矣,故杖六十。○此条当与"诈为瑞应"条参看。

术士妄言祸福

释曰:祸福以关于国家言,"妄言祸福"四字,包尽一切术士之情状。凡人趋避念重,故祸福之说,最易惑人,而内外大小文武官员之家,与凡民不同,尤当禁绝,违者杖一百。谓术士也,然自古朝臣,以术士株连杀身破家者,亦不少矣。其依经推算星命，及卜筮卦课者，虽预言休咎，不在妄言祸福之限。

匿父母夫丧

第一节 子于父母，妻于夫，皆服丧三年。若子女闻父母丧，及妻妾闻夫丧，而隐匿不即举哀者，忍心害理甚矣，故杖六十，徒一年。若父母与夫之丧，服制未终，而有忍于亟除缞绖以从吉祥，遽忘哀毁而作音乐，及以縗而参预会飨筵宴之礼者，杖八十。嫡孙承祖，与父母同。言子于父母，则妇于舅姑该之矣。若闻期亲尊长，如祖父母、伯叔父母、姑、兄、未嫁姊之丧，有匿而不即举哀者，亦杖八十。其期丧之制未终，而释服从吉者，杖六十。凡言期亲及祖父母者，高曾同。

第二节 若官吏父母死者，应合解任离役，守制丁忧，而乃诈称祖父母、伯叔父母、姑、兄、姊之丧，不丁忧者，是忘亲而恋职，非人子也。若父母见在，本无丧而诈称有丧；或父母已殁，本旧丧而诈称新丧，妄冒丁忧者，是诈丧而去位，非人臣也，故皆杖一百，罢职役不叙。若有所规避而不丁忧，与诈丁忧，其罪重于杖一百者，则从所规避之本罪论。

第三节 若父母祥禫之制未终，其有不避变吉之速，而冒哀从仕者，杖八十，言官则吏该之矣。按文官犯私罪，非至杖一百，律不罢职。今例于官吏人等，犯一应行止有亏者，俱发为民，则此冒哀入仕者，亦应从例罢职。

第四节 若当该官司，明知官吏匿诈冒哀之情，而听从施行者，各与犯人同罪，不知者不坐。

第五节 其职官仕宦远方，如子之于父母，嫡孙之于承重祖父母，凡应合丁忧者，一以闻丧月日为始，不计闰，二十七月而除，不得以亲死之日，为服丧之期。若国有大事夺情，而臣下当墨其缞以从役者，不拘此律。古者臣有大丧，君三年不呼其门，已练，可以弁冕服金革之事，礼也。

或问此条律，直至"不丁忧"才着一罢职役不叙，其他匿不举哀、未终从吉、无丧诈有、旧丧诈新，皆碍行止，亦罢职役否？ 答曰：首节通军民人等言，故无罢职之文。次节以下，方言官吏，故有罢职不叙之语。若初条官吏有犯，必引文官犯私罪，杖降等至一百者，罢职不叙，吏杖罢役，庶律意明而法正也。其无丧诈有、旧丧诈新，罪同父母死不丁忧，不必引《名例》。其冒丧从仕者，则引用《名例律》也。

条例

第三条 诈新丧、诈死亡，要见有无报丧公文。如有公文，鞫查真伪，则除本律，问诈为文书。或空纸盗印，从重议拟。若父母丧，以在籍病故日为始，如二千里，过百日之外，方引此例，发边外为民；若在百日之内，虽不报忧，止问罪，不引《例》。

弃亲之任

此律分作两段看，谓凡亲年八十以上及笃疾，皆待人以为养者也。若子于父母，孙于祖父母，年八十以上及笃疾，其家别无以次侍养人丁，而乃忍于弃亲赴任者，及其亲本未老疾，而妄称老疾，求归侍养者，是遗亲不仁，后君不义，并杖八十。弃亲者，仍令归养，候亲终服阕，照《名例律》降级叙用。

若祖父母、父母及夫，犯罪至死，见被囚禁，其子孙妻妾，何等心情，而有忍于肆筵张宴，因以作乐者，其罪亦如弃亲之任律科断。○按居丧言参预筵宴，而此与《户律》父母囚禁，嫁娶但直言筵宴者，似当有别。

丧葬

第一节 人死以葬为安。葬者，藏也，不藏，即谓之暴露。故凡民间有丧之家，必须依礼，及时安葬。《集礼》云：职官庶民，皆以三月而葬。若惑溺于阴阳家风水祸福之说，及假托以他故为辞，而停柩在家，经年暴露，不行安葬者，杖八十。其有卑幼听从尊长临终遗嘱之言，而将尸烧化，及委弃水中者，杖一百。若尊长听从卑幼遗言，将尸烧弃者，并减二等，杖八十是也。盖祖父母、父母弃毁子孙死尸者，杖八十，尊长毁弃缌麻以上卑幼死尸者，递减一等。此则不论缌麻以上卑幼递减之法，但从其遗言而将尸烧弃，俱于杖一百以上减二等，亦杖八十，故曰并减二等。或问弃毁子孙死尸者，杖八十矣；从子孙遗言而烧弃者，亦杖八十，乃不得末减何也？曰：子孙遗言，在父祖本无可受之义故也。若祖父母、父母亡殁远方，不能归葬，而从权烧化，归其骨者，并听从便。○子孙毁弃祖父母、父母死尸，祖父母、父母毁弃子孙死尸，尊长毁弃缌麻以上卑幼死尸及卑幼毁弃缌麻以上尊长死尸，与烧尸等罪，俱在《刑律》"发冢"条，此则著其从遗言烧弃之罪也。

第二节 若居丧之家，修斋设醮，以资冥福，而男女混杂，饮酒食肉者，家长与僧道,并杖八十,僧道还俗。或以修斋设醮,与男女混杂、饮酒食肉,平列为三项者,殊非《律》意"亵渎"条云。若僧道修斋设醮,而拜奏青词表文者同罪,乃罪其拜奏青词表文,非罪其修斋设醮也。此之所重在男女混杂耳,使男女酒肉,无预于斋醮,则于僧道何罪而必责以还俗哉?

乡饮酒礼

释曰:《乡饮酒礼》条式,使民岁时燕会,习《礼》读《律》,期于申明朝廷之法,敦叙长幼之节,遂为定制云。乡党序齿,指平时行坐而言;乡饮酒礼,指会饮礼仪而言;自是两事。凡序齿与乡饮之礼,已有《定式》颁行天下,在臣民所当遵守,违者笞五十。

按旧《乡饮酒礼》,在内顺天府及直隶府、州、县,每岁孟春正月、孟冬十月,有司与学官,率士大夫之老者行于学校;在外行省所属府、州、县,亦皆取法于京师。其民间里社,以百家为一会,粮长或里长主之,百人内以年最长者为正宾,余以齿序坐,每季行之于里中。若读律令,则以刑部所编《申明戒谕书》兼读之,其内外武职衙门,每月朔日,亦以大都督府所编《戒谕书》,率僚佐并读之。又制《乡饮图式》,颁行各处府、州、县,每岁正月十五日、十月初一日,于儒学行乡饮酒礼,酒肴于官钱约量支办,务要丰俭得宜,除宾僎外,众宾序齿列坐;其僚属,则序爵。前一日,执事者于儒学之讲堂,依《图》陈设坐次,司正率执事习礼。至日黎明,执事者宰牲具馔,主席及僚属司正,先诣学,遣人速宾、僎以下。比至,执事者先报曰"宾至",主席率僚属出迎于庠门之外以入,主居东,宾居西,三议、三揖而后升堂,东西相向立,赞两拜,宾坐。执事又报曰"僎至",主席又率僚属出迎,揖让升堂,拜坐如前仪。宾、僎介至,既就位,执事者唱司正扬觯,执事者引司正,由西阶升诣堂中,北向立。执事者唱宾、僎以下皆立,唱揖,司正揖,宾、僎以下皆报揖。执事者以觯酌酒授司正,司正举酒曰:"恭惟朝廷,率由旧章,敦崇礼教,举行乡饮,非为饮食。凡我长幼,各相劝勉,为臣尽忠,为子尽孝,长幼有序,兄友弟恭,内睦宗族,外和乡里,无或废坠,以忝所生。"读毕,执事者唱司正饮酒,饮毕,以觯授执事,执事者唱揖,司正揖,宾、僎以下皆报揖,司正复位,宾、僎以下皆坐。唱读律令,执事者举律令案于堂之中,引礼引读律令者诣案前,北向立,唱宾、僎以下皆拱立行揖,礼如扬觯仪,然后读律令。有过之人,俱赴正席立听,读毕,复位。执事者唱供馔案,执事者举馔案至宾前,次僎,次介,次主,三宾以下,各以次举讫。执事者唱献,宾主起席,北面立,执事斟酒以授主,主受爵诣宾前,置于席,稍退,赞两拜,宾答拜讫。执事者又斟酒以授主,主受爵,诣僎前,置于席,交拜如前仪毕,主退复位。执事者唱宾酬酒,宾起,僎从之,执事者斟酒授宾,宾受酒诣主前,置于席,稍退,赞两拜,宾、僎、主交拜讫,各就位坐,执事者分左右立,介、三宾、众宾以下,以次斟酒于席讫。执事者唱饮酒,或三行,或五行,供汤;又唱斟酒,饮酒供汤。三品毕,执事者唱彻馔,候彻馔案讫,唱宾僎以下皆行礼,僎、主、僚属居东,宾、介、三宾、众宾俱西,赞两拜讫,唱送宾,以次下堂,分东西行,仍三揖出庠门而退。○一里社,每岁春秋社祭会饮毕,行乡饮酒礼,所用酒肴,于一百家内供办,毋致奢靡。百家内除乞丐外,其余但系年老者,虽至贫,亦须上坐;少者虽至富,必序齿下坐,不许搀越,违者以违制论。其有过犯之人,虽年长财富,须坐于众宾席末,听讲律,受戒谕,供饮酒毕,同退,不许在众宾之上坐。如有过犯之人,不行赴饮,及强坐众宾之上者,即系顽民。主席及诸人首告,迁徙边远住坐,其主席者及众宾推让有犯之人在上坐,同罪。其各里社以百家为一会,百家之内,以里长主席,其余百人,选年齿最高有德、人所推服者一人为宾,其次一人为介,其余各依年齿序坐。如有乡人为官致仕者,主席请以为僎,择通文学者一人为扬觯,一人为读律,二人为赞礼。前期一日,主诣宾门,宾出迎大门之外,肃主以入,至中堂,主宾相揖讫,主稍前曰:某日行乡饮酒礼,吾子年高德邵,敢请为宾。曰:某固陋,恐辱命,敢辞。主曰:询诸众,莫若吾子贤,敢固请。宾曰:夫子申命之,某不敢辞。主再拜,宾答拜,介亦如之。执事者设宾席于堂中,稍西,南向,设主席于堂东南,西向。宾六十以上者,席于堂中、上两序,东西相向。如宾多年幼者,席于堂下阼阶之南,北面西上。是日清晨,宾及众宾皆至门外,主出迎,西向揖,宾东向答揖。主先入门而右,宾入门而左,至阶,主揖宾,宾揖主,主先升自东阶,宾升自西阶;至中堂,主西向立,宾东向立。赞礼唱拜兴二,主宾皆两拜,主肃宾,各就位。赞礼唱扬觯,扬觯者举觯、酌酒,诣中堂,北向立。赞礼唱在坐皆起,宾主以下皆起,拱立,扬觯者乃扬觯而言恭惟云云,同前读毕。唱揖,扬觯者揖,主宾以下皆揖,扬觯者遂饮酒讫,复揖,主宾以下皆揖,以爵授执事者复位,宾主以下皆坐。赞礼唱读律,执事者设案于堂中,次引读律者诣案前。赞礼唱在坐者皆起揖,唱读律者揖,宾、主以下皆立,遂展律于案,详缓读之讫,复以申明戒谕读之毕。赞礼唱揖,读律者揖,宾、主以下皆揖,读律者复位。赞礼唱众皆坐,宾、主以下皆坐,执事者供馔案行酒。赞礼唱饮酒,众宾皆饮,或五行,或七行,礼同前。食毕,彻案,赞礼唱礼毕,主先行而西向立,赞礼引宾以下东向立。赞拜兴,拜兴,主宾皆两拜。主送宾于门外,东西相揖,乃退。明日,宾、介、僎、众宾,诣主家拜谢乡饮之赐,主出门外拜,谓辱屈昨日之来。〇一乡饮之设,所以尊高年、尚有德、兴礼让,敢有喧哗失礼者,许扬觯者以礼责之。其或因而致争竞者,主席者会众罪之。〇乡饮酒礼,序长幼、重贤良、别奸顽、异罪人,其坐序以高年有德者居上,高年淳笃者并之,以次序齿而列。其有曾违条犯法之人,列于外坐,同类者成席,不许干于善良之席。主者若不分别,致使贵贱混淆,察知,或坐中人发觉,罪以违制。奸顽不由其主,紊乱正席,全家移出化外。〇凡良民中年高有德,无公私过犯者,自为一席,坐于上等。有因户役差税迟误,及曾犯公杖私笞,招犯在官者,又为一席,序坐中门之外。其曾犯奸盗诈伪、说事过钱、起灭词讼、蠹政害民、排陷官长,及一应私杖徒流重罪者,又为一席,序坐于东门之内。执壶供事,各用本等之家子弟,务要分别三等坐次,善恶不许混淆。其所行仪注,并依《定式》。如有不遵《图式》序坐,及有过之人不行赴饮者,以违制论。

主,府,知府。州,知州。县,知县。如无正官,佐贰官代,位于东南。

大宾以致仕官为之,位于西北。

僎宾择乡里年高有德之人,位于东北。

介以次长,位于西南。

三宾以宾之次者为之,位于宾、主、介、僎之后。

司正以教职为之,主扬觯以罚。

赞礼者,以老成生员为之。

《王仪部先生笺释》卷十二终

《王仪部先生笺释》卷十三

　　　　　　　顾王榭用拙父　校阅

　　　　　　　顾鼎定九父　　重编

古吴

　　　　　　　黄中致和父　　订正

　　　　　　　翁居体镜非父　汇参

兵律

官卫

　　释曰：《唐律疏议》云："《卫禁律》，秦汉及魏，未有此篇。"晋始创制，名曰《宫卫》。自宋至于梁、陈，此名并无所改，惟北齐以《关禁》附之，更名《禁卫律》。隋开皇时改为《卫禁律》。明初仍为《宫卫》，而居《兵律》之首，今因之。

太庙门擅入

　　释曰：太庙，奉祖宗神主之所在。山陵，言坟之高大，如山如陵也。太庙门由外而内曰庙街，曰棂星，曰戟门，曰神御前门。每正祭日，上乘舆由庙街门入，至棂星门西，降舆步入。此所谓擅入者，乃棂星门，非神御前门也。兆者，明堂域茔之外墙。茔界之前为祾恩殿，祾恩门。此不言祾恩而言兆域者，庙以妥神，山陵以藏魄，各有所重也。

　　太社祀五土之神。天子为百神主，故于午门外之左立宗庙，午门外之右立社庙，即古左祖右社之义。凡有人无故擅入太庙门及山陵兆域门者，杖一百，入太社门者杖九十，虽至三项门，而未过门限者，各减一等。其各该守卫官员，知情故纵不举者,各与犯人同其擅入。或未过门限之罪,若非故纵,止是失于觉察者,各减三等。太庙山陵门,杖七十;太社门,杖六十。未过门限,通减四等,太庙山陵门,杖六十;太社门,笞五十。《名例》擅入皇城宫殿等门者,罪无首从。○言守卫官不及军人者,有犯止问不应。○《唐律疏议》曰:其入太庙室,既律无罪名,合减御在所一等,杖一百,流三千里。若无故登山陵,亦同入太庙室坐罪。又《唐律》云:"诸阑入者,以逾阈为限。"则未过门限者,不坐罪也。

宫殿门擅入

第一节 按吴元年,作新内正殿曰奉天,殿前为奉天门,殿之后曰华盖殿,华盖殿之后曰谨身殿,皆翼以廊庑。奉天殿之左右,各建楼,左曰文楼,右曰武楼。谨身殿之后为宫,前曰乾清宫,后曰坤宁宫,六宫以次序列,周以皇城。城之门,南曰午门,东曰东华,西曰西华,北曰玄武。洪武十年,改作大内宫殿。略如前制。永乐十八年,营建顺天宫殿门阙,悉如洪武初旧制。嘉靖四十一年,重建三殿工完,更奉天殿名曰皇极殿,华盖殿曰中极殿,谨身殿曰建极殿。禁苑,谓苑囿之在禁中者。宫门,如乾清等宫之门。殿门,如奉天等殿之门。宫殿名,一本《笺释》旧注。本朝规制,另有不同。御膳所,供造御食之所。御在所,天子所幸之处。皇城午门、东华门、西华门、玄武门、禁苑五项为一等,宫殿门为一等,御膳所、御在所为一等,凡三等,自外而内,以内为重。故擅入皇城四门及禁苑者,各杖一百;擅入各宫殿门者,杖六十,徒一年;擅入御膳所、御在所者绞;虽及门而未过门限者,各减已入罪一等。皇城四门禁苑杖九十,宫殿门杖一百,御膳所、御在所,杖一百,流三千里。

第二节 文武官员各有门籍,若本无著名门籍之人,而妄冒他人有门籍者之名,入皇城宫殿等门者,其罪亦各如擅入之律科断。未过门限,亦各减一等。

第三节 上条皆言不应入而入者,其应入之人,亦必待门籍有名及应直应宿者而后可入。若未著名门籍而擅入,或入直之期已满而辄复入,及入宿班次未到而辄先宿者,各笞四十。

第四节 宿卫应直之人,例该带兵仗者,所以备非常也。若不系宿卫应直合带兵仗之人,但持寸刃入宫殿门内者绞;入皇城各门内者,杖一百,发边远卫分充军。但言寸刃,举轻也。

第五节 其守门官员及宿卫官军,有知情故纵犯人擅入、冒入及持刃而入者,各与同罪,至死减等,杖一百,流三千里。若偶失觉察者,门官及宿卫官,各减犯人之罪三等,罪止杖一百。宿卫军人失觉察者,又减官罪一等,通减四等,罪止杖九十。官军有上直下直,故罪坐直日者。注云余条准此,谓以下诸条,凡言门官及宿卫官军者,其故纵失察,皆止罪直日之人,非谓兼军人又皆减一等也。或谓故纵人持刃入皇城门者,止该杖一百,不拟充军,不然,则较之故纵持刃入宫殿门者,减等流三千里之罪为反重矣。不知《律》称同罪,止至死减一等,其余皆同。况《名例》军官军人犯罪徒五等,皆发二千里内卫分充军,流三等,照依地里远近,发各卫充军,则徒流罪亦未尝不充军也,而何轻重之有?然今例徒流但哨瞭,其不及杖一百充军者,自当如《律》。○此条与"辄出入宫殿门"条参看。

宿卫守卫人私自代替

第一节 宫禁在皇城之内,坐更直宿,谓之宿卫。自皇城四门至皇城内外,以亲军诸卫,分番守卫,各分定地方,谓之守卫。宫禁宿卫人,皇城各门守卫人,应上直之期而不行上直者,笞四十。自己不直,而以应宿卫守卫下直之人私自代替者,与替之者,各杖六十。自己不直,而以别卫不系宿卫守卫人妄冒己名、私自代替者,与替之者,各杖一百。盖应直不直,止于旷职,而私自代替,则相隐为奸。应宿守之人,尚不至因缘为奸,而不应宿守之人,则奸人得乘机而托迹,故其罪常差二等也。以上俱指旗军而言。若宿卫守卫之官,其责视军人又重矣。故有犯者,百户以上,各加一等;应直不直,笞五十;私自代替,各杖七十;冒名代替,各杖六十,徒一年。

第二节 在直而逃,通指宿卫守卫人。百户以上而言逃,只是私逃还家,罪亦如之,谓军旗亦得应直不直之罪,百户以上,亦加一等。

第三节 京城门,减皇城一等,各处城门,又减京城门一等。应直不直与在直而逃者,京城门笞三十,各处城门笞二十。以应守之人,私自代替及替之者,京城门笞五十,各处城门笞四十。以非应守之人,冒名代替及替之者,京城门杖九十,各处城门杖八十,百户以上,亦加一等。若亲管头目,如指挥、千百户、镇抚、总小旗等,明知其应直不直,或私替及在逃之情,而故纵不举者,各与犯人同罪。其偶失觉察者,减三等。宫禁皇城不直,笞一十;私自代替,笞三十;冒名代替,杖七十。百户以上不直,笞二十;私自代替,笞四十;冒名代替,杖八十。京城及外城门不直,俱减尽无科。自代者,京城门笞二十,外城门笞一十;冒名代替者,京城门杖六十,外城门笞五十。其宫禁、皇城、京城、外城等门宿守之人,遇有疾病、生产、死丧等项事故,而先赴所管头目告知者,不坐不直之罪。或谓有故,自公差言。若公差,则头目自当别拨补直,又何待本人赴告耶?

条例

释曰:容情故纵,与军人离直,俱问本律。卖放问行求。枉法满数,引立功例,满日降调。巡点不严,指点城官与该管官旗,除失觉察,问违制。

从驾稽违

第一节 凡应扈从车驾巡幸之人,有违原定之期不到,及从行而先回还者,一日笞四十,每三日加一等,至十九日之上,罪止杖一百。百户以上,若镇抚、千户、指挥等官有犯者,各加一等,一日笞五十,至十九日之上,罪止杖六十,徒一年。

第二节 若从车驾行幸,而中途在逃者,杖一百,发边远卫分充军,百户以上犯者并绞。盖违期不到,从而先还,是犹从也,故计日以定罪。若从行而中途在逃,则有背去之意,故从重以加刑。

第三节 此通承"不到先回在逃"三项说。若军人或军官之亲管头目,知情故纵者,各与犯人同罪,至死减一等。若无故纵之情,止是失于觉察者,各减三等。军人不到及先回者,一日笞一十,百户以上,一日笞二十。军人逃者,杖七十,百户以上逃者,罪止杖一百。此自平时巡幸者言,故坐罪与从征不同。

直行御道

释曰:御道,即午门中道。御桥,一在午门内,一在天安门外。此云御道至御桥者,入则至午门内御桥,出则至天安门外御桥,皆有御道。此至尊出入之路,非臣民之所得由,故除侍卫、官员、军汉,导引随从车驾出入,许于御道、御桥之东西两傍行走外,其余文武百官、军民人等,非系侍卫导从,而无故于御道上直行及辄度御桥者,杖八十。若宫中、殿中之御道,则视午门外尤为亲近,若有侍卫人无故直行者,杖一百;其内外直日守卫官员,有故纵不举者,各与犯人同罪;失于觉察者,各减三等。如行午门外御道,及度御桥,则笞五十。行宫殿中御道,则杖七十。若于内外御道上横过,无论官民人等,只系一时经行者,不在所禁之限。○唐有登高临宫中之律,今虽无文,亦宜知之。○在外衙门,龙亭已设,仪仗已陈,有犯者,亦准直行御道律科断。

内府工作人匠替役

释曰：内府设宫员各司其事，如尚衣、御马等监，内织染、银作、兵仗、针工、酒醋面等局，内承运、供用、司钥等库，各有官匠，多寡不等，应上工者，关领牌面，乃得出入皇城，守门官军验放，其无牌者，不得入也。若诸色工匠各行人役，所司差拨送赴内府及承运库工作，乃不亲身关领牌面入内应役，而雇倩他人冒己名姓，私自代替者，及替之人，各杖一百，追雇工钱入官。冒名，即是冒名关牌。若止冒名而不关牌，恐亦不得入也。凡工匠各有本色作行，如木匠、针工等行，百工技艺之类，非行人与工匠分而为二者也。

宫殿造作罢不出

释曰：凡宫殿之内，有所造作，该管衙门，先将差拨过工匠姓名，逐一开报守门官及守卫官知会。其守门官及守卫官，就于所入宫殿门首，逐一点视，点则知其名数，视则识其面目，放入宫殿门内工作，至申时分罢散，门官、守卫官，仍须一一相视各匠原来形貌，照数点出。其有停留在内不出者，即无他故，亦坐绞罪。其宫殿门内监工官、提调内使监官、守门官、守卫官与军点视放出之时，于原入工匠名数内，或有短少及非原来形貌者，就便搜捉，随即奏闻，听候处分。若监工等官，明知工匠名数短少，而不即行搜捉举奏者，与犯人同罪，至死减一等；失于觉察者，得减犯人绞罪三等，罪止杖一百，亦不用杖九十、徒二年半之律。《名例》所谓罪止者，仍依本法是也。○凡宫卫各条，并钱粮互相觉察。私造斛斗秤尺，私出外境，带造段匹等律，其在官之人，或知而故纵，或知而不举，并云与犯人同罪，失觉察者减三等；其正犯人有坐徒流死罪者，则又云罪止杖一百，此律之义例也。盖笞、杖、徒、流、绞、斩，在犯者之罪虽殊，而在官之人，但有失于觉察，其情则一也。故此言减三等，复言罪止者，正以见其不没义例之实耳。至于冲突仪仗，则事体重大，故律无罪止，然不云"失觉察"，而云"不觉"，岂非所谓异其文者异其事欤？

辄出入宫殿门

第一节 专自宿卫人言。应出宫殿，谓差遣、给假、患病、下直之类。门籍者，出入人员之名册也。有前项事故，当日即除门籍，门籍既除，则不得复留矣。而辄留不出，及应入直之人，被人或告或劾，已有公文禁止勿入，其门籍虽未及除,亦不得复入矣,而辄入宫殿者,各杖一百。

第二节 宿卫人已被奏劾者,则是待罪之人,本管官司,当先收其兵仗,以防不测。若违例不收兵仗者,亦如被告劾已有公文禁止辄入者之罪,杖一百。○以上言不得留、不得入者之罪,其致谨于书者如此,然应直之人,犹得出入其间也。

第三节 若至于夜,则虽应直之人,有名在门籍者,亦不得出入矣。故有自外入者,杖一百;自内出者,杖八十。若非应直之人,而宫殿门无名在籍,则与应入者又不同矣,故加二等,杖七十,徒一年半。若持兵仗暮夜入殿门者,不论有籍无籍,并绞。其致谨于昏夜者又如此。不言宫门者,止依夜入论。若非宿卫合带兵仗之人,依持寸刃律。○此条与前"宫殿门擅入"大意相同,而不言门官及宿卫官军之罪,有犯宜准前科断。

关防内使出入

释曰:内使监官,谓各库局司有印署衙门之内使。奉御内使,则长随大驾者也。但遇出外,其皇城各守门官,须要收留本人在身悬带关防牙铁牌面,就于门簿上印记姓名,及牌面字号,明白附写,前去某处地方,干办是何事务。其门官与同守卫官军,搜检沿身,别无夹带官私器物,方许放出;及其回还,官军一体如前搜检,亦无夹带,然后给与原带牌面,许放入内,以凭该监逐月稽考出外次数,但有搜出应干杂药,就令带药之人自吃。其有出入无忌,不服搜检者,杖一百,充发净军。若非奉有明旨,而私自将带兵器进入皇城门内者,杖一百,发边远卫分充军,将入宫殿门内者绞。其直日守门、守卫官员,失于搜检者,与犯人同杖一百,发边远充军。入宫殿门者,减犯人绞罪一等,杖一百,流三千里。盖皇城宫殿,禁地也;兵仗,凶器也,不得不严私将入之罪如此。

向宫殿射箭

释曰:射箭、放弹、投掷砖石,向太庙及宫殿者绞,向太社者减一等,须箭石可及乃坐。若相去较远不能及者,勿论;但伤守卫、太庙、宫殿、太社之人者,斩。若箭石不及,致伤外人者不用此律,伤人者斩,则杀人者可知,举轻以示义,与故向城市者异矣。

宿卫人兵仗

释曰:宿卫原以备非常,故在直之人横刀弓箭之属,尝须佩执,不许离身,违者笞四十。若辄离职掌所直之次者，笞五十；其离次因而别宿者，杖六十。盖宿卫人，各有分定汛地，辄离，谓暂时离者耳，若别处宿，又不止辄离矣。百户以上，若镇抚、千户、指挥等官犯者，各加一等，兵仗离身，笞五十；辄离职掌处所，杖六十；宿于别处，杖七十。若自总小旗以上亲管头目，有知情故纵不举者，并与犯人同其笞杖之罪。但失觉察者，减三等，兵仗离身，笞一十，百户以上笞二十；辄离职掌，笞二十，百户以上笞三十；别处宿者，笞三十，百户以上笞四十。○或谓与犯人同罪，其言各者，罪无首从；不言各者，依首从法。非也。盖与犯人同罪云者，原无首从，其所谓各者，乃指各事言之，非各人也。若一事，则但云与同罪，而不言各矣。不然，则如直行御道罪轻，其故纵者不分首从，至于冲突仪仗罪重，而故纵者乃分首从耶？○宿卫人应直不直，笞四十；在直而逃者，罪亦如之。今辄离职掌处所，是在直之人，较之不直者，其情轻，而别处宿，亦与不直者等耳，而罪反重何也？盖应直之人，未有无故而不直，亦未有在直无故而逃者。故本条末云有故而赴所管告知者不坐，以不直在逃之罪，悯其有故而罪其不告耳。若既在直矣，而辄离职掌及别处宿者，则非有故者也。安得与应直不直及在逃者同拟耶？其加重宜也。

禁经断人充宿卫

释曰：极刑，谓绞、斩、凌迟。同居人口，指同财共居者。亲属人等，是极刑、同居迁发之外者。经断之人，不分罪名轻重。曾经覆奏，谓特旨选充之人，仍须将极刑亲属及曾经决断情由覆奏也。凡在京城军民，有犯死罪，见被刑戮之家，但同居人口，所司随即迁发别郡地方住坐，其亲属人等并一应犯罪曾经断决之人，并不得入内充当近侍及宿卫官，或守把皇城、京城门禁。若有隐匿前项情由，朦胧充当者，斩监候。其当该官司选充之时，不为用心详审来历，或听从他人嘱托，及枉法受财，容令入充近侍及宿卫、守把门禁者，亦斩，故曰罪同。盖宫禁城门，至严密之地，而近侍、宿卫、守把，皆扈从防范之人，以刑人而充任使，不惟有亵尊严，亦恐潜生奸宄，故尽法以处之。若极刑亲属及经断之人，奉有特旨选充，而当该官司，曾经具由覆奏、明立文案者，不在所禁之限。《曲礼》曰："刑人不在君侧。"《穀梁子》曰："礼，君不使无耻，不近刑人，不狎敌，不迩怨。"皆此谓也。

冲突仪仗

第一节 凡车驾行幸之处，仪仗之内，即为禁地。故除近侍及宿卫、护驾官军之外，其余军民人等，如遇驾过，并须回避。其有冲入仪仗内者绞，系杂犯，准徒五年。若在外郊旷野无可庇身之地，一时不能回避者，听于道傍俯伏以待驾过。其扈从文武百官，若非奉有宣唤，无故辄入仪仗内者，杖一百。其典仗、护卫官军，故纵犯人冲入、辄入而不举者，并与同罪，至死减一等。不觉者，减犯人罪三等；不觉冲入，杖九十，徒二年半；不觉辄入，杖七十。○各条并云"失觉察者减三等"，此独言"不觉"云何？盖天威不违颜咫尺，凡所在臣工，莫不震叠，岂惟陨越于下是恤？其典仗、护卫官军，乃敢执事而惰，不恭孰甚焉？故无罪止之文。所云不觉者，正所以敬其事而慎其时也。

第二节 凡军民人等，于车驾行幸之处，有申诉一应冤抑事情者，止许于仪仗之外，俯伏以听圣旨发落，不许冲入仪仗之内。若冲入仗内，而所诉之事有不实者绞，系杂犯，准徒五年。此罪其冲突，非罪其不实也。诉而得实者，免其冲突之罪。其典仗、护卫官军不觉者，本减犯人罪三等。使其所诉之事得实获免，则典仗、护卫人亦应免科。盖《名例》所谓因人连累致罪者，若罪人自首告及遇赦原免，或蒙特恩减等收赎者，亦准罪人原免减等赎罪法，此其一也。

第三节 凡军民之家，牧养牲畜，纵放在外，若车驾行处，而守卫之人，不行防备因而冲突仪仗者，杖八十；若冲入皇城门内者，杖一百。盖驾行而冲突，事或出于卒然，皇城禁地，又非寻常时候，岂牲畜所宜冲突者哉？故罪有轻重如此。○其纵畜之家，并以不应事重论罪。

条例

释曰：妄行奏诉，除奏事诈不以实，依冲入仪仗内而所诉事不实者绞。主使教唆，依教唆词讼。捏写本状，依为人作词状，增减情罪诬告人律。

行宫营门

释曰：车驾行幸驻跸之处，谓之行宫。其制度虽与宫殿不同，然至尊所在，即为禁地。故外营门，次营门，并与皇城各门同，若有擅入者，杖一百。其内营牙帐门，与宫殿门同，若有擅入者，杖六十，徒一年。其未过门限者，与门官、宿卫官军故纵及失觉察者，当一依宫殿门擅入条拟断。擅入御膳、御在所亦绞。《疏议》云："行幸处无离宫别殿，牙帐门即御在所，不可更引擅到御在所之律。"不知律止称牙帐门，而门之内尚有圣躬止宿之处，安得不为御在所耶？

越城

释曰:越城,兼出入言,凡不由门者皆是。镇城所指者广,如各处巡检司及边镇去处,多有镇城。有规避者从重论,谓计所规避,与越城二者之罪,孰轻孰重,从其重者论也。内之皇城、京城,外之府、州、县、镇等城,均为禁城。关防不密,奸从此生。故凡有人逾越皇城者绞,京城者杖一百,流三千里;越各府、州、县及各镇城者,杖一百。若官府公廨、墙垣,虽非禁城,亦系屏卫,有越之者,亦杖八十。其越而未过者,各减已越之罪一等;皇城杖一百,流三千里;京城杖一百,徒三年;各府、州、县、镇等城,杖九十;公廨垣墙,杖七十。若于事有所规避而越者,各从其罪之重者论。规避重者,从规避论;越城重者,从越城论。

门禁锁钥

释曰:各处城门,即上条之各府、州、县、镇城也。误不锁,是亦关也,但不下锁耳。非时开闭,不但谓昼夜,凡应开而闭,应闭而开,俱谓之非时。凡各处府、州、县、镇城门,其入夜应闭,而守门之人误不下锁者,杖八十;非时擅自开闭者,杖一百。京城门各加一等,误不下锁,杖九十;非时开闭,杖六十,徒一年。其有公务急速,势难稽缓,而非时开闭者,不在此限。

若皇城门,又非京城门可比,故应闭而误不下锁者,杖一百,发边卫充军。非时擅自开闭者绞。其奉有旨意,非时开闭者勿论。条内言误者,原其无心也。若非误而有心不下锁者,又当从重论矣。

悬带关防牌面

释曰:朝参文武官及内官悬带牙牌,军官上直悬带铁牌,厨子校尉入内,各带铜牌、木牌。有牌不带,指已关领者。无牌辄入,指未关领者。或原有牌而遗失,或借与人而未及悬带者,俱依律论罪。借者及借与者,罪同,正指此律也。诈带朝参及诈称官员,承上文借与隐藏而言。伪造,通牙牌以下而言。二首告,上只就隐藏者言,下兼诈带诈称及伪造者言。凡借牙牌,是指有官者。若拾牌诈带朝参,则兼无官者。谓凡朝参文武内外官员,各要悬带牙牌、铁牌,其光禄寺厨子、銮仪卫校尉,进入内府,各带铜牌、木牌,所以关防诈伪者也。如有遗失者,被人拾得,不问牙、铁、铜、木等牌,随即报官,即将各人该罚银两,给付充赏。若文武各官与厨校人等，原有牌而不带入，或因牌有遗失，及借与人而无牌辄入内者，杖八十。若无牌而借牌以入，及有牌而借与人入内者，杖一百。其有牌不带，无牌辄入，或借牌而入，若于事有所规避者，从其重者论罪。或以无牌谓非常朝官及非应入内厨校，今观擅入皇城各门，且杖一百，而此乃减二等可乎？其有拾得他人遗失牌面，而隐藏不报官者，杖一百，徒三年。有人知其隐藏之情，而能赴官首告者，于隐藏之犯人名下，追所罚之银充赏。若将拾得他人遗失牌面，诈带朝参，及悬带在朝门外，诈称有牌官员名号，有所求为于人者，绞监候。若止诈称名号，无所求为，问诈冒官员姓名，杖一百，徒三年，此得遗失牌面行诈之罪。若盗牌，则依诈称假官论断。若伪造，不问牙、铁、铜、木等牌，并斩监候，以造意者为首，镌刻者为从。若有人知其诈带、诈称伪造之情，而首告于官者，各于绞斩犯人名下，追银给付充赏。○或以诈带、诈称，不特谓得遗失牌面，当兼所借者言之。审尔，则借牌行诈之人，已伏处绞之诛矣。使借之者知情，而以牌与无官之人朝参，及出外求为者，曷为不并着其连坐之罪乎？且借人牌，止杖一百，诈带朝参，即坐以死，则其所借者何心？若知其诈有所求而借，则亦何事而与之求为乎？○凡借牙牌，是指有官之人，故止各杖一百，断无借牙牌与无官者之理。若拾牌隐藏诈带朝参等项，则是兼无官者。故律诰不准赎，例亦云拾遗朝参文武官及内官悬带牌面、诈带朝参，及在外诈称官员名号，有所求为者，即此是也。

条例

释曰：军职内官，并军人校尉，俱问违制。若由各官挟逼，但不当听从，合问不应杖罪发落。

《王仪部先生笺释》卷十三终

《王仪部先生笺释》卷十四

顾王榭用拙父　　校阅

顾鼎定九父　　　重编

古吴

黄中致和父　　　订正

翁居体镜非父　　汇参

兵律

军政

释曰：汉有《兴律》，曹魏以擅事附之，名为《兴擅》。晋复去擅为兴。北齐曰《擅兴》，北周合于缮事曰《兴缮》，隋、唐复为《擅兴》。明以军政至重，始正其名，今因之。

擅调官军

此律首节，前泛言常法，后以非警急言，次节专以警急言，末言典兵大臣，非奉圣旨调遣将士，而将士依从擅离信地言。

第一节"缓急"二字，是此条张本，下"无警急"及"事有警急"，皆从此二字生出。谓凡各处将帅，统领所部军马，防守备御城池，及屯营驻扎边镇之地，若所该管地方，遇有报到草野贼寇生发，实时差遣间谍之人，体探其大势缓急，声息果实，实时申报所辖上司，奏闻朝廷，给降御宝圣旨，方许调遣官军征讨。若虽有寇贼，本无警急消息，及虽有警急，而将帅官不先行申达上司；或虽已申达上司，不待回报，而辄于所属卫所衙门，擅自调拨军马，及所属官司，明知不曾回报,而擅自发与者,将帅属官,各杖一百,罢职,发边远卫分充军。此自其声息之缓者言之也。

第二节 若寇贼暴兵,突如其来,卒欲有所攻击掩袭,及城池边镇,屯聚军马之处,或变生肘腋,而军有反叛之人;或祸在腹心,而贼有内应之主,事势警急,申报不及;及上司相离路程遥远,一时难候申报转达者,并听将领官,从便火速调拨军马,乘其机会,剿杀擒捕。若贼寇猖獗,滋蔓之势,不能克敌,应合会兵协力交攻,乃可取胜者,其邻近卫所,虽非所属,亦得行文调发军马,策应为援;其原调官及邻近卫所官,并即将调发过缘由,申报本管上司,转达朝廷知会。若当调遣而不即调遣,当会合而不即会合,或虽已调遣、会合,而不即申报上司,及邻近卫所,不即发兵策应者,并与擅调发罪同,亦各杖一百,发边卫充军。此自其声息之急者言之也。曰暴兵卒至,曰反叛,曰内应,曰路程遥远,是四事,四者有一即听从便调拨,非谓备是四者而后可调拨也。若其余之本管上司,及典兵之大臣,得以文书调遣将士,提拨军马者,定制必须奉御宝圣旨,方许发兵。否则,将帅不许擅离信地,应其调拨。若各该军官,有改除别项职事,或犯罪名取发推问者,如公文内无奏奉圣旨字样,亦不许擅动。违者,其擅离、擅动,亦如擅调发之罪杖一百,发边卫充军。谓彼不得擅离,此不得擅动,则以上之上司大臣,亦俱坐以违者之罪矣。至不奉旨擅自勾问,已在《名例律》"军官有犯"条内。○不得擅离信地,亦自无警急者言之也。若警急不策应,则上节已言矣。○又按,首节擅发与者,以所属而言也;此节不离信地,以非所属而言也。

申报军务

此律三节:一言报捷,一言飞申添拨军马,一言处待来降。

第一节 凡各处将领官员、参赞随从本管总兵官、领兵征进、征讨之法,有进无退,故曰征进。如总兵官分投调遣,攻取城寨,其克复平定之后,将领官随将克复捷音,即速差人飞报知会,一申本管总兵官,一行兵部衙门。二者之外,又须另具克平缘由,奏本,实封御前开拆。○"飞报"二字贯下"申总兵官"三句。

第二节 若分调攻取之处,贼人党羽众多而出没踪迹不常者,如将领官所部军人,数不敷足,势难支敌,须要作速申请总兵官,添拨军马设谋剿捕。如有不速飞报申请者,从总兵官酌量事情轻重,明治其罪,此自未至失误者言。若有失误,仍依失误军机常律。

第三节 若贼党有自知逆顺，投戈来降之人，将领官即便差人送赴总兵官处，转达朝廷区处。其有贪取降人财物，因而杀伤其人，及中途逼勒，以致逃窜者俱斩监候。《传》云："服而不柔，何以示怀？"此之谓也。杀伤逼逃，皆从贪取言。若于来降人止是贪取财物，而无杀伤等情者，依吓骗律科断。

飞报军情

此律自府州守御以至督抚按，凡六处言差人者，以飞报军情，欲其速达，不得入递，恐有迟误也。

释曰：凡各处飞报军务事情，其在外府州，如闻属县巡司等报，即行差人申报督抚、布政司、按察司本道，仍行移都指挥使司；其守御官差人申报督抚，仍行本管都指挥使司。督抚得报，一差人行移兵部，一具实封御前开拆。如按察司得报，不必转申，即差人具实封径直陈奏，以其职系纠察故也。若在内直隶军卫有司，原无都布按三司所辖者，得报差人，军官径申本管，民官径申兵部，又另具实封，各自奏闻。若在内在外军民衙门，已将军情行移都布按三司及兵部互相知会，而乃上下相蒙，扶同隐匿，不速奏闻者，即无所失误，亦杖一百，罢职不叙，军职降充总旗，引失机例，子孙不许承袭。若因隐匿不奏，以致失误军机者，斩监候。或谓本道，即今在外之守巡两道是也。唐贞观初，分天下为十道，可以类推。

漏泄军情大事

第一节 机密大事，谓讨袭收捕进兵之机宜。敌人，即所讨袭之外番，所收捕之反逆贼徒也。谓凡朝廷用兵，征讨外番之人，及收捕反叛逆贼，密谕在外之总兵将军，授以方略，刻日调兵进取，务期扑灭奏功。此诚机密大事，非敌人所得预知者，而乃不能秘密，辄致漏泄，则彼将有备，而我之军机，必致失误矣。不斩何为？仍监候处决。

第二节 报到军情，谓所差之人，传报军情于朝廷者。"漏泄"二字，与前稍异，注云以致传闻敌人，此语尚须理会。如果漏泄于敌，恐罪不止杖徒已也，观"传说""传至"等语意可见。若以为漏泄于敌人，则先传说者，或出无心，后传至者，的为贼党，反为从而坐徒减等可乎？"仍"字下，今释者皆总承上二项说。既漏泄机密大事于敌人，则先传与传至，厥罪惟均，恐不应分首从也。边将报到军情重事，既与机密大事有间，漏泄于外人，又与漏泄于敌人不同，故止坐上徒而已。漏泄发觉之日,仍将所获犯人,根究其传说之由,鞫得真实,将最初传说之人为首,坐以上徒。其见在漏泄人犯,即为传至,却为从,减一等科断。

第三节 若官司行移文书,不系军情,而私自开拆印封看视者,杖六十。事干军情重事者,则非寻常行移之比,亦以漏泄军情论,分首从杖徒减等。若干机密大事,漏泄于敌人,致误军机者,亦当坐斩。

第四节 近侍官员,解见前。朝廷所行机密重事与军情重事,同一关系,近侍官员常侍左右,一切机宜,皆得预闻,尤当慎密。凡外人之得闻禁密事情,多自近侍泄之,故必峻其刑诛。若所泄只系寻常政事,杖百,罢职,永不叙用。此为不谨饰者戒也。

条例

释曰:私通拨置,依教诱人犯法。透漏事情,比漏泄军情拟徒,引此例充军,军职调边卫带俸差操。此条重在"因而透漏事情"一句,如无此情,不引此例。

边境申索军需

释曰:军器钱粮之外,若车辆头匹之类,故曰等物。布政司,钱粮所出,都指挥使司,军政所关。合干部分,则议允给发之地也,如军务干兵部,军器干工部,钱粮干户部之类。谓凡屯守边镇将帅,但有军需缺乏,应合取索者,须要差人在外,一行布政司,一行都司,再差人在内,一行合干部分。言再差人者,恐其只与所往布政司、都司人顺赍,以致延缓误事,故申言之也。各另申达之外,又必另具奏本实封御前开拆。其边将申索军需公文,若已到该部,该部官须要随即明白定拟,奏闻区处,发遣差来人役回还。若公文到后,该部不即奏闻,及内外各处边将,不行依从上项体式申报者,未误军机,并杖一百,罢职不叙,军官降充总旗。若因不申奏以致失误军机者,斩监候。或以稽缓不即奏闻,兼边将言,谓下文申报不得兼奏字也。不思边将军需,死生祸福所系,岂有自为迟误之理?玩本条语脉稽缓,与"随即"相为呼应,"随即"但言之该部,而不言之边将,律意盖可见矣。

失误军事

此律两节合讲,临军征讨,是临出军之时也。若下临敌,则军到敌境矣。

凡临发官军有事征讨,其有司应合供给将士军器行粮及马匹草料。若有征解违期不完者,当该官吏,各杖一百,其罪但坐所由稽缓之人。如上司移文稽迟,罪坐上司,所属下司已承移文而征办不完,则罪坐所属下司。此自其初出军未至失误者言之。

若军马已临敌境,其有司违期不至,随征军器粮草不完,致有缺乏者;及领兵官已承上司调遣,而逗遛观望,不依会兵之期,进兵设策接应者;若军中告报会军日期,而承差之人,迟违程限者;但因此三事失误军机,并坐以斩监候,处决。○此条之目,一曰临军征讨,应合供给军器行粮、草料违期不完;一曰临军征讨,应合供给军器行粮、草料临敌缺乏,因而失误军机;一曰领兵官已承调遣,不依期进兵策应,因而失误军机;一曰承差告报军期违限,因而失误军机。后三事,以失误军机为坐。若军机未曾失误,则供给缺乏者,自依上节违期不完律。又起解军需,管送违限,以致临敌缺乏律,在邮驿公事应行稽程下。不依期策应者,自依从征违期律。告报军期违限者,自依驿使稽程,军情加三等律。

从征违期

第一节 凡一应已承调遣军官军人,临当出军征讨,已有起程日期,而故于私家稽留不进者,一日杖七十,每三日加一等。若本无疾而故自伤残,及本无故而诈为疾患之类,以避从征之役者,各加稽留罪一等,一日杖八十,每三日亦加一等。其稽留至十日之上,伤残诈疾至七日之上,并罪止杖一百,决讫,仍发出征。○凡律中称军人,当兼旗役言之。若明言总小旗,则军人自为军也,故《名例》但云军官军人犯罪免徒流。○"之类"二字,如诬告人罪,以求推对;或犯轻法,意在留连,皆是。○"伤残"至"废笃不堪征进"者,律科杖一百之罪,仍依《名例》收赎,开役不在仍发出征之限,于本户内勾补壮丁起发。

第二节 若师行已临敌境,而军官军人,有托故迁延,违期不至者,是又避难之心矣。一日不至者杖一百,不必失误军机,但三日不至者斩。若罪应决杖处斩之人,有能自愿建立事功以赎前罪者,听总兵官便宜区处。此言三日,不言二日者,即同一日之法,犹毁弃军器二十件者斩,则虽十九件以下,亦止于杖一百,流三千里而已也。

军人替役

第一节 凡军人名隶兵籍,已承调遣,不行亲身出征,雇倩他人冒顶己名、代替出征者,受雇替人杖八十,收入军籍充军。收籍云者,收入该卫军籍,止终其身而已。正军杖一百,依旧充军,仍需出征。依旧云者,明各自为军,非抵充也。若守御城池军人不亲着役,雇人冒顶己名,代替守御者,各减代替出征者二等,替身杖六十,正身杖八十,依旧充军。盖守御之责,较之出征者为稍轻,故守御代替之罪,亦轻于出征代替之罪也。其出征守御军人之子孙、弟侄,及同财共居、年少力壮之亲属,非系雇倩,自行情愿代替出征守御者,许听其代。至亲休戚一体,原无妨误,非雇倩代替者比,故听之耳。其出征、守御之①军,本身果有老弱,及残疾不堪征守者,许赴本管官司陈告,查验的实,与免军身,别勾壮丁补役,可谓体恤之至也。○按守御代替,各减二等。或谓律文有"若"字,当会上意,俱减杖,仍收籍充军;且引《婚姻律》居父母及夫丧嫁娶者,并离异。若居祖父母、叔伯父母等丧而嫁娶者,律虽无文,亦当离异为证。不知"若"者,文虽似而用各殊,有会上意之重而入轻者,有会上意之轻而入重者,有会上意之相类而附言之者。若守御代替,则会上意之重而入轻者耳,充军下死罪一等,岂容妄拟?律法之精,何独无文?苟或泥于"若"字,则边将私纵军人掳掠者,杖一百,罢职充军矣。而听使官军总旗,递减一等,此更同一辙者,亦当拟充军耶?至若律称离异,以非婚姻之正,俱当离异,律条无文者多,故于末条总言以省繁复,安得与此并论?又"失误军事"条"临军征讨,军需违期不完者,杖一百",至"临敌缺乏"一节,亦用"若"字,何又云并斩耶?事有大小,罪有轻重,读律者会其意焉可也。○与免军身,必勾丁补伍,如无次丁,则充老军终身。

第二节 军马屯聚,疫疠易生,医药,亦戎政之要务也。医工在官,已承差遣,关领药物,随军征讨。其有身不亲行,而转雇庸医冒名代替者,正身、替身,各杖八十;庸医所得雇工钱,系彼此俱罪之赃,合追入官。雇工止就庸医言,旧注有通承上文之说,其替人从征守御,若替身收籍充军者,免追雇工钱;不收充军者,合追替钱入官。

条例

第一条 言人等者,包军余民人在内。把总受财,问枉法。代替者若已支粮,除行求,依常人盗仓粮。把总等官无赃,依知盗仓粮故纵。

第二条 不及数,不得财,止照不行钤束,致有军人在逃本律科断。

---

① "御"下一字底本残漶难辨,疑为"之"字。

第三条 军吏，谓卫所识字之军，管文案者也。若民投入卫所书写者，有犯亦同，卫所掌印并本管官得财，问求索。不得财，除官文书稽程，问违制。

主将不固守

第一节 守边将帅，按《会典》总镇一方者曰镇守，独守一路者曰分守，独守一城、一堡者曰守备，有与主将同处一城者曰协守。律云守边将帅，指此等也。若督抚等官失事，而比附此条，似亦未为定例。掩袭，谓乘其无备而袭取之也。"因而失陷城寨"句承上两项说，失于飞报，罪坐望高巡哨之人。"被贼入境"，"掳掠人民"二句，承上守备不设，失于飞报二事。夫守边将帅，被贼攻围城寨，不能固守，而辄弃去，安用守为？其守者在内须设备御之具，以制敌之难胜；在外须凭哨望飞报，以探敌之虚实。若守备不设，飞报有失，以致失陷城寨，损伤军士，与弃城而去者何异？故三者并斩。若不曾陷城损军，止被贼侵入境内，掳掠人民者，杖一百，废边卫充军。若系守边军官犯者，引"失机，子孙不许承袭"例；系卫所州县失陷者，引"沿边、沿海、腹里、掌印捕盗官"例。

第二节 围困敌城，谓我师围彼也。征进官军，已临战阵，与贼交锋，而先自退缩；及我军围困敌城，下在旦夕，而辄自逃遁，虽无失误军机，亦坐以斩。以上罪名，俱系监候。

条例

第一条 以上各项内"情轻律重"句，系总承上四项说。内称亦问前罪者，亦问守备不设充军之罪。○设有千总赵某领兵交锋，损伤被掳十余人，而赵某复奋勇杀获首级，功过兼有。招末云：查得失误军机律内，情轻例重，有碍发落，备由奏请处置，今赵某所犯，与例相符云云。若文官有犯，亦准此。

第二条 甚者，谓杀虏男妇至五十名口，牲畜至百只以上，则甚于加二倍之数。除事应奏不奏，或应申上不申上，俱依违制，官罢职。若系军官，仍按《名例》降充总旗。

第三条 末后一段止以失盗论者，谓止以盗贼捕限条内，府、州、县系有城池，及设有卫所，被贼打劫仓库狱囚例科断。

纵军掳掠

此律以外境与已附地面分看。外境以将帅使令军人掳掠，与军人不由本管,私自掳掠两项分看。一节、二节,言外境是未附地面。四节,言已附地面,是境内矣。第三节,承上两节言。第五节,承上第二、第四节言。

第一节 御寇之道,来则拒之,去则勿追,况可生事以开边衅乎?故凡守边将帅,非奉总兵官调遣出征,而私自使令所部军人,于外境未附地方,掳掠人口财物者,将帅杖一百,罢职,发附近卫分充军;所部下军官及总旗,受命而使令军人出境掳者,递减一等。如守将系守备,则部下千百,总杖九十,总旗杖八十。官旗之罪,并止坐其所由,即主意听使之人,其余不概及也。若小旗,及所使军人,皆不坐罪,盖微之也。此但云军官,则军官以下,总当以品级递减科罪。

第二节 若所部军人,不曾经由本管头目,如指挥、千百户等使令,而私出外境掳掠人口财物者,以造意者为首,杖一百,随从者杖九十;因而伤人,为首者斩,随从者杖一百。其掳掠伤人为首,及不伤人为从,俱发边远卫分充军。若本管头目,虽无知情故纵之情,亦坐钤束不严之罪,杖六十,附过还职。或以此若兼总小旗,则不当言还职矣。然下条管军、百户、总小旗、军吏,纵放军人歇役,亦止云罢职,则是皆举其重者为言耳。

第三节 上条所云,皆非御寇,而反行暴于境外者也。其或边境城邑,有贼出没,而将帅官旗,能乘机领兵攻取者,此应敌之权也。虽其有所俘获,不在私使出境之限。

第四节 若已附地面,即是境内,但有掳掠者,不分首从皆斩,此以军人言也。本管头目,钤束不严,俱杖八十,附过还职。

第五节 若将帅及各军本管头目,明知军人私出外境,及于已附地面,有所掳掠,而容情故纵不举者,各与犯人同罪,至死减等,杖一百,流三千里。

条例

第一条 劫,依强盗已行得财。夺,依抢夺。杀,依故杀。伤,依斗殴条。占夺车船,亦问抢夺。作践田禾,问毁稼穑。故纵,问与犯人同罪。

第二条 纵为盗,问故纵,与犯人同罪,至死减等。无故纵者,止问违制,或只坐钤束不严杖罪。诰下云:候应袭之日,降一级承袭。若聚众及杀掳男妇,甚于前数者,革袭。不用降级之语为盗土人,问强盗本律,引聚至百人例。若未及百人而有杀掳,引强盗杀人例。

不操练军士

第一节　纪律者，行军驭众之法度也。操练者，习演技击营阵攻守之法。如一次查点有失，谓之初犯，二次即为再犯。谓凡各处不问腹里边境地方，一应守御军官，其有不守兵家纪律，不行操练军士，及于所守城池，有不完固而使之可守；衣甲器仗，有不整备而使之可战；初犯，杖八十，附过还职；再犯，杖一百；指挥使降充同知，同知降充佥事，佥事降充千户，千户降充百户，百户降充总旗，总旗降充小旗，小旗降充军役，并发边远地方守御。其原系边远者，发极边，此在平时无事者则然。

第二节　若守御官员，堤防备御之不严，抚绥驾驭之无方，致有本部军人，或乘其不备，愤其寡恩，大而反逆，次而背叛者，亲管之指挥、千百户、镇抚，各杖一百，追夺原授诰敕，永不许袭替，发边远卫分充军。若因军人反叛，不行乘时扑灭，乃背弃城守而逃者斩。其反叛者，自依谋反及谋叛已行未行律。若军人聚众止是欲害本官，未伤他人者，依军士谋杀本管已行律，杖一百，流三千里，不得妄引反叛。若乘此抢夺人财，杀伤人命，依谋叛已行论。

条例

第一条　故行构讼欲借缘事逗遛，如犯该轻罪及得已之事，锁项解部发操抗违不服，问违制。挟私排陷，问诬告。掌印官纵容不举，亦问违制。

第二条　买闲，问行求。本管卖放，问枉法。逃回原籍，除守御军在逃初犯，问越缘边关塞，杖一百，徒三年。夤夜回家，轮班不去，问违制。

激变良民

释曰：凡有司牧民之官，自当爱民如子。若平时失于抚循字育，而又行非法之事以暴虐之，乃至激变无罪良民，因而聚集大众，谋为反叛，临时又不能收复平定，至于失陷城池者，斩监候。要看"非法"与"良民"字样，若依法行事，虽有过差，不逼奸民因而生变者，不在此律。律内止开激变良民反叛，失陷城池之文，若止反叛而未曾失陷城池者，比上守御官抚驭无方，致所部军人反叛律，杖一百，充军。

私卖战马

释曰：军人出征，获到马匹皆堪战用，不比其他掳获，须要从实尽数报官，听从官司区处。其有克留，私下得价，货卖与常人者，杖一百。若军官获马而私卖者，亦杖一百，罢职，发附近卫分充军。军官有钤束军人之责，亦私卖之，何以辑下？故重之也。民间买者，笞四十，其马匹及价钱，并追入官。若出征之军官军人买者，勿论。特言买者不坐罪，不追马耳。其卖者，仍有不报官私卖之罪，所得价钱，亦应入官。或谓卖与官军者不当追价，若然，则获到马匹，何必要尽数报官？此理可会，况卖者之罪未尝勿论也？

私卖军器

释曰：此与私卖战马同意，但军器关给于官，与战马获于敌人者不同。故私卖者，杖一百，又发边远充军也；军官私卖者，亦杖一百，罢职充军。此言附近卫分，不发边远，盖官已降为军也。民间买者，若不系应禁军器，笞四十；若系应禁军器，如人马甲、傍牌、火筒、火炮、旗纛、号带之类，则以私有论罪，一件杖八十，每一件加一等，罪止杖一百，流三千里，其军器价钱，并追入官。"并"字承"应禁""不应禁"两下说。若军官军人买者，还充官用，故勿论，惟卖者论如律，仍追价钱入官。○下条将帅关拨军器，事讫还官。此言军器私卖，系军官军人。买者勿论，则是出征之军官军人，似又不还官者。或只是在卫之军，平时关给，以备操练，不复还官者耳。○私有律，见私藏应禁军器条下。○盗军器，在刑律。

毁弃军器

释曰：首节指将帅言，次节通将帅军人言。关拨军器，责在将帅，故事讫停留者，独罪将帅，而不及军也。

第一节　凡出征守御，合用军器，必须将帅关领，拨散与军，无有军人径支之例。事讫，仍由将帅验入追收还官，故特言将帅停留不还之罪。若出征而师已还，或守城而贼已退，皆为事讫，以事讫日为始，十日杖六十，每十日加一等，至五十日之上，罪止杖一百。

第二节　若将帅征守事讫，将军器辄自弃毁者，一件杖八十，每一件加一等，十一件杖一百，流三千里，至二十件以上，斩监候。此不加入绞者，亦犹监守自盗，二十五两，流三千里；至四十两，则直坐斩耳。此诛其故意也。若有遗失及误毁者，则是无心之失。将官各减弃毁之罪三等，一件笞五十，至二十件以上杖九十，徒二年半。军人各又减官之罪一等，弃毁者，一件杖七十，至二十件以上，杖一百，流三千里。遗失、误毁者，一件笞四十，至二十件以上，杖八十，徒二年，并验毁失之数，追赔还官。其关拨军器，若曾经战阵，与贼交锋而有所损失者，免罪不赔。○此条并罪坐弃毁之人，军人自弃毁，罪不及将帅。若军人本不自弃，止是将帅失于追收还官者，则止坐以上不还之罪也。○或谓军人各又减一等，但于将帅遗失、误毁，减弃毁罪三等之上，各又减一等，其弃毁，仍与将帅同科。如此，则凡遗失及误毁制书、官物，皆减弃毁之罪三等，而此独减四等，恐失律意矣。

私藏应禁兵器

释曰：有，旧有也。造，新造也。弓箭刀枪，于以演习武事，御盗足矣。若人马甲、傍牌、火筒、火炮、旗纛、号带之类，乃战阵所用，私家有之，则为不轨之具也，故名应禁军器。私藏在家者，一件杖八十，每一件加一等。若军民之家，本非旧有而私造者，加私有罪一等，一件杖九十，每一件加一等；若私有十一件，及私造十件之上，各罪止杖一百，流三千里。所谓不得加至于死者，此也。若军器非全成者，勿论，许令纳官。谓私有者，形体已坏；私造者，制作未完，则非堪用之物，故不罪。若不纳官，问不应笞罪。或以有旗无竿，如人马甲不全者，并当勿论。盖观诸《唐律》云："私造未成者，减二等；私有甲弩非全成者，杖一百；余非全成者，勿论。"是也。安得以一件杖八十，而叠加至流罪哉？其余弓箭、枪刀、弩及鱼叉、禾叉，皆民间防范所宜有，故不在禁限。○军人止许关领军器，亦不许私造应禁军器，违者一体治罪。按军器战马，常人买者有罪，而军官军人买者勿论，则私造于出征之时，似亦非所禁也。

《笺释》互考，凡旗牌、镇守、内臣五面副，镇守挂印总兵官十面副，镇守分守，不曾挂印总兵四面副，参将、游击三面副。泛滥私用者，巡抚、巡按、按察司官纠举。

纵放军人歇役

释曰：此条之目，一曰纵放，一曰隐占，一曰卖放，一曰私使出境，一曰私家役使。首节言纵放、隐占、卖放、私使出境，军官军人及本管官吏，知情容纵不举之罪。二节言不系纵放私使,只钤束不严,致有违犯出境致死被执等项之罪,罪不及指挥。三节言私役,不曾隐占歇役者之罪。四节承第三节言。末节通上隐占、役使二者而约言之。

第一节 凡管军、衙门、百户及总旗、小旗、军吏,但有纵放所部军人,出百里外经商买卖,或私自耕种田土,或隐占在已使唤,因而空歇本军身役者,计所纵放、隐占之军,有一名,杖八十,每三名加一等,至七名之上,罪止杖一百,罢职,发附近卫分充军。吏不言役,举重也,观云百里之外,则知近地买卖,私种田土,不曾空歇军役者,在所勿论矣。若受财卖放军人歇役者,论以枉法,计赃重于杖一百充军者,则从赃论,轻则坐本罪,故曰从重论。今军官役占、卖放军人各依名数降级,甚者乃充军耳。所隐之军人,不问纵放、卖放、隐占,并杖八十。其虽与财,不用请求之律,不言出百里外。买卖种田军人之罪,在私度关律。又云军出百里之外,不给引者以逃论。要知罪虽从枉法论,立功、运炭等项完日,仍当尽本法罢职充军。否则,过轻矣。此俱指管军、百户及总旗、小旗、军吏而言。若私使出境,是又使之出所守地方营干私事,却与出寇境不同,因而致死,或被贼拘执,则比纵放情重,故杖一百,发边远卫分充军。若致死被执,至三名者绞,其本管指挥、千百、镇抚及当该首领、官吏,明知军吏、总小旗、百户,私使军人出境,致死被执之情,而容隐不行举问,及虚作本军逃亡,扶同瞒报官司者,并与犯人同罪,亦杖一百,罢职充军,至死减一等。或谓此与同罪,若同杖一百,罢职充军,则至死减等者,但罪止杖一百,流三千里,似乎反轻矣。殊不知军官军人犯徒流者,照依地里远近,卫分皆充军,非直徒流焉而已也。若小旗、总旗、百户,纵放占卖军人空歇军役,其本管指挥、千户、镇抚及当该首领、官吏,知情故纵,或容隐不行举问,及指挥、千户、镇抚,故自纵放、占卖军人歇役,其所部百户、总旗、小旗,知而容隐,不行首告者,罪亦如之,谓亦一名杖八十,三名加一等,罪止杖一百,罢职充军也。盖百户、总小旗,于军为亲,指挥、千户得以纵放、隐占,亦百户、总小旗承顺所致也。不然,则何不首告而坐视乎?故不首告,与纵放、隐占者,罪无差殊。○指挥、千户、镇抚,只言故纵,其实"故纵"二字已包纵放、隐占、卖放三项在内。盖受财故纵,即卖放也,隐占在已使唤,容其就闲而不当正役,是亦故纵也。○指挥、千户、镇抚,纵放、卖放、隐占军人歇役,则有后面"故纵"字以包之。至于私使出境,明是只承管军、百户、总旗、小旗而言。设指挥等有犯,何以议之?曰:此正是前条将帅非奉调遣,私使军人于外境掳掠之律也。律有互相备者,此类是也。律无阙文,其疑于有阙者,非真阙也,要人参看得到。按出境之文甚宽,似不专指外境及掳掠言。若非外境、非掳掠，止依本律杖一百，边远充军而已，又何他议焉？

第二节 若千百户、总小旗，原无纵放、私使军人之情，止因钤束部伍不严，致有违犯，私自歇役，或出百里外，或买卖私种，或私出外境，或致死拘执，及原无知情容隐，止是一时失于觉举者，各计名数，论以笞罪二等，并附过还职。总旗名下，不及五名；百户名下，不及十名；千户名下，不及五十名；俱不坐罪。此项不及指挥、镇抚、首领、官吏者，钤束军人，自其近者始也。

第三节 军官，通指"指挥"以下而言。私家役使，与隐占在家使唤，二者相似。然歇役则谓之隐占，此则未曾歇役，止谓之私家役使耳，一名笞四十，每五名加一等，至二十一名之上，罪止杖八十。

第四节 并每名计一日，追雇工钱入官，前隐占不言追雇者，盖隐占歇役，是彼此俱罪，有雇钱，即是赃矣。若私役之军，本不失操点，不过畏势听从，故律不科罪，惟追私役之钱入官。此雇钱不给军而入官者，盖军人隶籍戎行，月给粮米，比民不同，故有司私役部民，追雇钱给民，而军官私役军人，则追雇钱入官也。或以"并"字，兼承"隐占"而言，恐太隔越，无此文势，当是一名至二十一名以上，多寡之人数曰"并"。"并"上之圈似衍。

第五节 若军官之家，有吉凶婚丧之事，暂借军人在家杂使者，勿论。

条例

第一条 额外多占名数，正军不及二十名，余丁不及三十名，止降级；正军不至五名，余丁不至六名，依私家役使本律；正军至二十名以上，余丁至三十名以上，罢职充边军。纪录幼军，谓正军户无壮丁，止遗幼小单丁，每月给米三斗，纪录在官，候其出幼，方给全粮。令其入伍差操者，备边壮勇，即家丁军伴之类。○卖放军人，包纳月钱，不及十名，问枉法，引此降级及立功例。如至十名，依前正律拟断。

第二条 卖放罪重，役占罪轻，各以十名为率。卖放及数，役占不及数者，依卖放例，罢职充军。役占及数，卖放不及数者，依役占例降级。二项俱及数，从卖放之重者论充军。二项俱不及数，并二项之数。通论正军五名，余丁六名，降一级；正军六名，余丁十名，降二级；正军十名，余丁二十名以上，止于降三级。役占正军五名，该降一级，又占余丁十名，又该降二级，通降三级，故曰从重降级。若役占正军、余丁各六名，亦同此例，不言可知，包纳月钱满数者，招内引此降级例，仍引军职受财枉法立功例。

第三条 本管以下等官违者，照上条役占之例，分等降级。军人承顺，问不应笞罪。若不曾空歇军役,勿论。

公侯私役官军

释曰:公侯位高势重,役占之渐,尤不可长,故初犯、再犯,犹得免罪附过;至三犯,则准免死一次。是虽未坐罪,而罚亦重矣。免死者,勋臣皆有钦给铁券,于内开写免死次数,如原开免死三次者,至三犯私役官军,则准作免死一次,止存二次也。其军官军人,听从使唤,及非奉遣出征之时,而辄自于其门首伺立者,军官各杖一百,罢职,发边远卫分充军。以军官非一,故曰各。此出征伺立,亦必自公侯系出征主帅时乃可,不然,仍当科罪,军人罪同,同杖一百,发边远之罪也。若军人自犯,不罪军官。本朝《律注》伯爵及旗校有犯,不准此律奏请。

从征守御官军逃

释曰:从征在逃,兼言军官军人。至在京各处守御,止言军人,不言军官者,盖官自有擅离职役律。

第一节 从征官军,所系重于守御;而京卫军人,所系重于外卫,故凡军官军人随从大军征讨,而私逃还家,及逃往他所者,初犯杖一百,决讫,仍发出征,再犯者绞。若有人知其从征在逃之情,而为之窝留藏匿者,不问官军初犯、再犯,并杖一百,发附近卫分充军。随其所逃之处,其里长知而不首者,亦不问初犯、再犯,并杖一百。若征讨事毕,大军凯旋,其军官军人,有不同振旅而先归者,减从征在逃之罪五等,笞五十;因归而在逃者,杖八十。若在京各卫守御军人在逃者,初犯杖九十,发在外附近卫分充军;在外各处守御城池军人在逃者,初犯杖八十,仍发原卫充军;再犯者,不分在京、在外,并杖一百,俱发边远卫分充军;三犯者,绞监候。各处军逃,初犯仍发本卫,而京卫则发附近者,《名例》在京军民犯杖八十以上者,军发外卫充军,此类是也。知情窝藏者,与在逃犯人同其杖八十、杖九十、杖一百之罪。其逃军再犯、三犯至死者,知情窝藏之人,罪止杖一百,发附近卫分充军,不在边远处绞之限。若随其所逃之处,其里长有知情不首者,各减窝藏之罪二等,罪止杖八十。或谓此言窝藏者,与犯人同罪,自初犯以后,各同其杖数决讫,并发充军。非也。夫再犯、三犯,并杖一百充军,惟初犯,则止于决杖而已,何也?以窝藏者,非军之比。盖初犯京卫调附近,外卫发原伍,皆其本等军役,非远戍也。如前条纵军歇役,罪止杖一百充军,其杖罪但八十、九十者,亦岂尽充军耶?此罪止杖一百充军,不言边远。则虽窝藏再犯、三犯，与犯人同罪，亦止于并发附近充军耳。或以军还先归，其原籍里长，亦当减笞三十。然言先归而不言逃者，是明其与逃征还家之情不同，故责之薄。既不谓之逃，则里长之不当坐罪审矣。以上从征官军，及在京各处守御军人之本管头目，知其在逃之情，而故纵不行举问者，亦各随其所犯次数，与之同罪，罪止杖一百，罢职，发附近卫分充军。若系初犯逃者，俱不罢职。其征守在逃官军，自逃日为始，一百日内，能自出官首告者，不问所犯次数，与免本罪。若在限外自首告者，亦减逃罪二等。如初犯从征逃，得杖八十；京卫逃，杖七十；征归而逃与外卫逃，俱杖六十；再犯征归逃，并京卫外卫逃，俱杖八十；再犯从征逃，三犯征归逃，并京卫外卫逃，俱杖一百，徒三年。但于随处官司首告者，皆得准理，当原其悔悟之心，而广其自新之路，限内并准免罪，限外并准减罪二等。惟犯该私越度关而逃者，除本罪不准首限。

第二节　若在京、在外各卫军人，不着本伍，而转投别卫充军者，同逃军论，京军杖九十，发近卫；外卫杖八十，发本卫俱充军。此系初犯之罪，若至再犯、三犯，自当依律一体科断。

第三节　其在京、在外军人之亲管头目，不行用心钤束部伍，致有军人在逃者，自小旗以上至千户，皆计其逃军名数之多寡，坐以减俸降等之罪。若其管军多者，验其多管在逃之数，与正管在逃之数，折算相当，然后减俸降等。管军多，谓小旗名下军人，不止十名，总旗不止五十名，百户不止一百名，千户不止一千名。如小旗下军人多至十六名者，须逃去八名，乃降军役；总旗下军人多至八十名，须逃去四十名，乃降小旗；百户千户，亦准此推之。其各不及数者不坐。如小旗逃去四名以下，不降充军人；总旗二十四名以下，不降充小旗；百户不及十名，千户不及一百名，俱不减俸；百户不及五十名，千户不及五百名，俱不降级。百户言追夺者，指其原授敕命；千户不言追夺者，虽降百户，犹为军官，以其不追封诰也。若部下军人，有因病亡残疾，及提拨、征守等项事故，不在行伍者，难同私逃，皆不在通算减降之限。或以不及数者不坐，谓管军多者，如千户本管队伍军人该一千名，有多至一千六百名者，在律虽云一百名，减俸一石。今则逃亡不及一百六十名，其俸亦当减，此理固然。但以前律军人歇役，不及数者不坐例推之，仍从本律举其常者，不及逃去之数为法，其亦犹丁夫杂匠逃，而云不及五名者免罪之意欤？

条例

第一条　避难在逃，依本律。不曾逃，止是稽迟，依军人临当征讨。已有起程日期,而稽留不进者,一日杖七十,每三日加一等,罪止杖一百。仍发出征而逃,及哨瞭在逃,已包在律文再犯内,例特申言之耳。

第二条 送操事例发落者,谓照前京操军,一班送营罚班三个月,两班六个月,三班一年。罚补官旗,有力仍令纳赎。初犯,问不应,事重打七十,该纳银五分二厘五毫;再犯,问违制,打一百,该纳银七分五厘,各赎罪。以其为操官,故宽之也。

优恤军属

释曰:阵亡,谓与敌接战伤死者;病故,亦从征在营,因病而故者;此等军官军人之家属回乡,应合验口给付行粮脚力,随在有司官吏,宜加优恤。如有不即应付者,迟一日,笞二十,每三日加一等,至十日之上,罪止笞五十。或谓病故官司家属还乡,违而不送者,杖六十,与此不同者何? 盖彼自原任官司言之,此自经过有司言之。

夜禁

第一节 向晦宴息,人生之常,而奸盗皆起于夜,故夜禁宜严,京城尤甚。其于一更三点,钟声已静之后,及五更三点,钟声未动之先,若有犯禁在街行走者,笞三十;至二更、三更、四更,则入者皆息,出者未作,其有犯者笞五十。若外郡城镇处所,则各减京城之罪一等,一笞二十,一笞四十。若有急速公务,及军民之家,有疾病、生产、死丧,在势所不能已者,听其夜行,不在应禁之限。

第二节 其暮钟未静,或晓钟已动,虽有带星出入,本所不禁;而巡警人等,故将行人拘留,因而诬执犯夜者,各抵坐其所诬之罪。若有疾病、死丧、生产而故拘留者,问不应。

第三节 拒捕,自犯夜人言。打夺,自傍人劫夺犯夜者言。因打夺而殴巡夜人至折伤以上者绞,至死者斩。若未曾行殴,则止坐以拒捕、打夺之杖罪耳。或谓夜禁情犯当与越关罪同,不分首从;然律无明文,且窃盗尚分首从,则犯夜虽拒捕,其罪较诸窃盗为轻,安得不从末减之理? 惟律于私越度关,其罪无首从,不准自首,特所以严背叛之防耳。比而同之,奚可哉?

《王仪部先生笺释》卷十四终

《王仪部先生笺释》卷十五

	顾王榭用拙父	校阅
	顾鼎定九父	重编
古吴		
	黄中致和父	订正
	翁居体镜非父	汇参

兵律

关津

释曰：梁有关市之律，北周始曰《关津》，隋、唐合于宫禁，曰《卫禁》。明仍为《关津》，今因之。

私越冒度关津

第一节 关津之设，所以防奸，故凡度关津者，必给文引为照。若军民有出百里之外，不给文引，而于关隘津渡，有人守把之处，朦胧私度者，杖八十；因无文引而关不由门、津不由渡，别从间道而越度，以避盘诘者，杖九十。若越度缘边关塞，寇境要害之地者，杖一百，徒三年，因而潜出交通外境者绞。其关津及边塞守把之人，如守御军官、巡检及军人、弓兵等，知其私度、越度之情，而故纵不举者，并与犯人同罪，至死减一等。但失于盘诘者，其守御军官及巡检，各减犯人之罪三等，罪止杖一百；军人、弓兵，又减官一等，罪止杖九十，并罪坐直日守把之人，其余不概及也。故旧律于"并罪坐直日者"下，注"余条准此"，谓如盘诘奸细、递送逃军妻女之类。凡言守把之人故纵失于盘诘，俱罪坐直日者。

此条之目,一曰无文引私度关津;一曰关不由门、津不由渡而越度;一曰越度缘边关塞,缘边关塞,虽关仍由门,津仍由渡,即越度也,故不言私度而径言越度;一曰越度缘边关塞因而出外境。守把之人等,通指数项而言。受财故纵者,计赃以枉法从重论。

第二节 若虽有文引,原系他人名字,而冒顶之以照过关津者,犹无引也,亦杖八十。一家之人,互相冒度者,罪坐家长;长冒少名,罪固坐长;少冒长名,罪亦坐长也。守把之人,知冒名之情者与同罪,不知情者不坐。盖私度、越度,无文引者,易于盘诘;冒名而度,有文引者,难于辨验。故唯知情者与同罪,不知而失盘诘者不坐也。

第三节 其将无引之马骡私度,及借他人马骡之引而冒度者,皆杖六十。若不由关津而越度者,杖七十。○ 此私越冒度关津,首节、末节,罪无首从,不准首,家人共犯,亦不免科,所以防外叛之渐也。次节分首从,准首,家人共犯,免科,其家长不同行,但坐同伴之长者即是,故纵与同罪,分首从,受财以一人全科。或谓守把之人,专言军官及巡检耳。若军兵,则故失,皆当减各官罪一等,非也。按"宫殿门擅入"条,门官及宿卫官军故纵者,各与犯人同罪;失觉察者,减三等,军人又减一等。夫同罪,兼言官军;减等,则明言军人,其证一也。又"盘诘奸细"条,守把之人,知而故纵,及隐匿不首者,并与犯人同罪;失于盘诘者,杖一百,军兵杖九十。夫知而故纵,其同罪总言守把之人,而失于盘诘者无罪止,则军兵已在其中矣,其证二也。

条例

第一条 来京潜住,系腹里者,除越关,依违制;系缘边者,除违制,依越缘边关塞。照逃例者,谓照问发充军人犯逃回例断,在刑律"徒流人逃"条下。

第二条 引送逃军过关,有赃依枉法,无赃依指引道路逃军;除各处守御军人在逃,并行求,依越缘边关塞律。守把卖放,赃重,从枉法科;赃轻,从守把故纵科。

诈冒给路引

第一节 不应路引之人,如配遣囚徒,安置家口之类,凡有照身人,如起解有批、举贡有咨,皆不用引。旧注以为僧道、旗军,非也。既云民诈为军,则军人有给引者矣；又云军民出百里之外，不给引者，军以逃军论，则旗军有出外者矣。况僧道云游，未必尽给照牒，宁能禁其不出乎？凡不应给路引之人，而故行给引，及军诈为民、民诈为军，若冒他人之名而告给文引，及以自己所给之引，转与他人者，是皆有规避之谋为也，并杖八十。受者即是冒名，故不着其罪。路引自官司给付之后，不许于中途经过官司停止去处倒换，恐其来历难以周知，所到官司，难以准信，故倒给路引。及官豪势要之人，嘱托军民衙门，擅给印信批帖，于关津去处，影射人货出入者，倒给与嘱托之人，各杖一百。若当该官吏，听从不应给、倒给、擅给三项之人，及明知不应给引、诈冒、嘱托等情而给与者，并同犯人杖一百、杖八十之罪。其不听从及不知情者，不坐。

第二节 巡检司，乃验实放行之官，给引非其分也。故越分给引与人者，不问应给与不应给之人，亦如当该官吏听从，及知情给与之罪罪之。

第三节 其本应给引有司衙门，若有不于临时将告引之人住址姓名、将带人货，当官明立文案施行，而乃先为空押路引，私下填给与人者，杖一百，徒三年。空押者，将无押引帖私自填写之谓也。

第四节 通承上不应给、冒给、倒给、嘱托、擅给及巡检、越给、有司空押路引私填等项，但有受财者，并计赃以枉法，及给引、给批之人，于事有所规避者，各从其罪之重者论。有所规避，如贩违禁货物，或知犯罪将发，而冒名给引以避之，其罪重于冒名，则从本罪是也。

第五节 若军民出本境地界百里之外，不告官司给路引者，军以京卫外卫守御逃军论，民以私度关津论。若军于屯所，民于贯址，虽出程有三四百里，而不出本郡地方者，不可概以百里之外坐之。

关津留难

第一节 盘验者，盘诘其来历，辨验其文引也。然关津盘验，本以御暴防奸，若遇一应往来船只，守把之人，不即盘验放行，而无故阻当者，一日笞二十，每一日加一等，至四日之上，罪止笞五十，罪坐直日之人。若取财者，照在官人役，取受有事人财事例，以枉法计赃科罪。

第二节 若官豪势要之人，其有乘船经过关津，而恃强不服守把之人盘验者，杖一百。

第三节 若撑驾渡船梢工、水手，如遇风浪险恶，不许摆船载人过渡，违者，笞四十。然非出于有意，故其罪犹轻。若不顾风浪，故行开船，至中流停船，勒要船钱者，则有心吓诈矣，故杖八十。其因风浪停船之故，而致有所杀伤人者，以故杀斗伤之律论罪。若中流揢勒船钱,争斗失水,或因停船而被风浪冲击、覆溺等项皆是杀,依故杀斩伤,以斗殴伤人,验伤之轻重坐罪。若止是不顾风浪险恶,不曾勒要船钱,因而沉溺、杀伤人者,以过失科断。○问:若渡操备旗军致死,罪以故杀律,可从《名例》勾正犯户丁抵数充军否?曰:若止杀一人,则有丁可抵矣。倘全船覆没,则稍水之家,焉得有如许户丁抵数?恐碍难施行,此只从故杀本律,或引《名例》"断罪无正"条定拟申请。

递送逃军妻女出城

第一节 递送,谓接递引送,如假作自己妻小之类。守门之人,兼官军言。失于盘诘,专指军官,故下文另言军人之罪。盖官军之于逃军,有统摄之责,与民不同;而在京之逃军,乃系禁军,与在外不同。故凡在京守御军官军人,递送逃军妻女出京城者绞,系杂犯,准徒五年;民犯为逃军递送者,杖一百。若在外各处守御城池,及屯田军官军人,递送逃军之妻女出城者,杖一百,发边远卫分充军;民犯为逃军递送者,杖八十。若前项递送军民,有受财者,并计赃以枉法从重论;赃重于递送之罪者,计赃科;若赃轻,则以递送断。其买求之逃军,罪同,不用有事行求之律。曰罪同,以见至杂犯绞罪,亦同科也。若守门之人知递送之情,而故纵其妻女出城者,与递送犯人同罪。曰同罪,以见至杂犯绞罪,则减等也。若无故纵之情,止是失于盘诘者,军官减递送之人三等。如递送出京城,民犯者杖七十;递送出各处守御城池,民犯者笞五十;官军递送者,在京、在外,俱止杖一百。军人又减官罪一等,通减四等。如递送出京城,民犯者杖六十;递送出各处守御城池,民犯者笞四十;官军递送者,在京、在外,俱罪止杖九十。○按递送京军,杂绞准徒;而递送外军,杖发边远,则京军轻而外军反重矣。设有犯递送京军妻女者,问拟绞罪,杂犯,仍依《名例》军官军人犯罪免徒流,发边远充军。无买求,依在逃本律;有买求,除行求,依罪同杂犯绞。

第二节 非逃军妻女,如犯罪取发,与军在伍,而妻女私还原籍,及刁拐私诱之类,若在京在外官军民人,有递送非逃军之妻女出城者,杖八十;于事有所规求躲避而为之递送者,从所规避之重罪论。或谓非逃军妻女,注内及故军妻女之类。虽然,有说焉。凡亡故军属,于律且当优恤,而其所递送者,何为罪之?其亦何规避之有?盖军属有禁,无非预遏其逃,使不果其去志,或冀其去者之能复来耳,于故军何与焉?有所规避,谓其人身自犯罪,或法应缘坐,则递送者,依送令隐避律,从重科断耳。

盘诘奸细

释曰:缘边关塞与腹里地面,俱属内地。自边塞而外,则为外境矣。境内奸细,中国之人也,透漏消息于外国,故谓之境内奸细。境外奸细,外国之人也,入境内探听事情,故谓之境外奸细。但境外奸细入内,定有接引之人;境内奸细出外,必有起谋之人。但接引、起谋,踪迹暗昧,盘获到官,究其何人接引出入?何人起造奸谋?须要鞫问其人,指名得实,不分首从皆斩。其奸细出入经过去处,若守把官吏、军兵人等,知情故纵,及隐匿不行举首者,并与犯人同罪,至死减等,杖一百,流三千里。若非故纵,止是失于盘诘者,官杖一百,军人、弓兵杖九十,罪坐直日之人。○若未发自首者,准免。奸细已出境,或已事发,不准首。卑幼首尊长接引,不在干名之限。○此条当与"漏泄军情大事"条参看。盖彼自闻之而漏泄者,故言有先传、传至之分;此则专指奸细之人言,故接引、起谋者不宥也。

条例

第一条 互相买卖,不曾增减价值,问违制。诓骗,依本律。潜住苗寨,问越边关。教诱为乱,问教诱人犯法。若教诱出没,打劫民财,有赃,问强盗造意,身虽不行,但分赃者斩;不分赃,亦问强盗造意;不行又不分赃,杖百流三,引此例充军。真犯死罪,如越边关,因而出外境;或将人口军器出境,因而走泄事情;或卖硝黄与之之类,皆真犯也。

第二条 专为归复乡土者设。归复乡土人口,或先被掳,或背叛从敌,悔过还归者,把隘官军,妄作奸细报功,依故入人死罪,全入者以全罪论,未决减一等。若已决,依故入人死罪,全入至死者,坐以死罪律斩。○若实时割取首级冒功者,引妄杀被掳逃回人口,以故杀论。

私出外境及违禁下海

释曰:军需铁货,虽兵仗所资,犹未造成军器,与夫马牛、铜钱、段匹、𬘬绢、丝绵,皆中国利用之物,不可以资外国者也。若有将此等货物,私出外国境内货卖,及私下海洋者,杖一百。其挑担驮载货物之人,减一等,杖九十。所获货物船车,并入官,于内以十分为率,将三分给付告人充赏。若将兴贩人口,与造成军器出境下海,则借寇兵而助盗党矣,故但出境下海者绞。因而走泄中国事情于外国者,与奸细何异?故斩俱监候。其出境下海犯人之该管官司,及守把关津之官吏、军兵人等,如有通同夹带马牛等物人口军器出境下海,或知其出境下海而故行纵放者,并与犯人同罪,至死者减一等。若失于觉察者,拘该官司及守把官员,各减三等,罪止杖一百;军人、弓兵,又减各官罪一等,通减四等,罪止杖九十,罪坐直日者。若守把之人受财,以枉法论。此出境下海,罪虽难同边关,亦不分首从。

条例

第一条 将官私役军人出境,问违制;因而致死,或被贼拘执者,杖一百,罢职,边远充军,至三名者绞。军民人等私出,问越边关。若出外境不还,后被获,问越缘边关塞,因而出外境者绞。若出境而自还,止问越关之罪,故纵扶同隐蔽,有赃科枉法。真犯死罪,谓出境共谋为盗。

第二条 此专指土俗哪哒言。赃不满百两,引枉法立功例;满百两,引此例。若受银百两,故纵下海贩货,回还停卖,问枉法律,止引立功例。

第三条 先行接买番货,及替外国人收买禁物,如书籍、段匹、绸绢、丝绵、马牛、军需、铁货、铜钱之类,俱问违制。

第四条 首重在"潜通结聚,向导抢掠"四句。若无此情,虽有二桅大船,带违禁货物下海,止引将大船下海,接买番货者,俱发充军,不可引枭斩之例。除载有比律外,余问违制。○如甲下海接买番货,回顿乙家,甲依泛海客商,将货停塌土商之家不报律;乙依停藏之人同罪律,各杖一百,货物入官。

第五条 硝黄私贩,问违制。追硝黄入官,卖与外国及贼寇者,不论斤两,即引此例,比律分首从科。此条有新例甚严,应查。若卖与盐徒,须是合成火药,首引此例充军,从止照常发落。若未合成,止引上文私贩例,问罪入官。

第六条 私擅交易,恐其走漏消息于外人,故禁。

第七条 若军器与非进贡之人者,摘去"进贡"二字引拟。若卖出境,依本律。

私役弓兵

释曰:凡水陆关津、隘口,设立巡检司,定制于有司丁粮相应人户内,佥点弓兵应身,专一盘诘往来奸细、贩卖私盐之人,及逃军、逃囚,无文引面生可疑者。故有人以私事役使者,一人笞四十,每三人加一等,至十三人之上,罪止杖八十。每名计役过一日,追雇工银八分五厘五毫入官,当该同寮官司,听行应付者,同犯人私役之罪科断,但坐所由,应付之人,其余不相及也。盖弓兵乃供公家力役者,与部民、夫匠不同,故追雇工钱入官。

《王仪部先生笺释》卷十五终

《王仪部先生笺释》卷十六

顾王榭用拙父　校阅

顾鼎定九父　　重编

古吴

黄中致和父　　订正

翁居体镜非父　汇参

兵律

厩牧

释曰:《唐律疏议》云:"汉制九章,有《厩律》。魏以厩事散入诸条,晋以牧事合之,名《厩牧律》。自宋及梁,复名《厩律》。后魏太和中,名《牧产律》。正始中,复名《厩牧律》。高齐、宇文周皆同。隋开皇中,以库事附之,更名《厩库》。"按,厩库二事,原非伦类,明以库事属户部,厩事属兵部,各从其类,仍曰《厩牧》,今因之。

牧养畜产不如法

释曰:百头为率,谓大率以百头论也,谓凡牧养系官马牛驼骡驴羊,并以一百头为率。若每等一百头,内有倒死者、损伤者、失去者,各要从实开数报官,欲凭以坐罪赔偿也。以死者言则六畜皆有皮张,而马之鬃尾,牛之角筋,皆可用者,故并入官。重言牛筋角皮张亦入官,则知上文皮张鬃尾入官,止以马驼骡驴言之也。其管牧之群头、群副,于一百头内,有倒死马牛驼一头者,各笞三十,每三头加一等,至二十二头,该杖一百;过此则每十头加一等,至三十二头,方加入杖六十,徒一年,至七十二头之上,罪止杖一百,徒三年。羊死者减马死之罪三等,四头笞一十,此自马牛驼四头笞四十上减之也,每三头加一等,至三十一头,杖一百;过此每十头加一等,五十一头之上,罪止杖七十,徒一年半。驴骡死者,减马牛驼死之罪二等,一头笞一十,每三头加一等,至二十八头,杖一百;过此每十头加一等,至五十八头之上,罪止杖八十,徒二年。其群头、群副之上,似缺"马牛驼"三字。羊言减马三等,不及牛驼,省文也。若马牛驼驴骡羊,有胎生不及时日而殰死者,灰腌送官,看视明白,不坐以罪。此以上皆言死者之罪也。若失去而赔偿还官,及损伤而不堪乘用者,各减本畜倒死之罪一等,马牛驼失损一头,笞二十,每三头加一等;过杖一百,每十头加一等,罪止杖九十,徒二年半。羊失损四头,减尽无科,至七头,笞一十;此自羊死七头笞二十上减之也,亦每三头加一等,罪止杖六十,徒一年。驴骡失损一头者,减尽无科,至四头,笞一十;此自驴骡死四头笞二十上减之也,亦每三头加一等;过杖一百,亦每十头加一等,罪止杖七十,徒一年半。失去虽已赔偿,而失去之罪,则所当论,故及损伤不堪用者,俱减死者一等坐罪,此兼言损者、失者之罪也。其倒死、损伤数目,不问马牛驼骡驴羊,并令买补还官,不准除豁。此不云赔偿,不及失去者,失去既云赔偿,则已不准除矣;死损不准除,亦必赔偿,盖互相备也。○此条专言群头、群副,而牧养人户,律文无载。设有犯者,系马牛驼,问不应事重;系驴骡羊,问不应笞罪,并验死损失之数,追赔还官。○殰音渎,胎败也。

孳生马匹

释曰:凡太仆寺、都群所,各群头管领系官骒马,以一百匹为一群,每年计该孳生驹一百匹。若一年之内,不及其数,止有驹八十匹者,群头笞五十;七十匹者,群头杖六十。其该管都群所官,不为用心提调,以致孳生不及数者,各减群头之罪三等,驹八十匹,笞二十;七十匹,笞三十。太仆寺官,又减都群所官罪二等,驹八十匹,减尽无科;七十匹,笞一十。夫言有八十匹者笞五十,见有八十匹以上者不坐罪,不言七十匹以下之罪,见罪止杖六十也。○凡群头、群副,皆总管牧养之头目,其马牛驼骡驴羊,都群所官职掌孳生,典牧所官职掌备用,俱隶太仆寺。○万历时,议令种马州县,督率马户喂养,二年之内,果有一驹解俵,四家马户,各出银三两,帮贴养驹之家。如孳驹不堪解俵,就令估价变卖,将价银一半,归还四户,扣买大马起解俵,散军士,一半给与原养驹家。其二年之内,不生一驹者,量追收过草料银八两,扣充朋买大马解俵。至今营伍有朋椿银两,即其遣义也。

验畜产不以实

释曰:官用马牛等畜,不足,则收买;有余,则变价,皆须官吏医兽人等,相验美恶,分拣高下,以为价之低昂。故相验分拣马牛驼骡驴不以实者,一头笞四十,每三头加一等,至十九头之上,罪止杖一百;验羊不以实者,减马牛驼骡驴之罪三等,一头笞一十,每三头加一等,至十九头之上,罪止杖七十。若因相验分拣不实,而致价有增减,亏官损民者,计所增所减之价坐赃论,一两以下,笞二十,至五百两之上,罪止杖一百,徒三年。若所增所减之价,克取入己者,以监守自盗,并赃论。一两以下,杖八十,至四十两斩。凡此须各从其罪之重者科断,如不实之罪重者,依不实论;坐赃之罪重者,依坐赃论;监守自盗之罪重者,依监守自盗论也。或谓相验,是相验其损伤病死马牛等畜,非也。盖牧养官畜产,律称其死损数目,并不准除。又云皮张鬃尾入官,则何俟相验为哉?且价有增减入己者,是何与于损伤病死之畜?又孰从而谓之监守乎?

条例

第一条 种马骡驹,俱搭配补种,余即变价入官。又令种马府、州、县,每岁将应解马匹,随数多寡,分春秋二运验解。官吏、医兽有受财者,问枉法;马贩,问行求;兜揽得财,问诓骗;无赃,俱问违制。又或相验不实,问笞杖;价有增减,依坐赃。或通同分受入己,即并赃以监守盗论,随其所犯轻重拟之。

第二条 该管与守备等官,有受财者,问枉法。若满数,系文职,引附近充军例;不满数,引行止有亏例;系军官,引立功例。出钱人,问行求。无赃,官依嘱托听从,事已施行,杖一百,不在调卫之限。通同多支官银分受,以常人盗并赃论。

养疗瘦病畜产不如法

释曰:此专为医兽人役,养疗官畜产之瘦病者而言,非干牧养人户也。凡瘦病马牛驼骡驴,饲养医疗不如法者,笞三十,不计头数之多寡。惟因而致死,则计头科罪矣,一头笞四十,每三头加一等,至十九头之上,罪止杖一百。其养疗瘦病官羊不如法者,减马牛驼骡驴罪三等,致死者,一头笞一十,每三头亦加一等,至十九头之上,罪止杖七十。若未致死者,减尽无科矣。

乘官畜脊破领穿

释曰:乘官畜者,乃系应乘之人。若不应乘者,则系私借官畜矣。乘不如法,故脊破。驾不如法,故领穿。其疮围绕三寸者,笞二十,五寸以上,笞五十。称以上者,疮虽更大,罪亦不加也。并罪,坐乘驾之人。若牧养系官马牛驼骡驴而瘦者,计一百头为率,十头瘦者,牧养之人及该管群头、群副,各笞二十,每十头加一等,至九十头之上,罪止杖一百。牧养官羊瘦者,减马牛驼骡驴罪三等,不满三十头,减尽无科,三十头,笞一十,此自马牛等三十头笞四十上减之也;至九十头之上,罪止杖七十。典牧所官,各随所管群头多少,通计科罪,亦以十分为率。如所管群头五人,计牧养官畜五百头,其马牛驼骡驴五十头瘦者,笞二十,每五十头加一等,至四百五十头之上,罪止杖一百。羊瘦者减三等,一百头,减尽无科,一百五十头,笞一十,此自马牛等一百五十头笞四十上减之也。每五十头加一等,至四百五十头之上,罪止杖七十。又如群头十人,计牧养官畜一千头,通算马牛驼骡驴一百头瘦者,亦止笞二十;羊三百头,亦止笞一十之类。太仆寺官,又各减典牧所官罪三等。如典牧所官群头五人,计牧养官畜五百头,其马牛驼骡驴瘦者,太仆寺官,一百五十头,笞一十,此自典牧马牛等一百五十头笞四十上减之也,罪止杖七十。羊瘦者,三百头,笞一十,此自典牧羊瘦三百头笞四十上减之也,罪止笞四十。又如典牧所管群头十人,计牧养官畜一千头,通算马牛驼骡驴瘦者三百头,羊六百头,亦各止笞一十之类。前牧养不如法条,有失去、损伤,罪群头、群副之律。此条则言牧养瘦者、牧养人及群头、群副、典牧所官、太仆寺官之罪,盖互相备也。或谓典牧所总养马牛等畜,而都群所专管孳生马驹,非也。按隐匿官马骡驴等畜孳生者,律云:"都群所、太仆寺官知情,与同罪。"审是,则都群所岂专职养马者哉?

条例

释曰:擅骑回卫者,除主守将官马私自借用,问违制,仍罚马一匹,追雇钱入官。倒死,依牧养官马死者,一头笞三十;失,依牧养官马失者,减死者一等,一头笞二十,追赔倒失马匹还官。

官马不调习

释曰:凡牧马之官,即都群所官,官马听其乘坐,岂代步是资?将责之调习以利用也。不调习者，一匹笞二十，每五匹加一等，至三十一匹之上，罪止杖八十。夫既有调习之责，则必马马而调习之，故计匹科罪。

宰杀马牛

第一节 言凡人私宰自己畜产之罪。凡马牛老病不堪为用，告给判状，方许宰杀，筋角纳官；不告官者，同私宰论；病死者，申官开剥。盖马能致远，牛能代耕，既尽其力，又杀其身，非仁也。故不告官而私宰者，杖一百，若驼骡驴，则较之马牛为用稍轻，故杖八十；误杀及病死者，不坐私宰之罪。此兼马牛驼骡驴而言也。若病死而不申报官司，辄擅开剥者，笞四十，筋角、皮张入官，通承私宰、误杀、病死不申官开剥三项而言，筋角独牛有之，皮张则通马牛骡驴言。然官畜则鬃尾亦入官，欲以验其倒死之实，非以为罚也。

第二节 言故误杀伤他人畜产之罪。人者，对己之称，其实兼官畜产言，观《律注》可见。杀他人马牛者，杖七十，徒一年半；驼骡驴者，杖一百。其杀官畜产者亦同。若计马牛驼骡驴生时之价为赃，而有重于徒杖之罪者，各准盗论，免刺。如故杀他人马牛，直价七十两，则杖八十，徒二年；驼骡驴直价五十两，则杖六十，徒一年，并准窃盗；至一百二十两，罪止杖一百，流三千里。其杀官马牛直价三十两，亦杖八十，徒二年；驼骡驴直价二十两，亦杖六十，徒一年，并准常人盗；至八十两，至死减等，亦罪止杖一百，流三千里，追赔全价，各还官主。"若伤而不死，不堪乘用"，作一句看，承故杀说来。及故杀他人猪羊等畜死者，各计其杀伤所减之价为赃，亦准盗论。如马牛驼骡驴直银三十两，损伤止直银一十两，是减价二十两，即以所减之价计赃，则杖八十；猪羊等畜直银二十两，杀讫止直银一十两，是减价一十两，即以所减之价计赃，则杖七十，并准窃盗；至一百二十两，罪止杖一百，流三千里。若系官马牛驼骡驴损伤，减价二十两，则杖六十，徒一年；猪羊等畜杀讫，减价一十两，则杖九十，并准常人盗；至八十两减等，亦罪止杖一百，流三千里，追赔所减价钱，各还官主。若虽杀伤，而于见在之价不减者，不问官私畜产，各笞三十，止坐罪，无所赔偿。此皆自故杀伤者言之也。其误杀伤者，不分官私，俱不坐罪，但追赔所减价钱而已。猪羊等畜，不言伤者，盖马牛驼骡驴，系乘用之物，故杀死者，计其全价；伤而不死，有害于用者，计其减价，并准盗论。若猪羊，则固是宰杀之物，故杀死者，止计减价准盗，故不言伤而不死也。

第三节 "为从者，各减一等"，此句又隔一圈子，则知通"私宰""故杀"二节而言。其准常人盗者，不分首从矣。

第四节 言故杀亲属畜产之罪。缌麻以上，凡内外尊卑有服之亲皆是，故杀亲属马牛驼骡驴者，与本主私宰罪同，马牛杖一百，驼骡驴杖八十，追价给主。若杀其猪羊等畜者，各计所减之价，坐赃论，一两以下笞二十，至六十两之上，罪止杖八十。其误杀及故伤而不死者，不问马牛猪羊等畜，俱不坐罪，但各追赔所减价钱给主。其不言误伤者，谓虽减价，亦不赔耳。或以各追赔减价，通承故杀、误杀及故伤者而言，虽故杀不追全赔者，以其异于他人之物也。然观上文故伤他人马牛驼骡驴不死及误杀伤，皆云追赔减价，而故杀亦不言。盖举轻足以见义，则故杀亲属亦然，其价皆全追，与误杀及下段因毁食而杀伤者不同。

第五节 言官私畜产、毁食官私之物，物主因而杀伤之罪，系官畜，则牧养之人，即畜主也，各减故杀伤罪三等，谓于故杀他人马牛等，及故杀缌麻以上亲马牛等本罪，及准盗论坐赃论各罪上，各减三等。如故杀他人马牛，本杖七十，徒一年半，驼骡驴本杖一百。其毁食官私之物而杀之者，则一杖九十，一杖七十。若计所减之价为赃，有重于九十、七十者，亦各从其重者论之，于物主名下，追赔所减之价给畜主；于畜主名下，追赔所毁食之物给物主。

第六节 言畜主放畜产损食官私物之罪。如故放官私畜产损食官私之物，俱笞三十，计所损食之物为赃，有重于笞三十者，坐赃论，二十两笞四十，至五百两之上，罪止杖一百，徒三年。若无纵放之情，止是失于防制，以致畜产走出，损食官私物者，减故放之罪二等，止笞一十，赃重亦坐赃论，减二等。故者、失者，各追所损之物，赔还物主。

第七节 若失防官畜产，毁食系官之物者，其牧养人止坐减二等之罪，不计赃赔偿。诸家以此兼故失言，然故放出于有意，岂容不赔？此系单承失防者言，上节官畜毁物，混说追赔。故此节申明之曰："不在赔偿之限。"

第八节 畜产欲触抵踢咬伤人，而人登时格杀之，则人为重，物为轻，故人不坐罪，价不赔偿，责令畜主领回开剥而已。畜产兼官私言，若非登时而邂逅杀伤，即为故杀伤矣。盗杀畜产，在刑律。○此律不准自首。

条例

释曰：宰杀耕牛，及知情贩卖与宰杀者，并依《私宰律》。盗而宰杀，问《盗牛而杀律》。或计赃重于本罪，加盗罪一等。

畜产咬踢人

第一节 凡民间畜养马牛及犬，有触抵踢咬人者，必加防制，狂犬必须杀除，恐其杀伤人故也。若记号不明，拴系不牢，及有狂犬而不杀者，虽未杀伤人，即笞四十。如因记号、拴系不如法及不杀之故，而至杀人、伤人者，不分尊卑贵贱，俱以过失论，各准斗殴杀伤罪，依律收赎，给付其家。若故意纵放抵触踢咬之马牛及狂犬，令其杀伤人者，减斗殴杀伤罪一等；系亲属，亦依尊卑凡人殴条，各议减等科断。若伤者，《唐律疏议》仍作他物保辜二十日，其兽医受雇为人医疗畜产而无控制之术，及畜产本无触抵踢咬之状，而人无故自触之，致被杀伤者，则与畜主无与，故不坐罪。

第二节 若故放噬犬，令杀伤他人畜产者，其或杀或伤，各笞四十，计其所减价钱，如本畜直银三十两，杀死止直一十两；或伤而不死，止直二十两，则各依所减之价，追赔给主。

隐匿孳生官畜产

释曰：凡人户及群头、群副，牧养系官马骡驴驼牛羊等畜，其孳生驹犊羔之类，皆国家之利，限于十日之内报官。若限外隐匿不报者，则有盗之之心，但本物见在，故计其隐匿孳生所值之价为赃，准窃盗论，一两以下，杖六十，至一百二十两，罪止杖一百，流三千里，免刺。若将所得孳生，因隐匿而盗卖与人；或虽不隐匿，而将不堪者抵换入己，则与盗何异？并以监守自盗，不分首从并赃论，一两以下，杖八十，至四十两斩。系杂犯，其都群所及太仆寺官，知其隐匿盗卖抵换之情，而不行举问者，与犯人同罪，至死者减一等；不知者，俱不坐。若买主知情，依"故买盗赃"科断，其隐匿、盗卖、抵换孳生马牛等畜，并还官。

私借官畜产

释曰：凡监临官吏及主守人役，将一应系官马牛驼骡驴，私自借用，或转借与人，及借之者，不论久近多寡，各笞五十，并验所借日数，追征雇赁钱入官。若以雇赁钱计之，虽不得过其本价，但有重于笞五十者，各以坐赃论，加一等科断。如借马十匹，计三百日，每日该雇工钱五钱，共该一百五十两；坐赃论该杖六十，徒一年，是重于笞五十矣，则加坐赃一等，杖七十，徒一年半，余可类推。《名例》云："雇工一人一日，为银八分五厘五毫，牛马驼骡驴之类，照依犯时雇赁价值。"借所部马牛,见"求索"条。借用官畜产致有死伤,律无文,合依毁弃物系官者论。若在场公然牵去者,以常人盗论。

条例

第一条 私占骑用,除私借用,拨与人骑坐,除转借与人,俱问违制。若计赁钱重者,坐赃加等,不及五匹以上,不引例降级。

第二条 问罪,除主守私借,依违制。若计雇钱重者,坐赃加等。

公使人等索借马匹

释曰:凡公使人等,承有差遣出外,经过去处自有应乘驿马,而乃于合得应付外,索借有司官马骑坐者,杖六十,驴骡笞五十。当该官吏听从应付者,各减一等,马匹笞五十,驴骡笞四十。罪坐所由,谓同僚官吏内,止以主张应付一人为坐,其余不概及也。公使,是在京公差人役。律称欺凌长官,殴打有司官,占宿驿舍上房,或云在外,或云出外者是也。有司官马驴骡,原以备公事及驮载钱粮物货等用,非为给役而设,故严索借之禁。

《王仪部先生笺释》卷十六终

《王仪部先生笺释》卷十七

	顾王榭用拙父	校阅
	顾鼎定九父	重编
古吴		
	黄中致和父	订正
	翁居体镜非父	汇参

兵律

邮驿

释曰：曹魏《新律·序略》曰："秦世旧有厩置、乘传、副车、食厨，汉初承秦不改，后以费广稍节，故后汉但设骑置而除《厩律》，取其可用合科者，以为《邮骑令》。"自是以后，历代不见其目，考之《唐律》，亦多错杂。明时芟其繁复，定为一类，今仍此篇。

递送公文

释曰：各府属州县每十里，设置急递铺一所，专一递送公文。铺设铺兵以走递，设铺司以总管。每州县于兵房额设司吏内，选一名往来巡视境内诸铺，则谓之铺长。沉匿拆封，其情最重，损坏公文者次之，磨擦损坏者又次之，稽留者又次之，故其罪之轻重如此。

第一节　各处设立急递铺分，专以递送公文，昼夜兼行三百里，欲其速达而无滞也。其公文到铺，不问角数多少，铺司须要随即附历，遣令铺兵递送，不许等待后来文书类发。若公文已经入递，而在途中稽迟停留，则罪在铺兵，故计刻论罪,稽留三刻,笞二十,每三刻加一等,至十二刻之上,罪止笞五十。若已到铺,不即附历,遣令铺兵递送者,则违误之罪在铺司,故坐笞二十。

第二节 各铺兵将所送公文封皮磨擦破坏,而原封不动者,其情犹轻。若至损坏公文者,其情稍重。然止是失于谨慎,各该计角论笞,磨坏封皮者,一角笞二十,每三角加一等,至十二角之上,罪止杖六十;损坏公文者,一角笞四十,每二角加一等,至九角之上,罪止杖八十。若将公文沉匿,则非特损坏而已;原封拆动,则非特破坏而已。故计角数论杖,一角杖六十,每一角加一等,至五角之上,罪止杖一百。此皆以常事言之。若所沉匿、拆动文书,事干军情机密者,则不论角数多少,即坐以杖一百之罪。此独言于沉匿拆封之下者。盖事干军情机密,沉匿则虑有失误,拆动则虑有漏泄,故其罪如此。若稽留磨破及损坏者,则于事未有所失误、漏泄也。然此亦以其不知为军情机密而沉匿、拆动者言之。若知其系是军情机密,而故行沉匿、拆动,不在此不拘角数、杖一百之限矣。或谓如"漏泄军情"条内,私开官司文书、印封看视,事干军情重事者,以漏泄论,杖一百,徒三年。此拆动亦事干军情,止云杖者,何也?盖彼系常人有机密文书而私开看视者言,此系铺兵,先因拆动,而后看视,方知是机密文书者言,情固不同,罪有轻重耳。若有所规避而沉匿、拆动者,则不论常事及军情机密,各从其事之重者科断。如所避重,以所避之罪科之;轻则仍以沉匿、拆动科之。其铺兵磨擦、破坏封皮,损坏、沉匿公文,拆动原封,而铺司故为容隐,不行告举者,与犯人同罪。若已告举而所在官司,不即与之受理施行者,各减犯人之罪二等,亦通磨擦以下而言。盖铺兵专主递送,稽留、损坏,皆铺兵之罪,故止坐铺兵而不连及铺司。若铺司,则以验发文书、督察铺兵为事者也,使不告举,则无由知为何铺损坏,何铺稽留,何铺沉匿,何铺拆动,亦安用铺司为哉?故与犯人同罪。若用强包揽,多取工钱,致有所规避者,载在《条例》。

第三节 凡各县铺长吏,专一在于境内概管铺分,往来巡视,督率铺司。而本县提调官吏,每月一次,亲临各铺查刷照勘,遇有奸弊,随即举行。若有前项稽留、擦损、破坏封皮十件以上,失于检举者,铺长笞四十,提调吏典笞三十,官笞二十,不及十件者各免罪。若损坏及沉匿、拆动原封文书,失于检举者,铺长与铺兵同罪,损坏亦罪止杖八十,沉匿、拆动及事干军机,亦杖一百。提调吏典,减铺长之罪一等,官又减吏典之罪一等。其亲临府州官吏,亦各有提调之责,若有稽留磨擦等项,而失于觉察检举者,各递减县官吏罪一等。如公文稽留及磨擦、破坏封皮,十件以上与损坏一角,铺长笞四十,县吏笞三十,县官州吏笞二十,州官府吏笞一十,府官无科。沉匿、拆动一角,铺长杖六十,县吏笞五十,县官、州吏笞四十,州官、府吏笞三十,府官笞二十。事干军情者,铺长杖一百,县吏杖九十,县官、州吏杖八十,州官、府吏杖七十,府官杖六十。若县不隶州,则府官吏止准见设,减县一等。○或以铺长以上,不言机密者,远也。然则沉匿、拆动常事公文,且与铺兵同罪,岂于事干军机之重者而反遗之乎?夫机密文书,是律于沉匿、拆动中摘其罪之应重者言之。今泛云沉匿、拆动,与铺兵同罪,则军机之事亦在其中矣。○府州、提调官吏,各递减一等,当如《名例》同僚犯公罪律,是州吏减县吏,府吏减州吏,州官减县官,府官减州官。若州无县,则州同于县;府无州,则府同于州。

条例

第二条 重在稽迟、沉匿。若不稽匿,又不曾用强多取工钱,不引此例。若多取工钱,问豪强人求索稽迟沉匿,除本律问违制。该吏,即县兵房吏。

邀取实封公文

释曰:此律专指上司邀下司者而言。下情上达,全赖公文,邀截取回,实为壅蔽。故在外大小各衙门官,入递实封公文进呈御前,而上司官令人于中途急递铺,邀截取回者,不拘远近,从本铺司兵,赴所在官司举告,所在官司,随即为之申呈上司,转达该管部分追究。如其邀取事情得实,主使之人处斩,监候;其邀截者为从,杖一百,流三千里。若该司铺兵容隐而不告举,或虽告举,而所在官司,不即受理施行者,皆杖一百。

若实封至六部察院公文,则与进呈御前者有间,故邀取之罪,得减二等。上司为首者,杖一百,徒三年;为从者,杖九十,徒二年半。该铺司兵不告举,所在官司不受理,各杖八十,故曰各减二等。或谓该部,如选法属吏,钱粮属户,制度属礼,军马属兵,刑名属刑,工作属工之类。非也。夫进呈实封内事,其邀者已截取之矣,所在官司,何由知其为选法、为钱粮等项而转达之哉?或又以邮驿当隶兵部,恐亦未然。论部分,则处分之责在吏;据职掌,则通政司事也。

铺舍损坏

释曰:凡各处急递铺舍,其栋宇损坏,而有司不为修理;或什物敝朽不完,铺兵消乏数少,而不为补置,及令老弱不堪任役之人,充应递送者,铺长笞五十,有司、提调官吏,各笞四十。

私役铺兵

释曰:铺兵之设,专以递送公文。若差使供役,必致妨误驿务。故凡各衙门一应公差人员,经过所在急递铺分,不许差使铺兵挑送官物及私己行李,致妨递送,违者笞四十,每役一名,计一日,追雇工银八分五厘五毫入官。○设若公差人员,出雇工钱与铺兵,亦追入官,铺兵仍问不应笞罪。

驿使稽程

第一节 事有定限,驿有常程。若出使驰驿而延缓违限,即为稽程。但出使之事,有轻有重,在常事则计日决笞,至十三日之上,罪止杖六十;军情重事,则加常事三等,罪止杖九十。若因稽程而失误军机,致陷城、损军者,斩监候。若各驿官,故将上等好马藏匿,推诿他故不即应付,以致违限者,则非驿使之罪也。对问明白,前项应得笞杖斩罪,并坐驿官。其所经之处,或遇水涨路没,阻碍难行,因而违限者,亦非其罪也,照勘明白不坐。

第二节 若驿使承受官司文书,失误不依原行题写所在公干去处,错去他所,展转路程,以致违限者,则事出于误,与急缓故违者不同,故减二等。常事,四日笞一十,每三日加一等,至十三日之上,罪止笞四十;其事干军务者不减,一日仍笞五十,亦罪止杖九十;失误军机者亦斩。若由原行文书题写差错地方,以致误往他处而违限者,前项罪名,抵坐原行题写之人,驿使不坐。○此律当与"公事应行稽程"条参看。

条例

第三条 多取工钱,问求索,计赃依不枉法论。官吏纵容,问违制。止是包揽,不曾用强,问不应。不曾多取工钱,止问违制,不引例。

第四条 用强包揽,无赃问违制,有赃问求索。光棍妄拿逼勒,问恐吓诈欺。官司纵容,问违制。

第五条 专指会同馆夫役言。捏故金补,用强揽当者,俱问违制。若应役未及五年者,只引三年一句,坐以违制之罪;役五年之外,方引充军。

多乘驿马

第一节 出使人员,水路则乘船,陆路则乘马,马分上、中、下三等,凭符应付，各有定规，在使人不得多乘勒要，在驿官不得容情应付。若数外多乘船马，或应乘驴而乘马，及应乘中等、下等马而勒要上等马者，皆乘所不当乘，而为驿递之害，故或杖八十，或杖七十，或计船马加等，船至十一只，马至十一匹，罪止杖一百，流三千里；因而打伤驿官者，比多乘勒要之情为尤重，各于所犯本罪上加一等坐之。若伤重至折齿以上，止依斗殴之法。其驿官容情应付者，但出于畏势，比多乘勒要之情为稍轻，故得各减犯人罪一等坐之，如多与一船一马，则杖七十，每一船一马，加一等。应驴而与马，及应中、下等马而与上等马，则杖六十。其有应乘上等马，而驿官却与中等、下等马者，罪坐驿官，亦杖七十；如本驿原无上等马者勿论。

第二节　若使人不由正路，而枉道驰驿，不恤穷马之力，及经过驿分，适已便安，不行倒换船马者，杖六十；因而走死驿马者，加一等，杖七十，追偿马匹还官。

第三节　若事非警急，不曾枉道，致马倒死者，是驰骤太过，而非枉道致之也，故止令偿马而不坐罪。

第四节　若事干军情警急，则势不容缓，及虽常行公事，而前驿无船马倒换，因而走死驿马者，则非其得已而不已也。虽人不坐罪，马不追偿，亦究不倒换缘由。

多支廪给

释曰：凡出使人员，应支廪给，皆有定数。若额外多支，是亦赃也，但其间有和取、强取不同。和取者，则计赃以不枉法论，有禄人一百二十两，无禄人减一等，一百二十两之上，各杖百流三，其各主者，通算折半科罪，当该官吏，听行多与者，各减有禄、无禄犯人之罪一等，恶其容情也。强取者，则计赃以枉法论，有禄人八十两，无禄人减一等，一百二十两各绞，其各主者，通算全科，当该官吏与者，不坐，原其威力强取，情非得已也。○非官，即支口粮。经过使客正官，支廪给三升，从人一名，支口粮一升。宿顿使客正官，支廪给五升，从人，支口粮三升。

文书应给驿而不给

第一节　文书自朝廷而下者，莫重于调遣军马，及报警急军务至边将，其自下而达朝廷者，莫重于边将及各衙门之飞报军情，故必遣使给驿而不入递者，欲其速达,庶无失误军机也。其有故意不行遣使给驿者,所司官吏杖一百。因不给驿之故,致失误军机者,斩监候。

第二节 若各衙门进贺表笺及赈救饥荒、申报灾异、取索军需之类,虽视军机有间,亦系紧要重事。其有故意不行遣使给驿者,所司官吏杖八十。若官司常行之事,应合入递,而乃故行遣使给驿者,笞四十,亦坐经该衙门。

公事应行稽程

释曰:凡公事有应起解,系官钱粮等物,及配遣流徙囚徒,或马匹牛羊畜产,其各衙门差人管送,而承差之人,有无故稽留,不即起程,及凡事但有官司定拟期限而故违者。此"事"字泛指凡事,而上项公事,亦在其中。一日笞二十,每三日加一等,至十日之上,罪止笞五十。今违限者,动至半年以上,无律可坐,类于招内开称看得本犯违限日久,难以计日定议,问以不应杖罪,起解逃军并军下,及充军人犯。若长解纵容在家迁延不即起程,违限一年之上,有例在刑律"徒流人逃"条下。若起解成造军需,及随征钱粮供给,又非寻常钱粮、畜产之比,而管送之人违限者,各加二等,一日笞四十,每三日加一等,至十九日之上,罪止杖一百,此以不误事者言。若因管送违限,以致军需供给,临敌缺乏,失误军机者,斩监候。此不言稽留,上文稽留与违限同罪,则稽留已包在内矣。若承差之人失误,不依公文上题写去处,错往他所,以致展转程路而违限者,则非故违之比,减本罪二等,四日笞一十,七日笞二十,至十日之上,罪止笞三十。若事干军务者,或笞、或杖、或斩,照前科罪,不在减等之限。事干军务,指起解军需,随征供给而言。若由公文题写舛错,致展转他处而违限者,则题写人之过也,或笞、或杖、或斩,即以其罪罪之,承差人不坐。○按《名例》加罪止杖一百,流三千里,盖言罪至二死、三流者。然各条明言罪止,则其有加罪者,亦止于罪止上一加而已。今此特云罪止杖一百,则不但以前罪止笞五十上一加为断也,非谓此律加止于杖一百,而其余不言者,皆可加至于杖一百,流三千里也。或以错去他所,违限减二等,谓一日至四日,皆不坐罪,入七日,乃笞二十,非也。盖管送稽留者,一日笞二十,每三日加一等,至四日,则笞三十矣。其错去他所之人,违限一日者,谓减尽无科是也。至于四日而不笞一十,是何说乎?岂前之稽留者,日起于笞二十,则此之误违者,虽减二等,而不可起于笞一十耶?此条文意,与"驿使稽程"条相似,但彼言驰驿,此泛言差遣耳。

占宿驿舍上房

释曰：驿舍正厅上房，以待品官上客。若公差人员，承遣出外干办公事，经过驿舍，占宿正厅上房者，是为越理犯分，故笞五十。《礼律》称公差人员，欺凌长官，杖六十，附过还役，历过俸月不准；校尉有犯，杖七十；祗候、禁子，杖八十。此亦当为京差办事官、吏典、知印、承差、天文、阴阳、医生、校舍祗禁之类，故言出外。其有犯者，所司但开具事由，申呈本衙门依律问罪，亦各还役着役。其知印、承差，则照例充吏。〇此条专指非品官而侈言高大者，若奉旨奉命之人，不在占宿之限。

乘驿马赍私物

释曰：驿马驴以为使客代步之资耳，即赍有官物，例拨车辆人夫而不以马驮载者，恐伤马也，况私物乎？故计斤数定罪。如所乘者马，赍带私物十斤，则杖六十，每十斤加一等，至五十斤之上，罪止杖一百；所乘者驴，则减一等，十斤笞五十，每十斤加一等，罪止杖九十，私物并追入官，不及十斤者勿论。走死马驴者，仍责赔偿还官。

私役民夫抬轿

释曰：各衙门官吏出入，其脚力自有定例，而出使人员，亦有应承驿马。若役使人民抬轿者，是为越分劳民，故杖六十；所在有司，听行应付者，减一等，笞五十。若豪富庶民之家，役使佃种自己田地之人抬轿，不给雇钱以势役之，而分非所宜，其罪论如官吏私役之律，亦杖六十；其所役民人、佃客，计每名一日追给雇工银八分五厘五毫。其民间妇女，若老病之人，不能自行；或虽非妇女、老病之人，自出工钱雇人抬轿者，不问民人、佃客，俱不在禁限之内。观"曰人民"，"曰追给雇工钱"，则非在官人役，又不给雇值而势使之者也。今驿递出钱雇夫，及编金夫役，领有工食者，其为使客抬轿，不在禁限。妇女也，老也，病也，出钱雇工也，自是四项。出钱雇工，乃贫民所利，故虽不应抬轿者，亦不禁。

病故官家属还乡

释曰：以理病故，如以理去官，非犯刑罪而卒于任所者也。在任以理病故，既有可悯之情，家属不能还乡，又有当周之义，所在官司，应合差人管领其事，为之应付车船、夫马、脚力,随其程途,验其家口,给与行粮,递送还乡;违而不送者,杖六十,罪坐当该官吏。

官差转雇寄人

此律前段"受雇寄者",系常人;后段"替放者",则同差之人也。

第一节 凡承奉官司差遣,起解一应官物、囚徒畜产,其有不行亲自管送,却乃雇倩他人,或转寄于人代替领送者,承差之人,杖六十;因而损坏、遗失官物、畜产及失囚者,依律各从其重者论罪,所损失重,以损失科之,轻则仍以雇寄科罪。如起运官物,安置不如法,致有遗失者,坐赃论,罪止杖一百,徒三年;不觉失囚者,一名杖六十,罪止杖一百;其受寄、受雇之人,代其领送,及有所损失者,各减承差人罪一等。○损失官物,见户律"转解官物"条。失囚,见刑律"不觉失囚"条。因而损失官物,议云:某甲依承差起解官物,不亲管送而雇人代领送,因而损失者,依解物人安置不如法;致有损失者,坐赃论,几十两律。某乙依受雇人,减甲罪一等律,畜产亦是官物,不可引"牧养"条。因而失囚,议云:某甲依承差起解囚徒,不亲管送而雇人代领送,因而失囚者,依押解人不觉失囚者,一名杖六十,每一名加一等,五名罪止律。某乙依受雇人减甲罪一等。○若受雇、受寄之人,受财故纵囚人逃走,及侵欺、借贷、移易官物者,自有库秤雇役侵欺之律。

第二节 若同承差遣,起解官物、囚徒、畜产之人,自相替放,而去者代不去者解,其替者及放者,各笞四十。如承替之人,私取放者贴解之财,计赃以不枉法论。若事有损失者,亦依损失官物及失囚律。同差、承差与放者,一体追赔断决,不在受寄雇减等之限,以其均有承受差遣之责,与雇寄常人不同也。凡雇寄、替放而有所损失管送之官物,着落均赔,其囚徒亦责限同捕。此言取财,以不枉法论,不坐求索,则其赃合追入官,与者以不应从重论罪。此受雇寄及同差替放人,虽有减等、不减之分,然所解官物、囚徒,若有侵欺故纵者,各依本律科罪。其不亲管送之人不知情,仍各以失论。

乘官畜产车船附私物

此律两节合讲。应乘官马牛驼骡驴,非比寻常公事,如扈从车驾之类,得关拨有司牧养头匹骑坐,此不是驿马,故注曰:不在乘驿马之条。其律意亦不同乘驿马者。除随身衣仗外,赍带私物十斤,即杖六十。此则除随身衣仗外,私驮物不得过十斤,违者,始有罪耳。盖驿马劳,而乘驿马者多,故不得不严多赍之禁。与此暂乘之官畜,固有间也。不得过十斤,谓十斤以下不坐,十斤外多五斤,乃笞一十耳。车船载私物,不得过三十斤亦然,三十斤外多十斤,乃笞一十耳。凡官司马牛驼骡驴与车船,皆以给公差往来,非驮载私物者也。若公使人等,承奉差遣,应乘官马牛等畜者,除随身衣服器伏之外,私驮之物,不得过十斤;其乘官车船者,私载之物,不得过三十斤,过此均谓之违。故皆计斤数科罪,一则罪止杖六十,一则罪止杖七十。其家人随从船车而行者,非私物比,皆不以附载坐罪。此但言家人,则附搭他人者,亦当坐矣。若乘车船而受他人寄载私物者,寄物之人,与受寄人同罪,亦计斤数科罪。此承上而言,省文耳。其自己并受寄私物,并入官,当该官吏,知情容纵,与犯人同罪,不知者不坐。其应合递运家小,如阵亡病故官军,及军民官在任,以理病故家属之类,合递人口之外,必有家财物件,若限数以装,恐致散失,故不在十斤、三十斤之限。此外官员人等公差,常行驿递,虽将带家小,俱不许违律多带私物。

条例

第一条 六十石之外多带,除乘官船私载物,依违制。若附搭客货,引下条。○经盘官员,徇情卖法,问听从嘱托。事已施行,受财,问枉法;出钱之人,问行求。

第二条 附搭客商、势要人等,如系官物,问不应。运军并附载人员,除受寄私载他人物,依违制。运军与把总等官,有赃,问枉法;无赃,问违制。

第三条 黄船专备御用,马快船以备水军征进,装运军需、器仗及听候差遣,故附搭客货、夹带私物之罪,其轻重不同如此。附搭客货,受财,依枉法论;出钱人,依行求。夹带私物,问违制。若附搭官物,与客商空身附搭马快船,俱问不应,发落。

第四条 乘坐马快船只,兴贩私盐,起拨人夫,三事不备,不引此例。若贩私盐至三千斤以上,当引例充军。《名例律》谓文武职官,犯该充军为民,枷号,与军民罪同者,照例拟断,此类是也。锁绑官吏,问威力;制缚人勒要银两,问求索。

私借驿马

释曰:驿官而不得乘驿马,决无此理。此云私自借用,必以私事借用走递之马,而非本官日常骑坐之马也。故同转借与人,及借之者,各杖八十。驴减马一等,并验日,照依犯时雇赁价钱追征入官,但虽多,不得过其本价。若计赁钱重于私借之罪者,各坐赃论,加二等,其驿马六十两,杖一百,驿驴五十两,杖九十;至五百两之上,各加罪止二等,杖一百,流二千五百里。此私借驿马,本杖八十,若计雇赁钱六十两,当入坐赃加二等,通论为重,即杖一百。或谓未至七十两者,仍杖八十,则前律借官畜产坐赃加一等者,至六十两杖九十,而私借驿马加二等,其六十两乃止杖八十,可乎?

《王仪部先生笺释》卷十七终

《王仪部先生笺释》卷十八

顾王榭用拙父　校阅

顾鼎定九父　　重编

古吴

黄中致和父　　订正

翁居体镜非父　汇参

刑律

贼盗

释曰：《唐律疏议》云："《贼律》《盗律》者，魏文侯时，李悝首制《法经》，有《盗法》《贼法》，以为法之篇目。自秦汉至后魏，皆名《贼律》《盗律》。北齐合为《贼盗律》，北周为《劫盗律》，复有《贼叛律》。隋开皇中合为《贼盗律》，至今不改。"

按贼盗，贼者，害也，害及生灵，流毒天下，故曰贼；盗则止于一身、一家、一事、一处而已。事分大小，故罪分轻重。此卷《贼盗》二款，其正律二十八条，附例三十二条，而自首至妖言计三条，系贼，余皆盗也。妖书、妖言，附于反叛之后者何？因其相传惑众，易于启人反叛之谋也。而罪不及子孙、妻奴者何？不过好事者传播而已，非有所谋也。然必皆斩者何？重其法，所以慎微于未萌也。又必监候者何？惑众之事，无可指实，缓以决疑，故必覆奏而后加刑也。

谋反大逆

释曰：谋反大逆，解见《名例》。反逆之人，罪大恶极，但共为此谋者，不分造意首谋，及随从之人，皆为正犯，皆凌迟处死。其至亲，则祖父、父、子、孙、兄、弟。其同居，则不分同姓、异姓。其期亲，则伯叔、兄弟之子，不分同籍、异籍。此等男子，但年十六以上，不论笃疾、废疾皆斩。其年十五以下男子，及正犯之母女、妻妾、姊妹，子之妻妾，皆给付功臣之家为奴，家财产业，籍没入官。若女已受夫家聘定，未曾过门；或子或孙，自幼过房与同宗；或非同宗之家为后，及聘他人之女，犹未娶为妻者，不在皆斩为奴之律。但言兄弟之子，而不言兄弟之孙，言母及子之妻妾，而不言祖孙、伯叔、父兄、弟侄之妻妾，言伯叔而不言姑，则俱不连坐可知矣。既曰女许嫁归其夫，则姊妹缘坐者，亦以在室者言。出嫁与许嫁者，亦不追坐矣。言女许嫁而不及姊妹者，女乃在室之通称，姊妹在其中矣。下条准此，下条指"谋叛"条，准此，指女许嫁以下而言。若有人知其反逆之情，而故纵逃走，或隐匿在家者斩。有能出力追捕擒获送官者，若系民人，授以文官；若系军人，授以军职。不言何官者，随其势之强弱，功之大小，而为授官之崇卑，非可画一以定也。仍将犯人应入官之家财产业，全给充赏。其有知情而止出首告，官为捕获者，止给财产，不与官职。若知而不首者，虽无故纵之情，亦杖一百，流三千里。此条立法之意，非徒峻诛于事后，实欲遏乱于初萌。盖反逆之人，须借众力，潜结聚谋，踪迹难掩，同堂血属，与同居之人，无有不知。后有连坐之诛当避，前有首免之路可趋，其发觉破露易耳。知而不泄，便是同恶，斩之何恤？故九十以上及笃疾人，死罪不加刑者也，而亦斩之，以虽老疾之甚，犹能宛转发露也。十五以下，则待以不死，以幼小无知，不可责以发露也。同堂同居者，虽异姓而必诛；外嫁外继者，虽亲子而不坐，盖意在曲突徙薪，岂求多于焦头烂额之后哉？断此等狱者，可以知所裁矣。○谋叛律分已行、未行，此不言者，反逆事关宗社，但谋即坐，不分已行、未行也。按《律注》："未行而亲属告捕到官，正犯与缘坐人，俱同自首免罪；已行惟正犯不免，余免。非亲属首捕，虽未行，仍依律坐。"当与《名例》注"谋反逆叛"条同看。○军官有犯，不论功。○若兄弟、子孙为僧道、尼女冠者，俱不在连坐之律。○凡凌迟者为正犯，皆斩者，乃连坐也，最要细心体认。○故纵，指官府。隐藏，指邻里亲友。○若未行事发，而亲属隐藏者，依知情藏匿罪人论。

谋叛

释曰：前一节言谋叛之罪，后一节言逃叛之罪，而谋叛之中，又分已行、未行。

第一节 罪莫重于反逆，而谋叛次之，故罪亦差异。已行者，其本犯与缘坐之家属，及知情故纵隐藏，知而不首者，俱降一等，妻妾、子女为奴，而母与姊妹、子之妻妾不及；父母、祖孙、兄弟，流二千里安置，而伯叔父、兄弟之子不及。父祖、孙、兄弟，降斩而流，子降斩而奴，盖叛罪视反逆为轻，则缘坐者亦轻矣。告者捕者，止是一体给赏而不授官，盖反逆事关宗社，而叛者罪在一身，则受赏者亦不同矣。惟正犯之财产，亦全入官，而许嫁之女，过房之子孙，已聘未成婚之妻，亦俱不追坐，与上条同耳。其谋而未行者，比之已行，又为有间，证状明白，则为首者绞，为从者不论众寡，皆杖一百，流三千里，家口不缘坐，财产不入官；知而不首者，杖一百，徒三年。旧云谋叛未行，不言知情故纵，隐匿犯人，以知情藏匿罪人科罪，非也。盖知情藏匿律，减犯人罪一等。若依此断，则当杖一百，徒三年，与知而不首者等矣。窃谓谋叛未行，事尚隐秘，又何故纵隐藏之有？此律所以略而不言也欤？

第二节 若军民人等，逃避山泽，负据险固，不服官司追唤者，以谋叛未行论，为首者绞，为从者皆杖一百，流三千里。其有官兵追捕，而敢行拒敌者，则与叛何异？以谋叛已行论，不分首从皆斩，家口缘坐，财产入官，然须啸聚人众，执有兵仗乃坐。凡逃避山泽为从，戮止流刑。若于罪有所规避，及亡命事重为首者，仍各从重论。○此项人虽非谋叛，因其相类而附于叛律后，须审实乃坐。审者，察其事之轻重，及有无逼迫情由。实者，查其避之年月久暂，并不服追唤情形，然后定拟为是。

造妖书妖言

释曰：凡有人自造谶纬、图箓，一应妖诞文字，如依托赤伏符、典午、卯金刀之类，妄载休咎、征应之语者，谓之妖书。或自造为鬼神，妖妄不经，涉于不顺之言者，谓之妖言。此皆妄谈国家兴亡，世道治乱，意在惑人，流祸甚大，故创造、传用俱斩。但传用，则惑众明矣。传用与创造之罪均者，使有造而无传用，则其妖焰亦不能广播矣。至于私有妖书，则书非己造，亦未尝传用，但当送官耳。隐藏则有罪也。此条在贼盗之律，专为不逞之徒而设。至于礼律所谓师巫假降邪神、书符、咒水，扶鸾祷圣自号端公、太保、师婆，及妄称弥勒佛、白莲教、白云宗等会一应左道乱正之术；或隐藏图像，烧香集众，夜聚晓散，佯修善事，煽惑人民，为首者绞，为从者杖一百，流三千里。虽与此相似，然彼犹托于神道、佛事，其始未必遂有贼盗之志也，故罪名亦稍殊，而在礼律，不在盗律。又私藏禁书及私习天文条，言私家收藏玄象、器物、天文、图谶、应禁之书，及历代帝王图像、金玉、符玺等物者，杖一百。盖玄象、器物、天文等项谓之禁书，以非私家所得收藏耳,非妖书也,故其罪轻。图谶,即此条所谓谶纬。然谶纬曰造,则妖人自作,预言祸福惑众者,假托以起人之信,而其实非真图谶也,故私藏之罪,则杖一百,徒三年。若是前代流传有其书,不系妖人创造以图惑众,而私家收藏之,则杖一百而已。○谶者,符也,直曰经,横曰纬,谓符会其说,以横乱正道也。

盗大祀神御物

释曰:大祀神祇,谓天地、宗庙及太社、太稷。"御用飨荐"字重看,祭器、帷帐等物,系神祇所用者,故谓之御用。玉帛、牲牢、馔具,系飨荐于神祇者,盗之为大不敬,然亦有二等。若御用之物,已在殿内,飨荐之仪,已在祭所,而盗之者,则亵慢已极,故不分首从皆斩。若诸物未进殿内,未陈祭所,及营造未成;若飨荐已讫,及其余官物,如釜甑、刀匙之属,虽大祀所用,而不系御用飨荐者,则与盗神前者稍间矣,故皆杖一百,徒三年。此"皆"字重。一粒一啄皆是,然皆不计赃,非仓库官物之比也。若计所盗之赃论罪,有重于杖一百、徒三年者,各加盗罪一等。如系监守,则加监守盗罪一等。如系常人,则加常人盗罪一等,加至杂犯绞斩,不加至真犯死罪,并于右小臂膊上刺"盗官物"三字。监守盗官物至一十七两五钱,常人盗官物至四十两,皆该杖一百,徒三年。若盗大祀神御物,监守至二十两,常人至四十五两,在寻常官物,已该杖一百,流二千里,是计赃重于本罪矣,则监守于监守盗罪上,常人于常人盗罪上,各加一等。如某人依盗大祀未进神御之物,计赃重于本罪者,加监守自盗官物二十两罪一等律,杖一百,流二千五百里。余准此。○监守每二两五钱加一等,但未至四十两者,不坐以斩。常人每五两加一等,未至八十两者,不坐以绞。○或谓律言加者,不得加入于死,止杖一百,流三千里。不知计赃至满数者,在寻常官物,已该绞斩,而盗大祀物者,计赃虽多,罪止杖一百,流三千里,反轻于寻常官物矣。况此等斩绞,今例皆准徒,则加入于死,非真死也,还拟杂犯斩绞为当。

盗制书

第一节 制书,纶音所在,御宝存焉,即《书经》所谓"大训"也,故曰制。制者,一定而不可易。若非御宝原书,止抄行者,以官文书论。起马御宝圣旨,起船符验,其制如诰轴,已解见吏律。盖制书所以诏令天下,而圣旨、符验,亦给驿之所取信,皆自九重而出,故盗之者,不分首从皆斩,决不待时。

第二节 若盗内外军民各衙门一品至九品,常事行移用印官文书者,皆杖一百,刺字。若于事有所规避,如沉埋歇灭钱粮、军伍、刑名工作之类,则各从其重者论罪。谓盗罪重,以盗科之,所避重,以所避之罪科之,仍尽刺字本法。其官文书,事干军机钱粮重务而盗之者皆绞。钱粮带军机而言,若止是寻常征收起解钱粮文书,止以盗官文书论。此各言皆者,其罪无首从,一体科断。凡制书、圣旨、符验、官文书,皆于物不可赔偿。若因盗而有所毁失者,不准首限。○诈为,在诈伪律。弃毁、遗失,在吏律。○盗制书与盗印信同坐斩,而分作二条,与"弃毁"条并载不同者,盖盗制书之斩,决不待时;而盗印信之斩,秋后处决,故别而言之。若弃毁者,俱是秋后,故并载之。

盗印信

释曰:印信、夜巡铜牌,解见公式律。盗是盗去,非盗用也。朝廷设官分职,以代敷德意,下达民情,皆以印为信。夜巡铜牌,乃禁城宿卫官校,佩以巡行者。二者均系公器,岂容盗去? 故不分首从,皆斩。若督抚、镇守之关防,关系各项重务,盗之之罪匪轻,即公差官用铜关防,未入流衙门用铜条记,亦印信也。或以今之各省府佐所用条记,乃系私制而非钦给者,试观律称"诸衙门关防印记,伪造者杖一百,徒三年;告捕者,官给赏银三十两",诚以外官印记,各有职掌,非此无以示信于下。其职卑政细者,较之品官差轻耳。然官秩虽微,而事有所关大者,如州县儒学,事关学校,仓库官,事关钱粮之类,所凭者独非印信耶? 今鸿胪寺于朝见官员,通政司关防诸司公文勘合,各有印记。诸如此类,已有伪造,盗用各衙门关防印记之例矣。总督、巡抚、提学、兵备、屯田、水利等官之钦给关防,凡有盗,及盗用、弃毁、伪造,悉与印信同科。问刑者,量事情之轻重而议拟之,无失其平可也。○盗牙牌者,比盗制书。盗私记关防者,或问不应。

盗内府财物

释曰:大内城中,积四方贡献之所曰内府。若户部等衙门出入有常之所,则常府也,亦外府也。皆曰库而各有别。财,谓金银钱宝。物,则玩器、衣仗、布帛,一应贮库等物俱在内。谓凡盗内府财物,如金帛、器服及内务各库监局钱粮,光禄寺御用品物之类,此皆不计赃者,事关禁地,但盗即坐。故不论财物多寡,亦不分首从也。初律坐斩,后乃与监守常人盗满数斩绞罪,俱改为杂犯,准徒五年。若盗乘舆服御物，仍作真犯议拟，解见《名例》"十恶至死"条内，决不待时。○如应收内府财物，未入库而盗去，则为未进库，问常人盗。○若盗内官财物，不可以内府科。赃重，除擅入皇城，问窃盗；赃轻，除窃盗，问擅入皇城，仍尽本法，刺字科断。○此条当与盗大祀神御物律合看。

条例

第一条 "其余"下，所谓内府官物而非御用也。常人盗兼军民言，此与沿边、沿海仓库事例不同，宜更详之。

第二条 以盗内府财物，及监守常人盗仓库、钱粮情重，故与窃盗、掏摸、抢夺等项，并论次数，比照窃盗三犯，不论曾否刺字，革前革后，一概坐绞。若不曾盗内府仓库钱粮，止是窃盗、掏摸、抢夺，不得并论。○此二"革"字，亦不止于"赦"字解。

盗城门钥

释曰：门设锁钥，所以防奸。盗钥者，必有窃启之意。但京城严密之地，所系最重，与府、州、县、镇城有间。府、州、县、镇城，亦有人民货狱，关系一方不小，与仓库有间。至于仓库，则钱粮文卷在焉。三者不同，故有犯者，随地拟罪，在京城则流，府、州、县、镇则徒，仓库则杖。门虽未开，但盗即坐，皆不分首从，并刺"盗官物"三字。其仓库门言等钥者，如所收粮料非一廒，所贮银帛非一箧，但系官司扃鐍而盗之者，皆在其中。若盗各衙门钥者，依盗仓库门等钥为是。或以盗官物计赃论罪，则一钥所值几何？失之轻矣。○盗皇城门钥，律无文，当以盗内府物论。盗郊坛及便殿、别宫门钥，皆准此。

盗军器

释曰：此条眼目曰军器，曰应禁军器，曰行军之所，及宿卫军人相盗。而军人相盗中，又分二项：曰入已，曰还充官用。军器，如衣甲、枪刀、弓箭之类，乃军士关领在家者，盗者计其所值之价为赃，以凡盗一主为重，并赃论罪，一两以下，杖六十，每十两加一等，至一百二十两，罪止杖一百，流三千里，仍尽本法，刺字。应禁军器，谓人马甲、傍牌、火筒、火炮、旗纛、号带之类，乃民间私藏者，盗者与私有罪同，一件杖八十，每一件加一等，至十一件之上，亦罪止杖一百，流三千里，其罪虽与私有同，亦仍尽本法，刺字。私有律，见兵律"军政"条内。

若在官府军器库内盗者,以盗官物论;若在内府盗者,以盗内府财物论,不用此律矣。至于军人,则应用军器者也。军人彼此相盗,既异常人,而行军之所,宿卫之处,又异常时。故入己者,不论应有、应禁,俱准凡盗论,免刺。若不入己,还充官用者,又各减盗而入己之罪二等也。"各"字,承行军、宿卫二项言。虽三犯,不在一体处绞之限。○首条"关领"二字要看,盖军器戎备也,其军人初本关给于官,故律于其私卖有禁。然所盗之人,乃取诸军人家者,止坐凡盗之罪。如军人于私家相盗,则亦当以凡论。唯取之军器局及官库中,并以常人盗官物罪之矣。或谓盗私藏应禁军器,则是事主先不宜有,故不著盗罪,是亦犹夫私有而已矣。然在民间,亦有合用弓弩①、刀叉等械。是器也而非军用,宜不在禁限之属。且盗民间私物,人皆知其为窃,又何必云以凡盗论耶?况盗应禁军器,原盗心与私物无异,所谓一件杖八十,其罪较之凡盗为反轻矣。殊不知应禁是应禁之物,私藏有私藏之罪。凡盗计赃,私有计件,故盗之军人家者,以凡盗论;盗之民间者,同私有论;皆罪止杖一百,流三千里是也。若监守盗者,亦以监守自盗论。

盗园陵树木

释曰:园陵解见礼律。盗园陵树木者,较诸官物为重,故不计赃,不分首从,皆杖一百,徒三年。盗他人坟茔内树木者,较诸窃盗为重,故为首者,即杖八十,为从者,减一等。以上二项,皆但盗即坐。若计其入己之赃,重于徒三年、杖八十者,皆不计其本条徒杖之罪,各于监守常人窃盗罪上加一等,仍分园陵坟茔树木。如巡山官军,盗园陵树木值二十两,依监守盗论,该杖一百,流二千里,是计赃重于杖一百、徒三年矣,则加监守盗罪一等,杖一百,流二千五百里。如盗园陵树木值五十两,依常人盗官物律,杖一百,流二千五百里,是计赃重于杖一百、徒三年矣,则加常人盗官物罪一等,杖一百,流三千里。如盗他人坟茔内树木值五十两,依窃盗律,该杖六十,徒一年,是计赃重于杖八十矣,则加窃盗罪一等,杖七十,徒一年半。监守必至四十两乃斩,常人必至八十两乃绞,窃盗加至一百二十两,亦罪止杖一百,流三千里,俱不言"刺"字,以盗在外也。或以监守常人盗罪满数,各止于杖一百,流三千里,不得加入于死,是盗之轻者,不计赃而罪重,其盗之重者,乃计赃而反轻矣。此独不然,如风宪官吏受财,各加其余官吏罪二等,使其犯枉法,赃至八十两,虽不加,亦不坐绞耶?

---

① 弓弩,底本原作"弓努",今径校正。

《记》云："为宫室不斩于丘木。"盖言重也。然则盗何为而不刺？按盗田野、谷麦、菜果及无人看守器物者，并计赃准窃盗论，免刺。发冢而盗取器物、砖石者，计赃准凡盗论，亦免刺。今盗树木于园陵，终与盗大祀物者有间；盗他人坟茔内树木，亦与窃诸人家者不同，故皆得不刺也。若以盗为未有不刺，盍观诸前二律免刺之义欤？

条例

第二条"禁限"二字要看。若禁限外，以盗田野论，树株系关陵寝荫护，盗砍与取土开窑，放火烧山等项，俱于陵寝有伤，故重其罪。真正椿楂，谓验系新伐者，除盗园陵，并毁伐树木系官者，及擅入山陵，照此例比斩。为从者，除擅入山陵，问毁伐树木系官者，加计赃准窃盗论一百二十两二等罪，今为某从减一等律，杖一百，徒三年，诰下免其杖徒，照例充军。○牧放作践等，及官不行约束，俱问违制。○官校卖放，除知罪人不捕，问枉法。赃轻，问应捕人，受财故纵，与同罪。○妄拿骗害，依恐吓等律。○除例所开载外，如盗杀园陵鹿、南海子寿鹿，俱当别议。

监守自盗仓库钱粮

释曰：监临、主守，解见《名例》。"等物"二字，所该者广。不言得财者，既称监守，则财自己掌。有意为盗，无有不得财者，况事发必是查盘首告而发，非如常人自外而入，潜窃窥伺于他人之家，可以前知其为盗而捕获之也。二人以上，引并赃不分首从全文。如一人盗，止引监守盗仓库、钱粮等物若干两，该某罪，满数斩，系杂犯，准徒五年。凡系真正监守盗，不论杂犯，俱刺字，但经刺字要充警迹。三犯刺字者，真犯绞罪。下条准此。○若所盗器物、钱帛之类，未将行；或珠玉、宝货之类，未入手；银两拆动原封，即为同事之人所觉举者，各以擅开官封论罪，难从不应事重律。盖监守盗财一两以下，本杖八十故也。○律于窃盗，有"再犯刺左臂膊"之文，其监守常人盗，抢夺，皆不言再犯，则犯之者必刺。若有自首不实不尽，其罪至死者，虽减一等科之，仍免刺字。○如两人同监守，甲盗，乙挟分其赃，甲依本律，乙依监守之人诈取所监守之物律。若乙受甲非仓库中之物买免，依受财故纵律。赃虽多，甲可引例，乙不得同例矣。○若非监守者，但系在官之人，而挟分原赃不举者，俱科以枉法。挟取而举，科以求索。其人自送，受而举之，以不枉法论。○常人吓分原赃，以知盗后分赃论。若非原赃，以恐吓论。○又如盗官物之后，被不知情人盗去，只依窃盗。知情盗去，与盗来官物，寄藏人家，被其全用，俱依常人盗；分用，问盗后分赃。○又如监守已革职役而盗，及库斗盗别仓库钱粮。若同仓库官攒库斗，盗本仓库非自己经收之物，擅取衙门中木石、砖瓦之类，谕葬碑兽，后湖鱼，官山内树木，车船上所载官物，冒造文册赴场支盐，经收经解人役，将收解钱粮交明后，却行偷盗，俱拟常人盗。○库子引贼人盗库银，库子问监守，贼人问常人。○若附余钱粮已申作正数，径问监守常人赃。合例者，引例充军。如未作正，照附余问罪。此与脚价银两俱入官，番货私盐、私茶等物及赃罚之类，纵侵盗数多，俱不可引例，以其非正粮也。

释曰：科罪两数，自二两五钱起，以后俱每二两五钱加一等，至四十两斩，系杂犯，该赎银五钱二分五厘，今例准徒五年。

条例

第一条 例专为监守常人盗仓库钱粮而设，故首句特以"凡仓库钱粮"冠之，各条以监守盗论，以常人盗论，但不自仓库中盗出者，不得辄引此例。其未入仓库者，若系征收在官军需物料；已出仓库者，若系起解料价银两，虽非仓库中盗出，然此等钱粮，干系军国大计，故亦照腹里科断。其管收管解之人，盗银五十两，常人知其为军需物料、起解料价，盗至百两，照拟边远充军。若不系军需物料、起解料价，又非仓库盗出，即不得引此例。又例言正犯逃故，于同簪名下追赔，亦自仓库钱粮言。若别项还官赃物，合依《名例》，犯人身故勿征矣。○律虽并赃论罪，例须入己之钱粮满数。如监守盗边、海银二十两，京漕、六仓银三十两，腹里银五十两，方引此例。○并赃论罪者，律也。专算入己赃者，例也。《条例》云："以上人犯，俱依律并赃论罪。"又云："仍各计入己之赃数满，方照前拟断；不及数者，照常发落。"曰"以上人犯"，谓侵盗钱粮各犯也。曰"俱依律并赃论罪"者，言其非依律也。"仍各计入己之赃数满，方照前拟断"，"前拟者"，充军之例也。曰"不及数者，照常发落"，"照常者"，即照律也。凡依例问拟充军，本犯必须入己之赃数满方坐；其同盗不及数者，仍依律并赃发落，庶不悖律例相辅之意也。

常人盗仓库钱粮

释曰：常人，非但军民人等，即在官之人，不系监守者，皆是。虽仓粮亦谓之财,不得财者,虽已行而为监守之人所觉,或被拘执,或扃镭固密,猝不得入手皆是。得财者,不必已离盗所,如金银之类,据入手隐藏者,纵未将行,亦是。谓凡常人盗仓库一应系官钱粮等物,已行而不得财者,杖六十,免刺,为从者减一等。但得财者,不分多寡,其同盗之人,不分首从,不问所盗人数次数,并赃论罪。赃多者,查例发遣,其流罪以下并刺字充警。此"钱粮物"三字,是眼目。粮盗于仓,钱物等盗于库,始谓之盗官钱、官粮、官物。自杖七十科罪始者,较监守减一等矣。同一盗仓库而减一等者,所以重监守也。同一窃盗而加一等者,所以重仓库也。此条须以户律"仓库不觉失盗"条,治典守之罪。○凡常人与强窃等盗,律皆云不得财者,制在人也。其得财而皆云但者,谓不必以分赃为断也。此亦不言再犯,则犯者不刺。其有自首不实及不尽者,并免刺字。若先犯窃盗,再犯盗官物;或先犯盗官物,再犯窃盗,其难刺左臂者,俱合纪录。若三犯偷盗官物,当照窃盗三犯拟罪。○盗矿,偷采珠池,本管官旗冒支逃军月粮,及侵欺已故军人布花银钱,俱依此条。○各处解钱粮人自行,及令子弟家人承当解纳,侵克官价者,问监守盗。若他人包揽钱粮,将正价侵分花费者,问常人盗。若包揽之人,于正价外,多要盘缠使用等项;或指脚价为由,多索财物入己者,问诓骗。○科罪两数,自五两杖八十之后,俱每五两加一等,直至五十五两,满流上加五五二十五两,坐绞,系杂犯,该赎银五钱二分五厘,今例准徒五年。○赃至五两,始加一等,非独宽于常人,正所以甚监守之罪案耳。罪已减等,则赃必致倍而后坐。若仍以二两五钱为加等,是减而未减也。观常人之减等以倍,愈知监守之罪倍严矣。

条例

释曰:照赃数限期,果能尽数通完,既可足仓库之亏额,又得免追赔之苦累。照本律发落者,明其不照例也。如监守盗边海银二十两,例当永戍,今能一月通完,仍照监守本律,杖一百、流二千里之类,予以减等者,所以开自新之路,而启人悔过之心也。

强盗

此律强盗已行而不得财,强盗已行而但得财,以药迷人图财,窃盗临时拒捕,因盗而奸,共五段。

第一节 强盗明火执杖,至于主家,凶器已备,凶性已逞,是谓已行。若为事主所拒，邻保所援，或防守严密，或众寡不敌，但不能得主家财物，非不欲得也。虽其家之无损，而强迹已行矣。此等凶人，若赦之，久后仍陷于盗。故不分首从，皆杖一百，流三千里，实流不赦。但得主家财物者，不分首从皆斩，虽不分赃亦坐。盖强盗之罪，本以强论，不以赃论，故不问分赃、不分赃也。观下条"共谋者，行而不分赃皆斩"，可见近来多以不得财为不分赃，误矣。在主家谓之财，入盗手谓之赃，强盗律止言得财不得财，而无行不行，分赃不分赃之文。可见但得财，则不问行而不分赃，皆斩也。凡盗珠玉、宝货之类，据入手隐藏，纵未将行亦是。强盗但系劫出财物，若未曾分受者，止谓之不分赃，不可谓之不得财也。故曰虽不分赃亦坐，原不待其各分入己，而后谓之得财。观窃盗尚且并赃，岂强盗止科入己者哉？

第二节 若以药迷人图财者，但欲取人之财，不顾伤人之命，其事虽秘，其心实强，故与强盗罪同。其不得财者，拟云罪同强盗已行而不得财者律，杖一百，流三千里。其得财者，拟云罪同强盗已行而但得财者律，不分首从，皆斩。

第三节 若窃盗有临时拒捕，及杀伤人者，不问其得财与不得财，皆斩。盖曰拒捕，则其人虽窃，其事实强矣。然须看"临时"二字，若已离盗所，因追赶而拒捕，则非临时矣。惟正在行窃之时，为事主所觉，乃不弃财逃走，而护赃格斗，非强而何？此虽不杀伤人，亦斩，观"及"字可见。若因盗而奸污人妻女者，则与临时拒捕杀伤人者无异，故罪亦如拒捕者斩。此皆窃盗之事，而附于"强盗"条者，以其类于强也。共盗之人，有不曾助力格斗者，有先事而返，或在外把风，不知有拒捕行奸之情者，同伴事主证佐明白，止依窃盗得财不得财，分首从论。然临时拒捕，盖谓已得财者言之，观下文"弃财逃走"，则此为已得财者可知。若未得财而拒捕，似不应引此律，观强盗已行而不得财，亦得减死可见矣。惟杀伤人，则不可宥。

第四节 若窃盗为事主知觉，弃财逃走，而事主追逐，因而拒捕者，是不过一时规脱之计，与临时拒捕者不同，故止依罪人拒捕律科断，于窃盗不得财上加二等，杖七十。殴人至折伤以上绞，杀人者斩。其殴至内损伤重者，仍从重论，为从各减一等。○若不弃财逃走，事主逐而杀之，勿论。○既弃财，则事主之财不失矣，于此而追逐不休，则窃盗之情急，而拒捕有因，故于窃盗不得财本罪上加二等而已。同一盗也，窃非公行，故轻于强。若弃财逃走，其心愈知畏惧矣，追而逐之，不得不拒也，故止依罪人拒捕律。夫依罪人拒捕律，伤人者绞，杀人者斩，为从各减等。是同一狱也，而必依此律者何？盖窃盗伤人，即以强论，不分首从，虽遇赦皆不免。此则迫于不得已，而情有可矜，犹存生机也，故止科此罪，言科，则首从分矣。○窃盗弃财而走，或走而不拒捕，被事主杀伤者，俱依罪人不拒捕而擅杀伤律。若已就拘执而擅杀者，依罪人已就拘执而擅杀，或依无故入人家已就拘执而擅杀律。其事主追逐而自跌死者，贼问不应从重；跌死贼者，事主无罪。○若他人见人盗物而捕之，被杀伤者，虽不系地方应捕，亦同罪人拒捕，不可以凡殴论。○问强窃盗，要看后条盗贼窝主，共谋为盗，行而不分赃，分赃而不行，不行又不分赃律拟断。

按强盗共谋，不行又不分赃者，坐不应事重。若造意者，仍依窝主律。○强盗自首免罪，后又再犯，及侵损于人，不准出首，家人共盗，以凡人首从科。○军职犯强盗，系祖父功勋，仍许子孙承袭，调卫差操，本身功勋不袭。○窃盗拒捕伤人自首者，但免其盗罪，仍依斗殴伤人法。○或谓强盗不得财而杀人，依故杀分首从；不得财而伤人，依罪人拒捕科断。曰非也，窃盗拒捕，虽不伤人亦斩，况强盗乎？故有临时拒捕杀伤人及奸而不得财者，即以窃盗拒捕杀伤，及行奸律比附上请可也。○凡强盗首作窃盗，其赃既尽，难作强盗不得财，及不实，至死减等科断。盖强盗及盗官钱粮，受财枉法，律皆以赃入死。若首有不实，但赃尽者，仍以不实，或不得财论罪，则如强窃常人盗，在律有不得财之文者，犹可言也。至于监守自盗、抢夺、受赃、求索、吓诈、科敛之类，将何以处之？但随其重轻而论以不应为当。或又以强盗自首虽实，而赃不尽者此论不应，不作至死减等。其意以为强盗本不计赃，难坐不尽故也。诚若此言，则如有人犯强窃盗，并得财二百一十两，其首有不尽，各九十两。其在窃盗，当仍以徒论；其在强盗，止于笞杖而已。是于窃盗岂不反为独重也？不然，则《名例》以不尽之罪罪之，亦谓于凡罪止之外者，皆不坐耶？

条例

第三条 曰杀伤人，曰放火烧人房屋，曰奸污人妻女，曰打劫牢狱仓库，曰干系城池衙门，曰积至百人以上，凡六项，有一于此，即引例枭示，随犯摘引所犯之事，止伤人是挺而未死者。

第四条 此例无弓矢、军器不引，虽有弓矢、军器，不得财不引。如有弓矢、器伤人，不得财，依白昼抢夺伤人斩，不引此例，以其无赃证也。

劫囚

此律曰劫囚，窃囚，窃而未得囚，因窃囚杀伤人，打夺杀伤人，打夺聚至十人，共六段。

第一节 已招服罪而锁枷拘禁者，谓之狱囚。已审供取词，未招服罪而散行拘禁者，谓之罪囚。若犯罪事发，勾摄追捕，犹未拘禁者，谓之罪人。劫，强取也。凡人犯罪拘系在狱，或解发在途，而其同类之人，或打开监门，或在途邀截，用强劫夺者，不问得囚与否，不分首从皆斩。私窃者，或逾墙穿壁，或松镣解锁，欺人不见而放囚逃走，则与强劫者有间，惟为首之人，与囚同罪，其囚罪至死者减一等，杖一百，流三千里，以其终非囚比也。虽有服亲属，其论罪与常人同，不在得兼容隐之限，以其为在官拘系之人也。若窃而未成者，减囚罪二等。因窃囚而伤人者绞，杀人者斩。虽杀伤被窃之囚，亦坐以前罪，以其非误中，或杀之以灭口也。为从者，各减为首之罪一等，此兼承窃囚与窃而未得二项言。○窃囚先议囚罪，后议窃者之罪。议云：赵甲合依犯罪被囚禁而越狱在逃者，于殴瞎人一目本罪上加二等律；钱乙依私窃放囚人逃走者，与囚赵甲同罪律，各杖一百，流二千五百里。

至死者减一等。议云：某人合依私窃放囚人逃走者，与囚某人强盗已行而但得财者同罪，至死者减一等律，杖一百，流三千里。

受财故纵者，全科不减。议云：某人合依私窃放囚人逃走者，与囚强盗已行而但得财者同罪，系受财故纵者全科律斩。

窃而未得囚。议云：某人合依私窃放囚人逃走，窃而未得囚者，减囚强盗已行而但得财罪二等律，杖一百，徒三年。但至杀伤人，虽未得囚，亦坐斩绞，不在减科。

窃囚临时拒捕，即同劫囚。被逐弃囚逃走，亦与窃盗被觉，弃财逃走事同。若有拒捕，宜同窃盗，皆用罪人拒捕律科罪。

第二节 若官司差人追征逋欠钱粮，或勾摄应行公事，及捕获有罪之人，其人已为差人所得，而聚众三人以上，于中途殴打差人，将其人夺去者，则与在官拘系者不同，故止杖一百，流三千里。因打夺而伤差人者绞。若杀人，及聚至十人，为首者斩。其杀人者，为首之人，虽非致命，亦坐斩罪。又于内挨究下手致命之人，亦坐以绞。盖杀人之罪为重，不得概以为从论也。称聚至十人，则虽九人，亦止依前三人以上律论矣。为从者各减为首罪一等，此亦通承聚众打夺人以下而言。随从打夺，杖一百，徒三年。因而杀伤人，及随众至于十人，并杖一百，流三千里。此皆指他人而言也。○打夺议云：赵甲依官司差人捕获罪人，聚众中途打夺者律，杖一百，流三千里；钱乙依为赵甲从者，减罪一等律，杖一百，徒三年。

　　打夺伤人议云：赵甲合依官司差人捕获罪人，聚众中途打夺，因而伤人者律绞；钱乙依为赵甲从者，减罪一等律，杖一百，流三千里。

　　打夺杀人议云：赵甲合依官司差人捕获罪人，聚众中途打夺，因而杀人，为首者律斩；钱乙依下手致命者律绞；孙丙、李丁俱依为赵甲、钱乙从者，减罪一等律，杖一百，流三千里。

　　中途打夺，聚众至十人，今有例。○率领他人与率领家人不同。上文所谓因而杀人，为首者斩，下手致命者绞，盖为率领他人而设，而不为家人言之，故下面又云率领家人一段。若率领家人，系同居及有服亲属，随从打夺者，虽聚众至十人以上，但不曾伤人，则止坐尊长一人，杖一百，流三千里，伤人者绞，杀人者斩，其家人为从之罪，依家人共犯免科。若家人亦曾助打伤人，则仍以凡人打夺伤人首从论，减尊长一等，不在免科之限，但家人之为从与不为从，全在伤人与不伤人。按《名例律》："凡共犯罪者，以造意为首，随从者减一等。"此分首从之常也。又曰："若家人共犯，止坐尊长。"是不照常人分首从明矣。又侵损于人者，以凡人首从论。即此所谓家人亦曾伤人者，仍以凡人首从论也。议云：赵甲等所犯，合依官司差人捕获罪人，率领家人随从打夺，因而伤人者律绞；赵乙、赵丙，俱依家人亦曾伤人者，仍以凡斗殴折人两肢，为从者减一等律，各杖一百，徒三年。此曷为不言杀人？举其轻者足以见义矣。假如有之，虽家人亦曾下手致命，亦只以为从论，不可据前律拟绞。前段言他人，非言家人也，诚以他人之于为首造意者，非有所受制而听其号召，为之出力下手致命。苟非同是凶恶之人，焉敢党恶如此？故特坐以绞罪，不以从论。若家人，则或子弟之于父兄，奴仆之于家长，情非得已，意非己造，况家长既抵命矣。又科家人下手绞罪，是以一家二命而抵一命也，故家人只合以从论。议云：赵甲合依官司差人捕获罪人，率领家人随从打夺，因而杀人为首者律斩；赵乙、赵丙，俱依家人亦曾伤人者，仍以凡斗殴杀人为从者减一等律，杖一百，流三千里。○律称中途打夺，须中途夺去者方是。盖此律附于劫囚之下故也。若不于中途，而在家打夺者，其打夺之人，非系所拘捕者，止依威力制缚人论；主使人殴者，依威力主使人殴打首从论。若即系所拘捕之人，则有罪者以罪人拒捕论，无罪者以拒殴追摄人论，不得概引此律。○若率领家人打夺，又聚他众，不曾伤人者，其为从之罪，在众，以凡人论；在家人，则以免科论。○同谋共殴人，聚众打夺人，威力主使人，此三律要参看。同谋共殴者，重在下手致命之人。聚众打夺者，重在为首率领之人。威力主使者，则重在主使之人。盖同谋者，势均力敌之辞也。曰聚众、为首、率领，则力能号召乎人。曰威力主使人殴打，则威力能使人,而人不敢不听其使者也。实非同谋共殴之比,故同一殴人致死也,彼之元谋,得减下手者一等;而此之下手,乃减率领主使者一等也。

条例

释曰:此条就正律内"聚众中途打夺"上,分出为从之异姓而言,非概指伤人、杀人也。打夺伤人,为首者已坐绞矣,故又着为从者之罪。盖家人为从,或情不容己,若异姓则风马牛无涉,难依常律。要看"同恶相济,捶师打手"八字,此等凶徒,遇事风生,易于伤人、杀人,陷为首者于死罪,杀之不可,流之太轻,发充边卫,所以重长恶也。若不曾伤人,及无行凶器仗,不引此例。○近见官司差人勾摄公事等役下乡,往往求索不遂,即以拒捕激怒官司,使无告之民枉受荼毒,岂律例意哉?

白昼抢夺

此律白昼抢夺,抢夺伤人,因失火、遭风而乘时抢夺,因斗殴、勾捕而窃取、夺取财物及有杀伤,分作四段看。

第一节 白昼抢夺人财物,其造意为首者,不论赃之多寡,即杖一百,徒三年。盖白昼公行,不畏人见,恶其近于强也。若计所抢夺之赃,重于杖一百、徒三年者,于窃盗罪上加二等,如窃盗八十两,应杖九十,徒二年半;抢夺八十两,即应杖一百,流二千里;至一百两之上,罪止杖一百,流三千里。若二人以上,则并赃论罪。或谓各计入己之赃,谬矣。首从入己之赃,设有不等,乃各自为罪,何以云为从各减一等?则是抢夺又较之窃盗反轻矣。何以云计赃重者,加窃盗罪二等乎?伤人即斩,杀人可知,以罪止于斩,故不言耳。为从者,于杖一百、徒三年,及加窃盗二等。或伤人之罪上,各减一等,该流徒以下,并刺字充警。此抢夺律无再犯之文,则犯者不刺。若先犯窃盗,刺讫右臂,今又犯该抢夺者,亦不加刺。或云:抢夺、再犯刺左臂,三犯亦一体处绞,盖未之考也。○抢夺未得财,即不成抢夺,止问不应抢夺财物。就还事主者,依自首,仍问不应。

白昼抢夺,与邀劫道路,形迹相似,须当有辨。出其不意,攫而有之曰抢;用力而得之曰夺。人寡而无凶器者,抢夺也。人多而有凶器者,强劫也。

凡徒手而夺于中途,虽暮夜亦是抢夺,但无"白昼"二字耳。若昏夜抢夺,执有凶器,即是强盗;欺其不知、不见而取之,即是窃盗,故不言。

第二节 人家失火,及行船遭风着浅,多有托于救护,而乘时抢夺财物,及拆毁船只者,是即同白昼抢夺也。故其罪亦如之,赃轻者,亦杖一百,徒三年;赃重者,亦加二等;伤人者亦斩,该徒流以下者,亦并刺字。律意恐人将此等视为差殊,故特言之。

第三节 上条言白昼及乘失火遭风而抢夺者,初意本为图财,其情重,故犯即坐徒,伤即坐斩。其本与人忿争斗殴,或承差遣勾捕罪人,因而窃且夺其财物者,虽在白昼,然其初无谋财之心,其情稍轻。故窃取者,则计赃准窃盗论;强夺者,则加窃取罪二等,罪止杖一百,流三千里。若二人以上,亦并赃科罪。此窃夺各有所因,故并免刺字。若因窃夺而有杀伤者,各从故斗论。"故斗"二字平看。故,谓故杀。斗,谓斗殴杀及殴伤也。如其人不敢与争而杀之,则从故杀律斩。如其人与斗而杀之,则从斗殴杀律绞。伤则从"斗殴"条成伤轻重拟罪。缘本犯初因斗殴及勾捕,本无抢夺之心,恐人泥于抢夺伤人坐斩之文,故曰故自依故论,斗自依斗论,不可一概坐以抢夺伤人之罪也。○"因而夺去者加二等",引用时,不可照律直叙。宜云:某人,依本与人斗殴因而夺去财物,加窃取计赃准窃盗论,免刺,几十两罪二等律。

条例

第一条 此例重在殴打平人,抢夺财物者,若差人抢所拘人之财物,止问罪,不引例。"平人"二字要看,虽系公差而打抢平人之财,及光棍等在街市殴抢,方引此例。节次抢夺,指未发觉者言。

窃盗

此律窃盗得财不得财,初犯、再犯、三犯,掏摸,军人为盗,分作四段看。

第一节 窃盗已至盗所,或已穿壁逾墙,为事主觉逐而不得财者,虽不得财,业已行窃矣,笞五十,免刺。但窃得主家财物者,虽所窃不止一主,只以一主财多者为重,并赃论罪。凡强窃盗所谓得财不得财者,皆谓己未得事主之财,财入盗手,则谓之赃。其未曾分受者,止可谓之不分赃,不可谓之不得财。已详见"强盗"及"窝主"二条下。窃盗得财,若各主通算全科,则嫌于太重,故定以一主为重。赃虽以一主为重,若各计入己之数以坐其罪,则嫌太轻,且使已行窃盗之未分赃者,得以未入己之数为可原,而希图幸免,殊非律所以惩盗之意也。故论罪必并赃,诚以赃物虽分,而在失主,则失去若干之物,乃此若干人之所为也,是赃可分而罪不可分矣。或言以一主为重,则久惯之盗,盗得主多者,反有不计之赃。并赃论罪,则假如十人共盗得四十两,内中多寡不齐,有分得十两、二十两者,有只分一两、三四两者,使一两、三四两者,同得四十两之罪,毋乃嫌于不均乎?殊不知四十两之得,即此得一两、三四两者,共盗之力所致也。律该其罪,而不治其分,又安有不均之嫌哉?况有三犯处绞之律,则主多者,虽有不计之赃;而惯盗者,随有莫逃之限。此律意之所以似宽而实密也。为从者各减一等,"各"字指上得财不得财言。初犯于右小膊,再犯于左小膊,不分首从,并刺"窃盗"字,仍充警迹,三犯者并绞。所犯次数,以两臂曾经刺字为坐。如自首有不实不尽,遇赦免罪,老幼、妇女收赎,或盗田野谷麦,或亲属相盗,若将引之类,皆免刺者,亦不充警,不在次数之限。若先犯监守,或常人盗,或抢夺,或掏摸,已刺右臂,今又犯该窃盗,初犯者不刺,至再犯,则依律方刺左臂。又如先犯窃盗,已刺右臂,又犯监守常人盗,亦该刺者,但本犯右臂刺有字样,则合免刺,不得刺于左臂,此与窃盗之法不同。○或谓窃盗行不分赃,止以不得财科罪,非也。盖律于强窃等盗云但得财者,明恶其为盗而取财于主,即合以盗论罪,初不在乎分赃与不分赃也。若窝主,则因其有行有不行,故乃言分赃耳。然造意者,律亦不着其行不分赃之罪,岂非因其各有强窃盗行,而得财本律,不待分窝主为言欤?且窃盗窝主为从,其曰行而不分赃者,仍以从论。使其与窃盗一人俱同行,俱不分赃,则一时二罪,又将孰轻而孰重耶?况窃盗之罪,虽以赃断,然亦不系于各人所入之多寡。夫分赃者,既不各于其所入异罪;而不分赃者,乃遂谓其与不为盗者同情,可乎?或又谓窃盗造意,行不分赃,不可仍为首论,亦非也。观共谋为窃盗,临时为强盗,其不行之人,造意而不分赃,知情与不知情,并为窃盗从,则此虽不分赃,但以其行故而从首论,又何疑乎?不然,则彼既以不得财科断矣,其余分赃者,将以谁为首哉?○窃盗不许赎罪,故不审力。惟老幼妇女犯者,依律收赎。

第二节 择便取物曰掏,以手探物曰摸。如白昼闯入人家,因便取其财物,及剪绺割包之类,此与窃盗无异,故其科罪,或笞、或杖、或流、或徒、或刺字。及为从减等,俱与窃盗同,仍并入窃盗次数通论,三犯坐绞。拒捕者,亦同窃盗拒捕律论。

第三节 若军人犯窃盗及掏摸者,虽免刺字,亦计其所犯次数,至三犯者,与常人一体处绞,免刺。不独军人而已,如军官、总小旗、军丁、识字、军吏、军斗、军厨、军匠、舍人、舍余、局匠、勇士、力士、校尉、将军、老幼、妇女有犯,俱不刺字。

条例

或以"窃盗三犯",系怙终不悛之人,难入可矜之例,止令监候,必遇朝廷有大肆赦,特恩宽宥而后释之。

盗马牛畜产

第一节 马牛驴骡猪羊鸡犬鹅鸭,并有时值,然物价一也。而在官者,与在私家者不同。故盗他人所养,计赃以窃盗论,为首者至一百二十两,罪止杖一百,流三千里,为从减一等。若盗在官者,以常人盗官物论,不分首从,至八十两绞,并刺字。常人盗官物,只是常人盗仓库、钱粮内科,其监临、主守,照失察科断。盗御马,盗卖骑操官马,养马人户盗卖官马,冒领太仆寺官马,有例在后。得遗失官马卖者,旧时以不送官坐赃论,买者问不应;今依盗官畜以常人盗官物论。不知其为官物而盗者,虽系官物,只依窃盗。

第二节 盗马牛而杀,兼官私言。盗马牛而杀者,即杖一百,徒三年。盗驴骡而杀者,即杖七十,徒一年半。独言马牛驴骡,不计赃者,盖四者比猪羊等物为重,且不当杀而杀之,其情有重于盗故也。若计官马牛赃四十五两以上,私马牛赃一百两以上,则重于杖一百,徒三年矣。计官驴骡赃七十两以上,则重于杖七十,徒一年半矣,各于窃盗常人盗罪上加一等,亦刺字。夫宰杀自己马牛,且杖一百,驼骡驴,且杖八十,况盗诸他人而又杀之者,其可但以常盗之罪罪之哉?或言加罪之赃虽满数,不入于死。若尔,则盗官畜产八十两者坐绞,盗而杀之,仍止于流,失轻重矣。此不言刺字,蒙上文窃盗常人盗论,不待言也。其盗大祀未进神御等物,各加盗罪一等,何以言刺字?此盖前无所因,故注云"各加监守常人盗一等"。或以盗而杀,不当刺字,岂猪羊等畜不言盗杀者,乃刺字耶?须知猪羊等物,虽盗而杀,亦止科盗罪。故杀官私马牛等物,有律在厩牧。○按窃盗赃六十两,杖七十,徒一年半;九十两,杖一百,徒三年;过百两,即重于本罪。常人盗赃二十五两,杖七十,徒一年半;四十两,杖一百,徒三年;过四十五两,即重于本罪。○马牛等畜,若系牧养人盗及杀者,以监守自盗论。

条例

第一条 主守以监守盗论,外人依盗官畜论。御马在皇城内盗出,以盗内府物论。

第二条 若家长令家人冒领三匹以上，依律问盗官畜。以常人盗官物，不分首从，并赃论，八十两绞。家长引例，家人不引例，谓本例无首从之文，其专制在家长也。若冒领不及三匹，止照常发落。

盗田野谷麦

释曰：无人看守，谓原不设守，及不待守之物，若因其无人而盗之，即是窃盗矣。山野柴草木石，为无主得共采者，以他人已经用过工力，虽系无人看守，即同有主矣，故同此律科罪。然必搬移他处乃坐，非如钱粮之据入手为证也。谓凡盗人田野谷麦菜果，及无人看守器物，则与积贮在家者有间，并计所值之价为赃，准窃盗论，免刺。若山野柴草木石之类，本无物主，但他人已用工力斫伐积聚，而擅取之，是亦取非其有者，故其罪亦如盗田野谷麦科断。擅取，谓擅自将去也，与盗有别。○木石虽离本处，未驮载间，依不得财笞五十。此与上节有拒捕，依罪人拒捕律科。

条例

释曰：金银等矿穴，俱经官司封禁，非奉旨不得开采。故有采者，即谓之盗。持仗拒捕，依罪人拒捕律。若杀伤人，始比照窃盗拒捕杀伤人律。三等问盗无人看守物，准窃盗论。"照罪发落"要看，照者，合于以准之间，照已行得财不得财，及并赃论罪也，故曰照。巡捕一段，例中之禁也。巡捕人员，非山峒捉获，止是收藏背负之人，逼令展转攀指，依教令诬指平人，或故入人罪。○此条内不言免刺字样，细观"发落"二字自知。

亲属相盗

释曰：此律分作五段看：各居亲属相盗，亲属行强盗，因盗杀伤，同居卑幼将引他人相盗及因盗杀伤，同居奴婢、雇工人盗家财及自相盗。

首节言各居而兼尊卑强窃。次节言同居而止有卑幼，无尊长，止有窃盗，无强盗。同居卑幼，又止有将引他人为盗，而无不引他人而自盗之文，盖既曰同居卑幼，则家其家，财其财矣。何盗之可言乎？同居卑幼私盗财，即是卑幼私擅用财，故此无其文。以卑幼同居，财亦其有也。制于尊长，不得用而盗，容或有之，何强之忍言乎？然人心不古，变态日滋，故今有其例。

第一节 各居，谓不同门户，不共财产者。止曰亲属，异姓亦在其中，如外祖、妻父母之类。期亲以下五服，俱兼尊长卑幼言。相盗财物，不止谓窃盗，虽掏摸、抢夺亦是。故曰公取、窃取皆为盗，并计赃论罪，期亲减凡人盗五等。如窃盗一两以下，笞一十；至一百二十两，罪止杖六十，徒一年。不得财，减尽无科，大功减四等，罪止杖七十，徒一年半；小功减三等，罪止杖八十，徒二年；缌麻减二等，罪止杖九十，徒二年半；无服减一等，罪止杖一百，徒三年，并免刺字。不得财者，从笞五十上减之。若盗有首从，而服属不同者，各依本服降减科断，为从者，各又减一等。若行强盗者，如尊长犯卑幼，虽不分首从，亦各依上五等减科。其得财者，期亲杖七十，徒一年半；大功杖八十，徒二年；小功杖九十，徒二年半；缌麻杖一百，徒三年；无服之亲，杖一百，流二千里。其不得财者，期亲杖六十，徒一年；大功杖七十，徒一年半；小功杖八十，徒二年；缌麻杖九十，徒二年半；无服之亲，杖一百，徒三年。其卑幼犯尊长，则并依凡人强盗论。不得财，皆杖一百，流三千里；但得财者皆斩。若有杀伤，总承上强窃二项，各依斗殴杀尊长卑幼本律，从其重者论罪。如大功尊长，盗卑幼财物，该杖六十，徒一年；又殴折事主一肢，该杖七十，徒一年半，则从伤论。若折肋，止该杖一百者，则从盗论之类，其杀死亦然。若卑幼犯尊长者，其杀伤有重于盗，从杀伤论。盗罪重，则仍从盗论。夫亲属相窃盗者，不分尊长卑幼，俱得依服递减。若行强盗，则尊长论服，而卑幼从凡，别尊卑也。以上罪名，若系被盗之亲属告发，并依律科断。虽卑幼告发，尊长亦科前罪，不在得兼容隐之人为首，及相告言，各听如罪人自首发免科减等之限。盖所谓相告言者，是亲属平日各犯有罪，偶因忿争而互相讦发，如兄侵盗官粮，弟掘挖他人坟冢，因忿争而彼此讦发，皆得免罪，非为被害而告，亦得免也。

第二节 同居卑幼，共财者也。故盗曰盗己家，用曰私擅用，但以其将引他人为盗，故又加私擅用财罪二等，二十两笞四十，每二十两加一等，至八十两之上，罪止杖一百。观此，则不将引他人而自盗者，只作私擅用财论可知矣。其他人为从者，则为卑幼所将引，故得减凡盗并赃论一等，一两以下，笞五十，至一百两之上，罪止杖一百，徒三年，免刺。若将引各居亲属同盗者，其人亦依本服降减，又减为从一等科之。各居亲属，将引他人相盗，律无其文。盖亲属而各居，不分将引自盗，等曰盗而已矣，所不必言也。然有犯者，要知亲属虽依服制减等，他人仍以凡盗论罪，不比为同居卑幼所将引者他人得减凡盗一等也。若卑幼因盗而有所杀伤亲属者，自依杀伤尊长卑幼本律科罪。其他人同盗者，纵不知杀伤之情，亦依强盗论。不得财，皆杖一百，流三千里；但得财者皆斩，罪其帮恶也。若他人杀伤亲属者，自依窃盗临时杀伤人律斩矣。卑幼纵不知情，亦依杀伤尊长卑幼本律，从重论罪，坐所由也。本言卑幼行盗，而云依杀伤尊长卑幼本律者，以杀伤之人，或有及于卑幼者也。或谓尊长因御盗而杀卑幼，不知律于夜入人家，及罪人拒捕，其杀死者且得勿论，于行盗之卑幼何有哉？即是他人，亦当分登时与已就拘，就拒捕与不拒捕各条科罪。或说非也。

第三节　奴婢、雇工人于家长，及其比肩之人，虽无共财之义，然既曰同居，则非泛然外人之比也。故盗家长财物，及自相盗者，俱得减凡盗并赃论罪一等；为从者，又减一等，并免刺字。若行强盗，则直引强盗律，何则？卑幼且以凡论，而况奴婢、雇工人乎？或谓奴婢、雇工人，其不言将引他人，及他人同盗之罪者，俱承上文来，非也。奴婢、雇工人行盗，其罪本与卑幼不同，则其将引他人，安得辄用卑幼之律？设有犯者，奴婢、雇工人自依减凡盗罪一等，免刺。他人仍依窃盗为从减一等，刺字。所谓首从本罪各别者也。○此条不言杀伤之事，倘有犯者，亦当依奴婢、雇工人杀伤家长，或家长之期亲等项本律科罪。若将引他人杀伤者，不分奴婢、雇工杀伤而他人不知，他人杀伤而奴婢、雇工不知，亦俱各另科罪，不得比依卑幼将引他人若有杀伤之律。○按别籍异财、骂詈及违犯教令诸律，并云须祖父母、父母，或期亲以上尊长亲告乃坐，其余卑幼私擅用财、亲属相盗、恐吓诈欺、和诱略卖、故杀畜产诸条，各不言亲告，则知有服亲属，于法得兼容隐。其有相犯而告言者，并依干名犯义免减律科断。虽无服之亲，亦如《名例》得减一等。惟于人有所损伤，若事发在逃、私越度关及奸，并私习天文，不准首限者，则依律全科。其余他人告发，乃止依本律递减，即《唐律》所谓"非兼容隐，被告者论如律"是也。或谓干名犯义，律称期亲以下尊长侵夺财产，或殴伤其身者，并听告。夫卑者听告，则尊者有罪矣，非然也。盖卑幼被尊长侵夺、殴伤，应自理诉者，不在干犯之限。本谓卑幼不幸而有此等，出于肤受之事，则于律当恕其告虽得实之罪，非必谓被告尊长，亦可以常罪待之也。且本条明云：其告尊长谋反、大逆、谋叛云云，并听告。若然，则告逆叛及窝藏奸细者，皆得不免于罪耶？又如兄姊殴杀弟妹，伯叔姑殴杀侄，杖一百，徒三年。若折伤笃疾律之不言者，勿论可知矣。使期亲卑幼告尊长殴伤其身，至于笃疾罪且勿论；乃至于盗财，则虽一两以下，亦依此律减五等科之，岂身可殴而财不可盗欤？况盗诈、恐吓之类，若亲属相犯，各坐本律，犹可诿也。至如互侵财产，律无明条者，将孰从而罪之欤？若以为在彼，则依干犯律免罪减等，在此则各从本律科断，是期亲、大功及外孙、女婿、外祖父母、妻之父母，又但罪其侵财而恕其夺产也，岂理也哉？

条例

释曰：此条因正律内止有同居卑幼将引他人为窃盗。故又增补强劫之罪，无杀伤引此例；若有杀伤，仍依杀伤尊长卑幼本律。

恐吓取财

第一节 恐吓，谓以声势恐吓，使人畏惧而取其财也。恐吓、诈欺，名似而情殊。恐吓取者，其人怵于恐吓，无奈而与之也。诈欺取者，设计以罔人之不知，而其自与也。恐吓者，以穿窬之心，托公强之势，故特加盗一等，然又免刺，何也？恶其情过穿窬，所以加盗一等；恕其实非真盗，所以免其刺字。计赃各主者，亦以一主为重。二人以上恐吓，亦并赃论。凡言计赃准窃盗论者，俱仿此。如人本无违法之事，而平空驾端，譃去财物者，问恐吓。设有违法事，被人挟去财者，有职役之人，问枉法；无职役之人，问诈欺。若知强窃盗，常人监守盗而挟受者，问知盗后分赃；有职役人，亦问受财枉法。若监守之人诈取者，以监守论。此出入罪名关节，不可不知。

第二节 若期亲以下自相恐吓者，如卑幼犯尊长，以凡人论，亦准窃盗加一等，免刺。尊长犯卑幼，亦依"亲属相盗"条，递减科罪。期亲减凡人恐吓之罪五等，一两以下，笞二十，至九十两之上，罪止杖六十，徒一年；大功减四等，小功减三等，缌麻减二等；无服之亲，减一等科罪。皆于加罪上减之，以其有恐吓之情故也。引议之式，须先照凡加等，然后引亲属减罪。如云某人依恐吓取财，计赃准窃盗论加一等，免刺。几十两，系尊长犯卑幼，亦依亲属相盗，期亲减凡人五等律。余可类推。○此律加不至于死，必须知之。盖缘准窃盗而非以窃盗也。○被吓之人告发，不在得兼容隐免科减等之限。○旧说凡恐吓取财未得者，止坐不应笞罪，难准窃盗不得财罪上加等。盖恐吓本计赃准盗，无赃，则无所为准也。考本朝《律注》"未得财，亦准窃盗不得财罪上加等"，深恶其贪暴害人，故亦不得轻宥。

条例

第二条 诬指送官，依诬告本律。淫辱妇女，问强奸。余俱本律。

诈欺官私取财

第一节　律内凡言诈欺诈假,俱是一串意,不平说。"官私"二字,平说,须分看。盖一用计诈欺官以取官财物,一诈欺私以取私财物也,方与下诓赚等不相犯。然则取官财物,何不准监守常人盗论乎?曰:如失主冒领盗赃,亦是在官财物,然非仓库钱粮比也。安得准监守常人盗乎?"并"字指官私言。律称准窃盗论者,皆准其以一主为重,并赃分首从论罪,非但准其两数而已。但言"准"者,依《名例》不在刺字之限。期亲以下,兼同居、各居。或谓但指各居,非也。盖相盗不言同居尊长者,以专制在己,无事于盗。若以卑幼行之,则谓之擅用耳,故特以各居别之。至于恐吓、诈欺,则虽同室之人,或所不免。是安知其财不取诸彼所应分及称贷于人者而与之乎?其曰"依亲属相盗递减"云者,谓但如其等数减之,而居之异同,非所论也。不问尊长卑幼,亦计赃准窃盗论,各依前条服制等数递减科罪。如期亲减凡人诈欺之罪五等,一两以下,笞一十,至一百两之上,罪止杖六十,徒一年,大功减四等,小功减三等,缌麻减二等,无服之亲减一等。凡诈欺取财未得者,但坐不应笞罪,难以亦准窃盗不得财之律论。夫窃盗者,窥事主之不见而盗之。诈欺者,欺事主之不知而取之。事虽非盗,其心实皆盗也,故准窃盗论。

第二节　若监临、官吏及主守之人,用计于仓库诈取在官钱粮等物者,以监守自盗,不分首从,并赃论,至四十两斩,不满数,并刺字。若诈计已行而财未入手,则于监守自盗罪上减二等科断,免其刺字。或曰监守诈取所监守之物,既云未得财,则是未有数目也。今曰减二等,将据何数以减之乎?曰:监守自盗条,无未得财之律,以其举意即得,非如常人之不得专主也。今曰诈取,必设计欺罔同监守之人,而曰某处用某物若干,同守之人,被其所诈而与之,则计其所诈取之物,以监守自盗论。若同守之人,或未曾与,或已与未出仓库,知其有诈取之故而告发者,则据其原诈说之数,依监守自盗律,减二等科罪。若不曾说数目,止用诈计求取而未得财者,宜依不应从重科断。

第三节　原非己物,而妄冒他人之物,认为己物者曰冒认。巧言哄诱他人,因取其财而不还者曰诓赚。装成圈套,使人堕入其中,而不得不与之财曰局骗。人口财物,遇便携带以去曰拐带。旧解为与人寄物不还,非是。寄物不还,是受寄财产,诈言死失律。四者其事不同,其心实皆盗也。故亦计其所得之赃,准窃盗论。为从者,亦各减一等,免刺。

条例

第二条,计赃论该徒罪以上,即充边军者,恶其指官诓骗也。如亲属指官诓骗亲属之财,止依期亲以下诈欺律,不可引例。

略人略卖人

释曰:首三节,以凡人言。第四节,以奴婢言。五节、六节,以子孙、妻妾、亲属言。末节,则总承之。然凡人奴婢,俱兼自己及外人、乞养、过房与子孙以下,则专言卖与人也。

此条大意,略诱、略卖之情,重于和诱、和卖。诱卖为奴婢之罪,重于诱卖为妻妾、子孙。略者,罔其不知。和者,因其情愿。曰略诱,曰和诱,言为己之奴婢、妻妾、子孙也。曰略卖,曰相卖,言为人之奴婢、妻妾、子孙也。首二节略卖为奴婢者,不分首从,其余俱分首从。

第一节 方略,谓以计术笼取也。据此则是谋略之略,然题曰略人,则又似掳略之略矣。谓凡设为方术谋略,而诱取良人子女,在己为奴婢者,及略诱良人子女,卖与人为奴婢者,不分首从,皆杖一百,流三千里。若诱取在己,或略卖与人,各为妻妾、子孙者,造意者杖一百,徒三年。若因略卖不从,而殴伤被略之人,或伤在傍之人及被略之父母、兄弟、亲属者绞,至死者斩;为从者,各减一等。此"人"字说得广。旧注专指所诱卖者,非也。杀伤人,虽各有本律,此重在略人上,故一伤即绞,一死即斩。观强窃盗伤人律,自可类推。其被略之子女不坐罪,给亲完聚。

第二节 若假以乞养、过房子孙为名,买取良家子女,转卖与人为奴婢者,其罪亦皆杖一百,流三千里。为妻妾、子孙者,为首亦杖一百,徒三年。此是买来即转卖者,若买来养育长成,后却以礼与人,难同此律。

第三节 和同,谓两相情愿也。或投其所欲,或乘其所便,因而诱引入手皆是。相诱、相卖平说,俱顶和同来,接下二为字。或诱来在己,或转卖与人,在诱人者,固有诈欺之情;在被诱者,亦有听从之罪。故为奴婢者,杖一百,徒三年;为妻妾、子孙者,杖九十,徒二年半。被诱之人,各减诱者之罪一等。为奴婢者,杖九十,徒二年半;为妻妾、子孙者,杖八十,徒二年。若犹未卖,其诱者与被诱者,各减已卖之罪一等。此独言未卖,盖欲卖而未成者。若不卖则是为己之奴婢、妻妾、子孙矣。若被诱子女,年十岁以下,无所知识,易于欺骗,虽系和同，而诱人之人，亦同上略诱法科断，为奴婢者，皆杖一百，流三千里；为妻妾子孙者，为首者杖一百，徒三年。被诱之人不坐。上略卖不言未卖者，恶其略诱之情，不复从末减。此被诱之人，不言给亲完聚者，彼既有罪，自当改正归宗，不待言也。

第四节　若设方略诱取他人奴婢在己，及卖与人各为奴婢者，皆杖一百，徒三年。各为妻妾、子孙者，为首杖九十，徒二年半；殴伤人者，杖一百，流三千里；杀人者，仍依良人故杀他人奴婢律绞，被诱之人不坐。若和诱他人奴婢，及卖与人各为奴婢者，杖九十，徒二年半；各为妻妾、子孙者，杖八十，徒二年，被诱之人减一等。未卖者，各减已卖之罪一等。其奴婢十岁以下，虽和亦同略诱之法论罪。略卖，包诱言之；和诱，包卖言之，互相备也。

第五节　略卖亲属、同堂弟妹、侄、侄孙为一等，弟妹、侄、侄孙、外孙、己之妾、子孙之妇为一等，子孙之妾为一等，子孙为一等，以亲疏为轻重，疏者重而亲者轻也。其罪之目，则亦有略、有和、有未卖。以略卖与人为奴婢言之，子孙则杖八十；弟妹、侄、侄孙、外孙、己之妾、子孙之妇，则杖八十，徒二年；子孙之妾减二等，杖六十，徒一年；同堂大功弟妹，小功堂侄，缌麻堂侄孙，则杖九十，徒二年半。以和同相卖为人奴婢，则减略卖一等，子孙杖七十；弟妹、侄、侄孙、外孙、己之妾、子孙之妇，杖七十，徒一年半；子孙之妾，杖一百；同堂弟妹、堂侄、侄孙，杖八十，徒二年。其或和或略而未卖者，又减已卖之罪一等。被略卑幼，以其专制于尊长，故不坐罪，给亲完聚。若有杀伤，各从尊长殴卑幼本法，不在略殴之限。○和略卖亲属，止言为奴婢，不言为妻妾、子孙者，盖卖子孙、妹、侄与人为妻妾，即是嫁娶常事。若卖妻妾与人为妻妾，自有卖休之律；卖子孙与人为子孙，亦自有乞养异姓之律，故不载也。○卖妾罪重于卖子孙者，盖子孙己之所出，妾终系他姓。○《律疏》云："或以两未卖者，皆专主和卖而言，其意以为上未卖者言各减一等，下未卖者言又减一等。"则是凡人和卖者，与被诱之人，并加一等，故以各言之。亲属和卖者，被卖卑幼不坐，故不言各。非也。盖略诱而自为奴婢、妻妾、子孙者，与略卖与人之罪同；和诱而自为奴婢、妻妾、子孙者，与和卖与人之罪同。其和略而未及卖者，则当皆从末减之例。岂有和者独减，而略者乃不减耶？抑略良人而未卖者，反得无罪耶？且略诱人而卖，止重于和卖者一等；其略而未卖者，乃可重于和而未卖者二等耶？其所谓各减一等者，不缘于被诱之人减与不坐上见之。盖由凡人和略而卖为人奴婢，或为妻妾、子孙，罪有不同，故以各言之。若和略卑幼，但卖为人奴婢，故不言各耳。且如收留迷失在逃子女，其卖者、留者，各有应坐之罪；至于隐藏在家,则杖八十。然此所谓未卖云者,独可以略而卖者,不一殊其罪耶?此虽云"又减一等","又"字盖承上句"有减一等"之文言之,非谓止减和卖者之罪而已也。收留迷失子女律云"又各减一等",与夫亲属相殴律云"各又减一等",亦此义欤?按:此欲以未卖减等,通略和二项言,亦有理。但玩文势,似专指"和同"本条,姑存其说于此。

第六节 其略卖及和卖自己之妻与人为婢,及和卖、略卖大功以下亲,与人为奴婢者,各从凡人和略法。其略卖者,杖一百,流三千里;其和诱者,杖一百,徒三年;和诱而未卖者,各减已卖一等。其有殴伤,依夫殴妻,及殴大功以下尊长卑幼本条科断。

问曰:卖妻及大功以下亲,依凡论,何也?曰:妻者,齐体之人,原非卑幼之列。大功以下,情分渐轻,况至卖为奴婢?是无恩义,同于路人矣。安得不以凡人论哉?斗殴律夫殴妻至死者绞,大功以下尊长殴卑幼至死者,亦绞,是亦以凡人论也。○此卖缌麻以上亲,系是"十恶不睦"之列。

第七节 若窝藏寄顿人口之家,及买主知其和略之情者,或为奴婢,或为妻妾、子孙,并与犯人同罪,至死减一等;牙保知情者,各减犯人之罪一等。卖者所得之价,牙保、窝主所得之钱,并追入官。其窝主、买者、牙保,不知情不坐罪,仍追原价还买主。凡和略人口,若庶民之家买为奴婢者,虽不知情,仍依存养律;如和略娼优,则比依奴婢律。

假如赵甲将男赵乙妾钱氏,凭孙丙说合,和卖与李丁为婢,未卖间,被男赵乙告发,赵乙依子告父者律,杖一百,徒三年;赵甲依和卖子之妾为婢未卖者,通减略卖子孙之妇罪四等律;李丁依买者知情与犯人同罪律,各杖九十;孙丙依牙保知情减等律,杖八十。内赵甲系伊男告发,同自首免科。○诱卖各边军丁,有事例在吏律。○知人略卖、和诱人后而分赃,有律在"窝主"条。

条例

第一条 凡有共犯者,止将为首之人引例,为从者不可。"俱"字,指方略与略卖两下说,非不分首从之俱也。○此例惟略卖正条得用。○若买良家子女转卖者,律虽曰"罪亦如之",终与设方略有间。虽同略卖之律,不同略卖之例,不得引例充军,以作律时,未有例也,与律文原有充军者不同。

第二条 律该处死,谓因略卖而伤人绞,杀人斩,与未曾杀伤人,比绞,俱坐为首之人,为从引例。

发冢

释曰：第一节，言凡人发冢之罪。第二节，言亲属发冢之罪。第三节，言毁弃他人及亲属死尸之罪。第四节、五节、六节，皆因发冢、毁弃之事而附言之。

第一节 坟冢，死者之所藏，而不可暴露，生者之所保，而不忍发掘者也。故凡发掘他人坟冢，未见棺椁者，杖一百，徒三年；已见棺椁者，杖一百，流三千里；已开棺而见尸者，绞监候。其招魂而葬者，虽曰无尸，亦以有尸论。若人之坟冢，水啮土崩，先已穿陷，及尸在柩未殡，或在殡未埋，有因而盗取其尸柩者，则与发冢有间，故杖九十，徒二年半。若开棺椁见尸者，则与发冢无异，故亦坐绞。系杂犯，准徒五年。其盗取器物砖石者，谓不曾动尸棺，此自发而未至棺椁，及冢先穿陷者言之，计赃准凡盗论，至一百二十两，罪止杖一百，流三千里，免其刺字；若赃轻，发而未至棺椁之罪重者，仍从重论。但盗人坟茔上器物砖石者，则引无人看守律科断；有人看守，仍计赃准凡盗论。或谓在床曰尸，在棺曰柩，未殡而盗尸，未埋而盗柩。不知殡者，以棺入于殔中而涂之之谓，非未入柩之谓也。盗柩可以卖钱，盗尸何为哉？盗有尸之柩，故曰尸柩，而其罪重于盗空柩，然亦以未开，故杖九十，徒二年半；开则见尸，即坐绞矣。殔音四，埋棺之坎也。

第二节 若五服内卑幼发尊长坟冢者，同凡人论。此止云尊长，祖父母、父母皆在其中矣。发而未至棺椁者，亦杖一百，徒三年；见棺椁者，亦杖一百，流三千里。但开棺椁见尸者斩，视凡人有加矣。若弃置尊长死尸，而卖其坟地与人者，罪亦如开棺见尸坐斩。其买坟地人及牙保人知情者，各杖八十。卑幼所得之价，牙保所得之钱并追入官，地归犯人同宗亲属主管，不归原主者，尸已弃置，无可复葬；即可复葬，而亦非原主所得有矣。买主、牙保不知情者不坐。若连棺而弃，不得谓之弃尸，止如发冢见棺椁之罪。连冢而卖，不得谓之发冢，然视尊长骸骨所存，忍卖与人，则亦与弃同矣，故比依发而未至棺椁之律。若将尊长坟冢平治作地，得财卖人，止问诓骗人财。买主知情，则坐不应事重，追价入官。不知情不坐，追价还主。

若尊长发卑幼坟冢，开棺椁见尸者，卑幼系缌麻，杖一百，徒三年；小功杖九十，徒二年半；大功杖八十，徒二年；期亲杖七十，徒一年半。若祖父母、父母发子孙坟冢，开棺椁见尸者，杖八十，此止言见尸之罪，则见棺椁与发而未至棺椁者，俱勿论可知矣。以上皆因无故而发之，故各坐以罪也。若有故，如地或不吉，或水冲地崩，而依礼迁葬者，不问尊与卑及见尸、不见尸，俱不坐罪。

第三节 上言发冢，此言毁尸。尸即未入棺者之称也。若他人死尸在家，或在野未及殡葬，而焚烧支解以致残缺不全，弃置水中以致漂失不存者，各杖一百，流三千里。其残毁已处决讫死尸，则依断罪不当律，笞五十。若残毁、弃置缌麻以上尊长未葬死者，斩。虽弃而不失其尸，及毁而但髡发若伤者，各减一等；系他人，杖一百，徒三年；系尊长，杖一百，流三千里。

尊长毁弃缌麻以上卑幼死尸者，各依凡人递减一等，从二千里上，照服而递减之。缌麻杖一百，徒三年；小功杖九十，徒二年半；大功杖八十，徒二年；期亲杖七十，徒一年半。若毁弃子孙死尸者，杖八十。此不言弃，而不失及髡发若伤，似当勿论。或谓当照服制递减毁弃一等，姑两存之。无服之亲，与凡人同律，虽不言可以意会。其子孙毁弃祖父母、父母，及奴婢、雇工人毁弃家长死尸者，斩。若弃而不失，与毁而髡发若伤，亦不在减等之律，故不言也。其有从尊长遗言，将尸烧化，及弃置水中者，自依丧葬本律科罪。

第四节 若穿凿自己地土，而得无主死尸，初非有心于发掘也，但当即时掩埋耳，若不即掩埋而暴露之者，杖八十。若于他人坟冢内，用火烧烟以熏狐狸，亦非欲动伤葬者，而棺椁与尸因之而烧，则在熏狐狸者，虽原无发掘毁弃之情，而在死者所受，实不减于发掘毁弃之祸矣。故因而延烧棺椁者，杖八十，徒二年；烧及其尸者，杖一百，徒三年。若于缌麻以上尊长坟墓熏狐狸者，各递加一等；烧棺椁者，各加为杖九十，徒二年半；烧尸者，递加为杖一百，流三千里。"一等"二字要看。此递加不言依凡人，则与殿内递加例同二句，仍《唐律》旧文也。或谓递加，明与递减同义，当依缌、功、期亲以次加之。非也。盖上言卑幼发尊长坟冢，同凡人论。又毁弃尊长死尸者斩，律皆不殊其罪，他可知矣。不然，则但烧棺椁之罪，其递加至大功，已入于流；而于父祖，乃止坐徒而已，岂律意哉？若于缌麻以上卑幼坟墓内熏狐狸者，各依凡人递减一等；烧棺椁者，缌麻杖七十，徒一年半；小功杖六十，徒一年；大功杖一百；期亲杖九十。烧尸者，缌麻杖九十，徒二年半；小功杖八十，徒二年；大功杖七十，徒一年半；期亲杖六十，徒一年。若子孙于祖父母、父母，及奴婢、雇工人于家长坟墓熏狐狸者，杖一百；烧棺椁者，杖一百，徒三年；烧及其尸者绞。律于他人及尊长坟冢熏狐狸，无明文，设有犯者，并以不应事重论罪。

第五节 若将他人坟墓，平治为田、为园耕种者，杖一百，仍令改正。此必是无主坟墓，或经事主典买；不然，安得平治为田园？而又何止杖一百耶？于他人有主坟地之内盗葬者，杖八十，官司勒限迁葬别处。此二者，皆于葬者未有所动伤也，故次于不掩埋熏狐狸之后。若有所动伤，自应坐发冢本罪矣。

第六节 若某地界内有死人，其里长地邻，当即申报官司检验，召人识认，根究事由；或系无主，许令领埋，皆须听官府命令，不得辄移他处，及即埋葬。若有而不报者，虽报而不俟官府之命，辄移他处，及埋藏者，并杖八十。下文失尸、毁尸，弃而不失，髡发若伤数项，皆承里邻不报而言。"以致"二字直贯至下，谓因其移尸他处，及葬埋不固以致失去尸骸无下落者，里邻杖一百；以致被人将此尸骸残毁，及弃置水中者，邻里杖六十，徒一年。其残弃之人，仍坐流罪。弃而不失，髡发若伤者，里邻各减一等，杖一百也。若里邻自行残弃，则已在毁弃他人死尸之律矣。末句"因而盗取衣服者，计赃准窃盗论，免刺"，此不分他人与里邻，但盗即坐。止言衣服，不言盗取财物者，盖犯者均为盗无人看守之物也。然衣服贴身，在死者犹借以蔽体，财物则同拾遗耳。尸访有主者，问不应；无主者，勿论可也。或云当依盗无人看守物者，非是。○凡于尊长坟冢内熏狐狸，未烧棺椁者，并以不应重论。○有盗嫁母尸与父合葬者，或因继父杀其母而旋即自尽，毁继父之尸者，俱以不应论。○妻妾毁夫尸，比依缌麻以上尊长律上请。

夜无故入人家

释曰：凡昏夜无有事故，进入他人家内者，杖八十。其主家知觉，实时格杀而死者，勿论。盖无故而来，其意莫测，登时被杀，事出卒然，故宥之耳。"无故登时"四字最重。若其人已就拘执，即当送官，岂得擅杀？而有擅自杀伤者，减斗殴杀伤罪二等，至死者杖一百，徒三年。此与"罪人拒捕"条已就拘执而杀，以斗杀伤论不同者，盖罪人已属在官，不过欲得其人耳。若此条，虽就拘执，尚在本家，非在官之人也。情有不同，罪难一律。

盗贼窝主

释曰：第一节，言强盗窝主造意，强盗窝主共谋之罪。第二节，言窃盗窝主造意，窃盗窝主为从之罪。第三节，言本不同谋，偶共上盗之罪。第四节，言分赃故带言略诱。第五节，言故买寄藏盗赃之罪。○造意共谋，是眼目。行不行，分赃不分赃，又眼目中之眼目也。强窃盗窝主，无不造意、不行、不共谋，又不分赃之律。盖若此，即是不知情而偶然停泊之店家，非窝主矣。○知盗后而分赃、接买、寄藏，此所谓盗贼干连者也，故次于窝主之后。买轻于分，寄又减于买。

第一节 盗贼无窝家,则不能为盗贼,故盗贼必有窝主。窝主亦不同,有造意者,有共谋者。造意者,全是一人主张。共谋,则相与商计者耳。强盗窝主造意者,身虽不行,但曾分赃者即斩。此不言行、不分赃,是亦强盗行而得财者也,不待言也。或谓观于下文共谋者,足以见义。然窃盗窝主,其造意亦不言行、不分赃,则岂亦坐以为从之罪而已耶?若但造意而不行,又不分赃者,杖一百,流三千里。其窝主若不造意而但与之共谋者,或行而不分赃,或分赃而不行,皆斩。行与分赃不同,其为强盗得财一也。故行而不分赃者,其不分赃,不足以减杀其行之罪;分赃而不行者,其不行,不足以减杀其分赃之罪也。若不行又不分赃者,犹恶其为窝主而与谋也,故杖一百。○或谓强盗不得财,止于满流,窝主共谋者,行而不分赃,与不得财者无异,而坐斩何也?曰:不得财与不分赃,语相似而实不同。不得财,谓不得被盗者之财也。不分赃,谓不分已劫出之赃也。在主家谓之财,入盗手谓之赃。强盗之不得财,或是劫而无物,或遇惊散。若窝主不分赃,即是强盗已得财,窝主特未分耳。彼既先窝之,又与共谋,又同上盗,身预其事矣。众人之赃,窝主之有也。岂容以不分而比同于不得财乎?前条强盗止言得财,而无行不行、分赃不分赃之文,可见但得财,即不问其行而不分赃,皆斩也。又按:公取、窃取皆为盗。律云:珠玉、宝货之类,据入手隐藏,纵未将行亦是。以此例之,强盗劫出财物,已据入手;或才离主家,未曾分受,皆为得财。不待其各分入己,而后谓之得财也。就使正劫之时,财物未离主家,被人将盗与财物,一同捉获亦是。又监守常人窃盗律,皆云并赃论罪。并赃者,谓不以各入己之数分认罪,而以共盗得之数并坐罪也。强盗虽不计赃,而其赃重于凡盗。然则岂有不以共劫者为得财?而以各入己者,始为得财乎?

第二节 若窃盗窝主,其造意者身虽不行,但曾分赃,即为窃盗首论。此亦不言行、不分赃,是亦窃盗行而得财为首者也,不待言也。若窝主造意而不行,又不分赃者,为窃盗从论,减一等。却以临行之时,主意上盗者,即主张行事之人为窃盗首,其窝主若不造意,而但为之从者;或行而不分赃,或分赃而不行,仍为从论,减造意者一等。不曰共谋,而曰为从者,承造意为首而言也。曰仍为从论者,缘窝主本非为首之人,以其造意又分赃,而坐以为首之罪耳。若不造意,即是为从矣。故行而不分赃,分赃而不行者,仍为从论也。若不行又不分赃者,犹恶其为窝主而预谋也,故笞四十。

第三节 上条皆自造意、同谋者言之。若本不同谋,偶然遇合相率为盗,随地分赃者,以临时主意上盗之人为首,余人各为从论,减一等,此以窃盗言之。

若强盗得财,则皆斩;不得财,则皆杖一百,流三千里。原不分首从,又何临时主意上盗者为首,而余为从之可言乎?此亦不必专为窝主,因论窝主而及之。

第四节 知人略卖、和诱人,及强窃盗后而分其所卖、所盗之赃者,并计所分入己之赃,准窃盗为从论,免刺。此不论和同,有所取予,及求索、吓诈而得之皆是。或谓求索、吓诈本有正律,奈何以盗后分赃科之?殊不知求索、吓诈常人之赃,法应还主。若盗则不可比常人,而盗赃又不可比常人之财,故当以盗后分赃科之也。知盗后分赃,于盗情无预者也。若于盗情有预,则入在共谋内矣。此知人略卖和诱人后而分赃,本该在"略卖"条,亦因论分赃而及之。

第五节 若明知强窃盗赃而故买者,计其所买本物应值之价,坐赃论。或谓即原故买物之价,非也。若知盗赃而受其寄藏者,减故买之罪一等。如故买者七十两,坐赃,该杖九十,受寄藏者,七十两减一等,杖八十之类。故买至八十两,受寄藏至一百两,各罪止杖一百。若不知盗贼情由而误买,及受寄藏者,俱不坐。○分赃接买受寄盗赃,虽掏摸、抢夺并同。盖公取、窃取,皆谓之盗。若监守常人,知情分受监守常人盗赃,及故买者,仍以盗官钱粮科断;知系恐吓、诈欺、诓骗、枉法、不枉法赃,而分赃、故买、受寄者律无文,应问不应事重。○凡造意共谋之中,各除行而分赃,即是真盗,不在窝主之律外。其不行又不分赃者,在强盗窝主造意者,则杖一百,流三千里。在窃盗窝主造意者,则为临时主意上盗者之从。盖窝而又造意,是谋主、窝主,此人兼为之也,实盗之魁,以其不行又不分赃,故减真盗一等。若共谋,则又不同矣。岂有窝而不知其谋者?既不行,又不分赃,则于盗事全无所预,故强者杖一百,窃者笞四十。其罪顿轻,盖止罪其窝而已。行而不分赃,既行矣,其不分赃,非廉也,非畏罪而辞也,偶不分耳。分赃而不行,既分赃矣,其不行,非仁也,非畏罪而止也,偶不行耳。若此辈而不谓之真盗可乎?故凡在强盗共谋者皆斩,在窃盗共谋者,则仍为窃盗从。盖直科真盗之罪,不以末减待之矣。然均一共谋者,行而不分赃,分赃而不行也,在强盗则斩,是齐于强盗矣;在窃盗则为从,犹得稍差于窃盗者,何也?盖强盗,不分首从者也,行而不分赃,分赃而不行,虽从亦皆斩也。窃盗,则分首从者也。既有造意者为首,则共谋者,安得不为从乎?造意,犹云首谋。共谋,则同党耳。共谋之中,有临时指引所盗之处,计划行盗之方者,则谓之临时主意上盗,要认得明。

按此卷标题曰《贼盗》,而于窝主一律,又曰《盗贼》,何迹类而义殊?故为颠倒以别之?盖缘谋反、叛逆,所害者大,故"贼"字居前,别重于轻也。若盗则自监守常人而外,诸凡强窃之事,非有窝主不成,故指为贼而次于"盗"后,别轻于重也。况谋反、叛逆，意由己造，事惟自主，无俟窝也。此则主其谋，窝其众，以为上盗之局，故曰盗贼窝主。

条例

第二条 大户知情故纵，即是窝主，已包有造意、共谋等情在其中矣，故有真犯、死罪之说。家人佃仆，结构为盗而不觉察，已属有罪，况知情乎？故纵强盗后分赃，则窝主不行亦斩；纵盗之后不分赃，窝主亦流三千里。共谋者行而不分赃，分赃而不行，皆斩。若不行又不分赃，杖一百。若故纵窃盗后而分赃，则窝主造意为首者流，不行又不分赃，为从者徒，故有徒、流、杖之分。

第三条 此窝藏例也。曰坐家，是不行，又非造意共谋者也。若造意共谋，则分赃而不行，犹当斩也，何充军之有？必审确无造意共谋，方可依盗后分赃律例。盖窝主与窝藏不同，窝主者，凶谋自伊始也；若窝藏，不过为窝顿赃物之主家耳，故罪分轻重。若坐家不分赃，止问不应，不引例。

第四条 此是大伙强贼，盘踞险固，时出剽劫者，勾引探报，须有实迹，方可坐奸细律，在十五卷盘诘本律。

第五条 接买、受寄银货，值银五百两，则为满数。知盗后分赃，值银一百二十两，则为满数。"俱"字，指三犯接买、受寄等罪，并知强盗后分赃满数而言。

共谋为盗

此律"共谋为强盗，临时不行而行者，为窃盗"，"共谋为窃盗，临时不行，而行者为强盗"，两段互相参看。

释曰：强窃盗之律，前条备矣。但有共谋为盗，而其中一二人，临时有故，或且惧且悔而不果行者，虽不行，而共谋之罪，不可不议也。有共谋为强盗，临时不行而行者，却为窃盗；有共谋为窃盗，临时不行而行者，却为强盗。强与窃出入之间，又不可不议也，故又立此条。共谋而不行之人，又分别分赃、不分赃，于分赃、不分赃之中，又分别造意及余人。造意，即首谋者，一人为首，则其余皆从也，故以随从者为余人耳。或以余人，兼行与不行者言，谬矣。后节云：余人分赃，俱为窃盗从。使余人非不行之人，则同行强盗者，亦可为窃盗从乎？首条言共谋，后条言不行之人，互相备也。○此共谋不行之人，试以谋强而行窃者言之。若分赃，则原造意者即为窃盗首，据行者，现行之事止于窃，则不得不以窃论。原不行者,初起之意欲为强,则不可不以首科也。如非造意,但系共谋之余人,则并为窃盗从。若不分赃,则原造意者即为窃盗从,如系共谋之余人,则不拘多寡,并笞五十。彼既不行,又非造意,又不分赃,然且有笞五十之罪者,以其初谋欲为强盗故也。造意不行,不分赃者,已为窃盗从,则以临时主意上盗得财者,为窃盗首。

试以谋窃而行强者言之。若分赃,则造意者,不问其知为强盗赃、不知为强盗赃,而并为窃盗首,以所分强盗赃计两数,依窃盗定罪,如非造意之余人,则为窃盗从。若不分赃,则造意者为窃盗从,俱各并赃论罪,减一等。余人不分赃者不言罪,勿论可知矣,以临时主意,及共为强盗,行而得财者,不分首从论。公羊子曰:"君子之恶恶也疾始,其善善也乐终。"故凡谋为强盗不行之余人,不分赃者,犹必着其罪,所以恶其始也;谋为窃盗不行之余人,不分赃者,不着其罪,所以与其终也。或以窃盗谋而不行,不分赃者,当引窝主律,笞四十。岂律意哉?凡律称为窃盗首从,皆刺字。

公取窃取皆为盗

释曰:此条乃以上盗贼诸条之通例。公取,若强盗、抢夺之类。私取,若窃盗、掏摸之类。律称公取,若擅食、擅将去、擅取,皆似是而非者也。谓凡律称盗云者,如行盗之人,不避事主,公然而取其财曰公取。或畏事主之知,而潜形隐面,私窃取其财曰窃取。二者之取不同,其心一也,故皆谓之盗。然盗不可一概论,如盗官私一应器物、钱帛之类,必须移动迁徙,已离盗所,方谓之盗。若珠玉、宝货之类,物轻易藏者,但据其已盗入手隐藏,纵在盗所,尚未将行,亦是已行得财,即谓之盗。若树木砖石重器,非人力所胜,虽离本处,未及驮载而去,犹未成其为盗,不得以盗论。若盗马牛驼骡之类,必须已出本家阑圈之外,及盗鹰犬之类,须已就羁縶专制在己,乃成为盗。凡若此者,皆依律以得财科断。未成为盗者,依已行而未得财科断。若盗马而别马随之,以得遗失论,不可并计为赃。若盗母而子随之,皆得并计为赃论罪。

起除刺字

释曰:凡盗系官财物,及窃盗、掏摸、抢夺,一应盗贼,其曾经官司断罪刺字者;杖罪以上,决讫,俱发本籍地方收入册籍,以充巡警迹贼之役。犯该徒罪者,年限役满,发回原籍,亦收入册内以备充警。犯该流罪者,即于配所充警。

若有用药，或火灸，起除原刺臂膊上字样者，杖六十，补刺，其窃盗两臂俱刺。有起除而又犯前罪应绞，但例该奏请免死充军者，不必补刺。凡军人等项，不刺字者，止着役随住，不在收充警迹之限。警，是巡警之意。迹，如踪迹之迹，谓充巡警之役，以踪迹盗贼之徒，盖以盗捕盗之法也。今京师五城兵马司，及在外各州县，犹有报名在官之贼，但有失盗，即责令迹捕，亦其遗意。或谓于门首立木牌，书写过犯之名，以警众者，于"收充"二字不合矣。○按充警迹与充警，原有分别。"收充"二字，最要体玩。有原籍可发者，兼杖与徒而言也。谓犯该杖徒之人，决讫、役讫，俱发原籍地方，收入警迹册籍以充其役，使之日行迹贼，夜行巡警，立功以自赎，三年无过，官司保勘，然后起除原刺以赏其功，仍为良民，所以开自新之路也。其犯该流者，则收入流所之巡警册内，是为流民，但充警役而已。其言警而不言迹者，以其非本方之人，不谙风俗，而踪迹盗贼之事，非其所宜，且无烦立功自赎，又原无刺字可起，惟令昼巡、夜察，示之以辱，警人以自警耳。圣王立法之意，具有微妙，读者可不辩哉！

《王仪部先生笺释》卷十八终

《王仪部先生笺释》卷十九

古吴	顾王榭用拙父	校阅
	顾鼎定九父	重编
	黄中致和父	订正
	翁居体镜非父	汇参

刑律

人命

释曰：《疏议》云人命，李悝《法经》不出其目。汉高帝与民约法三章，首曰杀人者死。曹魏有怨毒杀人之令，皆人命法也。晋、宋及梁，并无是条。后魏杀人者，听与死家葬具以平之。北齐杀人者，首从皆斩，亦人命法也。隋、唐混于贼、盗等律。明时以人命至重，特立其目，系于贼盗之后，取《唐律》而增损焉，今因之。

谋杀人

此律谋杀人，分已杀、已伤、已行三项，而杀伤之中，又分造意、加功、不加功。至于已行未伤，则未有加功、不加功之辨，但曰为从而已。前三节言谋而同行之罪，第四节言谋而不同行，通承上三项之罪，末节言因而得财之罪。

第一节"谋"字说得广，凡有仇嫌，设计定谋而杀害之者俱是。律称谋者，二人以上，其本注又云："谋状显著，虽一人同二人之法。"此谋杀人，有造意、加功、不加功之别，正为二人以上言之。若无同谋加功之人，则径引谋杀人斩罪，乃所谓"谋状显著,虽一人同二人之法也"。杀而以谋,情尤深毒,故为六杀之首。六杀者,谋杀、故杀、斗殴杀、戏杀、误杀、过失杀也。临时虽有意,而先未尝有谋者,谓之故杀。本非欲杀其人,因两相争打,一人伤重而死,则谓之斗殴杀,详见后条。从,谓听从造意者之指使。加功,谓助力下手也。旧说谓瞭望、推拥,俱为加功。夫推拥之情较重,谓之加功犹可。若瞭望,惟同谋者有之,果以是为加功,则坐绞者众矣,须助力下手为是。凡杀人以造意为重,故分首从。夫以人杀人,一人可以自行,非若谋反叛者之必共为谋也。故注云:"或谋诸心,或谋诸人。"盖造意不必亲杀,致命实由加功,故虽以二三命抵一命,不为过也。不加功者,非致命之因,故减一等。杀讫者,已死也,必须杀讫乃坐。若未曾杀讫,另日方死者,应另议。

第二节 若谋杀人,其人已伤,而犹幸不死者,造意者绞;从而加功者,减一等;不加功者,又减一等。加功之人,若持有兵器,当引凶徒例充军,方尽本法。不加功,谓同谋同行者。

第三节 若谋虽已行,而犹未曾伤人,谓其人或拒斗而获免,或隐匿而自全者。其造意之人,杖一百,徒三年;为从者各杖一百,但与同谋者皆坐。以未伤人,故无加功、不加功之别。此谋而同行者之罪然也。

第四节 若造意谋杀人者,其身虽不亲行,仍为首论,已杀者斩,伤人者绞,未伤人者,杖一百,徒三年。《唐律》雇人杀人者亦同。若从其谋而不行,减行而不加功者一等;杀人者,杖一百,徒三年;伤人者,杖九十,徒二年半;未伤人者,杖九十。此谋而不行者之罪然也。

第五节 初无得财之意曰因。若因财而谋杀,则又强盗之尤者矣。夫谋杀人而不取人之财,特以报仇怨耳,非利其财也,故为从者,皆得从末减。若因谋杀人,而得其人之财物,则与强盗何异?故同强盗不分首从论。不曰以强盗论,而曰同强盗论者,罪更浮于强盗,故同而论,以强盗意在得财而致伤人,此则意在杀人而并得财也。其同谋不行之人,不分赃者,仍为谋杀从,以其共谋者,原为杀人,而不在得财也。观共谋为盗条可推矣。○凡谋杀人已杀讫,不行之人不准首。○问曰:假如人欲谋人财,将砒霜与吃,得财不死,何断?不得财,何断?又如,见人有财在身,欲取不便,计将麻药与吃,使不能言,得财者,何断?答曰:砒霜,乃毒药也,其设心已必欲置之于死,得财者宜问以谋杀人得财,同强盗之罪;如不得财,宜问以伤而不死之罪。麻药,特一时不能言语,原无杀人之意,止宜问以药迷人图财罪,同强盗已未得财之罪。

谋杀制使及本管长官

释曰：凡官员，奉制命出使于外，而所在官吏有谋杀之者，及部民谋杀本属提调、知府、知州、知县者，军士谋杀本管指挥、千户、百户者，吏卒谋杀本部五品以上长官者，其事虽殊，其心则一。故其谋已行，未曾伤人者，造意之人为首，杖一百，流二千里。其不言皆，则为从者，杖一百，徒三年；伤而不死，里口[①]者绞，亦不言皆，则为从者，杖一百，流三千里。已杀者，不分首从皆斩，皆决不待时。官吏谋杀监候，其已伤、已杀，有为从而不加功及不行者，各依凡论。或谓谋杀律，已杀者凡人皆论斩，于尊长皆极刑立决，此于制使、长官，亦止于斩，得毋相纵欤？律若曰：制使、长官虽重，皆以义合者也，义不可同于恩，故以立绞、立斩刑之。官吏谋杀，又复监候者何？盖官吏虽有统摄之分，而自朝廷视之，则又官吏中之凡人也。致谋必有因，招杀必有故，所以惩恣睢暴戾，掊克锻炼之徒于不言之表也。或又以从而加功、不加功，若一例拟罪，则已杀者，从而不加功亦斩，似又太重矣，殆非然也。按殴六品以下长官，减本部五品以上长官罪三等；佐贰首领，又各递减一等；流外官及军民、吏卒，殴非本管三品以上官者，杖八十，徒二年；殴伤五品以上官，减二等；九品以上官，加凡斗伤二等。以上皆得递减，今本条俱不开载，但依凡人谋杀律科断。

谋杀祖父母、父母

此律四大目：一曰谋杀祖父母、父母及期亲尊长、外祖父母、夫、夫之祖父母，二曰谋杀缌麻以上尊长，三曰尊长谋杀卑幼，四曰奴婢、雇工人谋杀家长及家长之期亲、外祖父母。若缌麻以上亲，四大目之中，各以已行、已伤、已杀为小目，惟谋杀祖父母等，无已伤之文者，律意盖谓已行，则不问伤与否，不分首从皆斩也。

第一节　凡子孙谋杀祖父母、父母及卑幼谋杀期亲尊长，外孙谋杀外祖父母，妻妾谋杀夫及夫之祖父母、父母，此伦常之变，罪莫大焉。故已行者，不问伤否，不分首从，皆斩。已杀者，皆凌迟处死。凡称祖父母者，曾高同，其为从有服属不同者，自依缌麻以上律论。已行、已伤，仍各减本律为首一等。若卑幼谋杀本宗外姻缌麻以上尊长，已行而未伤人，造意者杖一百，流二千里。此

---

① "里"下一字底本残泐难辨。

不言皆，则为从者杖一百，徒三年。已伤者绞，亦不言皆，其从而加功、不加功，并同凡论。为从之人，有服属不同，各依本服论，无服自依常论。已杀者，不分首从，皆斩；其不加功者，杖一百，流三千里。或云谋杀缌麻以上尊长，俱照律拟断，惟弟妹谋杀兄之妻，当依斗殴律，依凡人论坐绞，非也。盖彼自殴言，此则重在谋杀，故曰皆斩。若下明开依斗殴律条，斯无复可疑矣。○谋杀缌麻以上尊长，兼本宗与外姻。其外姻之长缌麻止，姑舅两姨之兄姊；外姻之尊小功止，母之兄弟姊妹。其妻之父母，另载妻妾殴夫条内，不在此缌麻尊属中。

第二节 尊长，包祖父母、父母在内；卑幼，包子孙在内。"各依"之"各"字，贯二段，自期亲至缌麻，服有不同，罪有各异，各依各律而减之。若尊长谋杀本宗外姻有服卑幼，已行而未曾伤人者，各依斗殴条内尊长故杀卑幼之罪减二等；已伤者，减一等；已杀者，依故杀法。如祖父母、父母故杀子孙，该杖六十，徒一年；谋杀已伤，减一等，杖一百；已行未伤，减二等，杖九十。祖父母、父母故杀子孙之妇，兄姊故杀弟妹，伯叔、父姑故杀侄、侄孙，外祖父母故杀外孙，该杖一百，流三千里；谋杀已伤，减一等，杖一百，徒三年；已行未伤，减二等，杖九十，徒二年半。缌麻以上尊长，故杀同堂弟妹、堂侄、堂侄孙者该绞；谋杀已伤，减一等，杖一百，流三千里；已行未伤，减二等，杖一百，徒三年。此谋杀卑幼，其为从有服属不同者，各依本律，仍减为首一等。或以妻殴伤卑属，既云与夫殴同，则谋杀夫之弟妹及弟之妻亦同，非也。盖妻殴夫之弟妹及弟之妻，减凡人一等，至死者依凡人论，则谋杀者，亦当以凡论无疑。若谋杀里属兄弟之子，则所谓伯叔母也，乃用此律。凡谋杀伤卑幼，各依故杀减罪。总之，尊长杀卑幼，须先别服制。若外人为从，自当依本谋杀之法。

第三节 若奴婢及雇工人，谋杀家长及家长之期亲与其外祖父母，若缌麻以上亲者，其罪并与子孙谋杀律同；谋杀外祖父母以上，已行者皆斩，已杀者皆凌迟处死；谋杀缌麻以上亲，已行为首者，杖一百，流三千里；已伤为首者绞，为从者，各减一等；已杀者斩。此所云亲，通尊长卑幼而言。或谓期亲专言尊长，其卑幼，则以缌麻以上亲论，非也。按户律"出妻"条，先言期亲以上尊长，后言余亲；"嫁娶违律"条，先言伯叔父母姑兄姊，后言余亲；则余亲皆兼期亲卑幼而言。此但云期亲，不言尊长，又不言伯叔姑兄姊，而独以缌麻以上为兼期亲卑幼言之，可乎？且如家长之弟妹，在子行亦称之为周亲尊长，今奴婢、雇工人，其罪既云与子孙同矣，则谋杀家长之弟妹，独不当如子孙从磔裂之典乎？然此就谋杀者言。盖奴婢杀家长，不论故杀、殴杀，凡预杀之奴婢，不分首从，皆凌迟处死；而雇工人殴家长至折伤者方绞，至死者斩，故杀者凌迟。不言皆字，须知雇工人与奴婢，似亦不尽与子孙同也。惟奴婢赎身，当同凡论，缘义已绝故耳。

按谋杀首从，与斗殴不同，于祖父母、父母等，已行言皆斩，则伤人、不伤人者坐。其伤缌麻以上亲，但言绞，则余人止依常从论。其造意虽不下手不行，亦并绞。

杀死奸夫

第一节 凡妻妾与人奸通，而本夫于行奸之所，亲自捉获，奸夫奸妇，登时杀讫者，勿论其擅杀之罪。若止杀死奸夫者，奸妇依律科罪，和奸有夫杖九十，刁奸杖一百，奸妇入官为奴。旧律从夫嫁卖，此节要看"奸通""奸所""亲获""登时"字样。"亲获"之"亲"，指本夫也，于奸所登时，则相遇既真，奸状毕露，义气所激，忿不顾身，故勿论。若止调戏而未成奸，成奸而非奸所，捕获而非本夫亲手，则皆不得拘登时杀死勿论之律。

第二节 其妻妾因与人奸，而与奸夫同谋杀死亲夫者，凌迟处死，奸夫处斩监候。若已行及伤而不死者，妻妾则依谋杀夫律，奸夫依谋杀人造意，或为从律科断。若奸夫不与奸妇同谋，而自杀其夫者，依谋杀人律斩，奸妇虽不知情，亦坐绞罪，盖祸之所由阶也。若奸妇自杀其夫，而奸夫原不与谋者，自依常律科断。○奸所登时止杀奸夫勿论，注云：登时止杀奸妇，俱依殴妻至死者何？盖奸所非外人可到，奸夫非可诬杀也。若止杀奸妇，恐有狼戾之夫，借名杀妻，故以殴妻至死论绞。

条例

释曰：律无已就拘执而擅杀至死之文，前系杀死，此补明殴杀之律，盖殴与杀不同故也。夜无故入人家，原未有奸盗之迹，故有已就拘执而擅杀伤之罪；此则奸情已显，岂得禁捕者之殴伤乎？惟至死者，方引此例。○如父兄伯叔等，或同居者拘执至死，亦可引此例，摘去"本夫"二字。

谋杀故夫父母

释曰：凡妻妾，夫亡改嫁，谋杀故夫之祖父母、父母者，并与谋杀见奉舅姑罪同，谓其义犹未绝也。谋已行者，无问伤人未伤人皆斩；已杀者，皆凌迟处死。其明言故夫，则被出之妻妾，不用此律。若奴婢转卖与人而谋杀旧家长者,以凡人谋杀人律论,造意者斩,伤而不死者绞,行而未伤人者,杖一百,徒三年。盖缘其义非自绝,故不在罪与子孙同之限。此何不言雇工人?举其重者以见义也。余条,谓殴骂等。○按斗殴律云:其旧舅姑殴已故子孙、改嫁妻妾者,亦与殴子孙妇同;又云祖父母、父母,殴子孙之妇至死者,杖一百,徒三年;故杀者,杖一百,流二千里,妾各减二等。此不言旧舅姑谋杀已故子孙、改嫁妻妾者,盖举尊足以见卑,特又着其殴罪示义,其有犯者,自当依故杀律科断。已行已伤,亦各减等,其不以凡论可知矣。

杀一家三人

释曰:凡杀人一家非该真犯死罪三人,及将人四肢解拆以致死者,皆罪大恶极,为首者,凌迟处死,财产断付被杀之家,妻子会赦,犹流二千里地面安置。《名例》云:"称子者,男女同;缘坐者,女不同;为从而加功者斩,俱决不待时。为从者财产妻子,不在断付应流之限。"此条要看"一家"及"非死罪"字样,此杀字活看,不但谓谋杀、故杀,如放火杀害者皆是。若因盗而杀,则又不从本律矣,所谓律重元谋也。一家者,同居共财,不限籍之同异,虽奴婢、雇工人,亦准三人之数。若系五服至亲,不论同居不同居,然须三人皆无应死之罪者,方用此律。若三人内有一人犯该死罪,或不系一家者,止依谋故科。支解人,谓因仇将人杀死,实时断其手足,或碎割其尸,或先断手足,然后杀死俱是。若因殴杀、故杀之后,恐事败露,而焚锉其身以灭迹者,谓之残毁死尸,非支解也。若本同谋杀害,一人临时不行,而行者却杀三人,或支解人,其不行者,即系不知杀三人与支解人之情。如原系造意者,同谋杀人造意,身虽不行,为首者仍坐斩。若非造意,依从者不行,减行者一等。而以临时主意,杀三人支解人者为首论。○凡谋杀人为从者,以加功不加功定罪。或云杀一家三人,虽非行劫,但从而加功、不加功,皆当论斩,谬矣。

条例

第一条 此但坐杀三人支解人为首正犯,其随从者监故,不用此例。

第二条 旧解谓杀死而锉尸,亦是支解,故着此例。设有犯者,除残毁死尸,依谋杀、故杀、斗殴杀人本律论罪。所重在有心无心,以事关俨刑,恐出入舛错,故必奏请定夺。此条要细看,全在勘审时,加意推详。

采生拆割人

释曰:采生、拆割是一事,谓采取生人耳目、脏腑、骨髓之类,而拆割其肢体也。此与支解略同,但支解者,止欲杀其人而已,此则杀人而为妖术以惑人,故又特重之。此兼已杀及已伤者言,观下文言未曾伤人可知。造意者凌迟处死,财产断付死者之家。其伤而不死者,又当别论,其妻子及同居家口,不限籍属同异,虽不知采生之情,并会赦,犹流二千里地面安置,子兼男女言。若许嫁之女,及过房与人为子者,俱不追坐;为从而加功者斩,财产妻子家口,不在断付应流之限;不加功者,依谋杀人律减等。若谋虽已行,而未曾伤人,其造意者亦斩,立决,妻子流二千里,财产及同居家口,不在断付连坐之限;为从而加功者,杖一百,流三千里;不加功者,亦减一等;其本管里长,知而不举者,杖一百,不知者不坐。有能告获者,官给赏银二十两。律有告获、告捕、捕获三样,文意不同。告获者,告官而获之。告捕,谓罪状显著,徒党众多,告官以捕之。捕获,自行捕获也。若亲属首告,或捕送到官,已行者,正犯人不免,其应缘坐妻子,及同居家口,亦得同自首免罪。○上条杀一家非死罪三人,亦不罪及同居家口,而此罪及者,以此等妖异之人,同居者岂无声息?故虽不知情,并流二千里,深恶其妖术传流,假此异端以惑人,而欲同居者之首告也。

造畜蛊毒杀人

此律凡三大目:曰蛊毒,曰魇魅符书咒诅,曰毒药。其中又分小目:蛊毒有造,有畜,有教令,有以蛊毒毒同居人;造魇魅符书咒诅,有欲以杀人,有因而致死,有欲令人疾苦;毒药有用以杀人,有买而未用,有知情卖药。须逐条细看。

第一节 凡有人于私家制造藏畜蛊毒之物,堪以杀人者,及教令他人制造藏畜之法者,不问其用与不用,并坐以斩。盖造畜者既有其物,实可杀人,教令者又有其方,遗害匪浅,当速诛,以绝其祸,故皆立决。

第二节 造畜蛊毒者,其心原欲杀人,不论已杀未杀,其本身财产入官,妻子及同居家口,虽不知情,并流二千里地面安置,会赦不宥。若以所造畜之蛊毒,毒其同居亲属者,其被毒人之父母、妻妾、子孙,皆其仇也。若不知畜蛊之情,不在流远之限;如知而不首,则其自贻伊戚宜矣。虽被毒,仍从缘坐之法追断。若本管里长,知其造畜教令之情而不行告举者,各杖一百,不知者不坐。凡人有能告获者,官给赏银二十两。

第三节 魇魅,如图画雕刻人形像,钻心钉眼,系缚手足以魇魅之符书咒诅,是书画符篆以要鬼祟,写所欲杀之人生年月日,咒诅令死。《唐律》云:"诸有所怨恶而造魇魅,及造符书咒诅。"可见是两项事,但有造此欲以杀人者,各以谋杀人已行论。如凡人依谋杀凡人,已行者,杖一百,徒三年;官吏、部民、军士,依谋杀制使本属本管,已行者,杖一百,流二千里;子孙、奴婢、雇工人,依谋杀祖父母、父母、家长,已行者斩;卑幼依谋杀缌麻以上尊长,已行者,杖一百,流三千里;尊长依谋杀卑幼,已行者,各依故杀罪减二等之类。曰欲以杀,是犹未杀也。若因而致死者,则各依本谋杀法。凡人依谋杀人,造意者斩;官吏、部民、军士,依谋杀制使本属本管,已杀者皆斩;子孙、奴婢、雇工人,依谋杀祖父母、父母、家长,已杀者,皆凌迟处死;卑幼依谋杀缌麻以上尊长,已杀者皆斩;尊长依谋杀卑幼,已杀者,依故杀法之类。若魇咒,但欲令人疾病困苦,而无杀人之心者,各减谋杀已行未伤之罪二等。凡人与卑幼、尊长皆然,惟子孙与祖父母、父母,奴婢、雇工人于家长各不减,仍依谋杀已行论斩。此不言妻妾于夫之祖父母、父母者,举子孙足以见义矣。或以魇魅符书咒诅,总似一事,其各以谋杀论,何也?盖魇咒本是二事,其云各以谋杀论,各依本杀法,皆承二事言之;而凡人亲属,俱在其中,亦犹造畜蛊毒及教令者,其里长知而不举,亦言各杖一百是也。

第四节 毒药,谓砒霜之类。虽堪以杀人,然成造金银,攻治疾病,有时而用,非蛊毒严禁之比也。但用之以杀人,则与操刃者同科耳。故已杀者,斩监候。或药而未死,依谋杀已伤律绞。若欲买以杀人而未用者,杖一百,徒三年;知情卖药之人与犯人同罪,亦杖一百,徒三年;毒药杀人者至死减等,杖一百,流三千里。○凡尊长卑幼相毒,各依谋杀律论。○蛊毒与毒药不同,曰造畜,则非止一时之用;曰用,则非造畜之比。故蛊毒,但造畜教令即斩;而毒药,则必杀人而后坐也。

斗殴及故杀人

释曰:斗殴及故杀人,谓斗殴杀及故杀也。凡两相殴,俱无欲其死之心,而一人因伤重而死,则曰斗殴杀人。两相殴,即欲其死,则曰故杀。与人谋止于殴,而其人因伤重而死,则曰同谋共殴人因而致死。

第一节、第二节合讲,凡人两相斗殴,因而杀人者,不问手足他物金刃并绞;若有心故杀人者斩。此皆出于一人一时自作之孽,初无与人同谋之情,故不着为从者之罪。盖若故杀有从,即系谋杀人从而加功,罪当坐绞;若斗殴有从,即系同谋共殴之余人,止杖一百。今在外问刑衙门,凡问故杀与斗殴杀人者,多拟为首一人斩绞罪名,其余助打之人,多照《名例律》内不言皆者,依首从法,俱问流罪。每见有问助打之人,则概以不应杖罪。二者不惟轻重失伦,且于律意不合。今后凡问助打之人,须审系知故杀之情者,引拟谋杀人从而加功律;审系同谋共殴者,引用余人律。若初不知故杀之情,原无同谋之意,止是偶然随从者,问不应为当。○曰绞曰斩,律不言皆,疑若分首从矣。然言斗殴杀者,以一人而敌一人之谓,斗者止是一人,何从之有?如两人则为共殴,非斗殴也。斗杀出于一人之手,此斗杀之不可以从论也。言故杀者,意动于心,非人之所能知,亦非人之所能从。若意欲杀人,先以告于从者,使相随而杀之,则为谋杀,非故杀也。故杀出于一人之意,此故杀之不可以从论也。○若临时共殴人,但其死非缘己者,各依斗伤本法。如有合词同为故杀人,只以谋论。此故杀虽不言从,然共殴之人,临时亦有故杀者,故杀自依故杀律,共殴自依同谋共殴律。

第三节 同谋共殴,有三意:有同谋而不共殴者,有共殴而不同谋者,有始既同谋终又共殴者。因而致死,其伤虽多,而以致命去处之伤为重,则究其下手殴此致命伤重之人,坐以绞罪。其元先造谋者,即系下手之人,自不必言;虽不系伊下手,亦不论其共殴与否,皆坐以杖一百,流三千里,罪其为祸端耳。至若不系下手致命,又非元谋,皆为余人,虽殴有别处重伤,止各杖一百而已。○如甲与乙、丙、丁谋殴人,虽各下手有伤,而致命之伤,则出于乙,则乙当坐绞,甲为元谋,流三千里;丙、丁为余人,各杖一百。若致命之伤,或出于甲,则甲坐绞,而乙、丙、丁皆为余人矣。○或谓余人虽不下手,亦杖一百,云何?盖恶其先有济恶殴人之心,故与斗殴杀人,而从旁不行劝阻者之情异也。○若同殴而至于折伤以上,则仍依斗殴律科罪。故斗殴条云,同谋共殴伤人者,各以下手伤重者为重罪。是彼既各据伤科罪矣,而此乃云余人杖一百者,盖本条重在"死"字,谓既已抵其命,则死者瞑目,故余人而得宥之。斗殴条重在"伤"字,谓不尽科之,则伤者何辜?故各以下手伤论,意各有在,故罪不同科。然余人至折伤以上,亦止杖一百,实为太轻。故又有执持凶器,及致命伤痕之例,而律始无遗法矣。○见有本不同谋,偶因事触忿,众手共殴人致死者,所司多摘去"同谋"二字,径引共殴人致死,恐非律意。盖因有同谋,然后分别有下手,有元谋,有余人。若本非同谋,只论下手,则检伤自见,只合论伤坐罪,自与此条无干也。但其间乱殴致伤,实有不知先后轻重者为难定耳。《唐律》云:"若乱殴伤不知先后轻重者,以首谋及初斗者为重罪。"是也。若混打不知何人下手,俱问元谋者绞罪,其他俱是余人。若同行之人,既不预谋,又不助力,止是不行劝阻者,只问不应,不是余人,司刑者当以是为准。

条例

第一条 执持枪刀等项凶器,不必其有重伤也。盖凶器伤人,在例已该充军矣,安论其致命与否耶?亦有致命重伤,不必其尽凶器也。谓抵命者殴有重伤,而共殴者亦有之,论下手则俱重;论抵命,则不容无首从;故一绞一充军,谓其凶恶相仿佛。两致命,是两事。若以刀枪凶器殴伤致命,则下手之伤,孰有重于此者?当论绞罪矣,而又何充军之有?

第三条 为一命不可两抵,痪死一人,已足瞑死者之目矣,亦罪疑惟轻之意,司刑者所当深体也。

屏去人服食

第一节 凡以一应能伤人之物,安置人耳鼻及孔窍中为一项,屏除人服用,或饮食之物为一项,因此二项,以致损伤人者,不问伤之轻重,俱杖八十。若因伤而致成残废疾者,杖一百,徒三年;令至笃疾者,杖一百,流三千里,将犯人财产一半给付笃疾之人养赡;因而至死者,绞监候。

第二节 若故意用蛇蝎毒蛊咬伤人者,以斗殴伤论罪,验伤之轻重,如青赤肿伤,笞四十之类;至笃疾者,亦给财产一半养赡;因而致死者,斩监候。或问:屏去人服食,及故用蛇蝎毒蛊伤人致死者,皆同故杀,而律乃有绞斩之异,何也?答曰:屏去服食,以他物置孔窍中,未必遽致死也;若蛇蝎等自是毒物,岂他物比?故屏去人服食等,原无致人必死之心,其以蛇蝎螫人,则明有致人于死之理,宜其罪有不同也。○问:斗殴杀人者绞,今毒蛊伤人,既以斗殴伤论,而致死者坐斩,何也?答曰:故将毒物伤人,其心已行不善,本以故论,但不曾致死者,律无故伤之文,只以殴伤坐罪;若杀人,则是故杀之矣,故斩。○此条前节不曾开说亲属等项有犯,依常人拟断;后节以斗殴伤论,此句却兼常人亲属而言。○凡同谋殴人致死,余人各杖一百,此不言为从,其虽同谋,亦止以不应事重为罪。若依《名例》减等,是反重于谋殴致死之为从者矣。其下手而致死伤者,乃减造意一等,司刑者其详审之。

戏杀、误杀、过失杀伤人

第一节 凡因与人相戏而杀伤人,及因与人斗殴而误杀伤傍人者,戏虽与殴不同，傍人虽与敌手不同，但其杀伤，实由我下手，故各以斗殴条杀伤论，死者并绞；伤而不死，则验其伤之轻重为坐。若谋杀人、故杀人，而误杀傍人者，所杀虽非所谋，而己先有杀人之心矣，故以故杀论。死者处斩，不言伤者，以斗伤论。如误伤期亲以下尊长，亦从本殴法。○戏，谓以堪杀人之事为戏，如比较拳棒之类，明许相击搏以角胜负者也。故晋人谓之两和相害，言知其足以相害，而两相和以为之，则其杀伤，非出于不意，故以斗杀伤论，误则出于不意矣。然其初意，欲殴欲杀此人，而不意误及傍人，虽杀伤非所殴之人，即其杀伤之由罪之。故由斗殴而误者，以斗杀伤论；由谋杀、故杀而误者，则以故杀论。今人多认两相狷戏，偶至陷人于不测者为戏杀。昔有两人各带酒，在深堑边并行相戏，甲用扇，将乙戏打，不防乙转身跌落堑下身死，事发，官司问以戏杀。不知此并行堑侧，原无杀害之心；一扇偶击，非同戏杀之具，正所谓过失杀人耳。"并行相戏"之"戏"字，与律文之"戏"字，原不同也。○律解云：谋杀卑幼，误及尊长，以尊长论；谋杀尊长，误及卑幼，亦以尊长论；谋杀尊长卑幼，误及平人，亦以尊长卑幼论。盖恶其谋也，余皆以此例推。后条弓箭、车马、窝弓，出于不意者，只以凡论，《名例》所谓犯时不知也。若因捕盗而误杀伤傍人，则依过失论。

第二节 若明知津河水深而不可涉，泥泞而不可行，乃诈称平浅；及明知桥梁已朽，渡船实漏，不堪渡人，乃诈称牢固，诳令人过渡，以致陷溺，或死或伤者，其事与戏杀者相等，亦以斗殴杀伤论罪。

第三节 若耳目所不及，思虑所不到，而过失杀伤人者，是事出偶然，较之戏杀为愈轻，各准斗殴杀伤人法：伤者准斗殴条内，笞杖徒流定罪；死者准斗殴杀人绞罪，各依律收赎，其银给付被杀、被伤之家，以为营葬医药之资。○弹射投掷，必须较猎公事，误及于人方是。若戏顽非道，又自有弓箭车马等律。○戏伤误伤，律不追给医药，云何？凡保辜者，责令犯人医治，是不给犹给也。或以二人过失杀一人，须分首从，宜均征赎银，非也。如同谋殴人，致命下手者绞，余人止杖一百，况过失乎？当以为首者准罪收赎，余人但依不应事重科断。如工律备虑不谨，误杀人，亦止以所由为罪是也。○末节"准"字，与"准枉法""准盗"之"准"字不同。此但准依斗殴杀伤之罪名而收其赎，非如《名例》内，称准罪止杖一百，流三千里也。

夫殴死有罪妻妾

第一节 凡妻妾殴夫之祖父母、父母者斩，骂者绞，是有应死之罪，然须告官以治之可也。若其夫不告官司而擅杀之者，杖一百，盖原其有罪而责其擅杀也。若妻妾犯别项死罪，如斗殴杀人，毒药杀人之类，而夫擅杀死者，是亦殴死有罪妻妾也；但难于引律，疑当以罪人本犯应死而擅杀律科断。此止言殴骂祖父母、父母则然，如殴骂期亲尊长，与别项违犯，罪不至死，而夫擅杀死，当依后条妻妾殴夫律矣。惟与人奸通，而于奸所亲获，登时杀死者勿论。拘执而杀者有例，俱在前杀死奸夫条。

第二节 "若"字，或谓当承上文来。若妻妾殴骂夫之祖父母、父母，而夫殴骂之也，似太拘。然此原云殴死有罪妻妾，必须有罪而殴骂之；若无罪而殴，自有夫殴妻妾律。盖缘妻妾有罪而殴骂之，亦夫道之常，虽自尽身死，原无杀之之心，故得勿论。按后条夫殴妻，非折伤勿论；至折伤以上，减凡人二等，妾又减二等；然则殴至折伤以上者，虽有自尽实迹，亦当依律科断，不得勿论矣。

杀子孙及奴婢图赖人

第一节 子孙，依《名例律》所谓"称子者，男女同；称孙者，曾玄同"也。凡祖父母、父母故杀子孙，及家长杀无罪奴婢，律各止杖六十，徒一年。此以其图赖人，故加一等。图赖者，赖人杀死，或逼死之类。○杀子孙及奴婢图赖人，惟祖父母、父母与家长有之，不言余人者，盖在余人，则从谋故杀本律矣。将已死身尸图赖人，则亲属、凡人、尊长、卑幼互相有之。

第二节 若子孙将已死祖父母、父母，及奴婢、雇工人将已死家长，各未殓身尸图赖人者，虽其祖父母、父母家长之死，与子孙、奴婢、雇工人无干，而忘哀逞忿，未免于暴露矣，故杖一百，徒三年。若卑幼将已死期亲、尊长之尸图赖人者，杖八十，徒二年；将已死大功以下尊长之尸图赖人者，各递减期亲一等；大功杖七十，徒一年半，小功杖六十，徒一年，缌麻杖一百。所谓身尸，乃病死而未葬者；若已葬，则当从发冢见尸律矣。

第三节 尊长，兼祖父母、父母及期亲以下至缌麻者而言。尊长以卑幼死尸图赖人，及以他人之死尸图赖人者，则虽有暴露，而其分已杀，其情已疏，故各杖八十。

第四节 前项图赖，谓将身尸抬在他家，指其打死，不曾告官者也。若已告官，则随其所告，或赖人逼死情轻，或赖人杀死情重，并依诬告人律论罪反坐。若诬赖有服亲属，则依干名犯义律科之。

第五节 若因图赖而诈取人财物者，计所诈取之赃，准窃盗论，一两以下杖六十，至一百二十两，罪止杖一百，流三千里。其因图赖而抢去人财物者，准白昼抢夺论，杖一百，徒三年，计赃重者，加窃盗二等律，并免刺字，各从重科断。谓若图赖之罪，重于诬告、诈取、抢夺，则从图赖论。若诬告、诈取、抢夺之罪，重于图赖，则从诬告、诈取、抢夺律论。○前三节，是声言图赖，未曾告官而为被赖者告发而言。第四节，是赖人而又告官，故必随其所告轻重而反坐之。末节，是因图赖而诈取抢夺，论其从重之罪。

此条专为以亲属死尸图赖人者而设。然不言舅姑故杀子孙之妇，及家长故杀雇工人，与期亲以下亲属，相杀图赖人者，皆以其本条之罪，重于图赖。设有犯者，止各以本条科断。○夫妻互将死尸图赖人，似难作尊长卑幼科断。如条例内妻将夫尸图赖人，比依卑幼将期亲尊长图赖人律。若夫将妻尸图赖人，依不应从重。或以取财坐诬骗，如未得财，问不应事重。或以夫尸比父母尸，则又太重，俱当酌量定拟。

条例

第四条 旧例有将妻妾打伤堕胎图赖人者，即充军，似太重；又及妹与侄孙，似不可遗。然故杀子孙图赖，与本律所载叠异，宜查。

弓箭伤人

释曰：城市，人民辏集所在，宅舍，亦系人所居住。若无故向此等之处，放弹射箭，投掷砖石者，虽不伤人，亦笞四十；若伤人者，验其轻重，减凡斗伤之罪一等；若中要害之处，因而致死者，杖一百，流三千里。此伤人，谓内外损伤以上；若止于成伤，还依放弹射箭本律笞四十。若依斗伤减一等，则殴人成伤者，亦笞四十，减一等，则反轻于放弹射箭之罪矣。伤人虽至笃疾，亦不在断付家产之限，以原非系斗殴之情故也。若所伤系亲属，须依《名例律》；本应重罪而犯时不知者，依凡人论；本应轻者，听从本法。此致死之罪，不追埋葬银，以杀害非在眼前，又非驰骤车马之比也。

车马杀伤人

释曰：此律前后两节，前节分两段看，后节因公务急速，兼市镇、村野而约言之，无故与因公相照应。云伤者，专指街市镇店之伤人。云杀者，指二项之伤人致死者。《疏议》诸书，将因公务急速伤人，兼乡村言，盖不知无故于乡村驰骤者，既不着伤人之罪，岂有因公务而伤人者，反以过失论哉？街市镇店，人烟辏集,不应无故驰骤车马,因而伤人者,减凡斗殴伤人罪一等科断;致死者,杖一百,流三千里。若乡村及无人旷野地内,则人迹稀少,不禁驰骤,于此无故驰骤车马,而伤人不致死者勿论;致死者,杖一百,与街市镇店车马杀人者,并追埋葬银一十两。

若因公务差遣急速,而驰骤车马,或于街市镇店,或于乡村旷野,因而伤人及致死者,俱以过失杀伤人论,准斗杀伤法,依律收赎,给付其家。或谓过失杀伤,若准凡斗杀伤法科罪,则因公驰骤,反重于无故驰骤者,仍依无故驰骤论罪,依律收赎,非也。既依无故驰骤论罪,减凡斗伤一等,何以曰过失论耶? 盖彼之减凡斗伤一等,罪虽轻而罚则重,此之以过失论,罪虽重而罚则轻。彼之徒杖以上,皆照例赎,此之徒杖以上,皆依律赎。况无故驰骤者,问罪之外,并追埋葬银十两;因公驰骤者,直收赎过失以给之? 此因公、不因公之别明矣。何谓无轻重哉?

庸医杀伤人

第一节 凡庸常医人,为人疗病,或用药饵,或行针刺,错误不知本等方书,因而致人于死,然又无伤可验,何以为凭? 须责令别医辨验其所用药饵,所针穴道,果系错误与否? 如无故害伤人之情者,以过失杀人论,准斗殴杀律处绞,依律收赎,给付死者之家营葬,不许行医。

第二节 若故违本方,诈疗人之疾病,而乘危以取财物者,如本方一药可愈,恐其容易,得财不多而故违本方,使其难愈,则病久而用药多,以致病反增重,使其苦而后医,则功大而酬厚,此皆医人诈取财物之险策,并计所得之财,准窃盗论,免刺。若用药太猛,因而致死,及因病人有仇嫌之事,私有所谋害,故用不对症之药以杀之者,则与故杀、谋杀之情无异,故坐以斩。或谓诈疗疾病,即庸医耳,非也。盖故与误反,诈与庸反。前是庸医误杀,此是能医故杀。若使其诚为庸医,则岂知故违本方之法哉? 或者又以因事用药杀人者,不止谓医,然毒药杀人,自有本律,更非也。

窝弓杀伤人

释曰:凡打捕猎户,于深山旷野,猛兽往来去处,或穿地作为坑阱,待其自陷而掩取之,及于路傍安置窝弓,待其自触而射取之。二者当防其伤人,故于近坑阱窝弓之处,立竿而望曰望竿,横设小索与眉齐,曰抹眉小索,皆使往来之人,见而趋避也。若作坑阱,置窝弓,而不立笃设索者,则徒知捕兽之利,而不计伤人之害,虽未伤人,亦笞四十;以致伤人者,验伤之轻重,减斗殴伤人罪二等;因而致死者,杖一百,徒三年,追给埋葬。若非深山旷野,作坑阱,安窝弓,以致杀伤人者,当依弓箭伤人条科断。○若卑幼犯尊长,依犯时不知以凡人论;尊长犯卑幼,依本法应轻者,从本法减二等。

威逼人致死

第一节 事,如户婚、田宅、钱债等事。威逼致死,谓威势凌逼,以致其人或乘忿,或畏威,因而自尽身死。要看"因事威逼"四字,盖其死必因其事,其事必用其威。虽因事而死,必有逼迫不堪之情,方坐以杖一百之罪,追给埋葬。今之问刑者,多因律罪稍轻,容易加人。至若愚夫愚妇,口语相争,辄便轻生自尽者,即以威逼坐之,而初无威逼之状;虽罪止于杖,然埋葬银十两,已包三年之徒工矣。岂可轻以加诸人哉?若其人本不肯自就死地,而威力之人,逼令投缳,或拥推溺水,则又故杀,非威逼矣。官吏公使人等,追征钱粮,勾摄公事,追捕罪人因而威逼人致死者,彼自轻其生耳,又何罪焉?若非因公务而威逼平民致死,则与常人罪同,并追埋葬银十两,给付死者之家,不以其有监临之责而宽之也。若追征勾摄人役,有威势凌逼勒索财物,致人自尽者,以恐吓诈欺,计赃从重论。

第二节 若卑幼因事威逼期亲尊长致死者绞,大功以下,递减一等;大功杖一百,流三千里;小功杖一百,徒三年;缌麻杖九十,徒二年半。不言无服之亲,当以凡论矣。其不言逼死卑幼者,尊长本有名分相临,虽威勿威,故犯者但以不应事重科断。若夫殴骂妻妾自尽,则依律勿论。凡威逼自期以下,非同居共财之亲,恐宜量追埋葬,故律于并追葬银之文,但系于上耳。妻妾殴夫之期亲以下尊长,律云与夫殴同罪,则妻妾威逼夫及夫之期亲以下尊长致死者,当比律上请。若威逼夫之祖父母、父母致死者,当比例上请。或谓弟逼兄嫂死者,亦以小功之尊长减等科罪。然律称弟妹殴兄之妻,加凡人二等,兄妹殴弟之妻,及妻殴夫之弟妹及弟之妻,各减一等,致死者,各依凡人论。观此,则其威逼死者,恐亦以凡论为宜,盖兄嫂弟妻,在律原不以尊长卑幼拟断也。

第三节 若因行奸,不问成与未成,行盗,不问得财未得,但有威逼人致死者并斩。凡因奸不特致死本妇,虽夫与亲属,但死于奸者皆是;因盗不特致死失主,虽常人亦有临时惊惧,坠跌而死者亦是。如窃盗逼人致死,其共盗之人不知情,止依窃盗论;若同逼人,仍依《名例》首从法。或谓因和奸而威逼人致死者，男女同罪，非也。律文虽未专言奸夫，然详"威逼"二字，言人而不言本夫，实为奸夫而设。况律无皆斩之文，岂得同引此律？盖奸夫、奸妇，本应分首从，而奸妇则情重罪轻，故近时内外问刑衙门，俱比依威逼期亲尊长致死之律，奏请定夺，所以惩淫恶而重夫纲也。若本夫闻知妇人与人通奸，而羞愤自尽，在奸夫原无威逼之情者，奸夫止依和奸之律，奸妇仍比依前律拟绞，庶不失情法轻重之宜也。若妇女与人通奸，事发，羞愧自尽，则又自作之孽，于人何尤？其奸本和，亦何威逼之有？奸夫止坐奸罪，不坐威逼之律。

私笺曰：大凡威逼之事，千态万状，不可悉数，但看生者有可畏之威，死者有不得已之情，即以威逼坐之；其有为从者，止拟不应杖罪。〇家人威逼人致死，家长不在傍，止坐家人，以此条无主使之文也。

条例

第二条 残疾，如折人一肋，眇人两目，该杖八十，徒二年。废疾，如折跌人肢体，瞎人一目，该杖一百，徒三年。笃疾，如瞎人两目，折两手足，该杖一百，流三千里。此皆重于威逼之罪。律云：保辜而别因他故死者，各从本殴伤法，此类是也。

第三条 有犯逼死一家二命，法司问拟为首本律，为从俱不应事重。议者以情重律轻，仍令追给埋葬银两，连当房家小，押发边远卫分充军。此例之所由始也。

第四条 明时有犯人问母索银不从，恶言辱骂，致母自缢身死，问拟子骂母律绞罪。会审得本犯逼骂亲母，致令自缢身死，极恶穷凶；但律内只有威逼期亲尊长，不曾开载威逼父母之条。窃详律意，殴父母者尚斩，况致之死？止将本犯问绞，犹得保全身首，情重罪轻，较之威逼期亲尊长致死绞罪，尚有余辜，合无比照殴母者律斩，决不待时，庶为恶逆将来之戒，仍通行内外问刑衙门。今后威逼祖父母、父母致死，俱照此例上请。

第五条 凡豪势之人，用强逼娶人家妇女致死者甚多，而颇难于为坐，比之因奸威逼致死，则事非因奸；比之强夺良家子女，则未曾奸占，惟引此例为允。但例止及妇人夫亡愿守志，而未及室女，此则在司平者善权衡之耳。

尊长为人杀私和

第一节 为人所杀，指谋杀、故杀、殴杀、误杀、戏杀，各该抵命者言之。若威逼者,止杖一百;过失者,律得收赎,并不在此限也。私和非止不告官,虽告官而复和,妄自招诬者亦是。谓凡人之祖父母、父母及夫,若家长,以情则至亲,以分则至尊,若为人所杀,则其仇至深至重矣。而子孙、妻妾、奴婢、雇工人,乃有与行杀之人私和者,杖一百,徒三年。若期亲尊长以下,其服渐杀,其仇渐轻,则其罪亦渐减。故尊长被杀而卑幼私和者,期亲杖八十,徒二年;大功杖七十,徒一年半;小功杖六十,徒一年;缌麻杖一百,各得递减一等。其卑幼被杀,而尊长私和者,期亲杖七十,徒一年半;大功杖六十,徒一年;小功杖一百;缌麻杖九十。尊长亦各依服制减卑幼一等,以其所仇同也。若妻妾、子孙,及子孙之妇、奴婢、雇工人被杀,而祖父母、父母、夫、家长私和者,杖八十,以其所仇重于常人也。凡此皆自其未受财者言之,故犹论分之尊卑而定罪之轻重。若受财而私和,则不问祖父母、父母、妻妾、子孙、奴婢、雇工人及尊长卑幼,并计所受之赃,准窃盗论,免刺。如赃罪重于私和者,从赃罪科断;赃罪轻者,从私和科断;其赃系彼此俱罪者,并追入官。凡私和人命,虽亲属随服而异其罪。其共犯卑幼,仍依家人免科,但受财,则准窃盗为从,减一等科断。又律既云妻妾及子孙之妇被杀,而下文不言夫与舅姑之罪者,盖父母已兼舅姑,家长已兼夫矣。

第二节 若常人为他人私和人命者,杖六十,其何以不言受财?犯者自以受赃枉法论,不待言也。或云:此而不谓之求索,何也?曰:彼此俱罪之赃,入官者正也;以求索而不给主,非正也。然则与准窃盗何异乎?凡窃盗并赃全科,此则但各计其入已者为坐耳。

同行知有谋害

释曰:凡知同伴之人,有造意,及共谋,欲行杀害他人于其未害之前,而不即阻当;方害之际,不即救护;及他人被害之后,又故纵不行首告于官而追捕者,杖一百。凡称谋者,谓二人以上,若同伴,止一人而杀一人,是之谓故,然其杀害之机已萌矣。盖谋状显迹明白者,虽一人同二人之法。谋而不露则已,谋而既为我知,乃始终膜视;既无救人之仁,又无正人之义,此罪之不容不坐,而人命之所以为重也。○同伴,指同居、同行、同财人言。

《王仪部先生笺释》卷十九终

《王仪部先生笺释》卷二十

顾王榭用拙父　校阅

顾鼎定九父　　重编

古吴

黄中致和父　　订正

翁居体镜非父　汇参

户律

户役

释曰：《唐律疏议》云："从秦汉至晋，未有此篇，至后魏太和间，分《击讯律》为《斗律》，至北齐以讼事附之，名为《斗讼律》，北周为《斗竞律》，隋开皇中仍为《斗讼》。"明分斗事曰斗殴，讼事曰诉讼，今因之。

斗殴

第一节　相争为斗，相打为殴，揪扭相持，可谓之斗而不可谓之殴。殴者，手足他物已加之称也。凡殴人，以他物手足分轻重，而于他物手足之中，又以成伤不成伤分轻重。其以手足殴人，不曾成伤者，笞二十；手足殴人成伤，及以他物殴人不成伤者，笞三十，他物微重于手足故也；他物殴人而成伤者，笞四十。谓之成伤者，所殴皮肤之处，或青或赤，或肿起者是也。非手足者，其余所执，皆为他物，如砖石、槌棒之类，虽持刀枪厮打，止将背柄打伤，不曾用其刃，即刀枪亦是他物，不可遂坐以刃伤人也。若用靴踢人，亦只是足殴，不在他物之内，如靴尖坚硬，仍作他物。青赤肿为伤句，承成伤、不成伤言。非手足者，其余皆为他物,即兵不用刃,亦是三句,承他物手足而言。斗殴杀人条言不问手足他物金刃并绞,盖但至于杀人,则无他物手足金刃之辨。若止于成伤,则他物金刃,不容无辨。故此条刃伤人之罪,特坐杖徒,盖殊于他物矣。若拔人发周圆至方一寸以上者,笞五十;其殴伤人有血从耳目中出,及内损其脏腑而吐血者,杖八十,此杖承上三件。若止皮破血流,或鼻孔出血,仍以成伤论;以不洁秽物,污人头面者,罪亦如之。《唐律注》云:"见血为伤。"又云:"拔发不满方寸,止从殴法,殴人痫血,同吐血例。"

第二节 若殴人不分手足他物,而致折人一齿,及折其手足之一指,或眇人一目。《唐律本注》云:"眇,谓亏损其明,而犹见物。"及抉毁人耳鼻,若破伤人骨,及用汤火,或铜铁之汁伤人者,杖一百,此杖承上七件。其以秽物灌入人口鼻内者,罪亦如之,亦杖一百也。若折落人二齿、二指以上,及髡秃人发者,杖六十,徒一年,此杖徒承上三件。《唐律疏议》云:"髡发不尽,仍堪为髻者,止依拔发方寸以上论。"凡律言青赤而肿者为伤,以秽物污人头面、灌人口鼻,可以言殴,而不可以言伤,此盖恶其情状不堪。是殴之罪,固有重于伤者矣。

第三节 若折人肋骨,眇人两目,堕人三月外成形之胎孕而在辜限内子死者,及以大小金刃伤人者,并杖八十,徒二年,此杖徒承上四件。若胎未成形,以内损伤论。凡问堕胎,须子死为证,观《律注》可见。律言折伤,谓伤而有所折,折齿、折指皆是。髡发,虽去而犹可生;刃伤,虽破而犹可合。可以言伤,而不可以言折伤。是伤之罪,固有重于折伤者矣。

第四节 《唐律注》云:"折者,折骨。跌者,骨差跌,失其常处。"手足谓之肢,腰项谓之体,自折齿、折指以至折及肢体,言之序也。折跌肢体,则成残废疾矣。"折跌"二字要分看,跌蹉肢体,虽未折,亦成废疾,故与瞎人一目全不能视者,俱杖一百,徒三年。

第五节 若瞎人两目,折人两肢,或两手皆折,或两足皆折,或一手一足者,皆为两肢;损人二事以上,如瞎人一目,又折人一肢之类,及因旧患而令至笃疾,如本瞎一目,又瞎其一目,本折一肢,又折其一肢之类;若断人舌,使不能言语;毁败人阴阳,使不能生育者;并杖一百,流三千里,仍将犯人财产一半,断付被伤笃疾之人养赡。此杖流,承上六件。若将妇人阴门,非理毁坏者,止问罪,不在给付财产之限,以不妨生育也。

末二节 乃上文斗殴之通例。若二人以上,同谋共殴人成伤者,不问其造意为从,各以下手伤重者为重罪。如瞎人一目,则为下手伤重者,杖一百,徒三年。其元造谋之人,不曾下手,或虽下手而伤未重,俱减伤重者一等,杖九十,徒二年半。若为从不曾下手，或虽下手而伤轻者，仍以不应事重论，为其同预于殴人之谋故也。如一人瞎人一目，又一人折人一肢，则各坐瞎目、折肢本律。设乙原瞎一目，甲又打折一肢，亦当以因旧患令至笃疾，坐甲流三千里矣。

若初本无谋，但因事偶有争斗，而互相殴伤者，彼此各验其伤之轻重定罪。如甲乙互相斗殴，甲被瞎一目，乙被折一齿，则甲伤为重，当坐乙以杖一百，徒三年；乙伤为轻，当坐甲以杖一百。若甲系后下手而又理直，则于杖一百上，减二等，止杖八十。虽至笃疾，及断舌、毁败阴阳，亦不在断付财产之限也。若殴人至死，自当抵命，虽后下手理直，不用减二等之法，此为凡人言也。至若弟殴兄姊，侄殴伯叔，有关伦理，虽后下手理直，俱依斗杀本律定拟，亦不在减等之例，此为亲属言也。

按斗殴杀伤人者，各随其伤定罪，不用《名例》依首从法。其凡斗不下手伤人者勿论，惟殴杀人者，乃以不行劝阻为罪。若同谋殴人至死，虽不下手，及同行知有谋害，不行救阻者，则各依本律并杖一百。《唐律》云："其事不可分者，以后下手为重罪。"若乱殴伤不知先后轻重者，以谋首及初斗者为重罪。事不可分，谓共殴人伤皆致命，以最后下手重者当其重罪，司刑者宜以为准。○或谓共殴人不成伤者，为从当减一等。按《名例律注》云："甲引他人共殴亲兄，甲依弟殴兄，杖九十，徒二年半；他人依凡人斗殴论，笞二十。"即此已无遗议，又何为从减等之说哉？

条例

释曰：此例乃推广刃伤之律也。前段剜瞎又重于殴瞎，若非剜瞎，及耳鼻口非全抉者，仍照常发落，不引例。"俱问发""俱"字，承凶器伤人及剜瞎、全抉二项言，罪坐为首之人。后段重在聚众。若聚至三人以上，有执持凶器伤人等事，方不分首从，不然亦不得妄引。

保辜限期

此律统前后各条殴人者言。但凡有伤，验其重轻，责限保辜限满发落。其目当分作六样看：曰限内因伤死也，曰限外死也，曰限内伤已平复，别因他故死也，曰限内医治平复也，曰限内虽平复而成残疾笃疾也，曰限满不平复也。内惟限内因伤死者，依杀人论，其余则皆以本殴伤法坐罪；而限内医治平复者，折伤以上，又得减二等也。

第一节 保，养也。辜，罪也。凡殴人成伤者，官司随其伤之轻重，或伤以手足他物，或伤以金刃汤火，各照律立限，责令犯人请医调治，候限满之日，定罪发落，故曰保辜。惟过失伤者，不令保辜。辜限者，即后开二十日、三十日、五十日之限也。其辜限内不问手足他物、金刃汤火，皆须因其原殴之伤而致死者，乃以斗殴杀人论。

第二节 其在辜限之外，及虽在辜限之内，若本伤各已平复，而官司文案明白，未及论决，其被殴之人，别因他病身死者，谓之他故，但各从本殴伤法科断，不在抵命之律。若殴人至于折伤以上，其辜限内医治平复者，各减原折伤之罪二等。言折伤以上减二等，则内损吐血以下，免罪可知矣。盖上文所谓限内伤已平复，别因他故死者，伤虽平复，死虽因他故，而其人究不免于死。故与限外死者，虽俱免其抵命，而犹全科伤罪，所重在于死也。若辜限内医治平复，则犯人于前虽有殴伤之罪，而于后平复，实其医治之功，安得不末减其罪乎？故非折伤者，自应免罪；折伤以上，则除堕胎子死不减，与辜内虽平复而成残废笃疾亦不减外，余皆得减伤罪二等也。若限满不平复而死者，则其伤实重矣，全科以伤罪，又何疑哉？况限满不平复者，条例于三限外，俱宽限有差，果因本伤身死，仍拟死罪奏请也。○残疾，如折一指，瞎一目之类。废疾，如折一手或一足之类。笃疾，如瞎两目，折两肢之类。○其后下手理直者，仍于本罪上又得减辜内平复二等，通减四等，是谓犯罪得累减也。

第三节、四节、五节 俱以殴伤之日为始，而以二十日、三十日、五十日分轻重之限。

条例

此条旧例斗殴伤人，辜限内不平复，延至限外而死，情真事实者，仍拟死罪。奏请定夺后，因狱多冤滥，改定宽限之期，此外不许告概拟。

按海虞吴公讷作《祥刑要览》，载待制马宗元少时，父麟殴人被系守辜，而伤者死，将抵法，宗元推所殴时在限外四刻，因诉于郡，得原父死。郑克云："按辜限计日，而日以百刻计之，死在限外，则不坐殴杀之罪，而坐殴伤之罪，虽止四刻，亦在限外。"后讷官司李会审罪囚，有殴人辜限外死者，讷曰："当依本殴伤法。"或曰："律云辜限满不平复者全科，此当死。"讷曰："所云限满不平复全科者，因上文折伤以上，限内平复，减二等立案。盖谓辜内虽平复而成残废笃疾，及限满不平复者，则全科折伤之罪。若曰辜限外死者，全科死罪，则律文何不云伤不平复而死者绞，乃虚立此辜限乎？"后此囚会赦得免，然或人终不以愚言为然也。近读宗元守辜事有感,因备载之,读者详焉。

宫内忿争

释曰:殿内重于宫内,相殴重于忿争,忿争至于声彻御在所,相殴至于折伤以上,则又重矣。故但于宫内忿争者,笞五十;声彻于御在所,及相殴者,杖一百;殴而至于折伤一齿以上,加凡斗伤之罪二等。若于殿内忿争者,杖六十;声彻于御在所,及相殴者,杖六十,徒一年;殴而至于折伤一齿以上,加宫内折伤之罪一等,通加凡斗伤三等。故曰殿内,又递加一等。虽至笃疾,并罪止杖一百,流三千里;至死者,依常律断。其被殴之人,虽伤重,亦坐以笞五十,杖一百之罪,以宫殿内非斗殴之地也。

皇家袒免以上亲被殴

释曰:皇家五世以上袒免之亲,虽无服制,等而上之,其天潢之脉,有自来矣。岂可殴哉?故但殴即坐杖六十,徒一年;成伤者,杖八十,徒二年;折伤以上,其本罪有重于杖八十,徒二年者,则加凡殴伤二等。按殴皇家袒免亲伤者,已该杖八十,徒二年;而凡殴折伤以上,至折人肋,眇人两目,堕人胎,及刃伤人者,才得杖八十,徒二年之罪。若殴皇亲,折二齿、二指以上,及髡发者,加等仅如成伤本罪而已。唯至折肋,眇两目等,始加至杖一百,徒三年,此律之所谓重者也。凡律言重者,皆入加等通论为重。或谓须折跌肢体,瞎一目以上,重于杖八十,徒二年者,始加凡二等,非是。缌麻以上,各递加一等,如殴者,缌麻杖七十,徒一年半;小功杖八十,徒二年;大功杖九十,徒二年半;期亲杖一百,徒三年。如伤者,缌麻杖九十,徒二年半;小功杖一百,徒三年;大功杖一百,流二千里;期亲杖一百,流二千五百里。至折伤而本罪有重于徒流者,如折肋以上,缌麻功期之亲,则各于加凡斗二等上,又递加一等,并罪止杖一百,流三千里,不得加至于死。其殴袒免及缌麻以上亲,至笃疾者,并监候绞,死者并监候斩。

殴制使及本管长官

第一节 官吏于制使,部民于本属知府、知州、知县,军士于本管指挥、千百户,吏卒于本部五品以上长官,四项为一等。但殴者,杖一百,徒三年;殴伤者,杖一百,流二千里;折伤者绞。其不言笃疾者,亦止于绞也。制使不论官之崇卑,以其衔王命也。部民于本属知府、知州、知县,不论官之崇卑,以其均有父母之义也。军士于本管指挥、千百户,不论官之崇卑,以其为统辖之官也。其余则以崇卑为差矣。若吏卒于本部五品以上长官,与制使军民本管同,其于本部六品以下长官,减五品以上长官之罪三等。殴者,杖七十,徒一年半;伤者,杖八十,徒二年;折伤者,杖九十,徒二年半。盖吏卒者,或民人拨充于军卫,或邻境来役于有司,不过有一时事使之义,与本部本管军民不同,故以官之崇卑论也。若殴佐贰、首领官者,军民、吏卒,又各递减一等。如部民殴本属府、州、县,军士殴本卫所,及吏卒殴本部五品以上衙门各佐贰官,减殴长官之罪一等,杖九十,徒二年半;伤者,杖一百,徒三年;折伤者,杖一百,流三千里。各首领官又减佐贰官之罪一等,殴者,杖八十,徒二年;伤者,杖九十,徒二年半;折伤者,杖一百,徒三年。或以民殴丞尉,只依六品以下佐贰、首领官科断,是佐贰比长官递减,不止一等,非也。若吏卒殴本部六品以下衙门佐贰官,亦减殴长官之罪一等,杖六十,徒一年;伤者,杖七十,徒一年半;折伤者,杖八十,徒二年。殴首领官,又减殴佐贰官之罪一等,杖一百;伤者,杖六十,徒一年;折伤者,杖七十,徒一年半。盖为吏卒视品级递减,军民则不论品级,殴佐贰,直减长官一等;殴首领,直减佐贰一等也。若减罪轻于殴伤者,各加凡斗一等。如吏卒殴六品以下长官折伤,止该杖九十,徒二年半;军民殴本属首领官折伤,止该杖一百,徒三年;皆比之凡斗折跌人肢体之加罪为轻,则不论递减,而直于凡斗罪上加二等,杖一百,流二千五百里也。又吏卒殴六品以下衙门佐贰官折伤,止该杖八十,徒二年;殴首领官折伤,止该杖七十,徒一年半;皆比之凡斗刃伤人之加罪为轻,则并加一等,杖九十,徒二年半。此言减罪轻者,当并入加罪通论;不然,则下文殴非本管官,其加凡斗罪反重矣。再按军民、吏卒,殴佐贰、首领,又各递减一等。查注内,又分佐贰、首领,是殴佐贰者,减长官一等。殴长官者,杖七十,徒一年半,则减一等,为杖六十,徒一年;伤者在长官为杖八十,徒二年,则减一等,为杖七十,徒一年半矣。首领减佐贰一等,则殴首领者,止杖六十;伤者,止杖六十,徒一年矣。然伤有不同,如斗殴条所列,有至杖一百,流三千里者,是名笃疾,既问绞外;又有杖六十,徒一年者;有杖八十,徒二年者;有杖一百,徒三年者,各相衡量。如罪轻于此,或同于此律,仍当加凡斗一等也。至笃疾者绞,此句只承六品以下长官,及军民衙门各佐贰、首领官而言。若五品以上长官,与制使而下,则上文已言折伤者绞矣。惟六品以下长官,及佐贰、首领,则未至笃疾者,犹不坐绞也。其曰至死者斩,则通承制使以下、首领以上各项言之。若内外未入流品杂职官员及军民吏卒,其有殴非本管不相统属衙门,如各军卫有司等官,不问长官、佐贰、首领,分为三等。三品以上官为一等，殴者杖八十，徒二年；伤者杖一百，徒三年；折伤者杖一百，流二千里。五品以上至四品官为一等，殴者杖六十，徒一年；伤者杖八十，徒二年；折伤者杖九十，徒二年半。若减罪轻者，如殴非本管五品以上官，其折肋刃伤，加罪重于杖八十，徒二年，则加凡斗伤罪二等。九品以上至六品官为一等，亦加凡斗伤罪二等。不言笃疾至死者，并依斗殴杀人常律。三品、五品、九品以上，皆言官之品级，非若上段明云长官、佐贰，专主衙门为言也。或以殴非本管官，律无笃疾及死之文，乃谓会上文笃疾者亦绞，死者亦斩，非也。盖官非本管，其义既轻，罪至笃疾，其刑已重，故只以凡人论耳。若以流外官，殴伤非本管九品以上官为会上笃疾者绞，死者斩，则后条流内官殴伤非本管三品以上官，止云各加凡殴伤二等，亦不言其笃疾及死，岂亦会此而坐绞斩可乎？

第二节　其公使人不系职官，如在京办事官、历事监生、承差知印、吏典、阴阳医、校尉、军舍、祗候、禁子之类，在外殴打有司官者，罪亦如流外官等殴非本管官之律，听从彼处所属上司拘问。此律犯制使言官吏，不言军民，部民犯本属，不言布政司、按察司官。五品以上，六品以下，止言吏卒，不言军民，盖军属卫所，民属府、州、县，律文已晰。若犯其余衙门，无事相关者，即为非本管矣。部民不言有官者，在下条。长官，谓正官也。流外官，即未入流官。不言流内，亦在下条。凡殴官长，但殴即坐，不须成伤，其首从罪同。盖凡殴人以手足不成伤者，且各得笞二十故也。惟伤人者，乃随轻重而各异其罪，若同殴而一殴一伤者亦然。如同谋共殴官长，则元谋亦依本殴伤杀法，减下手重者一等，余条准此。

条例

释曰：将本管监临官殴打绑缚，依本条殴折伤坐罪，不分首从。若止是殴打，不曾绑缚，仍分首从。毁骂，依骂本管长官律。饮酒嫖赌，自取凌辱者，止以凡斗殴论罪。

佐职统属殴长官

此律下凡三条，俱言职官相殴之事。

释曰：首领及统属官，殴伤长官，各减吏卒殴伤本部长官之罪二等。其于五品以上长官，则殴者杖八十，徒二年；伤者杖九十，徒二年半；折伤者，杖一百，徒三年。其于六品以下长官，则殴者杖一百；伤者杖六十，徒一年；折伤者，杖七十,徒一年半。若佐贰官殴长官,又各减首领官之罪二等,通减四等。五品以上,殴者杖六十,徒一年;伤者杖七十,徒一年半;折伤者,杖八十,徒二年。六品以下,殴者杖八十;伤者杖九十;折伤者,杖一百。盖佐贰与长官,有同僚之谊,故比下僚不同也。若减罪轻者,各加凡斗伤一等。如凡斗折跌人肢体,该杖一百,徒三年,而首领统属官,折跌长官肢体,若减等论,则五品以上,亦止杖一百,徒三年;六品以下,止杖七十,徒一年半;皆是轻于凡人之罪矣。故不复减,而直于凡斗罪上加一等,各杖一百,流二千里也。此减罪有与折伤之律相当者,即谓之轻从而加之,谓当并入加罪通论也。律之周匝如此,若首领、统属官、佐贰官殴长官,至笃疾者绞,死者斩,俱监候。○此不言佐贰、首领自相殴者,以凡斗论。或以此律无首领、统属官殴佐贰,及佐贰自相殴之文,遂谓长官当兼佐贰官品高于己者言之,非也。观同僚犯公罪律云:“长官减佐贰官一等。”荒芜田地律云:“长官为首,佐职为从。”审是,则长官明为正官无疑矣。不言长官殴佐贰之罪,盖以官则有正佐之分,同僚则有兄弟之义。以尊凌卑,虽难设法,然以上司凌虐属官,听具实封奏闻观之,则亦必有以权之矣。此在临事而定也。○长官与佐属相临,有一定之分。虽佐属在任加升,有品级高者,亦终不离于佐属。故上司官与统属相殴,下条惟言佐贰、首领,而不及于长官也。

上司官与统属官相殴

释曰:监临上司,谓内外诸司统摄所属,有文案相关涉者皆是。佐贰、首领,与长官不同。下司官高,又与众属不同。监临上司、佐贰官,与所属下司官品级高者,如参议佥事与知府之类。上司首领官与下司官品级高者,如五府经历都事,与所属都指挥,各卫指挥之类。上司官卑,下司官高,足以相准,故同凡论。部民有高官,不限何职,但系官品尊于上司者相殴,亦同凡斗论。若官非统属,而品级相同,则无复尊卑之分,其同凡斗论无疑矣。若非统属而品级有尊卑之殊者,则在下条。○或以统属官卑者,殴佐职,摘用官殴本部佐贰、首领之律;然属官殴伤长官,别有正条。又流内官殴非本管五品以上官,且加凡斗二等,则此亦难同凡论,当比依佐贰殴长官,减属官殴伤长官罪二等律科断,似亦近理。

九品以上官殴长官

释曰:流外官殴非本管流内官,前已备矣。此则言流内官尊卑有犯之事也。九品至六品，殴非本管三品至一品官者，杖六十，徒一年；折伤一齿以上，加凡斗伤二等。若殴非本管五品、四品官，或五品、四品官殴伤三品至一品官，亦各加凡斗伤二等。盖虽无统属之分，而尊卑自不可逾也。虽笃疾，并罪止杖一百，流三千里；至死者，自依斗殴杀人常律；其余律无该载者，以凡斗论。此殴非本管三品以上官，不言伤者，谓但殴即坐，举轻也。若殴五品以上官，及五品以上殴三品以上官，并言殴伤者，则以不成伤为殴；其成伤以至折伤者，皆各为伤，各加凡斗二等，不得加至于死。不言笃疾至死者，并以凡斗论。盖为罪已重，亦足示惩，而品级非所论矣。

拒殴追摄人

释曰：凡官司差人追征应纳之钱粮，勾摄应办之公务，而纳户及应办公事人，抗拒不服追摄，及殴所差人役者，并杖八十。抗，谓言语抗违而不赴官。拒，谓以身拒绝而不容勾摄之类，与殴所差人为二事。若殴伤而至于内损吐血以上，及所殴差人，或系职官，或系大功以下尊长，本犯殴罪，重于凡人斗殴者，各于本犯应得重罪上，仍加二等，罪止杖一百，流三千里。此"各"字，承上注中职官尊长言，至笃疾者，监候绞，死者监候斩。本犯重者，旧说谓如秋粮违限，该杖一百，是重于杖八十之罪。若因此而抗拒不服，及殴差人者，各加二等，杖七十，徒一年半。殊不知税粮违限，即系有罪之人，自有罪人拒捕律。此盖为纳户及应办公事之人本非有罪，而恃强违命者言，与拒捕固有异也。○此与罪人拒捕条相似而不同。罪人拒捕条，至折伤以上绞；此条殴至笃疾者绞，轻重悬殊。其刑名干对无罪者，有犯用此律。○按此律附于职官之后，则恐不专指民，如下司官因上司差人追摄而拒殴，亦在其中。○或以家人共犯律云："侵损于人者，以凡人首从论。"由此言之，则凡损伤于人为从者，亦皆减一等，非也。盖殴人原有首从，但各以伤之轻重异罪。如不成伤者，各笞二十，不同《名例》减造意者一等。若减造意一等，则惟窃囚打夺伤人，威力主使殴人，及犯罪拒捕至折伤以上诸条，而律皆明言之矣。《名例》以凡人首从论，本言不准免科，非必谓随从者减为首罪一等。若然，则侵人如监守常人盗之类，亦可减耶？

殴受业师

释曰：儒与百工、技艺，皆有所从受业之师。若学而未成，或易别业，则不坐；但习业已成，固守其学以终身赡家者，则皆有在三之义焉。岂可以技艺末事而忽之哉？"十恶"条内，杀见受业师，谓之不义。故凡殴师者，加凡人斗殴之罪二等；虽笃疾，亦罪止杖一百，流三千里；至死者斩。《名例》云："道士、女冠、僧尼，于其受业师，与伯叔、父母同，其有犯不用此律。"盖僧道之师，教而兼养，故特重之。

威力制缚人

释曰：设官置吏，所以为民，故民有争论，须听断于官。若恃其威力，将人拘制捆缚，及拿至私家拷打之、监禁之，皆所谓强凌弱、众暴寡也，故不问有伤无伤，并杖八十。若拷打伤重，至内损吐血以上，则于凡斗伤上加二等，罪止杖一百，流三千里；因而致死者绞。盖其拷打，虽出于威力，原无杀人之心，故亦止于绞而已。制缚、拷打、监禁，为威力中之三事。观下文致死伤，只言殴打，则上文伤重致死，只承拷打为当。若止是制缚、监禁，不曾拷打，毙于监禁之处者，亦必验有致命重伤果由制缚、监禁所致，方可坐绞；不然，亦与因而致死之意不合。司刑者详之。此不言从，乃亲自下手者也。若以威力主使他人殴打，而致其死若伤者，并以主使之人为首，但殴即杖八十；伤重至吐血以下，亦加凡斗伤二等，死则坐绞；下手之人，以为从论。殴及死伤，各减主使之罪一等。威力主使人殴打，与同谋共殴之义不同。此盖威力能使人，而人不敢不听其使者也。故不以下手致命为重，而以主使之人为首；其余人随从而不下手者，止以不应从重论。若其人殴伤自尽身死，又不可以致死之罪加之，止照所伤拟罪，除威逼人致死，引因事用强殴打例充军。

条例

释曰：诱引，依教诱；绑缚拷打，依威力；胁骗财物，依恐吓，从重科罪。本文无"及"字，须四事俱全，方引此例。

良贱相殴

此律言奴婢殴良人，及良人殴他人奴婢，与殴亲属奴婢之罪。亲属，俱指大功以下。若奴婢殴家长及家长之期亲外祖父母、大功以下等，则在下条。

第一节 男女缘坐而为奴婢，与无罪良民不同。则其相殴，岂可与凡民概论哉？故奴婢殴良人，则加凡斗一等，殴至笃疾则绞，死则斩；良人殴他人之奴婢，或殴或伤，或折伤笃疾，皆减凡斗一等，至死及故杀，则坐以绞也。杀伤犹得减一等,则刃杀而未死者,不可引凶器伤人之例矣。若奴婢与奴婢自相斗殴,均贱人也,故其或殴、或伤、或刃杀及杀死者,各依凡斗伤杀法。若良人与奴婢相侵财物,如盗窃强夺、诈欺冒认、诓骗拐带、恐吓求索之类,因而有所杀伤者,不用此加减之律。谓奴婢因良人侵己财物而殴伤之者,不在加等,至死者但绞;其良人因侵奴婢财物而反殴伤之者,不在减等,故杀者亦斩。盖殴则有贵贱之分,相侵则无贵贱之分矣。此言良贱相殴之罪也。

第二节 若良人殴内外缌麻小功亲之奴婢,非折伤勿论,至折一齿以上,各减杀伤凡人奴婢之罪二等;大功亲之奴婢,减三等。如良人折他人奴婢一齿,本杖九十;其于缌麻小功之奴婢,则杖七十,大功杖六十。殴他人奴婢至笃疾,本杖一百,徒三年;至于缌麻小功之奴婢,则杖八十,徒二年;大功杖七十,徒一年半;至死者,不问缌功,各杖一百,徒三年。惟故杀者始绞,过失杀者各勿论,不断赎给付。不言殴期亲奴婢者,下条云:“奴婢无罪,而家长之期亲,若外祖父母杀之者,罪止杖六十,徒一年。”则殴与伤皆勿论可知矣。

第三节 若雇倩佣工之人,与奴婢终身服役者不同,而与良善等辈之人亦异。故殴内外缌麻小功亲之雇工人者,非折伤亦勿论;至折一齿以上,各减殴伤凡人之罪一等;大功亲之雇工人,减二等。如折凡人一齿,本杖一百;其于缌麻小功之雇工人,则杖九十;大功杖八十。殴凡人至笃疾,本杖一百,流三千里;其于缌麻小功之雇工人,则杖一百,徒三年;大功杖九十,徒二年半;至死及故杀者,不问缌功并绞;过失杀者,各勿论,亦不断赎给付。律不言殴他人雇工人,当依凡斗论。

奴婢是没官之人不齿于编氓者,故于良人有辨。然要知罪虽不同凡人,若至笃疾而断付财产,及各伤辜限,则当仍尽本法。

奴婢殴家长

第一节 凡奴婢殴家长者,罪无首从皆决斩。不言伤者,但殴即坐,不须成伤也。杀者,凡与殴之奴婢,皆凌迟处死;过失杀者,监候绞;过失伤者,杖一百,流三千里,不在收赎之例。夫子孙过失杀父母、祖父母,杖一百,流三千里;而奴婢过失杀家长,坐以绞罪,何也? 盖子孙天属,宜多恭谨,故从轻以矜其误;奴婢恐易生轻忽,故从重以严其防。若殴家长尊卑期服之亲,及外祖父母者,即无伤,亦监候绞。不言皆者,为从减一等,杖一百,流三千里。《名例》称期亲及称祖父母者,曾高同,但伤者,凡与殴之奴婢,罪无首从,皆斩;至死亦止于斩也。过失杀者,减殴伤斩罪二等,杖一百,徒三年;过失伤者,不问伤之轻重,又减一等,杖九十,徒二年半;故杀者,与殴之奴婢,皆凌迟处死。若殴家长内外尊卑之缌麻亲者,杖六十,徒一年;小功杖七十,徒一年半;大功杖八十,徒二年。但殴即坐,虽伤亦同,伤至折一齿以上,缌麻加殴良人之罪一等,小功加二等,大功加三等。加者,加入于死;但加入绞,不至于斩。如折一齿者,奴婢本加凡人一等,杖六十,徒一年;缌麻则杖七十,徒一年半;小功杖八十,徒二年;大功杖九十,徒二年半。又如折一肢者,奴婢本加凡人一等,杖一百,流二千里;缌麻则杖一百,流二千五百里;小功杖一百,流三千里;大功加入于绞。其从斗而一殴一伤者,各依本法。若殴缌功之亲而至死者,凡与殴之奴婢皆斩。不言故杀者,亦止于斩。不言过失杀伤者,准凡赎法。

第二节　若雇工人,则与奴婢有间矣。故凡殴家长及家长之期亲,若外祖父母者,即无伤,亦杖一百,徒三年;伤者,不问重轻,杖一百,流三千里;折伤者,监候绞;至死者,监候斩;故杀者,凌迟处死。此伤杀俱不言皆,则同殴及伤者,亦各依本法。若过失而杀及伤者,各减本杀伤罪二等。谓过失杀者,杖一百,徒三年;伤者杖九十,徒二年半。若殴及伤家长之缌麻亲,杖八十;小功杖九十,大功杖一百。伤重至内损吐血以上,则各验伤定罪。缌麻小功,加凡人罪一等;大功加二等;不加至死,虽笃疾,亦止同凡人杖一百,流三千里矣;至死者,不问缌功之亲,各监候斩。不言故杀,亦止于斩。不言过失杀伤,亦准凡赎法。

第三节　若奴婢有罪,其家长及家长之期亲,若家长之外祖父母,不执告官司,而擅自殴杀者,杖一百。若无罪而非理殴杀,或故杀之者,杖六十,徒一年。其无罪被杀奴婢之当房人口,如奴之妻,婢之子,即给放书,悉发从良。

第四节　若家长及家长之期亲,若外祖父母,殴雇工人者,非折伤勿论;至折伤一齿以上者,各减凡人折伤罪三等;因非理殴伤而致死者,杖一百,徒三年;故杀者,绞监候。

第五节　若奴婢、雇工人违犯家长及家长之期亲,若外祖父母教令,而依法于臀腿受杖去处决罚,其有避迕致死,及过失而杀者,各勿论。

妻妾殴夫

此律应分作六段看:妻殴夫,妾殴夫及正妻,夫殴妻,夫殴妾,妻殴伤妾,殴妻之父母。

第一节　凡妻殴夫者,杖一百,但殴即坐,故不言伤,须夫自告乃坐。其夫愿离者听,权归于所天也。殴而至于折伤以上者,各验其伤之重轻,加凡人斗伤之罪三等。如折一齿，即杖八十，徒二年，余准此；至笃疾者绞，死者斩，俱决；故杀者，凌迟处死。其过失杀伤夫者，律无文，当比依妹过失杀伤兄减本杀伤罪三等。

第二节 若妾殴夫及正妻者，又各加妻殴夫之罪一等。加者，加入于死。但加入绞，不至于斩。谓殴者杖六十，徒一年；至折一肢，瞎一目，则加入于绞。若笃疾者，死者，故杀者，仍各与妻殴夫罪同，于家长则决，于妻则监候。其过失杀伤夫者，即同妻过失杀伤夫之法。过失杀伤妻者，律亦无文，当比依妹过失杀伤姊减本杀伤罪三等。

第三节 夫殴妻者，非折伤勿论。殴而至于折伤以上，减凡人罪二等，须妻自告乃坐。如折一齿，杖八十；至笃疾，则杖九十，徒二年半，先行审问。夫妇如愿离异者，依律断夫之罪，不准收赎，其妻离异归宗；不愿离者，则验其折伤应坐之罪，全准收赎，听与完聚。按妻殴夫，则曰夫愿离者听；夫殴妻，则曰先审问夫妇。二者之所以异，盖缘妻殴夫，则妻当受罪，随夫之愿可也；夫殴妻，则罪在夫。夫为妻纲，妻无绝夫之义也。亦曰妻愿离者听，可乎？故必先行审问夫妇。曰审问，以见夫愿而妻不愿，妻愿而夫不愿，皆不许其离；必夫妇两愿，乃可以断罪而仍离异也。其因殴而至于死者，监候绞。若夫殴伤妾至折伤以上，减殴伤妻罪二等。如折一齿，则杖六十；至笃疾，则杖七十，徒一年半；殴而至于死者，杖一百，徒三年。若妻殴伤妾者，与夫殴妻之罪同，亦须妾自告乃坐。折伤以上，亦减凡人二等；至死者亦绞。若夫过失杀其妻妾，及正妻过失杀妾者，各勿论。妻妾过失杀其夫，妾过失杀正妻，已用比律。因此过失上无圈，不得作通承上二条而言也。○妻妾无故杀之文，盖妻妾与人通奸，而于奸所亲获，登时杀死，及因殴骂夫之祖父母、父母，而夫擅杀死，俱已有本条。除此之外，明非可得而擅杀。或言故杀妻，止于绞，故杀妾，止于杖一百，徒三年。又言故杀雇工人，尚得绞罪，况妻妾乎？殴死犹得以大义相临，若杀而出于故，则举意亡恩，伦乖义绝，当以凡人论矣。窃谓律之不言者，必有深意，宜临事观情酌议。○凡亲属相殴律，皆不言亲告乃坐，何于此独言之？说者以为无使其远间亲焉已耳。然则舍此皆无间者乎？殆非也。或又言殴与骂，并须亲告，故殴律独于妻妾详之，余皆可以概见。今观骂尊长诸律，皆有亲告乃坐之文，只觉其词之复而不杀，及至亲属相殴，则但载于妻妾殴夫条下，其义微矣。盖亲属相告，本于法得兼容隐，损伤于人，于律则无首理。故诸条不言亲告者，不待言也。然则何为独于妻妾言之？观干名犯义律云："被期亲以下尊长殴伤其身者，并听告。"而妻妾不与焉，故于此揭言之。则妻妾诉夫，亦义之所许也。然妻妾殴夫,亦云自告乃坐,此诚本末相须之意欤?○又干名律女婿果有义绝之状,许相告言,殴妻至折伤,亦其一也。

第四节 若婿殴妻之父母者,杖一百,但殴即坐,与殴本宗外姻、缌麻兄姊罪同,其服同也。至折一齿以上,各加凡斗伤罪一等;笃疾者绞,死者斩,俱监候。其过失杀妻之父母,依凡人论。

同姓亲属相殴

释曰:凡本宗同姓祖免亲属相殴,虽五服已尽,族戚疏远,而其世系之尊卑名分犹存,终与凡人不同。故尊长犯卑幼,则减凡斗罪一等,至笃疾,杖一百,徒三年,断给养赡财产;卑幼犯尊长,则加凡斗罪一等,不加至死,罪止杖一百,流三千里,亦断给养赡财产,皆所以存族谊也。至死,则其罪已重,故无论尊卑长幼,并以凡人斗杀论罪。其不言过失杀伤者,盖准本条论赎之法。凡无服之亲,相殴相盗、恐吓诈欺及相为容隐等项,在本律皆得减一等科断。其犯罪而有为之首,及相告言者,则依《名例》犯罪自首律减之。○问曰:甥殴舅妻,律无文。何断? 答曰:非折伤,止问不应;至折伤以上,比同姓亲属,五服已尽,而尊卑名分犹存者加等。

《斗殴》一篇,"斗殴"及"保辜限期"二条是《斗殴》之通例,次言宫内,又言皇亲,又次言官府,又次言业师,又次言奴婢,又次言妻妾。自此条至后三条,则皆言亲属,先同姓,次大功以下,次期亲,次祖父母、父母。由宫内而下至于奴婢,自尊而卑也。妻妾先于尊长卑幼,自内而外也。由缌麻而上至于父母,自疏而亲也。拒殴追摄一条,属官府者,盖殴本管条,言殴官之罪。拒摄条,言殴官府差人之罪。总是犯官府也。

殴大功以下尊长

释曰:兄姊,与已为辈行者也。尊属,与父母为辈行者也。兄弟姊妹,虽为同行,但以兄姊视弟妹,则弟妹为卑幼;弟妹视兄姊,则兄姊为尊长。律内虽有兄姊尊属之分,而律题则总谓之大功以下尊长也。故凡卑幼殴本宗及外姻之缌麻兄姊者,杖一百。本宗,谓同高祖者;外姻,则姑舅两姨之兄姊是也。殴小功兄姊者,杖六十,徒一年,谓同曾祖者。殴大功兄姊者,杖七十,徒一年半,谓同祖者。若外姻,则无大小功之兄姊矣。以上但殴即坐,不言伤者,虽伤亦同也。尊属又各加兄姊一等。本宗缌麻尊属,若曾祖之兄弟姊妹,与祖之同祖兄弟姊妹,与父之同曾祖兄弟姊妹是也,加殴缌麻兄姊一等,杖六十,徒一年。本宗小功尊属,则祖之兄弟姊妹,父之同祖兄弟姊妹。外姻小功尊属,则母之同父兄弟姊妹皆是也,加殴小功兄姊一等,杖七十,徒一年半。本宗大功尊属,惟有出嫁姑,此外亦无大功之尊属矣,加殴大功兄姊一等,杖八十,徒二年。其殴而至折伤以上者,各递加凡斗伤之罪一等,谓殴缌麻兄姊,加凡斗伤一等;小功又加缌麻一等;大功又加小功一等。缌麻尊属,又加于缌麻兄姊一等。如折一齿,凡人本杖一百;折缌麻兄姊一齿,则杖六十,徒一年;小功杖七十,徒一年半;大功杖八十,徒二年。折缌麻尊属一齿,又加折兄姊齿一等,杖七十,徒一年半;小功杖八十,徒二年;大功杖九十,徒二年半之类。其加罪并止于杖一百,流三千里。殴而至于笃疾者,不问犯大功以下兄姊尊属,并绞;死者并斩,在本宗大小功兄姊尊属则决,本宗缌麻尊属则监候,其余则俱监候矣。若从斗有服属不同,及但殴或伤者,各依本法。其不言故杀,罪止于斩矣。若大功以下尊长,不问兄姊尊属,惟兄之妻,及伯叔母不与,其殴本宗及外姻有服卑幼者,非折伤勿论;至折伤一齿以上,缌麻减凡人斗伤之罪一等,小功减二等,大功减三等;殴而至死者,绞监候。然其间有系同堂大功之弟,与其在室之妹,小功之堂侄及缌麻之堂侄孙,又卑幼中之最亲者,虽殴伤,亦与诸卑幼同罪;而至死则不坐绞,止于杖一百,流三千里,仍依律给付财产一半,养赡而已。惟故杀者,则坐以绞而监候也。其余故杀卑幼,亦止于绞。尊长杀卑幼,俱不言过失杀者,盖准本条论赎之法。此卑幼,但谓本宗外姻弟妹及其卑属。若弟之妻,卑幼之妇,则不论服制,非此律也。或谓后律明言殴杀、故杀侄孙、外孙之罪,则其但殴伤者,仍依此律科断。然殴缌麻卑幼,减凡人一等;至笃疾则杖一百,徒三年。而谓与殴杀外孙之罪同科,必不然矣。○凡出嫁女,以降服论。如奸小功以上亲,决不待时。旧例亦以奸出嫁之从祖、祖姑、从祖姑,俱秋后处决。若被出,及无夫与子者,同在室论。○殴同母异父姊妹,律无文,犯者依小功服科断。○凡殴至笃疾,未至绞罪者,亦当依律给付财产一半养赡。

殴期亲尊长

释曰:弟妹于兄姊,侄于伯叔父母、姑,期服之亲也。外孙于外祖父母,服五月,然为母之所自出,即己之所自出也,故与伯叔父母同论,所谓舍服而从义也。按礼,亲母被出,不为其党服;若亲母死于室,则为其党服,而不为继母之党服;众子嫡母存,为其党服,亡则不服。则此条于嫡、继、慈、养母之父母不得与明矣。弟妹殴同父之兄,在室之姊,即杖九十,徒二年半。侄殴伯叔父母,与在室姑，外孙殴外祖父母，则加一等，杖一百，徒三年。若青赤肿，拔发方寸以上，血从耳目中出，内损吐血，皆伤也。弟妹杖一百，徒三年；侄与外孙加一等，则杖一百，流二千里。折一齿一指，眇一目，抉毁耳鼻破骨，汤火铜铁汁伤；折二齿二指，髡发，折肋，眇两目，堕胎，皆折伤也。弟妹杖一百，流三千里；侄、外孙加一等，亦罪止杖一百，流三千里。刃伤不论轻重，及折跌肢体，瞎一目，则弟妹、侄、外孙当绞。此上不言皆者，各依首从法。惟至死，则罪无首从皆斩。不言笃疾者，瞎一目且绞，则笃疾亦绞可知矣。过失伤，则弟妹于杖一百，徒三年上减二等，杖八十，徒二年。侄、外孙于杖一百，流二千里上减二等，杖九十，徒二年半。过失折伤，则弟妹、侄、外孙各于杖一百，流三千里上减二等，亦杖九十，徒二年半。过失杀，则各于斩罪上减二等，杖一百，徒三年。故曰各减本杀伤罪二等，不在论赎之限。或云至刃伤折肢瞎目，亦减殴罪二等。然此盖泥其分言伤折之罪，而不原其均为过失之情。且奴婢过失伤其家长之期亲，止杖九十，徒二年半；子孙于祖父母、父母，乃杖一百，徒三年，于此盖可知矣。若因殴而故杀，则弟妹、侄、外孙，不分首从，皆凌迟处死。如为从有服属不同者，亦各依本法。若卑幼与外人同谋，故杀兄姊、伯叔父母、姑、外祖父母者，卑幼不论主谋、首从，俱凌迟处死；外人自依凡人主谋为从，加功不加功坐罪，不在凌迟之限。其兄姊殴杀亲弟妹，伯叔父母、姑殴杀亲侄并侄孙，若外祖父母殴杀外孙者，俱止杖一百，徒三年；则殴至笃疾，及折伤以下者，皆勿论，可知矣。故杀者，杖一百，流二千里；过失杀者，各勿论。○凡本宗出嫁之女，与为人后者，为其本生亲属，并从律制降服论罪。或疑为所后者之服。按《仪礼》：“为人后者，为所后者之祖父母、妻、妻之父母昆弟、昆弟之子、若子。”《疏》云：“谓死者祖父母、妻及亲之父母昆弟、昆弟之子，皆如亲子，为之着服。”其不言缌麻功期之骨肉亲者，言外以包内，亦当如亲子可知也。

一侄过失伤叔，减殴罪二等，须先加一等，后方减之。议云：某人依侄过失伤叔，减殴伤加弟殴兄一等罪上减二等律，余条称加而减者仿此。○一某依侄殴叔刃伤者律绞，不可摘加等律用。○姑姊妹出嫁，兄弟为人后，皆降服。律虽无降服减罪之文，然《丧服图》，特揭于律之首，正为尊卑有犯，则服降而罪亦减，当照此以定罪可也。安有服以大功，仍以其亲论罪者乎？○凡姑姊妹女，及孙女已嫁被出而归，或嫁而无夫与子者，依《服图》论。

条例

第一条　按弘治年间，问得犯人刘雄，违例手拿尖刀一把，将兄刘英要行杀害,事发问拟,比附弟殴兄杖九十,徒二年半。奏请奉旨刘雄持刀赶杀亲兄,好生凶恶,你每再议停当来说。查覆律内斗殴条,刃伤人者,杖八十,徒二年;殴期亲尊长条,弟殴兄,杖九十,徒二年半;刃伤者,绞。又查得条例内,凶徒执持枪刀等项凶器,但伤人,及误伤傍人者,俱问发边卫充军。看得弟殴兄未伤,已重凡人刃伤一等。刃伤兄,又与凡人刃伤不同。及详前例,止论凡人,不曾该及亲属,然皆以成伤为重。今本犯持刀赶杀亲兄,虽未成伤,比之常人,委实凶恶,合无斟酌前例,将本犯送兵部,编发边卫充军,惩戒将来,仍通行天下问刑衙门。今后遇有卑幼执持刀刃,杀害期亲尊长,虽未成伤,俱照此例问拟发遣。若系别项凶器,与犯大功以下尊长者,自依问刑条例拟断。此案比附条达,备以参考。

第二条 充军为民,非不足以惩奸,比之律内杖一百,流二千里之罪较重矣。但利之所在,苟得生全,恐犹有冒忍而为之者。窃谓尊长殴死卑幼,或因彼此忿争,卑幼不逊,以致尊长过当,故律文皆权量恩义之轻重以定其罪,非谓谋夺财产官职故行杀害者,亦以尊卑论也。此而可长,则贪暴无恩之徒,谁不杀其弟侄乎? 此一条似犹当酌处者也。

殴祖父母父母

此律之目有六:曰祖父母、父母,曰子孙,曰嫡、继、慈、养母,曰子孙之妇,曰乞养异姓子孙,曰子孙之妾。

第一节 孙殴祖父母,子殴父母,妻妾殴夫之祖父母、父母,皆人伦之大变,故不分首从皆斩,不论其伤之轻重也。殴而至死者,不分首从,皆凌迟处死。若首从之人,内有非系亲子孙者,各依本律服制科断,不在此皆字之内。《名例》称祖者,曾高同;称孙者,曾玄同;称子者,男女同。过失杀者,杖一百,流三千里;过失伤者,杖一百,徒三年;过失杀伤人,准斗殴杀伤罪,依律收赎。惟于尊属,则坐以真流、真徒,此即唐人所云"臣子于君父,不得称误"之意也。此何以不言故杀? 盖穷凶之戮,于殴者为已极矣。

第二节 其子孙违犯教令,而祖父母、父母不依法决责,乃以非理殴杀之者,杖一百;无违犯教令之罪,故意杀之者,杖六十,徒一年。嫡、继、慈、养母,终与亲母不同,故各加一等。殴杀,杖六十,徒一年;故杀,杖七十,徒一年半;致令绝嗣者,不问殴杀故杀,并监候绞,所以惩悍妇也。不言折伤、笃疾者,勿论可知矣。若祖父母、父母及嫡、继、慈、养母,非理殴其子孙之妇,及乞养异姓子孙,折伤以下勿论;致令废疾者,杖八十;笃疾者加一等,杖九十。凡折跌肢体为废疾,但瞎一目,谓之残疾。其被殴子孙之妇,及乞养子孙至笃疾者,并令归宗,子孙之妇,追还初归嫁妆,仍给养赡银一十两,乞养子孙,拨付合得所分财产养赡;其殴而至于死者,各杖一百,徒三年。或谓废笃疾并令归宗,追给养赡,然凡殴人至笃疾者,乃给半产,此则不然。故杀者,各杖一百,流二千里。若非理殴子孙之妾,非废疾勿论;致令废疾,则杖六十,笃疾,杖七十,至死,杖八十,徒二年;故杀者杖九十,徒二年半。故曰各减二等,不在归宗、追给嫁妆赡银之限也。夫嫡、继、慈、养母于子孙殴杀故杀,加祖父母、父母一等,致令绝嗣,则绞;而于子孙之妇,及乞养异姓子孙,则得与父祖同者,盖妇与乞养,比子孙较轻也。律文不及乞养异姓子孙之妇者,以子孙虽有亲生乞养之别,而于妇则一也,即与子孙之妇同论。至死者,各杖一百,徒三年,此"各"字,谓不分祖父母、父母、嫡、继、慈、养母,并不拘子孙之妇,乞养异姓子孙,及子孙之妾,但殴至死者,俱杖一百,徒三年也。妾各减二等,此"各"字,谓殴子孙之妾,致令废疾笃疾,至死故杀,俱减殴子孙之妇,致令笃疾,至死故杀之罪二等也。但言母者,祖在其中。至于生母嫁,而与子孙无绝道,有犯仍依本律;即继母嫁,亦当以服论。

第三节 子孙殴骂祖父母、父母,妻妾殴骂夫之祖父母、父母,而殴杀之,在子孙妻妾,先有应死之罪也。若违犯教令,而依法决罚,邂逅致死,及过失杀者,在祖父母、父母、嫡、继、慈、养母,原无欲杀之心也,故各勿论。

条例

第二条例分作三段看。第一段,即同子孙取问如律,谓殴者坐斩,杀者凌迟,过失杀满流,伤满徒,骂坐绞,侵盗同卑幼私擅用财,卑幼将引他人盗财,有杀伤者依杀伤论。如恐吓诈欺,问不应;事重诬告,即同子孙诬告祖父母、父母律科断。此为一等。第二段,不曾分有财产,配有室家下,补赘上文"于义父母及义父之祖父母、父母,有犯殴骂侵盗、恐吓诈欺、诬告"等项。若义父母及义父之祖父母、父母,殴杀故杀一段,故下及字,于义父期亲并外祖父母,有违犯兼恩养年久上说,此为一等。第三段,义绝,如殴义子至笃疾,当令归宗,及有故归宗,而夺其财产妻室,亦义绝也。既已义绝,即凡人矣。其余亲属,通上三项言之。前二项,除期亲外祖父母,指大功以下内外亲属而言。后一项,则家长期亲、外祖父母亦在其中。○义子之妇,亦依前拟岁数如律科断之句,此指前二项而言。

妻妾与夫亲属相殴

释曰：凡期亲以下、缌麻以上尊卑相犯，已具前诸条内。此则论其妻妾殴之之罪也，当与前二条通看。其所指与夫同者，即照彼处科断也。独言期亲至缌麻者，盖祖父母、父母之类，前条已备妻妾之律矣。

第一节 凡妻妾殴夫之期亲以下、缌麻以上，本宗外姻尊长者，与夫殴同罪。如殴夫之期亲兄姊，杖九十，徒二年半；伤者，杖一百，徒三年；折伤者，杖一百，流三千里；刃伤、折肢、瞎一目者，绞。殴夫之期亲伯叔父母与其在室姑，及夫之外祖父母者，杖一百，徒三年；伤者，杖一百，流二千里；折伤者，亦止杖一百，流三千里；刃伤、折肢、瞎一目者，亦止于绞。如殴夫之缌麻兄姊，杖一百；小功杖六十，徒一年；大功杖七十，徒一年半。殴夫之缌麻尊属，杖六十，徒一年；小功杖七十，徒一年半；大功杖八十，徒二年；至折伤以上，各递加凡斗伤一等。其加罪有与夫同绞斩者，照依《名例》至死减一等。若妾殴妻之父母，亦与夫殴罪同，杖一百；折伤以上，各加凡斗伤一等；至笃疾者，不问殴夫之自期以下兄姊尊属，及妾殴妻之父母并绞；至死者，妻妾各斩监候。此不言故杀者，其罪亦止于斩也。不言殴夫之同姓无服亲属者，以凡人论也。

第二节 卑属，谓与子孙同辈者，亦犹父母同辈之尊属也。妻殴夫之卑属至折伤以上，亦与夫殴同罪，缌麻减凡人一等，小功减二等，大功减三等；至死者绞监候。虽夫之堂侄、侄孙，及小功侄孙亦然。若堂从族及表弟妹等辈，则以凡人论。上条尊长殴杀同堂弟妹、堂侄及堂侄孙者，杖一百，流三千里；殴杀弟妹、侄并侄孙者，杖一百，徒三年。此卑幼，乃夫之天合至亲。惟夫殴杀，得从轻典。若妻于夫之卑幼，以人合也，未免有心，难以相比，故律总云至死者绞。若殴杀夫之兄弟之子，是即所谓期亲卑属也，杖一百，流三千里，不得同夫拟徒。其不言折伤以上，亦得勿论。若故杀夫之卑属，不论缌功期亲并绞监候，不得同夫拟流。或以妻殴伤卑属，与夫殴同，则殴夫之同堂弟妹、堂侄、侄孙及夫之弟妹、侄、侄孙，至死者，皆不当坐绞矣。盖观末节殴夫之弟妹至死者，各依凡人论句自知。此又云殴杀夫之兄弟子，杖一百，流三千里，则兄弟之子，是即所谓侄也。虽殴杀得从轻典，然亦不与夫同。若故杀者坐绞，则所重在故，其他又可知矣。况所云与夫殴同者，亦止论其伤罪耳。然则所谓卑属者，其夫之自期以下，弟妹何为不与？盖律称妻殴夫之弟妹，减凡人一等，夫殴夫之弟妹，但减凡人一等，则殴夫之大功以下弟妹，自当以凡论，章章明矣。况夫殴卑幼，其折伤以上，缌麻减一等，小功减二等，大功减三等。若妻殴概与夫罪同,则反比夫之期亲弟妹为愈轻矣。岂其然哉?妾则下于妻者,故殴尊长,与夫同罪;殴卑幼,则从凡人斗殴法论,故杀者斩。

私笺曰:凡妻服、夫族,除舅姑之外,伯叔父而下俱降于夫。此言殴夫之尊长卑幼,则皆与夫殴同罪,从夫之服,所以明一本之义也。夫殴杀堂弟妹、堂侄、堂侄孙,止杖一百,流三千里,而妻则坐绞。夫殴杀兄弟之子,止杖一百,徒三年,而妻则杖一百,流三千里。夫故杀兄弟之子,止杖一百,流三千里,而妻则绞。三者与夫不同,又所以别异姓也。妾殴尊长,亦与夫同罪,而殴卑属,则从凡斗法,明其不得与妻比也。

第三节 尊长殴伤卑幼之妇,"尊长"二字,兼男女在内,亦指期亲至缌麻而言,只减凡人一等,则与殴其夫不同矣。其不言妻而言妇者,则自期以下,弟之妻皆不在其中。《记》曰:"其夫属乎父道者,妻皆母道也;其夫属乎子道者,妻皆妇道也。"谓弟之妻妇者,是嫂亦可谓之母乎?是也。若殴卑幼之妾,又减殴妇之罪一等,通减凡人二等。至死者,不问妇与妾,并监候绞。不言故杀者,罪止于绞也。若堂从族表兄弟辈,俱以凡人论。

第四节 期亲弟妹于兄之妻,亦有尊长之义。故殴者,加凡人一等。其不言妻殴夫兄之妻者,罪亦与夫殴同。

第五节 兄姊于弟之妻,及妻于夫之弟妹,长姒于弟妻,虽系敌体,亦均有卑幼之义,殴者各减凡人一等。若殴妾者,各又减一等,于凡殴通减二等也。如凡殴内损吐血者,本杖八十;弟妹殴兄妻,加一等,则杖九十;妾减妻一等,则杖八十;兄姊殴弟之妻,妻殴夫之弟妹及弟之妻,减一等,则杖七十;妾减妻一等,则杖六十之类。其不言妻殴夫兄之妾者,罪亦与夫殴同。或以各又减一等,谓各减凡殴一等,非也。盖殴兄妻者,加凡一等;殴弟妻者,减凡一等。今云殴兄弟之妾,各减凡人一等,则是殴弟之妾,亦与妻同也,殴兄之妾,又减其妻二等也,岂理乎哉?夫殴兄妻既加凡人一等,则殴兄妾,同凡人论可知矣。故不言弟妹殴兄妾之罪耳。又不言夫弟之妻,殴夫兄之妻,及殴大功以下兄弟妻妾者,皆以凡论故也。若堂从族及表兄之妻,亦俱以凡人论。

第六节 殴姊妹之夫,亦兼男女言,夫与妻之兄弟,妻与夫之姊妹夫,三项盖一类也。虽亲而无服,故皆以凡斗论。若妾犯者,则各加夫殴、妻殴一等,罪止杖一百,流三千里,明妾贱于妻也。或以妻之兄弟,属于夫殴之文,与妾无与,何于妾殴妻之父母,独无罪乎?非也。盖殴妻之父母者,杖一百,其折伤以上,各加凡斗伤罪一等。若妾犯之,是殴夫之缌麻以上尊长,当与夫殴同律,安得谓之不着其罪也哉?

第七节 妾于妾之子,妾之子于父妾,妾于妻之子,妻之子于父妾,四项亦一类也。妾殴夫之妾子,减凡人二等,以其近于子也。妾殴妻之子,以凡人论,所以别妻之子,异于妾子也。妻之子殴伤父妾,加凡人一等,崇父之妾,所以尊父也。妾之子殴伤父之他妾者,又加妻之子殴罪二等,通加凡人三等,以其近于母也。然妾殴夫之妾子,及殴妻之子,皆止言殴,以见但殴即坐。妻妾之子殴父妾,俱言殴伤者,以见殴而无伤,皆同凡论。唯有伤而后加,亦不加至于绞,此皆所以明嫡庶之分也。至死者,各依凡人论,此通承弟妹殴兄之妻以下四节而言。弟妹殴兄之妻妾,兄姊殴弟之妻妾,妻妾殴夫之弟妹,及夫弟之妻妾,殴姊妹夫,殴妻之兄弟,妻妾殴夫之姊妹夫,妾殴妻之兄弟,及他妾之子,妾殴妻之子,妻妾之子殴伤父妾,殴而至于死者,各依凡斗杀人律绞,故杀者斩。其妻妾殴死夫兄之妻妾亦同。○弟殴兄之妻妾至死者,依凡人论。其弟妻殴杀夫兄之妻妾者,或引殴夫之期亲以下、缌麻以上尊长至死者斩,则较之夫犯为重。且兄弟之妻,原不在服属之限,当摘用妻妾殴夫兄之妻妾至死者各依凡人论绞为是。

按兄之妻,小功服也。父妾,期年服也。然至死各依凡论,以尊殴卑,而依凡论不减,重人命也;以卑殴尊,而依凡论不加,重斩罪也。律开妾为其子服期年,则有子者亦曰妾。又《八母图》庶母,谓父有子之妾,则嫡子、众子,皆为之杖期。此条内殴妾,未知兼有子之妾否?比附例又有打伤庶母者,与此不同,宜更详之。

妻妾殴夫之嫁母、出母,或以无服,犯殴伤者,止依凡人论,非也。当比依殴夫之伯叔母,与夫殴同罪,殴本生舅姑亦然。若殴夫之父妾,则同他人,盖夫殴但加凡人一等耳。

殴妻前夫之子

释曰:此律三节合讲,大意本乎《图注》。按《丧服图》三父八母,一曰同居继父,两无大功亲者,期年;两有大功亲者,齐衰三月。二曰同居继父,先曾同居,今不同居者,齐衰三月;自来不曾同居①者无服。三曰从继母嫁,谓父死,继母再嫁他人而随去者,齐衰杖期,此继父恩义轻重之等也。继父之恩义,所重在于同居与不同居。同居者,曾有长养之恩焉,服制虽问其大功亲之两有两无以为轻重,而恩义则一也。故相犯者,比不同居者,子罪每加一等,而父罪每

---

① "居",底本作"若",误。

减一等。其先曾同居而今不同居者，亦曾受其长养之恩，虽今不同居，而先日之恩不可忘也，故子殴即杖六十，徒一年；折伤以上，又加凡斗伤一等；而父则得减凡人一等也。虽然，他人而谓之父，他人而谓之子，以其有相依为生之恩义也。殴而至于死，杀而出于故，则何恩义之有？故殴死者，继父则抵命坐绞，子则加凡一等坐斩。故杀者，则无父子之分，皆坐以斩也。父而可继者，以其曾同居也。自来不曾同居，则何继父之有？故与故杀者，俱不复有尊卑之辨。凡殴与折伤，及殴死者，悉以凡人科断也。至于所谓从继母嫁者，母之后夫得以父称，以从母故耳，继母则又与亲母不同矣。然既曰从之而嫁，则见其子之孤幼无依，而抚育之恩，实有异姓父子之义，则又何亲母、继母之分哉？此所以亦有期年之服。有犯者，亦当科同居继父之律矣。按礼继父不同居者，《记》曰："必尝同居，然后为异居；未尝同居，则不为异居。"○继子之妻有犯，亦依妾殴夫之缌麻以上尊长，与夫殴继父同罪。若母被继父出，纵先同居，亦以凡论。

妻妾殴故夫父母

第一节 妻妾惟被出者，则于夫为义绝。若夫亡改嫁，虽妇志已移，而子义未绝，则于故夫之父母，尚有舅姑之分焉。故殴故夫之祖父母、父母者，并与殴见奉之舅姑罪同；而故夫之父母殴之，亦与殴子孙之妇同。自其父母之外，皆同凡人矣。○守制之妇，与已出之姑无绝道。《唐律疏议》云："子孙身亡，妻妾改嫁，舅姑见在，是为'旧舅姑'。今者，姑虽被弃，或已改嫁，而子孙之妻孀居守志，姑纵适人，妇仍在室，母子终无绝道。子既如母，其妇可知。"若夫之嫡、继、慈、养母，不入此条。

第二节 此亦自转卖与人者言之。奴婢于家长，合则有恩，散则无义。故相殴者，各以凡人良贱相殴论，殴者各验其伤之轻重定罪。旧奴婢犯者，加凡人一等；至笃疾者绞，死者斩。旧家长犯者，减凡人一等；至死及故杀者绞。若奴婢逃走，于义未绝，不用此律。不言旧雇工人，举其重者见义也。

父祖被殴

第一节 凡祖父母、父母被人殴打，子孙实时救护而还殴行凶之人者，非折伤勿论；至折伤以上，亦减凡斗伤罪三等，此重在"实时救护"四字。盖本欲救护其亲，非还殴之，则不得脱亲于厄，非有意于殴人也。此与以威力先事加人不同。其殴而至于死者，不问手足他物金刃，并依常律处绞。○若非系子孙，如弟侄人等，救护而还殴者，止依下手理直，减二等科断。

第二节 若祖父母、父母，被人杀死，而子孙不告官司，擅杀行凶人者，杖六十。盖父母之仇，不共戴天，故得从轻末减。若实时杀死，则又出于一时痛愤激切之情，故原而勿论。然须看"实时"二字，若少迟，即以擅杀论，杖六十矣。〇若与祖父母、父母同谋共殴人，自依凡人首从法。又祖父母、父母，被有服亲属殴打，止宜救解，不得还殴。若有还殴者，仍依服制科断。〇父祖外，其余亲属人等被人杀，而擅杀行凶人，审无别项情故，依罪人本犯应死而擅杀律，杖一百。《记》云："兄弟之仇，不反兵。"律于罪人应死，已就拘执，其捕者杀之，罪且止此，而况仇乎？观《记》言，是亦名教所许也。

《王仪部先生笺释》卷二十终

《王仪部先生笺释》卷二十一

顾王榭用拙父　　校阅

顾鼎定九父　　　重编

古吴

黄中致和父　　　订正

翁居体镜非父　　汇参

刑律

骂詈

释曰：按《唐律》殴骂祖父母、父母，妻妾殴骂夫父母，妻妾殴骂故夫父母，殴詈夫期亲尊长，媵妾殴骂夫，部曲、奴婢骂旧主，凡言及詈者，皆因殴带言，未尝别著为目。至明时始别为目，又增骂人、骂官长诸条，视前为详密云。○正斥曰骂，旁及曰詈，诸条律意，与斗殴同；但骂轻于殴，故罪亦轻耳。

骂人

释曰：此骂彼曰骂人，彼此交骂曰互相骂，罪止笞一十。

大诰减尽，或谓骂人不准首限，然《名例》但云损伤于人者，不在自首之律。彼骂人者岂有损伤乎？意者亲属相犯，在律皆有亲告乃坐之文，而说者不会其意，遂谓骂人之罪，于法皆所不贷。虽以服属之尊，且不能庇其卑幼，他可知矣。噫！岂其然哉？此弼教坊乱之意，而以侪之凡人，非知法者也。

骂制使及本管长官

释曰:在外官吏于制使,部民于本属府、州、县正官,军士于本管指挥、千百户,吏卒于本部五品以上长官,殴者俱杖一百,徒三年,而骂者杖一百,盖减五等矣。吏卒骂六品以下衙门长官者,各减骂五品以上长官之罪三等,则杖七十。若骂佐贰官、首领官,又各递减一等。如部民于本属府、州、县,军士于本管卫所,吏卒于本部,骂五品以上衙门各佐贰官,俱减骂长官罪一等,则杖九十;各首领官又递减骂佐贰官罪一等,则杖八十。吏卒骂本部六品以下衙门佐贰官,通递减四等,则杖六十;首领官通减五等,则笞五十。并官长亲闻乃坐,不听指告,所以塞谗谮之原也。《疏议》以佐贰、首领官,但属之五品以上,及六品以下,是专主吏卒骂者言也。使部民骂县丞尉,若只依六品以下,止杖六十,笞五十,是较之骂知县之杖一百者,安在其为各递减一等耶?

条例

第一条 问罪依违制。

第二条 妄叫冤枉,辱骂问官,同违制。有词奏告者,以诬告论。若止叫冤枉,不骂问官,不在此例,另有例在越诉条下。

佐贰统属骂长官

释曰:凡本衙门首领官,及所统属下司官,有骂五品以上长官者,杖八十;若骂六品以下长官者,减三等,笞五十。若佐贰官骂长官者,又各减首领官罪二等,骂五品以上长官,杖六十;骂六品以下长官,笞三十;并亲闻乃坐。

奴婢骂家长

释曰:奴婢于家长,一殴即斩,一骂即绞。家长之期亲及外祖父母,殴则绞,伤则斩,骂则杖八十,徒二年,是减四等矣;大功又减期亲五等,小功减六等,缌麻减七等。雇工人于家长,及家长之期亲外祖父母,殴则杖一百,徒三年;而骂家长亦杖八十,徒二年,止减二等而已。骂家长之期亲外祖父母,则杖一百,又减家长三等;大功又减期亲四等,小功五等,缌麻六等,并须亲告乃坐。前云亲闻乃坐,后云亲告乃坐,二者异文何也?盖上司所属,以分相临,恐有谗间之言,故必亲闻;奴婢亲属,以情相与,或有容忍之意,故必亲告。律之用意精矣。

骂尊长

释曰：殴本宗外姻缌麻兄姊杖一百，而骂者笞五十；殴小功兄姊杖六十，徒一年，而骂者杖六十；殴大功兄姊，杖七十，徒一年半，而骂者杖七十。盖皆减五等，其与父母同辈尊属，各加一等，则缌麻杖六十，小功杖七十，大功杖八十矣。殴期亲之同胞兄姊，杖九十，徒二年半，而骂者杖一百；殴期亲伯叔父母，与在室姑及外祖父母者，杖一百，徒三年，而骂者杖六十，徒一年。骂皆减殴四等，与缌麻不同者，以亲故也，并须亲告乃坐。或以弟骂兄妻，律无明文，但坐不应笞罪。然以弟妹殴兄妻，加殴凡人一等论之，则以手足殴嫂不成伤者，加凡一等，止笞三十。若论骂罪，不致反重于殴，况骂嫂无亲告之律，则不当于骂上坐罪，又不可与凡人同论，但从别拟可也。凡殴骂尊长，皆依本律科罪，虽服制同者，亦难从为从减等之例。

骂祖父母父母

释曰：凡称祖者，曾高同。殴祖父母、父母，律云皆斩，此不言皆者，骂人本无首从。若殴，则不分殴者、伤者，皆与焉，故云皆也。○私笺曰：按律称骂祖父母、父母，及妻妾骂夫之祖父母、父母者并绞，下云须亲告乃坐。又一款其祖父母、父母诬告子孙及子孙之妇者，各勿论。窃详律意，子妇毁骂尊属，重罪也，恐他人得加诬陷，故须亲告乃坐。谓之亲告乃坐者，以见他人虽告，不坐也。近见问刑衙门，遇有祖父母、父母告子孙及子孙之妇骂者，不问虚实，辄坐以绞，是乃亲告即坐矣。使亲告即坐，何以有诬告子孙勿论之文乎？凡此必须审讯详察。既诬告者勿论，则果系诬者，其无罪可知矣。

妻妾骂夫期亲尊长

释曰：凡妻妾骂夫之期亲以下、缌麻以上，内外尊长，与夫骂之罪同科。妾骂夫与正妻者，俱杖八十。女婿骂妻父母，杖六十。若妾骂者，亦与夫骂缌麻尊长罪同。律无妻骂夫之条，其有犯者，但拟不应笞罪，仍准于法得容隐者相告免科，盖贷其有敌体之义故耳。其余亲属相犯，难同首免，故于律并云须亲告乃坐。

妻妾骂故夫父母

释曰：妻妾，夫亡改嫁，其义尚未绝，而骂故夫之祖父母、父母者，与骂见奉舅姑之罪同，并绞。若夫在被出，与夫义绝，及姑妇俱改嫁者，不用此律。又子孙之妇，守制在室，而骂已改嫁之亲姑者，与骂见奉姑同。若嫡、继、慈、养母已嫁，不在骂姑之例，即此见亲母重于诸母矣。

若奴婢转卖与人，其义亦绝，骂旧家长者，以凡人论。○夫律者，王道之权书也。孟夫子云："权然后知轻重。"即此一条，夫亡改嫁，其义未绝，夫在被出，与夫义绝；而律之轻重，因之以见，权之毫发不爽矣。

《王仪部先生笺释》卷二十一终

《王仪部先生笺释》卷二十二

古吴

顾王榭用拙父　校阅
顾鼎定九父　　重编
黄中致和父　　订正
翁居体镜非父　汇参

户律

户役

释曰：《疏议》载《诉讼律》，汉未有其名，曹魏有《告劾律》《囚律》，晋有《告劾系讯律》，梁因之，北齐附于斗事，谓之《斗讼》，北周为《告言》，隋因北齐，仍为《斗讼》，至唐不改。明以斗讼事多，难合为一，析为《斗殴》《诉讼》二篇，今因之。

越诉

第一节　凡军民争论事理，其一应词讼，皆须自下而上，先从拘该官司陈告。军有所卫都司，民有县州府省，又在内有六部都察院，在外有提刑按察司及分司。若蓦越本管官司，而辄赴上司衙门称诉者，其所诉事情虽实，亦笞五十。若有不实者，自依诬告律科断。盖下之于民也亲，其于事也易得其实，故词讼自下而上，则卑官得以尽其职，尊官得以视其成，此越诉之所以有罪也。若曾在本管官司陈告而不受理，或受理而亏枉不服，方赴上司陈告者，则不在越诉之限矣。

第二节 若军民人等,迎候车驾出入,及击登闻鼓申诉,而情有不实者,杖一百。其事重于杖一百者,如诬重重者,则从反坐剩罪论;如全诬重者,则从诬告加等论。若得实者免罪,既得实矣,何罪之免?盖迎车驾,及击登闻鼓申诉,亦承越本管官司而言,是亦有罪矣。夫越诉得实而犹坐者,所以明体统也;奏诉得实而免罪者,所以达民隐也。○冲仪仗而诉事不实者绞,奏事而诈不以实者,杖一百,徒三年。何皆不与此同?盖冲突仪仗,罪本坐死,何况军民诉事不实者乎?此所谓杖一百者,谓于仗外俯伏以听者耳。凡各衙门官进呈实封诬告人,若反坐及加罪轻者,从上书诈不以实论,何有于军民诉事诬人者?此杖一百者,谓其所诬反坐及加罪轻者,当与官司进呈实封不同耳。

条例

第一条 擅入午门等门诉冤同,而有奉旨勘问、不勘问之异,俱问擅入午门及违制之罪,引此例枷号。

第二条 假以建言为由,是总句。下分二项,挟制官府是一项;将奸赃不明事情,污人报仇,是一项;问奏事诈不以实,引本例行。登闻鼓下,长安门外,撒泼喧呼,自刎自缢,本犯问诬告,教唆主使之人,依教唆词讼律。

第三条 前项人员,俱以公事到京,有等无籍之徒,把持其短,诈吓财物者,故立此例设谋奏告。或谓当依奏事诈不以实及诬告律,不知原词既立案不行,何由知其虚实?此节重在欺诈吓取财物,自当依恐吓诈欺取财,计赃准盗论,而奏告之虚实,所不论也。若不曾取财,仍不得引此例。

第四条 江西等处,仍天顺间旧例之文。贾客不止江西,江西亦非首省,似宜改此二字。

第五条 冒顶,问受雇诬告人律。代为奏告,问奏事不实,或诬告律。占骗财产,问诓骗,计赃准盗论。

第八条 经该官员,即考察考核,论劾与事之人,曰别项赃私,不干己事。则直指察核中事。若干己事奏告者,不得引此例明矣。

第十条 挟制,有赃问恐吓,无则问违制。主使之人,问教唆词讼,或教诱犯法受赃,依枉法行求。

投匿名文书告人罪

释曰:凡与人有仇,不指实告官,却隐匿自己姓名;或诡写他人姓名,讦人阴私过恶；或投掷官府衙门，或粘贴通衢要路，陷人之罪以快己私。此等之人，恶其既告言人罪，而又使人不可究诘，故坐以监候绞。虽实亦坐，然亦须连人捉获，方问死罪，不得妄指。观下连文书捉获之文，其意可见。盖既隐匿姓名矣，知其为何人而罪之乎？若尽素有仇隙之人而对其笔迹，则固有假手他人者矣。笔迹有相类者矣，死罪，极刑也。而可臆断以轻加人乎？又若假写词帖，递与缉事校尉陷人，及空纸用印，虚捏他人文书，买嘱铺兵递送害人，诈他人姓名，注附木牌，进入内府，不销名字，意在陷害他人，皆比依此律拟绞。见者即便烧毁，不许传示，违者问不应答罪。若将送入官司，则奸言得达于上矣，故杖八十；官司受而为之听理，则奸言得行于上矣，故杖一百。虽其所投之事，皆有指实，而被告言之人不坐。若于将投未投之时，有能连人与文书捉获解官者，官给赏银一十两。所云连文书，乃其人随身携带未投之文书也。此条固重匿名，尤重告人罪。若泛是骂詈之语，不曾讦发阴私过恶，或无所讦人之姓名，皆于此律不合，不可妄引。

告状不受理

释曰：首节是告状不受理之正律，二节至五节所谓推故不受理，亦如上之罪。迟错不行改正，与当该官吏同罪，依告状不受理论罪，随所告事理轻重以坐其罪，则皆因告状不受理而推言之也。律所载反叛恶逆等外，他若放富差贫，水旱灾伤，告状不受理，各自有本律。此条并投匿名文书告言人罪条内官司受理之罪，俱罪坐所由。

第一节 谋反大逆，及谋叛机密事情，关系社稷安危，岂容坐视？故承告而不即受理掩捕者，虽不失事，亦杖一百，徒三年。因其不行先事扫除，以致贼势滋蔓，聚众作乱，攻陷城池，劫掠人民者，坐监候斩。恶逆，如子孙谋杀祖父母、父母之类，系干风化淑慝，岂容漫视？故承告而不受理者，杖一百；告杀人及强盗，则一身一家之祸，凶恶在所必究，故不受理者，杖八十；告斗殴、婚姻、田宅等事，事虽稍轻，亦关民风偷薄，故不受理者，各减被论犯人之罪二等，罪止杖八十。如赋役不均，检踏灾伤，有正律者，自依本条科断。若接受被论人财物不为受理者，并计入己之赃，如赃罪重于不受理者，依枉法论。不受理之罪，重于赃罪者，以不受理论，故曰从重。盖谋反逆叛之事至大，而恶逆次之，杀人及强盗又次之，斗殴、婚姻、田宅等，则常事耳，故罪各有差。

第二节 应理词讼，原告与被论之人，有在两处州县者，听原告就被论本管州县衙门告理归结，恐其有所偏护，又所以省民力也。其各该官司，但有自分彼此,推托别故,不与受理者,随其所告事情,亦论如不受理恶逆、杀人、强盗、斗殴、婚姻、田宅等事,及受财之罪,恶其有所推避也。○若被论有犯,自应在被论本管官司申理,不可越境而治也。

第三节 部院、监察御史、按察司及分司官,巡历去处,应有军民词讼。若未经本管官司陈告,是越诉不准行矣;及虽陈告而见问本宗公事,文卷未经结绝,是见禁囚告举他事,不准行矣;并听置簿立限,发本管当该官吏追问,取具归结缘由,回报勾销。若当该官吏,稽迟失错;而巡历官员,于其迟者不即举行,错者不即改正,各与原问迟错官吏同罪。

第四节 其已经本管官司陈告,而不为受理,及问完本宗公事,文卷已绝,而或有理断不当,称诉冤枉者,巡历官员,即便勾问。若推故不与受理,及不亲自鞠审,而转委有司,或仍发原问官司收问者,各随其轻重事情,依告状不受理之律论罪。

第五节 若各处有司本管衙门,追问民间词讼及承告,或批发一应钱粮工作等项,大小公事,须要就本衙门归问断结,不得转行批委隔别官司,致有冤滥扰害,违者各随所告事理轻重以坐其罪。如被论人合得笞罪,则坐以笞;合得杖罪,则坐以杖。此不依告状,不受理论罪者,本管有司,系近民亲下之官,复有转委,显系怠职,故重其罪也。若佐贰首领,仍是本衙门官,转委不妨矣。此不与上条相贯。上言巡历官员,勾问词讼,不得转委有司,盖谓正经有司不为受理及理断不服之事,原问既执成心,同官亦碍体面。若转委之,则冤枉何由而伸?故不许也。然有司受理词讼,其公事亦有转委他人者,是亦不得为无罪也。

听讼回避

释曰:谓凡军民衙门官吏,于诉讼人内,若有关涉内外有服亲属及婚姻之家,若受业师,或旧为本籍公祖父母官,及素有仇怨嫌隙之人,并听移文陈说回避。违者,其于所听之讼事虽得实,亦笞四十。若罪有增减者,计所增减事情,以故出入人罪论。因仇嫌而罪有增,以故入人罪论;因亲故而罪有减,以故出人罪论。

诬告

释曰:此条作四段看,自诬告起至加役三年,以无罪全诬者言;若告二事以上,至犹以诬告论,以有罪而诬告者言;若各衙门官一节,又通有罪无罪言;末节专自已问结者言之。大意谓全诬者,不折杖;诬重者,依律折杖;全诬至死未决者,不折杖,又加役;诬轻至死未决者,不折杖,亦不加役也。

第一节 告人不以实曰诬,而诬告事情,又有轻重。诬告人笞罪者,所诬尚轻,故加所诬之罪二等。诬告人流徒杖罪者,则所诬重矣,故加所诬之罪三等。不论已决配、未决配,皆加等也。惟诬告人死罪,则论已决、未决坐罪耳。虽诬至三流,亦罪止杖一百,流三千里,不加入于绞。若所诬徒罪之人已着役,流罪之人已发配,其后虽经诉辩改正,被诬之人,已经放回,必须计验其自被逮以至放回之日数多寡,于诬告犯人名下,追征用过路费给还。若有曾经典卖田宅,作为路费者,着落犯人备价取赎。验日之说不同,或云以雇工钱论,每日照例追偿;或云以所得罪赎法论;二者皆非路费之正意,还当审其所费,官为折衷追之为是,则所谓验日,亦不过计其久近之意。典卖田宅,须是作路费方合律。大抵备偿路费,取赎田宅,二者统说。若典卖田宅为路费,则但取赎田宅,不必又追给路费矣,其理可知。此等却要于招由上说得明白。因而致死被诬人随行有服亲属一人者,犯人坐绞监候,除偿费赎产外,仍将犯人财产一半,断付被诬之人养赡。随行,不止谓随至配所同住者,即暂时供送者亦是。有服亲属,所该者广。别律所称犯流者,妻妾从之,父祖子孙欲随者听,则专指相随同住者而言。或者因此,遂谓除祖父、子孙之外,皆非应该随行之人,虽致死不坐,则非矣。谓之有服,则但有服者皆是,惟无服之人,无随行之义。其或有愿随者,律虽不禁,而致死亦非律之所重也。律言致死随行有服亲属之罪,而不言致死被诬人之罪。若诬告人至死罪,而所诬之人,或绞或斩,已经处决。其后或因人告发,或因亲属辩诉,诬告犯人,反坐以原诬之死罪,亦令备偿取赎,断付养赡。若所诬之人未决者,犯人杖一百,流三千里,仍于配所加徒拘役三年。今有大诰减讫流罪当杖一百,总徒四年,不坐流者惜其生,加役者恶其情也。○诬告人过失杀者,亦拟告人死罪,未决诰减。后云仍尽过失杀本法,依律收赎。

第二节 其诬告人徒流死罪,若犯人果系贫之,无可备偿路费,取赎田宅,亦无财产可以断付者,止科加诬之罪。

第三节 其被诬已经役配之人,理虽得直,但不曾致死亲属,诈作致死;或将他人死尸,冒作亲属,因而反诬犯人者,亦抵诬人致死随行有服亲属之罪,已决者绞,未决者杖一百,流三千里。而犯人止坐本诬告人徒流之罪,不在加等,及备偿取赎断付之限。○一议得赵甲所犯,若告钱乙先年将伊诬告,问拟徒罪煎盐,因而将供送侄赵丙累死,得实,钱乙合坐以诬告人徒罪,因而致死随行有服亲属一人者律绞。今虚,依被诬之人,诈冒不实,反诬犯人者,亦抵所诬之罪,至死罪而所诬之人未决者律,杖一百,流三千里,加役三年。○问曰:假如乙诬告甲窝藏逃户,该杖一百,而甲反诬乙越度关津,该杖九十,亦得以反诬抵罪否?答曰:反诬犯人者,谓不曾致死亲属,诈作致死之类,今乙诬告甲,甲亦诬告乙,俱系他事,甲乙合各抵本诬之罪,俱不加等,盖以彼此虽各有诬。若两加之,则乙终系先告;若止加乙,则甲亦诬乙;故俱不加等为是。○诬告应加等,而两相诬者不加。诬告人徒罪已役,流罪已配,用过路费,典卖过田宅,应令其赔偿取赎;至于致死亲属,则又应将财产一半断付养赡。而两相诬者,不偿、不赎、不断付。

第四节 上文所谓诬,皆自全诬者言之,故此下又言告二事以上,轻重虚实,其不全诬者之发落。告人二事以上,重事告实,则受告人应得重罪。虽轻事招虚,而无所加于人之罪也。告人数事罪等,使其皆实,在罪人犹当从一科断。况今一事得实,则已足见其人之罪,而余事虽虚,亦不得谓之全诬矣。此所以皆免诬告之罪也。○《唐律》云:"诸告小事虚,而鞫狱官因其告,检得重事及事等者,若类其事,则除其罪;离其事,则依诬论。"类其事,谓如告人盗驴,检得盗马,是为得重事,而驴马似乎相类;告人盗甲家马,检得盗乙家骡,是为事等,而马骡亦是相类,所告虽虚,除其妄罪。离其事者,谓如告人盗马,检得铸钱,事原非类,则依本诬论,仍得诬告盗马之罪。

第五节 若告人二事已上,轻事告实,重事招虚;或告一事诬轻为重,中间虽不全诬,而被诬之人,除应得罪名外,皆谓之剩罪矣,故皆反坐所剩。其不实之罪,若已论决,不问笞杖徒流,全抵剩罪。无力的决,做工摆站哨瞭,有力纳米等项赎罪,不在折杖收赎之限。若未论决,则虽有所诬,而其人未经受刑,故笞杖,则全许其收赎,徒流则杖一百,而余罪听其收赎。笞杖,谓不限徒流罪所剩,但系五十以下,皆为笞罪,一百以下,皆为杖罪。所剩止余笞杖,则可见其得实者已多,故许其全赎以宽之也。若剩杖六十,徒一年以上,是谓所剩之徒流,观其所剩者多,则可见其得实者少,故不许其全赎以惩之也。折杖之法,专为诬至徒流,便于计数而设,此所谓诬轻为重,至徒流而止。若诬重至死者,在下节,不在收赎之限。○凡诬重至徒流罪者,每徒一等,折杖二十;其五等徒,共折杖一百;又五徒皆包杖一百,如杖六十,徒一年,折杖通计一百二十。盖杖一百上加一等,即徒一年,故折杖当一百二十也;徒一年半,折杖一百四十;徒二年,折杖一百六十;徒二年半,折杖一百八十;徒三年,折杖二百也。若从徒入流者，三流并准徒四年，皆以一年为所剩罪，折杖四十，流三等，皆包杖一百，徒三年，折杖二百，通计折杖二百四十。若从近流入至远流者，每流一等，准徒半年，为所剩罪，亦各折杖二十。其三等流，共折杖六十，又流三等，皆包五徒，折杖二百。盖徒三年上加一等，即流二千里，故折杖当二百二十也；流二千五百里，折杖二百四十；流三千里，折杖二百六十。其零数不可总算者，考《名例律》旧注所载笞一十，赎铜钱六百文，雇工钱一日，为铜钱六十文，则一下之杖，一日之徒，皆铜钱六十文也。故杖一十下，可以准徒十日。可知如杖一百三十，准杖六十，徒一年零十日；杖一百五十，准杖七十，徒一年半零十日之类。必如此扣算，庶乎不差也。○收赎之说，原注已明。老幼废疾收赎，不问笞杖徒流，收赎有差，诬告收赎，诬轻为重未论决者，笞杖收赎，徒流止杖一百，余罪亦听收赎。老幼废疾，徒流皆直照徒年限收赎。诬轻为重，徒流皆折杖，照杖数收赎。此其异也。官司出入人罪折杖，又与诬告折杖不同，见官司出入人罪条下。○一说徒流已论决者，但以折杖剩罪全抵之，不坐徒流。若然，则凡诬杖为徒者，无所全抵，且比之官司出入人罪为重矣。或以告人杖六十，徒一年，今以其杖六十，并入徒一年，折杖二十通杖八十。若止告笞二十是实，则杖已包笞，除讫二十，反坐剩杖六十，非也。使其所告杖九十是实，杖六十，徒一年是虚，则将何所除？而所谓徒一年者，反比之杖九十为轻矣。或又谓本注，惟从徒入流者，乃准徒折杖，亦非也。所谓告人流三千里，于内止招杖一百，反坐原告杖一百，余剩杖四十收赎者，独非注乎？或又以笞杖徒流收赎，谓所剩笞杖徒流之罪，亦非也。盖徒流通计折杖，其所剩罪，虽依笞杖数目收赎，然皆谓之剩杖，故遇蒙恩例，但通减二等收赎。虽笞罪剩杖，亦不作释放。不然，则下云至死罪，亦可谓之剩死罪耶？盖上段言笞杖徒流死罪者，谓全诬抵坐者也；此言笞杖徒流死罪者，谓诬重反坐者也。

第六节　若诬重至死罪而所诬之人已处决者，照凌迟斩绞，反坐原告人以死；未决者，止杖一百，流三千里。此"止"字非"罪止"之"止"，以不加役及不偿费赎产，断付养赡，故言止耳。夫诬告致死则一，而有加役、不加役之殊，何也？盖上文诬告人死罪未决，是全诬平人于死，故虽流三千里，犹不足以示戒，而又于配所加役三年，此则被告人不免于罪，但不合诬至于死耳，故但流而不加役也。此非剩罪，故不折杖。

第七节　若律该罪止者，如不枉法赃一百二十两以上，罪止杖一百，流三千里之类，则诬告者，虽多于一百二十两，而其罪无所加，故不反坐，以其无可反坐故也。此所告在一人者则然。

第八节 至告二人以上,虽云得实,但其中有一人不实者,罪虽轻,犹以诬告加二等科罪。假如告十人,九人是实,一人是虚,犹科诬告一人之罪,不以九人之得实而原之。盖在余人虽为得实,在此一人,则为无辜也。若告叛逆重情,全诬十人以上者,有例问发边卫充军,在教唆词讼条下。〇以上俱自诬重反坐之罪言之。

第九节 若各衙门军民大小官,诬捏事情,进呈实封,至御前诬告人及风宪官怀挟私仇,弹劾事情有不实者,亦各论如诬告,或诬轻为重,笞杖徒流死罪之律,或加等,或反坐所剩,或全抵剩罪,或加役,或不加役。若反坐加等之罪,轻于杖一百徒三年者,依上书诈不以实科断,杖一百,徒三年。夫迎车驾击登闻鼓,申诉不实者,杖一百。官进呈实封诬告人,及风宪挟私弹事不实,则罪亦如诬告。在民则轻之,在官反重之,何也?盖妄诉者,意在脱己之罪,故从轻;妄奏者,意在陷人之罪,故从重;所以杜其欺君之渐也。

第十节 狱囚已招伏罪本无冤枉,而囚之亲属,妄为出名辩诉冤枉,其意亦止欲为之脱罪耳,故减囚罪三等,罪止杖一百。若囚罪笞杖已决,徒流已配,而自妄诉冤枉,摭拾原问官吏挟仇逞怨,希图陷害原问官而告者,加所诬之罪三等,罪止杖一百,流三千里。若在役限之内妄诉者,当从已徒而又犯徒律科之。

全诬

释曰:凡全诬者,不用折杖,亦不论已决未决。

笞,议得赵甲所犯,若告钱乙将伊骂辱得实,钱乙合坐以骂人律,笞一十。今虚,依诬告人笞罪者,加所诬罪二等律,笞三十,减等笞二十,的决宁家。

杖,议得赵甲所犯,若告钱乙饮酒撒泼得实,钱乙合坐以不应事重律,杖八十。今虚,依诬告人杖罪,加所诬罪三等律,杖六十,徒一年,减等杖一百,的决宁家。

徒流亦如此议。

死罪未决

议得赵甲所犯,若告钱乙偷盗粮价银满数得实,钱乙合坐以常人盗官物八十两律绞。今虚,依诬告人死罪未决律,杖一百,流三千里,减等杖一百,徒三年,做工满日随住。

虽准徒已发做工,亦坐未决,议加役三年。旧有例准徒四年,亦未见引用。

死罪已决

议得赵甲所犯,合依诬告人死罪已决者,反坐以死律绞监候,处决。

反诬犯人

议得赵甲等所犯,赵甲若告钱乙,因伊诬告杖一百,徒三年,将侄赵丁累死得实,钱乙合坐以诬告人,因而致死随行有服亲属一人律绞。今虚,依被诬之人诈冒不实反诬犯人者,亦抵所诬之罪,至死未决律,杖一百,流三千里。钱乙依犯人止反坐本罪律,杖一百,徒三年,俱减等。赵甲杖一百,徒三年,钱乙杖九十,徒二年半,俱送做工,满日随住。

此备一体式耳,作招时能自核算,即不必用,盖必不得已而后用之也。

诬轻为重,及轻事告实,重事招虚,反坐所剩。

释曰:已论决,全抵剩罪;未论决,笞杖收赎,徒流止杖一百,余罪亦听收赎。

笞入笞

未决

议得赵甲所犯,若告钱乙行凶攘闹得实,钱乙合坐以不应得为而为之事理律,笞四十。今止告钱乙骂人笞一十是实,合依轻事告实,重事招虚,反坐所剩律,笞三十,减等笞二十,系剩杖,依律收赎随住。

已决

依轻事告实,重事招虚反坐所剩,已论决,全抵剩罪律,笞三十,减等律笞二十,的决随住。

笞入杖亦照此议。

笞入徒

未决

议得赵甲所犯,若告钱乙打折伊左臂得实,钱乙合坐以折人肢律,杖一百,徒三年,折杖二百。今止告钱乙以手殴人成伤,笞三十是实,依诬轻为重,反坐所剩律,杖一百七十,止杖一百,余罪收赎,减等杖九十,的决宁家。

已决

依诬轻为重,反坐所剩律,杖一百七十,准杖八十,徒二年零十日,减等杖七十,徒一年半零十日,做工满日宁家。

笞入流

未决

议得赵甲等所犯,赵甲若告钱乙,将伊两腿打折得实,钱乙合坐以折人两腿律杖一百,流三千里,折杖二百六十。今止告钱乙以他物殴人成伤,笞四十是实,合依诬轻为重,反坐所剩律,杖二百二十,止杖一百,余罪收赎。钱乙以他物殴人成伤律,笞四十,俱减等,赵甲杖九十,钱乙笞三十,各的决宁家。

已决

依诬轻为重,反坐所剩律,杖二百,准杖一百,徒三年。钱乙依以物殴人成伤律,笞四十,俱减等;赵甲杖九十,徒二年半。钱乙笞三十,赵甲做工,钱乙已经论决勿论,各随住。

杖入杖,杖入徒,杖入流,亦如笞议。

徒入徒

未决

议得钱乙等所犯,钱乙依窃盗已行而但得财者七十两律,杖八十,徒二年。赵甲若告钱乙偷盗伊银一两得实,钱乙合坐以窃盗得财八十两律,杖九十,徒二年半,折杖一百八十。今止告钱乙杖八十,徒二年,折杖一百六十是实,合依诬轻为重,反坐所剩律,杖二十,俱减等,钱乙杖七十,徒一年半,赵甲杖一十,钱乙做工,赵甲系剩杖,依律收赎随住。

已决

俱减等。钱乙杖七十,徒一年半,赵甲杖一十。查得赵甲先诬钱乙,减得杖八十,徒二年,已经论决,送工部做工半年。今辩得钱乙止坐杖七十,徒一年半,合将钱乙多决过杖一十,准徒十日,仍送工部贴徒一年五个月零一十日,赵甲的决,各着役。

徒入流

未决

议得钱乙等所犯，钱乙依奏事诈不以实律，杖一百，徒三年。赵甲若告钱乙发掘伊父赵丙坟冢，暴露椁椁得实，钱乙合坐以发冢见棺椁律，杖一百，流三千里，折杖二百六十。今止告钱乙杖一百，徒三年，折杖二百是实，依轻事告实，重事招虚，反坐所剩律，杖六十，俱减等，钱乙杖九十，徒二年半，赵甲杖五十，钱乙送工部做工满日，赵甲系剩杖，依律收赎，各随住。

已决

俱减等，钱乙杖九十，徒二年半，赵甲杖三十。查得钱乙先被赵甲诬告，杖一百，流三千里，已论减等杖一百，徒三年，送工部做工一个月，未满。今辩得钱乙，止坐杖九十，徒二年半，合将多决过杖一十，准徒十日，仍送工部贴徒二年四个月零二十日，满日赵甲的决，各随住。

近流入远流

未决

议得赵甲等所犯，钱乙依窃盗已行而但得财者一百两律，流二千里。赵甲若告钱乙偷盗伊银二两得实，钱乙合坐以窃盗得财者一百一十两律，杖一百，流二千五百里，折杖二百四十。今止告钱乙杖一百，流二千里，折杖二百二十得实，合依诬轻为重，反坐所剩律，杖二十，俱减等，钱乙杖一百，徒三年，赵甲杖一十。钱乙虽辩前罪，缘二死三流同为一减，仍照先拟徒限做工，赵甲系剩杖，依律收赎，各随住。

已决

余俱照前拟，赵甲的决。

反坐所剩则例

释曰：凡诬告人革前不首事情，止于不应上加罪，今在外问刑衙门多忽此。

诬笞为徒。如本犯笞三十，诬告杖六十，徒一年，五徒皆包杖一百，又徒一等，折杖二十，通该一百二十；除告实笞三十，未论决，合坐剩杖九十，收赎银六分七厘五毫。或作剩杖五十，非。

诬杖为徒。如本犯杖八十，诬告杖八十，徒二年，徒三等，折杖六十，又包一百,通该折杖一百六十;除告实杖八十,未论决,合坐剩杖八十,收赎银六分。或作剩杖六十,非。

诬轻徒为重徒。如本犯杖七十,徒一年半,诬告杖一百,徒三年,每徒一等,折杖二十,今徒五等,折杖一百。除告实徒一年半,折杖四十,未论决,合坐剩杖六十,收赎银四分五厘。若各加包杖一百,乃总除之亦同。或作剩杖九十,非。

诬笞为流。如本犯笞五十,诬告杖一百,流三千里,三流皆包徒三年,折杖二百,并准徒四年,以一年为所剩罪,折杖四十,通该二百四十。除告实笞五十,未论决,合坐剩杖一百九十,止杖一百,余九十,收赎银六分七厘五毫。

诬杖为流。如本犯杖九十,诬告杖一百,流二千五百里,折杖二百四十。除告实杖九十,未论决,合坐剩杖一百五十,止杖一百,余五十,收赎银三分七厘五毫。○《疏议》以流二千里,折杖二百二十;流二千五百里,折杖二百三十;至流三千里,乃折杖二百四十,非也。

诬徒为流。如本犯杖八十,徒二年,诬告杖一百,流三千里,折杖二百四十。除告实杖八十,徒二年,折杖一百六十,未论决,合坐剩杖八十,收赎银六分。或作剩杖一百,非也。

诬近流为远流。如本犯杖一百,流二千里,诬告杖一百,流三千里。每流一等,准徒半年为所剩罪,折杖二十;今流三等,准徒一年半,折杖六十。除告实流二千里,折杖二十,未论决,合坐剩杖四十,收赎银三分。若各加包五徒,折杖二百,乃总除之亦同。或作剩杖二十,非。

条例

第一条 平人,谓无罪之人,即全诬也,考与禁为二事。○嘉靖间,大理寺等衙门会题,得诬告而累死被诬之人,摘引诬告人因而致死律条科断,与律意不合,相应改比诬告人,因而致死随行有服亲属一人律绞。今后凡有诬告平人,致累监故者,俱比照前例问拟。或患病在外,别因他故身死者,止问以应得罪名,照常发落。如此,则于律意不违,而情法相当矣,故增此例,至今不改。

第二条 挟告诈财者,问恐吓取财,计赃准窃盗论。

第三条 挟制官府,陷害良善,依前条。诈骗财物,有被访人买脱者,有买访所仇之人者,衙门人役依枉法,奸徒依诈欺诓骗,买脱人依行求。报复私仇窝访者,就所纂事件应得罪名,依诬告法反坐。

第四条 与刁军、刁民条相似,此专指已得财者言,故有计赃满数之说,恐吓准窃盗论,一百二十两为满数也。若未得财,引上条结党陷害良善例。

干名犯义

释曰：此律当与"亲属相为容隐"及"犯罪自首"二条参看。

第一节 凡子孙告祖父母、父母，妻妾告夫及夫之祖父母、父母者，虽得实，亦杖一百，徒三年，但诬告者，绞。若卑幼告期亲尊长，外孙告外祖父母，虽得实，亦杖一百；告大功，亦杖九十；小功，亦杖八十；缌麻，亦杖七十。其被告之期亲大功、尊长及外祖父母，若妻之父母，并同自首免罪。不言祖父母、父母、夫、夫之祖父母、父母者，举其轻足以见义矣。外祖父母，等于期亲，妻之父母，殊于缌麻，其得同首免之例者，义重于服也。若被告之小功、缌麻、尊长，得减所告得实之本罪三等，不言无服之亲，依《名例》得减一等。若诬告者，计所反坐之罪，重于杖一百，杖九十、八十、七十之罪者，各加所诬之罪三等。如告期亲尊长该杖六十，徒一年，是重于杖一百，则于所诬杖六十，徒一年上加三等，该杖九十，徒二年半之类。其加罪不入于绞，此加等，即于其所告罪名上加等，即加凡人诬告罪三等耳，不当于凡人加诬之罪上又加之，亦不可于尊长减罪上加之。盖律云期亲大功，同自首免罪，小功、缌麻，得减本罪三等。若于减罪上加诬，则告期亲大功者，免罪之上，无复有加三等之理；而告小功、缌麻者，虽加犹不加矣。若所诬尊长，徒罪已役，流罪已配，死罪已决，及致死随行亲属者，其流罪财产，各如小注尽诬告本法科断，死罪未决者，杖一百，流三千里，又加役三年，而不得同于凡人也。不言反诬者，盖尊长被卑幼诬告，而反诬卑幼，由卑幼先犯义也，宜勿论。若卑幼被尊长诬告，而反诬尊长，则各当坐本律。卑幼诬尊长重者，亦该加所诬罪三等，不比常人两相诬者之不加等也。○问曰：告常人涉虚，答罪加二等，杖以上加三等，诬告祖父母、父母、夫之祖父母、父母者绞。今告期亲尊长涉虚，重者亦止加诬三等，何也？答曰：诬告常人，而官府不为辩理，被告之人，无辜陷害，故加二等、加三等。若诬告期亲尊长，纵不辩明，而大功以上尊长，得同自首免科，小功缌麻，亦得减罪三等，故所诬重者，亦止加诬罪三等也。至若告祖父母、父母、夫之祖父母、父母，事虽得实，犹坐杖徒。若无其事而妄告，是与骂詈何异？故坐以绞，固不可以一律论也。

第二节 上文所言，名分所系，义得容隐，既相告言，是干犯也，故不得不重其罪。至子孙卑幼，告言尊长谋反大逆、谋叛、窝藏奸细，是系干国家，不得为亲者讳。及嫡母、继母、慈母、所生母杀其父，若所恩养父母，杀其本生父母，又人伦之变，当各为其所重。及被期亲以下尊长，侵夺其财产，或殴伤其身体，是亦剥肤之灾，情不容己，皆应自理诉者，并听卑幼据实陈告，不在干名犯义之限。其被告之事，各依本律科断，不用容隐之人告言，并同自首免罪之律。此段止言尊长，不言父母、祖父母者，有所不忍言也。

第三节 若尊长告卑幼得实，其期亲大功及女婿，亦同自首免罪；小功、缌麻，亦得减本罪三等。盖女婿本殊于缌麻，其告实得同自首者，亦义重于服也。此不言子孙、妻妾、外孙及无服之亲，依《名例》得同自首免减之法。若诬告卑幼应反坐者，其期亲得减所诬本罪三等，大功减二等，小功、缌麻减一等。若夫诬告妻及妻诬告妾者，亦得减其所诬之罪三等。此诬告，总以卑幼被诬之罪，视其亲疏而各为减等也。

第四节 若奴婢告家长及家长之缌麻以上亲者，与子孙卑幼罪同。此亲字，兼尊卑言。自奴婢视之，虽卑亦尊也。告而得实者，于家长则杖一百，徒三年；于期亲则杖一百，大功则杖九十，小功则杖八十，缌麻则杖七十。诬告家长者绞，期亲以下，若诬告重者，各加所诬之罪三等。若雇工人，则与奴婢为有间矣。故告家长及家长缌麻以上亲得实者，各减奴婢罪一等，至诬告者不减，系家长亦绞，期亲以下，亦各加所诬三等，又不得减奴婢一等也。然奴婢下，本无罪可减，须照子孙项下减之。

一议得某人所犯，依雇工人告家长，减奴婢告罪，同子告父一等律。○按奴婢雇工人，得为家长隐，而家长不得为奴婢、雇工人隐。奴婢告家长，罪同子孙，子孙有罪，为父祖所告，得依于法得兼容隐者相告言，听如罪人身自首法免罪。而奴婢、雇工人被告得实，则不同自首不得免罪也。

第五节 祖父母诬告孙，父母诬告子，外祖父母诬告外孙，祖父母、父母诬告子孙之妇妾，夫诬告妾，家长诬告奴婢、雇工人，各得勿论，以其名义尊也。不言妻之父母诬女婿者，在缌麻亲中矣。

第六节 若女婿与妻之父母，果有义绝之状，如本注中身在远方以下，则妻父母有义绝之状；本身殴妻至折伤以下，则女婿有义绝之状，夫妻以义合、义绝，则同凡人矣。许其互相告言，各依常人论断，不在干名犯义，及得同自首，与杖七十之限也。无义绝之实，而告义绝之事者，仍以亲断。观此，则翁婿亦惟于义应绝之事，许相告言，依常人论。其他如互相盗诈，侵夺诸事，本同首免可知，而自期以下亲属相犯，其不关碍伦理者，又可以类推矣。○律中无妻之父母殴婿一条，盖女婿殴妻至折伤，则云义绝，各依常人论，则妻之父母殴婿至折伤，亦云义绝，亦当同凡人论矣。

凡卑幼告期亲以下尊长，但诬即坐加等，虽一事不实，不作轻事招虚，及诬轻为重，但至死罪非全诬，则同凡人不加役耳。若尊长告卑幼，但轻事得实，仍同诬轻为重,与虽诬告死罪,并得减等。若诬小功、缌麻、卑幼死罪,其反坐只就死罪上减一等,非谓于常人诬死已决上减作坐流加役也。

子孙违犯教令

释曰:凡祖父母、父母教令可从,而子孙故违,及奉养堪供,而子孙故缺者,杖一百,并须亲告乃坐。○详律意,则教令难从及家道贫乏者,虽亲告,亦不得一概坐罪也。

见禁囚不得告举他事

第一节 他事,是他人之事。别事,是自己之事。谓凡犯罪见被囚禁之人,不得告举身外他事,若被狱官狱卒非理凌虐,如殴伤其身,或克减衣粮,及需索财物者,皆听其于所司陈告。若应囚禁之人,见被鞫问,而更自首曾犯别事,其有干连追对之人,亦合准首,依法勾提,推问科罪,不在不得告举他事之限。盖因在禁而许其告人,恐有妄噬;囚被虐而禁其不告,则冤抑无伸;囚被问而更首别事,是无告人之心,固法之所不禁也。

第二节 人年八十以上,十岁以下及笃疾之人犯罪,律该勿论,妇人该免徒流。此四等人,惟谋反逆叛,子孙不孝,或己身及同居之内,为人盗诈侵夺财产,及有所杀伤之类,杀伤二字,亦兼人己言。此皆事情重大、患害迫切,听其告理,亦必同居无人,或同居者见被锁执,方准代告。其余并不准告,以其罪得收赎,难以加诬,恐故意诬告害人也。官司受而为理者,笞五十,原词立案不行。

教唆词讼

释曰:凡他人本不欲告状而乃教令唆使,兴构词讼,及为人作写词状,而将原告欲诉之情,被告应得之罪,或增或减,于各衙门诬告人者,与犯人同罪,随犯人所得反坐笞杖徒流之罪,或加等,或全抵,或收赎,或加役,同一科断,至死已决者,减一等,杖一百,流三千里。其为亲属诬告者,亦从本法。若受人雇情而为之出名诬告人者,与自己诬告反坐加等加役之罪同,至死已决者,亦抵以死。或谓受雇诬告,即冒雇之者之名,非也。诬有唆雇之分,故律有轻重之别。与犯人同罪者,至死,则得减一等;与自诬告同者,至死则不减矣,故均一为人诬人也。而异其文者,以其有受财者耳。受财句总承上说,计其入己之赃,以枉法从重论。如诬罪重于赃,则从诬告论;赃罪重于诬,则从枉法论。若见人愚懦，不能伸诉冤枉而教令之，于其事情，皆能得实，则不为教唆；及为人书写词状，而罪无增减，则不为诬告，故勿论。此雇人诬告之人，律不明言其罪，或依有事以财行求拟断，似亦未妥。

条例

第一条 除越诉、越关，依奏事不实，受财问枉法，出钱问行求，仍分首从。

第二条 用财人依行求，受雇寄人依枉法，军校匠舍，及因事至京人员将原籍词讼，因便奏告，无赃问违制，有赃亦问枉法行求。

军民约会词讼

第一节 此条律意，重在有司一边，占吝不发，兼军民官言。凡军官军人，有犯该人命事情重大者，起内虽无干问民人，其管军衙门，亦须约会有司，检验明白，仍于原问衙门归结，所以重人命也。若军官军人，犯该奸盗诈伪、户婚、田土、斗殴等项，事务稍轻，其与民人相干涉者，必须一体约会有司问理；与民人不相干涉者，方许本管军职衙门自行追问，不必约会。若有司及管军衙门，受理军民词讼，勾提人犯，而有自分彼此，占吝不发者，首领官吏，并以违制论，各笞五十。

第二节 军官而受民讼，逾越本等职分，其罪亦如占吝之律。此民讼，是以民告民。若民告军人，则事相干涉，又当约会审问者也。

条例

第一条 滥受、接受词讼者，俱以违制论。

官吏词讼家人诉

释曰：内外军民见任见役官吏，与人争论婚姻、钱债、田土等事，听令家人出名告官对理，不许官吏自以公文行移追问，违者笞四十。盖以公文而行私事，未免恃势以凌人，故禁之。此止言婚姻等，举轻也，而重者可知矣。

诬告充军及迁徙

第一节 充军止下死罪一等，在法中亦至重也。凡诬告人律该充军罪名，如官吏选用军职，诈称军人不当差役，僧道私创庵院，豪民隐蔽差役之类。系民诬,则抵充军役;系军诬,则发边远充军,然必全诬乃坐。或谓此诬告不分全诬及诬重,皆一体抵罪,非也。观诬告迁徙明云加所诬罪三等,则实指全诬言之。若诬告引例充军者,止依律该罪名,加诬与诬轻为重者,各不在抵充及发边卫之限。

第二节 若官吏故将无干平人,顶替他人缺伍军役者,以故出入人流罪论,杖一百,流三千里。此系有人犯该充军,而将此人顶替之,故脱军者为出,替军者为入,其实则一而已。此与上节不分已未发遣皆坐,盖照诬告徒流反坐法也。若同僚官一人有私,自依故论;其余不知情者,止依失出入人罪递减,不署文案者不坐。

第三节 若诬告人说事过钱者,律该迁徙。迁徙之罪,谓迁离乡土一千里之外。今定制免其迁徙,但于三流并准徒四年上减半,准徒二年,流自二千里为始,故曰比流减半。说事过钱,无禄人减受钱人二等;有禄人减一等,罪止杖一百,迁徙。若诬告人徒罪者,则该加所诬罪三等;而迁徙在五刑之外,其上无可加之罪名,则于比流减半,准徒二年上加三等;二年徒之上,是二年半;二年半之上,是三年;二年之上,是流二千里,该流二千里也。此于徒上加诬,不得于笞杖上加三等,故曰并入所得笞杖通论。假如诬告有禄人枉法赃,无禄人过钱一两,受钱人该杖七十,过钱人减二等,该笞五十,迁徙。今虚,即将笞五十之罪,并入流二千里内通论,合坐以笞五十,流二千里,谓之并入所得笞罪通论,不得于笞上加诬也。又如诬告有禄人枉法赃,有禄人过钱十两,受钱人该杖九十,有禄过钱人减一等,杖八十,迁徙。今虚,即将杖八十之罪,并入流二千里内通论,合坐以杖八十,流二千里,谓之并入所得杖罪通论,不得于杖上加诬也。然又要见诬告人说事过钱者,加徒不加杖,至大诰项下,则减杖,仍减流二千里,从徒三年算也。此与议说事过钱者不同,说事过钱,大诰项下减杖不减徒。○律言迁徙之罪有数条,此特举说事过钱者,盖凡迁徙,皆杖一百,惟说事过钱,则有或笞或杖而迁徙者,故特举以示义耳。若诬告人额外滥充吏卒,结揽写发文案,税粮过限一年,妄称主保小里长之类,俱当依此拟断。○旧律说事过钱,迁徙一千里外,比流减半,准徒二年。今律说事过钱者,杖一百,徒二年。《疏议》谓年七十以上,十五以下,及废疾之人,诬告人充军者,既不可以抵充,当如官吏故将平人冒顶军役,以故出入流罪,收赎银四钱五分。盖准《名例》也,于义为可从。

《王仪部先生笺释》卷二十二终

《王仪部先生笺释》卷二十三

顾王榭用拙父　校阅

顾鼎定九父　　重编

古吴

黄中致和父　　订正

翁居体镜非父　汇参

刑律

受赃

释曰:《受赃律》,在曹魏曰《请赇》,晋曰《受赇》,北周、隋炀皆曰《请求》,余代多附他律。明改为《受赃》,今因之。

官吏受财

释曰:官吏,俱指见任见役者,受财虽同而枉法、不枉法则异;财之受,法之枉不枉虽同,而人之有禄无禄则异。

第一节　内外军民衙门官吏,其有因事受人财贿者,各计其入己枉法、不枉法之赃,依律科断。凡月支俸不及一石者,为无禄人,有犯各减有禄人一等,官则追夺原领诰敕,铨籍除名;吏则罢其见役,俱不叙用。《名例》文官私罪杖一百者,罢职不叙,惟犯赃,则虽一两以下,亦罢职。

第二节　既有官吏受财之罪,遂及说事过钱人之罪。若出钱人之罪,则在有事以财讲求条是也。过钱人亦分有禄、无禄,有禄人减受钱人一等,此减字是就本罪上减也;无禄人则减二等,罪止杖一百,徒二年。受财人之罪虽入于绞,而过钱人亦止杖一百,徒二年,以其无分受之赃也。若过钱人因与过送,而亦受有事人财物,则亦计入己之赃科罪。如赃重于过送之罪,则从赃论;过送之罪重于赃,则从过送,故曰从重论。○律意凡有事以财行求,官吏因事受财,及说事过钱,总重一"事"字。若科敛之赃,及事后受财过付者,不用此律。

有禄人,凡月俸一石以上者,受枉法赃各主者,通算全科。如一人而犯二事以上,一主先发,已经论决,其他后发,虽轻若等,亦并论之,难同止累见发为坐。不枉法赃各主者,通算折半科罪。若一主者,罪亦全科,其枉法、不枉法加等之数,已详图注《六赃图》内。无禄人凡月俸不及一石者,比有禄人俱减一等科罪,故枉法赃一两以下,杖六十起;至八十两之上,虽一百一十九两,亦依有禄人四十两律,杖一百,徒三年;直至一百二十两坐绞。不枉法赃,自一两以下,笞五十起,虽至一百二十两之上,罪止杖一百,徒三年。○《注》云"曲法处断",又云"判断不为曲法",似专为官吏言之。若无禄人,其曲法、不曲法,但于事有所符同听行,及故纵者皆是。

按故本枉法、不枉法赃满数,皆不至真死,故今律首附《六赃图》后"枉法赃八十两绞"字之上犹大书"杂犯"二字,盖仍旧文也。今现行律倍警贪污,故于本条律文"枉法赃八十两绞"字上,特加"真"字;于"不枉法赃一百二十两满流"之罪,改正"一百二十两以上真绞"九字;而于律首图末"不枉法赃一百二十两"之后,亦增"一百二十两真绞"字样,此皆分别旧律之处。又无禄人,故本枉法"一百二十两绞"字下注"杂"字,"现行"改"监候"。无禄人枉法赃,不及一百二十两者,止引八十两减等科;不枉法赃,不及一百二十两之上者,止引一百二十两减等科,此用律之法也。○何以谓之法?律有明条,是之谓法。何以谓之枉?法有出入,是之谓枉。至于法不应受财而受,及不应为而为之,谓之犯法。则可谓其犯在官之法,而法不属于彼,诚难谓之枉也。诸条有以枉法论,准枉法论者,盖以诸人所犯之情不同,而有类于是者,官吏枉法条,该括不尽,故又有以枉法准枉法之条,以别其罪。若凡受财,但于法有违者,便谓之枉法,则人人皆可以官吏枉法条科断,而以枉法准枉法诸条似不必设矣。○夫受财之罪,既言官吏,又言无禄人,则自官吏而外,凡在官之人,若里老之类,得以判断事情者皆是。故皆有枉法、不枉法之分,盖主判断而言之也,观律本注自见。其余若应捕等项,不得判断事情之人,及一应不系在官人役,有受财者,自依各条以枉法、以不枉法及求索、诓骗、吓诈等律。

有禄人

六部都吏	令史	典吏
都察院都吏	令史	典吏
各道书吏		
通政司令史	典吏	
各门门吏		
大理寺胥史	典吏	
太常寺令史	典吏	祠祭署司吏
光禄寺令史	典吏	
各署司吏		
太仆寺令史	典吏	
各群司吏		
各牧司吏		
国子监司吏	典吏	
顺天府令史	典吏	
鸿胪寺司吏		
太医院司吏		
钦天监司吏		
各布政司通吏	令史	典吏
	理问所司吏	
各按察司书吏	典吏	
各都司令史	典吏	断事司司吏
各盐运司书吏	典吏	
	盐课提举司司吏	
各卫令史	典吏	
各所司吏		
各府州县司吏	学官	
递运所大使副使	盐课司官	
税课局官		
各水马驿驿丞	闸官	
河泊所官	巡检	仓库大使副使

织染局

无禄人

各道典吏

光禄寺各署典吏

国子监典簿厅典吏

顺天府经历司典吏	司狱司典吏
各布政司经历司典吏	照磨所典吏
理问所典吏	架阁库典吏
库攒典	
各按察司经历司典吏	司狱司典吏
架阁库典吏	照磨所典吏
各都司经历司典吏	架阁库典吏
断事司典吏	
各府典吏 经历司典吏	照磨所典吏
司狱司狱典	

各州县典吏

各府州县儒学司吏

各税课司局司吏	攒典

各府库攒典

各仓攒典

各递运所司吏	典吏

各水马驿吏

各河泊所吏

各巡检司司吏

各盐运司经历司典吏	库攒典
盐仓攒典	批验所攒典
各盐课提举司典吏	盐课司司吏

僧道官	监生	廪膳生
增广生	附学生	办事官吏
省察官	义民官	医学官
致仕官	阴阳学官吏	承差知印

闲住官	里老	
书手	人材	军民

条例

释曰：不系在官人役，取受有事人财，止科诓诈、恐吓之律。

按嘉靖年间，刑部尚书胡世宁等题，四川清吏司案呈，问得犯人陈升，招充思城坊总甲，受财卖放犯人事发，本司问拟受财枉法，无禄人一百二十两律绞，送大理寺审录三次，驳回节称官吏枉法，陈升系总甲，非应捕人役及官吏之比，欲改问求索案呈到部。臣等伏睹律内一款，凡官吏受财者，计赃科断，无禄人各减一等，其下开列有禄人一两以下，杖七十，至八十两绞。无禄人各减一等，至一百二十两绞，此似专指官吏而言，大理寺所驳据文为是。然查别条言受财、得财、取财，计赃以枉法论者不一。如《户律》"检踏灾伤田粮"条内，则似兼指里长、甲首而言；"收粮违限"条内，则似兼指分催里长而言；"隐瞒入官家产"条内，则似兼指供报之人，并里长而言；"市司评物价"条内，则似泛指诸物行人而言。又如《兵律》"诈冒给路引"条内，则似兼指势要嘱托而言；"承差转寄人"条内，则又专指同差取财而言。《刑律》"因公科敛"条内，则又兼指总、小旗人等而言；"诈传圣旨"条内，则又指诸人动事曲法而言；"嘱托公事"条内，则又兼指诸色人等而言；"应捕人追捕罪人"条内，则又兼指非应捕人临时差遣者而言；"徒流人逃"条内，则又兼指主守押解人而言；"稽留囚徒"条内，则又兼押解人而言；"主守不觉失囚"条内，则又兼指狱卒而言；"囚应禁而不禁"条内，则亦兼指狱卒而言；"与囚金刃解脱"条内，则又通指狱卒常人而言；"主守教囚反异"条内，则又兼指件作行人而言；"决罚不如法"条内，则又兼指行杖之人而言；"徒囚不应役"条内，则又泛指监守之人，罪坐所由而言。凡此一十九条，各项受财，当问枉法之人，皆非专指官吏也。是以在京法司及在外司府等衙门，自来凡遇皂隶、里长、总甲等项，役于官，责之守法而得财卖放者，皆作无禄人，依官吏受财条内，计赃科断。惟陈升一事，再三驳回，欲问求索减等，实所未洽。今京城内外，金设总甲，专责守捕地方盗贼人命等事，正系应捕之人，有守法之责者也。其得财卖放，真是枉法，岂容改拟？题明今后诸色人等，凡有役于官，应该守法，而得财卖法不守者，照前仍问枉法，计赃科罪。其若尸亲失主邻居等项，不系有役于官，应该守法之人，吓诈有罪人财物，不行首告者，各依本律，不问枉法。此案引议明白，备以参考。

坐赃致罪

释曰:坐赃致罪,是总名,不分有禄、无禄。本文只云非因事受财,而注内兼因公科敛费用,不入己者言之,所以足本文之所未备也。谓凡官吏人等,除因事受财,枉法、不枉法,已有上条律外;其非因事受财,但以坐赃而致罪者,如被人盗财而已获赔偿,或被人殴伤而已获医药,正数之外,因而和同有所取与之类,系各主者,通作一处,折半科罪,出钱人减受钱人之罪五等。盖其不因刁蹬用强,生事逼抑取与,而自愿与人。然而法所不当得之财,亦不得为无罪也。若为盗赃重者,仍坐盗罪;殴人伤重者,仍坐徒流;其财物乃彼此俱罪之赃,合追入官。此外凡律称坐赃论者,尽系此条。注言科敛等,特举其凡耳,出钱之人不坐罪。问:钱粮虽不入己,如多收税粮斛面,若以附余粮数,计赃重者,是为多收,如何谓之少征? 答:如官吏踏勘灾伤田粮,通同作弊,移熟作荒,致枉有所征,免粮数。又如仓库官吏,私自增减官制斗斛秤尺,收放官物不平之类,皆兼赢诎二种,故言多收少征以该之也。若受一主赃,及各条称损失,私借用官物,坐赃赔偿者,及隐瞒抄札入官财物、房屋、孳畜等,并该全科,不在折半之限。○官吏坐赃,若不入己者,拟还职役。出钱人有规避事重者,从重论。○官吏人等新任新役,或生辰时节,接受所属贺礼银两,及诸色人员,无事受人馈送之类,皆为坐赃致罪。其受馈送土宜,不在此限。若里老自行科来者,依因公科敛人财物馈送,取而受者,不分银两,俱为求索之赃。

科罪两数,一两以下,笞二十;一两之上至一十两,笞三十。自此每十两加一等,至八十两,杖一百止,即九十九两九钱亦同。自此则以二十两加一等,方入徒,一百两,杖六十,徒一年。自此每一百两加一等,罪止于满徒,盖赃罪之最轻者也。

事后受财

释曰:"先不许财"四字要紧,不然,是听许财物矣。谓凡诸人有事之时,初不许送财物,及其事情归结之后,以财物馈送,而官吏人等受之,是谓事后受财。此与因事受财者,虽为有间;然受财,是不廉也;受德,是不公也。故必察其所判断之事。若于法有所枉者,则准受枉法赃以论其罪。若于法无所枉者,则准受不枉法赃以论其罪。无禄人各减有禄人之罪一等,风宪官吏,仍加二等。若所枉重者,仍从重论,官吏俱照例为民,但不追夺诰敕。律不言出钱、过钱人之罪,问不应从重可也。"枉断"二字,明指官吏言之。若鞫囚而证佐之人,如军民里老人等,偏向不言实情,故行诬证致罪有出入者,虽事后受财,合拟此律。○律称准字,至死减一等。按八字之议,称准者不在除名刺字之例。又《名例》云:"文官犯私罪,杖一百者,罢职不叙。"然今例有职役者犯赃、犯奸,并一应行止有亏,俱发为民,则虽准罪杖九十以下亦然矣。

官吏听许财物

释曰:官吏有事推问,因听人许送财物,而为其施行,其物虽未接受,其心已属贪污,然必自其有显迹,有数目者方坐;不然,难科此罪。各减一等,谓比已接受者减一等,恕其未得也。"各"字,承准枉法、不枉法言。或亏枉之罪,重于听许之罪,如听许一十两,减等止杖八十,而所枉之罪,则杖一百,徒三年,当以故出入全罪论,则从重者论之,轻则从听许论许送人,合问不应从重,不当问有事以财请求。○凡律称准者,至死减一等,虽满数,亦罪止杖一百,流三千里。此条既称准枉法论,又称减一等。假如听许准枉法赃满数,至死减一等,杖一百,流三千里;又减一等,杖一百,徒三年,方合律。此正所谓犯罪得累减也。○此听许,明言官吏,则其余虽在官之人,不用此律。○事后受财,与听许财物,其许者罪轻,不许者罪重,何也?盖事后受财,谓已接受者,其言枉法、不枉法,是因赃而原事为罪也;听许财物,谓未接受者,其言枉法、不枉法,是就事而定赃为罪也。故继之曰所枉重者,各从重论。然则听许之赃,受之合得何罪?曰:计赃科罪,无禄人各减一等,官追夺除名,吏罢役俱不叙,此国之彝典也。

有事以财请求

释曰:官吏受财条,言受钱人之罪,此则言出钱人之罪也。得枉法,因行求而得枉法也。谓凡诸色人等,本身有事,而以财行求于人,其于事得枉法者,计所与人之财坐赃论,一两以下,笞二十;至五百两之上,罪止杖一百,徒三年。如行求之事,有畏避其难,迁就其易,而所枉法之罪重于与财者,则从其所避之重者论,其赃入官。若本人初未行求,而承行官吏,刁蹬留难,不与归结,或用强别生枝节,逼抑取受人财物者,自依求索,强者准枉法论之律。出钱之人不坐,其赃还主,避难就易,本不专罪名上论。或以罪犯流配为难,而行求坐配为易,亦太泥矣。则曷为不言避重就轻乎?其从重论云者,谓如行财八十两,止杖一百,其本求以避难就易,而所枉之罪,该杖八十,徒二年,则当论其重者,仍坐以徒二年之罪,原不谓其避罪为重也。《唐律》诸有事以财行求,得枉法者,坐赃论;不枉法者,减二等。今律不言不枉法者,既不枉法,更何行求?即系官吏刁蹬用强生事,逼抑取受,若有事之人,本为欲得枉法而行求,其官吏受之,却不为其行求而曲断,官吏依受财不枉法。出钱之人,已坐应得罪名矣,如违法事被容隐,亲属首告到官,又用财买免,后因别人告发,免其原首罪名,坐以用财行求。若系小功以下该减等者,仍依律科罪,各从重论。

在官求索借贷人财物

释曰:此律凡七节,一节至五节,俱言监临官吏及豪强之人;六节专以出使人言,内准枉法,准不枉法,以不枉法各满数,俱罪止杖一百,流三千里。官吏不问去任见任,并系有赃,俱罢职役为民,惟坐赃论者与受馈送非因事而受者,各拟还职役。

第一节 监临官吏挟势及豪强之人,或求索,或借贷所部内财物者,并计所求所借之赃,准不枉法论;系各主者,通算折半科罪。若用强求借者,准枉法论,各主通算全科,至死者,罪止杖一百,流三千里。无禄人各减有禄人之罪一等,其求借财物并给主。或以豪强专谓在官之人,然《唐律》言监临官乞贷所监临财物,又言因官挟势,及豪强之人乞索财物。夫既云因官挟势,又云豪强,又止云乞索,则豪强在《唐律》,本非因官挟势者,其不谓之在官之人明矣。今律,因《唐律》者也,安得专以在官之人为豪强,而使武断乡曲,强取民财者,无所拟乎?

第二节 此下四条言部民。所部,盖指监临官吏,而豪强亦包其中矣。散已物而多取价,以贱作贵也。买人物而多取利,以贵作贱也。所散、所买之物,原值价外,多取少还之数,谓之余利,即以其数准不枉法论。强卖强买,亦计余利准不枉法论,无禄人亦减一等;散物,则物入官,而原得价钱给主;买物,则物给主,而所用之价入官。故曰物货价钱,并入官给主。此与有司和买,给价有增减,坐赃论不同者,彼之所买,还充官用,而此为私用故也。

第三节 买物亏价之罪重,不即支价之罪轻。借贷,若金银之属,不还本物者也;若衣服器玩之属,则约还本物者也。"各经一月不还","各"字,承买借而言。买物经一月不还价钱,借物经一月不还本物,则计所买所借之物,估价坐赃。盖低价买物,则无复补给,而曰不支不还,是犹有支还之日,故坐赃论。

第四节 若私借用所部之内马牛驼骡驴及车船、碾磨、店舍之类,既非充官用,而又不给与雇赁钱者,各验日计其犯时雇工赁直,亦坐赃论。追钱给主,赁钱虽多,不得过其本价。验日,如每日八分五厘五毫之类。雇钱,就马牛之类说。赁钱,就车船之类说。

第五节 若于所部内,接受馈送土宜礼物者,笞四十;送与者,笞三十。土宜礼物,非金银之比;交际问馈,非行求之赃。依《名例》笞罪,附过还职。若因有事在官馈送而受之者,计赃以不枉法论;送与者,依不应事重科罪。其于部内经过去处,供馈饮食及亲故馈送土宜礼物者,不在此限。盖饮食非同礼物,亲故不系部民,故无罪也。《唐律》监临之官受所监临财物一匹,笞四十,五十匹,流二千里,与者减五等。此不言官吏受所部内财物。或谓其言馈送礼物,足以该之,非也。犯者当以非因事受财,坐赃致罪科断,入己则各罢职役与者,亦减五等。或者以为依不枉法论,或又以为依非因公务,科敛财物论。然不枉法赃,本谓受有事人财,判断不为曲法者,今受所监临财物,是虽和同取予,终与有事行求之迹不同。若谓非因公科敛,则财物于法又当给主,亦与其自行馈送之情有间,皆非确议。

第六节 其奉命出使人员,若于所差遣去处,有所求索,或借贷,或买物、卖物,多取利价,及接受人馈送者,并与监临官吏罪同。或准枉法,或准不枉法,或坐赃,或以不枉法,或给主,或入官,其罪一同监临官吏之罪。

第七节 若去官,如任满得代,改除丁忧致仕之类,其有接受旧部内官属、士庶馈送财物,及和强求索借贷,若卖买而有剩利者,各减在官时罪三等。引议必须引用前文云:"某人依去官而于旧部内求索财物,减监临官求索所部内财物,计赃准不枉法论,有禄人几十两罪三等律。"

条例

第一条 依监临官求索。

第二条 科敛赃,与扣减不满三十两者,扣减赃,依守掌侵欺律,引监守盗满数,立功例。科敛非因公入己,依不枉法本律,引问该流罪,减至杖一百,流三千里,纳米还职,带俸差操例。

第三条 擅自科敛,指入己言,依非上司明文。因公擅自科敛,或非因公科敛律,金夫征价,问诈欺官取财。强将货物发卖,问监临官将已物散与部民,多取价利律。

家人求索

释曰：上诸条，言官吏取受、求索借贷、买卖之罪，此则论其家人也。家人，是一家之人，如兄弟、子孙、奴仆之类。取，是求之而得；受，是送之而受。取受，对官吏受财、坐赃二条而言。求索借贷，对在官求索借贷一条而言。役使见户律。或云即上条借马牛之类，非也。凡监临官吏之家人，有于父兄家长所部之内，或因事受财，或挟势求索，或借贷财物及私役使部民，若卖买多取价利之类，各减本官之罪二等。其不言吏何？举重也。如本官求索借贷，并卖买多取价利，不枉法一两以下，杖六十；家人减二等，则笞四十。本官役使部民者，每一名，笞四十；每五名加一等，罪止杖八十；家人役使减二等，则罪止杖六十之类。盖所犯之事，虽与官吏同，而所犯之人，则与官吏异也。若监临官，知家人求索等项情由而不能禁者，与家人同坐减二等之罪，不知情者不坐，止附过。此家人犯赃，各依本官有禄、无禄科断。诸书云："若家人自有官者，仍依官吏受财论，不在减等之限。"不知既从官断，又何以谓之家人？况又非家人有官者之部内也，不可从。○本官知情，亦拟照例为民。惟役使部民，不罢职。风宪官吏家人有犯，亦减本官所加之罪二等。

风宪官吏犯赃

释曰：凡风宪衙门，在内都察院、御史，在外提刑按察司，并各分巡道皆是。其官吏不问枉法、不枉法，但有因事接受人财，及于所按治去处，求索借贷财物，卖买多取价利，及受馈送土宜礼物之类，各加其余监临官吏之罪二等，不得加至于死。其言之类者，则买物不即支价，借用服器不还，亦在其中矣。如受财枉法，有禄官吏，一两以下，杖七十，加二等，则杖九十，至八十两方坐绞；不枉法，有禄官吏，一两以下，杖六十，加二等，则杖八十，其加罪皆止杖一百，流三千里。求索借贷、卖买多取，并准不枉法。强者准枉法，亦各加二等。受馈送者，笞四十，加二等，则杖六十。盖风宪官吏，职司纠察，既自犯赃，何以肃人？其加等治之宜也。首言受财，则不必拘所按治也。○风宪官受人馈送土宜礼物，虽非因事，其加等私杖，若依《名例》，难拟还职，且于法实妨宪体。今但照行止有亏事例为民，风宪吏无禄者，亦就无禄枉法、不枉法本律加二等。

因公科敛

释曰：此律前节以因公言，后节以非因公言。因公者，谓因公事而科索也。

非因公者,谓私下求取也。

第一节 各处府、州、县有司官吏,非奉上司明文,因以公务,有如供应修理等项,一应杂办;不行申请而擅自科敛所属民人财物,及卫所管军官吏、总旗、小旗,亦无上司明文,因以公务,科敛军人名下钱粮赏赐,各于公事内使用,不入己者,杖六十。军人口粮,冬衣布花之外有赏赐钱,故曰钱粮赏赐,此是已给散而后科敛者言。若未给散而克留,则入己者,又从监守盗论矣。其赃虽重,不为己有,故计所科敛之赃,重于杖六十者,坐赃论,各主通算,折半科罪,至五百两之上,罪止杖一百,徒三年。若将科敛军民之物,不充官用,因而入己者,并计赃以枉法论,各主通算全科,至八十两者绞;无禄人减有禄人之罪一等,至一百二十两,绞监候。系有司官吏犯者,虽满数,止引行止例,不可引枉法例充军。

第二节 若有司管军官吏人等,非因公务,而私擅科敛军民财物入己者,计赃以不枉法论,各主通算,折半科罪,一两之上,每十两加一等;有禄、无禄人,各一百二十两之上,罪止杖一百,流三千里。若以科敛财物,或因公,或非因公,馈送他人者,虽不入己,而已为己惠矣,故亦如非因公科敛入己之罪。此非因公务,曷为较轻于因公科敛之罪?盖非因公,止是私下求取,比之假公科索者有间,此枉法、不枉法之所以分也。或以县官受里长率敛所部财物,馈送入己者,止论以坐赃论罪,非也。盖县官知情接受人科敛之赃,是即与自己之科敛同也,且其赃醵诸众人,非和同取与之比,应合还主。若受所监临自己馈送财物,则彼此俱罪,乃坐赃论,与者减五等。○此官吏各革职役内,惟坐赃论,与罪亦如之,俱照例纳米,完日各还职役。军职不问枉法、不枉法,俱纳米还职;无力守哨,但系军职,须要论功定议请旨。总、小旗犯者,有力亦纳米,无力守哨。

条例

第一条 此为违禁科罚,以充官用,无入己赃者而设。若奉明文,修理衙门、学校、仓库、桥梁等项,设处钱粮,或人自乐输,或犯法情愿助工赎罪,曾经详允,委人修理,自不经手,别无私弊者,虽科银二十两以上,米五十石之外者,亦不在问罪降级之限。

克留盗赃

释曰:各处军民,巡捕官员,其已获强窃盗,监守常人,掏摸抢夺等项盗赃,如有克留赃物，不尽解官者，虽无入己之情，亦为非法，故笞四十，还职；隐匿入己者，计赃以不枉法论，一主者全科，各主者，通算折半科罪，并罢职不叙。今例军官徒流，皆赎罪还职，仍将克留入己之赃，并解官之赃，通论盗罪。如盗赃一百两，该杖一百，流二千里，今止将五十两解官，依此赃数以坐盗罪，杖六十，徒一年，是已论决矣。事发，仍将所克五十两之数，并加入前赃，贴杖四十，改徒为流，故曰并赃论罪，谓并论盗罪也。若守御军人，及府、州、县巡司弓兵，有克留盗赃不解官者，不入己亦笞四十，入己者，依无禄人不枉法赃论，一两以下，亦笞五十。若一两以上至十两，不过杖六十；计赃虽多，至三十两之上，罪止杖八十。既恕其无官，而又利其捕盗，故轻之也。其情与克匿私盐不同，故彼以私盐之罪罪之。

私受公侯财物

释曰：公侯勋臣，以财物与管军头目人等，明系邀结军心，不可不严履霜之戒，故受者杖一百，发边远充军，所以远之，正防微杜渐之意也。充军之后，再犯受公侯财物，即处死；与者初犯、再犯，免罪附过，三犯，准纳铁券免死一次。若公侯奉命征讨，而散给家财，飨部下士卒，则欲得其死力，不得不然，与者、受者俱无罪，不在此限。○凡律言公侯，如私役官军，私受财物，皆不及伯者，举重也。总、小旗不与官叙，未有职也。不言军人，微之也。处死不言绞斩，应请自上裁。盖律无开载，难遽拟绞。然查律中，如管军官私役军人出境，亦杖一百充军，至三犯者绞；守御军人在逃，再犯者，杖一百充军，三犯者绞。盖此条初犯充军，即流罪也；再犯加至于死，则当坐绞，可类推矣。

《王仪部先生笺释》卷二十三终

《王仪部先生笺释》卷二十四

古吴

顾王榭用拙父	校阅
顾鼎定九父	重编
黄中致和父	订正
翁居体镜非父	汇参

刑律

诈伪

释曰：《唐律疏议》云："《诈伪律》者，魏分《贼律》为之，历代相因，迄今不改。"《明律疏议》曰：汉律有诈伪、生死，诈自免复，曹魏分为《诈律》，晋贾充等分《盗律》为《请赇》，诈伪水火毁亡，梁天监中，定为《诈伪》，北齐改《诈欺》，北周复为《诈伪》，隋、唐因之。明系之《刑律》，今仍为此篇。

诈为制书

释曰：首节言制书为一等，次节言将军总兵官、六部都察院、都指挥使司、内外各卫指挥司、紧要千户所文书为一等，三节言察院、布按二司、府、州、县衙门文书为一等，其余衙门文书为一等，末节总承上言。制书有诈为增减，传写失错之罪。各衙门文书，止有诈为之罪，而无增减、失错之罪者，已在增减官文书条。

第一节 制书，解见吏律。本无制书，而假撰词旨者，谓之诈为。本有制书，而更改字句者，谓之增减。已施行者，罪无首从，皆监候斩。未施行者，监候绞,其不言皆,则为从者减为首一等矣。其奉行制书,而誊黄之人,传写失错,以转行于各衙门者,为首杖一百,为从亦减一等。

第二节 将军,即挂印者,如征讨镇守之类。将军总兵官,六部、都察院,俱系天下军国重事所寄。都指挥使司,各卫指挥使司,俱兵权所在。守御紧关隘口千户所,又所以堤防奸细出入者也。其文书皆足以动众。若有诈为此等衙门文书,套画押字,盗用印信,钤盖施行及空纸盗用各该印信,以备填写,已施行者,亦不分首从,皆绞监候。套画押字,盗用印信,及空纸用印,皆诈为所必有之事也,故具言之,然重在盗印上。若文书虽有押字,非印信不行,故必盗印,方坐以绞。空纸用印,承盗用来。若真文书先印先填,只坐不应可也。

第三节 察院、布政司、按察司,府、州、县衙门,比之将军部院,事权稍轻,若诈为此等衙门文书,套画押字,盗用印信;或空纸用印,而事已施行者,为首之人,杖一百,流三千里。其余衙门,比之司府、州、县又轻,若诈为者,事已施行,为首之人,杖一百,徒三年;若未施行者,则各减一等,其为首而诈将军等衙门文书,杖一百,流三千里;察院等衙门,杖一百,徒三年;其余衙门,杖九十,徒二年半;其为从而诈察院等衙门,及其余衙门文书者,又各减一等。若因有规避而诈为文书,其规避之罪,重于前罪者,则从规避之重罪论。凡诈为制书,罪无首从,其云未施行者绞,则有首从矣。此诈为各衙门文书未施行者,总云各减一等,则原无首从者,亦无首从矣。

第四节 其诈为制书及官文书,所至之处,当该官司。有知情而故为听行者,各与诈为之人同罪,至死减一等,不知而误与施行者不坐。

条例

第一条 赃轻,除诓骗科敛,依本律问满流。赃重,引例充边卫军。

第二条 凡为文书,必有印有押,而后成为诈为。若只诈写一张白头文书,犹未是也。然印押二者,又以印为重,故此例又申明之。

诈传诏旨

此律四节统讲,首节言诈传诏旨、懿旨、令旨之罪;次节言诈传品官衙门言语之罪,重在分付公事,有所规避上,若止诈传而得财,或因得财而动事曲法,又有间;后二节言当该官吏,听行妄称之罪。

释曰:诈传与诈为不同,自文书而言,谓之诈为;自言语而言,谓之诈传。

传者,自内而传之外也,罪坐传出之人。若在外转相传说其所诈传之言者,非诈传也。诈为者,自外而为之也,罪坐始作之人。若以后转相誊写其所诈为之书者,非诈为也。诈为文书,则以衙门之散要为轻重,而以套画押字,盗用印信为诈之迹。诈传言语,则以官品之崇卑为轻重,而以分付公事,有所规避为诈之据。若虽诈传言语,而无分付公事及规避之情者,亦不成为诈传也。三品、四品及五品以下衙门,不言分付公事,有所规避者,承上文也。诏旨、懿旨、令旨,乃臣民所当遵守。若诈传则足以害人而乱政,故坐以斩绞。品官言语,皆能号令乎统属。若诈传于各衙门分付公事,自必有所规避,品级有高下,则言语所系,亦有重轻。故诈传一品、二品衙门官言语者,杖一百,徒三年;三品、四品者,杖一百;五品以下者,杖八十;为从之人,各减一等。若诈传以上品官言语,虽不自规避而得人之财,为人规避于事无所动,于法无所曲者,计赃以不枉法论;因得财诈传而变动事情,枉曲法度者,以枉法论,各从其罪之重者坐之。如诈传一二品官言语,计赃重于杖一百,徒三年,则从赃论,轻则从杖一百,徒三年,其诈传三品以下者,可类推也。其当该官司,知系诈传,而故听行者,各与诈传之人同罪,自诏旨而下以及品官言语皆是,至死者减一等,不知而误与施行者不坐。若内外各衙门有应追究钱粮,鞫问刑名公事,而当该官吏,故将奏准合行免追免问事理妄称奉旨追问者斩。○按合行事理,既经题准,则已奉有旨意,何为妄称而坐以诈传之刑乎?盖恐不畏者,蒙昧从事,此正律义周密处,不可不知。○《疏》云:或以为从各减一等,谓但诈传各衙门官员言语者,非也。《名例》云:凡共犯罪以造意为首,随从者减一等。故凡律文该载,除人命斗殴,各验伤定罪;官吏受财,各计赃科断;及擅入皇城,越关避役,犯奸者,俱原无首从外;其余自流徒以下,皆无有所谓为从减等之文者,盖不胜言也。惟各条该载绞斩罪名,其或应有为从者,乃言及之。如漏泄军情,诈传诏旨,诈假官,及白昼抢夺逃走拒捕等项,杀伤人之类是也。然有不尽然者,如窃盗得财,亦言为从,谓其虽云并赃论罪,难同监守,故得减等也;杀官畜产,亦言为从,谓其虽有常人盗,终异真犯,故得减等也。诈称使臣乘驿,亦言为从。谓诈称内使,既云随行减等,则此亦不得不言减等也。然亦有当言不言者,如谋言杀人,略诱伤人,诈为制书放火盗财之类,则各因其本条有言皆者,罪无首从;其他所不必言者,自当依首从之法,《名例》已详言之矣。然犹有不尽然者,如律于劫囚,既言皆,又言减等,何也?凡律称与囚同罪者,本无首从,此乃因其有为从而得应减者,故特著之,例之变也。今若以为此实,无与于诈传诏旨者,则此辈取财枉法,乃有禄人,而至于满数,亦只坐以诈传诏旨为从之罪已耶?

对制上书诈不以实

第一节 承制命而对者曰对制,题奏衙门公事者曰奏事,建言献策条陈之类曰上书。若三者一有虚诈不实,即杖一百,徒三年。其对奏上书,非有机密事情,而妄言有密,以诳惑朝廷者,加一等,杖一百,流二千里。

第二节 若奉制推按鞫问事情,而报上不以其实者,杖八十,徒二年。其中若有徇私曲法事情,重于杖八十徒二年者,则以官司出入人罪论,官拟还职。或谓诬告徒流,其加罪止于杖一百,流三千里;此奏事不实,但杖一百,徒三年,何也?盖奏事一语不实,即坐满徒,恶其欺也,是主臣下对奏上书而言。若各衙门官进呈实封诬告人,及风宪官挟私劾事不实,其反坐及加罪原重者,依诬告论。军民叩阍,及击登闻鼓,申诉不实者,杖一百。其事重者,亦从重论,与奏事上书异矣。

伪造印信历日等

释曰:伪造印信、历日、符验、夜巡铜牌、茶盐引五项为一等,为首雕刻者,监候斩;告捕者,官给赏银五十两。伪造关防印记次之,为首杖一百,徒三年;告捕者,官给赏银三十两。为从及知情行使者,各减伪造之罪一等。系印信等项,则杖一百,流三千里;系关防印记,则杖九十,徒二年半。若伪造而未成者,各又减一等。印信等项,杖一百,流三千里;为从者,杖一百,徒三年。关防印记,杖九十,徒二年半;为从者,杖八十,徒二年。此伪造,不论何物造成,须责令本人当官雕出方坐。其当该官司,知其伪造,而听从施行者,各与伪造同罪,至死减等,杖一百,流三千里,不知者不坐。○印信符验,夜巡铜牌,解见公式律。关防印记,解见贼盗律。茶盐引,解见课程律。○问曰:假如尊长使令卑幼伪造印信一颗,与尊长行用,断以何人为首?答曰:此与谋杀人造意不同。何也?谓其须当官覆雕一颗,故以雕者为首,主使者只是知情行用,以从论。设有巡检司被人盗去印信,将远年拿获伪印行使一月,方获前印,巡检依知情行用,减伪造罪一等,可以类推。

条例

第一条 钦给关防与关防印记有别,故盗与伪造等罪,亦与印信同科。盖巡抚始于明宣德间,提学始于正统间,刑部大理寺审录官,始于成化间。其兵备、屯田、水利等官,以后陆续添设,至于总制、总督、巡视等官,又皆因事差出,本非专员,亦未有铸定印信。故临时请给关防,使各官便于行事,比之印信,关系实同,非律之所谓关防也。如总督依六部,巡抚依都察院,审录官依其余衙门,又与勘事者看是何官职,随衙门之大小科断,提学依察院,兵备等官,依按察司科。

第二条 伪造印信,律意本为用铜私铸,形质篆文俱真者言之。既造矣,且不止于一用,用且不止于骗财而已,故立法特重。故有造而未成者,减一等之文。若今诈伪之徒,削木搏埴,磨石镕蜡,皆可以成印。其文虽印,其质非印也。苟以其文似也,而可以谓之伪造,则假如有镕蜡成方形,而未篆印者,亦可坐造而未成之罪哉?必不然矣。但印以文为用,而天下之伪弊日滋。近则又有将文书上旧印,用油纸影描,以印色拓润,覆打在所为文书之上,则宛然真印也。盖油纸影字,隔见纤毫,既便于临摹,而又不食水墨,比诸铜石,实妙于覆打,无铸造之劳,得真印之用,欺人骗财,无所不可,一用屡用,在其笔端。若此者,即例所谓描模之类是也。倘云用笔描成印文,恐亦易辨。

第四条 捏买伪印批回,即是知情行用。恐有自行伪造者,故曰除真犯死罪。

私铸铜钱

第一节 制钱为国家流通之宝,其权当出于上。故民间私铸者,与鼓铸匠人俱监候绞;为从及知情易买行使者,各减一等;首告捕获者,官给赏银五十两;里长知而不首者,杖一百,不知者不坐。

第二节 若将时用铜钱,剪错薄小,取铜以求利,则与私造者异矣,故止杖一百。或疑剪错铜钱,为利几何?按律称废铜赴官中卖,每斤给价,是其利几与钱埒也。

第三节 伪造金银,如今之茅法鼎银,其类不等,为首之人,杖一百,徒三年;为从及知情买使者,各减一等,杖九十,徒二年半。此铜钱言私铸,其体质犹铜钱也;金银言伪造,其体质全非金银矣。然私钱较伪金银反重,何也?盖钱法乃经国之权衡,故于私焉禁之,恶其乱法也;金银之质产于地,故于伪者禁之,恶其罔民也。其金银只成色不足,非全假者,不得引用此律。其成色不足银两,听从民便,原无禁限,观律例可见。

条例

第二条 此假银,炉火家谓之茅,其意在欺人之不知,以罔利于市者。若一种提罐棍徒,专讲养砂、干汞、开铜等项,谓之外丹。诓赚人财,至于倾家荡产,被赚者自知其非,噤不出口,在在有之,情殊可恶。然贪心所使,犹或可原,且此等伪造之人,自有首从,原于主家无与,止问不应可耳。被赚者,宜开首免之门,独惩究此辈,计赃以窃盗论罪。重于满徒者,依诓赚律。赃轻,则仍从伪造本律,俱引此例枷号。

诈假官

此律分作六段看:假与人官,知情受假官,无官诈称有官,诈称官司差遣捕人,诈冒官员姓名,诈称见任官、子孙、弟侄人等。次节内重"有所求为"四字。

第一节 诈假官者,本身本无官职,或诈为札付文凭而出外行事,或悬带伪造牙牌而在京出入,或拾得他人凭札,而冒顶赴任皆是。若口称官而无文凭,未曾行事,则为无官诈称有官,难以诈为假官论。假与人官者,他人本无官职,而假为凭札,与人以官,或将有故官员文凭,或将所得他人凭札,售卖与人,使之承领到任管事者皆是。若以所得空名札付,卖与人冠带荣身者,难以假与人官论。诈假官,诈与人官,并斩监候。所假与之官,其受之者,若系知情,杖一百,流三千里;不知者不坐。或以假官兼诈关给驿者言之,非也。此自有诈称使臣乘驿之律在。若本身年老残废,将凭札卖与人者,问枉法。若家长选官而事故,家人将凭卖人问诈欺。如擅自冠带,诈称是官,无所求为,问违制;有所求为,方拟下节徒罪。

第二节 若本无官而不曾假造凭札,但诈称有官,有所求为者;或诈称官司差遣而追捕人,及诈冒见任官员姓名,亦因而有所求为者;求为之事,亦非一端,但未得财,则杖一百,徒三年。"诈称差遣"二句,皆承有所求为言,与诈传官言语,分付公事同例。其虽诈称诈冒,而不曾求为者,不用此律。若诈称见任官子孙、弟侄、家人、总领名色,于所监临部内有所求为者,此与直冒官员姓名少异,故止杖一百。为从者各减一等,承诈称以下言。如为首该杖一百,徒三年,为从则杖九十,徒二年半;为首该杖一百,为从则杖九十。若诈称诈冒有所求为而得财,其赃有重于诈冒本罪者,并计赃准窃盗论;各主者,亦以一主为重,免刺;赃轻者,仍科本罪,故曰从重论。

第三节 当该官司,知而听行与同罪,通承上言,至死照律减等纳赎,完日附过,各还职役。

条例

第一条 冒籍生员,食粮起贡,不分曾否到部投考受职,俱问常人盗,以非买文顶考之比,故止发原籍为民。若买土人起送公文未到部者,止坐行求之罪。若到部,引口外为民,卖者,止坐枉法之罪;已受职,买者比假官卖者,方引充军。经该官司受贿保送,问枉法,引附近充军;止是朦胧保送,问拟不应杖罪。

第二条 此真犯死罪,必诈冒假势凌虐。故杀、斗杀、私盐拒捕之类,其挟骗,问恐吓;侵占,问强占官民山场,或问侵占官民田;�要银两,问豪强人求索;假称织造,问诈欺;私开牙行,问把持行市。余依本律。

第三条 生事害民,盖泛言之。如恐吓、求索、诈欺、制缚殴打之类,各依本律。强占田土房屋,除盗耕种他人田及强者,比依强占官民山场、湖泊等,杖一百,流三千里,俱除诈称见任官家人有所求为律。

诈称内使等官

第一节 内院,即古师保凝丞之职,内使近臣,六科为朝廷耳目,六部系军国重务所出,御史、按察司,掌风宪之要官也。凡诈称此等官之名色,在外体察事务,以欺诳官府,煽惑人民者,虽无伪造札付,俱监候斩。其知情随行,诈充跟役之人,减一等,杖一百,流三千里。当该官司,知其诈称而听行,与诈称者之罪同,罪止杖一百,流三千里,不知者不坐。

第二节 若本无符验,诈称使臣乘驿,所求止于船马而已,故罪止杖一百,流三千里。随行为从者减一等,杖一百,徒三年。驿官知其诈而辄应付者,与犯人同罪。不知其诈而失于盘诘者,笞五十。其有符验而应付者,驿官不坐。此诈乘驿之人,若赍有符验,系伪造者,依伪造律;系盗者,依盗起船符验律。

条例

第一条 诈冒内官亲属,依诈见任官家人有所求为律。得财,准窃盗论;恐吓诓骗,俱依本律。除真犯死罪,如诈索应付,或盗,或伪造符验,或因吓骗殴故杀死之类。

第二条 诈充者,即依诈称官司差遣捕人律,或得财律。若以缉捕盗贼,妄拿平人,吓取财物,虽引此例,仍引将良民诬指为盗,捉拿拷打吓财例,不分首从,俱发边卫永远充军。真犯死罪,或假差遣,有伪造印信批文,或以捕盗抢检伤人,或吓骗忿争殴故杀人之类。

近侍诈称私行

释曰:近侍之人,文职如六科给事中、尚宝卿丞等官,内臣如奉御、内使之属,武职如銮仪卫、官校之类。私行者,暗行体察官府及民间不白之事也。近侍,近君之人。诈称私行,谓不奉制敕,而私行体察,可以乱民惑众,故亦坐斩监候。不言知情者,盖诈称私行无与官府,且其事虽诈,其人则真,在外官司,将孰从知其诈乎?而又何听行之有?

诈为瑞应

第一节 凡官吏、军民诈为祥瑞征应,以欺朝廷者,杖六十,徒一年。

第二节 钦天监官,职掌天文,吉凶无隐,而于灾祥之类,不按占书以实奏对者,其欺尤甚,故加二等,杖八十,徒二年也。○此条与失占天象条参看。

诈病死伤避事

第一节 官吏临事诈称疾病,欲以避难也,故笞四十,事重者杖八十。避难事重,俱说见《吏律》"擅离职役"条下。彼言避难在逃,此则言诈病避难,比之在逃之情为轻矣。又面谕差遣,改除托故不行,亦与避事相似;然彼之托故,所托者多端,此特诈病者耳。

第二节 因人犯罪待对之时,故自伤残肤体,以求免讯鞫者,杖一百;诈言死亡而不出官者,杖一百,徒三年。此特治其自残与诈死耳,其所犯之罪,则又别论之。若逃,则又有犯罪在逃之律矣。所避事重,承自残诈死而言,此句正与上两项语意相贯。盖所避之事,轻于满杖、满徒,则从杖徒之罪。若重,则从其重者论,而不在自残杖一百,诈死徒三年之限,然又当视其所犯之事何如也。若无避而故自伤残者,谓不因犯罪,或与人忿争,或愤怨无处发泄,而故自伤残之类,若此者,虽无避罪情由,亦有恐吓诈赖人之意,故杖八十。其受雇倩为人伤残者,亦承有无避罪而言,或杖一百,或杖八十,并与犯人同罪。因为人伤残而致死者,受雇倩之人,减凡斗杀之罪一等,杖一百,流三千里。

第三节 当该官司,知而听行,谓知其诈病避难,而听其捏辞改差;知其自残诈死避罪情由,而准作残疾死亡拟断者,并与本犯同罪,不知者不坐。

诈教诱人犯法

释曰:凡诸色人等,设画奸计,诈用巧言,以教诱人为犯法之事;或和同共事,故诱其人,令为犯法之事,后却自行捕告;或令人捕告于官,以希求赏给;或欲陷害其人,而故使之得罪,是人之罹于法,实由彼致之也。以上犯法之人,皆其谗愿所使,故皆与之同罪,罪止杖一百,流三千里。虽教诱使令人之人自行告捕,及使人告捕,不用犯罪自首告及遣人代首告免罪之律。若止是和同犯法,方用自首律。"皆与犯法之人同罪","皆"字,总承上数事而言,非不分首从意。

《王仪部先生笺释》卷二十四终

《王仪部先生笺释》卷二十五

顾王榭用拙父　　校阅

顾鼎定九父　　　重编

古吴

黄中致和父　　　订正

翁居体镜非父　　汇参

刑律

犯奸

释曰:《唐律》奸事在《杂律》,明以奸为败伦伤化之事,宜特立禁条,使人知所惩创,难混于杂律中,将诸奸事为一类,而属之《刑律》,今因之。

犯奸

此律除和奸、刁奸、强奸外,其余皆犯奸诸条之通例也。

第一节 和,谓男女相愿;刁,谓用威力挟制及巧言诱出,引至别所;然刁必从和来。凡和奸者,杖八十,为妇人无夫言也。若有夫而和奸,则杖九十。刁奸者,不论夫之有无,俱杖一百。若刁奸之后,遂拐骗为妻妾奴婢,或骗卖与人为妻妾奴婢,则为和同相诱卖之律。二律相似,其分在此。

第二节 强奸者绞,监候;未成者,减一等;此为凡人而言。若强奸亲属未成,律无文,今有例,凡问强奸,须有强暴之状,妇女果有不可挣脱之情,亦须有人知闻,及据其损伤肤体,毁裂衣服之属,方坐绞罪。若彼以强来,此以和应,始以强合,终以和成,犹非强也。如两人强奸一妇,一人按住一人行奸,行奸之人问绞,按住者问未成流罪。又如见妇人与人通奸,亦欲与奸而不从,因而用强奸讫,缘妇女已系犯奸之妇,虽有强奸之情,难以强论。

第三节 幼女十二岁以下,情窦未开,易欺易制,即有和情,亦被其诈欺耳,故同强论。须令稳婆探验,已成者绞;未成者杖一百,流三千里。若和而未成者,止坐不应从重。引律宜云:依奸幼女十二岁以下,虽和同,亦依强奸者律绞。

第四节 和奸、刁奸者,男女同淫,故同坐罪。奸生男女,理宜奸夫收养,故即责付奸夫。奸妇从夫嫁卖,其夫愿留者听,虽犯七出之条,恐有三不去之理也。若经官问断之后,即嫁卖与奸夫者,则违断从淫,本夫之罪惟均,故与奸夫各杖八十;妇人勿论,离异归宗,嫁卖财物,追入官。若犯奸不经官断,而遂嫁卖与奸夫者,依买休卖休律,妇人亦坐罪,仍尽奸法决之。

第五节 强奸者,非妇女之得已也,故不坐罪。幼女虽和,亦与强奸者同。

第六节 若与人为媒,说合奸事,及容留人家男女,在家止宿通奸者,各减犯人和奸刁奸之罪一等,和者杖七十,刁者杖九十。

第七节 如人犯奸已露,而代与之私和奸事者,各减犯人和刁强之事二等,系和奸杖六十,刁奸杖八十,强奸杖一百,徒三年。按常人私和人命,杖六十;私和公事,罪止答五十,此独不言罪止者何?盖犯奸罪无首从,不准首限,所以明嫌微而惩渎乱之道也。以此为防,民犹逾之,故为人私和奸事者,亦当重其罚。

第八节 奸情暧昧,易于诬执。若捉奸不于奸所,则其事无凭;及指称某与某通奸,则其说无凭;若奸是外人指说,并无证据;故俱勿追论。若妇女因奸有孕,虽奸妇有凭,而奸夫则无凭也,止坐奸妇和奸之律,保管候产,限满日决之。

凡妇人私与人奸,律本去衣受刑。若兼犯别罪应重者,将奸罪杖数,先尽本法决罚,余杖单衣。若犯奸罪该徒流者,则去衣决杖一百,其余罪亦同,徒流一体收赎。

纵容妻妾犯奸

释曰:此律之目,纵容、抑勒,情异而事同;买休、卖休、和娶与奸事,事异而情同;故二者并著焉。

第一节 纵容妻妾与人通奸者,本夫、奸夫、奸妇,各杖九十,在和奸有夫律,男女同坐,亦合杖九十。此以本夫纵容,故别设其条。若抑勒妻妾,及乞养女与人通奸者,其主在抑勒之人,故本夫、义父,各杖一百,奸夫杖八十,妇女不坐,并离异归宗。"并"字,兼指纵容、抑勒而言。不言义父纵容乞养女,及妻与义母,纵容抑勒妾,若乞养女者,有犯依不应从重论,其奸夫奸妇,仍以奸断,所被抑勒者不坐。

第二节 纵容、抑勒亲女,及子孙之妇妾,与纵容、抑勒妻妾,与人通奸之事同,故罪亦如之。纵容者,纵容之父母、舅姑与奸夫、奸妇,各杖九十。抑勒者,抑勒之父母、舅姑,杖一百,奸夫杖八十,妇女不坐。不言离异归宗者,被勒通奸,与本夫原无义绝之情故也。

第三节 若用财买人休其妻,本夫受财卖休其妻,因而和同娶之为妻者,本夫本妇及买休人各杖一百,妇人离异归宗,财礼入官。若买休人与妇人用计逼勒本夫休弃,在本夫别无卖休之情者不坐;买休人及本妇各杖六十,徒一年。其因奸不陈告,而嫁卖与奸夫者,本夫杖一百,奸夫奸妇,各尽本法,妇人止杖一百,余罪收赎银七分五厘,诰减止杖一百,仍将本妇给付本夫,从其嫁卖,不追财礼。买休卖休和娶人妾,妾分已轻于妻,故减一等坐罪,各杖九十,用计逼勒亦同。离异、入官,律无文。或云罪可减而义无二,恐亦当以妻例断之。愚谓律既云减一等,则罪有殊,故不言妾之离异归宗,财礼入官,明不同于妻例也。即妻有宗可归者,犹得从其嫁卖,况妾乎? 此与略卖条相疑似者,多有误断,不可不审。凡妻妾犯奸背逃,但言从夫嫁卖,此言给付本夫嫁卖,亦听之之词也。媒合人各减犯人罪一等,则视买休、卖休及逼勒,或妻或妾各犯之罪而减之也。和娶人妻,杖九十,妾杖八十;逼勒者,妻杖一百,妾杖九十。凡和娶、逼勒娶人妻妾,未成婚者,以不应论,难依婚姻律各减已成婚之罪五等。○卖休子孙之妇,律不言及,然略卖律有略卖子孙妇之文,此当审其有略卖之情者,问以略卖之罪。若妇人情愿,即止是卖休,非略卖也。律既无文,宜问不应。○又详买休、卖休一节,律系奸条,必为先奸后娶者而设,然不专言奸夫,而曰卖休人;不专言奸妇,而曰本妇,可见买休卖休,固有不尽因奸而犯者,亦宜照此律科断。不然,典雇妻女者有罪,将妻妾作姊妹嫁人者有罪。若谓卖妻者律无文不禁,岂果律遗之哉? 止以卖妻与人,既坏夫妇之伦,又非嫁娶之正,有类于奸,故即置犯奸条下,而他条不及言耳,附此以俟明法者裁之。

亲属相奸

此律作五等看:同宗无服之亲,同宗无服亲之妻为一等;缌麻以上亲,缌麻以上亲之妻,妻前夫之女,同母异父姊妹为一等;从祖祖母、从祖祖姑、从祖伯叔母、从祖姑、从父姊妹、母之姊妹、兄弟妻、兄弟子妻为一等;父祖妾、伯叔母、姑、姊、妹、子孙之妇、兄弟之女为一等；同宗无服亲之妾，缌麻以上亲之妾，从祖妾、从祖伯叔妾、兄弟妾、兄弟子妾、伯叔妾、子孙之妾，各减妻一等。

第一节 同宗无服之亲及无服亲之妻，虽族属疏远，而名分犹存，故有犯奸者，则不问和刁、有夫无夫，男女各杖一百。言同宗，则外姻无服者，以凡奸论矣。此条凡称各者，俱指男女同科此罪，下条仿此。以下妻妾犯奸，而罪不至死者，仍尽犯奸本法，从夫嫁卖，愿留者听也。

第二节 若奸缌麻以上亲，及缌麻以上亲之妻，若妻前夫之女及同母异父姊妹者，男女各杖一百，徒三年。强奸者，奸夫监候斩。缌麻以上亲，此何以无同宗异姓之分？盖服至缌麻以上，则其义重，不分同宗异姓，其义一也。妻前夫之女，同母异父姊妹，虽无服而义亦重，故于无服中，特指出二项，与缌麻以上同也。此徒罪，今有例。若从祖祖母，即祖之兄弟妻；从祖祖姑，即祖之姊妹；从祖伯叔母，即父之堂兄弟妻；从祖姑，即父之堂姊妹；从父姊妹，即己之堂姊妹；母之姊妹，即己之母姨；兄弟之妻，兄弟子之妻。以上亲属，其服虽缌麻以上，而其分则为至亲。若犯奸者，皆为内乱，故奸夫奸妇各决绞；强者，奸夫决斩。律内从祖伯叔姑，似从姑，即父之伯叔姊妹，亦云堂姑是也。

第三节 若父祖之妾、伯叔母、姑、姊、妹、子孙之妇、兄弟之女，则其亲为至近，而其伦为尤重。若犯奸者，皆为逆伦和者，男女各决斩。此何以不言强？盖内乱之戮，于斩为已烈矣。凡奸小功以上亲，系在十恶之例，其至死者，俱决不待时，惟从祖祖姑、从祖姑出嫁者，监候处决。其强奸小功再从姊妹、堂侄女、侄孙女、出嫁降服者亦然。○其再嫁之堂姊妹、堂侄女、侄孙女、再嫁兄弟妻、堂侄妇、侄孙妇、堂兄弟妻，但在缌麻以上，犯奸者，皆杖一百，徒三年。

第四节 妾，各减一等。如奸同室无服亲之妾，杖九十；内外缌麻以上亲之妾，杖九十，徒二年半；从祖及从祖伯叔之妾，伯叔及兄弟，若兄弟子，及子孙之妾，各杖一百，流三千里。强者并监候绞。或谓奸亲属妾，明言强者绞，则强奸同宗无服亲及妻，亦本坐斩，非也。盖奸缌麻以上亲及妻一节，两言强者斩，则无服之亲及妻，强者与常人同，不待言也。然则妾各减一等，曷为并云强者绞？此特明其二死不在同为一减之例耳。○奸妻之亲母律无文，宜比附确当上请。盖论服则缌麻以上亲，以义则亦伯叔母与母之姊妹比也，但妻亦有继母、嫡母，自婚视之，终各有间。律不预定，诚有谓也。

犯奸诸事，具载前律。其异姓奸生男女，责付奸夫收养；惟同宗奸生者，不得混入宗谱，听令随便安插。○若女子出嫁，男子过继与人，有犯奸者，仍以正服科罪，不在降服之例。

条例

第一条 亲属犯奸，至死罪，谓奸从祖祖母姑等，当坐绞斩罪者。亲属强奸，谓奸同宗无服之亲及妻，内外缌功之亲及妻，妻前夫之女，同母异父姊妹。强者未成，总承二项而言，俱依犯奸律。强奸未成者，杖一百，流三千里，引此例充边军。故本卷首条所开诸奸罪名，实为诸条总要，亦如婚姻末条，总开嫁娶违律诸罪，所以统括乎婚姻诸罪者也。其亲属相奸者，不载未成之文，以其载于首条，故不复重出。如奸同宗无服亲，不载强者之文，必引首条强奸者绞。如奸缌麻以上亲，以至奸子孙之妇、兄弟之女之类，不载强奸未成之文，必引首条强奸未成之文而断以流。不载奸幼女十二岁以下者，亦当引用首条而断以虽和同奸论。今若以首条所载，泛指常人，亲属不许引用，则强奸同宗无服之亲及其妻者，亦止依本条各杖一百；而亲属幼女十二岁以下被奸者，不得以虽和同强论，而亦同此罪乎？又如首条云："强奸者，妇女不坐。"今亲属不得引用，则强奸者，妇女亦坐乎？又首条云："媒合容止通奸者，各减犯人罪一等，私和奸事，减二等。"今亲属不得引用，则为之媒合容止通奸及私和者，正系党恶乱伦之人也，将独无罪乎？又首条云："非奸所捕获，及指奸勿论。"今本条无此，则亲属被告相奸，非奸所捕获，及指奸者亦论乎？考之别条，固有不分已成未成者，如劫囚云："但劫即坐，不须得囚。"嘱托公事条云："但嘱即坐，不问从与不从，行与不行。"皆明著其文也。今亲属相奸条，纵无但奸即坐，不分成与未成之文，安得不引首条坐罪，而辄议入于死乎？若以亲属相奸，事干伦理，罪在十恶，不分成与未成，则亲属相盗，谋杀尊长，干名犯义，皆系伦理十恶者。然常人强窃盗，分得财不得财，而亲属相盗，亦有得财不得财之分；常人谋杀分已行、已伤、已杀，而谋杀尊长，亦有已行、已伤、已杀之分；常人诬告死罪反坐，皆分已决、未决，而亲属亦一体分之，俱谓其干系伦理十恶，而一切论之乎？律惟谋反大逆，不分未成者，则以人臣无将，其罪逆已浮于未成，而已成无及，故不言也。至于谋杀祖父母、父母，已行者斩，已杀者凌迟处死，亦微有分矣。况其他哉？或谓常人强奸未成，坐流；亲属强奸未成，亦流。何无差等？盖常人之与亲属，其分固有亲疏，而奸之成与未成，其罪不容无间。若奸而未成，皆坐绞斩，其已成者当加入于凌迟矣。后增此例，凡亲属犯奸未成，依律问罪，发边卫充军。

第二条 各依律杖一百，徒三年之罪，岂是未成？此条盖指和奸而言，妇女离异。

诬执翁奸

释曰：欺奸者，欺其卑幼孱弱，而凌制之成奸也。凡翁奸子妇，兄奸弟妇者，律该处斩。若无此事而诬执之，是陷夫之父兄于必死之地，妇恶莫甚于此，故著此律，然必须闻于官者乃坐。

奴及雇工人奸家长妻

第一节 和奸，男女罪同，在亲属犯义之重者，至于各绞各斩。此条奴及雇工人奸家长妻女者各斩，决不待时。

第二节 家长期亲，与期亲之妻，则奴既坐绞，而妇女得减一等，何也？盖奴仆于家长之旁亲，亦有半主之义；妇女于旁亲之奴仆，则终比自己之奴仆不同。况在奴辈，彼斩而此绞，亦既减于家长妻女矣，妇女焉得不减一等乎？若奸家长缌麻以上至大功亲以及妻者，各杖一百，流二千里。一减顿入轻流，可见期亲之重也。家长之期亲，如在室姑、姊妹、侄女、长孙女是也。期亲之妻，如高曾祖母、伯叔母、兄弟妻及子，若兄弟子、嫡孙之妇是也。强奸者，监候斩，妇女不坐。其家长妻女，不言强奸，亦止于斩矣。

第三节 奸家长之妾，减一等，各杖一百，流三千里。奸家长期亲之妾，减一等；奴及雇工人，亦杖一百，流三千里；妾杖一百，徒三年。奸家长缌麻以上亲之妾，减一等，各杖一百，徒三年，强者亦斩。若奴雇转卖他人，奸旧家长妻女者，以凡人奴奸良人论。若恩养年久义子，配有室家，例同子孙论者，于家长有犯，其殴则依乞养子，其奸则依雇工人，谓无子奸母之律。○此律各斩，各杖一百，流二千里，各减一等，俱指男女言。

奸部民妻女

第一节 管军管民之官吏，奸所部军民之妻女者，官吏加凡奸罪二等，和奸杖一百，和奸有夫，杖六十，徒一年；刁奸杖七十，徒一年半；官罢职，吏罢役，永不叙用。其妇女止以凡奸和刁论，不用男女同罪之律。强奸者无文，旧律奸所部妻女，强者依律坐绞。

第二节 若官吏奸见禁犯妇者，杖一百，徒三年，为其势有专制，深疾之也。囚妇止坐原犯罪名，不论奸罪，明恕之也。若为事而保管在外，只以奸所部妻女论，不得与囚妇同科。其所与奸之妇人，亦以凡论。或以奸囚妇律，亦不言强者,谓妇人非犯奸及死罪,不得囚禁,既曰囚妇,自难与凡妇同论,故不分和强,并坐杖徒。不知凡人和奸杖八十,有夫杖九十;而奸囚妇者,乃杖一百,徒三年,正以其禁制之权在手,而胁诱之为易,其情之可恶,尤重于凡人,故重其罪。和奸已比凡奸加重,况强奸乎?若曰虽行强,不当拟死,则是和奸之罪,乃于囚妇可重,而强奸之罪,较之凡人可轻矣。且由奸言之,则和强无别也;由强奸言之,则成与未成,又无别也。岂律意哉?似宜观情酌议上请。

居丧及僧道犯奸

释曰:凡人居父母丧,妻妾居夫丧,及有度牒之僧尼、道士、女冠,有犯奸者,不论和奸、刁奸,有夫、无夫,各加凡奸罪二等,如和奸杖一百,有夫杖六十,徒一年,刁奸杖七十,徒一年半;所与和奸之人,止以凡人和刁奸论,如奸夫居丧加二等,奸妇以凡论。若无度牒之僧道、尼冠犯者,亦但以凡奸论,除私自簪剃轻罪外,坐以和刁还俗;其住持师主,仍坐私度本律。此不言子妇居舅姑丧犯奸同父母论断。《唐律》:"居父母丧生子,徒一年。"今律无文,犯者当依不应事重科罪。○如僧道与无夫妇人,于邻家通奸,僧道以刁奸加二等科罪,妇人依刁奸律,邻人依容止通奸,于奸妇罪上减一等,杖九十。

条例

第二条 问罪依违制,杖六十。

良贱相奸

释曰:男女相奸,均为有罪,而良之于贱,尊卑不同。故以奴而奸良人妇女者,加凡奸罪一等;以良人而奸他人婢者,减凡奸一等;贵贱之别也。奴之于婢,本同等类,故自相奸者,以凡奸论。以上通兼和奸刁奸、有夫无夫言。或谓奸他人婢者,良人虽减凡人一等,其婢自依凡奸律。若然,则安在其为和奸、刁奸者,男女同罪耶?且奴奸良人,加凡人一等,而良人亦自依凡奸律耶?则是所与奸之人,皆以凡论矣。愚谓律之不殊其罪,细阅自明。既属良贱攸分,轻重自是差等,加则独加,减则各减。

官吏宿娼

释曰:此律两节合讲,娼,乃乐籍妇女。若民间私自卖奸者,自当以凡奸论；官吏与官员子孙宿娼者，并杖六十，媒合人笞五十；应荫袭者，附过，候荫袭日，在本等职级之上降一等，于边远衙门叙用。今则文职行止有亏者，不得叙荫矣。此官吏宿娼，与犯奸不同。其乐妇知情，虽同罪，但单衣的决有力亦准纳赎，官吏俱赎完日，革职役。官吏挟妓饮酒，律无文，有犯亦依此科断。或云问不应事重，则反重于宿娼矣。

买良为娼

释曰：优，舞乐人也。凡乐户买良家子女为娼优，或娶为妻妾，或乞养为子女，及良人知情嫁卖者，并杖一百；媒合之人，减一等，杖九十，财礼入官，子女归宗。曰知情，则不知情者，不坐可知矣。

条例

释曰：首指良人，买良家子女，纵容抑勒与人通奸者言，此当与前纵容条并看。次指乐户言，"并"字承上二项，俱枷号发归本宗。

《王仪部先生笺释》卷二十五终

《王仪部先生笺释》卷二十六

顾王榭用拙父　　校阅

顾鼎定九父　　　重编

古吴

黄中致和父　　　订正

翁居体镜非父　　汇参

刑律

杂犯

释曰：李悝《法经》有《杂法》，历代因之，皆称《杂律》，北周始为《杂犯》，隋、唐复为《杂律》，明时仍为《杂犯》，今因之。

拆毁申明亭

释曰：按古各州县各里，俱设立申明亭，民间词讼，除犯十恶、强盗及杀人外，其户婚、田土等事，许老人里甲在亭剖决，及书不孝不弟，与一应为恶之人姓名于亭，能改过自新，则去之。板榜，即教民榜文之类，刻之木板，永久悬挂，盖化民善俗，治国平天下之精意。所在所当时时申明，岂可毁也？故拆毁申明亭房屋，明与凡毁损官屋计雇钱，加坐赃二等不同。毁板榜，亦与凡弃毁官物，计赃加准窃盗二等不同，并杖一百，流三千里，仍各令修造置立还官。

夫匠军士病给医药

释曰：救灾疗疾，亦爱民恤军之常也。况军士在镇守之处，夫匠在工役之所,又服劳于公者乎? 故有疾病而当该守御监督官司,有不为之请给医药以救疗者,或已请给而所司不即差拨良医,及不给对证乐饵者,并笞四十。因不请救疗,无良医,无对证药饵,以致死亡者,并杖八十。若因药不对证,以致死者,罪在医人,依庸医杀人律科断。所司,在内为太医院,在外为府、州、县。旧解谓医学,及军人药局等处,恐非。

赌博

释曰:赌博之具不一,如纸牌、色骰,二者为甚,凡用财物赌赛以决胜负者皆是。摊场,摊钱物之场,即赌坊也。赌博游荡之事,必致破家荡产,流为盗贼,故有犯者,不分首从,皆杖八十,摊场钱物并入官。若有将自己房屋,开张赌坊,容人在内赌博者,亦杖八十,其房亦当入官。然止据见在场发觉者坐罪,不许指攀,防滥及也。职官为之,何以治民? 故加一等,杖九十,引行止有亏例,革职为民。职官与凡民博,各依本律科罪。若赌嗜酒食者勿论。

条例

释曰:第一等、二等,引例,除赌博问违制,三等依本律,职官亦然。

阉割火者

释曰:阉割,古之宫刑,惟王家用之。虽勋戚之家,非饮赐亦不敢用。若官民之家,乞养他人之子,阉割火者,以供给门庭之役,则僭越甚矣,故杖一百,流三千里,所阉之子,给付本生父母完聚。按非理殴杀乞养子,杖一百,徒三年;故杀者,杖一百,流三千里。今阉割不死,其罪反重者,盖不罪其伤乞养子,而罪其僭耳。若阉割致死,亦止拟此罪,以故杀亦止于此罪也。○律不言己子,或比斗殴内致令绝嗣上请。

条例

第一条 问罪,依违制。

第二条 议得甲乙俱合,依奉制书有所施行而违者律。甲私自净身,乙系下手之人,各照例处斩,仍拘同居家口,全发边卫充军终身。两邻歇家,及有司里老人等,容隐不举者,俱问罪。

嘱托公事

此律以"曲法"二字为主,前后俱自曲法上言。

第一节 谓凡官吏诸色人等,屈挠公法,于各衙门嘱托公事者,不分为己与为他人,及亲属,俱笞五十。但嘱即坐,不问从与不从,行与不行也。当该官吏,若听从其嘱托,而尚未施行者,与嘱托之人同罪,亦笞五十,不从者不坐。若已为之施行者,杖一百。若施行而所枉之罪,重于杖一百者,以故出入人罪论,或全科,或以所增减之罪坐之。自听从至此,皆言当该官吏之罪,其嘱托之人,则分其为人与为己而坐罪。若为他人,及亲属嘱托,而致所枉重者,则减当该官吏罪三等。若自嘱托己事,而致所枉重者,则加所应坐本罪一等。如为他人,及亲属嘱托,得免杖一百,徒三年,是所枉重于杖一百矣。官吏坐故出全科,杖一百,徒三年,嘱托减三等,则杖七十,徒一年半。如自犯杖一百,徒三年,嘱托得免者,则于本罪上加一等,杖一百,流二千里。

议得赵甲、钱乙所犯,赵甲合依曲法嘱托公事,官吏听从,事已施行,而所枉罪重者,以故出人伪造关防罪;全出者,以全罪论,律杖一百,徒三年。钱乙依为亲属嘱托者,减赵甲罪三等,律杖七十,徒一年半。

第二节 若监临官吏,及权豪势要之人,为人曲法嘱托公事者,不问所司从与不从,行与不行,但嘱即杖一百;其官吏听从未施行,亦止笞五十;已施行者,杖一百。若所枉重于杖一百者,则监临势要,与当该官吏,皆以故出入人罪论之;官吏罪至死者,则监临势要得减一等,杖一百,流三千里。凡嘱托公事,不曲法者,只坐不应笞罪,其监临势要嘱者以事重论,然则官吏听从而施行者,独无罪乎?曰:嘱事者于法无所曲,则听断者于事无所枉,又何罪之为也?此上皆以无赃私者言。

第三节 此节通上官吏诸色人等,及监临势要、当该官吏言之。若嘱托之人,有所利而为之者,并计其入己之赃,以枉法论,无禄人减有禄人一等。如所嘱之事,不曲法而受赃者,则亦只依不枉法科断。

第四节 若当该官吏,不避监临势要,将嘱托曲法实迹径赴拘该上司首告者,系官,则于本职事上加升一等;系吏,则候其受官之日,亦升一等叙用。

按《名例》同僚官一人有私,自依故出入人罪论,其余不知情者,止依失论。官吏受赃满数,照律拟断;未满数者,问罪革职役。若止是嘱托,无赃,各还职役。

私和公事

释曰：公事谓发觉在官者，凡与人私和公事者，各随其所犯事情轻重，减犯人之罪二等，罪止笞五十。既曰减犯人罪二等，则犯人得死罪者，私和人减二等，应该坐徒三年，罪止徒三年，而云罪止笞五十，何也？此正与失觉察者减二等，罪止杖一百同。谓本犯应该笞五十以下者则减二等。本犯该杖六十以上，至徒流死罪者，私和人罪止笞五十，谓本犯之罪虽重，而私为之和者，止于笞五十。然私和奸事，亦减二等，其不言罪止云何？此盖别嫌明微，防渎乱之道也。故私和人命，止杖六十；而私和刁奸，则杖八十。若强奸及内乱，至死罪者，其私和亦止减犯人之罪二等，深恶之也。

失火

第一节、二节 失火虽出于不意，而实由于不慎，但自己房屋，与官民者不同，故一则笞四十，一则笞五十。因而致伤人命者，则不论系凡人亲属，俱杖一百。罪坐所由失火之人，或以亲属当依过失杀条，非也。如本应罪重，而犯时不知者，止依凡人。况失火又人情之不得已者耶？曰致伤人命，则但伤人者不坐可知矣。以其出于不意，故轻之也。因论失火烧自己房屋而及于延烧官民房屋，因延烧官民房屋，而及于致伤人命，失火事小，因而致伤人命事重，故杖一百。若因失火而延烧宗庙宫阙，则其事非常矣，故坐以监候绞。社减一等者，宗庙以栖神，宫阙系宸居，较社不同耳。此虽隔一圈，义实贯下，皆以在外延烧而言也。

第三节 若山陵兆域之内，系干禁地，其有守卫之人失火者，虽不延烧，杖八十，徒二年；延烧及于林木者，杖一百，流二千里。若官府公廨及仓库，乃文案钱粮所在，在内失火者，主守之人，亦杖八十，徒二年。"亦"字谓其地则异，其事与山陵兆域内失火等也。其主守仓库之人，或有钱粮当应给付与人，已出仓库而未曾给付，私物当供官用；已送在官而未入仓库，因而侵欺入己者，计赃以监守自盗，不分首从论。若在外失火而延烧者，各减三等，如延烧山陵兆域，公廨仓库，则杖一百；延烧林木，则杖八十，徒二年。在外失火，延烧仓库，因而盗官钱粮，以常人盗论。

第四节 若主守之人，于库藏及仓廒内燃火者，虽不失火，亦杖八十。

第五节 其守卫宫殿官军，及主守仓库狱囚、官攒斗库、禁子人等，但见宫殿仓库牢狱内外有火起者,皆不得离所守,违者杖一百。若因而致外人擅入,钱粮损失,囚人逃走者,以守卫不觉察仓库不觉被盗,主守不觉失囚各条科断。

放火故烧人房屋

第一节 放火出于故意,与失火不同,故在自己房屋,则杖一百;延烧官民房屋,及官民积聚之物,则杖一百,徒三年,以其因故烧而及之也。言官民房屋,则仓库等在其中矣。若因放火延烧,而盗取官民财物者,则以强盗得财论斩,但候不决。杀伤人者,或亲属,或凡人,各以本条故杀伤论。

第二节 若放火故烧官民房屋,及公廨仓库,系官积聚之物者,其情尤重,故不分首从皆斩监候。其放火故烧官房屋,不同于民房屋者,以罪至于斩,无可加也。公廨仓库,系官积聚之物,又特言者,官物系关官用,其事本重也。然必须于放火处捕获,有显迹证验明白,乃坐,以此事多潜匿踪迹,恐以疑似枉人耳。若故烧人空闲房屋,不比住居,及田场积聚之物,不比家内,故各减一等,杖一百,流三千里。今有例充军,强盗放火烧人房屋,枭首,见贼盗律。故烧各边仓场钱粮草束,正犯枭首,有事例。

第三节 "并"字承"延烧""故烧"二项言,并计所烧官民房屋,公廨仓库积聚之物,以所存烧残者,应减之价,尽犯人赀财家产,折锉而赔偿之。如房屋及积聚之物,本值银二百两,烧讫,余物止值二十两,是减去原值一百八十两,合偿一百八十两,则将其财产,估折为价数,系一主者全偿;众主者,将财产锉为几分,以赔偿其所烧之数。又如故烧官民房屋,共值一千两,被烧之后,尚值三百两,是曰减价,即将犯人家产尽估,不敷给偿,不可先尽于官,亦要官民品搭,均偿官主是曰折锉。尽者,谓如犯人财产,止有一百五十两,既罄尽赔偿,于原值尚少三十两,虽不敷,亦准还官给主,余数免追。如系赤贫无可赔偿者,止科其罪。

条例

第一条 依放火故烧系官积聚之物律斩,引例枭首。

第二条 此原为律中徒三年及减等流罪而设。旧例云:故烧田场积聚及延烧房屋,似未尽;又徒罪以上一句,亦未明;故增此例。

搬做杂剧

释曰:杂剧戏文,只是一事,历代帝王后妃,忠臣烈士,先圣先贤神像,乃官民之所瞻仰；而以之搬做杂剧，则比之亵渎神明为尤甚，故优人与官民容令妆扮者，各杖一百。其神仙道扮及义夫节妇、孝子顺孙，事关风化，可以兴起人之善心者则，固法之所不禁也。

违令

释曰：令，即大清令也。令有禁制，而律无罪名有违犯者，坐笞五十。今故违诏旨，及奏准事例，并坐违制。○令者，一时之令，违之其罪轻；制者，一代之制，违之其罪重。

不应为

释曰：凡律无正条，该载不尽之事，有理之所不应为而为之者，是亦罪也。律令虽无罪名，事理各有轻重，或笞或杖，各量情而坐之。不应虽无首从，若同犯一事，则为首者杖八十，为从者笞四十。又如有二人各犯不应，一轻一重，引律亦须以事理重者为首。议云赵甲、钱乙，所犯俱依不应得为而为之，赵甲事理重者，律杖八十；钱乙笞四十。○圣王制律之始，以天下事有万殊，虑不足以该载，故立此条。恐人附于律例，以轻重于其间，殆仁之至也。如不善用之，动指为不应为事重，则其陷人也多矣。凡事必干犯伦理，及有害于国，有伤于民，斯为重耳。焉得以小事不应为者，而辄引重律比之哉？

《王仪部先生笺释》卷二十六终

《王仪部先生笺释》卷二十七

	顾王榭用拙父	校阅
	顾鼎定九父	重编
古吴		
	黄中致和父	订正
	翁居体镜非父	汇参

刑律

捕亡

释曰:李悝《法经》六篇,《捕律》居四,后魏名《捕亡律》,北齐合于断狱,名《捕断律》,北周名《逃捕律》,隋、唐复为《捕亡律》,至今不改。

应捕人追捕罪人

释曰:巡捕军与弓兵及衙门正役,官府选充者,原以差捕为役,而承差遣,追捕犯罪人,或逃亡之人者,谓之应捕人。其余皂隶民壮,保甲里长,不拘在官在外人役,原非以追捕为责,而官府临时暂差遣者,谓之非应捕人。应捕人已承差遣,而托故不行,及明知罪人所在,而不即追捕者,各减罪人所犯之罪一等。夫罪人未到官,则其罪未定,何所据以为减乎? 盖自众证明白,即同狱成者言之也。若罪人数多,则就其罪重者,减一等,戴罪,责限三十日追捕。如不获然后决之,若限内能自捕得一半以上,或虽不及一半,但获犯罪最重之人,皆得免罪,以捕获之功可赎也。"虽一人捕得,同捕之人皆免罪",此"皆"字,指获一半及获重囚二者而言。若不曾捕得,而罪人已死,或自行赴官出首各尽,无有一人不死、不首者,则无用捕矣,故亦得免罪。如罪人死未尽、首未尽者,则以不尽之罪减一等坐之。如十人在逃,止有五人身死,或止五人自首者,止以不死、不首之五人所得罪犯,减等坐应捕之人。其非应捕人,而官府临时差遣者,或不行,或不捕,或不尽,各减应捕人一等,是通减罪人二等矣,亦给捕限。限内捕得一半,或所获罪重,或罪人已死、自首,皆与应捕人同得免罪。受财故纵,指应捕、非应捕二项而言。不给捕限,不分应捕人、非应捕人,各与囚之最重者同罪,至死者,仍以首从全科之。所受之赃,重于犯人之罪者,以枉法从重论。前曰减罪人罪一等,是罪人虽未到官,其罪已可拟矣。此曰与囚同罪,而不言罪人,盖受财故纵,至死全科,故必罪人到官,招承定拟,而后可以论故纵者之罪耳。或谓故纵而不受财者,律无明文。然知罪人所在而不捕,即故纵也。责限根捕,须于大诰项下云:缘各人俱未责限根捕,各捕限内,捕得一半以上,或所获罪重,皆免罪。限内不获,送回依拟发落。○受财故纵者,虽不给捕限,能于未断之间,自捕得者,止依受财枉法科断;与囚同罪者,止于绞监固缓决,俟逃囚获日审豁。

罪人拒捕

释曰:此条之目,曰犯罪逃走,曰犯罪拒捕,曰拒捕殴人至折伤以上者,杀人者,此罪人之正律。曰罪人已就拘执及不拒捕而杀,或折伤,曰罪人本犯应死而擅杀,则又言捕人之事也。斗殴律有拒殴追摄人之条,与此条相似而不同。拒殴追摄条,或其人该输税粮未纳,或官府应行事务未干,不曾深得罪于官者是也。此罪人拒捕条,或被人讦告不法,或因窃盗人财;事主追逐,或犯罪在官,脱走而拒捕是也。二者难于分别,人多误用,不可不详也。

第一节 逃走拒捕,俱平说。或作一串,则下文各字难通矣,观《名例律》事发在逃,自首得免逃罪二等可见。凡人犯罪事发,或逃走,或拒捕,是罪之上又有罪焉,各于本罪上加二等,罪止杖一百,流三千里。其本犯应死者,自依常律;因拒捕而殴所捕人至折伤一齿以上者,监候绞;止于成伤者,罪不至绞;杀人者,监候斩;为从者,各减一等。如逃走拒捕,减为首者一等,则是于本罪上止加一等;已折伤杀死,减为首者一等,则杖一百,流三千里也。○凡囚走,须事发应该问罪而逃者方坐。若一举提不到,即招逃走,不论本罪之有无,获日一概加二等,非律意矣。

第二节 罪人持仗而拒捕,则捕之者,格斗不得不力;囚在系而逃走,则捕之者,追逐不得不急。若囚窘迫而自杀,则亦有取死之道,故皆勿论。曰持仗,曰囚,曰逐,曰窘迫,俱紧关字眼。

第三节 若囚人已就拘执,及虽逃走,不拒捕而捕者杀之,或殴至折伤者,各以斗殴杀伤论。此就犯该笞杖徒流,囚之不应死者言之。若本犯有应死之罪而逃,应捕人擅杀之者杖一百,不言折伤,勿论可知也。○问曰:如有应捕及无干人,不因公务而擅杀罪囚者,何断? 答曰:应死擅杀,必须为公,今既不因公务,为私而杀应死罪囚,合照常人谋故论。此律本为捕亡者而言,近见问刑衙门,往往于常人擅杀应死之人,亦引此律。夫人虽犯死罪,惟秉法者可以杀之。若果常人擅杀,止杖一百。则狱卒凌虐罪囚,罪囚之中固有应死者矣。何以曰凌虐至死者绞乎? 死罪囚令人自杀,既曰死罪囚矣,何又曰下手之人以斗杀论乎? ○或谓:未在禁曰罪人,已在禁曰囚人,此理固然。然《名例律》犯罪共逃亡,其轻罪囚,能捕获重罪囚而首告者免罪;《捕亡律》应捕人追捕罪人,推故不行。若知而不捕,减罪人罪一等,受财故纵者,各与囚同罪,则罪人亦谓之囚可也。若专谓未禁为罪人,则囚有脱监越狱,在逃拒捕杀伤人者,将置之何典耶? 若罪人逃走,其捕者逐而杀之,及窘迫而自杀者,不当勿论耶? 又如知情藏匿罪人,亦不言囚,则藏匿逃囚者,岂别有律耶? 则囚虽谓之罪人,亦可也。故律凡云罪人,或云罪囚者,皆互相通之词;惟劫囚,则特言禁囚耳。

狱囚脱监及反狱在逃

第一节 从门出者,谓之脱监逾垣出者,谓之越狱。犯罪被囚禁,而乘狱卒之不觉,私自脱监,及解脱自带枷锁,而越狱各在逃者,是先已犯罪而又犯,故各于本罪上加二等,须出外乃坐。若解脱枷锁,欲出未出,则依应禁不禁条自脱枷锁科断。如自行脱越,因而窃放同禁他囚罪重于己者,则以所窃放他囚之重罪罪之,故曰同罪。其轻若等者,止坐脱监越狱加等之罪,以上加罪、同罪,并罪止杖一百,流三千里,不至于死。其本犯原罪应死者,或绞或斩,自依常律,无所用其加矣。

第二节 反狱者,恃众恃强,或逞凶杀伤狱卒,公然奋击夺门而出,与脱监越狱,乘人之不觉察者不同,犹盗之分强窃也,故不分首从,但谋助力者,皆监候斩。同牢囚人,以此辈谋密必不走泄其机,故不知情者不坐。

此条不言狱卒之罪,在主守不觉失囚条。○如无罪之人,被禁脱监,止问不应;越狱者,止问越官墙垣。若犯罪未决,起解中途在逃,及解脱自带枷锁在逃者,亦各于本罪上加二等。

条例

释曰：府、州、县卫所官，依提牢官不曾点视，以致失囚者，与狱官罪同。律失囚，减囚罪五等；反狱，减囚罪七等科断。

徒流人逃

释曰：此律首节以在配在役者言，次节以起发在途者言，三节以主守押解人及提调官长、押官言。

第一节 役限，惟徒罪囚有之，而逃罪及仍发配所，则迁徙与三流，皆与徒同，故混言之。观下文"从新拘役"一段，提出徒罪，可见逃者计日论罪，至十六日之上，罪止杖一百，仍发原配之所收管。若流徒无役限者，亦计所逃之日为坐。惟依留住法，及加役之流与五等徒囚，照依原犯所徒年限，从新拘役。凡从前役过月日，不问久近，并不准通理。若囚自首，及还归本所者，则依《名例》减罪二等，盖与事发在逃者不同。

第二节 起发，谓已解发，但未至配所耳。中途在逃，亦如上之一日笞五十，每三日加一等，罪止杖一百。充军人到卫而逃者，罪在兵律，故上节不言充军，而此并言之。

第三节 主守，即配所管工之人。押解人，则路上解囚之人也。提调，即配所监临之官。长押官，即官司所委管领解囚者也。在役有提调官及主守，在途有长解官及押解人，而主守与押解人，其责尤专，故以为罪首，而提调、长押官，减三等。或谓同役押解失囚者，当分首从。然同差自相替放律，明云事有损失者，依损失官物及失囚律追断，不在减等之限，则何首从之有？不觉失囚者，计名论罪，主守押解人，一名杖六十，每一名加一等，罪止杖一百；提调、长解官，一名笞三十，每一名加一等，罪止杖七十，皆听一百日限内，或自己或他人捕得。若囚已死，或自首，提调、长押、主守、押解，皆得免罪。若故纵囚逃走者，不分官役，各与所纵之囚同罪。受财故纵者，各计所受之赃，以枉法从重论。盖受财之罪重于故纵，则以赃论；轻于故纵，则仍以因人之罪罪之。按应捕人追捕罪人律云：受财故纵者，不给捕限。则此亦不给捕限可知。

此条押解人不觉失囚，是已经断决之囚，罪止军罪者，特押解往配所耳。故逃者有期限，失者有名数，各罪止杖一百，盖罪之轻者。主守不觉失囚条内，押解罪囚中途不觉失囚者，系未经断决，或未经起发之囚，且死罪、重囚亦在内，故其法重。若官吏不行，如法枷杻，以致在逃者，见下稽留囚徒条。

徒流迁徙人逃，如自首，及还归本所者，依《名例律》减罪二等。○运炭等项，未完在逃者，问不应，照旧纳赎。

条例

第二条　问发充军人犯，是总句下分真犯、死罪、免死、充军者，及杂犯死罪以下充军者为二项。问罪，依各处守御城池军人在逃者，初犯杖八十，仍发本卫充军；再犯杖一百，发边远充军；三犯者绞，"通系著伍以后"六字要紧。若三次中，有一次系中途在逃，即不得论绞矣。

第三条　长解纵容，有赃，问行求枉法；无赃，除起解囚徒而辄稽留，及事有期限而违，依违制。

稽留囚徒

第一节　徒流迁徙充军囚犯，既经断决之后，提调官吏，自当依期如法枷杻，管押发遣。若于限外无故稽留不送者，计日论罪，至十五日之上，罪止杖六十。因稽留以致脱逃者，官则住俸勤捕，吏则坐抵其罪。"无故"字要看，如有故而稽留，则勿论矣。抵罪以吏为首候捕获原犯至配日，疏放宁家别叙。

第二节　徒流等囚，遇有递解到日，宜实时转递前去，不得稽留程限。若已经解到邻境，而邻境官司，辄致稽留，不即递送者，亦验日坐罪，三日笞二十，每三日加一等，罪止杖六十。致逃者抵罪发遣，故曰罪亦如之。

第三节　若初发遣囚徒之时，提调官吏，不行如法牢固枷杻，致囚中途解脱，自带枷杻在逃者，即与押解失囚人同罪，一名杖六十，每一名加一等，罪止杖一百，给限追捕。

第四节　统承上言，官吏无故不发遣，邻境稽留不递送，提调不如法枷杻，以致在逃者，并罪坐所由疏纵之人，其余不相及也。如其稽留不发遣、不递送及不如法枷杻，出于受财者，则计赃以枉法从其重者论罪。如赃重，以枉法科之；轻则以抵囚逃本罪及押解人罪科之。若官吏或有不在，止坐经手之人。或以罪坐所由，谓祗罪经手官吏，其余佐贰、首领官，并不得连坐，非也。盖本律明言提调、官吏，则原与同署佐职无干，然官吏无二人抵罪发遣之理，故云罪坐所由，实自以吏为首言之耳。如滥设官吏条，所载容留一人，正官笞二十，首领笞三十,吏笞四十,亦云罪坐所由,非彼此俱坐也。然则谓其官吏各当坐罪,可乎?

主守不觉失囚

第一节 狱卒主守罪囚,其有防范不严,致令脱监越狱在逃而不觉者,减囚罪二等,所失虽多,只就其囚罪之最重者减之耳。若囚自内反狱在逃,虽事起仓卒,非狱卒所能控制,然亦由失于防范以致之,故又减不觉之罪二等,通减四等。变自内作,故曰自内,以别于劫囚之自外入者耳。听给限一百日追捕,限满不获,方以减等之罪坐之。若限内能自捕得,或他人捕得,若囚已死,及自首俱尽者,无论失反,皆得免罪。假如重囚已捕、已死、已首,而轻囚未获,犹当依未获轻囚之罪减二等、减四等科之,不得援捕获一半,所获重囚免罪之例。盖主守与应捕不同,而在禁之囚,又与未到官之罪人不同故也。司狱官典,减狱卒罪三等;如失囚,则减囚罪五等;反狱,则减囚罪七等,亦须限外不获,然后坐之。观上文狱卒限内捕得,若已死及自首,皆得免罪,则司狱官典,同得免罪可知矣。提牢官,即刑部月轮主事,都察院月轮御史各一员提牢。今司府、州、县,委佐贰官一员提调,此在外之提牢官也。若于罪囚不曾躬亲逐一点视,枷锁杻未必如法;又无取责狱官、狱卒牢固收禁文状为照,因致失囚,亦与狱官同罪;其曾点视等项俱备者不坐。以上皆自无心之失言之。若有心故纵者,不给捕限,各与囚同罪。"各"字,通指提牢、司狱官、典狱卒而言,谓罪坐所由,故不给捕限,与囚同罪。然未断之间,能自捕得及他人捕得,若囚已死,及自首俱尽,则各减囚罪一等。此"各"字,亦指官役言,缘其故纵于先,故虽无遗于后,仅可宽其与囚同罪之一等也。此止言故纵,而不及于受财。若因受财而故纵者,则又不然,各计入己之赃,以枉法从其重者论罪。如赃重,以枉法科之;轻则仍以故纵科断;至死者绞,不减等,见《名例》称与同罪条。

第二节 贼人自外入者,又非反狱之比。夫劫囚者,必聚凶党,持凶仗,非提牢官、狱官、典卒之力所能抵敌也,故免其失囚之罪。

第三节 若押解提问未断决之罪囚,中途不觉失脱者,亦如上狱卒不觉失囚科断,押解人减囚罪二等,长解减押解人三等。徒流人逃条,已有押解人不觉失囚之罪,而此又言之,前言一名杖六十,每一名加一等,罪止杖一百,此但言减囚罪二等,不言罪止,则囚罪有至死者减二等,有至满徒者矣。盖前之徒流人,是已断决者,其狱已成,其事已结。此押解罪囚中,或未经断决,或犹未追正赃,停囚待对,或案候归结,且死罪重囚俱在内,实与起发已断决徒流迁徒充军之囚徒不同也。故同一押解不觉失囚，而坐罪攸异耳。此不言受财故纵者，至于受财故纵，则不拘所押解是何等罪囚，皆合与囚同罪，徒流人逃条已言之矣。○此条与脱监反狱条，正是一事。

知情藏匿罪人

释曰：知情，谓知他人犯罪之情非亲属也。罪人，谓犯罪而未到官者。前节"各减"二字，指藏匿、指引、资给三项言；后节"各减"二字，指他人捕得及因已死、自首三项言。

第一节 知人犯罪事发，官司差人追唤，于法应行捕告，而乃藏匿在家；或指道路以引送之，或将衣粮以资给之，令其隐避他所者，各减犯人罪一等坐之，至死减一等。其引至他所展转相①送之人为之隐藏，其间容有知情不知情者，必须勘出知情之故；但知情者，与初先引送之人，不分首从，皆坐减犯人一等之罪，其不知者勿论。

第二节 若知官司追捕犯罪之人，而漏泄其事于外，漏泄之情，虽轻于藏匿引送资给者；然而致令罪人得以逃避，则与藏匿引送资给者，不少殊矣，故亦减罪人罪一等。未断之间，能自捕得者免罪。若他人捕得，及罪人已死，若自首又各减十等，此只承漏泄一项言之，不及藏匿引送资给者，已具于《名例律》矣。按《名例律》"因人连累致罪"注：谓如藏匿、引送、资给罪人之类，罪人自死，听减本罪二等；罪人自首原免，亦准罪人原免法。然不言捕得之事，盖既云藏匿在家，不行捕告，则是因其不捕告而后坐以罪也。若藏匿于先，而捕告于后，则其藏匿之罪，亦可不追论矣。指引、资给亦然。漏泄情轻，故虽他人捕得，亦减漏泄者之罪。若藏匿、引送、资给，则不然矣。○此条止减罪人一等，何也？盖《名例》事尚未发，先行藏匿及事已发而连累之，故曰因人连累。此条谓事已发，差人追唤而藏匿、指引、资给、送令隐避者，则欺公党恶，自与《名例》有间矣。○按《名例》，凡同居，若大功以上亲及外祖父母、外孙妻之父母、女婿，若孙之妇，夫之兄弟及兄弟妻、奴婢、雇工人为家长隐匿、漏泄，皆勿论，另居小功以下，减凡人三等；无服之亲，减一等，则知此条为非亲属者设也。○知情、藏匿、引送，在常赦所不原之数，亦看罪人所犯轻重如何。若罪人赦原，而藏匿引送者反不赦原，无是理也。○若受财，则依《名例》受财故纵与同罪之律。○赦前藏匿罪人，不合于赦后仍复藏匿，依藏匿科之。或初不知人有罪，容留之后，

---

① 底本此处多一"相"字。

方知是罪人,及事未发,非官司追捕,而藏匿者,止问不应。○又如罪人有犯数罪,或奸盗,或杀人,其藏匿之人,止是一罪者,坐以所知之罪,亦减一等科断;其余数罪,不知俱不坐。若有藏匿得兼容隐亲属,而亲属转引同伴外人俱来藏匿,则拟藏匿外人之罪。若亲属犯谋反、逆叛重罪,来家藏匿者,依律科罪,不在免罪减等之限。

盗贼捕限

第一节 事发日,谓发于官之日也。强盗之情,甚于窃盗,故捕强盗不获之罪,重于窃盗。总捕官与应捕弓兵不同,故弓兵计月论笞。官必三月不获,然后罚俸,以官总大纲也。若一月、二月不获,即坐官以罚俸,则罪重于弓兵矣。不获强盗者,罚两月,窃盗者一月。罚俸解见吏律。限内,谓一月、二月、三月之内也,限内获贼及半者,官与弓兵俱免罪,以捕获之功,可以补过也。○本律止言捕官罚俸,而未及印官,载条例内。

第二节 若被盗之家,经隔二十日之上,始行告官者,则去失事之日已远,踪迹将泯,未易追捕,故不拘捕限缉获,坐罪罚俸。至于杀人之贼,其罪与强盗无异,故其捕限亦同。弓兵亦计月加笞,官亦罚俸两月,经二十日以上告者,亦不拘限,并如上项拟断。○此捕贼,须于三月限外不获,方问罪。

条例

第一条 此例分两段看,前节指州县之有城池及设有卫所同驻者,后节指州县原未设有城池者。打劫仓库狱囚,杀死职官,聚至百人三项,就失盗之重者言。半年以里,及再限三个月,拿获免罪者,所住俸粮,仍准补支。其"全无拿获"一句,就半年言,及"再限内不能尽数拿获"一句,就再限三个月言。

第二条 民间被劫,不分城内外,实时获者,印捕官俱免罪。获半者,照例开支,问罪俱坐违制。

第三条 隐匿,除应申上而不申上,笞罪,问违制;抚按容隐,问事应奏不奏。

第四条 实时擒获者,不惟免罪,亦且论功叙用。纪录,或谓论其祖父之功勋,录其失盗之过犯,谬矣。

《唐律》:"诸邻里被盗劫及杀人,告而不救助者,杖一百;闻而不救助者,减一等。力势不能赴救者,速告随近官司。若不告者,亦以不救助论。其官司不即救助者，徒一年；窃盗者，减二等。"此议似亦可以备今日之采，盖强盗劫杀，若但严于捕人，而不严于邻里，但责官捕之，失事于既劫后，而不责邻里之救助于正劫时，则盗终不可得而绝也。此等事在保伍法中非不详备，第恐视为具文，奉行不力耳。

《王仪部先生笺释》卷二十七终

《王仪部先生笺释》卷二十八

古吴

顾王榭用拙父　　校阅

顾鼎定九父　　　重编

黄中致和父　　　订正

翁居体镜非父　　汇参

刑律

断狱

释曰：《唐律疏议》云："断狱之名起于魏，魏分李悝《囚法》而出此篇，至北齐与捕律相合，更名《捕断律》，北周复为《断狱律》。诸篇罪名，各有类例，讯舍出入，各立章程。此篇错综一部条流以为决断之法，故承众篇之下。"

囚应禁而不禁

释曰：此律之目，应禁而不禁，不应禁而禁，应枷锁杻而不枷锁杻，不应枷锁杻而枷锁杻，应枷而锁，应锁而枷，脱去，囚自脱去，司狱官、典狱卒私与脱去，各项俱要细看。首节言原问官之罪，次节言囚及狱官、狱卒、提牢官之罪，三、四节总言问刑官吏、狱官、狱卒之罪。

第一节　男子犯徒以上，妇人犯奸及死罪，皆应收禁。其在禁囚，徒以上应杻，充军以上应锁，死罪应枷。凡枷者兼锁杻，凡锁者兼杻，惟妇人不杻。官犯私罪杖以下，及公罪流以下，与民人罪轻者，老幼废疾，皆散收在禁。若原问官吏，将应合收禁之囚而不收禁，应合枷锁杻者而不枷锁杻，及已枷锁杻而与之脱去者,各随囚人所犯轻重,论以笞杖罪名,所以惩宽纵也。枷锁错施,虽不废法,而亦非法之平,故减全不枷锁之罪一等,杖罪笞二十,徒罪笞三十,流罪笞四十,死罪笞五十,不及笞者其罪轻,故其责薄也。

第二节 若已如法枷锁杻而囚自脱去,及司狱官、典狱卒私与囚脱去枷锁杻者,其罪亦如原问官司脱去之罪。提牢官知其自脱与脱之情,而不举者,亦与官典狱卒同罪,不知者不坐。

第三节 不应禁而禁,误禁也。若故禁者,另有律。应禁而不禁,犹可补禁也。不应禁而禁,则枉禁矣。应枷锁杻而不枷锁杻,犹可补枷锁杻也。不应枷锁杻而枷锁杻,则枉枷锁杻矣。倚法虐民,故各杖六十,不拘问刑官、提牢官、狱官、狱卒,并罪坐所由。

第四节 受财,通承上数项而言。固有受罪囚之财,而不禁不枷锁杻者;亦有受怨家之财,不应禁而禁,不应枷锁杻而枷锁杻者,提牢官知而不举;亦或有受财之事,并计入己之赃,以枉法从重论,赃重者,坐赃,赃轻者,从本罪也。○此条当与"与囚金刃解脱条"参看。

条例

释曰:将罪轻人犯,枷伤致死者,问罪依违制。

故禁故勘平人

释曰:平人,平空无事之人,即无罪之称也,与下文公事干连之平人不同。前节言故禁平人,而又言其有应禁者。后节言故勘平人,而又言其有应勘者。

第一节 此与上条不同,上条谓轻罪而不应禁者,此平人则无罪之民耳。凡官吏怀挟私仇,将平人故行监禁者,杖八十;因故禁而致死者,绞监候;其提牢官及狱官、狱卒,知其挟私故禁而不举首于上司者,与官吏同罪;至死者杖一百,流三千里,不知者不坐。若无招误禁者,有罪则有招,有招则有禁。平人因公事干连在官,本无招罪,则是无干之人,自当先行省发保候。若一时误禁,除不致死勿论,致死者杖八十,原其误而重其死也。若虽无罪,原系紧关干证之人,有文案相关涉而应禁者,难以保候在外,虽避逅致死,亦勿论。

第二节 若官吏有怀挟私仇,将平人故行拷勘者,杖八十;至折伤以上,依凡人斗伤论罪;因故勘而致死者,斩监候。同僚官及狱卒,明知其有挟仇情由,而故为助虐共勘平人者,与同罪至死者,杖一百,流三千里;其不知情而共勘,或虽共勘而但依法拷讯，不曾故行非法拷打之事者不坐。若因见问公事，干连平人在官，其事须要推鞫勘问，及罪人赃仗已是证佐明白，而干连之人，犹为之同情隐讳，不服招承者，则明立文案，依法拷讯，非同故勘矣。故邂逅致死者勿论，因公事干连平人在官，事须鞫问是一项；罪人赃仗证佐明白，不服招承是一项。明立文案，依法拷讯，邂逅身死者勿论，此乃承上两项而言也。

条例

释曰：此酷刑之例，问罪依监临官于人虚怯去处非法殴打律，追埋葬银，引例降级充军。

淹禁

释曰：此条兼五刑通言之。若稽留囚徒条发遣，则专指徒流迁徙也。断决不独笞杖，凡徒流亦有杖该断决者，死罪处决，亦曰决。《疏议》言断决指笞杖，起发指徒流，非也。谓凡狱囚所犯情罪，既已招拟完备，在内之监察御史，在外之提刑按察司，已经审录无冤枉，别无追勘未尽事理，其囚犯该笞杖徒流死罪，有应断决者，限三日之内即行断决。系徒流应合起发役配者，限十日之内即行起发。若三日之外不断决，十日之外不起发者，当该官吏，过限三日笞二十，每三日加一等，至十五日之上，罪止杖六十。因过限不断决、不起发而淹留囚禁以致死者，则以致死囚罪之轻重为差等。若该死罪，杖六十；流罪，杖八十；徒罪，杖一百；杖罪以下，杖六十，徒一年；其罪皆坐当该官吏。凡死罪囚已覆奏回报应决者，听三日乃行刑。若限未满而行刑及过限不行刑者，各杖六十。今淹禁致死，亦云囚该死罪，杖六十，何也？盖囚虽合死，亦当依限断决，使其明正典刑。或云是杂犯应赎者，非。

此条淹禁专以有罪者言之。若将无罪人淹禁致死，无意而误者，自入误禁致死之律，有意者自入故禁律。

凌虐罪囚

释曰：在狱之囚，各有应得之罪，非狱卒之所得欺凌，而亦狱卒之所易于欺凌者也。凌虐所该者广，殴伤即凌虐中事，凡有损伤俱依凡斗殴伤论罪，克减囚人官给衣粮，计赃以监守自盗，不分首从论。因而致死者，不论囚罪应死、不应死，并绞监候，此承"凌虐""克减"二项而言。司狱官典及提牢官，知而不举，与同罪；至死者，杖一百，流三千里。无不知不坐之文者，即不知亦问不应，以狱为职，狱卒之弊，正所当觉察，不容其不知也。

条例

释曰：押解人非法乱打，搜检财物，问求索。逼致死伤，问故杀，或凌虐因而致死受财故纵。赃轻，问故纵本律；赃重，问枉法。买求杀害，除枉法，问谋杀人从而加功。

与囚金刃解脱

第一节 金刃，金之有锋刃者。他物，绳索鸩毒之类。解脱之具，如锤凿锁匙等物。"及"字，承"可以自杀"来。凡狱卒以金刃及他物，但可以使人自杀及可解脱枷锁之具而与囚者，其囚虽未自杀，未致解脱，而已有其具矣，故杖一百；其囚因得金刃他物等项，以致脱监越狱在逃，及于狱中自伤其身，或伤人者，狱卒并杖六十，徒一年。若囚自杀者，杖八十，徒二年；致囚反狱而逃及在狱杀人者，狱卒处绞监候。虽皆囚之所为，而原其所得为者，皆由狱卒与之具也。若其囚在逃，狱卒已行问罪，未曾断决之间，能自捕获所失之囚，及他人捕得，若囚已自死，及囚自出首者，狱卒各减罪一等。"各"字指在逃、自伤、伤人、自杀、杀人、反狱言，囚逃者杖一百，反狱者，杖一百，流三千里。

第二节 常人，非系狱卒，兼平人与亲属言。子孙以下，又从其至亲者言也。若常人非主守狱囚者，有以金刃及凡可解脱之物与囚，及子孙以之与祖父母、父母、奴婢、雇工人以之与家长者，各减狱卒罪一等；未用者，杖九十；以致囚逃及自伤，或伤人者，杖一百；囚自杀者，杖七十，徒一年半；反狱及杀人者杖一百，流三千里。其未断之间，但能捕得，及自死自首者，又各减一等。

第三节 司狱官典及提牢官明知狱卒常人，及囚之子孙、奴雇以可解脱之物与囚，而故纵不行举问者，各与狱卒等同罪；至死者，杖一百，流三千里。无不知不坐之文，亦合问不应。

第四节 若狱卒常人，因受囚人之财，而与以金刃等物；或提牢官、司狱官典，因受狱卒常人之财，而不行举问者，各计其入己之赃，以枉法从重论，赃重从赃论，赃轻从本罪论。

第五节 若提牢官、司狱官典、狱卒，失于点检防范，以致狱囚自尽而不觉，原无与以金刃他物之情者，狱卒杖六十，官典各笞五十，提牢官笞四十。夫有官典之罪,则督察密而有先事之防;有狱卒常人之罪,则狱禁严而无意外之变矣。

主守教囚反异

第一节 "反异"之"反",作"翻",谓已招承而改口,又反其前说也。"通传言语",有两意,谓通传囚言于外,或通传外言与囚俱是。司狱官典与狱卒,但典守罪囚而已,乃教令罪囚翻异成案,变乱所犯真实事情,及与通传言语,内外扶同,而有所增入他人,减去自己之罪者,并以故出入人罪论。增轻作重。坐以所增;减重作轻,坐以所减。若外人犯有教囚反异,及通传增减者,减狱官、典卒之罪一等。

第二节 狱卒官典,有故纵容令外人入狱,及虽通传言语,走泄事情,而于囚罪无所增减者,笞五十。此"走泄事情"与"通传言语"二句,互文见义,乃就狱卒官典言之。外人,非守狱之人也。律不著外人擅入狱中之罪,或谓当减主守一等,亦合问不应笞罪。然纵人入狱,在主守且笞五十,况入者乎?若应听家人入视者通传走泄,于罪无增减不坐。

第三节 若司狱官典狱卒及外人,接受罪囚之财,而教令反异,及通传有所增减;或狱卒、官典,接受外人之财,而纵容入狱,通传教令者,并计入己之赃,以枉法从重论,赃重从赃论。教育令等项罪重者,以本罪论。

按教令,及为人书写词状,罪无增减者勿论。若囚先自诬服,而主守教之反异伸冤理枉者,乃得事情之实,又非变乱可比矣。

狱囚衣粮

释曰:此律专为病囚言。

第一节 凡狱囚无家属者,应请给衣粮;有疾病者,应请给医药。而狱官、典卒不行请给,及有患病之囚,除死罪不开枷杻外,其余应脱去枷锁杻而不请脱去,犯笞罪者,应保管在外而不请保管;或应听令家人入监看视而不听者,虽非狱官典卒所主罪,其不为申请上官,故并笞五十。狱囚因无衣粮医药,不疏保入视,以致瘐死于狱中者,仍视囚罪之轻重,以为狱员吏役之罪。若囚该死罪杖六十,流罪杖八十,徒罪杖一百,杖罪以下,杖六十,徒一年。提牢官,明知前项情弊,而故纵不举者,与狱官典卒同罪。

第二节 若司狱官已将应给衣粮医药申禀上司,而上司官吏,不即施行者,一日笞一十,每一日加一等,至四日之上,罪止笞四十;因而致死者,亦视囚罪之轻重。以为上司官吏之罪,其罪一如前例。盖各该堂上官支放钱粮者,即是司狱官典、狱卒之上司,狱囚衣粮疾病不申禀,则上司不知,故专罪狱官典卒。若已申禀而不即施行,其责不在狱员吏役,故专罪上司耳。

条例

第一条 此保管入视,皆指患病之囚言。《疏议》谓干证之人,应保管;功臣及五品以上,应入视,非也。除死罪、枷杻外,其余徒流、杖罪、囚人病重者,开疏枷杻。今律图惟男子犯死罪者用杻,则是死罪患病,亦疏枷杻也,依律为是。

功臣应禁亲人入视

释曰:上条因囚患病,听家人入视,非病不许,此条所以优贵也。五品以上官,兼文武言,虽犯罪应禁许令服属亲人入视,犯徒流应发遣发配,并听亲人随行,与功臣同,体下之仁至矣。若在禁病死,则在京原问官,配所;或中途病死,则在外随处官司;各开具致死缘由,差人引领其入视随行之亲人,诣阙面奏,候旨发放。具奏必引亲人者,恐死非其所,而开具缘由之不实也。违者杖六十,通原问与随处各该官吏而言,谓不令入视,不令随行,不引亲人面奏也。

死囚令人自杀

第一节 死罪囚已服招承,虽有可杀之罪,然惟士师可以杀之,非他人之所可杀,亦非囚之可以令人杀也。若囚畏惧刑戮,使令亲戚故旧自下手杀之;或令亲故雇倩他人杀之者,亲故及雇倩下手之人,各依亲属凡人斗殴本杀之罪减二等。若囚虽已招服罪,而不曾令亲故自杀,是犹有求生之心也;及虽曾令亲故自杀,而未招服罪,则未必有可死之罪也。若亲故辄自杀讫,或雇倩人杀之,则亲故及下手之人,各以斗杀伤论,亲属依亲属律,凡人依凡人律,各全科。盖囚已服罪,而亲故又受命于囚,与有令而未招服,及招服而未曾令者,固不同也。故前依本杀罪减二等,而后以斗杀论也。前句令雇倩人杀之,谓囚令亲故雇倩他人下手;后句雇倩人杀之,谓囚自己雇倩人下手杀之也。

第二节 若囚虽已招服其罪,而囚之子孙为祖父母、父母及囚之奴婢、雇工人为家长,听令自杀;或令雇倩人杀之者,子孙、奴雇,不分首从者,监候斩。名分既尊,又不得与亲故同科,然为其曾有父祖家长之命,故止坐斩。若未招服罪,与虽服罪,不令杀而杀之者,又当各依本杀法,皆凌迟处死矣。○或谓父祖家长,令子孙以下雇倩人杀之,其子孙、奴婢、雇工人及下手之人皆斩,非也。盖律云令雇倩人者,本谓囚令亲故雇倩他人杀之,则是雇倩,明与自杀对言。然囚令亲故雇倩人杀之,他人得减凡斗罪二等,则其令子孙以下雇倩下手之人,即是凡人,乃谓其不分首从者斩,岂他人亦同于子孙、奴雇耶?盖首从本罪各别,在子孙、凡人,各有本杀之法,则此雇倩之人,亦当如本杀罪减二等耳。不然,则子孙谋杀父祖,其凡人从而加功者,何乃止坐绞耶?或又以为死囚已招服罪,其不曾令子孙等自杀而杀之者,亦不分首从皆斩。然上文言囚令亲故自杀者,依本杀罪减二等,其不曾令亲故自杀而辄杀讫者,直以斗杀伤论。若然,则囚之子孙、奴婢、雇工人,如果不曾令杀而杀之者,其罪又岂止于斩而已哉?○按上与囚金刃条,无已招未招,亦非系临时之事。此条非徒与之,而实亲杀之矣,故以斗杀论,乃系临时即杀者言。然须追究主使主守,纵容外人入狱之由。

老幼不拷讯

释曰:凡应入议之人及军民人等,年七十以上,十五以下,若废疾者犯罪,并不合用刑拷讯,但据众证以定其罪。独言废疾者何?举轻也。若瞎一目,但谓之残疾耳。此皆所以优礼应议之人,恤老慈幼,矜不成人之意。当该官司违此律者,以故失入人罪论,谓不恤其应议。及年之老幼,疾之笃废,故加拷讯,老幼不胜其苦而虚招,则以故入论;不稽其是否应议,年之老幼,疾之笃废而误加拷讯,以成其罪,则以失入论。故入者,坐以全罪;失入者,减三等。若事不枉断,止以不应为问罪。其于律称同居,及大功以上、小功以下亲属,凡有罪得兼容隐之人,及民年八十以上十岁以下,若笃疾者,皆不得令其为证,以断人之罪,违者笞五十。盖既许兼容隐矣,则于亲情自有所讳,岂可使证其罪?而老幼笃疾,于法俱得免罪,或恃此以罔人,故禁之也。

鞫狱停囚待对

释曰:停囚待对,谓停已获之囚,而待同伴到日对问也。首节见在他处官司,是一事发于此而未发于彼也。下节已在他处州县事发,是一事而发于两处也。

第一节 凡各衙门鞫狱官,推问罪囚有同起事内,紧关干对人伴,见在他处州县官司,而此处停囚,专待其人对问者,鞫狱官虽与彼处官司职分不相统摄,皆听移文直行勾取。文书到后,彼处官司,不得自分彼此,限三日之内,将所勾待问人犯,发遣对理。如违限占吝不发者,一日笞二十,每一日加一等,延至限外五日之上罪止杖六十,仍将违限不发缘由行移彼处本管上司,问其违限之罪,令将人伴督并发遣。不曰人犯而曰人伴,以未经鞫问,未知有罪与否耳。

第二节 若同起事内,应合对问之罪囚,其事已在他处州县发觉,见被鞫问者,是彼此俱属应鞫,不问本处他处官司,俱听轻罪囚,移就重罪囚;或人少罪囚,移就人多罪囚。若因人数目相等者,则以在后事发之因,送先发官司并问。若两县相去三百里之外,则路远恐致疏虞,难以相就,不论轻重多少前后,听其从事发之处各自归断,不必并问,违者笞五十。若该州县故违移囚就问之法,反移重以就轻,移多以就少者,是意在推避也。其轻囚少囚之当处官司,随将送到囚人收问,仍将移囚就问缘由申达彼处本管上司,究问所属官吏。违法移囚之罪,即前笞五十是也。违法移囚,虽有罪,然当处官司遇囚到不即收受互相推避者,则亦计日以定其罪,与上文违限不发之罪同。盖律之恶停囚不断也如此,问罪官吏,俱拟纳米还职。

条例

第一条 迁延不及三个月,问事有期限而违律,不引例住俸;迁延过三个月以上,官吏俱引例住俸,候事结补支;半年不到,问违制。

第二条 勘检人命,推故不即赴勘,除牒到不即检验与不行会勘,俱问违制。

依告状鞫狱

第一节 谓凡官司讯鞫狱讼,须以原告所告状词事情轻重,据法推问。若故于原告本状外,推求别项事情,摭拾被告人罪者,以故入人罪论,或以全罪科之,或以增轻作重科之;其同僚官联署文案,不知情者,止依失入人罪论断,但难同吏典为首之例;不署文案者,不坐。

第二节 若因所告状内事情,或有法应掩捕搜检,因而检得被告别项犯罪事情,与原告有所关涉,合该推问非系罗织者,不在状外摭拾人罪,故入同论之限。

原告人事毕不放回

释曰:"得实"二字要看,盖不得实则原告不能无罪,而被告亦未必招服,故凡告讦一应词讼,曾经拘提对问得实,被告已经招承服罪,其原告人别无待对未尽事理,鞫狱官司自当随即省放宁家。若于事结之后,无故稽留,随衙听候,三日不放者,笞二十,每三日加一等,至九日之上,罪止笞四十。

狱囚诬指平人

第一节 凡在禁罪囚,但许告举狱官、狱卒非理凌虐及见被鞫问、更首别事之类,此外不得告举他事。若有诬指无罪平人者,随所诬指之罪,以诬告人加三等论之。其狱囚本犯罪名,重于加诬之罪者,自从原犯之重罪论。

第二节 非法拷讯,故行教令,迫之以不得不从,因执其口词以诬陷平人于罪,非故入而何?此当以全罪科者也。其罪未决,听减一等,但坐官吏,本囚不坐。

第三节 若官司追征逋欠钱粮,逼令纳户,诬指无干平人代纳者,计所枉征过平人财物,坐赃论,一两以下,笞二十,至五百两之上,罪止杖一百,徒三年,以其赃非入己也。枉征之物,追给还代纳本主。

第四节 被诬之人,指前三项所诬者言。官司业已追问明白,无故将被诬人稽留听候,有过三日不放回者,笞二十,每三日加一等,至十五日之上,罪止杖六十。比上条不放原告之罪重者,以其被诬故也。

第五节 若官司推鞫罪囚,其事内证佐之人有所偏庇,不言实情,故行诬证,及化外之人有罪,而通事人传译番语,有所偏私,不以实对,致官司断罪各有所出入;若证佐人、出入人全罪者,减犯人全罪二等。此律注不言入人之罪,而云之类者,固已该之矣。若增减其罪者,亦减犯人所得增减之罪二等,谓如犯人本杖六十,证佐杖一百,增杖四十,即坐证佐人杖二十;又如犯人本杖一百,证佐笞五十,减杖五十,即坐杖三十之类。若化外人有罪,而通事者扶同传说,出脱全罪者,与犯人同得全罪。若将化外人罪名,增减传说者,亦坐通事以所增减之罪,律注已明,不须赘述。此云致罪有出入,盖主本囚已决放者而言。

官司出入人罪

释曰:此律当与官吏受财条参看。首二节以故言,若断罪以下,以失言,末节总承上言。

第一节 本注云受人财及法外用刑，是两项。即不受财，而用法外之刑以锻炼周纳之，亦故入也。其全出全入人笞杖徒流死罪者，各以全罪反坐原问官吏。

第二节 若增人轻罪为重，或减人重罪为轻，其皆出于故者，各以其所增、所减之剩罪坐之。若故增减人重罪，至死者坐以死罪。增轻作重，减重作轻，律注已明。若增轻作重，入至徒罪者，每徒一等，折杖二十。如其人本笞二十，增至杖七十，徒一年半，则以其二等之徒，折杖四十并入；五徒原包杖一百，通作一百四十，于内除讫笞二十，官司合坐剩杖一百二十，全决之也。若入至流罪者，每流一等，折徒半年。如其人本杖六十，增至杖一百，流三千里，则以其三等之流，折徒一年半，先于三流原包五徒，通折杖二百之内，除讫杖六十，官司合坐全决杖一百四十，徒一年半，其流不折杖也。若入至死罪已决者，官司全抵坐以死罪。其减重作轻，出至流徒杖笞者，罪亦如之，谓亦各以其所故减之剩罪科断。

第三节 若笞杖徒流死罪之囚，其官司失于全入，及增轻作重者，各减所入全罪，或所增之罪三等；失于全出，及减重作轻者，各减所出全罪，或所减之罪五等。凡此皆谓官司出入囚罪，已决已放者言也。此节"各"字，通指出入增减说，此二减，与下各减一等，如断罪，当于未折杖徒之先减去一等，或三等、五等，然后随其所增减之罪科之。如犯笞二十，增至杖一百，流三千里，未决放，先减去一等，然后以杖一百，徒三年，折杖二百科之，不得先以流折徒，然后减一等。盖恐失增、失减剩杖之罪，反重于全出全入者矣。并以吏典为首，专以失出失入者言。四等官内，如有阙员，亦依四等递减，如本衙门所设无四等官者，止准见设员数递减科罪。若同僚官一人有私，自依故出入人罪论，其余不知情者，止依失论。

第四节 统言故失出入，而不及增减，盖已包在内矣。因未决放，可以改招；放而还获，可以贴断。若囚自死，则不死于法是官吏故失出入之罪，犹未成也，故各听减一等。官吏出减人罪，因囚死而听减，在本囚虽未正其当得之法，而故失之罪，可以少原，故得减一等也。○前二节同僚官不知，止依失出入论，不曾同署文案者不坐。如本是过失杀，入作故杀未决者，问不应故出死罪，放而不获，坐抵限缉。

此与诬告折杖不同。诬告之反坐，所剩入至流者，注云："三流并准徒四年，折杖二百四十。"收赎出入人罪至流者，本注止曰："每流一等，折徒半年。"

不云折杖收赎,则与诬告有轻重矣。○其故失出入人全罪,徒不折杖,流不折徒,惟故失有所增减者,然后徒流皆折。按诬重反坐律,其徒流折杖,剩罪已论决者,皆全科,不在收赎之限。此惟五徒折杖,其三流则但折徒,是增减至徒已决放者,亦如诬重全抵所剩折杖之数。若未决放,则止听减一等决之,皆不收赎。或谓增减人罪,自笞杖入至徒流,皆折杖,一如诬告止杖一百,余罪收赎,非也。盖官司故出入人罪,在《名例》谓之真犯,常赦不原,惟失出入者,从赦原法。由此观之,则难同诬重之剩杖收赎明矣。况诬重所云收赎,彼亦但谓其未论决者之罪则然耳。或又以笞杖徒罪入至流者,皆当于全徒三年之上,又加折徒而后除之,亦非也。盖如犯杖六十,徒一年者,本折杖一百二十,如入至杖一百,流二千五百里,则二等流,共该折徒一年,其三流原包五等之徒,通折杖二百,于内除讫一百二十,则是合杖八十,徒一年耳。难作于杖一百,徒四年之内,除去杖六十,徒一年,该剩杖四十,徒三年也。不然,则其未决者,但减一等,当徒三年,折杖二百,于内除讫折杖一百二十,则止于剩杖八十耳。岂彼此大相远乃尔耶?况诬重,虽笞杖但入至流罪者,三流并折杖四十,其所包五徒,亦何尝不折杖哉?○或谓知情故出入人罪,亦当以吏典为首,官各递减一等。然《名例》同僚犯公罪者,并以吏典为首,盖因其公事失错,故官得递减。如故出入人罪,亦可谓之公罪乎?且官吏故勘平人,同僚官知情共勘者,与同罪,则此不得从递减之例更明矣。

官司故失出入人罪增轻减重例

○故增轻作重

增笞从徒

假如犯笞一十,故增作杖八十,徒二年,徒三等,折杖六十,原包杖一百,通折杖一百六十,除凡该笞一十,合坐官吏剩杖一百五十。未决者减一等,杖七十,徒一年半,折杖一百四十,除犯该笞一十,合坐杖一百三十。其剩罪俱全抵,不在收赎之限。

增杖从徒

假如犯杖八十,故增作杖六十,徒一年,通折杖一百二十,除犯该杖八十,合坐官吏杖四十。未决者减一等,杖一百,除犯该杖八十,合坐剩杖二十。

增杖从流

假如犯杖八十，故增作杖一百，流二千五百里，流二等，折徒一年，三流原包五徒，折杖二百，徒一年，除犯该杖八十，合坐官吏杖一百二十，徒一年。未决者，减一等，杖一百，徒三年，通折杖二百，除犯该杖八十，合坐剩杖一百二十。

增轻徒从重徒

假如犯杖六十，徒一年，故增作杖九十，徒二年半，徒四等，折杖八十，除犯该徒一年，折杖二十，合坐剩杖六十。以徒从徒，不必包杖一百算也，虽包算，其罪亦同。未决者减一等，杖八十，徒二年，折杖六十，除犯该折杖二十，合坐剩杖四十。

增徒从流

假如犯杖七十，徒一年半，通折杖一百四十，故增作流二千里，折徒半年，三流原包五徒，折杖二百，徒半年，除犯该一百四十，合坐官吏杖六十，徒半年。未决者减一等，杖一百，徒三年，折杖二百，除犯该一百四十，合坐剩杖六十。

增近流从远流

假如犯杖一百，流二千里，折徒半年，故增作流三千里，折徒一年半，除犯该徒半年，合坐官吏徒一年，以流从流，不必包五徒折杖二百算也。未决者，减尽无科。

增笞杖徒流至死

死罪本无折法，已决者，反坐以死。若未决，及囚自死者，并听减等流三千里，原包五徒，折杖二百，徒一年半，各随其本应得之罪除之，坐以剩罪。

○故减重作轻

减徒从笞

假如犯杖六十，徒一年，折杖一百二十，故减作笞五十，除已得笞五十，合坐官吏杖七十。未放者减一等，杖一百，除已得笞五十，合坐剩杖五十。

减徒从杖

假如犯杖九十，徒二年半，折杖一百八十，故减作杖一百，除已得杖一百，合坐官吏杖八十。未放者减一等，杖八十，徒二年，折杖一百六十，除已得杖一百，合坐剩杖六十。

减重徒从轻徒

假如犯杖一百，徒三年，折杖一百，故减作杖七十，徒一年半，折杖四十，除已得杖四十，合坐官吏杖六十。未放者减一等，徒二年半，折杖八十，除已得杖四十，合坐剩杖四十。

减流从笞

假如犯杖一百，流二千里，折徒半年，故减作笞四十，三流原包五徒，折杖二百，徒半年，除已得笞四十，合坐杖一百六十，徒半年。未放者减一等，徒三年，折杖二百，除已得笞四十，合坐剩杖一百六十。

减流从杖仿此

减流从徒

假如犯杖一百，流三千里，折徒一年半，故减作杖八十，徒二年，折杖一百六十，三流原包五徒，折杖二百，徒一年半，除已得杖一百六十，合坐官吏杖四十，徒一年半。未放者减一等，徒三年，折杖二百，除已得杖一百六十，合坐剩杖四十。

减死罪从笞杖徒流

囚已放者，反坐以死；若未放，及放而还获。若囚自死者，并听先减去一等，依律折除。

○失增轻作重

增笞从杖

假如犯笞三十，失增作杖一百，失入减三等，该杖七十，除犯该三十，吏典为首，合坐杖四十。未决者又减一等，合坐吏典首罪，杖三十。

增笞从徒

假如犯笞一十,失增作杖一百,徒三年;失入减三等,杖七十,徒一年半,折杖一百四十,除犯该笞一十,吏典为首,合坐杖一百三十。未决者又减一等,杖六十,徒一年,折杖一百二十,除犯该笞一十,合坐吏典杖一百一十。

增杖从徒仿此

增杖从流

假如犯杖一百,失增作杖一百,流三千里;失入减三等,杖八十,徒二年,折杖一百六十,除犯该杖一百,吏典为首,合坐杖六十。未决者又减一等,杖七十,徒一年半,折杖一百四十,除犯该杖一百,合坐吏典首罪,杖四十。

增轻徒从重徒

假如犯杖六十,徒一年,折杖二十,失增作杖一百,徒三年;失入减三等,杖七十,徒一年半,徒二等,折杖四十,除犯该杖二十,吏典为首,合坐杖二十。首领减一等,杖一十。佐贰官,减尽无科。未决者又减一等,杖六十,徒一年。则与本该罪名同矣,虽吏典亦减尽无科,以徒从徒,不包杖一百之数。

增徒从流

假如犯杖六十,徒一年,折杖二十,失增作杖一百,流三千里;失入减三等,杖八十,徒二年,折杖六十,除犯该二十;吏典为首,合坐杖四十。未决者又减一等,杖七十,徒一年半,折杖四十,除该二十,合坐吏典杖二十。

增笞杖徒流入死

囚已决者,亦减三等。若未决及囚自死,又减一等。吏典为首,其减至徒罪,亦折杖除之。

○失减重作轻

减杖从笞

假如犯杖一百,失减作笞三十,失出减五等,笞五十,除已得笞三十,吏典为首,合坐杖二十。未放者又减一等,笞四十,除已得笞三十,合坐吏典杖一十。

减徒从笞

假如犯杖七十,徒一年半,失减作笞二十,失出减五等,杖七十,除已得笞二十,吏典为首,合坐笞五十。未放者又减一等,杖六十,内除已得笞二十,合坐吏典笞四十。

减徒从杖仿此

减流从笞

假如犯杖一百,流三千里,失减作笞一十,失出减五等,杖六十,徒一年,折杖一百二十,除已得笞一十,吏典为首,合坐杖一百一十。未放者又减一等,杖一百,除已得笞一十,合坐吏典首罪,杖九十。

减流从徒

假如犯杖一百,流三千里,失减作杖六十,徒一年,失出减五等,杖六十,徒一年,吏典为首,减尽无科。

减死罪从流徒杖笞

囚已放者,亦减五等。若未放,及放而还获,或囚自死者,又减一等,其徒亦折杖除之。

辩明冤枉

释曰:此条专为监察御史及按察司官而设,谓其职专理冤抑也。

第一节 凡各内外有司衙门,鞫问罪囚,在内从监察御史,在外从提刑按察司官审录,如有冤枉,即与辩明,须要开具本犯所以冤枉事迹,实封奏闻,候旨委官追究问理。如果冤枉得实无疑者,被诬之人,依律改正,仍将诬告所枉之罪,反坐原告,一如诬告律;原问官吏,以故失入人罪论。

第二节 若事情本无冤枉,而监察御史、按察司官,徇私朦胧,为其辩明者,杖一百,徒三年,盖为其奏事诈不以实也。然既与朦胧辩明,则原告、原问官俱应坐罪,是为其所诬矣。所诬之罪,若重于杖一百,徒三年者,以故出入人罪论。谓诬原告、原问官之罪重,则以故入科之;如出本犯罪重,则仍以故出科之。其所辩之罪人,知情与同罪,不知者不坐。或谓明知自己无冤,而故赴御史、按察司申诉,因得朦胧辩问者,是谓知情;若原无申诉,而御史、按察司官,自为辩明者,是谓不知情。恐未必然。必是辩冤之人,与执宪官有关会和同处,方可谓之知情。若展转求脱,无冤称冤,亦罪人之常,况风宪官职司纲纪,岂肯为人朦胧奏辩?若听嘱,若受财,自有嘱托公事,及风宪官吏犯赃本律,故此不言耳。所辩之人,原罪轻者,同本官杖百徒三之罪。若犯罪本重者,自依常律,与不知情者,止坐原犯罪名。上言被诬之人,谓枉者也。此言所辩之人也。或云所辩之人,乃委官耳。然监察御史、按察司官,朦胧为囚辩理,若不因委官追问,则孰从知而问之?其安得与之同罪?又何不知情之有?且目委官为所辩之人,谬之甚矣。

条例

第三条 此专为引例充军而设,其余不分。"曾否详允"一段,乃申明移情就例之戒,犯者俱以故入人罪论。

有司决囚等第

释曰:此律要看"审"字。首节"回报"以上,以审断死罪而言,"直隶去处"以下,以处决死罪而言。后二节以审决官言,定议奏闻回报,是候旨奉有决单者。

第一节 凡有司鞫问狱囚,有招服情犯明白,及追勘未尽事理完备,自徒流以下至笞罪者,其罪轻,并从各府、州、县官断决配遣。惟死罪关系至重,务必详慎精密,故在内听监察御史,在外听提刑按察司审录。果无冤枉,依律议拟罪名,转达刑部,定议奏闻,候发有决单回报。其直隶去处,从刑部委官与监察御史;在外去处,从布政司委官与按察司官,公同会审处决。

第二节 至审决之时,若应决犯人,翻异原招,或囚之家属,代为称诉冤枉,审决官即便再与推鞫,如事果有违枉,即公同将原审、原问官吏,通行提问,改正其罪。

第三节 审录无冤,囚无反异,家属又无称冤者,即应处决矣;而审决官故为迁延,不即处决者,杖六十。若犯人明有冤抑,自行翻异,或家属称诉,其审决官执泥成案,不即为之申理、改正者;如系受赃挟仇等情,而不与辩明,则以故入论;若无私弊,一时失于参究,则以失入论,故曰以入人罪故失论。

检验尸伤不以实

第一节 凡问人命,全凭证佐与尸伤。盖证佐者,是打之人;尸伤者,被打之迹。证佐犹有扶同,而尸伤则不容伪者。然惟初检验之时,其死未久,其伤甚明;若久则发变溃烂,难于定执。故初检尸伤必须正官,不可转委吏卒,致有扶同增减之弊,牒到即检,不可托故迁延,致有发变溃烂之弊。若牒到不即检验,及检验而不亲临监视,故行转委吏卒,致有增减伤痕;或虽亲检而初检与覆检官吏,相见扶同尸状,不为用心检验,皆非所以重人命也。移易者,如脑伤移作头,腿伤移作肋,伤同而受伤之处不同也。轻重者,如赤色本重,报作微红;淡色本轻,报作紫黑。受伤之处虽同,而伤之轻重不同也。增减者,如有伤而减作无伤,少伤而增作多伤之类是也,如于伤痕斜长、围圆、分寸间有所增减皆是。又或检验尸伤虽实,而定执要害致死根因不明,如先勒后缢,先伤后病及共殴而下手伤重之人不的之类皆是也。凡有此等,正官杖六十,首领官杖七十,当该吏典杖八十。凡正官行事,则首领该随之,故得连坐。若仵作行人,检验不实,扶同官吏捏报尸状者,亦论如吏典之罪,以杖八十坐之。其官吏仵作人等,承委检验有所不实,因而致令官司议罪有所增减者,各以失出入人罪论,失出减五等,失入减三等;吏典、守领官、正官,依上递减;仵作行人,亦如吏典之罪。其失出入之罪轻者,仍以检验不实科断。

第二节 若官吏仵作人等,有因受人之财,而故行检验不实,致罪有增减者,以故出入人罪论。若一人受财,自以故出入论。其余不知情者,止依失论递减,计其入己之赃重于故出入之罪者,以枉法论;赃轻而出入之罪重者,从出入论,故曰各从重论。

条例

第一条 诓骗情重事例,在诈欺官私取财条,俱不分首从,发边卫充军。

第二条 无故自缢溺死,及被盗杀者,止与相视免检。

按旧本令各府刊印《检尸图式》每副三幅,编立字号,半印勘合,发下州县。如遇初覆检尸伤,划时委官,将引首领官吏,仵作行人,亲诣地所,呼集应合听验人等,眼同仔细检验,定执生前端的致命根由,依式标注署押,一幅给与若王,一幅粘连附卷,一幅申缴上司。

决罚不如法

释曰：此条自"枉法从重"以上，自已问结有罪应决之人言。若"监临官"以下，非有罪应决之人。若于"臀腿"一段，则总承上言。

第一节　决人不如法，不止应用笞而用杖，应用杖而用讯，应决臀而决腰，应决腿而鞭背，如大小荆条，当削去节目而不削去，毋用筋胶诸物装钉而故用，应用官降较板较勘而故不用，应用小头而用大头之类皆是，具见律首狱具之图。当该官吏，笞四十，因而致死者，杖一百，均征埋葬银。谓当该官吏，与同僚官同署押者，行杖之人，各减一等，不追银。《疏议》诸书俱谓官以及行杖之人，盖泥"均"字而失之也。若然，则下节听使下手之人，亦当追埋葬矣。而律何不言均耶？后追埋葬银，专就监临官说，不得并及同僚，故不言均耳。决不及肤，是打太轻，如打衣打地之类，依验所决之数抵罪。所决之数，谓不及肤之数，罪坐所由，谓决不如法，决不及肤，由官司则坐官司，由隶卒则坐隶府也。若官吏与行杖人，因受人财而决不如法，决不及肤，各计赃以枉法从其重者论罪。被决之人，以财行求，致不及肤；被决怨家，以财行求，致不如法者，俱计赃坐罪。此节决人，专为断狱言。下节"因公"二字，所包者广，不独专指断狱言矣。

第二节　因公者，谓催征钱粮，提调造作之类，虽不能废鞭打，然罪人犹须如法决打，况官吏夫匠军旗之类乎？故用非法之具，殴打至折伤以上者，减凡人斗伤之罪二等；至死者，杖一百，徒三年，追征埋葬银两。盖重于断狱之法也。然虽与决狱不同，而亦与故勘有异。故勘平人折伤以上，依凡斗伤论，因而致死者斩。自不知者观之，故勘所借者公法，有似乎因公，因公得逞其非法，有类于故勘；而自立法者穷其情，则借公法以泄私忿，虽依法拷讯，而恃法之罪，诚不可赦。因暴怒而致过差者，虽非法殴打，而因公之情，犹或可原，此所以不同也。其听使下手之人，各减监临官罪一等，伤者，减凡斗伤三等；至死者，杖九十，徒二年半，并罪坐所由。由监临官坐监临同僚虽多，不得连坐，由下手重者，坐下手之人，两追埋葬，俱不及行杖下手之人，责在官吏故也。若官司决人，监临打人，其笞杖臀受，讯杖臀腿受，俱于受刑去处，依法决打，邂逅致死，及因恚忿负痛自尽者，则其死皆不由于非法，故各勿论。

长官使人有犯

释曰：凡在外各衙门长官，于任所有犯，及在京官奉命出使者，于所在去处有犯，如流罪以下，所部属官等，不得辄便越分推问，皆须开具所犯事由，申覆所辖上司区处。若犯死罪者,先行收管,听候上司回报施行,其所掌本衙门印信及各仓库牢狱,一切锁钥,发付以次佐贰官收掌。若本衙门无有长官,而次官掌印有犯者,照长官一体申覆区处,不得辄问。若犯死罪,亦听收管,待报施行。违者,所部属官等,并笞四十。按京官及在外五品以上官,已有不许擅自勾问之文,此条又重在掌印官及使命人员,不以品级为拘矣,此所犯必私罪重情。不然,所部属官,安得推问?本注言一应公私等罪,似宜分别。

断罪引律令

第一节 凡官司科断罪囚,议拟罪名,皆须备细援引律令。如不具引,止摘用其文而不合律意者,笞三十。若律有数事,共在一条,所断之罪,止合一事,则听其摘引一事以拟断之,具引正文。如强盗得财,具引强盗已行而但得财之文;斗殴杀人,具引斗殴杀人者,不问手足他物金刃之文,数事共条,止引所犯。如盗大祀神祇、御用祭器、帷帐等物,及盗飨荐、玉帛、牲牢、馔具之属者皆斩。其未进神御,及营造未成,若已奉祭讫之物及其余官物,皆杖一百,徒三年。设有人盗祭器,即合止引祭器之文。若祭器营造未成,即合引营造未成之文。或未进神御、玉帛、牲牢、馔具,已奉祭讫,即合各引其文。又如冒认、诓赚、局骗、拐带,是四事共条,止引所犯,不在具引之限。又如一人犯两事,即全引之。若事不共条,自依二罪俱发以重论。各等者,从一科断之律,如云除某事轻罪,某事各等罪名不坐外,合依某律是也。

第二节 其特旨裁断,罪名轻重多在临时处治,有非律令所限,而不为一定之律者,官司不得引以相比为律,拟断罪名。若辄行引比,致断罪有所出入者,以故失论。故者,以故出入人全罪及所增减论之。失者,以失出入人罪减等论之。

狱囚取服辩

第一节 凡鞫狱官司,于狱囚有犯徒流死罪,若不唤集本囚,与其家属到官,具告以其所断罪名及责取服辩,是罔之也。使其情有不洽于非,则何由知而理直哉?若囚有不服,又不许其自陈理诉而遽以成狱,即取服辩,亦威胁之而已矣。故不服者,许听其于文状中自行辩明,更为详审以服其心。如有违者,随囚所犯之罪以罪问官,系徒流罪,笞四十,死罪,杖六十。

第二节 其囚之家属,若远在三百里之外,不及唤到者,止取本囚服辩文状,不在具告家属罪名之限。夫具告罪名必唤家属者,惧无告之民,不能自理,而家属之中能有人代为之理者也。盖刑者一成不变,岂可轻以加入?故必由人心服无辞,方可结案。此皆律中精意所在,司刑者其可忽诸?

赦前断罪不当

释曰:此为断狱者遇赦而言也。凡于赦前处断刑名,不问故失,但于囚罪有所不当,若处轻为重,致不得蒙赦者,当依律改正从轻,以就恩宥。若处重为轻,则详其原犯之罪,赦内应免者免之。如原犯本系常赦不原之数,则当依律贴断,其原问官吏,于轻重舛错罪名,若止是失出失入,处断不当者,免科。若系革前故行出入,其故出入之罪,虽会赦并不原宥。

闻有恩赦而故犯

释曰:此律两节合讲。闻赦故犯,是使法无所施也。官司闻赦故决,是使恩无所及也。故凡闻有恩赦而故犯罪以觊幸免者,加常犯之罪一等;虽其事当赦原,会赦并不原宥。

若官司闻有恩赦而故论决囚罪者,以故入人全罪科断。不言会赦不宥,盖不待言也。此囚正谓应赦之囚,若常赦所不原者,本不禁其论决也。若官司故将见监不应赦之囚,混入赦内放免,亦依故出人罪律。不知有赦而误决者勿论。○赍诏人员在途延缓,官司因而论决罪囚者,赍诏人依出使稽程。各衙门耽延不即誊黄,依稽缓制书。

徒囚不应役

第一节 拘役者,拘留役使煎盐炒铁是也。应入役而不入役,指徒囚新到配所者言。徒囚患病至贴役,指见在徒囚言。贴役者,假如赵甲患病,给假十日,其病已痊,须令贴补十日之役也。过三日以下,总承“应入役不入役”“不令计日贴役”二项而言。不入役,罪坐徒囚。不令计日贴役,罪坐监守之人。皆三日笞二十,每三日加一等,至二十七日之上,罪止杖一百。

第二节 照依囚人应役月日,抵数徒役,谓以囚人未满之月日,坐监守之人抵充徒役也。此为未获逃囚者言。若获囚,则囚问在逃之罪,从新拘役,主守止问纵囚之罪,亦不抵数徒役矣。“并罪坐所由”,“并”字,指“纵放”及“容令雇替”二项而言;所由,谓盐场铁冶监守人众,其罪止坐该管纵容之人,不遍及同类也。受财似单指本条,然病痊不令贴役者,安知无受财事?而病痊之囚,亦未声言其罪,则又似总承“不令贴役”“故纵逃回”“容令雇替”三项而言也。今详律文与注义,仍拘徒囚,谓拘逃回与雇人代替这囚,依律论罪贴役。如徒囚逃回者,依徒流人逃律论,杖一百,剩徒拘役。如徒囚雇人代者,依本律不入役论,杖一百,仍令就役。盖论罪者,计日以论其逃雇之罪;贴役者,贴补其逃雇之役。若用财买纵逃回,及雇人代替赃多者,除杖罪外,仍依行求条,引已徒又犯徒律,总徒不过四年。○又按徒流人逃,主守故纵者,与囚同罪。此云照依应役月日,抵数徒役,迹类而实非。盖彼系押解中途之囚,逃则难于踪迹;此系暂离配所之囚,犹可拘回贴役;故其罪有不同耳。

妇人犯罪

释曰:《名例律》妇人犯罪条,是发落之事,此条是收问之事。

第一节 妇人犯罪,责付本夫。如无夫者,责付有服亲属;无亲属者,责付邻里、保管在外,随衙听候,不许官司一概监禁。惟死罪法所当禁,犯奸系失身之人,故亦监之。违者笞四十,夫不应禁而禁,律杖六十。此笞四十者,彼系无罪之人,此为有罪之妇,故不同也。

第二节 若妇人怀孕而犯罪者,鞠问之时,或应拷讯发落之时,或应决打,亦依上条责付本夫、亲属、邻里、保管在外,皆待产后一百日,方许拷决。若未产而辄加拷决,因而堕胎者,官吏减凡斗伤堕胎之罪三等,该杖一百。若过期五十日子死及胎九十日之内,未成形者,亦止从本殴伤法减等;致死者,杖一百徒三年。产后一百日未满而拷决者,减一等,谓伤者减凡斗伤罪四等,因而致死者,杖九十,徒二年半。其未产而拷决不曾堕胎者,律无文,以不应论。

第三节 若孕妇犯该死罪者,听令稳婆入禁看视,亦听产后百日行刑。盖孕妇虽应死,而所生之子无罪,亦待产后百日者,为其子之失乳也。至百日之外,则可以哺食而存活,故乃行刑,仁之至也。若未产而决,既产未满限而决,与过限不决者,各坐杖有差。

第四节 通上诸款而言。失于详审而犯者,各减三等。如不应禁而禁,笞一十;怀孕不应拷决而拷决堕胎,杖七十;致死者,杖七十,徒一年半;产限未满而拷决致死者,杖六十,徒一年。若犯死罪,未产而决者,笞五十;产限未满而决者,笞四十;过限不决者,笞三十。

死囚覆奏待报

第一节 死囚虽已覆奏,必待回报而后决者,取自上裁,不敢专也。虽回报应决,犹待三日乃行刑者,恐其或有宽宥也。不待报而决者,杖八十;三日之限未满而行刑,及过三日之限而不行刑者,各杖六十;一失于急迫,一失于怠缓也。其应秋后处决之囚,必待霜降之时者,以顺肃杀之气也。若立春以后,秋已以前而决死刑者,亦杖八十,又《会典》所载也。不待覆奏回报,与死罪应奏不奏同。过限不行刑,与故延不决同,俱当参看。

第二节 其凡犯十恶应死之罪,及强盗得财者,虽皆决不待时,而禁刑之日,亦当避忌。若于是日决囚者,笞四十。

本朝慎重刑狱,所有禁刑日期具载条例外,凡岁时祭享,一应庆贺大典,禁止行刑之日,另行颁示中外,不可不知。

断罪不当

第一节 凡官司听讼,断拟罪名,或应决配而反收赎,或应收赎而反决配者,各依故失出入人罪上,减等科断。若出于有意,则减故出入人罪一等。若出于无意,则减失出入人罪一等。

第二节 若断应死重罪,其应坐斩而坐绞,应坐绞而坐斩者,俱杖六十,此指官司之故者言也。失者减三等,则止笞三十,其罪人已经处决讫,而有仇人别加残毁其尸者,笞五十。

第三节 其反逆缘坐人口,或入官,或放免,法不容移。若应入官而放免,不应入官而入官者,是有意出入矣。若系有意,则以故出入流罪论。无意而失于详审者,则以失出入流罪论,此故出入人罪。若一人有私,其同僚不知情,联署文案者,以失论,依律递减为罪。

吏典代写招草

释曰:凡内外各衙门鞫问、刑名等项,必据犯人之招草以定其情。若吏典人等,有为其改写及代写服罪招草,而增减其口供真实情节,致令官司断罪有所出者,则罪在吏典,随其所增、所减事情,以故出入人罪论。若犯人果不识字者,惟许令在官不干碍之人,依其亲口供招,为之代写。吏典则不许也。吏典改写、代写,于情无所增减,罪无所出入者,亦问不应。

《王仪部先生笺释》卷二十八终

《王仪部先生笺释》卷二十九

顾王榭用拙父　校阅

顾鼎定九父　重编

古吴

黄中致和父　订正

翁居体镜非父　汇参

工律

营造

释曰：历代工作之事，附于擅兴，自萧何创为兴律，魏以擅事附之，名曰兴擅，晋复去擅为兴，萧梁、高齐皆曰擅兴，北周更曰兴擅，隋、唐复为擅兴。据《唐律》："擅发兵与调发供给军事，不给发兵符诸条，凡属兵事者，乃与兴造。"言上非法兴造，工作不如法诸条，属工事者，合为一篇。明以吏、户、礼、兵、刑、工六事，分统诸条，各归其类，今因之。

擅造作

第一节 凡各处军民官司，有所营造，如创建仓库、公廨、学校、桥梁之类，应合先将兴作工役缘由，申请上司区处，而乃不行申请，及虽申请，应合待报施行，而乃不待回报，辄擅起差人工从事者，即不科敛财物，各计其所役之人，以雇工一人一日，为银八分五厘五毫，坐赃论。各主通算折半科罪，一两以下，笞二十，至五百两之上，罪止杖一百，徒三年。此盖法之当为而役之以时者，其犹罪之，恶其专也。

第二节 若非法所当为而辄行营造,及非时所可为而辄行起差人工营造者,虽已申请得报,亦如不申上待报之罪坐之。非法,谓寺观、淫祠,法所不当营造。非时,谓非农隙之时,及有兵荒之时也。罪亦如之,谓亦计所役人雇工钱,坐赃论也。夫非法之役有禁者,恶其不义而伤财也。非时之役有禁者,恶其不于农隙,或时诎举赢而滋害也。

第三节 其军民官司,如遇城垣坍倒及仓库公廨损坏,诚于事势所不容缓,而有一时起差民间丁夫,若所部军人修理者,其情本与别样营造不同,故不在申上待报,及非时起差人工坐赃论罪之限。

第四节 若官司有所营造,其估计合用财料,务须一一商确得实。如其申请财物,合用少而称多,所计人工,合用寡而称众,皆不实也,坐笞五十。若财物已损,人工已费,则除合用正数外,以多费之物价,多用之工钱,各并计算;有重于笞五十者,以坐赃论罪,折半通算,罪止杖一百,流三千里。其多余财物人工不实之数,尚未损费者,止以不实之罪罪之。此不偿还官,以其已费已役,不曾入己;若入己,即以冒破物料论矣。

虚费工力采取不堪用

释曰:虚费工力采取而不堪用者,计所费雇工钱坐赃论,至五百两之上,罪止杖一百,徒三年。不追赔工钱还官者,以役使之人,非在官之人也,虽不堪用,彼已费其力矣。若创新而有所造作,及废旧而有所毁坏,其因备虑不谨,至于陨坠而误杀人者,以过失杀人论,依律准斗殴杀罪,收赎银五钱二分五厘,给付死者之家。但言误杀人,则误伤人不坐,以其所为皆公家之事,因公事而误杀人,原非有心于杀之,故宥之也。工匠提调官,各以所由为罪,谓采取不堪用,备虑不谨。误杀人者,以经由掌管之人,坐以过失杀人收赎之罪,不得将所在官匠,概为滥及也。

造作不如法

释曰:凡官司造作一应房屋、器皿之类,而不依法者,笞四十。军器段匹,又举其重者言之,不如法者,笞五十。不如法,只是不中式度,其物尚堪用,不必更造也。若不堪用及应改造者,则各并计所损过财物,所费过工钱为赃;有重于笞四十、五十者,坐赃论,至五百两之上,罪止杖一百,徒三年。至于供奉御用之物,又与他物不同,故加二等,或杖六十,或杖七十,或计赃加罪,止于杖一百,流二千五百里。工匠各以所由为罪,谓以上罪名,各以经该造作之人坐罪不概及也。局官减工匠之罪一等。提调官吏,又减局官一等以上。织造不如法,及不堪用等项,并着落工匠、局官、提调官,均偿物价工钱还官。上条计料不以实,致损费财物人工者,不追赔还官。此造作不如法,并均偿物价工钱还官者,盖计料出于悬度,恐心思之所不到;造作本有成法,非智能之所不逮也。○提调官吏上之圈似衍。

条例

释曰:管局委官,即局官。三司堂上委官,府卫掌印官,即提调官。各问笞四十、笞三十减等之罪,纳米还职。

冒破物料

释曰:造作局院,如军器局、文思院之类。头目,如作头把总之类。头目工匠,于正用物料之外,多破少用,侵克入己者,计其入己之数为赃,以监守自盗,不分首从论,所侵之物,合追还官。若未破克入己,只以前条计料不实之罪罪之。本局院官,及覆实官吏,知其冒破之情,扶同捏报不举者,与犯人同罪至死减一等;但失于觉察者,减三等,罪止杖一百,俱拟还职役。

条例

此条侵欺物料,依监守盗。那前补后,依那移出入。赃重者,照侵欺例,分别边海、腹里,入己之赃合数,引永远充军,致误奏缴者,除应奏不奏,依违制。

带造段匹

此律明晰与同罪,谓与监守官吏同罪,亦杖六十也,减三等,则笞三十也。
织造违禁龙凤文段匹
释曰:龙凤文、纻丝、纱罗,皆御用之物,非民间所得有。屡经禁令,其有故违织造货卖者,杖一百;违禁段匹入官,买而转卖,亦坐此律。若僭用者,依礼律服舍违式条论,官民各杖一百,徒三年。

机户与挑花挽花工匠,并同杖一百之罪;连工匠之当房家小,起发赴京,收入匠籍,永充局役。

造作过限

释曰：凡各处府、州、县，每岁额造常课段匹军器，其征解各有限期，若过限不纳齐足者，以所造之物十分为率，一分不完，工匠笞二十，每一分加一等，罪止笞五十；局官减工匠一等，则一分不完笞一十，罪止笞四十；提调官吏又减局官一等，则一分不完，减尽无科，二分不完，笞一十，罪止笞三十。

若局官、提调官不行依期比附，上年会计派拨额造之物料于工匠，以致过限者，则罪由官吏，故局官笞四十，提调官减一等，笞三十，工匠不坐。工匠不坐者，盖缘局官、提调官不依期计拨物料，以致过限不完，非工匠惰误之罪也。

修理仓库

释曰：内外各衙门公馆廨宇，仓廒库藏，并局院造作之处，其一应在官房屋，非文卷所关，则钱粮所系，以及儒学铺舍申明亭之类，但有损坏之处，当该官吏，不行移文所在有司计料修理者，笞四十。若因不即请修而于官物有所损坏者，依《户律》损坏仓库财物条内，计所损之物价，坐赃论罪，着落官吏，赔偿还官。若已移文有司，而有司失误不行修理，则前罪坐于有司，损坏官物，亦追赔偿，当该官吏不坐。

有司官吏不住公廨

释曰：各府、州、县公廨以住官吏，所以严出入之防也。若不住公廨，而住街市民房者，杖八十。

公用器物，如桌椅床屏之类，即公廨中物也，埋没者，以毁失官物论。"毁失"二字分看，毁者计赃，准窃盗加二等，免刺；失者，依毁官物减三等，坐罪追赔。

《王仪部先生笺释》卷二十九终

《王仪部先生笺释》卷三十

	顾王榭用拙父	校阅
	顾鼎定九父	重编
古吴		
	黄中致和父	订正
	翁居体镜非父	汇参

工律

河防

释曰：唐有"侵巷街阡陌""失时不修堤防""盗决堤防"三条，在杂律其"失时不修堤防"条下有云其津济之处应造桥航，及应置船筏而不造置，及擅移桥济者，杖七十，停废行人者，杖一百。明仍其制以为此篇，今因之。

盗决河防

释曰：此律前段看一"盗"字，后段看一"故"字。河防者，河之堤岸。圩岸者，低田之岸，以障水之浸没者。陂塘，则下津岸塘，乃蓄水以溉田者也。盗决者，《唐律注》谓盗水以供私用。今按：如捕鱼过船之类皆是也。凡此皆以求济己私，初无害人之意，故其罪止于杖一百、杖八十也。若因盗决而毁害人庐舍，漂失人财物，潒没人田禾者，计所值物价为赃，其有重于盗决之罪者，坐赃论。各主者，通算折半科罪，至五百两之上，罪止杖一百，徒三年；因而杀伤人者，各减斗殴杀伤罪一等。若故决河防、圩岸、陂塘者，《唐律疏议》[①]云："故决非因盗水，或挟仇隙，或恐漂流自损之类，凡此皆非求利于水，明有害人之心，故其罪至于杖一百，徒三年，杖八十，徒二年。若因故决而漂失人田宅财物，计赃重于故决之罪者，准窃盗以一主为重，并赃论，至一百二十两，罪止杖一百，流三千里，免刺；因而杀伤人者，各以故杀伤论；伤者，各验其轻重定罪。杀人者斩。"○若因盗决故决，以致杀伤亲属，各从杀伤亲属本律科之。

条例

第一条 故决、盗决南旺等湖，阻绝泉源，则关系漕河，其事尤重，故漕禁有充军之例，俱依盗决故决本律，为首之人引例，为从不引；闸官人等，串同取财，问枉法，发附近充军。

第二条 例，亦坐为首之人，亦依本律。若毁失计赃不至徒罪，不得妄引。

失时不修堤防

释曰：此律三节合讲，其罪专坐提调官吏。堤防所以障水，不修，则有溃决之患。若不先事修筑，及虽修筑而失其时，徒劳无功者，官吏各答五十。若因河决不修，以致毁害人家，漂失财物者，杖六十，因而致伤人命者，杖八十。其言致伤人命，则但伤人者，不坐此律。若圩岸，又次于河防者，故不先事修筑，与修而失时之罪，减河防二等。潴没田禾之罪，减毁害人家、漂失财物一等。

其卒暴之水，与连日之雨，损坏堤防，事出不测，有非人力所能制御者，勿论，为非不修不时之罪故也。

条例

释曰：包揽各夫二名、三名以上，问豪强求索。系官给工食，问常人盗。揽当一名，及有人应役，又不多取工钱，止问不应，或违制之罪。

侵占街道

释曰：大曰街，小曰巷。街巷，自民居阛阓而言。道路，自平旷隙地而言。然街巷又为城镇市集之通衢，亦道路耳。侵占以起房屋，及为园圃者，则阻碍

---

① 《唐律疏议》，底本此处脱一"律"字。

经行,故杖六十,各令拆毁修筑,以复于旧。街巷贵于洁净,虽所居系自己房屋,而穿墙出秽物于外者,笞四十,仍令塞之,出水则勿论。

条例

释曰:盖房侵占,除本律。损坏城脚,除毁官墙垣、栅栏等处作践损坏者,除毁官物,俱依违制,枷号发落。若计毁损之赃,重于违制之罪,仍各从本律。

修理桥梁道路

释曰:桥梁道路,缺坏不修理,不惟阻碍经行,且有蹄仆覆溺之虞。府、州、县佐贰官,职专提调其事,于农隙之时,常加巡行点视,督率工役修理,桥梁务要坚完,道路务要平坦。若因损坏,失于修理,阻碍经行者,笞三十。此言原有桥梁而未修理者。

津渡之处,未有桥梁,应造而不造;未有渡船,应置而不置者,笞四十。此言原未有桥梁而应造置者。上下两节,俱罪坐提调官吏。

《王仪部先生笺释》卷三十终

《笺释》重编后序

读《大禹谟》而至"从欲以治四方,风动刑期,无刑民,协于中",未尝不掩卷而叹曰:古先圣王,德刑并重,原无二视也。盖刑罚所以佐德礼之穷,诚有未可偏废者耳。故律例昭垂,实千古帝王历代相传治世之心法,其间损革轻重,虽因时制宜,原本执《礼》《春秋》以为赏罚者也。自《王仪部先生笺释》一出,阐发心传,炳耀宇宙。惜乎梨枣久湮,不获睹记者良多。余自戊午秋闱失意,即投笔焚砚,浪游京华,得交顾子定九于燕台邸次。顾子娄江世胄也,经纬传家,深沉好古,其令祖先生元戎公秉节浙东,与先大父家宰公年谱世好,最称莫逆,而余辈复以倾盖订交,遂成知己,亦快事也。适余有荆襄之役,判袂南驰,而顾子亦应聘出都,遂尔天涯迥隔。迨辛未秋杪,余从闽抵粤,重晤顾子定九、黄子致和,顾子用拙,于仙城西墅之青莲精舍,把酒言欢,联床话旧。嗟乎!十年契阔,异地重逢,良朋聚散,洵有时哉!顾子定九幕游有年,当世名公钜卿雅相推重,深慨《笺释》一书为筮仕津梁,于二十年前曾得原本,久藏笥箧,每从风雨之暇,苦心探究,积累功多。间有一二未尽剖晰处,阐其未发,补其遗漏,复为先生重开生面,属余一言以纪其后,因取而卒业焉。读竟不觉悠然思远,喟然叹兴曰:子之重订是编也,非特古圣王之功臣,实乃先生之胜友矣。古人有言:莫为之前,虽美弗彰;莫为之后,虽盛弗传。世之脍炙此书久矣,今得吾子之阐发表章,是先生之名,因吾子之才而不朽;而吾子之学,因先生之书而益大矣。仆本章句腐儒,不能脱颖,蜚鸣步武家声,而徒碌碌风尘以贻先大父羞,尚敢把笔摘词、佛头着粪耶?虽然,窃尝闻之矣,中古画衣冠异章服而民不犯,今圣天子宵衣求治,德化元元,行且时雍风动懋臻刑措矣。然刑期无刑民,协于中,正古圣王立法之微旨也。昔夫子修《春秋》而乱臣贼子惧,吾子复重编是书,阐发厘正,付诸剞劂,以式训万方,岂非欲天下后世得读斯编,触目知儆,俾奕世共臻一道同风之盛乎？顾子鼓掌曰：公诸世以勷盛化，诚素志也。因并述其言而识之。

时康熙辛未冬，仲望后之六日，西吴年家同学弟闵瑛拜书于仙城青莲精舍。

《笺释》重编后序

余自髫年时，粗知文理，辄喜翻阅书帙，若汉唐诸史有关世道人心者，每分其余课，强为记诵，及读司马氏之书，词旨奥博，苦于不能解释，然私心窃艳赏其笔力之遒劲，数数弗能去诸怀也。而于制艺之事，终以学业怠荒，屡试不售。岁丙午，先慈见背，哀毁骨立，几至不起，乃舍章句而究轩岐，得王宇泰先生所著准绳者，而考证之，因叹先生之学术贯彻今古，非治经生者所可同日语也。嗣以闻见不广，浪迹四方。丁巳走京师，往返齐鲁间，友人招至幕所，即知有《笺释》一书，精严简要，心恒企之。未几，识顾子定九于金台旅次，倾盖定交，肝膈吐露，固已预知其为有心人矣。又未几，互相驰逐，余歌行路，而顾子旋有滇南之役，万里迢遥，音问契阔。迨辛未秋，潦倒南游，顾子亦复至止，岭峤忻逢，依依话旧，虽十年犹一日也。溯厥萍踪，出南宁幕，纪略以示，著有《凿山流泽给糈卫民》，伟绩勋勚，早已名传六诏，凡此岂无所本而然乎？续出王宇泰先生《笺释》原本，捧读之余，恍如久渴得浆，尘梦方觉。二十年来，吾子之展其长，达其用，决事理之指归，核盈虚之数目，敷施神化，洞察渊微何？莫非《笺释》中启迪之功所致，又何可不亟授梓而公诸世乎？顾子然余言，即命加校订，余固乐成其志，安敢以不敏辞？嗟嗟！予之得力于先生者多矣！曩日治生之书与治世之书，并收成效，抑何幸欤！吾知先生之心，虑天下后世之心以为心，而顾子之心，则体先生之心以为心也。先生与顾子，殆默契于千百世之下者。

时康熙辛未大吕月，嘉定同学弟黄中致和父拜题。

附　慎刑说

人命

　　杀人之狱，谋故者少，斗殴者多；而斗殴之律，重在保辜，谓以殴伤之人，责付殴者调理医疗，照律立限，限满之日，定罪发落。盖殴伤者之亲属，自非慈亲孝子，鲜不利其死以为索诈财物之地，而殴人者，惟恐其死，要己命抵偿。则凡可以生全之者，无所不至，是一件相打公事，活得两人性命，乃律之良法美意也。每见官府遇此等状词，多视为末务，不即拘审相验；伤痕，即已相验，亦不责付被告调理，恣原告之所为，故被伤者十死八九。既死之后，知法者，赴官陈告而已；玩法者，扛尸上门，聚众打抢，囊箧一空，门窗尽碎，然后告官。官府又不实时相验，虽实时相验，又往往差委佐贰、首领，其可信任者已少矣。及至检验之时，检官嫌其凶秽，不肯近尸。又犯人枷锁跪棚，多不同看，惟有尸亲仵作，喝报尸伤，或多增分寸，或乱报青红，间有犯人与尸亲争伤，而检官竟不经目，止执一笔为仵作誊录耳。及再更检官，再更仵作，或暗卖尸格，约与雷同分寸；或意欲轻重，多增疑似伤痕，驳而又驳，检而又检，是死者既以挺刃丧命于生前，又以蒸刷分尸于身后，何其酷哉！今劝宰州县者，凡有斗殴之事，着地方实时首报。若陈告者已至，而地方未报，即重责之。人命尸亲，不是父兄、伯叔，便是弟侄、妻子，被殴之日，即自解衣。眼同见证，要见被殴之人，年若干岁，某月某日某时，被某人某人，用何凶器殴打某处，见今某处斜伤，长若干，阔若干，某处圆伤，横若干，围若干，青色红色，有肿无肿，曾否皮破骨裂，某某见证，即照状式告辜到官，官审地方，果系重伤，即不许扛抬到城，恐破伤处中风致殒，实时亲行。或委廉明佐领，匹马肩舆，少带人从，督同折伤科医士，携带合用膏散，诣彼相验，登记伤痕，令医敷贴整理，限以保辜日期，责令凶犯领至家中，用心调治。案候在官，身死之日，即照状式告检，官照辜状原供伤痕，依法检验。平时常读《洗冤》等录，临期务须亲验致命等伤，稍有疑似，即加审覆，耐烦一刻，即可为他日干连人等全活数命。果系装诬，明立文案，以杜后端；果系真犯，即取具供招，以塞求请。仍严责吏仵，眼同原被干证，取四不扶同甘结，定招拟罪之时，更须万分详慎，务使情节了然明白，此心确然痛快，庶生死两不含冤，亦省后来屡驳屡勘，耽延岁月，苦累多人耳。如被殴不告辜限者，除登时打死，及在三日之内者，姑准检究外，其余死后告人命者，俱以假伤骗诈，及自殴诬人论，不准真正人命。若人命不先告官，而乘机纠众，扛尸上门，抢财伤人者，纵是真的，抵命之外，亦须引例问遣，其辜限日期，系隔月者，要查大建、小建，此生死出入之界，不可不慎也。大抵尸当速相而不可轻检，骸可详检而不可轻拆，凡上司官招拟批驳情节不明者，止审情节，尸伤欠确者，方检尸伤，不得一概烦扰，以致生死苦累。狱情画地，人命关天，为民父母者，念之哉！念之哉！

有致命之处，有致命之伤。顶心、卤门、耳根、咽喉、心坎、腰眼、小腹、肾囊，此速死之处。脑后、额角、胸膛、背后、胁肋，此必死之处。肉青黑、皮破、肉绽、骨裂、脑出、血流，此致命之伤。致命之伤，当速死之处，不得过三日；当必死之处，不得过十日。若当致命之处而伤轻，或极重之伤而非致命之处，虽死于限内，当推别情，不可一概坐死，况死于限外乎？

一致命重伤，当致命要处，死于登时，或三日之内，原告干证，定执某物殴某处，只宜于所殴之处检验伤痕，既免死者翻尸，又免生者冤诬，何者？人生一世，自少至壮，或失足磕跌，或疾病捶按，或生疮被击，或负重着坚，血不流行。伤轻而新，着骨色红，日久则消；重伤而久，着骨色青，终身不散。试将病死之人，细细蒸刷，果全身一副白骨，则检验真足凭信。近日问官，全不理会，原告证人，本说耳根一下打死，而浑身检验，动辄数十处伤痕，上司以伤痕不对为驳词，问官增殴打情节为比对，有左右伤痕，尺寸青红，不差分毫者，如云殴伤，岂两手执一般凶器，殴击时更无轻重于其间乎？有昏夜醉后群殴，而定执为某人打某处，虽殴者亦不能自知其所殴之处，自记其所殴之数，而况证人乎？大抵共殴，只坐殴人因由；检伤，则重原伤的处。慎无刻舟胶柱，致有冤情。慎勿含糊模棱，致开驳窦。

上司数批检问，非以求同，正谓恐有冤抑，相与平反耳。每见承委官员，不以人命为重，或恐前官怨恨，不敢异同；或因犯者富豪，不肯开释；或观望上官之批语以为从违，或描写历来之成案以了己事，如此存心，公耶私耶？倘有毫发冤情，其罪重于初审，何者？狱情不始于我，而死刑实成于我也。天地神明，岂无知哉？以后委勘人命重事，务择正直仁厚官员，持虚秉公，细加鞫审。或前官怨我立异，或后官与我不同，总付之无心。盖众官同勘一事，须定此事虚实，同勘一人，即系此人生死。岂以求媚人求胜人哉？此心不克，人品可知矣。

昏夜被杀，见证无人，及尸无下落者，只宜案候密访，不可妄意猜疑，锻炼成狱。近世奈无摘伏之明，多成附会之罪。《书》曰："罪疑惟轻。"又曰："宁失不经。"皋陶为士，犹过慎如此，吾侪学识，未必过于皋陶，奈何必欲牵合罗织，以陷人于死地耶？尸亲递拦词，除卑幼于尊长，须要根究明白，斟酌准理外；其亲祖父母之于子孙，夫之于妻，但递拦词免问者，果非致命破损重伤，死于当日，不必过于搜求，即与准理，立案备照。其人命事情，尸亲未曾远出，不当年告发，而告于一年之外，及不系有服之亲，而傍人讦告，及不系正告事情，而系于切思之下，开于粘单之中者，不问虚实，俱不准理。如有妄准以兴大狱，扰害多人者，其人之贤不肖可知矣。

有等奸民买尸做伤，妄告人命，访得人家新葬，问其是女是男，多者数十金，少者十数金，贪财奸民，不顾血属，情愿卖与检验，自己投作证人；又买仵作，以皂矾五棓苏木等制造，浅淡青红等伤，任口喝报，检官既不经目，即看亦不细察，曾有诬成大狱者，此系法外之奸，故无拟罪之律。以后问官审出真情，买尸卖尸，俱宜引开棺见尸律，问以死罪。其卖者，仍分有服无服，卑幼尊长，依律定拟，决不可止拟诬告徒罪，既不得律意，且无以惩大奸也。

盗情

地方失盗，保甲人等，负疏虞之罪；捕快人等，惧比较之严。彼此扶同，狐疑妄指，即将平人及曾为窃盗，或乞食贫民，擅拿私拷，备极非刑，手执失单，逼令招认。不合，则捶楚乱加；偶合，则逼招盗伙。既招，则锁押同拿，仍照前法榜掠，以致展转相诬，甚者授以口词，使之攀指。夫真贼不严讯，固不招承，良民受酷刑，何所不认？然则捕快之言，何可据哉？以后拿贼，除真盗拒捕，曾殴公差，许其打伤不罪外；其余止许绑缚到官，掌印官先验有无伤痕。如拷打骨肉有伤者，将此等捕役，痛切惩革；有致命重伤者，不分盗之真假，限内身死，定应细鞫抵偿。

真盗所招伙盗，须差捕快访拿，此辈一执红票，闾阎村落，所至惊扰。贼未获，则攀其旁亲邻佑同绲。或诬其至亲近族窝藏，索足财货酒食，仍令远近跟捉，抛家废业，骚扰多端。贼既获，则令其攀咬富家寄赃窝顿，株连蔓引，溪壑不盈不止。或指授仇人同盗，桁杨敲朴，以快其私，指鹿为马，人人自危。及事定告官,而不察者犹徇蔽衙役,仍罪告人,深可痛恨。以后捕缉各役,访知真贼所在,即禀所在正官,同所在地方保甲,协力捕捉。所在官不从,致令贼逃者,申究,但不得索累以上无干平民。

乡约:保甲法行,家家尽在稽查之中,虽佣作乞丐之人,动静出入,亦不能欺同约及一甲四邻耳目。假使平日为盗,即当阖约报官,平日善良而被贼攀诬者,即当阖约保救。要开写某人平日本分生理,全无非为,某家某日失盗,本人某日在家,如虚,同罪甘结到官,问官即当存结听保。如后访得实,而本犯脱逃者,保人一例重究,仍责缉捕,唯是同约之人皆是盗贼,便无可奈何。倘一乡不为盗,岂容一人为盗,而百口保之哉? 即不敢公讦为贼,亦不敢公保真贼矣。

贼犯到官,便须亲审。近见几处掌印官,惮于任事,懒于推鞫,辄批佐贰、首领等官,令之摘词具狱。彼官小而无担当,识庸而不精细,惟快捕为指挥,以夹打为上策。况审贼而原捕在旁,但闻一语称冤,快捕且喝且禀,甚者恨其反覆,讨出外面,从新拷掠,具招上堂。彼数经残创,已自消魂,非坚忍耐刑之人,谁敢据理辩诉? 掌印官十九抄其原供,通详院道。如近有一典史承审盗案,情未问真,腿已夹折,以后掌印官,若不亲问,只批佐贰、首领,无论有冤无冤,亦见其不敏于吏治矣。

掌印官审盗,惟在隔别细心,察其情状。盖真伪之情,辞色自别,虚捏之语,辩问则穷。我多方以辩之,则掩护之术,不及卒备,无备之言,不及会同,往复参错,真情自见。至于隔别之报盗数同、赃数同、期会同、事迹同,即无赃而盗可知矣。或言人人殊,不可骤加严刑,亦当耐心细鞫;或设法密访,人命之疑狱亦然。仁人心苦,智者识精,当必自有妙法。但问刑谓之审,具招谓之详,"详审"二字,此圣王治狱之精意也。今之讯狱者,幸于此两字留心焉,无以夹棍等酷刑为第一审法,则冤狱必少矣。

失主递失状,未必一一皆真,诪张者甚多,而贪冒者居半,起赃之时,快捕通同。有将本人之物,硬指为赃者;有比照失状,取一二于典当铺以作赃者;有获真赃,而快捕先攫其细软入己者;有疑似之物,失主记不真而错认者;有明见可爱之物而妄认者;有厌连累之久,而妄认一二赃物,杀贼以完己事者;有为快捕所逼,不得不认者。苍南吕公云:"余巡海右时,有一寡妇被劫,获盗十人,搜赃俱在内,有女鞋一对,快捕过寡妇家谓之曰:'鞋当有样。'从而予之,及县官审赃,寡妇一一俱认。问鞋,曰我女之鞋也。问大小几何,曰有样,索家中样比之,不爽毫发,十人者无一语辩。临刑不数日矣,而真盗悉获,真赃悉出,十人者乃得释。"前赃,盖十人家物也。近日有将良民为盗,搜其家黄裙,指为失主物者,失主认之,司刑者取当铺黄裙数腰,杂置堂上,失主莫知所认,妄取不一,呼良民至,则应手而得曰:"此吾裙也。"失主无辞,而良民遂释。以后有司审赃,不可草率,但凡失主赃物无记验者,不可辄坐真赃。盖指一物以杀一人,可不慎欤!

近日盗贼招册,有赃无分毫,供称花费无存者,要问卖与何人,须拘何人辩认。"花费无存"四字,岂宜杀人哉?至于银钱,虽难辩识,若本极贫之家,忽然使用方便,要见财物何处得来,情自难掩。谚云:"指赃杀贼。"如无赃而称屈,宁舍贼可也。近日治盗,有情未真、赃未获而死于杖下者,有供招未具而死于狱中者,招中泛称陆续监故,天道有知,人之子不可独杀。今后除真贼真赃,详允奉决者,不拘刑死病死,听其领埋外;其赃仗无指,及情节可疑而死于狱者,倘尸亲告发,问官即系蒙昧酷暴,轻者参处降黜,重则定拟故勘平人之律,在所不免,悔莫及矣。

首盗之人,不可尽信。有首伙盗,而诬一二仇人,称为同盗者;有本身非盗,而受奸人买嘱假称首盗,妄攀平人者。问官倾信其言,尽拘审讯,往往搜赃不获,死于严刑。今后首贼但有一人不真,审有诬陷别情,不准出首之律,仍问死罪,真盗脱逃,拿家属送监。盖其妻子平日享为盗之利,忘劝救之言,无首报之举,即使监追,亦不为过。至于真盗所报伙贼,纵使脱逃,原无赃物,亦将家属送监,已欠分晓。甚有将父母兄弟送监者,古者罪人不拿之义谓何?甚有将翁婿姑舅送监者,彼且忘其天伦骨肉,安顾疏薄之瓜葛乎?此皆殃及无辜,治狱之恶政也。以后攀报在官,而赃物无指者,但立案候,从容访拿,不必将家属送监。即系真盗脱逃,亦勿拿尊属远属送监。倘真盗妻子,监死狱中,即可抵罪,不必更监别属,逼要真贼,扰害无辜。

世无窝主,则盗无潜踪之地。盗无定在,而窝主有定在,盗难知而窝主不难知。司牧者肯严保甲乡约之法,或行密访首讦之令,但拿真正窝主一名者,即于本犯名下追银五十两充赏,自首改过者免罪。此法一行,盗迹潜消。

奸情

奸情原无证见,易诬而难明,故律称非奸所捕获,勿论。奸妇有孕,罪坐本妇者,盖慎之也。以后凡告奸情,即本妇招承,亦勿准理,安知非本夫逼使骗赖?又安知非本妇有所希图乎?且妇女不至有孕,即奸亦勿问奸,亦所以全妇女之名节,而免凌逼之性命。为人父母,不当如是耶?若淫奔在逃,及被人捉获,则无词矣。

强奸不分已成未成，致逼妇女自尽身死，指证若真，法宜坐抵，何者？强奸已当问绞，况因奸致死，是二辟也，何可轻纵？若妇人及年十三岁以上女子，奸虽已成，而妇女并未声张，则强和皆未可知。有情虽和而事发激羞，因而变怒者；有为他事失好，因而拿奸者；有缘他事至其室，迹不避嫌，报仇贪利而诬奸者；至于晦夜不识面目，而止据音声，衣帽得于窃取，而指称夺获，皆不可草率坐奸。以后凡妇女以和奸发觉，激羞自尽；或被父母本夫殴打，因而自尽，身死者；逼非奸夫，又无威状，难以因奸威逼致死，坐奸夫之罪。盖和奸之罪两杖，彼奸妇事发，逼于别人，奸夫自有应得罪名耳。

上无教化，则下无见闻。如兄收弟妻，弟收兄嫂，及雇工人奸家长妻者，于法各死，愚民皆不知也。乃有兄弟亡而收其妻，谓之就和，父母主婚，亲戚道喜者，世道不明，罪岂专在百姓哉？凡遇此等狱情，有司自当审问何人主婚，有何证验，严加惩究，以端风化。仍先将律法遍晓愚民，有改正离异者免处，勿听讦告之言，轻成大狱也。贫家男女易杂，小民名节多轻，非若士夫之家，严内外以远别，有礼义以防闲。故愚民贫民，不可遽责以圣贤之道，凡决此辈奸情，不可细拘文法，当有法外之精意焉。

监禁

囚犯奉有决单，自当明正典刑，是以未决之先，贫者有囚粮，病者有医药，夏则洒扫以防瘟，冬常温燠以御寒，圣王岂不知其人之当诛哉？以为既有临时之死，且延一日之生，故曲加体邺如此耳。近日司牧，疏于治狱，有狱卒要索不遂，凌虐致死者；有仇家买求狱卒，设计致死者；有伙盗通同狱卒，致死首犯以灭口者；有狱霸放债逞凶，满监尽其驱使，专利坑贫，因而致死者；有无钱通贿，断其供给；有疾病不报，待其垂死而递病呈，或死后而补病呈者。倘系情真罪当之囚，瘐死犹可。中间有抱冤待辩之人，株连未结之罪，一概死于狱中，所伤天理不细。以后狱囚有病，先取囚亲告治结状，调治不痊，后取尸亲告领结状，一并粘连，申详上司，方准开除。无亲人者，以里长、甲首、邻佑代之。其强盗失迷乡贯，原无亲族里长者，取刑房吏告治病呈，及医生病案粘申。如此，庶免日后凌虐罪囚之论。有司钱粮原宽绰，若囚粮一概全给，岂能人人均沾，年年常继？今拟分为三等，除罪大恶极，死有余辜者宜量给，家不甚贫，有人供给者不准给外；有情稍轻而家极贫，或无家供给者，给与全粮；情稍轻而家次贫，日用不足者，给与半粮。至于新获贼盗，真假未分，果无供给，亦当有处。若监故未成招之囚，甚于奉单之罪，倘被告发，自罹故勘。

一朝之忿，毙人于顷刻，百年之悔，无由而改图，此等死因，情尤可悯。有一人狱而父母妻子不复得见者，有送饭到而不知谁接谁食者。昔人有念囚无嗣，不禁妻之出入，而令其有子者，此虽不可为常，至于应听家人入视而不听，律有明条。故旧例有宽囚每月令家属一对面，任从谈叙家当，待其辞毕，方许收监。妇人临决将产，百日而后行刑。圣王仁及囹圄盖如此。有司若怀泣罪之心，行哀矜之政，使法不疏纵而情不郁抑，岂患无术哉？第恐念不及此耳。

有司习于故套，拘摄人犯，动辄送监送仓，不知一人在禁，一家忧惶。或有老亲而无妻室者，或有少妇而无子侄者；或家贫路远，不能供给者；或家有病人，或自身抱病者；或冬寒而身无绵衣者，或空手枵腹，无钱打点牢狱者。即使其人当死，亦应曲体其心。况于轻小事情，岂宜泛系之狱？为民父母，亟宜念兹。各府、州、县卫衙门，除死罪与充军摆站人犯，及入官还官赃物，俱应收监追比外，其有力徒罪，及杖一百以下赎决等犯，止令干证保领，听其宁家，辏办，限期完纳。虽系院司各道纸赎，俱不必仓羁正犯及滥将家属监追。

监仓二簿，只宜掌印官一本，其佐贰、首领官应送监仓犯人，俱要禀白堂上，同簿附名。掌印官每遇票日，便将二簿查阅一遍，某人某日监仓，有无得所，应否释放，何以处分。往见懒于问事，轻于听信衙役者，拘到人犯，皂快禀收监仓，即送监仓。甚者监仓皆满，而送之冷铺者。缘监仓二簿，经年不一过目，吏卒因循，不肯禀白。甚者催比钱粮，花户坐仓以数百，不知令何人辏办也。贤有司试一思之。

妇人非犯死罪，切勿系狱；非犯奸情及不孝应出，为舅姑夫男所讼，切勿拘唤。盖男女有别，廉耻为重。皂快一拘妇人，无穷之利；妇人一入公门，无限之辱。掏摸戏狎，无所不至，有因之而丧名节者。谁无妇女，岂应独屈民情？至于死罪妇人，往往为狱中吏卒所占，此最难防，须时时密察而重惩之。

七十以上老人，十五以下少儿，及身有疾病，家有新丧者，不系大案及重犯。不宜辄送监仓。

监中墙屋破坏，有司即申呈合干上司，估计修理。仍须盖病房一处，凡遇一囚瘟疾，即送病房调理，毋令传染。

司狱官、刑房吏、禁子等役，不禀白掌印官而擅打监仓人犯者，拿问重治。

反狱越狱，惟强盗与重囚为然，而夜防尤要。近日有司常不下监，牢头禁卒，日久情熟，安心懈怠，夜间囚犯不上镣杻。此辈算无生理，心怀百计，乘机脱逃。虎兕出柙，非掌印官之过与？若使手足不得利便，精力不得壮强，出不测而夜为查点，遇疏懒而重加创惩，时刻兢兢，岂有反狱越狱之变哉？

听讼

民间苦事，莫甚于株连。健讼刁民，往往一词牵告三二十人，报仇罔利，中间紧关犯证，十无二三，此等奸顽，岂宜听信？各掌印官，凡遇受词日期，俱要当堂审问，无干者即与勾除，毋得一概发房出票，苦累小民。

勾摄犯人，动差皂快，此庸吏之套习，实小民之大殃也。近日革弊爱民之官，多用原告自拘。夫两仇相见，势必起争，妄称抗违，以激官怒。亦有添差地方保伍同拘者，此是换名之皂快，需求凌虐，与皂快同。至于原告系是妇人，自拘尤为不便，若止以原状，或红票付告人，令其递与干证，干证持之，呼唤被告，约会同来。果系冤诬，听从被告诉状，至日同理，则干证者，事内之人，毕竟不免到官。彼若有所需求，自是有人买嘱，亦不恃勾摄之势矣。是闾阎省一皂快之害而公堂余一差遣之人也，贤吏其熟思之。

上司批词，果系徒罪以上，方许差人勾摄。凡公差勾摄，往返百里者，不得过限三日。若第五日不投到者，计日加责，仍问犯人有无需索凌虐，或用十数手牌，上书"公差有无需索凌虐"七字。其"有无"二字，令犯人自填，听审之时执进，庶限近不得久行吞噬，防严不得大肆贪残。即不能尽革奸弊，然省一分，一分受赐，省一人，一人免害矣。

皂快拘人到城，引领相识饭店，任情破费酒食，招包娼妇，心满意足，才来投到。或妄禀人犯不齐，或指称关卷未到，有司不察；或令各讨保人，或令原差带押；甚者挂搭轮押，经年累月，放赵甲而留钱乙，卖正犯而拘家属。种种扰民，皆问官惰慢之罪，以后词讼，无论难易拘究，但令差役依限解审，贫民得早完结。

吏书骚扰科索，全凭牌票。有司朱押牌票，多不经心。彼或乘金发厌倦之时，或当事机旁午之会，便将一二十张口称未完前件，用印判日；中间言语重轻，任其标写，事体缓急，任其报票，红单一出，打点即来。遂意，则将票停阁。不足，则再三行催。有司信实，何曾查某事曾催几次，某票有无回销哉？监司骚扰郡邑，守令骚扰闾阎，此居其半。掌印官将一切前件，分作急中缓三等，为三袖折，责令该房自限某事何日可完，即注折上。难完者许其禀官，易完者照限督催，分别既明，方准出票。有司每日看折勾销前件，一事完，即勾一事，违限者计日加责，是官斧而吏凿也。彼且办事之不暇，而何暇愚我以行私哉？

问事以投到先后为序，不许吏书以受财多寡为后先。但本日投到者，本日即问，虽极忙，不可过二日。其状内情节罪名，未问之先，预为料理。一问之后，实时画供，当堂分付某人应徒几年，某人应杖几十，审力有无，填写印票。无力者，实时杖释；有力者，令其自限何日完纳。即将发落单票，付与干证，令其催纳，如果难完，干证至日改限。盖干证住居，多与犯人相近，押保催纳，最为便易，不犹愈于皂快乎？

凡审赃审力，先看犯人力量。如果力量不堪，干证不肯保押者，多系贫难棍徒，入官给主之赃，不宜多坐；仍不宜逼认有力，以致追迫太苦，前件难完，上下俱不便也。

小事不宜轻问罪，凡户婚、田土，斗殴、相争，一切细故，虽系州县有司应理之事，然一纸投入公门，辄关小民身家重累。所以膺民社之责者，每于刁健之风，严加禁戢，正不欲愚民之罹于法网耳。若系奸盗诈伪，人命重罪等项，则律有常刑，自当留心细鞫，申详定案。其余轻小事情，止批里邻耆老，从公议息，不必遽为刑讯，而予以终讼，则案牍不致烦扰，而清慎之名著矣。牧民者，宜体此意。

一切词讼，审系轻小事情，便与发落，不必取供问罪，止将原词立案而已。虽不专用里老剖断，庶不失教民之意。奈何在外司牧，不论事情大小，概引不应得为而为，又只用事理重者？及至审力，又不论其人贫富，概坐有力稍有力，虽赎锾止三两一两有奇，官之所得苦不丰，而自贫民当之，至有鬻妻子以完官，捐身命于一讼者，岂不痛哉？至于下"不合"二字，全不照管律条；如斗殴傍人，则曰不合不行劝阻；徒夫在逃，则曰不合锁押乞食；告添田地价值，则曰不合勒掯不与。如此之类甚多，皆是律外生法，科索无罪，上司官当严为申饬。凡律条无罪，而妄下不合字样，及有应得罪名，辄用不应得为而为，事理重者，不分批词自理违制科罪。

已问罪者，不许重科。每见民间有事到官，已经论断决赎讫，或原或被，意不甘服，仍赴上司衙门告准发问，问官又重科罪，此大失律意。而上司曾无查驳，非必尽利赎锾，盖亦习而不察耳。《名例律》云："二罪以上俱发，以重者论罪。各等者，从一科断，轻罪先发。已经论决，重罪后发，通计前罪以充后数。"盖一人之力量几何，岂堪罪而又罪？体恤至此，仁之至也。假如十罪俱发，亦止科一罪，而乃于一罪再三科之，岂律意哉？为上司官者，遇有此等申详到日，须查前此已未发落。已发落者，准其免科；未发落者，方行决赎，亦省刑便民之一事也。

凡问事毕，系申详上司者，除摆站以上，拘禁候详发落外；其余即日释放，止令歇家报名，听候详允之日，将发落单票，给与歇家，转付干证讨限完纳，不许一概羁留。其事在别州县者，移文别州县催纳实收，即令申缴。

犯人发驿，原为工作，如京师炒铁运炭之类，近日恐其逃走，止令押锁乞食，甚失本意。以后徒罪人等，有做一切官工者，官给饭食，一日准一日；自备饭食，一日准二日。有情愿驿中奔走效劳者，与做工同，申准原批司道，折限满日释放。发配名轻于充军，而实等于死罪，彼惯奸积猾，或买免驿吏，或挟制驿丞，或求情嘱托，公然在家，觅人点站，不待言矣。其穷苦老疾，及家无供给之人，乞食不前，坐卧湿地，或官吏要索，横肆凌虐，至于伤命，只报相埋，情实可悯。近日问官，有因诬告人杖罪加三等而入于徒者，诬告死罪未决，何以加焉？此泥于法而不达于理者，其官之才识可知。驿官如遇病囚，当即申请州县拨给医药调理，或掌印官验明，姑令保放调养，或收入州县调养，病痊照日补役，不可不预为申明，慎勿坐视其毙，而后报死也。

用刑

衙门刑具，载在律条，其数有六：笞、杖、讯、枷、杻、镣。无论笞杖，即讯杖，亦号为极重矣。大头止径四分五厘，其用惟于重罪不服，其法止于臀腿分受，至于笞杖止加于臀而已，不及腿也。近日各衙门用重大竹篦，不去棱节，听从恶卒，任责腿弯，多者三五十，或内溃割肉，或筋伤残废，此惟法司惩创极恶大奸，百一用之，郡邑职在牧民，常刑当如是耶？但竹篦通行已久，不能遽革以纵奸顽，亦当分为轻重三等，每板臀腿分受，十板以上，两腿分受，何处非肌肤，何肌肤不痛楚，而必欲残民以逞能哉？如不系极恶大奸，万民所恨，而仍前概用重大，及数多加力，又丛于一处，擅及于腿弯者，无问曾否伤人，此等酷刑当慎。

枷有三等，死罪重不过二十五斤，徒流二十斤，杖十五斤。夫枷非令负重，止书罪名于上，号令示众而已，故曰枷号。至于一百斤、一百二十斤，大枷，于例虽有，用亦不常。

人身之用，手居其九，若惧有疏虞，大镣严锁，牢绊两足可矣。至于木杻，惟死罪男子始用，充军以下，例不械其两手，念人情之便也。妇人虽死罪不杻，谓饮食便溺，不可托之他人，重男女之别也。以后各衙门非犯死罪男子，不得一概用杻，以伤朝廷体恤人情至意。

夹棍扛子桚指，原非应有刑具。近有心不精细，性不耐烦者，盗不分强窃，人命不分真伪，一入衙门，只靠夹桚，酷烈之状，不可尽述。以后众证明白，事情的确，而展转不肯招承者，间用此等刑具。夹不得过一次，扛不得过三十，桚指不得对两头，夹桚不得过二时。

刑戒

五不打

老不打。血气已衰，打必致命。

幼不打。血气未全，打必致命，且老幼不考讯，已载律文。

病不打。血气未平复，打则病剧必死。

衣食不继不打。如乞儿穷汉，饥寒切身，打后无人将养必死。

人打我不打。如与人斗殴而来，或被别官已打，又行加责，则打死之名，独坐于我。

五莫轻打

宗室莫轻打。天潢之派，干系甚大，即无名封者，亦勿轻打，只启王戒饬，或申请上处分。

官员莫轻打。即仓巡驿递，阴阳医学等官，亦勿轻打，彼既为官，妻子仆从，相对赧颜，亦非体恤下吏之意。况其体多脆薄，轻则患病，重则伤生。

衿监莫轻打。干系斯文体面，事轻，则行学责戒，重则申究如律，彼自无词。

上司差役莫轻打。非惜此辈，投鼠忌器，打虽理直，亦关上司体面。有犯，宜书犯状，密申上司，彼自有处。若畏势含忍，又阘茸非体矣。

妇人莫轻打。羞愧轻生，因人耻笑，必致丧身。

五勿就打

人急勿就打。彼方急迫无聊，打则适速其死。

人忿勿就打。愚民自执己见，方以理直自负，打则其忿愈甚，死亦不服，气逆伤心，易于殒命，宜多方警喻，待其自知理亏，虽打不怨。

人醉勿就打。谚云："三宫避酒客。"沉醉之人，不知天地，宁识礼法？倘醉语侵官，有失体统，宜暂监候，酒醒惩戒，监时慎勿置放冷地，寒气入心，亦足致损。

人随行远路勿就打。被打之人若在家，自能将息远路随行，日逐跋涉辛苦。又要跟上程途，亦多致命，待其回后，惩之未晚。

人跑来喘急勿就打。捉拿人犯从远路跑来,六脉奔腾,喘息未
定,即乘怒用刑,血逆攻心,未有不死者,宜待其喘定用刑。

五且缓打

我怒且缓打。有怒不迁,大贤者事。盛怒之下,刑必失中,待已
气平,徐加责问,试于怒定之后,回思怒时之刑,未有不过者。

我醉且缓行。酒能令人气暴心粗,刑必不当;即当,人亦有议,当
点检强制之。

我病且缓打。病中用刑,多带火性,不惟施之不当,亦恐用刑致
怒,人己俱损。

我见不真且缓打。事才入手,未见是非,遽尔用刑,倘细审情理,
与刑不对,其曲在乙,已刑甲矣;知甲为直,又复刑乙,于甲不能无冤,
颠倒周章,亦为可笑。

我不能处分且缓打。遇有难处之事,难犯之人,必先虑其所终,
作何结局,方好加刑。若浮气粗心,先即刑责,倘终难了结,反费区
处。曾见有打人后,又陪事人者,只为从前急遽耳。

三莫又打

已拶莫又打。语曰:"十指连心肝。"拶重之人,血方奔心,又复用
刑,心慌血入,必致殒命。常见人曾受拶者,每风雨之夕,戚戚作疼,
为其已伤骨节故也。嗟乎! 均是皮骨,何忍至此?

已夹莫又打。夹棍重刑,人所难受,四肢血脉,奔逸溃乱,又加刑
责,百不一生。且夹棍不列于五刑,岂可轻用? 下人以力为食,一受
夹棍,终成废疾,决难趁食,切宜念之。人谓审强盗宜用,余谓强盗因
夹招承,此心终放不下,唯多方设法,隔别细审,令其自吐真情,于心
斯安,此等酷刑鲜用可也。

要枷莫又打。先打后枷,屈伸不便,疮溃难调,足以致命,待放枷
时责之未迟。

三怜不打

盛寒酷暑怜不打。遇有盛寒酷暑,令人无处躲藏,拥毡围炉,散
发披襟,犹不能堪,此时岂宜用刑? 盖彼方堕指、裂肤、烁筋、蒸骨,而

复被刑责，未有不死者。

佳晨令节怜不打。如元旦、冬至等节序，人人喜庆，此时宜曲体人情，颐养天和，即有违犯，当怜而恕之。

人方伤心怜不打。问理时，如知其人或新丧父母，以及丧妻、丧子，彼方哀泣伤心，又值不幸，再加刑责，鲜不丧生，即有应刑，姑宜宽恕。

三应打不打

尊长该打，为与卑幼讼不打。尝见尊长与卑幼讦讼，官亦分别曲直用刑。不知卑幼讼尊长，尊长准自首，卑幼问干名犯义，遇有此等，即尊长万分不是，亦宜宽恕。纵使言语触官，亦不宜用刑，人终以为因卑幼而刑尊长也，大关伦理世教。

百姓该打，为与衙门人讼不打。即衙门人理直，百姓亦宜从宽。否则，不惟我有护衙门人之名，后即衙门人理屈，亦不敢复告矣。

工役铺行该打，为修私衙，或买办自用什物不打。即其人十分可恶，亦姑恕之。否则，则人得以有辞而不服矣。

三禁打

禁重杖打。五刑轻重，律有定式：大杖一，足当中杖三，小杖五。官之用刑，只见太过，未见太宽。若用轻杖，即多加数杖，亦不伤生，且我见责之多，怒渐息而杖可已。若重杖，只见数少，而不知其人已负重伤矣。

禁从下打。皂隶求索不遂，每重打腿弯，致其断筋而亡，或打在一块，同一被刑而亡生立异，则贫富不同耳，贫者何辜而令其受此？

禁佐贰非刑打。夹棍重刑，不许佐贰、首领衙门私置，即正官亦止备一二副，候不常之用，各衙遇不得已而用，赴堂禀请。盖正官犹有忖量，而佐贰、首领，将势要送来百姓，私衙任意酷打，替人出气，正官全然不知。凡各衙人犯，令其一一过堂，庶知收敛。

慎刑说终

附　检验尸伤指南

　　检验乃系两项，人命方始发觉，须先将身尸查看一番，备棺暂殡，方可质审，谓之验尸。验者，勘其大略也。审质虽明，必得真伤为据，又将身尸或骨殖，细细查看，以便定罪，谓之检尸。检者，勘其详确也。验则仵作只具伤痕结状，检则检官按格切注，以为成案。然血肉之伤发变，即属游移，初时一验，亦当与检并加慎重者也。

验尸事理

　　尸有四缝，如右所列。验时须依后开次序看验，凡有伤损，即令仵作指报抄记。如顶心、囟门、脑角、额角、太阳、目眦、鼻山根、耳根、结喉、血盆、胸前、乳胁、软肋、心腹、小腹、承枕、谷道、阴囊、妇女阴户乳傍，皆系要害致命，尤宜详审。伤色以紫黯微肿为最重，次重紫、赤肿，又次者赤与青。红紫为新，青黑则久，所关匪细，必须分别。

正面

头面　看有无瘢胡须	发　量长短	顶心
囟门	发际	额角
两眉	两眼　看开合	目眦
鼻	山根	口　看开闭
齿　全否	舌　有无抵齿	颏
喉	胸	两乳　妇人乳傍
胁	肋	心
腹	脐	小腹
玉茎	阴囊　妇人阴户	肾子　看全否
两大腿	膝	两臁

两腿腕	两脚面	十指

十指甲

背面

脑后	承枕骨	两胛
背脊	腰	两臀有无杖痕
谷道	两腿	两曲
两腿肚	两脚根	两脚板

左侧

脑角	太阳穴	左耳
左耳根	左颊	项
肩	膊	肘
腕	臂	手
五指	五指爪	

右侧 与左同

验身首异处之尸，先令尸亲辨认身首，量尸处四至，后须量首与身相离左右远近，或云肩胛若干尺。支解者手臂腿脚，各量相离远近，开写讫，俱凑成尸收殓。

验缢死尸，现在悬挂，当声说悬空高下，悬吊处胜任不胜任；或不悬空，有无蹬踏器物，项下系何绳帛，系围经若干，缢痕粗细若干，方解尸置验处。若已经解下者，当声说项下有无原系绳帛，或绳帛现在尸傍，或尚留原吊处者，须比对缢痕是否同异。若当泥雨时，须看死者脚着何样靴鞋，踏上处有无印迹。

溺死尸尚在水中者，看尸浮尸沉，热则一二日即浮，寒则必经数日，量水底深浅，水面阔狭，并浮尸去岸若干尺。

水内尸，男仆女仰，盖因男子阳气聚面，故面重而仆；女子阴气聚背，故背重而仰。不独人溺，兽有牝牡，亦皆然也。

浮于水者，须查何时见尸在水内，或是他处流至此处，或是此间浮起。

溺死尸，须问落水有人见否，果有人见，即问如何情由，并曾否有人捞救。

已捞上岸之尸，须问何人何时捞起，死于水中，死于捞后。

溺井者，若尸未出非，须问如何，便知井内有人。盖井内有人，水面必有浮沫，但恐谋人入井，反作报人，故宜以此诘之。

自投入井，脚应在下。若头在下者，宜有人赶迫推送，更须看脚迹失跌处痕。

验烧死尸，看身尸有无屋瓦茅灰压衬。盖火焚屋宇，被烧死者，尸在瓦茅之下。若在瓦茅之上，便是被人推送入火矣。

烧死尸在灰火中，先扫除周围灰烬，然后将尸翻动，验勘地上痕迹，身尸伤损。

验身死不明之尸，却无伤损者，妇女须看阴门，恐自此入刃于腹。若刃入腹，离皮浅，则脐上下微有血沁，深则并无。或以平头烧钉钉顶心，及以他物入鼻与粪门，皆可匿伤也。

辨是否处女，令稳婆用绵子扎指头，探入阴户中有黯血者是，无则非处女也。

辨是否孕妇，令稳婆以手拍心，下至脐肚，有孕则坚，无则软。

凡胎孕伤堕，须令稳婆定胎月数，已未成形取供附卷。若形象未足者，止有血块，久烂则化为恶水，不得作伤堕胎孕论，止问殴人至内损见血可也。○考胎形，一月如露珠，二月如桃花，三月分男女，四月形象具，五月骨节成，六月毛发生，七月动左手，八月动右手，九月三转身，十月满足。

小儿在母腹中被惊死者，胞衣紫黑色，血荫软弱。生下死者，尸淡红，胞衣白。如生下致死者，或身有伤痕，或喉下塌。盖以惊死赖人，多捉定手足，搦踏咽喉，致令气绝也。

孕妇身死，若速殓入棺，或速埋入土，尸体胀满，骨节缝开，其胎必出，凡遇开掘勘验时勿讶。

身尸变动，全在寒暑，然人有肥瘦老少，肥少者易坏，瘦老者难坏；又南北气候不同，山中寒暄亦异；更有陡顿迟缓不常，贵在临时审察。大约春月尸经两三日变动，口鼻肚皮，两胁胸前，肉色微青，若经十日以来，则鼻耳内多有恶汁流出，肚皮胖胀。夏月一二日即变动，三日则汁流、身胀、蛆攒、唇翻、肤烂、疱起，四五日则头发脱落矣。秋月则较春略速，较夏稍缓。冬月四五日肉色先黄紧微变，半月以后变动，若用荐席裹包，安埋温地，则变动反迟于平常也。

凡极暑，则发变倍速于常；盛寒，则五日始如盛暑一日。当临时以意消息之，总宜速验，毋俟变动为要。

检尸事理

凡欲检尸,先出牌令搭棚厂,多备糟、葱、椒、食盐、白梅、醋等类,以备掩盖伤痕之用。

至尸所,先于上风坐定,令烧皂角、苍术、降香以辟臭恶,或用真麻油捺鼻孔,苏合香丸塞鼻亦可。

检肉尸

检尸次序,止作两面,与验法作四面不同。从正面头上检起,解头发,量长多少,分开顶发,检顶门、囟门、左右两太阳穴,擘双睛、鼻孔、口、齿、舌。脸上须看有无刺字,或已用药烂去,字痕黯淡,及成疤者,用竹笆于痕处挞之即现。看两耳连喉下左右两臂、手掌、手背、十指、指甲、心胸、两乳、乳傍、胁肋、脐、大肚、小腹、阴囊、外肾、玉茎、妇人产门、左右两大小腿脚、脚底板、十趾、趾爪。番身背面看脑后承枕骨、颈项、背脊,臀后看有无笞杖痕,并看粪门。

尸上伤痕,或是何处伤,伤痕或青、或紫、或赤、或黑、或有血、或无血,并量大小长阔深浅,令仵作指定报明,押尸亲于证认确,以朱笔填入尸格,令各书押于尸格之上。或有雕青灸疤,疮痕之尸,亦须开填尸格之内。

尸格式

面式

某府某州某县某年某月某日检验到某人尸形		
仰面		
顶心 有无色伤俱朱填下同		偏左
偏右	囟门	偏左
偏右	额颅	额角
两太阳穴	两眉	眉丛
两眼胞	两眼	双睛
两颊腮	两耳	两耳轮
两耳垂	两耳窍	鼻根
鼻准	两鼻孔	人中

上下唇吻	上下齿	颔颏
咽喉	食气颡	两缺盆穴
两肩胛	两腋肽	合膊
两曲	两手腕	两手心
十指	十指肚	十指尖
十指甲缝	胸堂	两乳
心坎	肚腹	两胁
两肋	肚脐	两胯
小腹	阴囊	玉茎
外肾	妇人产门 处子曰阴门	
两腿	两膝	两臁朋
两脚腕	两脚面	十趾
十指爪		
合面		
脑后	发	发际
两耳根	项颈	两臂膊
两胳肘	两手腕	两手背
十指指甲	脊背	脊膂
两后肋	两后胁	腰眼
两臀	谷道	两腿
两曲	两腿肚	两脚踝
两脚根	两脚心	十趾
十趾肚	十趾爪缝	
对众定验得某人果因某处致命		
验尸人等		
正犯某		
干犯某		
干证某		
尸亲某		

右件前项致命根由,中间但有脱漏,不实扶同,捏合增减尸伤检验官吏人等情愿甘认罪责无辞保结是实

年　　月　　日	司吏某
	首领官某
	检尸官某俱书押

血肉尸伤,杀死者痕,分刀斧枪刃。刎死者,要分人害自割;殴死者,痕分手足他物;缢死者,要分人勒自经;淹死者,要分流溺自投,以及火烧、汤泼、中毒、冻饿、惊、熏死、跌、碾压、闷死、杖、雷震、虎咬、蛇犬伤、脱阳、醉饱病,诸项致命,俱须细辨真假,毫厘千里,切勿轻忽。

杀死

杀伤之痕,须看内外疮口,大处为行刃,小处为透过。如已溃烂,须看衣服斧痕,外阔内狭,刃痕浅则狭,深则阔;枪痕带圆,深则透;尖刃头痕称刺,刃口称斫,声说长短分寸,斜正深浅。如伤肚皮、两肋、脐下者,透过内膜,则肠出。伤喉者,须明深至何处,有无方圆不齐去处,食系气系,曾否断绝,有无血污。伤头面、太阳、脑角、脑后、发际者,须明有无斫断头发,有无骨损脑浆血出。立死者,即指定要害致命;隔数日方死者,便说将养不效,因伤致命而死。

被杀伤死者,口眼开,头髻宽或乱,两手微握,手上必有伤损。若被凶人于虚怯要害处,一刃直致命者,死人手上无伤,其疮必重。

活人受杀者,其受创处皮骨紧缩,四畔有血荫。若被支解,筋骨皮肉稠粘;皮缩骨露落首者,项下皮缩,骨凸肩耸;死后割首,其皮血不灌荫,被割处平满,皮不紧缩,骨不露不凸,肩不耸,刃尽处俱无血流,其色白,痕下虽有血水,若检洗挤擦,肉内必无清血流出也。

刎死

自刎之尸,口眼合,面愁,眉皱,两手拳握,臂曲而缩,盖死者用手把定刃物,以作力势,其臂手自然拳曲,色黄,头髻紧。

自刎之痕,小刀约长一寸五分,至二寸许;食刀长至三四寸;磁器痕不甚长阔,深一寸七八分。食气系俱断者即死,深一寸三四分,食系断气系未断而破伤者,一日死;痕浅而止断食系者,可延三五日;微伤者,可以缝连医治。用左

手者,刃必起自右耳后,过喉一二寸;用右手者,刃必起自左耳后,分寸亦然。伤在胲下、喉骨上难死,骨坚,刃不深也;喉骨下易死,虚而易断也。左手把刃则右深,右手把刃则左深,盖下刃手重,负痛则轻也。

喉下刀痕,只应一伤,受伤之后,不能复割也。若髻乱,刀痕参差,无左右深浅之别,必为人所勒。凡人自割,如系右手持刀,虽晕绝尚可急救;系左手者难救。盖人之右手最活,稍一疼痛,即知而力软;左手举止,不如右快,非至极痛,不能觉止,故伤必深入。且人食颡在左,气颡在右;食颡系肉,可以接缝,气颡则近骨类,破则气出难掩,不可接也。

若自将刀剁下手指,其皮头皆齐,必用药封扎。盖剁时虽不即死,将养不效,亦能致命。

用口咬下指者,齿上有毒,颇能致命,其疮口不齐,脓水淹浸,周围皮肉损烂。

殴死

殴死之尸,口眼开,发髻乱,衣服不整,两手不拳,或溺污内衣。

生前殴打而死者,伤痕有紫赤血晕。若死后,有将青竹篦火烧烙成伤痕,诈称打死者,其痕焦黑,色浅平不硬;有将榉木皮掩成痕者,其痕内烂损黑色,四围青色,聚成一片而不肿,捺亦不硬。

他物打者,其痕横长,兵不用刃皆为他物。拳打者,其痕方圆。脚踢者,比拳痕大。以身就物自磕者,未破处其痕方圆,虽破亦不深。

检殴死尸,先干检一番,次以皂汤洗涤垢腻,又以清水冲洗洁净。若有青黑痕处必硬,以水滴上则不流。若伤不显,则以藤连白纸,或钞纸,厚铺衬尸,乃以糟醋壅盖,仍以尸衣覆之,煮醋酒浇淋,以荐席掩一时,俟尸体透软,揭去衣荐,用水冲去糟醋,细验伤痕。若虽有痕现,看不分明,可于迎日处,以新油绢,或明油伞,隔日照勘,阴雨则以灯火隔照。若伤仍不显,以白梅捣烂,壅所告伤之处,犹未全显,再以白梅肉加葱椒醋研作饼子,煨热衬纸烙之。凡用盐醋,初春冬月宜热,仲春后与深秋宜微热,夏与初秋宜温,盖过冷则不透,过热则糜烂尸身,更难验勘也。

严冬之时,被殴身死,检勘无伤,宜掘一坑深二尺许,依尸长短,以柴炭将坑烧红,用醋淋之,使气蒸蒸然,乃以席衬尸置坑内,衣服覆之,良久,觉尸温,出尸,以前检之法检之。

仵作受贿,多以茜草投醋内搽伤处,痕即不显,以甘草汁解之。

因争斗身死,而检勘并无痕伤,此人或宿患疝疾激发而死,则肾子缩入腹下,用温醋湿软衣绵絮之类,掩一饭时,令仵作以手捼小腹,肾子自坠。大凡尸无肾子而外无伤者,俱宜用此法。肾子既下,又当细验有无损伤。人于大醉大饱之时,与人争斗,暴怒触逆,亦能气绝也。捼音那。○凡斗殴有折伤已上者,招内须分别辜内曾否平复,以便定议。盖辜内平复,有减等之例,不可不为声帮助白也。

吊死

自缢者,系缚处交至左右耳后,色赤紫,眼合,唇开,手握而垂,齿露。缢在喉下,则口开、舌尖出,齿开二三分;喉上则舌抵齿,口吻、两角暨胸前有涎滴,手拳握,大拇指、脚尖直垂下,腿上有血荫如火灸,肚至小腹并坠下青黑色,前遗溲,臀后有粪,及大肠头出,或有血一二点。

若被人勒死,假作自缢者,口眼开,手散,发髻宽,喉下血脉不行,痕迹浅淡,无血荫黑迹,舌不出,亦不抵齿,项内有指甲痕,唯有生勒未绝,实时吊起,诈作自缢,稍觉难辨。

若被人隔窗棂,或桩柱、林木之类,凭依借力勒死者,则绳不交,痕多平过,却极深黑溇色,亦不交于耳后发际。溇,卢感切,音萎,上声。

若被绞勒喉下死者,结缔交在项后,两手不垂,垂亦不直。

自缢者脚虚,则喉下痕深,实则浅;人肥则深,瘦则浅;绳紧细则深,懈粗则浅;全幅帛帕则散。

不论吊挂高低,床档上、船舱内,皆能死人,但其尸横悬、头顿、身倒卧,痕斜不至脑后发际。

自缢有活套头,有死套头,有单系,十字缠绕缢。若活、死套头缢者,吊处必高,乃先挂绳套,后入颈挂下,踏上处不必高,但令套宽,颈能入套,挂下脚到地,并膝跪地,俱可死也。单系、十字缢者,先用绳索系项后,复以物衬踏扳系高处,舍物高悬乃死。若脚稍着地,项系自松,生气犹得于喉间出入,即不死也。然须先看系处尘土痕迹,所踏之物,果然扳系得着,方是自缢。若系处高,不能扳着,则是别人吊起者。大约缢死痕八字不交,唯缠绕缢,是死人先将绳带缠绕项下一二遭,高系垂身致死;或先系高处,双襟垂下,踏高入头襟内,更缠一两遭,舍物挂下者。其痕必成两路,上一路过耳后斜入发际不交,下一路平绕项下周匝,报伤须两存,声帮助白。襟,丘愧切,音喟,纽也。

若自缢未死,被人移吊于他处,亦有两痕,亦须勘明,据实声说。

自缢者,曾被解而复死,则肚胀,口不咬舌,臀后无粪。

人于家中吊死,移尸外挂者,亦有两痕,原痕紫有血痕;移痕白,无血痕。

有身死不明,用火烙成痕,假作缢死,希免抵偿者,痕色红,或焦赤带湿。

尸有久吊未解,日久坏烂,肉溃见骨者,绳必入槽,手腕骨、头脑骨、指尖骨、牙齿,必皆赤色。

淹死

生时落水死者,头面仰肉色溃白,口开,并鼻内水沫出,眼合,多粃,肚腹胖胀,拍着响,指甲、鞋内有沙泥,脚底皱白,手拳曲。若非痿病之人,必水深七尺以上。若病患,不计浅深。

死后丢入水者,肉色带黄,口眼俱合,两手不屈,脚底不皱白,肚腹不胀,指甲鞋内无沙泥①,须看身上有无伤痕。若有伤,其痕黑。

检淹死尸,原未与人争斗,头面忽有刀刃伤者,则须淘看,水内或有金刃、磁锋等物,撞磕成伤。盖人初落水时,气尚未绝,触物中伤,自然宜有血痕如生时受刃者。能得其情,则可免于疑狱难结,久累无辜之人。

人或被打,气忿投水,或殴后误跌落水,其尸与生溺者同,尸格具出受殴伤痕,须将入水原由声说。凡殴伤虽中要害,辜内平复,以他故死者,止依殴伤法。今既是落水身死,虽有重伤,实以水淹毕命,难以抵偿论也。凡殴后自尽者,皆须如是检报。

溺水尸,面色赤,身无伤痕,并无生前落水身尸诸状,此是被人倒捉水搵死,非自溺身死也。

火烧死

凡生前被火烧死之尸,肉焦绽,筋缩,膏出,色黄,毛发焦颓,两手脚皆拳缩。若未烧及两肘骨及膝骨,则手脚亦有不拳缩者。

人在火中,被熏逼奔挣,其口开,呼吸出入,必有灰煤入于口鼻。如无者,是以死尸入火中,假称烧死者。若以杀死之人假作烧死,则尸先带血,于尸下扫净,用米醋洒泼,自有血迹显出。

因老病在床烧死者,肉色焦黄,手膝拳曲,口张,或齿咬唇,有黄色脂膏突

---

① 鞋内,底本原作"鞋肉",误,今径校正。

出,皮肉无他伤,止有烧痕,须问原宿是否尸存之处。

如尸被火烧,已成灰烬,无可检验者,取件作、亲邻供状,查明烧毁情由,声说实无骸骨存在,据证论拟可也。

汤泼死

被汤泼伤者,皮肉皆烂,皮拆则色白,即着肉之皮,经汤者亦白,肉赤烂,伤重毒攻心者,亦能死人。

斗殴推入者,有损处疱不甚起,与好肉受泼处不同。

中毒死

空腹服毒,肚腹外肾青胀,而唇口指甲不青。饱后服毒,唇口指甲青,肚腹外肾不青。

中砒霜毒者,吐逆,肠腹绞痛不可忍,发狂,七窍进血,死一伏时,遍身发小泡,作青黑色,眼睛、粪门胀绽,舌吐,上生小刺泡,口唇破裂,肚腹膨胀,指甲、口唇俱青黑,外肾胀大。

中蛊毒者,遍体皆黑色,或肚胀、吐血,或唇裂,齿根青黑色,或泻血,尸久溃烂,骨亦青黑。

中金蚕蛊者,尸瘦劣,遍体黄白,眼塌齿露,上下唇缩,肚腹塌,亦有初时皮肉似汤火泡起,渐渐成脓,舌、头、唇、鼻皆破烂者。

中钩吻毒,百窍流血,状与砒霜略同。

中鼠莽草毒,亦类中蛊者,经周时,方可验。

中酒毒,则腹胀作疼吐泻。

中食物、金石药毒死者,其身尸有青肿处,似拳脚殴伤痕,或成大片青黑。或皮肉裂,舌与粪门皆露,或指甲青黑,肉缝微有血,鼻中出血,或腹胀泻血。

死后以毒药灌入,假作服毒者,皮肉与骨,但作黄白色,无他故。

中毒之尸,无显露痕迹,乃毒气瘀滞于内,或因冰冻不发,可将银钗股,以皂角水洗过,探入喉中,以纸密封之,良久,必作青黄色;如无色,再探入密封,用热糟醋在胸腹间,自下肏洗,使毒气上透,自然色变,仍以皂水洗钗,色必不去。若空腹服毒,宜探肛门,自上肏洗,以使气下。

又以饭纳毒死身尸口中,密封一二时,取以试鸡犬,毒果真,鸡犬食之随毙。

冻饿死

冻死之尸,衣必单薄,面痿黄,项缩,牙齿硬,两手紧抱胸前,遍身寒栗①,口有涎沫,其涎不粘,用热酒醋洗之,则腮发红如芙蓉。

饿死者,脐腹空虚,身黑瘦硬直,眼闭口开,齿紧肢伸。

惊死

惊死之尸,目瞪口开,两手如舒展,犹存恐怖之状。

跌死

从高跌死之尸,在山崖树杪者,须看柯枝扳挂;在墙屋者,须看高低,并失足踪迹,辨别推堕、自堕,致命处定有磕损伤痕。若因内损致命,则七窍内,定有鲜血流出。

碾压死

车碾并畜触踏死者,肉色微黄,两手舒展,头髻松乱,口鼻眼耳内,或有血出。

车轮痕长,驴足痕小,马足痕大,牛角触者痕透碎,凡着处皮不破损,亦赤肿,着在致命之处则死。

压死之尸,舌出,眼突睛,耳口鼻有血,两手微握,遍身瘀紫,伤处皆有血癓赤肿,皮破处四畔亦肿,或筋骨折损。若死后压者,即筋骨折,亦无前状也。

虽无跌压,不意中被硬物瘾𥔰肋后者,亦能死人,此盖最虚怯要害处也,伤处应紫赤而肿,方圆三四寸,皮即不破,用手揣捏,肋骨必有损折。𥔰,音殿,物不平而使之平也。

闷死

凡被人以衣服,或湿纸搭口鼻死,则舌有嚼破,顶肉硬,腹干胀。若以外物压塞口鼻,出气不得,后命绝者,眼开睛突,口鼻内流清水、血水,满面血荫赤黑色,粪门突出,便溺污衣。

---

① 寒栗,底本原作"寒粟",误,今径校正。

有令人饮醉,厚其毡褥,挟令横卧,俟其睡熟将毡卷束,倒立片时即毙者,并无前条情状,但按其腹皆平弱,必胀在两肋及心胸之前,按之坚实,击之无声者即是。若肉消之尸,则伤在顶骨及两足心骨可验也。

有以高桶二只,叠而合之,约如人身之高,以下桶贮满水,入石灰数升,搅令水浑,将人倒入水中,再以折合之桶,钳盖片时即毙,名曰游湖。其人既毙,用水洗净,毫无伤迹,即有血倒出,见灰即收,血应凝滞于面,得灰亦解,面更微黄而白,状似病死者;但灰因水浮,必入口鼻,口鼻虽可洗涤,而灰滓之着于脑者,不可去也,当同前验生前落水法,检其脑内。

若年老之人,以手捂之,气亦能绝,死无伤痕者,当以意消息之。

杖毙

受杖身死,须勘验杖疮深浅阔狭,日浅,则疮围有毒气,必至青黑色,皮肉坚硬;久则有脓水淹浸,皮肉溃烂矣。

立毙者,宜看阴囊、妇女产门并两胁肋、腰间、小腹等处,有无损伤,恐皂隶得贿,决打非法,因而致命。

雷震死

雷乃阳火,着人则身尸焦黑,须发焦卷,身软拳散,口开眉皱,头髻披乱,经火之处,皮肉坚硬而卷黑,伤痕多在脑后,脑缝多开,有手掌大片紫赤浮皮,胸项背膊,或有似篆字文者。

虎咬死

被虎伤死者,肉色黄,口眼多开,两手握拳,发散乱,粪出,伤处有舌舔齿咬痕,或云月初咬头项,月中咬肩背,月终咬臀腿,猫之咬鼠亦然。

蛇犬伤死

虺蝮伤死者,伤处微有齿损黑痕,四边青肿,有黄水流出;若毒气灌溢四肢,则身体肿,面黑。

人为猘犬所伤死者,伤处必有痕迹,腹胀硬,小便挺出,其毒发之时,如感冒、风寒之状,畏风特甚,时作犬声,每欲啮人及衣物,小腹坠胀,小便难。犬毒最厉,人受其咬,则毒气入腹,顿孕小犬攻胀而毙,初咬犹可救药,毒既发,则犬形已成，不能救疗；伤处虽未破，但现青紫，即已中毒，宜急治之。

脱阳

男子色欲太多，精忽尽泄，脱死于妇人身上者，其阳不衰。

醉饱死

检尸并无伤痕，以手拍肚，惟膨胀而响，宜问尸亲，死人生前能饮酒多少，死之日，饮酒多少，便可推勘致死因由。

人醉饱后跳高负重，用力太过必致内损，亦可殒命，其状难明，但口鼻大便处，必有饮食并血出者。

病死

检尸无伤，但瘦弱痿黄，口眼俱合，两手舒展，身上或有针灸新疤，即须研问尸亲，生前此人定患病症，果否曾唤医人调治。如有医人，立唤质问，实系现患某症，曾用何药，取问明确，定为患病身死。

凡检尸既无痕伤，而身死卒暴，实属不明者，宜看口内有无涎唾，喉间肿否。若喉肿多涎，此患急缠喉疯而殒也。

卒死者，肌肉不陷。中疯者，口鼻内或有涎沫，或口眼歪斜。中邪者，两手多握，手足爪甲多青。中寒者，遍身多青紫，口眼开，唇或微绽，手不握拳。中暑多在五六七月，眼合，面皮白色，总以身无别样伤痕为定准。

针灸死者，须另勾医人，验针灸处，是否穴道，有无错误致死因由。

其有虽在与人斗殴之后，保辜未满，而原伤已是平复，别无贼风入疮痕迹，另患他病者，将医人取问确实根由，亦拟辜内他疾身死，无抵偿之理，不可狐疑不决也。

检骨

尸或久远消化，法应检骨，骨有数目前后次序，不可不知，更有男女不同之处，亦宜详辨，庶无舛混。

人周身有三百六十五骨节，按一年有三百六十五日，男子骨白，妇女骨黑。髑髅骨，男子自项及耳，并脑后共八片，蔡州人有九片者，脑后横一缝，当正下至发，别有一直缝；妇女止六片，有脑后横缝，无正下直缝。牙有廿四，或三十二,或三十六,不尽同。胸前骨三条,心骨一片,状如钱。项与脊骨共十二节,自项至腰,共二十四髓骨,上有大髓骨,肩后左右,有饭匙骨各一片。左右肋骨,男子各十二条,八条长,四条短;妇女十四条。男子两腰,各有一大骨如掌,有八孔,作四行八字样,妇女则无。手脚骨各二段,左右手腕及左右臁肕骨,两膝头,各有顿骨隐在其间,大如指。手脚大指各二节,余十六,各三节。尸横骨如猪腰子,仰在骨节下。男子缀脊处凹,两边皆有尖瓣,如棱角周布九窍;妇女缀脊处平直,周有六窍,大小便处各有窍。两手指甲相连者小节,小节后中节,中节后本节,本节后肢骨,肢骨前生掌骨,掌骨上生掌肉,掌肉后可屈曲者腕,腕左起高骨者手外踝,右起高骨者右手踝,二踝相连生者臂骨。辅臂骨者髀骨,三骨相继者肘骨,前可屈曲者曲肘,曲肘上生者臑骨,臑骨上生者肩髃,肩髃前者横髃骨,横髃骨前者髀骨,髀骨中陷者血盆,血盆之上者颈,颈之前者颡喉,颡喉之上者结喉,结喉之上者胲,胲两旁者曲颔,曲颔两旁者颐,颐两旁者颊车,颊车上者耳,耳上者曲鬓,曲鬓上行者顶。眉际之末者太阳穴,太阳穴前者目,目两旁者两小眦,鼻山根上印堂,印堂上者脑角,脑角下者承枕骨,脊骨下横生者髋骨,髋骨两旁者钗骨,钗骨下中者腰门骨,钗骨下连生者腿骨,腿骨下可屈曲者曲㻌,曲㻌上生者膝盖骨,膝盖骨下生者胫骨,胫骨旁生者骬骨,骬骨下左起高大者两足外踝,右起高大者两足内踝,胫骨前垂者两足肢骨,肢骨前者足本节,本节前者小节,小节相连者足指甲,指甲后生者足前趺,趺后凹陷者足心。下生者足掌骨,掌骨后生者踵骨,踵骨后生者脚跟也。

检枯骨,须择晴明天气,先以水洗净,用麻依次穿成形骸,以簟子铺定,开一地窖,深三尺许,长短与簟等,以柴炭烧窖红,去火,用好酒二升,米醋五升泼之,乘热扛骨入窖,覆以草荐,蒸一二时,俟地冷取出,平明处将红油伞遮日照勘。○骨有被打处,即露红色微荫,骨断处两头各晕血色,以之照日细看,红活者生前伤。若无血晕,虽有损折,乃死后痕也。

折骨必看芒刺殴折者刺在里,斫折者伤处有干血,殴伤者有青紫黑等晕,照前分重轻,长者是棍,圆者是拳脚,大者是头撞。

如阴雨不能待晴,始用煮法,以瓮一口为锅,入以醋盐、白梅,同骨煮千百沸,取出,用水洗净,向明处照看,其痕即现。煮骨不可见锡,见锡则黯。仵作作弊,有将药物置锅内,其骨有伤处反白者,甘草汁解之。

枯骨经多次煮洗,其色白,与无损者同,当以油灌之。凡骨大者有缝,小者有窍,待油溢出拭干,损处,则油沁不干。○又法:用浓墨搽骨上,待干,揩去墨,凡损折处,则墨浸入,必有黑纹。

滴血

父母骸骨在他处，子女欲相认，令以身上刺出血滴骨上，亲生者则血入骨，非则否。○亲子兄弟，俱系生人，离间阻隔，欲相识认，难辨真伪，令各刺出血，滴一器之内，真则共凝为一，否则不凝也。但生血见盐醋，则无不凝者，故有以盐醋先擦器皿作奸朦胧混乱亲疏之弊，凡听验之时，欲用滴血法，则将所用之器，当面洗净，或于店铺特取新器，则其奸自破矣。

检验尸伤指南终

附　医救死伤法

医救之法,本非律例中事,但能保全受伤之人,则怨可消而讼可弭,不惟刑期无刑,抑且回生之功无量,故附之。

金刃伤

自刎者,当觅外科中善治刎喉者,先以药煮之线缝,接其断喉,再将药线杂以鸡身绒毛,缝其在外所割之处,加以止痛之药敷之,活者十可八九。

金疮肠出者,用小麦五升,水九升,煮四升,绵滤净汁,待极冷,令病人卧席上,一人含汁噀其背,则肠渐入。噀时勿令病人知之,及多人在傍言语。如未入,抬席四角轻摇则自入;既入,须用麻油润线缝紧,仍以阔帛扎束,慎勿惊动,使疮口复迸。

箭镞入肉不出,用陈腌肉去皮,取红活美好者,同肥肉细切锉烂,以象牙及人所退爪甲,共为细末,拌匀再锉,务相和合,厚敷患处周围,其镞自出。如针折肉中,亦如前法,其针即出。

金疮敷药,取鸡骨炭投于地上,铿然有声者,用好松香等分,捶作一块,以老韭菜汁拌入,阴干,依法捶拌三四遍,为细末存贮,遇患敷之立效。

缢死

人缢死,知者早摩其口鼻、胸前温暖,是气尚未尽,可救。其救之法,用力大之人轻撮起,另着一人用物垫脚,将绳帛缓缓松开,撮者款款抱下放卧,以膝抵后窍,使气不得出,令一人踏其肩,以两手拔其发,常令紧,一人微微捻整喉咙,宜灌以山羊血,或清米饮,以手擦胸上散动之,擦臂足屈伸之。若已僵仆,渐强屈之,又按其腹,如一饭之顷,气从口出,复呼吸,眼开,则渐苏矣;但勿至劳动,与以淡官桂汤及粥汤润其咽喉,重令二人以笔管时吹其鼻。○又法:用皂角细辛等分为末,如大豆许,入两鼻孔。○又法:用生半夏细末少许,吹入鼻中。

溺死

人溺死,经一宿者,尚可救。救之之法,捣皂角以绵裹,或石灰纳下部内,须臾出水即活。○又屈死人两足着人肩上,以死人背贴生人背担之,吐出水即活。○又倒悬解去衣,去脐中垢,令两人以笔管吹其耳。○又急去衣服,于脐上艾灸。○又打壁泥一堵置地上,以尸仰卧其上,更以壁泥覆之,止露口眼,使水气嘘入泥中,人遂苏。纸炉灰并炒沙覆埋亦可,沙冷即换。○又用醋半盏灌鼻中,或倒悬以好酒灌鼻及下部。○又凡溺水之人,初为救起,仍有微气,或胸前尚暖,即速令生人脱贴身里衣为之更换,抱担身上,将尸微微倒侧之,令腹内之水流出。若水往外流,即是生机,一面用粗纸燎灼,取烟熏其鼻窍,稍熏片时,取皂角研细末,又吹鼻窍,但得微微一嚏喷,则生。○又冬月溺水之人,如已救起,虽人事不知,但胸有微温,皆可以前法救之。倘或微笑,急掩其口鼻,当急挞之至于痛哭。惟笑不止者,百无一生,缘其寒入心肾二经故也。○又溺水救起之人,尚知哭泣者,即令人拽之飞走,一面将温酒饮一二杯,干衣换之,仍令飞走,必得三四里之久,多走更妙。

汤火伤

被汤火伤者,不可激以冷水,激之则火毒逼入,攻心难治,即伤处渐合,亦成废疾。急觅水中大蚌置磁盘中,将蚌口向上勿动,少顷俟口微开,入冰片、麝香一二分,口即合,内肉化为浆而流于盘中,再入冰麝少许,用鸡翎粘扫伤之四边,层层扫入,干即复扫,便觉凉人心脾,每日制浆粘扫,扫至白者转淡,扫处亦不即干,此火毒渐退。将所存蚌壳烧灰存性碾末,亦入冰麝少许,用绢筛于伤上,以防毒水溢烂。或仍以蚌浆调灰敷上,用旧绢护外,加以揉攘粗纸数层扎紧,沁去毒水,觉苦燥痛,时以蚌浆四面荫入,自能完复。如无蚌与冰麝之山野,以冰于四围磨擦,亦由远而近,溃处以杭粉调柏子麻菜油涂之。○又法:用多年陈酱宽远涂擦,亦能渐瘥。

冻死

冻死者,虽肢直目禁而有微气者,用大锅炒灰令暖,袋盛熨心上,冷即换之,俟目开,以温酒及清粥稍与之,不得以火炙。又用毡或槁荐卷之,以索缚,令人相对移动,使往来滚转,以四肢温暖为度。○冻极之人,令居密室闭气,温衣被蒙盖,缓饮温酒,不可近火,近火则笑而殒也。若暴饮极热则齿脱。

煤炭熏死

西北人多卧土炕,每以煤炭煨烧,炕漏火气,而值臭秽毒煤,人受熏蒸,不觉自毙,其尸软而无伤,与夜卧梦魇不能复觉者相似。宜于房中致水一盆,并使窗户有透气处,则煤炭虽毒臭,不能为害。遇有熏者,饮冷水可解,或萝卜捣汁灌口鼻,移向风吹,俱能醒。

魇死

魇死者,不得近前急唤,但痛咬其足根,及足姆指畔,唾其面可苏。若不省者,移动些少卧处,徐徐唤之,原有灯则存,无灯不可点照。○又用笔管吹两耳,及取本人头发二七茎,捻作绳刺鼻中。○又研韭汁灌鼻,或盐汤灌口。○又皂角末吹两鼻内,得嚏即苏,虽三四日尚可救。○又以艾圆灸两足大趾节中、丛毛之际,不拘三五七壮,得略知疼痛渐苏。

车碾马踏

凡跌压重伤之人,虽口耳出血,一时昏晕,呼唤不知,但详视面色,生气尚存,身体尚软,则皆可拯救。宜令一人坐地,轻轻扶抱坐之怀中,拳其两足,束其两手,以膝镇其谷道,不可令之泄气,急觅童便乘热灌之,如得马溺更佳。如无童便,即将平人小便,撒去首尾,取中一段,强灌一二茶杯,一面用当归、生地、白芍、川芎、桃仁、红花各一两,山楂一两,大黄一两,童便一碗,用急流水煎,倾八大碗,先熏伤者鼻孔,令药气透入腹中,不致乍服恶逆,随以小钟陆续灌尽。药既行动,人必欲解,仍须紧抵谷道,必使腹中有声,上下往来数遍,方可翼之以解,所下瘀紫,方可就睡。再服前药,必至下尽瘀紫,变解真粪,后服调养自愈。不可早服补剂,恐滞瘀为害,则必不可救治。○又方:灌以酒化真山羊血立效。

虎咬伤

虎伤者,服水化沙糖,并以糖涂伤处;或以生盐填入虎齿咬伤之孔,毒不内攻;或真麻油滴入亦可。又以生姜汁搽洗,将白矾末敷之,仍饮甘草汁以解其毒。

蛇犬伤

凡虺蝮螫人,毒内攻即死,立将伤处用绳绢扎定,无使毒入心腹,令人口衔米醋,或烧酒吮伤,以吸拔其毒。吮者必随吮随吐,随换酒醋再吮,以红淡肿消为度;吮人不可误咽酒醋,咽则毒中吮人。又急饮麻油一二盏,护心解毒以姜末敷之。○又法:用樱桃叶捣汁饮之,其渣掩患处,则毒气不致内攻。○又法:用蛇龁草子,如小杨梅者,连草叶捣汁半碗,入雄黄末二钱,调匀灌下,其痛即止,此草最能解毒。○如蛇咬致溃烂,多日不愈者,用香白芷为末,入胆矾、麝香各少许,水洗净,敷于患处。○大约蛇毒之厉者,刻能毙人,惟有急以利刃窝去所啮之死肉,可以渐解。

猘犬伤人,乘毒未发,用斑毛七个,去头、足、翅净,用鸡蛋二枚同蒸,去虫,淡食蛋,于小便内取下血块,痛胀不解,则血块未尽,仍令再食,块尽乃止。○又法:受咬后,立至溪河,将伤处挤洗,血尽,多饮生姜汁,则毒可解,仍封扎疮口,勿使受风。○又法:用斑毛同米炒,俟米老黄色,去虫,将米研末,蒸蛋,食如前法,血块下尽为度。○又法:以万年青根捣汁饮之。○又法:以北细辛一钱,白芷一钱,雄黄一钱,好酒研入麝香少许,一服立效。○又方:用糯米一撮,锉番木鳖半个,斑毛七个,去头、足、翅,若过一日,再加一个;同糯米、木鳖炒脆,去米研末,好酒送下。若日久者,头有红发三茎,即拔去。若腹中觉有狗声者,再加番木鳖一个,同前服,即愈,三月以内,不可听锣鼓声。

卒死

凡人卒死,皆一时气血凝滞,脉络闭塞故也。宜用皂角为末,吹入鼻孔,得嚏则气通血活,可徐按各症,救以汤药。○又法:重提其发,捏其人中,生姜擦齿,令稍开,以姜汤灌之,略受即可救。或用金银花藤一两,浓煎汤,徐徐灌下亦苏。

中暑暴死

凡中暑暴死者,以胡麻一升,炒黑摊冷,为末,新汲水调灌,切勿即用冷水浇之,宜用温汤洗其心腹间。如于路上遇此,急用路傍热土,覆其脐边四围,令人小解于脐内,即活。

中砒毒

凡中砒毒,吐泻兼作,以绿豆汁或冷水饮之。波棱、莴苣,皆能伏砒,捣汁灌之亦可。○又方:杨梅树皮煎汤二三碗,服之。○又方:以黑铅磨水灌之。○又方:以禾秆烧灰,汲新水淋汁,滤清冷,服一碗,毒当下出。○又方:以甘草末一钱,明矾五分,绿豆粉一钱,新汲井水一碗,调灌下。如手指红则活,黑者不治。○中砒霜毒,冬青叶带水捣汁灌下,以吐为度,或解下亦愈。用冬青嫩苗更佳。○考砒石出信州玉山,有砒井,故亦名信,又隐信字为人言,此井官封禁取甚严;然他处出铜锡之山,往往有之。生者名砒,黄赤色,毒缓,以火炼之,令烟上着;器内凝结如白霜者,名砒霜,毒尤热烈。若遇酒及烧酒,尤腐烂肠胃,顷刻杀人。

中蛊毒

凡人头面上有光,他人手近之如火炽者,此中蛊也,用蒜汁半两和酒服之,当吐出如蛇状即愈。○又以胡荽根捣烂,绞汁半升,和酒三碗,服之能使蛊自下。○又中蛊毒,即取蛊相伏之蛊虫,曝干烧灰,服少许立愈。如知是蛇蛊,用蜈蚣蛊虫;蜈蚣蛊,用虾蟆蛊虫;虾蟆蛊,用蛇蛊虫之类。○又方:用甘草节以真麻油浸,年久愈妙,每用嚼咽,或水煎服,能解一切蛊毒。○志云:岭南俚人解蛊毒,畏人知其方,乃诡言三百头牛药,或言三百两银药。久与亲狎,始得其实。所云三百头牛药者,土常山也;三百两银药者,马兜铃也;俱用水煎服即愈。造蛊者,取百虫置皿中,经年开视,有一虫尽食诸虫而独存者为蛊,故字从虫从皿也。能隐形似鬼神,其毒不一,皆是变乱元气,多因饮食行之,与人为患,则主吉利,所以小人造之以图富贵,咬人至死,复从尸窍中出,信候亦能取之。

中金蚕蛊毒

治金蚕蛊,用石榴皮煎汁,或樟木屑煎汁,饮以取吐,服食刺猬更良。金蚕一名食锦虫,虫屈如指环,食故绯帛锦,如蚕之食叶,滇、蜀、湖、广、闽、粤,皆有奸人畜之,取其粪置饮食中毒人,人即死也。蚕得所欲,则口置他财,使人暴富,然遣之极难,水火兵刃,都不能害;必倍其所致金银锦物,置蚕于中,投之路傍,人偶收之,蚕随以往,谓之嫁金蚕。不然,能入人腹,残啮肠胃,完然而出也。昔有人守福清,民患金蚕,令取两刺猬入其家捕之,果于榻下墙隙中擒出;又有人误收金蚕,遣之不去,乃思嫁之无力,事之不可,遂吞之而卒无恙,此固邪不胜正耳。中此蛊者,吮白矾味甘,嚼黑豆不腥,是其可验也。

中钩吻毒

凡中钩吻毒,口不可开者,取大竹筒通节,以头拄其两胁及脐,灌冷水入筒中,数易水,须臾口开,乃可下药,惟多饮以甘草汁、人屎汁,或鹅鸭断头沥血入口中,或羊血灌之。○又方:取鸡卵抱未成雏者,研烂和麻油灌之,吐出毒物乃生。○又一方:岭南有蘹菜,蔓生开白花,捣汁灌之,钩吻入口,则钩人喉吻,故曰钩吻,亦名野葛,实非葛根之葛。或云当是冶葛,冶乃地名,在南粤。广人谓之胡蔓草,又曰断肠草,入人畜腹,即粘肠上,半日则烂断,亦曰烂肠草。滇人谓之火把花,因其花红,而性热如火也。岳州谓之黄藤,其草近人则叶动,蔓生叶圆而光,春夏嫩苗毒甚,秋冬草枯老稍缓,五六月开花,似擗柳花,数十朵作穗。岭南花黄,滇南花红,毒死之人,悬尸树上,汁滴入地生菌,名菌药,烈于钩吻,土人多服以诈人,急水服则死急,缓水服则死缓也。

中鼠莽草毒

凡中鼠莽草毒者,黑豆汁可解。若以豆汁浇其根即烂,性相制也。或以豇豆煮汁饮之,其效同。

考莽本作蔄,亦名莽草,人以毒鼠,故名鼠莽,食之令人迷罔,故又止名罔草也。南中、蜀川以及上谷皆有之,木若石南,叶稀无花。一说藤生绕石间,是名曰草。

中杂物毒

菜中有水莨菪,叶圆而光,误食令人狂乱如中风,或吐血,以甘草汁解之。

江左山南有草乌头,其汁煎之名射罔,俱大有热毒,而射罔更烈,即涂破伤处,立能杀人。凡中乌头毒者,则解以饴糖、黑豆、冷水;中射罔毒者,急解以甘草汁,或小豆叶、浮萍、荠苨汁,冷水亦可。

河鲀鱼,吴越最多,状如蝌蚪,大者尺余,背色青白,有黄斑,无鳞、无腮、无胆,腹下白而不光,目能开阖,触物即嗔怒而腹胀,故又名气包鱼。江淮河海皆有,春月甚珍贵之,尤重其腹腴,呼为西施乳。鱼有大毒,毒在肝血、脂、子并眼,其肝入口烂舌,入腹烂肠,脂令舌麻,子令腹胀,眼令目昏。此鱼实有二种,其色淡黑有文点者名斑鱼,毒更甚。或云三月后,则为斑鱼,不可食矣,煮忌煤尘落入,与荆芥、菊花、桔梗、甘草、附子、乌头相反,中其毒,则急以粪汁解之,或饮麻油吐之,或以橄榄、甘蔗、芦根各汁灌救俱效。○又方:用槐花炒黄,与干胭脂等分,同为细末,水调灌之,与荻笋、蒌蒿、秃菜相宜,食之者,一日不可服汤丸药,恐与药相忤。

南海有鸩鸟,似鹰而大,状如鸮,紫黑色,赤喙黑目,颈长七八寸,雄名运日,雌名阴谐。运日鸣则晴,阴谐鸣则雨,食蛇及橡实,知木石有蛇,即禹步以禁之,须臾木倒石崩而蛇出也,蛇入口即烂。其屎溺着石,石皆黄烂,饮水处百虫吸之皆死,巢于大木之颠,其下数十步草皆不生,人误食其肉立死。昔人用其毛为酒,以赐有罪之应死者。惟得犀角,其毒即解。

服盐卤自尽者,用活羊杀热血,以口接受,取吐立解。如无羊,鹅鸭血亦可。○又法:用生豆腐浆灌下;如无,将豆连水捣碎,取生浆饮之即解。

烧酒醉死,以井底泥壅其胸,浸发入冷水中,否则火发于内,焚灼脏腑立死。饮以盐调冷水,绿豆粉可解。又诸酒致毒,解之惟绿豆粉,故燕会献酬之后,大宜继以粉羹。○又用大黑豆一二升,煎汁频服,能解一切酒毒。

西北诸省有苦杏仁,生熟食之,都不为害,略用火炒,仍令半生服数十粒,即能死人。有暴弃者,每尝试以诈人,人不易防,最难禁化,惟急取吐,吐出可解。○又方:迷乱将死者,以杏树根煎汤饮之。

中牛马肉毒,甘草煮浓汁,饮一二升,或煎酒服取吐,或下。如渴不可饮水,饮之即死。

食马肝致毒,用猪骨灰、牡鼠屎、豆豉、狗屎灰、人头垢,并水服俱可。

凡饮馔中毒,未审何物,卒急欲绝,煎甘草、荠苨汤,入口便治。荠苨又名甜桔梗,河南人呼为杏叶沙参,能解百药毒。

枫上生耳,食之令人笑不止,饮冬瓜蔓汁解之;或以苦菜、白矾,勺新水并咽。

又一切菌蕈,春冬无毒,夏秋有毒,有蛇虫从下过也。夜中有光者,欲烂无虫者,煮不熟者,煮汁照人无影者,上有毛下无纹者,仰卷赤色者,并有毒杀人,饮以地浆及粪汁解。

中金银毒,当食鹧鸪肉。○又洗金法,以盐骆驼、驴马脂皆能柔金,羊脂、荻子皆能柔银,若金银入腹,当服食前品,令柔则能便出。○又方:中金石毒者,以黑铅一斤镕化,投一升酒中,如此多次,俟酒止半升,饮之即解。

中诸药毒欲死,捣蓝汁服数升。○又方:擂白蓊豆花饮之。○又将绿豆粉调水服,但心头温者,俱能救治。

中砒毒者,以桐油二升灌之,得吐即生。○又方:饮酽醋即吐出,不可饮水。○又方:用五棓子三两煎水,温服,虽将死可救。

中闭口椒毒,气闷欲绝,煮蒜食之。

中轻粉毒,用黑铅五斤,打壶一把,盛烧酒十五斤,纳土茯苓半斤,乳香三钱,封固,重汤煮一日夜,埋土中出火毒,每日早晚,任性饮数杯,溺时以瓦盆接之,当有粉出,服至筋骨不痛乃已。

中巴豆毒,痢不止,以大豆一升煮汁饮之,或饮以新汲冷水亦效。○又《本草》云:"巴豆畏黄连、大黄、芦笋、菰笋、藜芦,各煎冷饮,皆能止其泄痢。"

百药之毒,甘草悉能解之,其效如神。岭南多蛊毒、毒草,毒易中人,凡饮食时,先取炙熟甘草一寸,嚼之咽汁,若中毒,即吐出。

水银入耳,以金枕耳边自出。若水银入肉,令人筋挛,以金物熨之,水银乃出蚀金,其病即瘥,以金作白色为验。○又《本草》云:"荷叶、松叶、松脂、谷精草、萱草、瓦松、夏枯草、雁来红、马蹄沓、水慈姑诸种,煎汤服之,皆能制汞。"

冰片切忌入酒,以热酒服冰片钱余,则真气散乱,血脉沸腾,七窍中流血而死,饮以新汲冷水可愈。昔文信国贾似道皆服以自裁而无害者,以未饮酒故也。

中鸩毒气欲绝者,葛粉三合,水三盏,调服,口噤者灌之。

误吞物

吞金不救,必致坠下断肠,死多八九,以金性沉重而坚,非药食所能镕化,若无经验异方,断难救活。用上好湖丝两许,剪断约二寸长,置碗内,以滚水泡软,一如细面,连滚水吞下,则丝自里金,从大便而出,其法神效。

吞铁钉头,此物一经吞下,喉即破裂,血从口出,最难医治。用鸡骨炭四五两,火烧通红,即将红炭倾入大石器内,带火捶成细末,以好酒筋许冲入,带热连炭末吞下,则钉头自然销镕,已经试验。

吞铜钱,多食胡桃自能化出,胡桃与铜钱共嚼,即成粉可证矣。○又法:艾蒿一把,水五升,煎一升,顿服即下。○又法:生荸荠研汁,细细呷之,自然销化成水。

吞针铁入腹,医不能治,煮蚕豆同韭菜食之,针自大便出。○又法:黄蜡一两镕化,入磁石细末一两,合匀,捻如针大,冷水送下,蜡里从便出。

铁石、骨刺不下,王不、留行、黄蘗等分为末,汤浸蒸饼,丸弹子大,青黛为衣,线穿挂风处,用一丸冷水化,灌之销。

医救死伤法终